The Second Mountain

두 번째 산

두 번째 산

삶은 '혼자'가 아닌 '함께'의 이야기다

데이비드 브룩스 지음 | 이경식 옮김

부·키

데이비드 브룩스 David Brooks

《뉴욕타임스》칼럼니스트로 사회문화 현상에 대한 예리한 분석과 풍자적인 문체로 대중들의 사랑을 받아 온 저널리스트이자 작가이다. 《뉴스위크》와 《애틀랜틱먼슬리》의 객원편집자로 일하며 NPR의 시사 프로그램 〈올 싱스 컨시더드All Things Considered〉와 PBS의 〈짐 레러의 뉴스아워The NewsHour with Jim Lehrer〉에서 시사해설자로도 활동하고 있다. 시카고대학교 역사학과를 졸업한 후 《시티뉴스》에서 기자 생활을 시작해 《월스트리트저널》에서 9년 동안 근무하며 유럽 특파원과 수석 기자를 지냈고, 《위클리스탠더드》편집장을 역임했다. 또한 《워싱턴포스트》《뉴요커》《뉴리퍼블릭》《코멘터리》등 유수의 신문과 잡지에 글을 기고해 왔다. 대표 저작으로 내면의 결함을 딛고 위대한 성취를 이룬 사람들을 탐구한 《인간의 품격》을 비롯해 《소셜 애니멀》《보보스》등이 있다.

옮긴이 이경식

서울대학교 경영대학과 경희대학교 대학원(국문과)을 졸업했다. 《구글의 종말》《포사이트》《태평양 전쟁》《댄 애리얼리 부의 감각》《플랫폼 제국의 미래》《에고라는 적》《소셜 애니멀》《협력의 진화》《신호와 소음》등 100여 권의 책을 번역했다. 에세이집 《1960년생 이경식》《미쳐서 살고 정신 들어 죽다》《대한민국 깡통경제학》《청춘아 세상을 욕해라》와 소설 《상인의 전쟁》등을 출간했고, 시나리오 〈개 같은 날의 오후〉〈나에게 오라〉, 오페라 〈가락국기〉 등의 대본을 썼다.

두 번째 산

2020년 9월 24일 초판 1쇄 발행 | 2024년 7월 1일 초판 37쇄 발행

지은이 데이비드 브룩스 | 옮긴이 이경식 | 펴낸곳 부키(주) | 펴낸이 박윤우 | 등록일 2012년 9월 27일 | 등록번호 제312-2012-000045호 | 주소 서울시 마포구 양화로 125 경남관광빌딩 7층 | 전화 02) 325-0846 | 팩스 02) 325-0841 | 홈페이지 www.bookie.co.kr | 이메일 webmaster@bookie.co.kr | 제작대행 올인피앤비 bobys1@nate.com

ISBN 978-89-6051-777-6 03100

이 도서의 국립중앙도서관 출판예정도서목록(CIP)은 서지정보유통지원시스템 홈페이지(http://seoji.nl.go.kr)와 국가자료공동목록시스템(http://www.nl.go.kr/kolisnet)에서 이용하실 수 있습니다. (CIP제어번호: CIP2020005007)

끝없는 기쁨을 안겨 주는 앤에게

이 책을 바친다.

살면서 수시로 넘어졌던 것 같다. 특히 초반에 그랬다. 누가 발을 걸어서 넘어지기도 했고, 내가 내 발에 걸려 넘어진 일도 많았다. 다시 일어나는 일은 고되고 슬펐다. 수월하게 다시 일어날 수 있는 방법에 대해 알려 주는 사람은 없었다. 원래 그런가 보다 싶었는데 어떤 이들은 부모가 대신 일으켜 세워 주기도 한다는 걸 나중에서야 알았다. 그런 이들은 아무런 생채기 없이 다시 시작할 수 있었다. 그것이 공정한지 공정하지 않은지 따져 묻기에 나는 너무 바빴다. 그래서 따져 묻는 대신 골치 아픈 남 생각은 집어치우고 있는 힘껏 나 자신을 파고 들었다. 매번 한계를 시험하고 목적을 달성했다. 그렇게 십수 년이 지났다. 사실 이 방법은 내게 꽤 잘 통했다. 이룬 것이 많고 잘 굴러가는 인생 같았다. 불과 얼마 전까지만 해도 말이다. 여태 경험해 본 적 없는 박력으로 넘어져 박살이 난 뒤 추스르고 허리를 펴 보니 다른 풍경이 보이기 시작했다. 내 삶이란 그저 매일이 느낌표일 뿐 속이 비어 있었다는 걸 깨달았다. 빛은 출발할 때부터 어디 도착할지 알고 있다지만 우리는 그럴 수 없다. 그래서 방향을 수시로 고쳐야 한다. 데이비드 브룩스의 《두 번째 산》은 그렇게 고칠 때가 임박한 나 같은 독자와 만났을 때 저력을 발휘한다. 독자들이 이미 들어 보았을 종류의 조언―지나치게 영적이거나, 본성에 반하라고 요구하거나, 새삼스런 동기 부여에 매달리는 것―과 달리, 《두 번째 산》은 주변 세계와 함께 더불어 살아가려는 태도가 어떻게 실질적이고 구체적인 방식으로 내 삶에 기쁨과 목적을 제공하는지 설명한다. 넘어져 있는 모든 이들에게 추천한다.

_허지웅, 《살고 싶다는 농담》 저자

내가 쓴 글인가 하면서 읽었다. 최근 나의 가장 큰 과제는 '다시 시작하는 법 익히기'다. 《두 번째 산》 식으로 말하면 두 번째 산을 발견하고 오르기. 타인의 시선을 신경 쓰고 세속적 성공이라는 기준에 부합하려는 첫 번째 산을 정복했다는 말이 아니다. 마흔 이후로 전력 질주를 이어 가기가 불가능하다는 것을 알 수밖에 없는 여러 상황을 경험하고 나니, 남이 아닌 내가 더 잘 사는 방법이 무엇일지 궁리하게 된다. 이기심으로 돌아선다는 말이 아니라, 다른 사람들과 함께 더 잘 살기 위한 방법론 위에서 나 자신을 생각한다는 뜻이다. 이것은 나 이만의 문제는 아니다. 오히려 삶과 타인을 대하는 태도의 문제이리라. 이 책은 커리어, 결혼, 철학과 신앙, 공동체에 대한 가치를 새롭게 발견하고 추구하는 삶의 단계를 이야기하지만, 더 중요하게는 어떻게 나 자신이 세계에 반응하는 법을 바꾸고 더 만족스럽게 살아갈 수 있는지, 그 과정에서 인간관계는 어떻게 힘이 될 수 있는지를 먼저 고민하는 책이다. 이 책을 읽은 당신의 앞으로의 삶이 더 충만하기를 바란다. _이다혜, 《출근길의 주문》 저자

이 책을 읽기 전부터 종종 생각했다. 남은 인생은 너무 막막한데, 내가 진정으로 원하는 일은 무엇일까. 또, 어떤 일이 나에게 궁극적인 기쁨을 주며, 내 인생을 '성공한 인생'이라고 정의할 수 있을까. 명확한 답은 당연히 없다. 그때마다 누군가가 제시하는 방안은 남은 인생처럼 막연하다. 이 책의 저자 데이비드 브룩스는 이 고민에 맞닥뜨리는 시기를 '두 번째 산'에 비유한다. 물질적인 '첫 번째 산'을 넘은 뒤 찾아오는 진정한 인생의 고민. 우리 개개인은 각자 살아가고 있지만 언제나 분명한 고립감을 느낀다. 결국 사회적 관계는 인생의 성취에 있어

필수불가결한 존재이며, 그가 궁극적으로 주장하는 것은 진정한 관계의 회복이다. 나는 아직 답을 내리지 못하겠지만, 이 책을 읽자 적어도 내 고민의 종류가 무엇이었는지 명쾌해졌다. 또, 해답이 분명한 실체로 다가옴을 느꼈다.

남궁인, 《제법 안온한 날들》 저자

오늘 하루를 기분 좋게 보내고 싶다면 아침에 눈을 뜨자마자 무엇을 해야 할까? 이 질문에 프리드리히 니체는 어떻게 해야 내가 아닌 타인에게 기쁨을 줄 수 있는지에 대해 가장 먼저 생각해 보라고 말한다. 그런 바람이 이루어질 수 있도록 하루를 보냈을 때 가장 충만한 기쁨을 느낄 수 있을 것이라고. 그로부터 140년이 지난 지금 세상은 니체의 바람과는 전혀 다른 방향으로 흘러가고 있다. 사람들은 어떻게 하면 타인이 아닌 나를 기쁘게 할지에 대해 생각하며 하루를 시작한다. 나를 위해 일하고 나만의 여가를 즐기기 위해 노력하며 타인을 위한 양보나 배려는 간섭이나 무기력한 처신으로 치부해 버리고 만다. 어쩌면 우리는 역사상 그 어떤 시대보다 더 '나만을 위한 삶'을 추구하는 개인 숭배의 시대에 살고 있는지도 모른다. 그러다 문득 외롭고 헛헛한 마음이 들 때가 있다. 하루의 고단함과 아픔을 나누기 위해 주위를 둘러보지만 이제는 그 누구와도 속 깊은 이야기를 나눌 수 없다는 걸 알게 됐을 때, 내가 나를 위해 만들어 놓은 울타리가 단단한 벽이 되어 나를 가두고 있다는 걸 알게 됐을 때, 그동안 힘들게 이뤄 놓은 결실들이 더 이상 어떤 위안이나 기쁨도 되지 못함을 느끼게 된다.

이런 삶의 공허 앞에서 데이비드 브룩스는 그렇다면 이제 그만 첫 번째 산에서 내려와 '두 번째 산'을 오를 때가 됐다고 말한다. 첫 번째 산을 오르는 삶이 나의 성공을 위한 삶이라면 두 번째 산을 오르는 삶은 내가 아닌 타인을 위해 살아가는 헌신의 삶을 말한다. 부모의 아름다운 청춘을 먹고 내가 성장해왔듯이 우리는 모두 누군가의 헌신과 사랑 위에 뿌리내리며 살고 있다. 헌신의 깊은 유대 없이 서로 연결되지 못한 삶의 뿌리들은 작은 바람에도 쉽게 흔들리고 쓰러지기 마련이다. 타인을 위한 삶은 각자가 알아서 해야 할 소소한 선택의 문제가 아니라 내가 몰입해야 할 중요한 가치이자 토대가 되어야 한다.

일생을 첫 번째 산에서만 머무르는 삶은 성공한 커리어라는 결실을 얻을 수 있게 하지만 대신 그 명함 너머의 진정한 나를 잃어버리는 대가를 치르게 한다. 그러기 전에 우리는 두 번째 산으로의 여정을 떠나야 한다. 그 여정 속에서 더욱 깊어지고 넓어진 나를 발견할 때 삶은 기쁨으로 채워져 있는 충만함 그 자체가 될 것이다.

허기를 채울수록 공허함을 느껴야 하는, 행복하지만 기쁨을 잊은 이 시대의 사람들에게 두 번째 산의 지도가 그려진 이 책이 인생의 훌륭한 이정표가 될 수 있으리라 생각한다. _신기율, 유튜브 '신기율의 마음찻집' 크리에이터

데이비드 브룩스의 재능은 예측하기 어렵고 심각한 사회 현상을 이해하기 쉬울 뿐 아니라 놀랍도록 선명하게 만들어 준다. _《뉴욕타임스》

브룩스는 언뜻 봐서는 잘 드러나지 않는 개인적 경험을, 우리 모두가 공유할

수 있는 활기차고 도전적인 대화의 장으로 끌어내는 능력을 발휘하여 대단한
성취를 이뤄 냈다. _《샌프란시스코 크로니클》

지금까지 브룩스가 쓴 최고의 저작인 《두 번째 산》은, 이 책이 필요하지 않다
고 믿는 사람들에게 특별히 더 가치 있는 책이다. _《가디언》

브룩스는 이 책을 통해 직접 우리를 '두 번째 산', 그리고 약속된 낙원으로 이
끄는 동력이 되어 준다. _《워싱턴포스트》

장담하건대, 이 책은 널리 읽히는 데 그치지 않고, 수많은 인생을 바꿔 놓게 될
것이다. _《더애틀랜틱》

커리어의 쓸쓸함과 실존적 무게로 힘겨워하는 이들에게 용기를 북돋워 주는
사려 깊은 책이다. _《커커스리뷰》

차례 *Contents*

인생의 두 번째 산을 오른다는 것

두 개의 산

—

기쁨을 온몸으로 발산하는 사람들을 이따금 만난다. 내면의 빛으로 환히 빛나는 사람들이다. 이런 사람들은 상냥하고 평온하며, 작은 즐거움에 기뻐하고 큰 즐거움에 고마워한다. 물론 이들은 완벽하지 않다. 지치고 스트레스를 받는다. 잘못된 판단을 하는 실수를 저지른다. 하지만 이들은 자기 자신이 아니라 다른 사람을 위해 산다. 가족, 대의, 공동체 또는 믿음에 단호히 헌신한다. 이들은 자신이 이 지구상에 존재하는 이유를 알며, 자기에게 주어진 소명을 다하는 데서 깊은 만족감을 누린다. 이들은 다른 사람의 짐을 기꺼이 진다. 그러면서도 그 짐을 평온하게 받아들인다. 그것을 이미 정리되고 해결된 어떤 것으로 받아들이는 것이다. 이들은 다른 사람에게 관심을 기울이고, 다른 사람이 스스로를 소중한 존재로 느끼도록 해 주며, 다른 사람이 좋아하는 모습을 보고 기뻐한다.

이런 사람들을 만나면 기쁨이 단지 하나의 감정이 아니라 어떤 인생관일 수도 있음을 깨닫는다. 우리는 누구나 뭔가를 성취하고 나면 잠시 황홀감에 취하곤 한다. 그러나 그런 일시적 황홀감과 달리, 자기 자신에게 사로잡힌 사람이 아니라 자신을 다 내려놓는 사람에게 활기를 불어넣는 영원한 기쁨이란 것도 존재한다.

이런 사람들의 삶에는 내가 생각하는 두 개의 산이 있다. 이들은 학교를 졸업한 뒤 취직을 하거나 가정을 꾸리며, 자신이 올라야 한다고 생각하는 산을 찾아낸다. "난 경찰이 될 거야.""난 의사가 될 거야.""난 기업가가 될 거야." 첫 번째 산에서 우리 모두는 특정한 인생 과업을 수행해야 한다. 그 과업이란 자신의 정체성을 확립하고, 부모에게서 독립하고, 재능을 연마하고, 확고한 자아를 세우고, 자신의 족적을 세상에 남기려고 노력하는 일 등이다. 이 첫 번째 산에 오를 때 사람들은 많은 시간을 들이면서 평판 관리에 신경 쓴다. 그래서 늘 점수를 기록한다. "어떻게 하면 좀 더 잘할 수 있을까?""내 순위는 전체에서 어디쯤일까?" 심리학자 제임스 홀리스James Hollis가 지적하듯이, 이 단계에서 우리는 세상 사람들이 이야기하는 자신을 자기의 참모습이라고 여기는 경향이 있다.

이 첫 번째 산에서 사람들이 설정하는 목표는 자신이 속한 문화권에서 규정하는 통상적인 목표이다. 성공하기, 남들에게 존경받기, 제대로 된 사회 집단에 초대받기, 그리고 개인적인 행복 누리기. 전부 통상적인 것이다. 좋은 집, 화목한 가정, 멋진 휴가, 맛난 음식, 좋은 친구들.

그러다가 문득 무슨 일이 벌어진다.

어떤 사람들은 이 첫 번째 산의 정상에 올라 성공을 맛보고 또 끝내 손에 넣지만, 만족하지 못한다.

"이게 내가 바라던 전부인가?"

사람들은 고개를 갸우뚱한다. 그러고는 자기가 할 수 있는 더 심오한 여정이 반드시 있음을 알아차린다.

한편 어떤 사람들은 산을 오르는 과정에서 호된 실패의 시련을 겪으며 나가떨어진다. 이들은 커리어와 가정과 평판에 문제가 생긴다. 인생이라는 것이 성공이라는 정상을 향해 꾸준하게 올라가는 오르막길이 아니라는 생각이 갑자기 든다. 알고 보니 인생은 다른 모습, 한층 더 실망스러운 모습을 감추고 있음을 깨닫는다.

또 어떤 사람들은 전혀 예상하지 못했던 일을 만나 예기치 않게 옆길로 빠진다. 자식의 죽음, 암 투병, 약물 중독과 거기에서 벗어나기 위한 힘겨운 싸움 같은, 인생을 바꾸어 놓는 비극이 이들을 강타했기 때문이다. 원인이 무엇이든 간에 이 사람들은 더는 산 위에 있지 않다. 이들은 당혹스러움과 고통스러움의 계곡에서 헤맨다. 이런 일은 어떤 나이에서든 일어날 수 있다. 여덟 살에도, 여든다섯 살에도, 또는 그보다 더 많은 나이에도 일어날 수 있다. 첫 번째 산에서 굴러떨어지는 일은 어떤 연령대에서도 일어날 수 있다.

계곡에 떨어진 사람들이 경험하는 고통의 시기는 그 사람의 가장 깊은 내면을 드러내며, 자신이 생각하던 모습이 사실은 진정한 자기가 아니었음을 깨닫게 해 준다. 이들은 그 과정에서 자신도 알지 못했던 내면이 노출되고 만다. 자기가 겉으로 내걸고 다니던 여러 모습들이 실제 자신이 아님을 비로소 알아차린다. 또 다른 층이 엄연한 자기로 존재함을, 지금까지 무시해 왔던 어떤 모습, 어둠이 똬리를 틀고 있으며 가장 강력한 열망들이 살아 숨 쉬는 어떤 기질이 실제 자기 모습으로 존재함을 그제야 깨닫는 것이다.

어떤 사람들은 이런 종류의 고통에 맞닥뜨리면 움츠러든다. 이들은 평균 이상으로 더 두려워하고 분개하는 듯이 보인다. 이들은 겁에 질려 자신의 깊은 내면을 외면한다. 그리하여 인생이 갈수록 더 쪼그라들고 더 외로워진다. 영원히 치유되지 않는 슬픔을 끌어안고 사는 노인을 주변에서 흔히 본다. 이들은 마땅히 받아야 할 존중을 받지 못한 채, 오래전 자신에게 일어난 어떤 잘못된 일을 놓고 끊임 없이 화를 내면서 살아간다.

그러나 또 어떤 사람들에게는 이 계곡이 자기 발견과 성장의 계기가 된다. 고통의 시절은 일상이 피상적으로만 흘러가는 것을 방해해서, 자신의 좀 더 깊은 내면을 바라볼 수 있게 한다. 이 시기에 사람들은 자기 기질 깊숙한 곳에 보살핌의 본질적인 어떤 능력, 즉 자아를 초월해서 타인을 보살피고자 하는 어떤 열망이 있음을 깨닫는다. 이 열망에 맞닥뜨릴 때 이 사람들은 전인적인 인간whole person이 될 준비가 완료된 상태이다. 이들은 익숙한 것들을 새로운 눈으로 바라본다. 그리고 마침내 이웃을 자기 자신처럼 사랑할 수 있게 된다. 그것도 단지 구호로서가 아니라 현실 속 실천으로. 사람들의 인생은 가장 큰 역경의 순간에 자기가 대응한 방식에 따라 제각기 다르게 규정된다.

고통을 통해서 한층 더 성장한 사람들은 두 가지 작은 반란 단계로 나아간다. 첫 번째로, 이들은 자기의 이상적 자아ego ideal(한 개인이 자신이 되고자 하는, 무의식적으로 만든 완전성을 갖춘 자아-옮긴이)에 반기를 든다. 이 사람들이 첫 번째 산에 있을 때 이들의 자아는 자기가 얻으려고 애쓰는 무엇, 즉 명성이나 즐거움이나 성공을 기대하는 어떤 전망을 가지고 있었다. 그런데 계곡에 떨어지고 나서는 이상적 자아에 흥미를 잃는다. 물론 나중에 이들은 여전히 이기적인 욕구를 느끼기도 하고 또 거기에 굴복하기도 한다. 그러나 전체적으로 보면, 자아의 욕구들은 자신이 자기 안에서 발견한 깊은 영역들을 결코 만족시키지 못할 것임을 이들은 깨닫는다. 네덜란드의 가톨릭 사제이자 신학자 헨리 나우웬Henri J. M. Nouwen이 표현했듯이, 이들은 자기의 이상적 자아보다 자기가 훨씬 더 낮다는 것을 깨닫는다.

두 번째로, 이들은 주류 문화에 반기를 든다. 평생 동안 경제학 강의를 들어 왔거나 또는 인간은 이기적인 관심사(돈, 권력, 명성)를 추구한다고 가르치는 문화권에서 살아온 이 사람들이 갑자기, 남들이 자기에게 당연히 바라야 한다고 말하는 모든 것에 흥미를 잃어버린다. 이들은 진정으로 바랄 가치가 있는 것들을 자기가 바라기를 원한다. 이들은 자기 욕구의 수준을 한층 높인다. 세상은 이들에게 좋은 소비자가 되라고 말하지만, 이들은 스스로 소비되는 존재가 되길 원한다. 이들이 그러도록 등을 떠미는 것은 어떤 도덕적인 대의이다. 세상은 이들에게 독립independence을 원하라고 말하지만, 이들은 상호의존interdependence을, 따뜻한 인간관계의 망 안에 녹아들기를 원한다. 세상은 이들에게 개인적인 자유를 원하라고 말하지만, 이들은 친밀함과 책임과 헌신을 원한다. 세상은 이들에게 사다리를 타고 높이 올라가 성공을 추구하길 원하지만, 이들은 다른 사람들을 위해 존재하는 사람이 되길 원한다. 온갖 잡지들은 이들이 "나를 행복하게 만들려면 내가 무엇을 할 수 있을까?"라고 묻기를 바라지만, 이들은 개인적인 차원의 행복보다 훨씬 더 큰 어떤 것으로 시선을 돌린다.

고통을 통해 한층 더 성장한 사람들은 용감해져서, 자기의 예전 자아의 어떤 부분들이 소멸해 버리도록 방치한다. 계곡에 떨어진 뒤로 그들의 동기 부여는 자기중심적인 것에서 타인중심적인 것으로 바뀐다.

바로 이 지점에서 사람들은 "아!" 하고 깨달음을 얻는다.

첫 번째 산이 알고 보니 내 산이 아니었구나. 이 산보다 더 큰 또 다른 산이 저기 있구나. 저 산이 바로 내 산이다!

이 두 번째 산은 첫 번째 산의 반대가 아니다. 이 산에 오른다고 해서 첫 번째 산을 내팽개친다는 뜻이 아니다. 두 번째 산에 오르는 것은 첫 번째 산에 오르는 것에 이어지는 또 하나의 여정이다. 이 여정은 좀 더 관대하고 만족스러운 인생 국면이다.

이런 일이 일어날 때 어떤 사람은 자기 삶을 근본적으로 바꾼다. 이들은 법률 사무소를 팽개치고 티베트로 날아간다. 이들은 컨설턴트 일을 그만두고 도심지 학교 교사가 된다. 또 어떤 사람들은 자기 분야에 계속 머무르면서도 자기에게 주어진 시간을 예전과 다르게 사용한다. 캘리포니아의 센트럴밸리에서 사업으로 성공한 사람이 있는데, 이 사람은 사업을 계속하면서도 자기 회사 직원들을 위해 유치원과 건강 센터를 짓는 데 자기 시간의 대부분을 쓴다. 이 사람은 지금 자기 인생의 두 번째 산을 오르는 중이다.

또 어떤 사람들은 직장 생활과 결혼 생활을 그대로 유지하지만 예전과는 완전히 다른 사람으로 바뀐다. 이제 자아는 더 이상 중요하지 않다. 중요한 것은 소명이다. 만일 학교 교장이라면 그 사람의 기뿜은 교사들이 환하게 빛나는 걸 바라보는 데 있다. 회사에서 일하는 사람이라면 자기를 더는 관리자로 보지 않고 멘토로 생각하며 다른 직원들이 더 나아지도록 돕는 데 모든 힘을 쏟는다. 이들은 자기가 속한 회사 조직이 사람들이 그저 다달이 봉급을 받으려고 출근하는 얄팍하고 얇은 공간이 아니라 삶의 목적을 찾을 수 있는 실팍하고 두터운 공간이 되길 원한다.

심리학자 배리 슈워츠Barry Schwartz와 정치학자 케네스 샤프Kenneth Sharpe는 공저《어떻게 일에서 만족을 얻는가Practical Wisdom》에서 병원에서 청소부로 일하는 루크라는 사람의 이야기를 들려준다. 루크가 일하는 병원에는 어쩌다 싸움판에 휘말렸다가 다쳐서 의식 불명 상태로 누워 있는 청년 환자가 있었다. 이 청년의 아버지는 날마다 환자 곁을 지키며 아들이 깨어나길 기도했다. 하지만 여섯 달이 지나도 청년은 깨어나지 않고 있었다. 그러던 어느 날, 루크는 그 청년이 누워 있는 병실을 여느 때와 다름없이 청소했다. 그때 병실에는 청년의 아버지가 없었다. 담배를 피우려고 잠시 자리를 비웠던 것이다. 그런데 그날 오후 병원 복도에서 루크와 우연히 마주친 그 아버지는 다짜고짜 루크에게 왜 자기 아들 병실을 청소하지 않았느냐고 쏘아붙이며 따졌다.

첫 번째 산에서는 자기를 청소 일을 하는 사람으로 바라보므로 이때 루크가 보인 반응은 당연히 "아까 청소했는데요? 그때 담배 피우려고 바깥에 나가셨잖아요? 맞죠?"였을 것이다. 그러나 두 번째 산에서는 자기를 환자와 그 가족 돌보는 일을 하는 사람으로 바라본다. 위기의 순간을 보내는 환자와 그 가족에게 필요한 것, 즉 위안을 제공하는 것이 바로 자기가 할 일이라고 여기는 것이다. 그러므로 이때의 반응은 당연히 웃는 얼굴로 병실을 한 번 더 청소하는 것이다.

루크는 그렇게 했다. 나중에 그는 인터뷰 자리에서 다음과 같이 말했다.

"나는 그 방을 다시 청소했습니다. 환자의 아버지가 보는 자리에서 말입니다. …… 나는 그분의 행동을 이해할 수 있습니다. 자기 아들이 무려 여섯 달이나 식물인간 상태로 누워 있었잖아요. 아버지도 얼마나 지쳤겠습니까? 나는 병실을 한 번 더 청소하면서도 그분에게 전혀 화가 나지 않았습니다. 충분히 이해할 수 있었으니까요."[1]

또는 에이브러햄 링컨 대통령의 예를 들어 보자. 링컨도 젊은 시절에는 명예욕과 권력욕으로 활활 불타올랐다. 본인조차 겁이 날 정도로 그런 욕심이 강렬했다. 그러나 연방군(북군)을 지키는 문제가 워낙 위중했기 때문에 자신만 생각하는 것이 더는 중요하지 않았다. 그는 개인적인 평판은 뒤로 미루어 놓고 두 번째 산에 올랐다.

1861년 11월의 어느 날, 링컨은 조지 매클렐런 장군을 찾아갔다. 연방군 총사령관직을 맡아서 남군을 더 강력하게 밀어붙여 달라는 부탁을 개인적으로 하기 위해서였다. 그런데 링컨이 장군의 집을 찾아갔을 때 마침 그는 집에 없었다. 그래서 링컨은 집사에게 동행한 국무장관 윌리엄 시워드와 보좌관 존 헤이와 함께 응접실에서 기다리겠다고 말했다. 1시간 뒤 매클렐런이 집에 와서는 대통령을 비롯한 세 사람이 기다리고 있던 응접실을 지나서 안으로 들어갔다. 링컨은 30분을 더 기다렸는데, 집사가 오더니 매클렐런이 오늘은 그만 쉬고 싶으니 다음에 다시 찾아오란다고 전했다. 매클렐런은 링컨과 파워 게임을 벌이고 있었던 것이다.

대통령에게 이토록 무례하게 대하다니 도저히 참을 수 없다며 보좌관이 발끈했다. 그러나 링컨은 화를 내지 않았다. 대신 시워드와 헤이에게 "오늘은 예의나 개인적인 자존심을 내세우지 않는 게 좋을 것 같네"라고 말했다. 그 일은 자기 개인의 문제가 아니었던 것이다. 그의 자존심은 중요하지 않았다. 연방군을 훌륭하게 지휘해 줄 장군을 자기편으로 세울 수 있다면 언제까지든 기꺼이 기다릴 수 있었다. 그 시점에서 링컨은 이미 자기 자신을 내려놓고 있었다. 대의야말로 그의 삶에서 중심이었다. 그가 궁극적으로 소원한 것은 그의 내면이 아니라 바깥에 있는 어떤 것이었다.

자신이 지금 첫 번째 산을 오르고 있는지 아니면 두 번째 산을 오르고 있는지 알 수 있는 결정적인 방법이 바로 이것이다. 당신이 궁극적으로 소원하는 것은 무엇인가? 당신 내면에 있는 자아인가, 아니면 당신 바깥에 있는 어떤 것인가?

첫 번째 산이 자아ego를 세우고 자기self를 규정하는 것이라면 두 번째 산은 자아를 버리고 자기를 내려놓는 것이다. 첫 번째 산이 무언가를 획득하는 것이라면 두 번째 산은 무언가를 남에게 주는 것이다. 첫 번째 산이 계층 상승의 엘리트적인 것이라면 두 번째 산은 무언가 부족한 사람들 사이에 자기 자신을 단단히 뿌리내리고 그들과 손잡고 나란히 걷는 평등주의적인 것이다.

두 번째 산을 오르는 방식은 첫 번째 산을 오르는 방식과 전혀 다르다. 첫 번째 산은 정복한다. '나'가 이 산을 정복하는 것이다. 정상이 어디인지 멀리서 확인하고는 그곳을 향해 기를 쓰고 올라간다.

그런데 두 번째 산은 다르다. 두 번째 산이 '나'를 정복한다. 나는 어떤 소명에 굴복한다. 그리고 그 소명에 응답해, 내 앞에 놓여 있는 어떤 부당함이나 문제를 해결하는 데 필요한 모든 것을 다한다. 첫 번째 산에서는 야심을 품고 전략적으로 접근하며 독립심을 발휘하지만, 두 번째 산에서는 인간관계를 중시하고 친밀하며 무엇에도 굴하지 않는 태도로 일관한다.

이런 차이점을 전제하면 첫 번째 산에 있는 사람들과 두 번째 산에 있는 사람들을 구분할 수 있다. 첫 번째 산에 있는 사람들은 보통 쾌활하며 함께 어울리기에 흥미롭고 재미있다. 이들은 자기 일을 인상적일 정도로 멋지게 수행하며 또 놀라울 정도로 다양하고 멋진 식당으로 당신을 데려갈 수 있다. 두 번째 산에 있는 사람들이라고 해서 세상의 여러 즐거움을 싫어하지는 않는다. 이들도 좋은 포도주 한 잔이나 멋진 해변을 즐긴다(말이 나왔으니까 하는 얘기지만, 정신적인 측면에 너무 치우친 나머지 세상을 사랑하지 않는 사람들보다 더 나쁜 사람은 없다). 그러나 이들은 도덕적인 기쁨을 추구하면서, 즉 자기 인생이 어떤 궁극적인 선을 지향하도록 맞춰져 있다는 느낌을 추구하면서 그런 즐거움들을 초월해 지나쳐 왔다. 이 사람들에게 둘 중 하나를 선택하라고 한다면 이들은 기쁨을 선택할 것이다.

이 사람들이 보내는 나날은 대개 진이 빠질 정도로 힘들다. 왜냐하면 다른 사람들을 위해 자기 자신을 몽땅 내던지고 있는데, 다른 사람들이 하는 온갖 요구와 요청이 이들의 하루하루를 빽빽하게 채우기 때문이다. 그러나 이들은 한층 더 넓은 활동 범위 속에서 살며 자기의 더 깊은 내면을 활성화시켜 한층 더 폭넓은 의무를 스스로

떠안고 살아간다. 이들은 C. S. 루이스Clive Staples Lewis(《나니아 연대기》
의 작가로 잘 알려진 영국의 학자 겸 평론가-옮긴이)가 표현했듯이 "내 이웃
이 누리는 영광의 무거운 짐을 날마다 내 등에 지우고 살기로" 작정
한 사람들이다.

"이 짐이 얼마나 무거운지 오로지 겸손함만이 그 무게를 버틸 수
있다. 혹시라도 자존심을 내세우다간 그 짐의 무게로 등이 부러지고
말 것이다."[2]

나는 또 첫 번째 산의 조직과 두 번째 산의 조직도 구분할 수 있
게 되었다. 사람들은 회사에서 일을 하거나 대학교에서 강의를 듣지
만, 이런 활동들이 그 사람에게 어떤 두드러진 흔적을 남기지는 않
는다. 사람들은 그런 데서 자기가 얻고자 하는 것을 얻고 나면 그냥
떠나 버린다. 그러나 두 번째 산의 조직은 사람들의 마음속 깊은 곳
을 건드려서 영원한 어떤 흔적을 남긴다. 해병대 대원, 모어하우스칼
리지Morehouse College(1867년 설립된 사립 대학으로 과거 남부 지역에서 흑인
이 갈 수 있는 몇 안 되는 대학이었으며 마틴 루서 킹 목사가 다녔다-옮긴이) 학
생, 줄리아드음대 피아니스트, 미국항공우주국 소속 과학자를 만날
경우 당신은 그들을 잊지 않고 기억할 것이다. 이런 기관들은 총체적
인 어떤 목적, 일련의 공통된 의례, 공통적인 '기원 설화'를 가지고 있
다. 이런 것들은 두터운 인간관계를 강화하며 온전한 헌신의 결단을
요구한다. 이런 데서는 사람을 단순히 교육하는 것이 아니라, 바꾸어
놓는다.

이 책의 목적과 계획

—

이 책의 첫 번째 목적은 개인이 첫 번째 산에서 두 번째 산으로 넘어가는 과정과 방식을 보여 주는 것, 즉 더 깊고 더 기쁜 인생이 어떤 것인지 단계적으로 또 매우 구체적이고 상세하게 독자에게 보여 주는 것이다. 자기 자신이라는 좁은 울타리를 벗어나서 규모가 더 큰 어떤 대의를 위해 사는 것이 옳으므로 그렇게 살아야 한다고 말하는 사람은 많지만, 실제로 그렇게 할 수 있는 구체적인 방법을 얘기하는 사람은 거의 없다.

두 번째 목적은 사회가 첫 번째 산에서 두 번째 산으로 넘어가는 방식을 독자에게 보여 주는 것이다. 이 책은 궁극적으로 갱신, 즉 쪼개져 있고 고립된 것들이 어떻게 하면 새로운 완전성을 획득할 수 있을까 하는 문제를 다룬다. 우리 사회는 연대와 결속의 위기로 고통받고 있다. 우리는 초개인주의hyper-individualism 문화 속에서 살고 있다. 자기 자신과 사회 사이의 긴장, 개인과 집단 사이의 긴장이 늘 팽팽하게 존재한다. 지난 60년 동안 우리는 개인이라는 차원으로 너무 많이 치우쳐 왔다. 이런 상태에서 벗어날 수 있는 유일한 길은 다시 균형을 잡아서 사람들로 하여금 관계와 공동체와 헌신(우리가 마음 깊은 곳에서 가장 열렬하게 바라지만 초개인주의적인 생활 방식 때문에 늘 훼손하고 있는 덕목들)을 향해 나아가도록 방향을 잡아 주는 문화를 건설하는 것이다.

이 책 전반부에서는 두 개의 산을 살아가는 삶이 어떤 모습인지 풍부하게 설명하고자 한다. 독자를 첫 번째 산의 오르막길로 데려갈 것이고, 내리막길을 거쳐 계곡으로 데려갈 것이며, 그다음에 두 번째 산으로 데리고 갈 것이다. 그런데 한 가지 당부할 말은 이 비유를 지나치게 문자 그대로 받아들이지 말라는 것이다. 당연히 모든 사람의 모든 인생을 아우르는 단 하나의 공식은 없다(예를 들어 내 아내는 두 번째 산을 첫 번째 산보다 먼저 올랐던 것 같다. 아내는 대부분의 사람들과 다르게 개인적인 성공이 아니라 도덕적인 헌신을 강조하는 환경에서 성장했기 때문이다). 나는 사람들이 의지해 살아가는 전혀 다른 두 가지 도덕적 정신이라는 이야기 구조(즉 자기 자신을 위해 살아가는 인생과 다른 사람들을 위해 살아가는 인생)를 만들기 위해 이 두 개의 산 비유를 동원했다. 나는 자기 자신을 위해 살아가는 인생이 우리 문화에서 보편적이긴 하지만 전혀 만족스럽지 않음을 가능하면 최대한 설득력 있게 독자에게 보여 주고 싶다. 사람들이 더 만족스러운 삶을 살아가면서 하는 경험들을 소개하고 또 그들이 발견한 중요한 진실을 나누고자 한다. 우리는 대부분 세상을 살아갈수록 더 잘 살고, 내면적으로 더 깊어지며 또 더 현명해지는데, 그 과정을 이 책에서 설명하고자 한다.

이 책 후반부에서는 사람들이 두 번째 산의 정신으로 어떻게 살아가는지 설명하고자 한다. 첫 번째 산에 있는 사람들은 이동성이 높아서 쉽게 여기저기 옮겨 다니는 삶을 살아간다. 거기에 비해 두 번째 산에 있는 사람들은 한곳에 깊이 뿌리를 내리고 깊이 있게 헌신한다. 두 번째 산의 인생은 헌신하는 삶이다. 두 번째 산에 있는 사람들이 살아가는 모습을 서술할 때 내가 진정으로 묘사하고자 하는 것은, 이 사람들이 다른 사람들에게 어떻게 최대치로 헌신하며 또 어떻게 그토록 강렬하게 몰입해서 살아가는가 하는 점이다. 이들은 자기가 선택할 수 있는 대상을 고정해 두고 있다. 이들은 한자리에 뿌리를 박고 있다. 두 번째 산에 있는 사람들은 다음 네 가지 가운데 하나 또는 전부를 위해 단호하게 헌신의 결단을 내리고 또 실천한다.

- 직업(저자는 '소명' '천직'으로서 '직업vocation'과 생계나 출세를 위한 '일자리job' 또는 '커리어career'를 구별한다. 이 책에서 말하는 직업은 '소명으로서 직업'을 가리킨다-옮긴이)
- 배우자와 가족
- 철학과 신앙
- 공동체

헌신이란 대가를 기대하지 않은 채로 무언가에 매진하는 것이다. 헌신은 무언가를 깊이 사랑하게 되어서, 사랑이 불안하게 흔들리는 순간들에 대비해 그 무언가의 주변에 어떤 행동 구조를 구축하는 것이다. 후반부에서 나는 다음과 같은 여러 측면에서 사람들이 어떻게 헌신을 다하는지 설명하고자 한다.

- 어떤 직업을 천직으로 생각하고 그 일을 하며 평생을 살아가는 것
- 결혼 상대를 결정하고 결혼 생활을 잘 꾸려 가는 것
- 인생철학을 세우고 다듬어서 신앙을 경험하는 것
- 공동체에 기여하고자 하는 열망에 사로잡히는 것
- 다른 사람들과 힘을 합쳐 자신이 속한 공동체가 번성을 누리도록 노력하는 것

우리 삶의 충족감은 우리가 이런 것들을 얼마나 잘 선택하는지 그리고 때로는 상충되기도 하는 헌신들을 얼마나 잘 수행하며 살아가는지에 달려 있다.

내가 이 책에서 묘사할 몇몇 사람들은 매우 높은 수준의 인생을 살았다. 솔직히 말해 나나 대부분의 독자는 이 사람들만큼 자기를 희생하는 인생을 올곧게 살지 못할 것이다. 아무래도 우리는 부족할 것이다. 왜냐하면 우리는 평범한 사람들이고 또 우리가 애초에 허용하고자 마음먹은 수준보다 훨씬 더 자기중심적으로 살아갈 게 뻔하기 때문이다. 하지만 그럼에도 불구하고 높은 기준을 설정하는 것은 여전히 중요하다. 다른 사람들의 모범적인 사례에 고무되는 것, 그리고 깊이 헌신하는 삶이 가능하다는 사실을 기억하는 것 역시 중요하다. 우리가 부족해서 기준에 미치지 못한다면 그것은 우리의 한계 때문이지 우리가 설정한 이상 자체가 적절하지 않기 때문은 아니다.

내가 배우고 깨달은 것
—

첫 번째 산과 두 번째 산의 구분이 내가 전작 《인간의 품격The Road to Character》에서 했던 "이력서 덕목resume virtues"과 "조문弔文 덕목eulogy virtues"의 구분처럼 들릴지도 모르겠다. 솔직히 고백하자면 나는 《인간의 품격》이 안고 있는 몇 가지 한계들을 보완하려고 이 책을 썼다. 《인간의 품격》에서 내가 묘사한 사람들은 배울 점을 많이 가지고 있다. 그러나 어떤 책이든 저자가 걸어가는 인생 여정 가운데 특정한 시기 그리고 특정한 장소에서 써진다. 《인간의 품격》을 출간한 뒤 5년의 세월은 내 인생에서 가장 요란한 격동의 시간이었다. 때로는 고통스럽고 때로는 기쁨에 겨웠던 그 세월은 온갖 삶의 기술과 함정에 대한 심화 교육 시간이었다. 그 세월 덕분에 나는 인생의 많은 것을 이해할 수 있었다.

《인간의 품격》을 쓸 때만 하더라도 나는 여전히 개인주의의 감옥에 갇혀 있었다. 그때 나는 개인주의를 단단히 붙잡기만 하면 즉 자기 배의 키를 단단히 붙잡고 있기만 하면 인생은 점점 더 나아지고 최상의 수준으로 전개될 것이라고 믿었다. 인간의 품격character은 대부분 자기 자신을 토대로 해서 쌓아 나가는 어떤 것이라고 여전히 믿었다. 자신의 핵심적인 죄가 무엇인지 파악한 다음, 모든 의지력을 동원해 자기가 가장 약한 부분에서 자기 자신을 강하게 만들 수 있다고 믿었던 것이다.

하지만 이제 나는 인격 형성이 거의 대부분 개인적 과업이라고 또는 개인 차원에서 성취되는 것이라고 더는 믿지 않는다. 인격 형성이 헬스장에 가는 것과 마찬가지라고, 근육을 키우듯이 정직성, 용기, 성실성, 끈기 등의 덕목을 키울 수 있다고 더는 믿지 않는다. 지금은 좋은 인격이란 자기 자신을 내려놓는 과정의 부산물이라고 나는 생각한다. 우리는 사랑할 가치가 있는 것을 사랑하는 것이다. 어떤 공동체나 대의에 순종하고, 다른 사람들에게 봉사하고, 사랑의 애착 관계를 두텁게 쌓고, 다른 사람들이 나를 보살피는 일상적인 행동들 속에서 스스로를 잊어버리듯이 나 역시 다른 사람들을 보살피는 일상적인 행동들 속에서 나 자신을 잊어버리는 것이다. 인격은 갖추기에 좋은 것이다. 인격을 형성해 가는 과정에서 배울 점은 많다. 그러나 인격보다 지니기에 더 좋은 것이 있다. 바로 도덕적인 기쁨moral joy이다. 이 평정심은 완벽한 사랑을 구현하는 쪽으로 더 가까이 다가갈 때 비로소 찾아온다.

더 나아가 나는 우리 사회의 문화적 구조와 도덕적 구조가 건전하며 우리는 그저 개인적으로 자신의 부족한 점을 고쳐 나가기만 하면 된다는 믿음도 더는 가지고 있지 않다. 자기 자신에 대한 강조(개인적인 성공, 자기 충족, 개인적인 자유, 자아실현)는 재앙일 뿐이다. 좋은 인생을 살아가려면 훨씬 더 큰 차원의 전환이 필요하다는 것, 이것이 지금 나의 생각이다. 자기의 약점을 개선하는 일에 몰두하는 것만으로는 충분하지 않다. 문화적 패러다임 전체의 무게 중심이 첫 번째 산의 초개인주의에서 두 번째 산의 관계적 사고방식으로 이동해야 한다.

왜 우리는 여기에 있는가

—

나는 또한 내가 어떤 인생을 살고 싶은지를 나 자신에게 상기시키기 위해 이 책을 썼다. 나를 포함해 작가들은 공개적으로 자기 이야기를 한다. 심지어 다른 누군가를 소재로 삼아 글을 쓰는 척하면서까지 그렇게 한다. 다시 말해 작가들은 자신이 정말로 배울 필요가 있는 것을 독자에게 가르치려고 노력한다. 나의 첫 번째 산은 말이 안 될 정도로 운이 좋았다. 나는 커리어에서 내가 기대했던 것보다 훨씬 더 큰 성공을 거두었다. 그러나 그렇게 거둔 성공은 나를 특정한 인간 유형으로 만들어 버렸다. 다른 사람들과 멀리 외따로 떨어져 있으며, 어떤 것에도 상처받지 않으며, 타인과의 의사소통 없이도 존재하는 그런 인간으로 말이다. 적어도 개인적인 삶에서는 분명히 그랬다. 나는 인간관계의 의무를 회피했다. 전처와 이혼에 합의하면서 나는 우리 결혼 생활에 대해 공개적으로 얘기하지 않기로 했다. 그러나 내 인생의 온갖 실수와 실패 그리고 죄를 전반적으로 돌아보니, 하나같이 내가 가까이해야 마땅했던 사람들 앞에 제대로 모습을 드러내지 못했던 성향의 것들, 즉 개인적인 차원으로 움츠러든 죄들이었다. 회피하고 얼버무리기, 일에만 파묻히기, 갈등 외면하기, 공감하지 않기, 그리고 나 자신을 솔직하게 드러내어 표현하지 않기……. 예를 들어 내게는 오랜 절친 두 사람이 있는데, 이들은 400킬로미터나 떨어진 먼 곳에 살고 있다. 이 친구들이 나를 필요로 하거나 그저 얼굴이나 한번 보려고 할 때 나는 언제나 너무 바쁘고 너무 정신이 없고 너무 무심했다. 그래서 이들은 나를 향한 우정을 계속 간직하기 위해 내게 엄청난 인내와 용서를 베풀어야만 했다. 친구들의 이런 우정을 생각할 때마다 나는 고마움과 부끄러움이 뒤섞인 감정을 주체할 수 없다. 그리고 사람보다는 시간을, 인간관계보다는 생산성을 중시하는 바람에 사랑하는 존재와 함께하지 못하는 이런 습성은 내 인생에서 반복되고 있다.

죄의 대가는 죄이다. 나의 잘못은 차곡차곡 쌓였고, 그러다가 마침내 2013년에 와르르 무너졌다. 그해에 인생은 나를 계곡으로 밀어넣었다. 그때까지 내 삶을 규정하던 실체들이 무너져 내렸던 것이다. 27년 동안 이어졌던 결혼 생활에 마침표가 찍혔고, 그 여파 속에서 나는 공동 주택으로 이사를 갔다. 그때 우리 아이들은 막 성인의 문턱을 넘어서고 있었는데, 하나는 대학교에 다니느라 또 하나는 대학교 입학을 준비하느라 모두 집에서 나가 살았다. 그럼에도 같이 외식을 하거나 할 때는 얼굴을 보곤 했지만, 나는 식당 복도나 집 식탁에서 15초 동안의 만남조차 놓치고 말았다. 나는 성인기의 삶을 보수주의 운동 속에서 보냈다. 그러나 나의 보수주의는 더는 통상적인 보수주의가 아니었고, 그래서 나는 지적으로나 정치적으로 어디에 붙박여 있지 않았다. 사회생활 중 많은 부분을 보수 집단들 속에서 보냈지만 그런 연결점들은 떨어져 나가 버렸다. 내가 맺었던 그 많은 우정이 사실은 얄팍하기 그지없는 것이었음을 나는 깨달았다. 내게 자기 속마음을 털어놓은 사람은 거의 없었다. 상처받기 쉬운 그런 마음을 드러내도 괜찮은 분위기를 나 스스로 그들에게 허용하지 않았기 때문이다. 그러기에 나는 너무나 바빴던 것이다.

나는 뿌리를 내리지 못했고, 외로웠고, 무시당했고, 조각조각 부서져 있었다. 나는 마치 술에 취한 것 같은 상태로 그 시기를 지나 왔다. 나의 모든 감정은 피상적이었고, 내가 즐겨 듣던 노래는 모두 시네이드 오코너와 스노 패트롤이 부른 가슴을 찢어 놓는 아일랜드 음악이었다. 지금 생각해도 부끄러워서 얼굴이 붉어지는 그런 딱한 방식으로 나 자신을 친구들에게 무작정 던지곤 했다. 물론 지금은 그러지 않으려고 노력하는 중이다. 나는 내 인생의 나머지는 어떻게 될까 생각하면서 갈피를 잡지 못한 채 둥둥 떠다니고 있었다. 쉰두 살의 마음을 가지고서 스물두 살 청년이 맞닥뜨리는 문제들과 씨름하고 있었던 것이다.

지난 5년간 나는 헌신에 실패한 채로 어떻게 하면 헌신을 잘할 수 있을지, 세속적인 성공이 내 인생을 온전하게 충족시키는 데 실패한 뒤 어떻게 하면 인생에 의미를 부여할 수 있을지 하는 문제를 놓고 생각하고 책을 읽기도 하면서 세월을 보냈다. 이 책은 그런 탐색 과정에서 나온 산물이다. 이 책을 쓰는 행위는 스스로 내 엉덩이를 걷어차겠다는 시도였으며, 더 나은 인생으로 나아가는 나의 길을 쓰겠다는 지속적인 노력의 일부였다.

"한 권의 책은 우리 안에 있는 얼어붙은 바다를 깨는 도끼가 되어야 한다."

카프카가 썼던 문구이다. 책은 우리를 일깨워야 한다. 망치로 내리치듯 우리 머리를 내리쳐야 한다. 나로서는 이 책을 쓰는 것이 바로 그런 시도였다.

감히 바라건대 나는 또한 이 책을 독자인 당신을 위해 썼다. 작가라면 다들 그러듯이, "우리 모두는 자기가 빵을 얻은 장소를 다른 거지에게 가르쳐 주는 거지와 같다"라고 했던 D. T. 나일스Daniel Thambyrajah Niles(스리랑카 출신 감리교 목사이자 학생 기독교 운동 지도자-옮긴이)의 통찰을 이 책에 적용하고자 한다. 조금만 읽어 보면 알겠지만 나는 나보다 현명한 많은 사람들의 말과 글을 인용한다. 문자 그대로 '많은' 사람들이다. 하지만 이 점에 대해 미안하게 생각하거나 사과할 마음은 없다. 이 책을 쓰는 과정에서 나는 진정한 작가가 아닐지도 모른다는 생각을 수없이 했다. 나는 교사이거나 중개인이다. 다른 사람들의 지식을 가져와 전달해 주기만 할 뿐이다.

마지막으로, 나는 현재의 역사적인 순간에 대한 내 나름대로의 대응으로서 이 책을 썼다. 60년 동안 자기 숭배(자기의 틀 짜기, 자기에게 투자하기, 자기 표현하기 등)는 우리 문화의 중심적인 관심사로 군림해 왔다. 자본주의와 능력주의 그리고 현대 사회학은 이기심을 표준화해 왔다. 인간에게 유일한 실질적 동인은 이기적인 것들(돈, 지위, 권력을 향한 욕구)이라는 명제를 당연시하도록 만들어 온 것이다. 그러면서 베풀고 보살피고 사랑하는 일은 사회라는 케이크가 아름다워 보이게 하는 장식품에 지나지 않는다는 메시지를 은밀하게 확산시켰다.

어떤 사회가 오로지 이기적인 관심사로만 지탱될 때 사회 구성원들은 서로 분리되고 고립된다. 바로 이런 일이 우리에게 지금까지 줄곧 벌어지고 있다. 우리는 지금 계곡에 굴러떨어져 있다. 우리가 정치에서 목격하는 부패는 우리의 도덕적·문화적 토대에 똬리를 튼 부패에서 기인한다. 우리가 서로 관련을 맺는 방식이 그렇고, 자기 자신을 다른 사람들과 얼마든지 떼어 놓을 수 있는 존재라고 보는 것이 그렇다. 우리가 헤엄치고 있고 또 우리를 흠뻑 적시고 있는 물인 개인주의적인 가치관 속에서는 그럴 수밖에 없다. 지금까지 상황으로 볼 때 첫 번째 산의 문화로는 충분하지 않다. 이런 사정은 과거에도 그랬고 앞으로도 마찬가지다.

우리 사회는 기쁨에 저항하는 어떤 음모가 되어 버렸다. 우리 사회는 우리 의식의 개인주의적인 부분을 지나치게 강조해 왔으며, 또 우리 의식의 접착제 역할을 하는 부분인 마음과 영혼을 지나치게 홀대해 왔다. 지금까지 우리는 정신병과 자살, 불신이 얼마나 충격적으로 증가하고 있는지 익히 목격해 왔다. 우리는 정서적으로 접근해야 할 때 지나치게 인지적으로 접근해 왔고, 도덕적인 관점이 필요할 때 지나치게 실용적인 관점을 채용해 왔으며, 더 높은 수준의 공동체 의식이 필요할 때 지나치게 개인주의적으로 행동해 왔다.

그러니 이제 우리는 사람으로서 그리고 사회 차원에서 우리의 두 번째 산을 찾아야 한다. 이것은 첫 번째 산에서 우리가 성취한 것들(좋은 일자리, 훌륭한 가정, 안락한 삶의 온갖 즐거움)을 몽땅 포기해야 한다는 뜻이 아니다. 우리 모두는 삶 전반에서 일상적으로 자아를 드높일 필요가 있다. 그러나 이렇게 하려면 문화에서 어떤 전환이 요구된다. 이것은 가치관과 철학에서의 전환이며 우리 사회의 권력 구조에 대한 재협상이다. 이것은 하나의 사고방식에서 또 다른 사고방식으로 전환하는 일이며, 또한 헌신의 결단을 모든 것의 중심에 놓는 어떤 정신을 찾는 일이기도 하다.

그런데 좋은 소식이 있다. 우리가 공동체에 되로 주면 공동체는 우리에게 말로 갚는다는 사실이다. 지난 5년 동안 내가 배운 게 하나 있다면, 세상은 우리가 첫 번째 산에 있으면서 상상했던 어떤 것보다 훨씬 더 매혹적이고 낯설고 신비롭고 서로 연결되어 있다는 것이다.

대부분의 시간 동안 우리는 너무 수준 낮은 것을 목표로 삼고 있다. 우리는 자기 발에 너무 작은 신발을 신고 걷고 있다. 우리는 사소할 정도로 작은 인정을 받으려고 또는 자기 커리어에서 아주 작은 승리를 쟁취하려고 하루하루를 보낸다. 그러나 지금 우리가 살고 있는 삶의 방식보다 조금 더 나은 정도가 아니라 엄청나게 더 좋은, 기쁨에 넘치는 어떤 삶의 방식이 존재한다. 지금 우리는 어느 콘크리트 건물 안에서 남들보다 인공 태양등에 조금이라도 더 가까이 다가가려고 경쟁하는 것이나 마찬가지다. 그러나 정신을 차리고 지금과는 다른 식으로 살아간다면 노천의 진짜 햇살 아래에서 느긋하게 일광욕을 즐길 수 있다.

깊은 헌신의 삶을 살아가는 사람들을 만날 때면 이런 깨달음이 내 머리를 때린다. 기쁨은 현실적인 실체이다.

기쁨

—

두 개의 산을 아우르는 여행을 묘사하기 전에 '기쁨은 현실적인 실체이다'라는 명제를 잠시 짚고 넘어가도록 하자. 우리의 대화는 '좋은 인생good life'의 정의를 놓고 뒤죽박죽이 되곤 한다. 흔히 좋은 인생은 행복한 인생이라고 말한다. 미국 독립선언문에서도 말하듯이 우리는 행복을 추구하면서 살아간다. 모든 형태의 행복에서 우리는 좋고, 신나고, 들뜬 기분을 느낀다. 그러나 '행복'이라는 단어는 다른 많은 것들을 뜻할 수 있다. 그러므로 행복happiness과 기쁨joy을 분명하게 구분하는 것이 중요하다.

이 둘의 차이는 뭘까? 행복은 자기 자신을 위한 승리 또는 자기 자신의 확장과 연관된다. 행복은 자기가 설정한 목표에 다가설 때, 즉 중요한 직위로 승진하거나 대학교를 졸업하거나 자기가 응원하는 팀이 슈퍼볼 우승컵을 차지하거나 맛있는 식사를 하거나 할 때처럼 모든 것이 뜻하는 대로 순조롭게 진행될 때 나타난다. 행복은 흔히 어떤 성공이나 새로운 능력 또는 어떤 고양된 감각적 즐거움과 관련이 있다.

이에 비해 기쁨은 자기 자신을 초월하는 어떤 상태와 연관된다. 자기와 다른 사람 사이에 장벽이 사라져서 함께 하나로 녹아든다는 느낌이 들 때가 그렇다. 엄마와 아기가 서로의 눈을 흐뭇하게 바라볼 때, 먼 길을 걸어가는 순례자가 숲의 아름다움에 압도되어 자연과 하나가 된다고 느낄 때, 친구들끼리 함께 어울려 정신없이 춤을 출 때 기쁨이 나타난다. 기쁨은 흔히 자기 자신을 잊어버리는 상태와 관련이 있다. 행복은 우리가 첫 번째 산에서 목표로 삼는 것이고, 기쁨은 두 번째 산에서 살아갈 때 저절로 생기는 부산물이다.

우리는 행복이 생성되도록 도움을 줄 수 있다. 그러나 기쁨에는 사로잡힌다. 행복은 우리를 즐겁게 한다. 그러나 기쁨은 우리의 정체성 자체를 완전히 바꿔 버린다. 기쁨을 경험할 때 우리는 흔히 현실 실체의 더 깊고 더 진실에 가까운 어떤 층을 흘낏 들여다본 것 같은 느낌에 사로잡힌다. 자아도취자는 행복할 수는 있어도 결코 기쁨을 경험할 수는 없다. 왜냐하면 자아도취자는 자기를 놓아 버리는 일을 할 수 없기 때문이다. 자아도취자는 심지어 기쁨이라는 것을 머릿속에 떠올리지도 못한다. 바로 이것이 첫 번째 산에 갇혀 있는 사람들의 문제이다. 여기에서는 두 번째 산이 제공하는 것을 볼 수조차 없다.

내가 말하는 요지는 이렇다. 행복은 좋은 것이지만 기쁨은 더 좋은 것이다. 두 번째 산은 첫 번째 산 이후의 한층 더 풍성한 인생 국면이며, 같은 맥락에서 기쁨은 행복보다 더 풍성한 감정이다. 게다가 행복은 변덕스럽고 찰나적인 경향이 있는 데 비해 기쁨은 본질적이고 영속적일 수 있다. 당신이 더 많이 헌신하는 삶을 살수록 기쁨은 당신에게 더욱더 꾸준한 상태로 남을 것이고, 당신의 이런 감정의 틀 덕분에 그 기쁨은 당신 주변 사람들에게 햇살처럼 뿌려질 것이다. 당신은 기쁨에 넘치는 사람이 될 것이다. 기쁨은 우리의 북극성, 우리 인생 항로의 등대이다. 만일 우리가 기쁨을 향해 나아간다면 결국에는 올바른 지점에 다다를 것이다.

기쁨의 몇 가지 단계
—

몇 년 전부터 나는 기쁨을 수집하고 있다. 정확하게 말하면, 기쁨에 대한 온갖 설명을 수집하고 있다. 인생이 최절정에 다다랐을 때, 즉 인생이 더할 나위 없이 충만하고 의미심장하며 또 가장 완벽하다고 느끼는 바로 그 순간의 감정을 사람들이 어떻게 묘사하는지 궁금하기 때문이다.

그런데 이렇게 모아 놓은 것들을 살펴보면서 나는 기쁨에도 제각기 다른 여러 층이 존재함을 깨달았다. 첫째, 신체적인 기쁨이 있다. 어떤 신체 활동을 할 때, 특히 다른 사람들과 리듬을 맞추어서 신체 활동을 할 때 몰입 상태를 경험하는 순간이 있다. 톨스토이의 소설 《안나 카레니나》에서 레빈은 농장에서 일하는 사람들과 함께 낫을 들고 풀을 베러 간다. 처음에는 낫질이 서툴지만, 곧 그는 동작을 제대로 익혀서 반듯하게 낫질을 해 나간다.

"낫질을 오래 계속하면 할수록 망각의 순간들을 더 많이 느끼게 되었다. 그럴 때면 더는 그의 팔이 낫을 움직이지 않았다. 낫 자체가 생명으로 충만하고 깨어 있도록 그의 온몸을 움직였다. 마치 마법과도 같이, 레빈이 전혀 의식하지 않은 상태에서 낫질은 저절로 한 치의 오차도 없이 깔끔하게 진행되었다. 더없이 기쁜 순간들이었다."[3]

여러 명이 한 팀 또는 한 단위가 되어서 경험하는 집단적인 몰입은 특히 경이롭다. 예전에 내가 시카고대학교에서 역사 강의를 들었던 윌리엄 맥닐William McNeill 교수가 이런 경험을 했다. 1941년 징집된 그는 신병훈련소에서 다른 대원들과 함께 행군을 하는 동안 이상한 느낌에 사로잡혔다.

"훈련 과정의 하나였던 그 행군을 다른 대원들과 하나가 되어 수행하는 동안 생겨난 그 감정을 말로는 무어라고 정확하게 표현할 수가 없다. 지금 내 기억으로는, 그냥 지극히 평안하다는 느낌이 흘러넘치는 상태였다. 좀 더 구체적으로 말하면, 나라는 개인이 점점 더 크게 확장되는 이상한 느낌이었다. 집단적 의례 절차를 함께 실행하는 동안 나 자신이 마구 부풀어 오르고, 나중에는 인생이 사소하게 보일 정도로 점점 더 커지는 느낌이었다."[4]

기쁨의 두 번째 층은 집단적인 열광, 무언가를 기념해서 추는 춤이다. 동서고금을 통틀어 거의 모든 문화권에서 사람들은 기쁨의 순간을 리듬감이 넘치는 춤으로 축하하고 또 즐겼다. 오늘 아침 나는 정통파 유대교도인 어떤 친구의 결혼식장에 갔다 와서 이 원고를 쓰고 있다. 결혼식이 끝난 뒤 우리 남자들은 음악이 신나게 울려 퍼지는 가운데 신랑을 둘러싸고 춤을 추었다. 우리는 몸을 가깝게 밀착해서 신랑 주위를 빙빙 돌며 춤을 추었고, 신랑도 그 소용돌이 한가운데서 기뻐 펄쩍펄쩍 뛰었다. 신랑은 자기 할아버지와 친구들을 한 사람씩 그 좁은 가운데 공간으로 불러내어 자기와 함께 기쁨에 겨워 껑충껑충 뛰게 했으며 또 두 팔을 마구 휘저으며 황홀경 속에서 웃음을 터트리게 했다.

작가 제이디 스미스Zadie Smith가 1999년 런던의 한 나이트클럽에 갔던 일을 자세하게 묘사한 적이 있다. 거기에서 그녀는 친구들을 찾느라 그리고 자기 가방을 어디에다 뒀는지 찾느라 홀을 돌아다니고 있었는데, 갑자기 힙합 그룹 어 트라이브 콜드 퀘스트A Tribe Called Quest의 노래가 흘러나왔다. 그 순간을 그녀는 이렇게 묘사했다.

아주 커다란 두 눈을 가진 깡마른 한 남자가 빽빽한 인파의 바다를 가로질러 나에게 다가와 함께 춤을 추자고 손을 내밀었다. 그리고 이 남자는 똑같은 말을 몇 번이고 반복해서 물었다. "느낌이 옵니까?" 그랬다, 나도 느끼고 있었다. 우스꽝스러운 하이힐 때문에 나는 죽을 지경이었다. 이러다가 죽을지도 모르겠다는 생각에 끔찍하기만 했다. 그러나 그 와중에도 나는 〈캔 아이 킥 잇?Can I Kick It?〉이 세계 역사 가운데서도 바로 그 순간 그 자리에서 울려 퍼지고 있다는 사실에서 비롯된 어떤 기쁨에 완전히 압도되어 있었다. 노래는 이제 너바나Nirvana의 〈스멜스 라이크 틴 스피릿Smells Like Teen Spirit〉으로 넘어가고 있었다. 나는 그 남자의 손을 잡았다. 다른 생각은 아무것도 나지 않았다. 우리는 춤을 추고 또 추었다. 우리는 스스로를 기쁨에 온전히 내맡겨 버렸다.[5]

모든 기쁨이 다 그렇지만 이런 종류의 기쁨에서는 자의식의 담장이 허물어지고 사람들은 자기 주변 사람들과 함께 하나로 녹아든다. 이런 종류의 기쁨은 오로지 현재형 시제이다. 사람들은 바로 그 순간에 온전히 사로잡히며 또 그 순간 속에서 온전한 생명력으로 반짝인다.

기쁨의 세 번째 층은 보통 감정적인 기쁨이라고 말하는 것이다. 이것은 예컨대 방금 자기가 낳은 아기를 바라보는 산모의 얼굴에 피어오르는 것과 같은 갑작스러운 사랑의 분출이다. 가톨릭 평화주의자이자 사회운동가인 도로시 데이Dorothy Day는 이것을 다음과 같이 아름답게 표현했다.

"설령 내가 아무리 위대한 책을 썼더라도, 아무리 위대한 교향곡을 작곡했더라도, 아무리 아름다운 그림을 그렸더라도 또는 아무리 정교한 조각상을 조각했더라도, 내 아이를 나의 두 팔로 안았을 때보다 더 감격스러운 마음으로 창조주를 느끼지는 못했을 것이다. …… 아이가 태어났을 때 내가 느꼈던 그런 엄청난 사랑과 기쁨은 아무도 느껴 보지 못했을 것이다. 그리고 그 감정과 더불어 무언가를 숭배하고 흠모하지 않으면 안 될 것 같은 느낌이 뒤따랐다."[6]

이런 종류의 기쁨은 친밀하고 강력하다. 나는 지금으로부터 10년도 더 지난 일을 가끔 얘기하곤 한다. 어느 여름날 이른 저녁이었다. 퇴근을 한 나는 자동차를 몰고 집 옆 차고 진입로로 들어섰다. 그런데 그때 나의 세 아이가 눈에 들어왔다. 당시 각각 열두 살, 아홉 살, 네 살이던 아이들은 뒷마당에서 플라스틱 공 하나를 가지고 놀고 있었다. 공을 허공에다 뻥 차고서는 서로 잡으려고 달려갔다. 아이들은 깔깔거리면서 한데 엉켜 잔디 위를 뒹굴며 유쾌한 시간을 보내고 있었다. 나는 차에서 내리지도 않고 가만히 앉아 자동차 앞 유리창을 통해 가족의 행복이라는 그 멋진 풍경을 지켜보았다. 저물어 가는 여름 햇살은 나무들 사이로 여전히 강렬하게 이글거렸다. 무슨 까닭인지 우리 뒷마당 잔디도 너무나 완벽해 보였다. 그때 나는 기쁨이 액체가 되어 마구 흘러넘치는 걸 느꼈다. 감사하는 마음을 주체할 수 없었다. 그 기쁨과 감사가 시간을 멈추어 버린 것 같았고, 가슴이 벅차올랐다. 자식을 가진 부모라면 누구나 이런 경험을 해 봤으리라 확신한다.

감정적인 기쁨은 연인 사이의 낭만적인 관계 초반에 흔히 나타난다. 연애를 시작한 지 얼마 되지 않은 연인들은 야외에서 돗자리를 깔고 앉아 서로를 바라볼 때 이런 기쁨으로 활활 타오른다. 또는 나이 들어서도 얼마든지 그럴 수 있다. 노부부는 자기 자신보다 상대방에게 더 깊이 녹아 있다고 느낄 수 있다. 행복한 결혼 생활을 하는 사람이 "그 사람과 사랑을 나눌 때면 나라는 존재는 사라져 버려"라고 말하는 걸 당신도 들어 본 적이 있을 것이다.

시인 데이비드 화이트David Whyte는 정곡을 찌른다.

기쁨은 강력한 의도와 자기 망각이 만나는 지점이며, 형식적으로는 바깥에 있는 듯이 보이는 것과 우리 내면에 놓여 있는 것이 서로 소통하는 신체적 화학 반응이다. 이제 그것은 그 어느 쪽도 아닌, 살아 움직이는 경계선, 우리와 세상 사이에서 말하는 목소리이다. 춤, 웃음, 애정, 스킨십, 자동차 안에서 노래 부르기, 부엌에 흐르는 음악, 다른 무엇으로도 대체할 수 없는 다정다감한 딸의 조용한 존재감, 우리가 예전에 자신이라고 여겼던 모습과 자신이 아니라고 여겼던 모습 사이의 어떤 가장자리로 존재하는 세상의 순수하고 도취적인 아름다움이다.[7]

기쁨의 네 번째 층은 정신적인 기쁨이다. 때로 기쁨은 움직임이나 사랑을 통하지 않고, 끝 간 데 없으며 한없이 순수한 정신으로 보이는 어떤 것과의 예상치 못한 접촉을 통해 온다. 작가 제리 루트Jerry Root가 C. S. 루이스를 인용하면서 표현했던 것처럼, 기쁨은 "모든 실체는 우상을 파괴한다"는 어떤 감각과 함께 나타난다. 이 세상은 어떤 신비로운 힘에 의해 마법에 걸린다.

미국 시인 크리스천 위먼Christian Wiman이 프라하에 살 때였다. 그는 부엌에서 일을 하고 있었는데, 채 1미터도 떨어지지 않은 창틀에 매 한 마리가 쓰윽 내려앉았다. 매는 그 자리에서 아래로 펼쳐진 나무들과 거리 너머의 건물들을 죽 훑어보았다. 그러나 아직 고개를 돌려 위먼을 바라보지는 않았다. 위먼은 꼼짝도 할 수 없었다. 그는 욕실에 있던 여자친구를 불렀고, 여자친구는 젖은 몸 그대로 그의 곁에 서서 그 매를 바라보았다.

"소원 빌어, 빨리!"

그녀가 속삭였다. 그러자 매는 고개를 돌려 위먼을 바라보며 그와 시선을 고정했다. 위먼은 자기 내면에서 무언가가 와르르 무너져 내리는 느낌을 받았다. 나중에 그는 이 순간을 소재로 시를 썼는데 다음 연이 포함되어 있었다.

그 오랜 순간 동안 내내

나는 빌고 빌고 또 빌었다

그 순간이 영원히 끝나지 않기를.

그리고 갑자기 그 순간은 사라지고 말았다.[8]

이런 종류의 정신적인 기쁨은 흔히 신비로운 분위기와 연관된다. 톨스토이의 어머니는 톨스토이가 어릴 때 죽었는데, 소년 톨스토이는 어머니의 장례식 전에 어머니의 관이 놓인 방에 혼자 있었다. 그때 그는 의자 위로 올라가서 어머니를 내려다보았고, 이때 신비롭고 이상한 평화로움을 경험했다. 이때의 경험을 그는 나중에 다음과 같이 썼다.

"나는 그렇게 어머니의 관을 바라보고 있었는데, 어느 순간 도무지 알 수도 없고 거역할 수도 없는 어떤 힘이 나를 강제로 어떻게 한다는 느낌이 들었다. 한동안 나는 내가 현실에 존재한다는 느낌을 잃어버린 채로 기쁨에 겨운 어떤 모호한 감정을 경험했다. 장엄하고 달콤하면서도 어쩐지 슬픈 감정이었다."

그런데 한 남자가 그 방으로 들어왔고, 소년은 자기가 기쁨에 겨운 표정을 하고 있으면 그가 언짢게 여길지 모른다고 생각하고는 사회적인 통념에 따르려고 울음을 터트리는 척했다.

"이 이기적인 의식은 내가 가지고 있던 비통함 속의 그 모든 진실성을 완전히 뭉개 버렸다."

우리는 지금 점점 더 높은 수준의 기쁨을 경험하는 쪽으로 올라가고 있는데, 기쁨의 다섯 번째 층은 초월적인 기쁨이다. 이것은 자연이나 우주 또는 신에 대해 느끼는 감정이다. 신학 교수 벨든 레인 Belden Lane은 《성인들을 배낭에 넣고서Backpacking with the Saints》에서 하이킹의 경험을 다음과 같이 묘사한다.

내가 야생의 자연 속으로 뛰어들 때마다 내 육체와 주변 환경은 친숙한 교환의 양상으로 서로의 내면을 넘나든다. 나는 물을 걸어 건너가고 인동덩굴 향이 가득한 공기를 들이마신다. 그렇게 걷다 보면 거미줄이 온몸에 달라붙고 들장미 가시에 찔리기도 한다. 땀 냄새를 맡고 몰려드는 각다귀가 입안으로 날아들어 나도 모르게 삼킨다. 내가 걸어가는 지면의 바위가 신발을 통해 느껴진다. 어디 까지가 나이고 나 아닌 다른 모든 것은 또 어디에서부터 시작되는 지 언제나 명확하지 않다. '나'라는 존재의 영역은 내 피부라는 고 정된 경계선에 국한되지 않는다.[9]

이런 초월적인 순간들은 기껏해야 몇 분밖에 지속되지 않지만, 이 짧은 순간이 평생을 바꾸어 놓을 수 있다. 사람들은 자기가 사물의 감추어진 실체를 들여다보고 있다는 감각을 느낀다. 그래서 더는 예 전처럼 동굴 벽에 어른거리며 춤추는 그림자를 바라보는 데 만족하 지 않는다. 사상가이자 시인인 랠프 월도 에머슨Ralph Waldo Emerson은 이런 초월의 순간들을 하나의 철학으로 완성했다.

"벌거벗은 대지에 선다는 것, 즉 내 머리가 쾌활한 공기로 목욕을 하고 무한한 우주 속으로 들어 올려진다는 것은 이기주의가 사라 진다는 뜻이다. 나는 투명한 눈동자가 된다. 나는 아무것도 아닌 무

無의 존재가 된다. 나는 모든 것을 바라본다. 우주적인 존재Universal Being의 흐름이 나를 통해 순환한다."

이런 종류의 기쁨은 비록 고될지 몰라도 기분 좋은 갈망이다. 이것은 영원한 어떤 것을 맛보는 데서부터 시작된다. C. S. 루이스는 이런 기쁨을 갈망의 만족이 아니라 갈망 그 자체라고 했다. 성 아우구스티누스Saint Augustinus는 신의 사랑을 유쾌하고도 강렬한 갈망이라고 느꼈다.

"당신은 나를 부르고, 나에게 고함을 지르고, 나의 닫힌 귀를 뚫고 들어옵니다. 당신은 불길처럼 활활 타올라서 나의 눈멂을 지워 버립니다. 당신이 향기를 아낌없이 흩뿌려 나는 숨이 멎을 지경입니다. 그리고 지금 나는 당신을 갈망하고, 당신을 맛보고, 또 지금 나는 목이 마르고 배가 고픕니다. 당신은 나를 만집니다. 나는 당신의 평화를 애타게 그리워합니다."

다른 사람들 역시 설령 종교적이지는 않다 하더라도 사랑이 자기 온몸에 햇살처럼 내려앉는 순간을 경험한다. 철학자 줄스 에번스Jules Evans는 스물네 살 때 스키를 타다가 약 9미터 높이의 절벽에서 떨어져 한쪽 다리와 척추가 부러지는 사고를 당했다.

"그렇게 떨어져 누워 있을 때 무한한 사랑과 빛 속에 내가 푹 잠겨 있다는 느낌이 들었다. 그때까지 6년 동안 나는 이런저런 정서적인 문제로 고통받고 있었으며, 혹시 나의 자아가 영원히 치유되지 못할 정도로 손상된 게 아닐까 하고 두려워하던 차였다. 그런데 바로 그 순간, 나에게는 아무런 문제가 없으며, 나는 충분히 많은 사랑을 받고 있으며, 또 결코 손상될 수 없는 어떤 것, 즉 '영혼'이나 '나 자신'

'순수한 의식' 같은 것이 내 안에 있음을 깨달았다."[10]

2016년 리서치 기관인 갤럽이 미국인을 대상으로 일상적인 자아를 초월해서 무한한 존재와 연결되어 있다고 느끼는 어떤 신비로운 경험을 한 적이 있는지 물었다. 그런데 응답자 중 84퍼센트가 그런 경험을 한 번 이상 했다고 대답했으며, 75퍼센트는 그런 경험 내용을 공개적으로 말하지 못하도록 막는 사회적인 금기가 존재한다고 대답했다.

도덕적인 기쁨

—

그리고 마지막으로 말하고 싶은 가장 높은 층의 기쁨이 있는데, 이것을 나는 도덕적인 기쁨이라고 부른다. 이것이 최고 형태의 기쁨인데, 이렇게 말할 수 있는 이유 가운데 하나는, 이런 종류의 기쁨은 기쁨을 회의적으로 바라보는 사람들조차 반박하거나 설명할 수 없기 때문이다. 즉 회의론자들은 다른 모든 종류의 기쁨은 그저 뇌 속에서 특이한 형태로 일어나서 이상한 감각을 형성하는 어떤 화학 반응일 뿐이라고 반박할 수 있다. 그러나 도덕적인 기쁨은 다른 종류의 기쁨들과 구별되는 특별한 기능을 가지고 있다. 바로 이 기쁨은 영원할 수 있다는 사실이다. 어떤 사람들은 하루하루를 기쁨에 넘쳐서 살아간다. 그들이 하는 일상적인 행동들은 그들의 궁극적인 헌신과 일치한다. 이들은 자기 자신을 온전하게 내려놓은 사람들이다. 이들은 너무나 감사한 나머지 자기가 있어야 할 자리와 자기가 해야 할 처신을 발견한 사람들이다. 이들은 내면의 빛을 가진 사람들이다.

프란치스코 교황Pope Francis이 이런 내면의 빛을 가지고 있는 것 같고, 또 데즈먼드 투투Desmond Tutu 주교(남아프리카공화국의 인종 차별 정책에 항거하고 인권을 보호하기 위해 노력한 공로로 1984년 노벨 평화상을 받았다-옮긴이)와 폴 파머Paul Farmer(하버드대학교 의학대학원 국제보건 및 사회의학과 학과장으로 재직 중인 의료인류학자이자 의사, 교수이다. 세계 여러 나라 가난한 사람들의 질병 치유와 불평등한 사회 구조 문제 해결에 힘쓰고 있다-옮긴이)도 마찬가지다. 할렘 지구 빈곤층 어린이의 보건과 교육을 위한 비영리 단체인 '할렘 칠드런스 존Harlem Children's Zone'을 설립한 교육자이자 활동가인 제프리 캐나다Geoffrey Canada와 위대한 첼로 연주자인 요요 마Yo-Yo Ma도 그렇다. 나는 언젠가 워싱턴에서 달라이 라마와 점심 식사를 한 적이 있다. 달라이 라마는 그 시간 동안 특별히 심오하거나 깨우침을 주는 말을 하지는 않았지만, 별 이유 없이 여러 번 큰 소리로 웃곤 했다. 그래서 나도 따라서 웃었고, 그러자 그는 더욱 웃었고, 그래서 나도 또 웃었다. 그는 유쾌한 사람이었다. 격정을 드러내는 것이 그에게는 휴식 상태인 셈이었다.

이런 종류의 도덕적 기쁨은 사회심리학자들이 "도덕적 고양moral elevation"이라고 부르는 것이 파도처럼 밀려오는 데서 시작될 수 있다. 예를 들어 사회심리학자인 조너선 하이트Jonathan Haidt가 수행한 어떤 심리 조사에서 한 연구자가 구세군 자원 봉사 활동을 하던 여성을 인터뷰했다. 어느 겨울날 아침 그녀는 교회 사람들과 함께 자원 봉사를 했는데 한 사람이 자기 자동차로 일행 몇 명을 집까지 태워 주겠다고 했다. 그날 아침 눈이 많이 내린 터라 자동차가 조심스럽게 길을 따라 가는데 어떤 노파가 눈삽을 들고 자기 집 진입로에 쌓인 눈을 치우는 게 보였다. 그런데 다음번 교차로에서 자동차 뒷자리에 탄 한 사람이 내려 달라고 했다. 그 사람 집이 거기에서 멀지 않았기에 아무도 이상하게 여기지 않았다.

그런데 이 사람은 자기 집이 아니라 반대쪽으로 향해 아까 그 노파에게 다가갔다. 그러고는 노파에게서 삽을 건네받아 대신 눈을 치우기 시작했다. 함께 자동차에 타고 그 광경을 목격했던 여성은 그때를 이렇게 회상했다.

"차에서 내려 그 사람을 꽉 껴안아 주고 싶었어요. 노래를 부르며 신나게 달리는 느낌, 또는 깡충깡충 뛰면서 소리 내어 깔깔 웃는 느낌이었습니다. 무언가 싱싱하게 살아 있는 느낌. 사람들에게 무언가 좋은 말을 들려주는 느낌이었습니다. 아름다운 시나 사랑 노래의 가사를 쓰는 느낌. 눈 속에서 어린아이처럼 뛰어노는 느낌. 그 남자가 한 일을 모든 사람에게 알리고 다니는 그런 느낌이 들었어요.……내 정신은 한껏 고양되었습니다. 나는 기쁨에 겹고 행복하고 미소가 떠오르고 활력이 넘쳤습니다. 기숙사에 도착해서는 친구들에게 달려가 그 얘기를 했고, 친구들도 감동했습니다."

하이트가 지적하듯이 도덕적 고양의 강력한 순간들은 정신적인 리셋(재설정) 버튼을 눌러서 모든 냉소적인 감정들을 싹 쓸어버리고 그 자리를 희망과 사랑과 도덕적인 영감으로 채우는 것 같다. 이런 고양의 순간들은 활력을 불어넣는다. 그래서 사람들은 자기 역시 어떤 좋을 일을 하겠다는, 두렵지만 실천하고 희생해서 다른 사람들을 돕겠다는 강력한 동기 부여를 느낀다.

사람들이 관대함을 실천하는 것을 일상의 한 부분으로 삼을 때 그들은 자기 자신을 새롭게 규정한다. 인격이 흥미로운 점은 인체의 다리뼈처럼 거의 변하지 않는 게 아니라는 데 있다. 사람의 본성은 마음처럼 얼마든지 변할 수 있다. 당신이 하는 모든 행동과 생각은 당신을 바꾸어 놓는다. 그게 아무리 작은 변화라고 해도 당신은 바뀌며, 거기에 따라서 당신은 조금씩 더 고양되거나 또는 타락한다. 만일 당신이 일련의 선행을 한다면 이타적인 습관이 점점 더 당신의 생활에 깊게 각인된다. 그래서 살아갈수록 선행을 하는 일이 점점 더 쉬워진다. 하지만 만일 누군가에게 거짓말을 하거나 사악한 행동이나 잔인한 행동을 할 때는 인격이 타락하고, 나중에는 훨씬 더 나쁜 행동도 더 쉽게 하게 된다. 범죄학자들의 말을 빌리자면 살인을 저지르는 사람은 처음부터 살인을 하지 않는다. 수많은 악행의 문을 거친 뒤에야 비로소 다른 사람의 생명을 빼앗는 지점까지 다다를 수 있다.

영원한 기쁨을 발산하는 사람은 깊고 따뜻한 사랑의 헌신을 실천하는 삶에 자기 자신을 내놓은 사람이다. 이런 사람은 베푸는 일이 본성이 되고, 자기 영혼을 조금씩 더 눈부실 만큼 강렬하게 만든다. 우리 정신의 내면으로부터 흘러 나가는 무언가가 있다. 어떤 사람들에게 이것은 공포나 불안인 반면, 우리가 기쁨에 넘쳐 나는 유쾌한 사람이라고 부르는 어떤 사람들에게 이것은 주로 감사와 환희와 친절함이다.

이렇게 빛나는 사람이 되려면 인격을 어떻게 다듬어야 할까? 당신은 어쩌면 밝은 인격이란 부담에 시달리지 않는 삶, 즐거움과 기쁨이 끊이지 않는 삶에서 비롯된다고 생각할지도 모른다. 그러나 기쁨에 넘치는 사람들을 자세히 살펴보면, 가장 눈부시게 밝은 영혼을 가진 사람일수록 가장 무거운 짐을 진 사람인 경우가 매우 많다는 사실을 알 수 있을 것이다.

작가 벤저민 하디Benjamin Hardy는 세 아이를 입양하기로 결정한 과정을 어떤 잡지에서 이렇게 설명한다.

"그런 개인적인 짐을 떠안기 전만 하더라도 내 성향은 자기만족적이고 무사안일한 편이었다. 나에게는 긴박함이란 게 없었다. 앞으로 나아가고자 하는 동력이 없었다. 쉽고 편한 삶은 성장과 행복으로 나아가는 길이 아니다. 오히려 반대이다. 무사안일한 삶은 진창에 빠진 혼란스러운 삶으로 이어진다."

세 아이를 입양한다는 것은 그러지 않을 경우에는 몰랐을 좌절과 불안과 피곤함을 알게 되고 또 그 때문에 고통당할 것임을 뜻한다. 하지만 그것이 다가 아니다. 이 일은 신나고 달콤한 경험을 하게 된다는 뜻이며, 또 누군가를 보살피는 사랑을 주고받는다는 뜻이기도 하다. 행복은 다른 것 없이도 맛볼 수 있다. 그러나 영원한 기쁨은 온갖 시달림과 파란만장한 삶 속에서 나온다. 행복은 어떤 개인적인 바람이 충족될 때 나타나지만, 영원한 도덕적 기쁨은 어떤 바람이 다른 사람들을 향할 때 나타나는 것 같다.

그레고리 보일Gregory Boyle 신부는 로스앤젤레스에서 폭력배들을 보살피면서 자기를 위한 삶과 타인을 위한 삶의 차이를 포착한다.

"본질적으로 연민이라는 것은 언제나, 과도한 자기 집착의 좁은 세상에서 벗어나서 다른 사람들과 함께하는 더 넓은 세상으로 나아가는 것이다."

이것은 피하려야 피할 수 없는 삶의 진리이다. 자기를 알고자 한다면 자기를 버려야 한다. 자기를 내려놓을 때 비로소 모든 것을 가질 수 있다.

기쁨이 넘치는 이런 종류의 봉사하는 삶은 보기 드물다고 사람들은 보통 생각한다. 그러나 2018년 봄에 나는 애스펀연구소Aspen Institute(가치 중심의 리더십과 아이디어 교환을 위해 1949년 설립된 국제 비영리 연구소-옮긴이)에서 어떤 프로젝트 하나를 시작했다. '위브: 사회적 얼개 짜기 프로젝트Weave: The Social Fabric Project'라는 이 프로젝트의 기본적인 발상은 건강한 공동체 건설과 인간관계 회복을 위한 풀뿌리 작업을 하는 사람들에게 관심을 기울이자는 것이다. 그런데 놀랍게도 이 프로젝트 과정에서 눈부시게 밝은 인격을 가진 사람들이 거의 날마다 내 주위에 득실거렸다.

휴스턴에 사는 스테퍼니 흐루제크는 방과 후 학습 프로그램인 패밀리포인트FamilyPoint에서 아이들과 함께 바닥에 양반다리를 하고 앉아서 유쾌한 목소리로 발음하기 어려운 말을 연습한다. "자, 지금부터 '유니크 뉴욕Unique New York'이라고 열 번 빠르게 말하세요!"

콜로라도에 사는 케이트 가빈은 소말리아 난민 아이들이 지역 학교에서 교육받을 수 있도록 도움을 주고 있는데, 이 아이들은 그녀를 만날 때마다 기쁨에 차서 반가운 환호성을 질러댄다. 노스캐롤라이나에 사는 돈 플로는 자동차 대리점을 여러 개 소유하고 있는데, 윈스턴세일럼에 자기가 세운 커뮤니티 센터를 보여 주면서 은근한 만족감을 발산하고 있다. 또 부동산 중개업자인 할런 크로는 자기 주위 사람들이 조금이라도 더 편안한 마음을 가지게 하려고 매 순간 노력한다.

루이지애나의 슈리브포트에 '국제 공동체 재생Community Renewal International'이라는 단체가 있는데, 이 단체의 설립자는 맥 매카터이다. 칠십 대인 그는 어떤 커피숍에든 처음 가면 거기 있는 모든 사람의 이름을 외우고 그들을 위해 재미있는 농담이나 이야기를 하나 한다. 그리고 그 커피숍에 세 번째로 갈 때는 거기 있는 모든 사람의 친구가 되어 있고, 다섯 번째로 갈 때는 사람들이 그에게 결혼식 주례를 부탁한다. 사람들은 그가 있는 곳 주변에 함께 있기를 원하는데, 그에게서 늘 기쁨이 넘치기 때문이다.

나는 이런 인생을 살아가는 사람들에게 무엇이 그들의 삶에 기쁨을 가져다주는지 물었다. 대답은 언제나 동일한 것의 변주였다. 그것은 바로 '자기가 다른 사람에게 기쁨을 가져다주는 순간'이었다. 헬렌 켈러Helen Keller는 이렇게 썼다.

"자기 자신을 잊어버리고 다른 사람을 생각하는 데 기쁨이 깃들어 있다. 그래서 나는 다른 사람들의 눈에서 반짝이는 빛을 나의 태양으로 삼으려 노력한다. 또한 다른 사람의 귀에 들리는 음악을 나의 교향악으로, 다른 사람의 입술에 피어나는 미소를 나의 행복으로 삼으려 노력한다."

예일대학교 교수이자 신학자인 미로슬라브 볼프Miroslav Volf는 기쁨을 전문 연구 주제로 삼았다. 기쁨은 저 혼자 존재하는 감정이 아니라고 그는 결론 내린다. 기쁨은 잘 살아온 인생의 왕관이다.

"기쁨은 단지 훌륭한 인생의 외적인 어떤 장식물, 즉 케이크 휘핑

크림 위에 놓인 민트 잎이 아니다. 훌륭한 인생은 기쁨을 통해 바깥으로 드러난다. 기쁨은 잘 살아가고 또 잘 이끌어져 가는 인생의 정서적인 차원, 이런 인생에 대한 긍정적인 정서 반응이다."[11]

행복은 첫 번째 산에 있는 사람들이 설정하는 당연한 목표이다. 그리고 행복은 위대한 것이다. 그러나 우리에게 인생은 단 한 번밖에 없다. 그러므로 우리는 인생을 한층 더 큰 어떤 것을 구하는데, 즉 행복을 즐기되 행복을 넘어 기쁨으로 나아가는 데 사용해야 마땅하다.

행복은 개인적인 경향이 있다. 그렇기 때문에 우리는 "당신은 행복합니까?"라는 질문으로 행복을 측정한다. 이에 비해 기쁨은 자기를 초월하는 경향이 있다. 즉 기쁨은 예상치 못하게 나타나서 우리를 덮치는 어떤 것이다. 행복은 어떤 일을 성공적으로 수행한 데서 비롯되지만, 기쁨은 남에게 무언가를 베푸는 데서 비롯된다. 행복은 서서히 사라진다. 우리는 우리를 행복하게 해 준 것들에 익숙해진다. 하지만 기쁨은 사라지지 않는다. 기쁨을 가지고 사는 것은 경이로움과 감사와 희망을 가지고서 사는 것이다. 두 번째 산에 있는 사람들은 예전의 모습에서 완전히 달라진 사람들이다. 이들은 깊이 헌신하는 삶을 살아간다. 이들이 내뿜는 사랑은 우리 모두에게 변함없이 꾸준한 힘이 되어 준다.

PART 1

두 개의 산

Chapter 1

가장 바람직한 삶은 어떤 삶인가

우리는 모두 하나다

—

젊은 시절 텔레비전 시사평론가로 활동할 당시 나는 지금은 〈PBS 뉴스아워PBS NewsHour〉라고 부르는 프로그램의 공동 기획자인 짐 레러Jim Lehrer와 함께 일했다. 방송에서 뉴스 보도를 할 때 그의 표정은 늘 온화하면서도 초연했는데, 그가 그런 표정을 유지한 것은 자기 자신이 아니라 뉴스가 이야기의 중심이 되어야 한다고 생각했기 때문이다. 하지만 카메라가 비추지 않을 때면 속마음이 그대로 드러나는 온갖 표정을 지어 보였다. 우리 코너에서 내가 터무니없는 얘기나 싸구려 발언을 하기라도 하면 그는 실망감으로 입을 삐죽거렸다. 그러나 내가 적절하거나 점잖거나 재미있는 발언을 하면 그의 두 눈은 즐거움으로 반짝거렸다. 10년 동안 몹시 존경하는 사람과 함께 일하면서 나는 그의 입이 삐죽거리지 않고 그의 눈이 즐거움에 반짝거릴 수 있도록 처신하려고 노력했다.

레러가 나에게 이러저러하게 행동하라고 구체적인 말로 지적한 적은 한 번도 없었다. 대신에 그는 이런 무언의 미묘한 방식으로, 〈뉴스아워〉가 설정하고 있는 올바름의 기준에 부합하도록 나를 훈련시켰다. 그런데 레러는 나에게만 이런 태도를 취한 게 아니었다. 그 프로그램에 참여하는 모든 사람에게 그렇게 했다. 매번 그랬고, 그의 이런 모습은 많은 세월이 지나도 변하지 않았다. 이런 식으로 그는 〈뉴스아워〉의 존재 방식, 즉 특정한 가치들을 우선시하고 특정한 방식들을 기대하는 어떤 도덕 생태계moral ecology를 만들었다. 레러는 은퇴한 지 이미 여러 해가 지났지만 그가 만들어 낸 문화는 지금도 여전히 〈뉴스아워〉를 규정하고 있다.

우리는 모두 특정한 도덕 생태계 안에서 성장한다. 누구나 자신이 삶을 영위하는 방식과 주위 사람들에게 영향을 미치는 분위기로 자기 주변에 소집단 문화를 만들어 낸다. 사람이 남길 수 있는 가장 위대한 유산 가운데 하나가 도덕 생태계이다. 이 생태계는 그 사람이 죽은 뒤에도 남아 있는, 믿음과 행동의 어떤 체계이다.

어떤 도덕 생태계들은 집이나 사무실에 국한되는 지엽적인 것인 데 비해, 어떤 것들은 모든 시대와 문명을 규정하는 광대한 것이다. 고대 그리스-로마인은 불멸의 명성과 관련된 예법을 가지고 있었다. 또 19세기 후반에 파리의 예술가들은 개인의 자유와 자유분방한 창의성을 찬양하는 보헤미안적인 풍조를 만들어 냈고, 해협 건너 영국에서는 타당성과 존중이라는 엄격한 규율이 특징인 빅토리아 시대의 도덕성이 막 형성되고 있었다. 도덕 생태계는 옷차림, 말하는 방식, 존경해야 할 것과 경멸해야 할 것, 인생의 궁극적인 목적 등을 미묘하게 규정하고 또 사람들이 그것을 따르도록 유도한다.

도덕 생태계는 어떤 특수한 순간에 제기되는 커다란 문제들에 대한 총체적인 반응이다. 예를 들어 20세기 중반에 북반구 사람들은 엄청난 경기 불황과 세계를 뒤흔든 전쟁을 겪었다. 커다란 문제들은 커다란 제도적 대응을 요구했다. 사람들은 군대에 가고, 노동조합을 조직하고, 거대 기업에서 일했다. 그들은 전쟁을 치르는 국가의 구성원으로서 단단하게 결속했다. 그랬기에 자기에게 주어진 의무를 다하고, 제도에 자기를 맞추며, 집단의 뜻에 따르고, 권위에 복종하며, 자기주장을 너무 강하게 내세우지 않으려 하는 문화가 형성되었다. 개인보다 집단을 우선시하는 이 도덕 생태계는 "우리는 모두 하나다 We're All in This Together"라는 문구로 요약할 수 있다.

1950년대 미국 시카고와 그 주변의 여러 공동체들을 다룬 책인 앨런 에런홀트Alan Ehrenhalt의 《잃어버린 도시The Lost City: Discovering the Forgotten Virtues of Community in the Chicago of the 1950s》가 이 문화의 정신을 멋지게 포착했다. 당시에는 개인적인 선택에 그다지 많은 강조점이 주어지지 않았다. 어니 뱅크스(1950~1960년대 메이저리그를 대표했던 선수로 1977년 명예의 전당에 헌액되었다-옮긴이) 같은 스타 야구 선수조차 자유 계약 선수가 되는 선택권을 가지고 있지 않았다. 그는 30년 가까운 세월 동안 시카고 컵스 소속으로만 뛰었다. '잘못된' 억양이나 '잘못된' 피부색 또는 '잘못된' 성 정체성을 가지고 있다면 시내의 멋진 건물에서 일할 수도 없었다. 당시 사람들은 한곳에 진득하게 붙어 있는 경향이 있었다. 그들은 자기가 속한 기관이나 조직을 위해 자기에게 주어진 의무를 다했다.

만일 당신이 시카고의 사우스사이드에 살았다면 아마 당신은 아버지와 할아버지를 따라서 당시 세계 최대 제과업체였던 나비스코 Nabisco의 생산 공장에 취직했을 가능성이 높고 또 노동조합 즉 국제 제빵제과노동조합Bakery and Confectionery Workers International에 가입했을 것이다.

집은 다들 작았고 에어컨이나 텔레비전은 아직 널리 보급되지 않았다. 그래서 날씨가 따뜻할 때 사교 활동은 현관이나 골목에서 이루어졌고, 아이들은 이 집 저 집 돌아다니며 하루 종일 뛰어놀았다. 젊은 주택 소유자는 일련의 공동 활동에 몰두했는데, 에런홀트의 표현을 빌리자면 "오로지 결심을 정말 단단히 한 사람만이 바비큐 파티, 커피 모임, 배구 경기, 공동 육아 활동, 그리고 가재도구 교환하기 등과 같은 공동 활동에서 벗어날 수 있었다."

은행에 갈 때는 지역 은행인 탤먼연방저축대부은행Talman Federal Savings and Loan에 갔다. 고기를 살 때는 지역 정육점인 버투치스 Bertucci's에 갔다. 당시 미국인의 62퍼센트는 스스로 열성적인 기독교인이라고 밝혔으며(기독교는 프로테스탄트와 가톨릭을 모두 아우르는 표현이다—옮긴이), 만일 당신이 시카고 인근에 살았다면 당신은 분명 세인트닉스 교구에 가서 페네시 신부가 라틴어로 집전하는 미사에 참석했을 것이다. 그리고 또 당신은 아마 아이들을 지역의 교구 학교에 보냈을 것이고, 아이들은 거기에서 반듯하게 줄을 맞춘 채 앉아 린치 신부의 엄격한 규율 아래 무서워 덜덜 떨었을 것이다.

만일 당신이 정치계에 입문했다면 무소속으로는 당선되지 못했을 것이다. 그러나 만일 '보스 데일리Boss Daley'(시카고 시장 직을 21년간 여섯 번 연임하면서 무소불위의 권력을 휘둘렀던 리처드 데일리Richard J. Daley를 가리킨다. 그의 아들도 22년 동안 시카고 시장 직을 역임했다-옮긴이)의 정치 조직에 가입해 상급자가 지시하는 내용을 충실하게 수행했다면 성공했을 것이다. 예를 들어 존 페어리John G. Fary는 일리노이주 하원 의원으로 있으면서 그 조직에 충성했고, 덕분에 그는 예순네 살에 연방의회 하원 의석을 보상으로 받았다. 의원이 되면 무슨 일을 할 거냐고 묻는 기자에게 그는 이렇게 말했다.

"나는 데일리 시장을 대변하는 데 힘을 보태기 위해 워싱턴에 진출할 겁니다. 나는 21년 동안 의회에서 시장을 대변했으며, 그는 언제나 옳았습니다." 페어리는 자신에게 주어진 의무를 다했다.

이런 정신이 왕성한 공동체적 삶의 자양분이었는데, 오늘날에도 많은 사람들이 그런 삶을 갈망한다. 당시에는 누가 출신지가 어디냐고 물을 때면 그냥 "시카고"라고 대답하지 않고, 예컨대 "59번가 펄래스키"라고 자기가 구체적으로 활동하던 곳의 도로명을 말하곤 했다. 시카고는 마을들의 집합체였던 것이다.

이 도덕 생태계는 나름대로 많은 미덕을 가지고 있었다. 겸손함과 과묵함과 자기를 내세우지 않는 것을 강조했다. 자기는 다른 어떤 사람보다 더 낫지도 않지만 그렇다고 해서 그 누구도 자기보다 낫지는 않다는 게 기본적인 메시지였다. 그것은 자기애(이기주의나 자아도취)란 수많은 악의 뿌리라고 주장했다. 만일 어떤 사람이 자기 이야기를 지나치게 많이 하면 사람들은 교만하다고 여기고 그에게서 등을 돌렸다.

물론 이 문화에는 잘못된 점들도 있었는데, 그 때문에 이 문화는 결국 폐기되고 말았다. 이 도덕 생태계는 인종 차별주의와 반反유대주의를 용인했다. 주부들은 가사에 짓눌리고 성차별에 질식했으며, 전문직 여성들은 유리 천장에 가로막혔다. 1963년에 사회심리학자인 베티 프리던Betty Friedan은 아직 아무런 이름도 가지고 있지 않던 어떤 문제를 묘사했는데, 이 시도는 많은 여성들이 어쩔 수 없이 살아가던 지겨운 삶을 깨뜨렸다(프리던은 여성 정치 세력화 운동의 대모로서 미국 최대 여성 운동 단체인 미국여성기구NOW를 비롯해 미국낙태권행동연맹NARAL, 미국여성정치회의NWP를 발족시켰다-옮긴이). 프리던이 주창한 이 문화는 남성성을 정서적으로 냉정하게 규정했다. 남성은 자기 아내와 아이를 사랑하는 마음을 제대로 표현하지 못한다고 말이다. 음식도 따분하기 짝이 없었다. 사람들은 집단 획일성의 압박에 넌더리를 냈으며 지역 여론의 참을 수 없는 압제에 몸서리를 쳤다. 많은 사람들이 자기에게 주어진 사회적 역할을 수행했지만 속으로는 죽어 있었다.

존 스타인벡의 1962년 소설 《찰리와 함께한 여행Travels with Charley》에는 이런 공동체적인 문화가 어떻게 해서 웃음기라고는 찾아볼 수 없는 메마른 생활로 많은 사람들을 몰아넣었는지 묘사하는 장면이 나온다. 반려견 찰리를 데리고 국토 횡단 여행을 하던 중 시카고에 도착한 스타인벡은 당장 씻고 휴식을 취할 호텔 방이 절실히 필요했다. 그런데 호텔 매니저가 그에게 내줄 수 있었던 유일하게 남은 방은 아직 청소도 되어 있지 않았다. 하지만 스타인벡은 그 방을 쓰겠다고 말한다.

스타인벡이 방문을 열자 먼젓번 손님이 두고 간 온갖 쓰레기가 눈에 들어왔다. 버려진 세탁물 영수증을 보고 스타인벡은 그 남자(스타인벡은 그를 "외로운 해리"라고 불렀다)가 코네티컷주 웨스트포트에 산다고 유추한다. 책상에는 그 남자가 쓰다 만 편지가 놓여 있었다.

"당신도 여기 나와 함께 있으면 좋을 텐데……. 여기는 외로운 도시요. 당신, 내 커프 링크스 챙겨 주는 걸 잊어버렸소."

해리의 아내가 그곳에 가지 않은 건 정말 다행이다. 하이볼 글라스와 재떨이를 반쯤 채운 담배꽁초에는 립스틱 자국이 묻어 있으니 말이다. 침대 옆에 떨어진 머리핀으로 보건대 그 방에 있었던 여자의 머리칼은 흑갈색이다. 스타인벡은 그 여자를 루실이라고 생각하기 시작한다. 해리와 루실은 잭 대니얼스 한 병을 함께 몽땅 비웠다. 침대에 놓인 두 번째 베개는 사용되긴 했지만 잠자는 데 쓰지는 않았다. 립스틱 흔적이 없는 것을 보면 그렇다. 여자는 해리가 취하도록 하면서 자기 잔의 위스키는 책상에 놓인 붉은 장미 꽃병에 몰래 버렸다. 계속해서 스타인벡은 다음과 같이 쓴다.

"해리와 루실이 무슨 얘기를 나누었을지 궁금하다. 과연 여자는 남자를 덜 외롭게 해 주었을지 궁금하다. 아무래도 그랬을 것 같지는 않다. 두 사람은 그저 쉽게 상상할 수 있는 그 일만 했던 게 아닐까 싶다."

해리가 술을 너무 많이 마시고 취했던 게 잘못이다. 스타인벡은 쓰레기통에서 소화제 텀스 포장지와 욕실에서 두통약 브로모셀처 알약을 쌌던 은박 튜브를 발견한다. 예상할 수 없는 어떤 일이 있었던 흔적은 아무것도 없다고 스타인벡은 썼다. 진정한 즐거움의 흔적도 없었고 마음에서 우러나온 기쁨의 흔적도 없었다. 그저 외로움뿐……. 그래서 스타인벡은 "해리를 생각하니 슬픈 마음이 든다"라고 결론 내린다. 이것은 영혼이 어떤 조직에 생기 없이 복무하며 살아갈 때 나타나는 일이었다. 사람들은 충족감을 못 느꼈을 뿐 아니라 심지어 무언가를 느끼는 기능마저 잃어버렸다.

당시에도 획일성에 대한 비판적인 언급이 제법 많긴 했다. 회색 플란넬 양복을 입고서 무감각하게 그저 높은 지위만 좇으며 오로지 조직의 일원으로만 살아가는 것이 영혼을 말살한다고 말이다. 집단이 개인을 깔아뭉개고 있으며, 사람들은 진정한 자아의식이라곤 없는 하나의 숫자가 되어 버렸다는 인식이 존재했던 것이다.

나는 자유다
—

스타인벡이 《찰리와 함께한 여행》을 발표한 시점은 대략 "우리는 모두 하나다"라는 전후의 도덕 생태계에 사람들이 반발해 그 자리를 새로운 도덕 생태계로 교체하기 시작하던 무렵이었다. 도덕 생태계들의 행진은 보통 진보의 이야기, 즉 앞선 것의 케케묵음에 대한 이성적인 대응이다. 그럼에도 불구하고 이 진보는 울퉁불퉁한 종류의 진보이다.

흔히 이것은 지리학자인 루스 디프리스Ruth DeFries가 "성장의 톱니바퀴ratchet→성장을 방해하는 도끼hatchet→성장의 톱니바퀴를 다시 돌게 하는 새 중심축pivot→새로운 성장의 톱니바퀴→ ……"라고 부르는 패턴 속에서 일어난다. 사람들은 자기가 처한 순간의 문제들을 해결하는 데 도움이 되는 도덕 생태계를 창조한다. 이 생태계가 먹혀들고, 사회는 성장의 톱니바퀴를 타고서 상승한다. 그러나 시간이 지나면 이 생태계는 새롭게 제기되는 문제들을 제어하는 데 더는 유효하지 않게 된다. 낡은 문화는 점점 더 완고해지고, 반反문화의 구성원들은 도끼를 들고 낡은 문화를 깨부순다. 그리고 제각기 다른 도덕적 질서들이 새로운 문화로 자리 잡을 최후의 승자 자리를 놓고 경쟁하는 혼란의 시기가 이어진다. 이런 순간들(프랑스혁명이 일어난 1848년, 러시아혁명이 발발한 1917년, 세계 곳곳에서 권위주의 정권에 맞선 사회운동이 전개된 1968년, 그리고 지금)에는 우울한 기분이 들며 사회가 솔기 터지듯 분열하고 파탄 나는 느낌이 들기 십상이다. 거대하며 심지어 무자비하기까지 한 정화淨化의 전쟁들, 어떻게 사는 것이 가장 바람직한지를 놓고 펼쳐지는 온갖 전투들이 전개된다. 그러다가 결국 사회는 새로운 도덕 생태계, 옳고 그름을 판별하는 새로운 가치 기준들을 마련하고 안정된다. 이렇게 해서 새로운 가치 기준들이 마련되면 새로운 성장의 톱니바퀴가 작동하고 진보의 휘청거리는 발길은 또 한 걸음 앞으로 나아간다.

어떤 사회에서 문화가 바뀐다 하더라도 사회의 모든 구성원이 한꺼번에 다 달라지지는 않는다. 우리가 사는 사회는 매우 크고 또 다양한 사회이다. 그러나 평균적인 행동은 바뀐다. 어떤 욕구나 가치는 우선시되지만 다른 것들은 그렇지 않다. 과거에 칭송받던 것들이 경멸의 대상으로 전락하고, 예전에 별 볼 일 없던 것들이 찬양의 대상이 된다.

나는 이런 순간들에 누가 이 변화를 이끄는지 강조하고자 한다. 지금 우리가 처한 순간에는 그것이 타당하기 때문이다. 이런 종류의 변화를 이끄는 이들은 정치인이 아니다. 바로 도덕적 활동가들과 문화 분야의 선구자들이 그 변화를 이끈다. 이런저런 방식과 관습의 꼴을 만드는 이 사람들이야말로 인류의 진정한 입법자들이다. 이들은 가장 강력한 힘과 영향력을 행사한다. 이런 변화는 보통 어떤 하위문화에서부터 시작된다. 창의적인 개인들이 모인 소집단은 현재의 도덕 생태계가 압제적이며 사람들을 소외시킨다는 사실을 깨닫는다. 그래서 이들은 역사로 되돌아가 더 나은 삶의 방식을 제공하는 것으로 보이는 과거의 도덕 생태계를 업데이트한다. 이들은 다른 사람들이 매력적으로 여기는 어떤 라이프 스타일을 창조한다. 만일 사람들이 저마다 동참하고 싶어 하는 어떤 사회 운동을 당신이 창조할 수 있다면, 사람들은 자기가 가진 역량과 아이디어를 당신에게 쏟아 낼 것이다.

비교신화학자인 조지프 캠벨Joseph Campbell이 저널리스트 빌 모이어스Bill Moyers와 가진 인터뷰에서 말했듯이, 행위에는 두 가지 유형이 있다. 우선 신체적인 행위가 있다. 전쟁에서 용감한 행위로 어떤 마을을 구하는 영웅이 그런 예에 속한다. 그러나 또한 정신적인 영웅도 있다. 정신적인 삶을 경험하는 새롭고 더 나은 길을 발견한 다음, 사람들에게 돌아와 자기가 발견한 것을 알려 주는 사람이 이런 영웅에 해당한다. 소설가이자 철학자인 아이리스 머독Iris Murdoch의 말을 빌리자면 "사람은 자기 스스로 어떤 그림을 그린 다음 그 그림을 닮으려고 하는 피조물이다."[1]

1960년대 히피 공동체의 청년 소집단들은 과거로 돌아가서 장발, 젊음, 반역, 혁명, 개방적인 성 풍속 등을 선호하며 부르주아적인 모든 것을 거부하는 보헤미안 문화를 빌려 왔다. 시간이 흐르면서 이들은 우드스톡 페스티벌의 열광적인 팬들, 반항아들, 뉴에이지 선구자들이 되었고, 나중에는 부르주아적인 보헤미안이 되었다. 이들은 1950년대의 (조직에 헌신하여 주체성을 상실한) '조직 인간Organization Men'과는 완전히 다른 옷차림을 했고 말투도 달랐다. 인간관계 또한 다르게 맺었고 일상적인 삶의 방식들도 다르게 꾸렸다.

한때 권위에 대한 존중의 표시였던 것이 이제는 권위를 거부하는 것이 되었다. 예전에는 과묵함이 미덕이었지만 이제는 활발한 자기 표현이 칭송받았다. 예전에는 인생이란 한곳에 붙박인 채로 세대의 주기가 반복되는 것으로 인식했지만, 이제 인생은 탁 트인 길에서 펼쳐지는 여정이라고 여기게 되었다. 예전에는 지배적인 사회 기풍이 자신에게 주어진 의무를 다하는 것이었지만, 이제는 자기 자신의 일을 하는 것이 되었다. 예전에는 집단이 먼저였지만 이제는 개인이 먼저였다. 예전에는 의무를 가장 높이 쳤지만 지금은 개인적인 자유를 가장 높이 친다.

《찰리와 함께한 여행》이 발표되었던 1962년 바로 그해에 급진적인 학생 한 무리가 미시간주 포트휴런에 집결했다. 당시 이들의 당면 목표는 북부의 인종 차별에 맞서 싸우는 것이었지만, 이들의 행동은 예상보다 훨씬 큰 충격을 사회에 던졌다. 그들은 그 회합 직전에 '민주사회학생연합Students for a Democratic Society, SDS'이라는 단체를 결성하고 포트휴런 성명서를 작성했는데, 이 성명서가 다가올 새로운 도덕 생태계가 어떤 것일지 잘 일러 주는 지표였음이 나중에 드러났다. 성명서에는 다음 내용이 포함되어 있었다.

"인간과 사회의 목표는 마땅히 인간의 독립성이 되어야 한다. 이것은 인기에 영합하는 이미지로 덧칠되어서는 안 되며, 개인에게 진정한 가치가 있는 인생의 어떤 의미를 찾는 것이 되어야 한다. …… 이런 종류의 독립은 자기중심적인 개인주의를 뜻하지 않는다. 자기 마음대로 하는 것이 아니라, 진짜 자신의 길을 가는 것, 그것이 목표이다."

기본적으로 1960년대 반문화는, 수백 년 동안 낭만주의적 반문화들 주변에서 수없이 거론되었던 표현적 개인주의expressive individualism를 채택해서 이것을 현대적인 삶의 주류 방식으로 만들어 놓았다.

"우리는 모두 하나다"가 집단에 관한 것이었다면 이 새로운 도덕 생태계는 자유와 자율성과 진실성에 관한 것이다. 이 새로운 도덕 생태계를 "나는 자유다I'm Free to Be Myself"라는 문구로 표현할 수 있다. 때때로 '이기주의selfism'라 불려 온 이 개인주의적인 정신이 베이비부머들에게 모유와 함께 주입되었고, 나중에 죽어서야 신체의 모든 구멍들을 통해 배출될 터였다. 이것은 해방의 이야기이다. 이 발상은 도그마, 정치적 억압, 사회적 편견 그리고 집단적 획일성에서 해방되었다. 이 운동은 우파 변종과 좌파 변종을 동시에 거느리고 있었는데, 전자는 모든 개인은 경제적인 차원에서 통제받지 않아야 한다고 주장했으며, 후자는 각 개인이 자발적으로 선택한 라이프 스타일은 사회적으로 통제받지 말아야 한다고 주장했다. 그러나 어쨌거나 개인주의는 기본적으로 개인의 해방을 주장했다.

이 개인주의, 진정성, 자율성, 고립의 문화에 대해 많은 시간을 들여 설명하고 싶지는 않다. 왜냐하면 다른 많은 사람들이 너무나 훌륭하게 정리를 해 왔기 때문이다. 몇몇을 예로 들면 다음과 같다.《심리 치료의 승리The Triumph of the Therapeutic》의 필립 리프Philip Rieff,《나르시시즘의 문화The Culture of Narcissism》의 크리스토퍼 래시Christopher Lasch,《통로Passages》의 게일 시히Gail Sheehy,《덕의 상실After Virtue》의 알래스데어 매킨타이어Alasdair Macintyre,《'나'의 10년The 'Me' Decade》의 톰 울프Tom Wolfe,《비행 공포Fear of Flying》의 에리카 종Erica Jong,《진정성의 윤리The Ethics of Authenticity》의 찰스 테일러Charles Taylor,《마음의 습관(Habits of the Heart》의 로버트 벨라Robert Bellah 그리고《나 홀로 볼링Bowling Alone》의 로버트 퍼트넘Robert Putnam이 그런 사람들이다.

나는 그저 자유를 향한 그 행진은 위대한 결과를 많이 낳았음을 강조하고 싶을 뿐이다. 1960년대에 나타났던 개인주의적인 문화는 여성을 옭아매고 사회적 소수자를 억압했던 많은 사슬들을 깨뜨렸다. 그리고 인종 차별주의, 성차별주의, 반유대주의 그리고 동성애 공포증을 누그러뜨렸다. 만일 이 분화에서 분출되었던 창의성과 저항적인 개인주의가 없었더라면 오늘날 실리콘밸리도 존재하지 않을 것이고 또 정보화 시대 경제라는 것도 존재하지 않을 것이다. 그것은 절대적으로 필요한 문화 혁명이었다.

그러나 많은 발상들은 극단으로 치달을 때 잘못된 것이 되고 만다. 미국은 다른 어떤 나라보다 개인주의적인 성향이 상대적으로 강한 문화를 가지고 있었는데, 이런 사실은 프랑스의 정치철학자 알렉시 드 토크빌Alexis de Tocqueville이 1830년대에 이미 간파했다. 그러나 개인주의가 문명사회의 절대적인 지배 정신으로 군림하자(즉 다른 어떤 정신도 감히 경쟁하려 들지 못하게 되자), 사회 구성원 개개인은 최대한 자유를 누리지만 개인과 개인 사이의 연결은 서서히 느슨해지기 시작했다. "나는 자유다"라는 거대 서사는 대략 50년 동안 작동해 오면서 초개인주의 문화로 진화하고 있다. 이 도덕 생태계는 일련의 발상들 또는 가정들 위에 서 있다. 그 가운데 몇 가지를 설명하면 다음과 같다.

개인을 충돌로부터 보호한다

자율성을 가진 개인은 사회의 기본 단위이다. 공동체라는 것은 자기가 살아가는 방식을 스스로 선택하는 개인들의 집합체이다. 최상의 사회적 조정은 개인적인 선택의 자유를 최대한 넓게 보장한다. 여기에서 중심적인 사회 규칙은 '아무런 피해를 주지 않으면 괜찮다No Harm, No Foul'이다. 각 개인은 다른 사람이 각자 자기가 바라는 대로 살아가는 것을 방해하지 않는 한 자기가 바라는 대로 살아갈 권리를 가진다. 이상적인 사회는 사람들이 각자 남들로부터 방해를 받지 않은 채로 자기 일을 하면서 함께 살아가는 사회이다.

진정한 권위는 자기 안에 있다

인생의 목적은 에이브러햄 매슬로Abraham Maslow의 욕구 단계들을 하나씩 충족해 올라가서 자아실현과 자기 충족을 성취하는 것이다(매슬로에 따르면 인간 욕구는 5단계로 구분되는데 생리 욕구, 안전 욕구, 애정·소속 욕구, 존경 욕구, 자아실현 욕구 순으로 높아진다-옮긴이). 사람은 자기만의 개인적인 인생 여정을 수행하면서 자기만의 독특한 자아를 더 잘 표현하는 방법을 배운다. 자기와 접촉하고, 자기를 찾고, 진짜 자기 모습대로 진정하게 살아가는 법을 배운다. 권위의 궁극적인 원천은 자기 안에 있다. 자기 안에 '숨어 있는 신탁'의 목소리에 귀를 기울이고, 자기의 감정에 충실하며, 자기 바깥에 존재하는 부패한 사회의 여러 기준에 획일적으로 자기를 끼워 맞추지 않는다.

의미를 사유화privatization한다

자기 주변 세상의 온갖 사상 또는 발상을 그냥 수용하는 것은 잘못된 일이다. 자기 자신의 가치관과 세계관을 가져야 한다. 미국 연방 대법원 대법관을 지낸 앤서니 케네디Anthony Kennedy 판사가 유명한 판결에서 표현했듯이 "자유의 핵심에는 인간 삶의 존재, 의미, 보편성, 신비로움에 대한 개념을 자기 스스로 규정할 권리가 놓여 있다."

　다른 사람들과 공유하는 도덕적 질서를 만드는 것은 학교가 할 일도 아니고 마을 공동체가 할 일도 아니며 심지어 부모가 할 일도 아니다. 각 개인이 스스로 해야 할 일이다. 어떤 사람의 도덕적 질서가 다른 사람의 도덕적 질서보다 더 낫거나 못하다고 누가 판단한단 말인가?

총체적인 자유를 꿈꾼다

다른 문화들에서 사람들은 개인적인 선택보다 우선하는 여러 제도들(가족, 민족적 유산, 신앙, 국가 등)을 통해 형성되고 또 그 안에서 성장하며 살아간다. 그러나 이 제도들은 정확하게 말하면 개인주의 문화가 먹어치우는 바로 그 대상이다. 왜냐하면 이것들은 선택된 것이 아니며 따라서 전혀 적법한 것으로 여겨지지 않기 때문이다. 개인주

의적인 문화에서 최고의 인생은 가장 자유로운 인생이다. 영성 형성
spiritual formation은 자유롭게 일어나지 의무감 속에서 일어나는 것이
아니다.

성과를 가장 중심적인 판단 기준으로 둔다

초개인주의 사회에서 사람들은 사회에서 공유되는 어떤 도덕적 규
정에 자기를 얼마나 맞추느냐 하는 것으로 평가되지 않는다. 사회의
그 두터운 인간관계 속에 자기를 얼마나 깊이 젖어 들게 하느냐 하
는 것으로도 평가되지 않는다. 오로지 자기가 개인적으로 성취한 것
에 근거해 평가된다. 높은 지위에 오르고 존경과 사랑을 받는 것은
개인적인 성취 정도에 따라 달라진다. 이기심은 용인된다. 자기를 보
살피고 드높이는 것이야말로 지상 최고의 과제이기 때문이다. 얼마
든지 자기중심적이어도 된다. 적절하게 구조화된 사회에서 사적인
이기심은 예컨대 경제 성장과 같은 공공선이라는 상위의 목적을 위
해 충분히 제어될 수 있기 때문이다. 하버드대학교 교육대학원의 연
구자들이 최근 중고등학생 1만 명에게 부모님이 자기 성적에 신경을
더 많이 쓰는지 아니면 자기가 사람들을 상냥하게 대하는 데 신경을
더 많이 쓰는지 물었다. 이 질문에 응답자 중 80퍼센트가 성적에, 즉
인간관계의 유대감보다 개인적인 차원의 성공에 신경을 더 많이 쓴
다고 대답했다.

이 외에도 초개인주의 사회가 가진 문화의 특성은 더 있다. 소비
주의라든가 치료적 사고방식therapeutic mindset이라든가 친밀함보다는

기술을 우선시하는 풍조라든가……. 그런데 확실한 점은 이런 발상들이 50년 동안 확산된 결과, 끈끈한 유대감이 살아 있는 공동체적인 삶을 살아가기가 한층 더 어려워졌다는 사실이다.

초개인주의는 새로운 문제가 아니다. 늘 있는 문제이다. 여러 해 전에 나는 시베스천 영거Sebastian Junger의 책 《트라이브Tribe: On Homecoming and Belonging》를 읽었다. 그때 오래전부터 내 머리를 떠나지 않던 어떤 현상을 경험했다. 18세기 아메리카에는 불행하게도 식민지 사회와 원주민 사회가 공존했다. 시간이 흐르면서 유럽 이주민들은 원주민들과 함께 살기를 거부하기 시작했다. 하지만 그 어떤 원주민도 식민지 사람들과 함께 사는 것을 거부하지 않았다. 이것이 유럽인들을 괴롭혔다. 그들은 자기네 문명이 우월하다고 생각했음에도 불구하고 실제로는 그들의 문명이 가르치는 것과 다른 방식으로 사는 쪽으로 기울어 있었던 것이다. 식민지 사람들은 이따금 원주민들에게 자기들과 함께 살자고 설득하고, 그들에게 영어를 가르쳤다. 그러나 원주민들은 금방 자기 고향으로 돌아가 버렸다. 유럽의 이주민들은 원주민들과 숱한 전쟁을 치르는 동안에 포로로 잡히기도 하고 억류되기도 했다. 이들은 탈출해 돌아올 기회가 많았지만 그렇게 하지 않았다. 유럽인들이 그들을 '구조하러' 갔을 때 그들은 오히려 자기를 구하러 온 사람들을 피해 숲으로 달아났다.

원주민 마을 사람들은 공동체 문화를 가지고 있었고 서로 친밀한 애착 관계를 유지했다는 것이 본질적인 차이점이었다. 그들은 모든 피조물을 하나의 단일한 단위로 바라보는 정신문화 속에서 살았다. 이에 비해 유럽인은 개인주의적인 문화를 가지고 있었으며, 사람들은 더 쉽게 뿔뿔이 흩어지고 갈라졌다. 실제로 선택권이 주어졌을 때 많은 사람들은 자기보다는 공동체를 선택했다. 이 책을 읽고서 나는, 사회 전체가 근본적으로 잘못된 질서가 자리 잡고 있는 어떤 곳으로 스스로를 몰고 갈 수도 있겠구나 하는 생각을 했다.

자기라는 개인과 사회 사이에는 언제나 긴장 관계가 존재한다. 모든 것을 너무 빡빡하게 옭아매면 거기에 반발하려는 충동은 그만큼 더 커진다. 그러나 우리는 정반대 문제를 안고 있다. "나는 자유다"라는 문화 속에서 개인들은 외로우며 서로에게서 느끼는 애착은 느슨하다. 공동체는 해체되고 개인들 사이의 결속은 끊어지며 외로움은 확산된다. 이 상황은 좋은 삶을 살아가는 것, 즉 사랑과 연결을 바라는 깊은 인간적 갈망을 채우는 것을 한층 더 어렵게 만든다. 모든 연령대 사람들이 어려움을 겪지만 특히 청년들은 더 그렇다. 이들은 구조화되어 있지 않고 불확실하기만 한 세상에 던져진다. 믿고 의지할 권위나 방호책도 거의 없다. 그런 것들은 오로지 스스로 만들어야 한다. 자기 자신을 자기 인생 여정에 올려놓는 일 자체가 놀라울 정도로 어렵다.

Chapter 2

인생은 단지 경험의 연속이 아니다

빈 상자뿐인 교훈들
—

모든 사회는 그 사회가 추구하는 가치관을 젊은 사람들에게 주입하는 나름의 방법을 가지고 있다. 어떤 사회는 종교 축제나 군사 퍼레이드를 통해 그렇게 한다. 미국 사회가 수행하는 이런 방법들 가운데 하나로 졸업식 연설이라는 세속적인 '설교'가 있다.

대학들은 보통 탁월한 성공을 거둔 유명 인사에게 커리어의 성공은 중요하지 않다는 주장이 담긴 졸업식 연설을 부탁한다. 그러면 커리어에서 놀라울 정도로 성공한 이 연설자는 흔히 졸업생들에게 실패하는 걸 두려워해서는 안 된다고 말한다. 여기서 청년들은 실패가 훌륭한 것일 수도 있음을 배운다. 잘하면 《해리 포터》 시리즈의 작가 조앤 롤링이나 성공한 흑인 배우 덴절 워싱턴, 또는 스티브 잡스가 될 수도 있으니까 말이다.

그러나 이 교훈은 중년의 우리가 젊은이들에게 제공하는 유일한 조언이 아니다. 우리는 이 연설을 통해 우리 시대의 지배적인 가치관을,

그것이 마치 위대하고 경이로운 어떤 선물이나 되는 듯이 그들에게 넘겨준다. 그리고 이 선물이 알고 보니 포장만 그럴듯하게 크고 멋있지 실제로는 안에 아무것도 들어 있지 않은 빈 상자임이 드러난다.

많은 청년들이 대학을 졸업하고 나면 림보limbo(지옥과 천국 사이에 있으며 기독교를 믿을 기회를 얻지 못했던 착한 사람 또는 세례를 받지 못한 어린이나 백치 등의 영혼이 머무는 곳이다-옮긴이)로 들어간다. 이들은 불확실성에 시달리면서 구체적으로 무엇을 하며 자기 인생을 사는 게 옳은지 알고 싶어 한다. 하지만 우리는 그들에게 자유라는 아주 커다란 빈 상자를 넘겨준다!

- 인생의 목적은 자유로워지는 것이다. 자유가 행복으로 인도한다! 우리는 너희에게 어떤 짐도 지우지 않으며 또 무엇을 하라는 말도 하지 않는다. 우리는 너희에게 너희가 탐구할 해방된 자아를 준다. 너희의 자유를 마음껏 즐겨라!

듣고 있던 학생들은 그 빈 상자를 내려놓는다. 왜냐하면 그들은 자유 속에서 익사하고 있기 때문이다. 그들이 찾고 있는 것은 방향이다.

- 무엇을 위한 자유란 말인가? 어떤 길이 내가 갈 길인지 내가 어떻게 안단 말인가?

그래서 우리는 그들에게 또 다른 빈 상자를 건네준다. 가능성이라는 커다란, 그러나 역시 비어 있는 상자이다.

- 너희의 미래는 무한하다! 너희는 너희가 하고자 하는 마음이 있으면 무엇이든 해낼 수 있다! 그 여정이 바로 너희의 목적지이다! 위험을 감수해라! 담대해라! 큰 꿈을 꾸어라!

그러나 이 주문 역시 그들에게 도움이 되지 않는다. 자기 인생이 무엇을 위한 것인지도 모르는데 미래가 무한하다는 말을 들은들 무슨 도움이 되겠는가? 오히려 압박감만 커질 뿐이다. 그래서 그들은 그 빈 상자를 내려놓는다. 그들은 지혜의 원천을 찾고 있다.

– 도대체 나는 내가 품고 있는 커다란 질문들의 대답을 어디에서 찾을 수 있을까?

그래서 우리는 그들에게 진정성이라는 빈 상자를 건네준다.

– 너희 자신의 내면을 바라보아라! 내면의 진정한 열정을 찾아라! 너희는 놀라울 정도로 멋지다! 너희 내면의 거인을 일깨워라! 너희만의 진정한 길을 따라서 살아라! 너 자신을 실현해라!

이것 역시 아무 소용이 없다. 우리가 그들에게 인생의 해답을 찾기 위해 살피라고 말하는 '너희의 내면'이라는 것은 아직 형성되어 있지도 않기 때문이다. 그래서 그들은 그 빈 상자를 내려놓고 이렇게 묻는다.

– 내가 무엇에다 나 자신을 온전하게 다 던질 수 있을까? 어떤 대의가 나를 고무하고 또 내 인생에 의미와 방향성을 제시할까?

이 시점에서 우리는 그들에게 가장 속이 빈 상자를 제시한다. 바로 자율성이라는 상자이다.

– 너희는 너희 스스로 알아서 모든 것을 해결해야 한다. 자기의 가치관을 설정하는 것도 너희가 할 몫이다. 너희에게 옳거나 그른 것이 무엇인지 다른 어느 누구도 너희에게 말해 줄 수 없다. 너희의 진실은 자기 자신에 대해 말하는 너희 자신의 이야기를 통해 너희만의 방식으로 너희가 찾아야 한다. 너희가 사랑하는 것을 해라!

여기에서 당신은 깨달을 것이다. 우리가 그들에게 주는 대답들이 사실은 이십 대 시절을 힘겹게 살도록 만들고 또 그들의 상태를 한층 더 나쁘게 만든다는 것을…… 대학 졸업생들은 림보에 놓여 있으며 우리는 그들에게 불확실성을 준다. 그들은 자기가 굳이 '이것'이 아니라 '저것'을 해야 하는 이유를 알고 싶어 한다. 그러나 우리로서는 "너희 바깥에 존재하는 그 어떤 기준에도 얽매이지 말고 너희 스스로 그것을 찾아라"라는 말 말고는 아무 해 줄 얘기가 없다. 그들은 형체 없는 사막에서 버둥대며 몸부림친다. 우리는 그들에게 나침반을 주지 않을 뿐 아니라, 양동이에 모래를 퍼 담아서 그들의 머리 위로 쏟아붓기까지 한다.

철학자 키르케고르는 이 학생들이 실제로 묻고 있는 질문을 다음과 같이 요약했다.

"내가 진정으로 분명하게 확인하고 싶은 것은 '나는 무엇을 하려고 하는가?'이지 내가 반드시 알아야만 하는 것이 아니다. …… 그것은 '나에게' 진실인 어떤 진실을 찾는 문제, 즉 '내가 인생을 바쳐서 기꺼이 살고 또 죽을 수 있는 어떤 사상'을 찾는 문제이다. …… 아프리카의 사막이 물을 애타게 그리듯이 내 영혼이 목말라하는 것은 바로 이것이다."

무엇보다 큰 이 질문에 어째서 우리는 해 줄 말이 아무것도 없을까? 어떻게 이럴 수 있단 말인가?

아무 데로도 가지 못하는 헤엄치기

당신이 학생일 때는 인생이 어떤 역에서 다음 역으로 이어지는 과정에 있다. 언제나 다음에 제출해야 할 숙제가 있고, 다음에 치를 시험이 있고, 또 다음에 내야 할 입학 원서가 있다. 이런 것들로 인해 당신의 일정과 에너지는 체계적인 계획에 따라 세워지고 사용된다. 친구들과 나누는 사회적인 삶은 그 나름의 울퉁불퉁한 드라마가 있긴 하지만, 적어도 식당이나 기숙사 방에서, 당신 바로 앞에서 펼쳐진다.

그러다가 당신은 이 가장 구조화되어 있고 또 가장 많이 감독받는 학생 시기에서 갑자기 인류 역사상 가장 덜 구조화된 시기인 청년기로 던져진다. 어제만 하더라도 부모님, 선생님, 코치, 상담사들은 당신이 조금이라도 더 많은 성취, 조금이라도 더 좋은 성적을 얻도록 온갖 도움을 주며 응원했다. 그런데 대학교를 졸업한 오늘, 갑자기 그 모든 게 딱 중단된다. 세상은 당신의 이름을 알지 못하고 당신이 누구인지 어떤 사람인지 신경도 쓰지 않는다. 취업 면접장에서 책상 건너편에 앉아 있는 면접관은 '너 같은 사람은 100만 명이나 있지만 내가 필요한 사람은 딱 한 사람이다'라는 눈으로 바라본다.

과거 수백 년 동안 새로 성인이 되는 사람들은 자기 부모가 하는 일과 신앙과 마을과 정체성을 물려받았다. 그러나 "나는 자유다"의 시대에는 자신의 커리어 진로, 사회적 부족social tribe, 믿음, 가치관, 인생의 동반자, 성 역할, 정치적 관점, 사회적 정체성 등을 스스로 탐색하고 발견해야 한다. 당신이 그렇게 하길 다들 기대한다. 아직 학생일 때 당신의 초점은 주로 짧은 시간 단위에 맞춰져 있었지만, 이제는 예전과 전혀 다른 일련의 인생 항해 기술들이 필요하다. 그래야만 자기 인생의 방향으로 설정할 저 먼 수평선의 목표들에 다가갈 수 있다.

평균적인 미국인은 이십 대를 지나는 동안 일자리를 일곱 가지나 거친다. 최근 대학 졸업생 중 3분의 1은 특정한 연령 시점에서 실업 자이거나 자기 능력 이하의 일을 하거나 또는 1년에 채 3만 달러도 벌지 못한다. 또 절반은 인생 계획을 전혀 갖고 있지 않으며, 거의 절반은 지난해에 섹스 파트너가 한 명도 없었다. 이 시기는 알코올과 약물 중독의 절정기이다. 이 연령대의 사람들은 3년에 한 번씩 이사를 한다. 40퍼센트는 최소 한 번은 부모님 집으로 다시 돌아간다. 종교 활동을 하거나 정당에 가입하는 비율은 지극히 낮다.

여러 해에 걸쳐 모험을 시도하는 사람들은 자신의 장기적인 미래를 아무런 근거도 없이 낙관적으로 바라보는 경향이 있다. 19세에서 24세 사이 청년 중 96퍼센트는 "언젠가는 내가 인생에서 원하는 위치에 도달할 것이라고 매우 확신한다."[1] 그러나 이들의 현재는 방랑, 외로움, 분리, 의심, 불완전 고용, 상심, 지독한 직장 상사 등으로 점철되어 있으며, 한편 이들의 부모는 서서히 미쳐 간다.

심미적인 삶
—

어떤 사람들은 대학을 졸업할 때 대담한 모험가의 사고방식을 가지고 있다. 결혼과 실질적인 일자리는 서른다섯 살이 되는 해 어느 날

에 우편물처럼 날아들 것이고, 그 사이에 이들은 다양한 경험을 하고
자 한다.

스물세 살에 몽골에서 영어를 가르치거나 콜로라도강에서 래프
팅 강사 일을 하는 사람들이 그런 부류이다. 이 대담한 과정은 실질
적인 이점이 있긴 하다. 당신이 졸업 후 들어갈 첫 번째 직장은 아마
끔찍할 것이다. 그러므로 임팩트 투자자인 블레어 밀러Blair Miller가
조언하듯이, 당신은 이 시기를 자신의 위험 지평을 넓히는 데 사용하
는 편이 나을 것이다(임팩트 투자impact investing는 재무상 수익을 창출하는
동시에 사회·환경 문제를 해결하는 성과도 달성하는 투자를 말한다-옮긴이). 예
를 들어 어떤 사람이 완전히 미친 어떤 짓을 한다면 이 사람은 그 일
을 경험한 뒤로는 웬만한 미친 짓은 거뜬하게 다룰 수 있을 것이며,
나머지 수십 년 동안의 인생에 접근하는 방식이나 태도가 한결 더
대담할 것이다. 더 나아가 이 사람은 임상심리학자 멕 제이Meg Jay가
"정체성 자산identity capital"[2]이라고 부른 어떤 자산을 축적할 것이다.
그리고 그 뒤로 30년 동안 그는 면접장이나 디너파티 자리에서 몽골
에서 영어를 가르쳤던 경험을 얘기하고 싶어 안달할 것이다. 그 경험
이 자기를 남들과 달라 보이게 할 것이라고 확신하면서 말이다.

이것은 이십 대를 시작하는 탁월한 한 가지 방법이다. 그런데 그
길을 따라 몇 년을 걸어가다 보면 이런 유형의 인생에 뒤따르는 문
제가 뚜렷하게 드러난다. 특히 그때까지도 어느 하나에 정착하지 못
했을 경우에는 더 그렇다. 만일 당신이 모든 것에 "예"라고 대답하
면서 여러 해를 보낸다면, 결국 당신은 키르케고르가 심미적 라이프
스타일이라고 탄식했던 것에 이르고 말 것이다. 심미적인 삶을 이어

가는 사람은 마치 하나의 예술 작품을 대하듯이 심미적인 기준을 가지고서 자기 인생을 판단하며 살아간다.

– 이 인생은 흥미로운가 아니면 따분한가? 아름다운가 아니면 추한가? 즐거운가 아니면 고통스러운가?

이런 사람은 조용한 곳에 틀어박혀 명상을 하다가 버닝맨Burning Man에 참가하며, 한 해는 어떤 단체에 들었다가 다음해에는 또 다른 단체에 참여하는 식으로 바쁘게 살아간다(버닝맨은 미국 네바다주 블랙록 사막에서 개최되는 연례행사로, 사람들이 행사의 모든 활동에 능동적으로 참여해 각자의 재능과 자기표현으로 서로 소통하는 공동체를 형성하는 것이 목표이다-옮긴이). 일주일에 하루는 스윙 댄스를 추고 이틀은 솔사이클SoulCycle(실내 자전거 타기 운동인 스피닝 전문 피트니스 업체-옮긴이)에 나가며, 몇 달 동안 크라브 마가Krav Maga(이스라엘 군사 무술-옮긴이)를 하다가 다시 몇 달 동안 비크람 요가Bikram Yoga를 하며, 일요일 오후 같은 때는 멋진 미술관을 찾는 식이다. 이럴 때 이 사람의 인스타그램 피드백은 불이 나고, 정말 멋지게 산다고 다들 찬양한다. 이 사람은 자기 자신에게 인간관계가 정말 중요하다고 말하지만(이 사람의 인간관계 관리는 다른 사람과 술을 마시거나 점심을 함께 먹는 것이다), 한 주에 스무 가지나 되는 사회 활동을 하고 나면 그 모든 만남들을 통해 이룩하고자 했던 것들을 깡그리 잊어버리기 마련이다. 수천 번의 대화를 나누었지만 단 하나도 기억하지 못한다.

심미적인 삶을 살아가는 사람에게 문제는, 인생을 경험의 가능성으로만 볼 뿐 충족해야 하는 어떤 프로젝트 또는 살아가면서 실천해야 하는 어떤 이상으로 바라보지 않는다는 것이다. 이 사람은 온갖 것들을 건드리기만 할 뿐 결코 하나에 정착하지 않는다.

심미적인 라이프 스타일을 추구하면 하루하루가 즐겁긴 하겠지만, 무언가가 의미 있게 축적되지는 않는다.

이런 삶을 뒷받침하는 이론은, 사람은 최대한 많은 경험을 쌓아야 한다는 것이다. 그러나 인생을 일련의 연속적인 모험으로만 살아간다면, 스쳐 지나가는 감정들과 쉽게 바뀌는 열정이라는 불확정성 속에서 정처 없이 배회하는 꼴이 되고 만다. 이럴 경우 이 사람의 인생은 어떤 성취를 쌓아 가는 것이 아니라 일련의 일시적인 순간들의 집합체에 지나지 않는다. 자기가 가진 힘을 무작위로 온 사방에다 흩뿌리며 낭비하는 셈이다. 그러면서 소중한 무언가를 놓쳐 버릴지도 모른다는 두려움에 끊임없이 휩싸인다. 이 사람의 가능성은 끝이 없을지 몰라도, 의사 결정 풍경은 구제 불능일 정도로 밋밋하다.

작가 애니 딜러드Annie Dillard가 표현했듯이, 하루하루를 보내는 방식이야말로 인생을 보내는 방식이다. 만일 당신이 무작위로 어떤 경험들을 하면서 나날을 보낸다면, 당신은 자신이 여기저기 흩어져 존재하는 소비자가 되어 버린 느낌에 사로잡힐 것이다. 만일 당신이 인생이라는 식료품 가게에서 모든 시식 코너의 음식을 맛보길 원한다면, 당신은 자기 자신을 선택자로, 즉 언제나 자신과 자기 선택에 대해 생각하다가 결국에는 자의식에 마비되어 버리는 자기집착형 인간으로 만들 것이다.

인간이 가지고 있는 천성적인 열의는 우리가 다른 사람을 즐겁게 해 주는 사람, 다른 사람에게 "예"라고 말하는 사람이 되도록 훈련시킨다. 그렇지만 당신이 어떤 것에도 영원히 "아니요"라고 말하지 않는다면, 어떤 것도 포기하지 않는다면, 당신은 아마 어떤 것에도 깊이 빠져들지 못할 것이다. 헌신하는 인생은 소수의 소중한 "예"를 위해 수천 번 "아니요"라고 말하는 것이다.

충분히 많은 수의 사람들이 이 국면을 동시에 통과하고 있을 때 당신은 모든 것이 유동적인 어떤 사회의 일원이 된다. 폴란드의 철학자 지그문트 바우만Zygmunt Bauman이 "액체 근대성liquid modernity"이라고 부른 것에 맞닥뜨리는 것이다(바우만은 가족이나 직장 같은 사회 제도를 포함해 모든 것이 견고하고 고정되고 확정적이던 "고체 근대성"의 시대를 지나 모든 것이 유동적이고 불확실진 "액체 근대성"의 시대가 도래했다고 주장한다-옮긴이). 스마트폰 시대에는 어떤 거래나 인간관계를 맺거나 깨는 데 들어가는 비용인 마찰 비용이 0에 가까워진다. 인터넷은 당신에게 끊임없이 무언가를 클릭해서 시험적으로 사용해 보라고 권한다. 온라인에서 산다는 것은 흔히 전환 상태에서 사는 것을 뜻한다. 이런 상태에서는 실질적으로 어떤 것에도 깊이 몰입하지 못한다. 온라인 인생은 헌신의 결단과 몰두를 가로막는 온갖 장치들과 기기들로 가득차 있다. 만일 당신이 30초 동안만이라도 주의를 집중할 수 없다면, 당신은 과연 어떻게 인생을 위해 무언가를 수행하고 헌신할 수 있겠는가?

자유는 헛소리다

—

이런 것이 자유의 어지러움 속 인생이다. 그 누구도 다른 사람들이 자신을 어떤 마음으로 대하는지 잘 모른다. 다들 남들은 자기보다 더 멋진 인생을 산다고 꽤 확신한다. 그렇지만 비교는 기쁨을 빼앗아 가는 강도이다.

여러 해 동안 온갖 선택권들을 추구하고 나면, 이제 이 사람은 인생의 의미를 구하는 실마리를 잃어버리는 정도가 아니라 아예 그 질문에 초점을 맞추는 일조차 하지 못한다. 데이비드 포스터 월리스David Foster Wallace의 장편소설《무한한 재미Infinite Jest》는 이런 산만한 마음 상태를 묘사한다. 이 소설은 "치명적으로 재미있어서" 모든 사람을 무아지경의 좀비로 만들어 버리는 어떤 영화를 소재로 삼아 인생의 커다란 질문들이 오락으로 대체된 상황을 다룬다. 이 소설은, 온갖 문장들이 서로 뒤엉키고 온갖 생각들이 이리저리 마구 튀어나오는, 극도로 산만한 마음 그 자체를 형상화한다. 이런 세상에서 모든 사람은 부지런히 오락을 즐기지만 응당 있어야 할 발전(진보)은 찾아볼 수 없다.

이 모든 것과 싸우는 방법은 일종의 철의 의지력을 동원해 자기의 개인적 주의력에 집중하는 것이라고 월리스는 생각했다. 그는 캐니언대학교에서 했던 유명한 졸업식 연설에서 이렇게 말했다.

"생각하는 법을 배운다는 것은 무슨 생각을 어떻게 할지 통제하는 훈련법을 배운다는 뜻입니다. 이것은 자기가 주의를 기울일 대상을 선택하고 또 경험에서 의미를 어떻게 조직할지 선택하는 일에서 충분한 의식과 자각을 갖춘다는 뜻입니다. 성인이 되어서 이런 종류의 선택 훈련을 할 수 없다면, 여러분은 엉뚱한 것들에 완전히 휩쓸려 버릴 것입니다."

그러나 월리스의 처방은 비현실적이다. 너무나 산만한 상태라서 실제 몰입으로 이어지지 않는데 어떻게 자기 주의력에 집중할 수 있겠는가. 이런 상태에서는 마음이 붕 떠 있으며 외부의 온갖 자극에 놀아난다. 자신은 충분히 용감하거나 유능해서 자기 내면의 가장 깊은 곳과 중요한 부분을 꿰뚫어 볼 수 있다고 잘난 체할 생각은 아예 하지도 마라. 당신이 이리저리 휘둘리는 한 가지 이유는 자기 자신으로부터 도망치고 있기 때문이다.

어떤 시점에서인가 가만히 앉아서 자기 인생의 전반적인 방향을 찾아야 함을 당신도 알고 있다. 그러나 당신의 마음은 그 알차고 커다란 질문들을 피해서 자꾸만 달아나려고 한다. 그 질문들이 너무 벅차고 또 아무리 해도 해답을 구하지 못할 것 같아서이다. 그래서 당신은 스마트폰이라는 달콤한 사탕 쪽으로 자꾸만 손이 간다. 자잘한 도파민의 분출을 자극하고 싶어서 말이다.

이 모두는 한 방향, 바로 인생의 막다른 궁지를 가리킨다. 대학교를 졸업하고 심미적인 삶을 추구하는 사람은 흔히 이 궁지에 내몰리고 만다. 그때야 비로소 이들은 아무도 얘기해 주지 않았던 진실을 깨닫는다. 자유는 헛소리라는 것을.

정치적 자유는 위대하다. 그러나 궁극의 목적으로 설정된 개인적·사회적·정서적 자유는 완전히 헛소리다. 이것은 아무런 방향성도 없고 확고한 토대도 없으며 그저 무작위의 어수선한 인생으로 이어질 뿐이다. 마르크스의 표현대로 하자면, 모든 단단한 것이 녹아서 허공으로 흩어지고 만다. 자유는 당신이 그 속에서 인생을 보내고 싶은 바다가 아닌 것으로 판명 난다. 자유는 바다가 아니라 당신이 건

너고 싶어 하는 강이다. 당신은 이 강 건너편에 뿌리를 내리고 무언
가에 온전히 몰입하고 헌신하고 싶어 한다.

Chapter 3

경쟁은 영혼의 나태함을 부추긴다

능력주의 사회

—

앞에서 보았듯이 어떤 청년들은 심미적인 경험으로 성인기에 접근한다. 하지만 또 어떤 청년들은 성인기를 학교생활의 연장선으로 바라보고 접근한다. 이런 학생들은 보통 경쟁률이 높은 대학교에 진학하며 사회 상류층 출신인 경향이 있다. 이들은 경쟁이나 시험에 능하기 때문에 경쟁률이 높은 기업에 응시한다. 학창 시절에 명문대생이라는 특혜를 누린 것과 마찬가지로 이들은 유명 기업이나 기관의 일원이라는 특혜를 누린다. 학생 시절에 성적 우수자로 자주 표창을 받았던 이들은 취직을 해서도 최우수자 메달을 따려고 노력하는 인생을 살아간다. 이들의 부모는 자기 자녀가 구글 같은 유명 기업이나 윌리엄스 앤드 코널리 같은 유명 로펌에 다니는 것 또는 하버드대학교 경영대학원에 진학한 것을 여기저기 떠벌리며 자랑한다.

갓 성인이 된 이런 부류의 사람들은 실용주의자들이다. 이들은 문제 해결에 능하다. 대학교 2, 3학년생은 미래를 기대하지만 그 미래가 구체적으로 어떤 것인지 잘 알지 못한다. 졸업은 저 멀리서 다가

오고 있는데 그 뒤에 무엇이 있는지 알지 못해 불안하다. 하지만 실용주의자들은 몇 년 뒤 자기가 무엇을 하게 될지 알려 줄 수 있는 기업이나 조직으로 몰려가 대답을 듣는 것으로써 이 문제를 해결한다(심지어 2학년 때 이렇게 하는 사람도 있다). 이렇게 해서 불확실성은 해소된다. 게다가 이제 이들은 졸업 후에 무엇을 할 것이냐고 어른들이 물을 때도 훌륭한 대답을 할 수 있게 된다. 인생을 살아가면서 무엇을 할 것인가를 둘러싼 존재론적 불안을 의식의 수면 아래로 단단히 눌러 놓기 위해 이들은 자신에게 얻어걸린 첫 번째 직장을 단단히 붙잡는다.

하지만 안타깝게도 이 실용적인 경로 역시 당신이 막판에 가서는 결국 궁지에 몰리고 마는 불행한 결과를 막아 주지 못한다. 당신이 일하는 환경이 당신의 존재 자체를 서서히 바꾸어 놓는 힘을 절대로 과소평가하지 마라. 어떤 회사에서 일하겠다고 선택했을 때 이미 당신은 자기 자신을 그 회사에서 일하는 사람들과 같은 부류의 인간으로 바꾸어 놓기 시작하는 셈이다. 예를 들어 당신이 컨설팅 기업 매킨지나 식품 기업 제너럴 밀스 같은 회사에 취직했다고 치자. 이런 회사의 문화가 당신의 영혼을 만족시킨다면 훌륭하다. 그러나 만일 그렇지 않다면, 당신을 구성하는 어느 작은 부분은 계속 불만족한 상태로 허기가 질 것이며, 이 허기의 강도는 시간이 지날수록 점점 더 세질 것이다.

게다가 실용적이고 실리적으로 살아가는 인생은 당신을 실리적 실용주의자로 변모시킨다. 그래서 "나는 어떻게 하면 성공할까?"라는 질문이 "나는 왜 이 일을 하고 있을까?"라는 질문을 재빨리 삼켜 버린다.

갑자기 당신이 나누는 대화 대부분은 자신이 얼마나 바쁜지 설명하고 묘사하는 것으로 채워진다. 갑자기 당신은 냉랭한 사람으로 바뀌지만, 그러다가도 직장 상사가 앞에 나타나기만 하면 상대방을 즐겁게 해 주는 모드로 돌변한다. 또 당신은 많은 시간을 '멘토 수집하는 일'에 쓴다. 당신이 하는 모든 질문에 시원시원한 대답을 내놓고 당신이 가진 모든 문제를 해결해 줄, 나이 많고 이미 성공을 거둔 그런 사람을 찾으려고 애쓴다. 그런데 당신 직장 사람들은 당신이 깊이 있고 충만한 삶을 살아가길 원하지 않음이 드러난다. 이 사람들은 당신이 스스로를 직장이 바라는 기민한 동물로 만들어 나갈 때마다 지지와 인정의 금메달을 당신 목에 걸어 준다. 아마 당신은 노동자를 착취하는 직장 상사와 자본가의 행태를 분석하는 마르크스주의자들의 글을 읽어 봤을 것이다. 그런데 어느 순간 당신은 자신이 어느새 그런 직장 상사 또는 착취자가 되어 버렸다는 생각이 문득 든다. 그리고 자기 스스로를 고양되어야 할 어떤 영혼이 아니라 극대화되어야 할 기능들의 집합체로 바라보기 시작한다.

시시때때로 당신에게 떠오르던 그런 정신적 질문들을 밀어내는 것이, 당신의 존재를 규정하곤 했던 그 깊이 있는 책들을 멀리 던져 버리는 것이, 그리고 자기 스스로를 숙달된 일꾼으로 매끈하게 다듬는 것이 얼마나 쉬운지 신기할 노릇이다.

게다가 정서나 정신적 질문들에 주의력을 빼앗기지 않도록 하는 데는 일중독만큼 놀랍도록 효과적인 것은 없다. 정서적으로 회피하고 도덕적으로는 분리된 인간이 되는 것이, 주변 사람들과 멀리 거리를 두고 아무 상관하지 않게 되는 것이, 자기 내면 깊은 곳의 어두운 정글과 담을 쌓고 사는 것이, 또 감정 기복을 점점 줄여서 그저 무덤덤하게 사는 것이 얼마나 쉬운지 놀라울 지경이다. 많은 사람들이 스무 살 때보다 서른다섯 살 때 더 따분하고 냉담하다는 사실을 당신도 이미 알고 있지 않은가?

능력주의meritocracy는 오늘날의 세상에서 가장 자신만만한 도덕 체계이다. 이것이 얼마나 사람들의 마음을 빼앗고 또 자연스러운 것이 되어 버렸는지, 이것 때문에 사람들이 비경제적인 대상조차 경제 관련 용어로 가리키거나 설명한다는 사실을 우리는 의식하지 못한 채 살아간다. 사람들이 쓰는 단어들은 자기가 의미하는 내용을 바꾸어 나간다. '인격character'은 이제 더는 사랑, 봉사, 보살핌 등과 관련된 어떤 도덕적 자질이 아니라 끈기, 생산성, 자기 규율 등과 관련된 일련의 업무 특성이다. 능력주의는 '공동체community'를 재능 있는 여러 개인들이 서로 경쟁하는 집단으로 규정한다. 능력주의는 사회를 끝없이 배열되는 동심원들의 조합으로 만든다. 이 조합에서 다보스포럼에 참석하는 사람들은 가장 가운데 동심원을 구성하고, 나머지 사람들은 각자의 성취 업적에 따라서 제각기 다른 동심원들에 소속된다. 능력주의는 더 똑똑하고 더 많은 성취를 거둔 사람들이 그렇지 않은 사람들보다 더 가치 있다는 메시지를 그러지 않는 척하면서 열심히 사회에 확산한다.

영혼을 팔아 버린 사람들

—

영혼을 무감각하게 만들어 버리는 능력주의는 사람들에게 어떤 영향을 줄까? 당신이 자기 내면에 이 능력주의와 경쟁하는 도덕 체계를 나란히 두는 한, 당신은 그럭저럭 버티며 살아남는다. 그러나 만일 능력주의에 맞설 경쟁력 있는 가치 체계를 가지고 있지 않다면, 능력주의는 당신을 한입에 삼켜 버린다. 이럴 때 당신은 자기 스스로 무언가를 조직하고 집행한다는 감각을 잃어버린다. 직종과 직위로 규정되는 사회 계층의 사다리가 당신의 일상과 삶의 경로를 결정하기 때문이다. 능력주의는 당신이 집착하는 브랜드들(명문대 졸업장이나 좋은 직장 같은 간판)을 당신에게 제공한다. 이런 브랜드들은 당신의 신분을 드러내 주며 또 당신의 궁극적인 존재 방식과 존재 이유를 찾고자 하는 긴박한 필요성을 깡그리 지워 버린다. 시인 데이비드 화이트는 이렇게 썼다.

"직장은 어쩌면 자기 자신을 찾기보다 더 쉽게 자기 자신을 잃어버릴 수 있는 곳이다."[1]

저널리스트 리사 밀러Lisa Miller는 젊은 여성이 대부분인 동료들 사이에서 자신이 목격했던 어떤 "야망의 충돌ambition collision"을 묘사한다. 그들은 기회를 움켜쥐려는 사람들, 목록을 만드는 사람들이며, 페이스북 최고운영책임자인 셰릴 샌드버그Sheryl Sandberg가《린 인Lean In》에서 묘사한, 중요한 일들을 실행하고 운영하도록 내몰리기 때문에 결혼과 출산을 미루는 우월한 여성들이다.

그러나 어떤 나이에 도달하면 그들은 "어린아이가 헬륨 가스가 든

풍선을 놓치듯이 그것을 놓쳐 버린다. 그들은 슬픔에 휩싸인 채 당혹스러워한다"라고 밀러는 쓴다. 어떤 여성이 밀러에게 말했듯이 "비전 따위는 없다." 또는 다른 사람이 말했듯이 "확고하게 단단한 것은 아무것도 없다." 그들은 일을 그만두고 고향으로 돌아가는 환상, 또는 무한 경쟁에서 도태되는 것에 대한 구실로 아이를 갖는 환상을 품곤 한다.

"그들은 목적에 대해, 빵 한 덩이를 굽거나 정원의 나무가 자라는 것을 지켜보는 일 같은 구체적인 만족에 대해 웅얼거리기만 할 뿐이다."

그들은 "무언가를 기다리면서" 열심히 일에 매달릴 따름이다. "그게 무엇이든 상관없다. 그들을 다시 불타오르게 해 주는 것, 자기의 부족함이 자기를 영원히 내버린 게 아님을 확신시켜 주는 어떤 것이기만 하면 된다."

밀러는 이것을 사회가 여성과 일에 대해 가지고 있는 완전히 잘못된 태도들에서 비롯된 문제로 묘사한다. 그러나 나는 많은 남성들 역시 자기 인생을 제대로 살지 못하고 있음을 안다. 수백 년 전에 이런 사람들이 경험하던 것을 가리키는 보편적인 단어가 있었다. 바로 '아케디아acedia'(무관심 또는 나태)이다.

이 단어는 오늘날에는 자주 쓰이지 않는데 이런 현상은 특이하다. 왜냐하면 이 단어가 묘사하는 상태가 지금은 너무 일상적이기 때문이다. 아케디아는 열정을 누그러뜨린다. 이것은 관심 또는 보살핌care의 부족이다. 강렬한 열정을 환기시키지 않으며 따라서 영혼의 나태함만 부추기는 인생을 살아간다. 아케디아 속에서 살아가는 사람도 일자리와 가족을 가질 수는 있지만, 이런 사람은 자기 자신의 인생에 완전히 사로잡혀 있지 않다. 인생은 여기에 있지만 마음은 멀리 다른 데 가 있기 때문이다.

욕구는 사람을 단단히 밀착하게 만든다. 욕구는 자기가 사랑하는 사람이나 일자리나 도시에 조금이라도 더 가까이 다가가도록 그 사람을 밀어붙인다. 그러나 욕구가 부족하면 이 사람은 무심해진다. 이런 상태가 지속되면 정서적인 회피 즉 냉담함을 일상적으로 달고 다니는 태도에 젖어 들게 된다. 요컨대 능력주의는 사람들로 하여금 사회는 사랑하지만 정작 본인은 사랑하지 않는 삶에 빠지도록 조장한다. 이런 상태에서는 어떤 것에 온전히 집중하고 몰두한다는 느낌을 가지기가 어렵다.

인생을 마치 학교생활의 연장인 것처럼 여기고 또 이렇게 대하는 사람은 흔히, 덴마크 소설가 마티아스 달스가르드Matias Dalsgaard가 "불안정한 과잉성취자insecure overachiever"라고 부르는 어떤 인간형이 되고 만다.

"그런 사람은 두 발을 튼튼하게 디디고 설 안정되거나 단단한 토대를 가지고 있지 않음이 분명하지만, 그럼에도 자기가 안고 있는 문제와 전혀 상관없이 자신의 길을 헤쳐 나가려고 노력한다. 하지만 이는 불가능한 시도이다. 모래성에다 아무리 새로운 이야기를 가져다 붙인들 있지도 않은 튼튼한 토대를 대신할 수는 없기 때문이다. 그런데 이 사람은 이런 사실을 전혀 알지 못한 채, 토대 위에 무언가를 계속 쌓아 가는 한 그 아래에 있는 문제가 바깥으로 드러나는 일은 결코 없을 것이라고 기대한다."

실용주의와 관련된 문제에서는 실용주의가 먹히지 않는다. 불안정한 과잉성취자는 어떤 것에든 온전히 모든 의지를 발동하지 않으며, 따라서 온전히 만족하는 경우는 결코 없다. 그의 뇌는 움직이고 있으며 지위는 올라가지만 그의 심장과 영혼은 결코 온전하게 관여하지 않는다.

의지할 것이라고는 오로지 자기 신분과 직책밖에 없을 때, 이 사람은 자기 자신을 다른 사람들과 끊임없이 비교하게 된다. 이런 사람은 자기 자신에 대한 온갖 생각들에 시달린다. 이렇게 살아가는 사람은 화려한 커리어와 사적인 기쁨을 누리는 다른 사람들이 존재한다고 상상한다.

– 대학 시절에 아무것도 하지 않고 텔레비전만 보던 패배자가 지금은 거물 영화 제작자가 되어 있다. 교육 프로그램에서 존재감이 없던 친구가 지금은 수십억 달러를 주무르는 헤지 펀드 매니저가 되어 있다!

다른 사람들이 자기 영혼을 팔아서 많은 것을 누린다고 치자. 그렇다고 한들, 자기 영혼을 팔아서 도대체 무슨 이득을 얻겠다는 말인가?

Chapter 4

고통은 때로 지혜로 나아가는 관문이다

톨스토이도 계곡에 떨어졌다

—

레프 톨스토이는 인류 역사상 가장 성공적으로 첫 번째 산에 오른 사람들 가운데 한 명이다. 그는 젊은 시절에 군대에 갔으며 방탕한 생활을 했다. 온갖 모험을 했고 염문도 많이 뿌리고 다녔다. 결투도 여러 번 벌였다. 그러다가 위대한 지성인으로 이름을 떨치기 위해 노력했다. 그는 동료 몇 명을 모아서 함께 급진적인 잡지를 창간하고 글을 쓰면서 계몽주의를 퍼뜨리는 일에 힘썼다. 그는 소설가가 되었고, 그 누구도 상상하지 못했던 성공을 거두었다. 그 결과가 《전쟁과 평화》《안나 카레니나》를 비롯한 작품들이다.

톨스토이는 도덕적으로 나태한 사람이 아니었다. 그는 더 나은 사람이 되기 위해 늘 많은 것(담배, 사냥, 술, 고기 등)을 포기했다. 그는 사람들을 더 많이 사랑하고 모든 사람을 평등하게 대할 수 있도록 자기만의 규율을 만들었다. 훗날 회고에 따르면, 당시에 그가 가지고 있던 믿음은 자기 자신을 완벽하게 만드는 것이었다.

나는 지적인 완벽함을 성취하려고 노력했다. 내가 할 수 있는 모든 것, 인생이 나에게 연구할 기회를 준 모든 것을 연구했다. 나는 나의 의지를 완벽하게 만들려고 노력했으며, 내가 철저하게 지켜야 할 나 자신만의 규칙을 정했다. 힘과 민첩성을 길러 주는 모든 운동을 하고 또 참을성으로 스스로를 단련할 수 있는 모든 고난을 경험하면서 신체적인 완벽함을 갖추려고 노력했다. 이 모든 것의 출발점은 물론 도덕적 완벽함이었다. 그러나 이것은 곧 전체적인 완벽함에 대한 믿음, 즉 나 자신의 눈이나 신의 눈이 아니라 다른 사람들의 눈으로 볼 때 더 나아진 것처럼 보이고 싶다는 욕구로 대체되었다.[1]

바로 그때 인생이 그에게 시련을 안겨 주었다. 맏형 니콜라이가 서른일곱의 나이에 사망한 것이다. 니콜라이는 선하고 진지한 사람이었다. 톨스토이는 자기가 생각할 수 있는 어떤 이론과 논리로도 형의 죽음을 설명할 수 없었다.

그때 톨스토이는 어떤 경험을 했다. 자기가 유명 인사로서 누리는 특권이나 완벽함보다 훨씬 더 위대한 어떤 선善이 존재한다는 사실을 깨우치는 경험이었다. 그 사실은 인간이 이성으로 만든 것이 아니라 그냥 존재하는 절대적인 진리였다. 톨스토이는 파리에서 단두대 처형식을 지켜보았다.

머리가 잘려 몸에서 분리되는 걸 보고 또 그것이 상자 안에 떨어지면서 내는 둔탁한 소리를 듣는 순간, 나는 존재나 진보의 합리성에 대한 그 어떤 이론도 그런 행위를 정당화할 수 없음을, 내 지성이 아니라 내 존재 전체로 온전히 이해했다. 설령 이 세상이 창조된 뒤로 존재한 모든 사람이 어떤 이론에서든 이런 행위가 필요하다고 생각했더라도, 그것은 결코 필요하지 않으며 잘못된 것임을 내가 알고 있다는 사실을 나는 깨달았다. 그러므로 나의 판단은, 사람들이 말하고 행하는 것이 아니라 실제로 옳고 필요한 것에 근거한 것임이 분명하다.

톨스토이는 그때까지 계몽 사업에 또 이성, 진보, 지성 그리고 대중의 지지에 자기 인생을 걸었다. 그랬던 그가 지금 계몽 사업에 대한 믿음을 잃어버린 것이다. 과연 인생에서 중요한 것은 무엇이란 말인가?

내 인생은 멈추어 버렸다. 나는 숨 쉬고 먹고 마시고 잠잘 수 있었다. 사실 나는 숨을 쉬고 먹고 마시고 잠을 잘 수밖에 없었다. 그러나 내 안에는 아무런 삶도 없었다. 내가 합당하다고 여겼을 만족을 추구하려는 그 어떤 욕구도 없었기 때문이다. 만일 내가 무언가를 원하더라도, 그것을 얻는지 못 얻는지는 중요하지 않음을 이미 나는 알아 버렸다.

인생이 부조리하고 쓸모없다는 느낌이 들기 시작했다. 그는 방에 있던 끈이란 끈은 모두 치워 버렸다. 혹시라도 자기가 목을 매고 자살을 시도할지 몰라서였다. 사냥총도 자살 도구가 되지 않도록 멀리

치웠다. 그는 지적인 인생을 다루던 예전의 글쓰기를 모두 미친 짓이라고 여기기 시작했다. 자신이 아무리 이런저런 잡지에서 호평을 받더라도 도대체 누가 신경이나 써 줄까 하는 마음이었다. 돌이켜 보면 자신과 동료들은 세상을 개선하고 있었던 게 아니었다. 그저 부자가 되고 유명해지기 위해 글을 썼을 뿐이었다. 톨스토이는 인생에 신물을 느꼈으며, 인생에서 그 어떤 의미 있는 것도 찾지 못했다. 그는 인생의 계곡에 떨어져 있었던 것이다.

이런 상실감이 톨스토이와 같은 사람에게 나타났다면 다른 사람들에게도 얼마든지 나타날 수 있다. 결국 사람들은 자기가 할 수 있었던 것보다 훨씬 적은 성취밖에 이루지 못했다는 자책감에 시달릴 수 있다. 그러나 톨스토이 말고도 이런 사실을 알았던 위대한 작가들은 많았다. 인생의 계곡에 떨어진 사람의 부와 명성과 성취가 아무리 많고 높다 하더라도 이것이 그 사람을 계곡에서 구원해 주지는 못한다.

누구나 고통의 시기는 찾아온다
—

계곡에 단 한 번도 굴러 떨어지지 않은 채 더 많은 힘을 얻으며 인생을 살아가는 사람들이 있긴 하다. 그러나 대부분은 어느 정도 고통의 시기, 자기 자신에게 본질적인 질문들을 던져야만 하는 시기를 견뎌 내야 한다.

고통은 다양한 형태를 띠고서 찾아온다. 어떤 사람은 일에 치여 사느라 자기 인생의 실마리를 잃어버렸음을 깨닫는다. 어떤 사람은 가슴이 찢어지는 고통을 경험한다. 어떤 사람은 사랑하는 사람을 잃고 밝은 미래는 영원히 사라져 버렸다고 느낀다. 어떤 사람은 심장마비, 암, 뇌졸중 등으로 쓰러진다. 어떤 사람은 겉으로 드러난 성과를 토대로 자신의 정체성을 쌓아 올렸지만 실패나 스캔들을 겪고는 이 정체성이 사라져 버렸다고 느낀다.

어떤 사람에게는 이런 감정이 드라마틱하게 닥치는 위기가 아니라 서서히 진행되는 위기로 다가온다. 자기 일에 대한 열정이 점점 사라진다. 융 학파에 속하는 정신분석가인 제임스 홀리스가 상담했던 어떤 환자는 이 위기를 다음과 같이 설명했다.

"나는 무슨 게임을 하든 간에 기를 쓰고 이기려고 했는데, 이제 와서 생각해 보면 내가 그런 게임들에 얼마나 많이 휘둘렸는지 모릅니다."

어떤 사람이든 이기려고, 즉 다른 사람들보다 더 잘나고 싶어서 격렬하게 싸울 수 있다. 그러다가 어느 날 그 모든 게 허무하고 아무런 의미가 없음을 깨닫는다. 톨스토이의 소설에 나오는 등장인물의 표현을 빌리자면 "가치를 측정할 수도 없고 즐길 수도 없는" 상태에 떨어지고 만다.

작가 에이다 캘훈Ada Calhoun은 오프라 윈프리의 공식 웹사이트인 오프라닷컴에 기고한 글에서 많은 여성들, 심지어 삼십 대와 사십 대의 여성들까지 자기가 인생을 잘못 살아온 바람에 표류하고 있다고 느끼는 심리 상태를 설명했다. 이 글에서 마흔한 살인 그녀의 친구는 이렇게 말했다.

"가끔 난 매우 명징한 어떤 순간들을 경험하곤 하는데, 보통 여럿이서 화상 회의를 길게 할 때 그래. 내 머릿속에 있는 목소리가 갑자기 고함을 지르기 시작하는 거야. '너 지금 뭘 하고 있니? 이 따위는 아무런 의미도 없고 따분하기만 하잖아! 당장 때려치우고 밖으로 나가 네가 좋아하는 걸 하지 않고 왜 여기서 이러고 있냔 말이야!'"

윌리엄 데레저위츠William Deresiewicz는《공부의 배신Excellent Sheep》에서 젊은 시절 자신이 깊은 낙담에 빠졌던 일을 묘사한다. 그는 과학자들과 엔지니어들만 있는 집안에서 성장하면서 과학이야말로 자기가 평생 동안 하면서 살고 싶은 것이라고 생각했다. 그래서 그는 대학교에서 단 한 번의 강의를 듣기도 전에, 단 한 차례의 불확실한 순간이 자기를 덮치기도 전에 생물학과 심리학 이중 전공을 하겠다고 마음먹었다. 그리고 교정에 발을 들여놓기도 전에 자기가 들을 강좌 3분의 2를 결정해 버렸다. 그랬다가 나중에 영문학을 전공했어야 했다고 깨달았지만, 정해진 전공을 바꾸기에는 이미 늦었다. 결국 그는 자기 전문 분야로 삼을 마음이 전혀 없었던 생물학과 심리학 학위를 받고 졸업했다.

인생에 대한 분명한 목표가 없었던 그는 여러 선택지들 가운데 어떤 것이든 자유롭게 선택할 수 있는 어떤 자리로 자신을 임시로 밀어 넣었다. 먼저 그는 로스쿨에 응시했다. 그리고 자기가 법률에 전혀 흥미가 없음이 분명해지자 다시 언론학과에 응시했다. 거기에서도 전혀 흥미를 느끼지 못하자 비영리 기구에서 일자리를 찾았다.

"그래서 나는 학교를 졸업하고 2년 뒤 나 스스로 교육받을 권리를 차 버렸으며 나에게 아무런 의미도 없는 일을 하고 있다는 사실에 비통해했다. 내 커리어는 이미 가망 없이 실패해 버렸고 자기 신념은 무너져 내렸다. 내가 하고자 하는 것이 무엇인지 또 내가 다음번에 가야만 하는 곳이 어디인지 나는 몰랐다."[2]

사람들은 보통 이와 비슷한 과정을 거치고 나서야 비로소 자기가 안고 있는 문제가 얼마나 포괄적인지 인정할 수 있게 된다. 우선 사람들은 자기 인생에 무언가 잘못된 게 있음을 부정한다. 그런 다음 낡은 실패의 계획을 따라가려는 노력을 강화한다. 그리고 나서는 어떤 새로운 흥분거리(예를 들면 연애를 하거나 술을 더 많이 마시거나 마약에 손을 대거나 하는 것)에 자신을 내맡긴다. 그러다가 결국 이 모든 것이 실패로 돌아가고 나서야 비로소 인생에 대한 자기 생각을 바꿀 필요가 있음을 인정한다.

텔로스 위기

—

이것은 일종의 텔로스telos(목적) 위기이다. 텔로스 위기에 빠진 사람은 자기 목적이 무엇인지 알지 못한다. 이런 일이 일어날 때 사람들은 쉽게 부서질 수 있는 상태가 된다. 철학자 니체는 인생을 살아갈 '이유why'를 가지고 있는 사람은 어떤 '과정how'이든 견딜 수 있다고 말한다. 자기 목적을 아는 사람이라면 그 여정에서 만나는 온갖 고난을 처리할 수 있다는 뜻이다. 그러나 자기 목적을 모르는 사람은 아주 작은 고난에도 쓰러져 버린다. 아일랜드 시인 셰이머스 히니Seamus Heaney가 표현했듯이 "당신은 여기에도 있지 않고 저기에도 있지 않다 / 알려져 있는 것들과 낯선 것들이 통과해 지나가는 어떤 서두름이 있을 뿐"이다.

내 경험으로 볼 때 텔로스 위기는 두 가지 형태로 나타난다. 하나는 걷는 형태, 하나는 잠자는 형태이다. 걷는 형태에서는 고통당하는 사람이 그저 계속 터벅터벅 걷기만 한다. 이 사람은 어떤 충격을 받거나 깊은 권태감에 시달리는 상태이지만, 자기가 무엇을 원하는지 또는 자기 인생을 어떻게 바꾸어야 옳은지 알지 못한다. 그래서 그저 자기가 하고 있던 것을 계속 하고 있을 뿐이다. 똑같은 일거리, 똑같은 장소, 똑같은 일상, 똑같은 인생……. 이 사람은 자기가 안주하고 있다는 심리적 자각과 함께 살아간다.

내 친구 케이시 제럴드는 취업 면접이 끝난 뒤 면접관에게 불쑥 이런 질문을 던졌다. "만약 당신에게 두려운 게 없다면 당신은 무엇을 하겠습니까?" 그러자 그 면접관은 갑자기 울음을 터트렸다. 그러면서 자기에게 두려운 게 없다면 회사의 인사과에서 일하지 않을 것이라고 말했다. 이것이 바로 걸어 다니는 텔로스 위기이다.

텔로스 위기의 두 번째 유형은 잠자는 것이다. 이 경우에 고통받는 사람은 그냥 침대에 누워 빈둥거리며 넷플릭스 드라마만 본다. 이 사람의 자신감은 바닥이 났다. 이 사람은 자동 초점 설정에 의해 마비되어 있다. 그리고 모든 게 이미 너무 늦어 버렸고 자기 인생이 자기를 이미 스쳐 지나가 버렸다는 전혀 입증되지 않은 이상한 신념에 사로잡혀 있다. 다른 사람들이 거둔 성취가 그에게 실질적인 고통을 주기 시작한다. 남들의 빠른(정확하게는 빨라 보이는) 출세와 자신의 무기력한 처지 사이의 격차가 커질수록 그 고통은 더욱 깊어진다.

소설가 데이비드 포스터 월리스는 많은 자기 친구들에게서 이것을 보았다.

"물리적인 환경이나 경제 또는 뉴스에서 다루는 것들과 그다지 관련이 없는 어떤 것. 그것은 오히려 아주 깊은 슬픔과 더 가깝다. 나는 이것을 나 자신과 내 친구들에게서 다양하게 목격하는데, 이것은 일종의 길 잃음으로 나타난다."[3]

월리스는 심리적인 징후들 아래 놓인 본질적인 원인이 도덕적 방향 상실임을 간파했다.

"이 세대는 의미 있는 도덕적인 가치관이라고는 아무것도 유산으로 물려받지 못한 세대이다."

얼마나 많은 사람들이 이런 종류의 위기로 고통받고 있는지 알기는 어렵다. 사람들은 그런 사실을 감추는 데 매우 숙달되어 있기 때문이다. 젊은 작가인 베로니카 레이 새런Veronica Rae Saron은 이것을 다음과 같이 표현한다.

"대화를 계속하다 보니 점점 더 분명해졌다. 멋진 인스타그램 계정과 완벽한 링크드인 프로필, 자신감 넘치는 겉모습을 가진 사람들은 대개 미래에 대해 누구보다 혼란스럽고 불안한 감정, 무어라 말할 수 없는 그런 감정을 느끼는 사람들이다. 이십 대 밀레니얼 세대(1980년대 초반에서 2000년대 초반에 출생한 세대-옮긴이)에 무력감이 만연해 있으며, 그리고 이런 감각을 느끼는 사람들과 지극히 안전한 느낌의 분위기를 뒤로 미루는 사람들 사이에는 직접적인 연관성이 있다."[4]

결국 다음과 같은 거대한 질문들을 피해 갈 곳은 아무 데도 없다는 말이다.

　– 무엇이 나의 최고 인생일까? 나는 무엇을 믿어야 할까? 내가 속한 곳은 어디일까?

사회적인 계곡
—

사회의 각 개인은 계곡에 떨어질 수 있으며, 사회 전체도 마찬가지이다. 1960년대 초에 우리 문화는 당대의 여러 문제를 해결하는 데 도움을 받으려고 초개인주의적인 삶의 방식을 포용하기 시작했다. 그러나 수십 년이 지난 뒤 이 문화는 스스로 위기를 초래했다.

　개인의 해방이라는 거대 서사는 캐나다의 철학자 찰스 테일러가 "위대한 귀속이탈great disembedding"이라고 불렀던 문제를 우리에게 남겼다. 사람들은 이제 때로는 숨이 막힐 것처럼 엄격한 사회 규범을 갖춘 빡빡한 공동체에 얽혀 들지 않아도 된 반면에, 서로 느슨한 관계로만 존재하게 되었다. 예전에는 위계적인 제도나 기관에 복무했던 반면에, 이제는 제도적인 차원에서 생각하는 일, 즉 어떤 제도 안에서 살아가는 방식과 어떤 제도를 돌보고 개혁하는 방식을 생각하는 일을 어려워하게 되었다. 그래서 공동생활을 구성하는 여러 사회 조직의 질이 떨어진다.

　무엇보다 초개인주의는 사람들이 사회적으로나 정서적으로 그리고 심지어 육체적으로도 점점 더 소원한 관계로 살아가는 사회를 낳았다. 영국의 철학자 사이먼 메이Simon May는 사랑을 "존재론적 정착

ontological rootedness"이라고 부른다. 사랑은 사람들에게 어딘가에 튼튼하게 두 발을 디디고 서 있다는 느낌을 준다. 그런데 많은 사람들이 이제는 심지어 가족 사이에서마저 그런 느낌을 가지고 있지 않다. 연인끼리도 마찬가지다. 예전에는 사람들이 젊은이들의 사랑 없는 섹스를 한탄하곤 했는데 이제 그들은 아예 섹스조차 하지 않는 경향이 갈수록 늘어나고 있다. 우리 할아버지 세대에게는 천국이었던 개인주의가 해방의 50년 세월 동안 지옥으로 바뀌어 버렸다. 개인주의는 그동안 네 가지 서로 연관된 사회적 위기를 낳았다.

첫째, 외로움의 위기

45세 이상 미국인 가운데 35퍼센트는 만성적으로 외롭다. 특정한 한 해 동안을 기준으로 했을 때 미국인 중 8퍼센트만이 이웃 사람과 중요하고 진지한 대화를 나누었다고 응답했다. 1950년에는 1인 가구 비율이 10퍼센트 미만이었지만 지금은 30퍼센트나 된다. 30세 미만 여성에게서 태어나는 아이들 대다수가 한부모 가정에서 태어난다. 이런 사실들은 우리 사회에서 무심함detachment('애착'의 반대 개념)이 전반적으로 강화되고 있음을 보여 준다. 가장 빠르게 성장하는 종교 집단은 큰 조직에 소속되어 있지 않은 독립적인 집단이다. 영국 연구자들이 목회자들에게 신자들이 호소하는 과제인 동시에 본인이 해결해야 할 가장 긴급한 공통 과제가 무엇인지 물었다. 그러자 응답자 중 76퍼센트가 외로움과 정신 건강이라고 대답했다.[5] 미국공중보건부대United States Public Health Service Commissioned Corps, PHSCC 의무감을 지낸 비벡 머시Vivek Murthy는《하버드 비즈니스 리뷰Harvard

Business Review》에서 이렇게 썼다.

"내가 환자를 진료할 때 가장 흔했던 질환은 심장병이나 당뇨병이 아니었다. 그것은 외로움이었다."

이 무심함(고립)으로 인한 심리적·사회적·도덕적 비용은 어마어마하게 크다. 1999년 이후로 미국의 자살률은 30퍼센트나 늘어났다. 이 고약한 현상은 청년층에 특히 강하게 불어닥쳤다. 2006년에서 2016년 사이에 10세에서 17세까지 인구의 자살률은 무려 70퍼센트나 증가했다. 미국에서는 해마다 대략 4만 5000명이 스스로 목숨을 끊는데, 자살이라는 극단적 선택의 주요 원인은 외로움이다. 오피오이드opioid(아편과 비슷한 작용을 하는 마약성 진통제-옮긴이)가 추가로 해마다 2000명을 죽인다. 오피오이드 중독도 서서히 진행되는 자살일 뿐이다. 2018년 미국 질병통제예방센터Centers for Disease Control and Prevention, CDC는 미국인의 평균 수명이 3년 연속 감소했다고 발표했다. 정말 놀라운 추세이다. 풍족하고 결속력 있는 사회에서 수명이 점점 늘어나는 것은 당연한 일이다. 가장 최근에 미국인의 평균 수명이 감소했던 시기는 미국이 1차 세계대전에 참전하고 또 스페인 독감이 미국인 67만 5000명의 목숨을 앗아갔던 1915년부터 1918년이었다. 오늘날 미국인의 수명이 이처럼 줄어든 것은 자살, 약물 과용, 간 질환 등과 같은 이른바 '절망의 죽음death of despair'이 늘어났기 때문이다. 그리고 이런 죽음은 우리 주변에 널려 있는 사회적 고립에서 비롯된다.

둘째, 불신의 위기

두 번째 위기는 불신에 따른 소외의 위기이다. 위대한 사회학자인 로버트 니스벳Robert Nisbet은 소외를 "사회적인 질서가 멀리 떨어져 있다고 느끼거나 이것을 이해할 수 없거나 또는 속임수로밖에 생각하지 못하는 마음 상태"라고 정의한다.[6] 이런 마음 상태는 오늘날 미국인의 보편적인 상태라고 할 수 있다. 이전 세대 사람들은 일반적으로 자기희생을 건전한 것으로 여겼다. 자기가 조직에 봉사하면 조직도 그만큼 자기에게 보답한다고 믿었고 또 실제로 그랬기 때문이다. 그러나 여론 분석 전문가인 폴스터 얀켈로비치Pollster Yankelovich가 이미 수십 년 전에 지적했듯이, 주고받는 그 관계는 이미 깨지고 없다. 지금은 줘 봐야 상대방(개인이든 조직이든)은 가지기만 할 뿐 아무것도 돌려주지 않는다는 생각이 일반적이다. 주고받는 호혜의 관계는 이미 사라지고 없으며, 사람들은 이웃과 고립되어 있다고 느끼며 공적 생활의 여러 기관에 신물을 낸다.

"우리는 모두 하나다"라는 정신이 통용되던 1940년대와 1950년대에 미국인의 약 75퍼센트는 정부가 거의 언제나 옳은 일을 할 것으로 신뢰한다고 말했다. 그러나 이 비율은 지금 25퍼센트 미만으로 줄어들었다. 종합 사회 조사General Social Survey, GSS 결과에 따르면 과거 그 시대에는 미국인의 약 60퍼센트가 자기 이웃을 신뢰한다고 응답했지만, 지금은 32퍼센트이며 밀레니얼 세대만 떼어 놓고 보면 겨우 18퍼센트밖에 되지 않는다. 미국의 모든 연령 집단은 과거에 비해 다른 사람을 신뢰하는 정도가 낮은데, 하버드대학교의 로버트 퍼트넘이 지적하듯이 이런 현상에는 분명한 이유가 있다. 바로 사람들이 그만큼 덜 신뢰하게 되었기 때문이다. 인식이 나빠지는 것이 아니라 실제 행동이 나빠지고 있다. 우리 인간관계의 질이 예전보다 더 나빠져 있다. 불신이 불신을 낳는다. 사람들은 불신을 느낄 때 자기가 의지할 사람은 자기밖에 없다고 결론 내린다. 조지 엘리엇George Eliot도 장편 소설《미들마치Middlemarch》에서 이렇게 썼다.

"어떤 외로움이 불신보다 더 외로울 수 있을까?"

셋째, 의미의 위기

세 번째 위기는 의미의 위기이다. 뇌에 대해 사람들이 예전보다 훨씬 많은 것을 배워 알고 있음에도 불구하고 우울증을 포함한 여러 정신 건강 문제들이 줄어들기는커녕 오히려 늘어난다는 점은 우리 시대의 놀라운 사실이다. 게다가 이 현상은 빠른 속도로 악화되고 있다. 2012년에는 청년들 중 5.9퍼센트가 심각한 우울증을 앓았지만 2015년에는 이 수치가 8.2퍼센트로 늘어났다.

스마트폰을 한 가지 이유로 들 수 있겠지만, 너무나 많은 사람들이 인생의 목적을 잃어버렸다는 점 또한 이유로 들 수 있다. 보편적인 어떤 도덕 질서를 치워 버리고 모든 사람에게 인생의 신비로움을 자기 나름대로 정의해 보라고 하면, 대부분은 아무 말도 하지 못할 것이다. 사람들은 삶이 힘든 순간들에 자기 인생의 의미를 설명해 줄 수 있는 자기만의 매력적인 이야기를 가지고 있지 않다. 스탠퍼드대학교 교육학 교수 윌리엄 데이먼William Damon은《무엇을 위해 살 것인가The Path to Purpose》라는 책을 집필하는 과정에서 젊은이들 가운데 오로지 20퍼센트만이 인생의 목적을 온전하게 가지고 있음을 확

인했다.[7]

이전 세대 사람들이 의존해 삶의 목적과 의미를 찾았던 위대한 대의나 기관에 대한 믿음을 지금은 많은 사람들이 잃어버렸다. 믿음에 대한 믿음 자체를 잃어버렸다. 1960년대 이후로 교회에 다니는 사람의 수가 거의 절반으로 줄어들었다.[8] 이들은 나라에 대한 믿음도 잃어버렸다. 갤럽에 따르면 2003년 미국인의 70퍼센트는 자기가 미국인이라는 사실이 '매우 자랑스럽다'고 응답했지만, 2016년이 되면 52퍼센트로 줄어들었는데 밀레니얼 세대만 떼어 놓고 보면 34퍼센트밖에 되지 않는다. 하지만 이것도 도널드 트럼프가 대통령이 되기 이전의 수치이다. 이런 수치들이 의미하는 것은, 사람들이 자기가 믿을 수 있고 또 자기 인생을 기꺼이 바칠 수 있는 어떤 커다란 이야기의 한 부분으로 스스로를 느끼지 않는다는 사실이다.

넷째, 부족주의 위기

위의 세 가지 위기가 이 네 번째 위기를 낳았는데, 이것은 극단적인 개인주의 그 자체가 아니라 거기에 대한 우리의 대응과 관련된 위기이다. 가장 치료하기 어려운 것이 환자의 자가 치료 시도라고 심리학자들은 말한다. 극단적인 개인주의로 발가벗겨지고 외톨이가 된 사람들은 자기 유전자가 시키는 대로, 즉 자기 종족의 오랜 역사가 시키는 대로 행동한다. 자기 부족으로 회귀하는 것이다. 개인주의는 근본적으로 부족주의tribalism(특정 집단이 자기 집단의 이익과 명예를 맹목적으로 추구하는 현상-옮긴이)로 이어진다.

철학자 한나 아렌트Hannah Arendt는 이미 수십 년 전에 이 현상을 포착했다. 정치적인 광신도가 되어 버린 사람들의 삶을 들여다본 그녀는 외로움과 정신적 공허함이라는 두 가지를 발견했다. 그래서 그녀는 《전체주의의 기원The Origins of Totalitarianism》에서 "외로움은 테러의 기반이다"라고 썼다.

자유 기고가인 나빌라 재퍼Nabeelah Jaffer는 진정한 외로움에는 단지 고독만이 아니라 일종의 정신적인 공허함, 즉 어떤 대답을 이끌어 내려면 당연히 가져야만 하는 자기 자신에 대한 믿음의 상실, 즉 "자기의 상실"까지 포함된다고 쓴다. 이것은 "자신이 뿌리 뽑힌 존재, 불필요한 존재가 되어 버렸다는" 느낌이다. 재퍼는 많은 과격분자들이 테러 집단인 이슬람국가IS에 가담하는 이유가 다른 데서는 소속감을 경험할 수 없으며 적어도 이슬람국가는 그들에게 이 소속감을 주기 때문이라고, 그들에게 순교자라는 영웅이 되는 길을 주기 때문이라고 지적한다.

존재론적인 두려움을 경험하는 사람들은 "나는 지금 위험한 상태야! 나는 지금 위협을 받고 있는데, 어떻게든 이 위협에 반격을 해야만 해!"라는 위기 모드로 미끄러져 들어간다. 이들이 보이는 진화론적인 대응은 자기 보호이다. 그래서 위협에 대응하던 고대 조상들의 본능에 의지한다. 이렇게 해서 이들은 '우리 대 그들'이라는 전선을 긋는다. 부족주의자들은 선한 사람과 그렇지 않은 사람이 각각 속한 손쉬운 범주들을 찾아낸다. 이들은 참을 수 없는 의심이라는 자기감정을 다스릴 확실한 것을 찾아낸다. 이들은 인생에 의미를 부여하는 하나의 길로 전쟁(정치적인 전쟁일 수도 있고 실제로 사람의 목숨을 빼앗는 전쟁일 수도 있다)을 찾아낸다. 부족으로 회귀하는 것이다.

부족주의는 공동체적 유대감을 회복하려는 시도인 것처럼 보인다. 이것이 사람들을 강한 유대감으로 묶어 주는 건 분명하다. 그러나 이것은 사실 공동체의 어두운 이면이다. 공동체는 구성원들이 함께 나누는 애정을 토대로 한 결속체이다. 그러나 내가 여기에서 사용하는 의미의 부족주의는 구성원들이 공유하는 증오와 공동으로 설정하는 적을 존재론적 토대로 삼는다. 부족주의 정신은 희소성을 토대로 하는 전사戰士의 사고방식이다. 이 사고방식에서 인생은 희소한 자원을 놓고 '우리'와 '그들' 사이에서 벌어지는 투쟁이며, 따라서 제로섬 게임일 뿐이다. 여기에서는 결과가 수단을 합리화한다. 정치는 전쟁이다. 사상은 전투이다. 죽느냐 죽이느냐만 존재할 뿐이다. 불신은 부족주의의 세계관이다. 부족주의는 외로운 자아도취자들을 위한 공동체이다.

요즘 많은 사람들에게 당파성은 어떤 정당이 더 좋은 정책을 가지고 있느냐 하는 문제가 아니다. 구원받아야 할 사람들과 저주받아야 할 사람들 사이의 갈등이다. 인종, 지역, 종교, 집단, 가족 같은 다른 애착 요소들이 시들어 버리고 없을 때 사람들은 흔히 당파성으로 자기의 공허함을 채운다.

이것은 정치가 해 줄 수 있는 것보다 더 많은 것을 정치에 요구한다. 정치가 인종적·도덕적 정체성이 되고 나면 타협이 불가능해진다. 왜냐하면 타협은 불명예가 되기 때문이다. 일단 정치가 어떤 사람의 정체성이 되고 나면 모든 선거는 생존 투쟁이 되며, 이 생존 투쟁에서는 모든 것이 허용된다. 부족주의는 애착 관계에서 분리된 개인을 괴물로 만들어 버린다.

고통에서 지혜로

—

계곡이 개인적인 것이든 사회적인 것이든 또는 둘 다이든 간에 여기에는 많은 고통이 뒤따른다. 계곡에 놓인 사람은 고통의 시기를 보낸다. 길을 잃어버렸다는 느낌의 시기를 보낸다. 이것은 영혼이 부서지는 고뇌의 시기일 수 있다. 그러나 이것은 또한 인생에서 가장 귀한 시기가 될 수도 있다.

시인 존 키츠John Keats는 우리가 많은 방이 있는 거대한 저택에 산다고 말했다. 첫 번째 산에 있을 때 우리는 키츠가 "무심한 방thoughtless chamber"이라고 불렀던 곳에서 산다. 이곳은 애초부터 설정되어 있던 공간이다. 우리는 자기 주변에 있던 가치관과 삶의 방식을 아무 생각 없이 주워서 자기 것으로 삼는다.

우리는 이 방에 계속 머물고자 한다. 이 방은 편안하다. 그리고 이 방에 있는 모든 사람이 '나'를 인정해 준다. 시인 W. H. 오든Wystan Hugh Auden은 〈불안의 시대The Age of Anxiety〉에서 다음과 같이 썼다.

우리는 변하기보다는 차라리 땅에 묻힐 것이다.
우리는 차라리 우리의 끔찍함 속에서 죽고 말 것이다.
그 순간의 십자가를 기어 올라가
우리의 환상이 죽어 가는 걸 바라보느니.

고통의 시기는 우리 엉덩이를 걷어찬다. 고통의 시기는 우리가 안주에서 벗어나도록 소리쳐 꾸짖으면서 우리가 잘못된 인생길로 들어선다고 경고하는 나팔 소리이다.

고통에는 본질적으로 우아한 것이 아무것도 없다. 때로 슬픔은 그저 슬픔일 뿐, 온전하게 겪어야만 한다. 인생에서는 나쁜 일들이 많이 일어난다. 이런 것들이 고귀한 무언가를 단련시키기 위해 일어나는 게 분명하다고 말함으로써 그 순간들을 감상적인 것으로 만들려는 시도는 잘못된 것이다. 그러나 때로 고통이 변화와 구원이라는 더 큰 서사에 연결될 수 있을 때 우리는 고통을 통해 지혜로 나아가는 길을 갈 수 있다. 이것은 결코 책에서 얻을 수 없으며 반드시 경험을 통해서만 얻을 수 있는 지혜이다. 때로 고통에 대응하는 방식을 통해 당신은 진정한 고결함이 어떤 것인지 처음으로 맛보기도 한다.

독일의 신학자 파울 틸리히Paul Tillich는 고통은 평범한 삶의 양식들을 뒤집어엎어서, 자기는 자신이 생각하던 그런 사람이 아님을 환기시킨다고 썼다. 계곡에서 겪는 고통은 당신 영혼의 지하층이라고 생각하던 것의 바닥을 깨부수어 그 바닥 아래 놓여 있던 텅 빈 구덩이를 드러내며, 다시 그 빈 구덩이의 바닥을 깨부수어 그 아래 또 다른 텅 빈 구덩이를 드러낸다.

고통은 우리에게 감사를 가르친다. 보통 우리는 사랑과 우정을 당연한 것으로 받아들인다. 그러나 고통의 시기에 우리는 다른 사람들에게 의지하며 사랑하는 사람들이 건네주는 선물들을 소중하고 고맙게 여긴다. 고통은 당신을 자기처럼 고통당하는 다른 사람들과 손잡게 해 준다. 고통은 공감 능력을 한층 더 키워 준다. 그래서 고통을 겪는 사람은 마찬가지로 고통을 겪는 다른 사람들에게 더 많이 공감할 수 있게 된다. 이런 식으로 고통은 사람의 마음을 따뜻하게 만들어 준다.

고통은 어떤 대응을 부른다. 그 누구도 고통을 피할 수는 없지만, 우리는 모두 고통에 대응하는 방식을 자기 나름대로 선택할 수 있다. 그리고 흥미로운 사실인데, 즐거움을 추구하는 것으로 고통에 대응하는 사람은 별로 없다. 자기 아이가 먼저 저세상으로 갔기 때문에 파티장에 가서 즐거운 기분을 마음껏 누려야겠다고 말하는 사람은 아무도 없다. 이런 사람은 자신이 아이를 잃었으므로 아이를 잃은 다른 사람을 충분히 이해하고 위로할 수 있다고 말할 것이다. 사람들은 얕은 접시에 놓인 적은 음식은 깊은 허기를, 고통이 드러내는 깊은 공허함을 채워 주지 못할 것임을 깨닫는다. 오로지 정신적인 음식만이 그걸 채워 줄 뿐이다. 많은 사람들이 고통당할 때 이에 대한 대응으로 관대함을 실천한다.

마지막으로 고통은 자족self-sufficiency의 환상을 깨 버리는데, 이것은 상호 의존하는 인생이 시작될 수 있으려면 반드시 깨져야 하는 환상이다. 고통의 시기는 우리가 가진 야망들 대부분이 잘못되었거나 허영일 뿐임을 드러내며, 삶과 죽음 그리고 보살핌 주고받기라는 훨씬 더 큰 현실의 실체를 환한 빛으로 비춘다. 고통은 우리가 가진 이기적인 욕구들의 실제 크기가 어느 정도인지 우리에게 보여 준다. 고통을 당하기 전에는 이 욕구들이 거대해 보이고 또 인생의 모든 스크린을 다 차지하는 것처럼 보인다. 그러나 고통을 당한 후에 우리는 자기 자아의 욕구가 매우 작으며 따라서 자기 인생을 송두리째 바칠 정도는 결코 아님을 깨닫는다. 계곡을 기어 올라가는 것은 어떤 질병에서 회복하는 것과 다르다. 많은 사람들은 치료가 되지 않은 채로 계곡에서 벗어난다. 그들은 달라져 있다. 시인 테드 휴스Ted Hughes는 경험하기에 최악인 것이 흔히 기억하기에는 가장 좋다고 했다. 왜냐하면 보호막이 몽땅 벗겨진 그 고통의 순간들에서 겸손이 획득되고, 어떤 문제가 선명하게 드러나며, 또 어떤 봉사의 소명이 분명하게 접수되기 때문이다.

Chapter 5

자기 인생에 귀 기울인다는 것

모세의 길

—

고통의 시기에 대한 통상적인 반응은 거기에서 벗어나고자 하는 시도이다. 그 상황에서 나타나는 증상들을 치료한다든가 술을 마신다든가 슬픈 음악을 듣는다든가 하는 시도 말이다.

고통의 순간에 놓여 있을 때 해야 할 올바른 일은 고통 속에 똑바로 서는 것이다. 기다려라. 고통이 자기에게 가르치는 내용을 똑똑히 바라보라. 그리고 그 고통이 다른 사람들의 도움을 받아서 제대로 처리되기만 하면 축소가 아니라 확장으로 인도해 줄 어떤 과제임을 깨달아라.

계곡은 우리가 낡은 자기를 버리고 새로운 자기를 만날 수 있는 곳이다. 지름길은 없다. 아주 오래전부터 시인들이 묘사해 왔던 동일하고 영원한 세 단계 과정, 고통에서 지혜로 그리고 다시 봉사로 이어지는 과정이 있을 뿐이다. 낡은 자기를 죽이고, 텅 빔 속에서 깨끗이 씻고, 새로움 속에서 부활하는 것이다. 계곡의 고뇌로부터 사막의 정화를 거쳐 산봉우리의 통찰에 이르는 것이다.

그렇다면 세 부분으로 구성된 이 여행을 어떻게 시작할까? 다행히 사람들은 이것을 놓고 수천 년 동안 생각해 왔으며, 우리에게 어떻게 하면 되는지 몇 가지 모델을 제시했다.

예를 들어 어린 모세는 자기 인생에 대한 생각을 막 시작했다. 그는 파라오의 왕궁에서 (아주 곱게) 성장했지만 어떤 도덕적인 양심을 가지고 있었다. 그는 유대인에 대한 압제를 증오했으며, 유대인 노예를 학대하는 이집트인을 살해했다. 그러나 그의 이 작은 반란은 역풍을 불러일으켰다. 모세의 그 행동은 무작위적이고 무절제한 것이었기 때문이다. 그는 패배자가 되어 이집트에서 달아나야 했다. 심지어 자기 동족인 유대인의 눈에도 패배자로 비쳤다. 모세는 혼자가 되어 길을 떠났다. 그는 자기 양 떼를 몰고 '멀리 사막 한가운데로' 들어갔다.

모세가 랍비의 전통에 따라 사막에 있을 때 작은 양 한 마리가 무리에서 벗어나 달아났고 그는 양을 쫓아갔다. 보통은 길 잃은 양을 찾아 데리고 오는 일은 그리 어렵지 않다. 양은 매우 빠르게 움직이는 동물도 아니고 또 원래 있던 곳에서 그다지 멀리 가지도 않는다. 하지만 이번에는 이상한 일이 일어났다. 그 양이 마치 가젤처럼 빠르게 달렸던 것이다. 모세는 양을 쫓아서 광야 깊숙한 곳으로 들어갔지만 도무지 따라잡을 수 없었다. 양은 저만치 앞에서 계속 내달렸다. 그러다가 샘이 있는 곳에서 물을 마시려고 멈춰 섰고, 마침내 모세는 양을 붙잡았다.

그 양은 물론 모세 자신이다. 모세는 숨어 있었고 심지어 자기 자신에게도 알려져 있지 않았다. 비슷한 맥락으로 이슬람 신비주의 분파인 수피즘에는 "나는 숨어 있는 보물이다"라는 가르침이 있다. 모세는 광야 깊숙한 곳으로 멀리 나아가야만 했다. 또 거기에서도 더 깊숙이 비어 있는 곳으로 길 잃은 양을 쫓아서 들어갔다. 그리고 마침내 거기에서 자기 자신을 만났다.

자기 인생으로 무엇을 해야 할지 가장 혼란스러운 순간에 가장 똑똑한 선택은 수백만 명이 역사 속에서 했던 일을 실천하는 것이다. 다시 추스르고 일어나 홀로 광야 속으로 들어가라.

전혀 다른 물리적인 장소로 가는 것만으로도 많은 것을 얻을 수 있다. 새로운 존재 방식을 향해 나아가는 자기의 길을 맛보고 만지고 느낄 필요가 있다. 중심지를 떠나 변방으로 가는 데는 많은 이득이 뒤따른다. 사제이자 신학자였던 헨리 나우웬은 다음과 같이 썼다.

당신은 특이한 시간을 통해 살고 있다. 당신은 고독, 기도, 은둔 그리고 위대한 단순성으로 나아가라는 소명을 받았음을 깨닫는다. 당신은 한동안 전화 통화를 자제하고 편지 쓰기에 조심하는 등 움직임을 제한받아야 한다는 것을 깨닫는다. …… 친구, 바쁜 일과, 신문 그리고 재미있는 책 등을 멀리해야만 할지도 모른다는 생각이 더는 당신을 두렵게 하지 않는다. …… 당신 내면에 있는 어떤 것이 죽어 가고 있으며 또 어떤 것이 새로 태어나고 있음은 명백하다. 당신은 주의를 집중하고 차분한 상태로 당신이 가진 최고의 직관에 복종해야 한다.[1]

광야에서는 인생에서 산만한 것들이 모두 제거된다. 이때의 인생은 조용하다. 이곳에서는 규율과 단순성과 치열한 주의 집중이 요구된다. 광야에서의 고독은, 개인의 인격 속에 복잡하게 녹아들어 있고 사람을 즐겁게 해 주는 모든 습관을 필요 없는 것으로 만들어 버린다. 벨든 레인은 《성인들을 배낭에 넣고서》에서 이렇게 묻는다.

"만일 '재능 있는 어떤 아이'가 자기 가치를 증명할 것이라고는 아무것도 없는 광야에 있을 때 어떤 일이 일어날까? 자신이 '할 수 있는' 것이 아무것도 없을 때, 자기에게 박수를 쳐 줄 사람이 아무도 없을 때, 비록 적대적이지는 않다 하더라도 냉담하기만 한 침묵의 무관심과 마주할 때, 과연 그 아이는 무엇을 할까? 그 아이의 세상은 산산조각이 난다. 남에게 인정받고 싶은 갈망으로 가득 찬 아이의 영혼은 광야의 사막에서 굶주린다. 광야는 그 강박적인 성취자를 작고 매우 평범한 어떤 존재로 쪼그라뜨린다. 오로지 이럴 때만 비로소 그 아이는 사랑받을 수 있다."[2]

광야에서의 고독은 시간과 관련된 경험을 바꾸어 놓는다. 평범한 인생은 평범한 시간 속에서, 즉 출퇴근을 하고 설거지를 하는 시간 감각 속에서 일어난다. 그러나 광야는 그리스 사람들이 "카이로스 시간kairos time"(카이로스는 그리스 신화에 나오는 '기회의 신'으로 제우스의 아들이다-옮긴이)이라고 부르는 것의 속도로 살아가는데, 이 시간은 더 느릴 수 있지만 언제나 더 풍성하다. 동기화 시간synchronous time은 연속적이지만, 카이로스 시간은 질적인 것이다. 시의적절할 수도 있고 아직 성숙하지 않았을 수도 있으며, 풍성할 수도 있고 성길 수도 있으며, 고무된 것일 수도 있고 밋밋한 것일 수도 있는, 요컨대 혼잡한 시간일 수도 있고 텅 빈 순간일 수도 있다. 누구나 광야에 나가서 여러 주 동안 있다 보면 저절로 카이로스 시간에 따라 움직이게 된다. 광야에서 자기 자신과 소통하는 영혼 역시 마치 붉은 삼나무가 성장하는 것처럼 느리고 고요하지만 두텁고 강력한 시간인 카이로스 시간에 맞춰진다.

광야에서 보내는 삶의 척박함은 당신이 자기 자신과 친밀해질 수 있도록 준비해 준다. 때로 이것은 그동안 숨어 있던 고통을 낱낱이 드러내 준다. 과거에 겪었던 실패나 슬픔의 뼈아픈 기억이 있을 수 있다. 부모나 조부모로부터 받은 상처가 있을 수 있다. 이 상처들에서 비롯된 자신의 나쁜 행동도 있을 수 있다. 예를 들어 마구 몰아붙이는 습관이나 누군가로부터 버려지는 걸 끔찍하게 싫어하는 성향이나 스트레스를 받을 조짐이 조금이라도 보이면 움츠러드는 태도 같은 행동들이다. 헨리 나우웬은 계속해서 다음과 같이 썼다.

"당신의 고통은 깊으며, 이 고통은 저절로 사라지지 않는다. 이 고통은 또한 오로지 당신에게만 특이한 것인데, 당신이 어린 시절에 겪었던 어떤 경험과 닿아 있기 때문이다. 당신의 소명은 이 고통을 철저하게 느끼는 것이다. 당신의 상처 부위가 당신의 성인 자아에게 낯선 것으로 남아 있는 한 당신의 고통은 다른 사람들뿐 아니라 당신에게도 상처를 입힐 것이다."[3]

속담에서 말하듯이, 변치 않는 고통은 전염된다.

당신 인생에 귀 기울이기

—

광야에 있을 때 사람들은 자기 인생을 받아들이고 찬찬히 검토하는 방법을 배운다. 작가이자 신학자인 프레더릭 비크너Frederick Buechner 는 이렇게 썼다.

"만일 내가 지금까지 소설가와 목사로서 말하고자 했던 모든 것을 몇 마디로 압축한다면, 그것은 '당신 자신의 인생에 귀를 기울여라'이다. 있는 그대로의 도무지 알 수 없는 신비로움을 찾아서 당신의 인생을 바라보라. 흥분과 기쁨의 인생만이 아니라 따분함과 고통의 인생도 바라보아야 한다. 인생의 성스럽고 숨겨진 핵심으로 나아가는 당신의 길을 더듬고 맛보고 냄새 맡아라. 결국 모든 순간들이 핵심적인 순간들이고, 인생은 그 자체로 은총이기 때문이다."[4]

교육가이자 영성 작가인 파커 파머Parker Palmer도 바로 이 주제를 환기시킨다.

"이십 대 초반 무렵 나에게 어둠이 드리워지기 시작했을 때, 나는 내가 지금까지 특별하고도 치명적인 실패를 저질러 왔다는 생각이 들었다. 나는 단지 인류가 함께 꾸려 가는 어떤 여정에 뛰어든 것일 뿐이라는 사실을 미처 깨닫지 못했던 것이다."[5]

파머에게도 인생의 핵심은 귀를 기울이는 것이었다.

"다른 사람의 인생을 살려고 한다거나 어떤 추상적인 규범에 맞춰서 인생을 살려고 하다가는 반드시 실패하고 말뿐더러 커다란 피해까지 초래한다."[6]

무언가를 관할하고 통제하려는 행위를 통해서는 자기 직업을 찾지 못한다.

"직업은 의지에서 비롯되는 것이 아니라 귀를 기울이는 것에서 비롯된다. 자기 인생에 귀를 기울이고 (그것이 어떻게 되면 좋겠다는 자기의 바람과는 완전히 별개로) 그것이 진정으로 어떠한지 이해하려고 노력해야 한다."

피트 웨너라는 내 친구는 남의 말에 놀라울 정도로 귀를 잘 기울인다. 내가 어떤 문제를 얘기하면 그는 나에게 몇 가지 질문을 한다. 너덧 가지 질문에 내가 대답하면서 잠시 대화가 이어지고 나면 나는 그가 무어라 자기 의견을 말해 주길 기대한다. 그러나 웬걸, 그는 다시 일고여덟 개의 질문을 더 던진다. 이 질문들에 내가 대답하고 나서야 비로소 그는 조언을 내놓는다. 다른 사람의 말이든 자기 내면의 말이든 진정으로 귀를 기울이는 것에는 예상하지 않았던 추가 질문이 포함되며, 이때 그 질문은 자연스럽게 느껴지는 범위를 초월해 확장된다.

자기 인생에 귀를 기울인다는 것은 끈기를 가진다는 뜻이다. 많은 사람이 자기 인생의 대부분을 성숙하지 않은 태도로 평가하며 보낸다. 사람은 기본적으로 어떤 것에 맞닥뜨리는 순간 즉각 자기 마음을 결정하려 드는 경향이 있는데 이것은 자연스러운 반응이다. 그런데 한 번 어떤 판단을 내려 분류해서 정리해 버리고 나면 (심지어 자기 자신에 대해서조차) 더는 복잡한 온갖 요소를 고려하면서 다시 살피려 들지 않는다는 게 문제이다. 광야는 우리에게 소극적 수용 능력 negative capability, 불확실성 속에 머무는 능력, 성급히 미숙한 결론을 내리지 않는 능력을 가르친다.

자기 인생에 귀를 기울인다는 것은 질문을 한다는 뜻이다.

─ 내가 지금까지 잘한 일은 무엇일까? 내가 지금까지 못한 일은 무엇일까? 보수나 대가가 없을 때는 어떻게 할까? 다른 사람들이 나에게 기대하는 또는 기대한다고 생각하는 표정을 지은 적이 있었을까?

더 깊은 자기를 만나는 시간

─

광야에 있으면 자기 자신의 더 나은 버전이 나타나는 경향이 있다. 벨든 레인은 다음과 같이 썼다.

"내가 큰맘 먹고 광야에 나섰을 때 나는 혼자 있는 것을 내가 얼마나 즐기는지 몰랐다는 사실에 깜짝 놀랐다. 나와 동행하는 그 사람은 자기의 성취에 대해 아무런 걱정도 하지 않는다. 그는 반짝거리는 개성을 다른 사람들에게 흩뿌리려고 애를 쓴다. 캘리포니아의 벨 마운틴 정상에 있는 떡갈나무 그늘 아래에서 이런저런 글들을 일지에 휘갈겨 쓸 때 나는 종달새처럼 행복하다. 나는 광야에 혼자 있을 때의 나인 바로 그 사람이 되고 싶다."[7]

이것은 중요한 어떤 계시의 시작점이다. 자연을 사랑하는 작가 애니 딜러드는 《돌에게 말하는 법 가르치기Teaching a Stone to Talk》에서 이렇게 썼다.

"심리학자들이 우리에게 경고하는 폭력과 테러는 깊은 곳에 잠겨 있다. 그러나 만일 당신이 이 괴물들을 더 깊은 곳으로 몰아넣는다면, 만일 당신이 이 세상의 가장자리 끝에서 이 괴물들과 함께 떨어진다면, 우리의 과학이 포착하거나 이름 지을 수 없는 것을 발견하게 된다. 그것은 나머지 다른 것들을 표면으로 붕붕 뜨게 만들며, 선함에 선용할 힘을 주고 악함에 악용할 힘을 주는, 대양 또는 매트릭스 또는 에테르, 통합된 어떤 장이다. 그것은 바로 서로를 보살피는 복잡하고 설명할 수 없는 우리의 어떤 마음이다."

이것은 결정적으로 중요한 내용이다. 어쩌면 이 책 내용 전체를 이것으로 요약할 수 있을지도 모른다. 우리는 대부분 자기 인생의 표면에 딱딱한 껍질을 만든다. 이 껍질은 두려움과 불안정함을 숨기고 남에게 인정받고 성공을 거두기 위한 것이다. 당신이 자기 자신의 핵심으로 다가간다고 치자. 이때 당신은 전혀 다르며 훨씬 더 원초적인 어떤 경지를 발견할 것이고, 그 안에서 다른 사람을 보살피고 다른 사람과 연결되고자 하는 깊은 열망을 발견할 것이다. 자기 자신의 이 깊은 핵심을 '플레로마pleroma'(충만)라고 부를 수 있다. 바로 여기에 당신의 심장과 영혼이 깃들어 있다.

캐서린 블라이 콕스라는 내 친구는 첫딸이 태어난 뒤 나에게 말했다.

"나는 진화가 요구하는 것 이상으로 내 딸을 사랑한다는 사실을 깨달았어요."

그녀가 했던 이 말, 그녀의 이 통찰이 나는 너무나 마음에 들었다. 한층 더 깊은 저 아래 어떤 층을 가리키는 말이기 때문이다. 우리를 물질적인 즐거움으로 내모는 것들이 있고 유전자를 후대에 전하도록 내모는 진화의 힘들이 있다. 이런 것들은 경제학과 정치학, 진화

심리학이 관장하는 인생의 층들이다. 그러나 이 층들은 샤르트르대성당이나 〈환희의 송가An die Freude〉를 설명하지 못한다. 또 감옥에 갇힌 넬슨 만델라, 전쟁 상황실에 있는 에이브러햄 링컨, 아기를 안고 있는 어머니를 설명하지 못한다. 또 우리가 사랑의 격렬함과 충만함을 느낄 때 이 심리적·정서적 상태를 설명하지 못한다.

바로 이것이 우리가 광야에서 도달하고자 노력하는 그 층이다. 이것은 우리더러 두 번째 산에 오르라고 등을 떠미는 용수철 같은 활력이다. 만일 당신이 이 깊은 원천을 건드렸다면 당신은 자신의 자아를 주인이 아니라 종으로 만들기 시작한 셈이다.

당신의 자아는 오랫동안 헨리 나우엔이 "이상적 자아"라고 부른 특정한 길, 즉 당신이 남들에게 최고로 인정받는 존재가 되기를 바라는 길을 찾아 왔다. 이 자아는, 당신이 똑똑하고 멋있고 존경스러워 보이게 만들 어떤 역할을 추구하는 인생을 살기를 바란다. 아마지금까지 당신은 이 이상적 자아에 맞춰 살기 위해 많은 시간을 보냈을 것이다.

이와 관련해 심리학자 제임스 홀리스는 다음과 같이 썼다.

"당신의 자아는 불확실성보다는 확실성을, 예측 불가능성의 놀라움보다는 예측 가능성의 안정성을, 모호함보다는 명료함을 선호한다. 당신의 자아는 들릴락 말락 하는 마음의 웅얼거림을 언제나 덮어 버리고 싶어 한다."[8]

이 자아는 당신이 남들에게 깊은 인상을 주는 마법의 지팡이로 사용할 수 있는 어떤 일자리나 인생을 선택하기를 바란다고 리 하디Lee Hardy는 말한다.

그와 달리 당신의 자아로서는 가늠조차 하지 못하는 전혀 다른 인생을 당신이 감지하는 것은 바로 이 깊은 단계에서이다. C. S. 루이스가 말했듯이 "우리가 발견하지 못했던 어떤 꽃의 향기, 우리가 듣지 못했던 어떤 곡조의 울림, 우리가 한 번도 가 보지 못했던 어떤 나라의 소식"을 감지하는 무언가가 당신의 내면에 존재한다.

우리는 지금 포기의 첫 단계, 새로운 자아가 떠오를 수 있도록 낡은 자아를 버리는 단계에 있다. 당신이 자기의 이상적 자아보다 훨씬 더 나은 존재임을 깨닫는 것이 바로 이때이다. 당신이 심장과 영혼을 진정으로 발견하는 것이 바로 이때이다.

Chapter 6

새로운 인생은 행복한 추락 뒤에 온다

시멘트를 뚫고 나오는 새싹처럼

—

얼마 전 나는 차고 진입로 가까이에 대나무 숲이 있는 집을 산 남자 이야기를 다룬 책을 읽었다. 이 남자는 대나무 숲을 없애기로 마음먹고 당장 실행에 옮겼다. 대나무를 베어 내고 뿌리는 도끼로 찍어 산산조각을 냈다. 이게 다가 아니었다. 땅을 최대한 깊게 파서 뿌리를 들어내었고, 그것도 모자라 제초제를 남아 있는 뿌리 위에 뿌렸다. 그리고 50센티미터가 넘는 그 구덩이에다가는 자갈을 채워 넣었다. 그러고는 그 위를 시멘트로 발라 버렸다. 그런데 2년 뒤 거기에서 어떤 변화가 일어나고 있었다. 초록색의 작은 대나무 싹이 시멘트를 뚫고 올라오고 있었던 것이다. 못 말리는 대나무였다. 지면 위로 올라오지 않고서는 도무지 참을 수 없었던 대나무였다.[1]

우리 내면에도 이 대나무와 비슷한 것이 있다. 바로 우리가 가지고 있는 욕구이다. 우리를 둘러싼 문화는 사람은 생각하는 동물(호모 사피엔스)이라고 흔히 가르친다. 때로 학교나 회사는 우리를 한낱 분석적인 뇌일 뿐인 것처럼 대한다. 그러나 계곡에 있을 때 우리는 자기가 진정 어떤 존재이며 자기에게 진정으로 필요한 것이 무엇인지 더 깊고 진실하게 파악한다. 또 인생에서 정말 중요한 것이 무엇인지 파악하는 가치관이 바뀐다. 추론하는 뇌는 사실상 우리의 의식에서 세 번째로 중요한 것일 뿐임을 우리는 깨닫기 시작한다. 첫 번째로 중요한 것은 욕구하는 심장desiring heart이다.

아우구스티누스주의 철학자 제임스 스미스James K. A. Smith는 이렇게 쓴다.

"인간으로 존재한다는 것은 어떤 것을 '뒤쫓고' 어떤 것을 추구하면서 끊임없이 움직인다는 것이다. 우리는 실존적인 상어와 같다. 살기 위해 움직여야 하기 때문이다."[2]

우리 내면 깊숙한 곳에는 욕구가 비롯되는 어떤 부분이 있다. 우리는 우리가 알고 있는 것이 아니라 우리가 욕구하는 것에 따라 정의된다.

학예회를 하는 아이들을 보라. 아이들은 있는 힘을 다해 노래를 부르고, 최대한 우아한 몸짓으로 춤을 추며, 자기가 하는 동작을 정확하게 하려고 치열하게 집중한다. 이 아이들의 내면에는 슈퍼스타가 되겠다는 소망에, 선생님을 기쁘게 해 주겠다는 또는 세상에서 두각을 나타내겠다는 또는 그저 위대한 인물이 되겠다는 충동에 생기를 불어넣는 무언가가 있다. 세상은 이 아이들이 가지고 있는 욕구를 시멘트로 덮어 버리는 일을 훌륭하게 해치울 수 있다. 그러나 초록색 대나무 싹은 시멘트를 뚫고 끈질기게 위로 올라간다. 잔인한 어른들은 이 초록색 싹들을 꺾어 놓으려고, 따분한 학교는 아이들이 생기를 잃게 만들려고, 궁핍한 가난은 아이들을 굶주리게 만들려고 있는 힘껏 노력할 것이다. 그러나 아무리 거친 환경에 놓여 있는 아이들이라고 하더라도 열에 아홉은 여전히 욕구하고 꿈꾸며 위를 향해 머리를 내민다.

우리의 감정이 우리를 인도한다. 우리의 감정은 각각의 사물에 가치를 부여하고, 바랄 가치가 있는 것이 무엇인지 우리에게 일러 준다. 열정은 이성의 반대말이 아니다. 열정은 이성의 토대이며, 흔히 분석적인 뇌가 가닿을 수 없는 지혜를 가지고 있다. 심장이 바라는 궁극적인 욕구(다른 모든 사랑들의 배후에 있는 사랑)는 어떤 것 또는 어떤 사람에게 자기를 몽땅 내놓고자 하는 욕구이다. 이런 생각을 한번 해 보자. 당신이 지금까지 봤던 거의 모든 영화는 무언가(임무, 대의, 가족, 국가 또는 사랑하는 이)를 위해 자기를 몽땅 바치면서 그것과 하나가 되는 격렬한 감정을 경험하는 어떤 사람을 다루지 않는가? 예를 들어 영화 〈카사블랑카Casablanca〉에서 주인공 릭은 심장이 무언가에 덮여 꼭꼭 닫혀 있던 사람이었다. 그러나 사랑이 그의 심장을 깨운다. 그리고 결국 그는 사명감과 욕구로 가득 차서 헌신하는 전인적인 인간이 된다.

궁극적인 욕구는 사랑하는 사람과 하나 되기, '나-너'의 유대, 모든 것을 진정으로 내려놓기, 순수한 결합, 공포를 초월하는 친밀함을 성취하겠다는 욕구이다. 영국 작가 루이스 드 베르니에Louis de Bernières는 소설 《코렐리의 만돌린Captain Corelli's Mandolin》에서 심장이 충족되어 가는 여정의 이 마지막 최고의 순간을 묘사한다. 어떤 노인이 죽은 아내와의 사랑 이야기를 딸에게 들려준다. 노인은 딸에게 이렇게 말한다.

"사랑에 빠진 경험이 사라지고 없더라도 사랑 자체는 남는단다. 그리고 이건 기술인 동시에 행복한 사건이지. 네 어머니와 나는 그걸 가졌어. 우리는 땅 속에서 서로를 향해 성장하는 뿌리를 가지고 있었지. 아름다운 꽃들이 우리의 모든 가지에서 떨어져 버렸다 하더라도 우리가 둘이 아닌 한 나무임을 우리는 알았단다."

이것이 충족된 심장이다.

영혼이 하는 일

—

의식의 또 다른 중요한 부분은 영혼이다. 당신에게 신을 믿거나 믿지 말라고 하려는 게 아니다. 나는 작가이지 선교사가 아니다. 선교는 내 전공이 아니다. 그러나 나는 당신도 영혼을 가지고 있음을 믿으라는 말은 분명히 하고 싶다. 당신의 의식 가운데는 형태도 크기도 무게도 색깔도 없는 어떤 부분이 있다. 이것은 무한한 가치와 존엄성을 지닌 당신의 한 부분이다. 이 부분의 존엄성은 나이가 든다고 해서 커지거나 작아지지 않는다. 신체 크기나 체력에 따라서 커지거나 작아지지도 않는다. 돈이 많고 성공한 사람이라고 해서 돈이 적고 성공하지 못한 사람보다 이 존엄성이 더 크거나 작지도 않다.

영혼은 도덕적 가치를 품고 있으며 도덕적 의무를 감당하는 당신 의식의 한 부분이다. 어떤 강이 있다. 이 강은 자기가 흘러가는 것에 대해 도덕적으로 책임지지 않는다. 호랑이도 자기가 잡아먹는 다른 동물에 대해 도덕적으로 책임을 지지 않는다. 그러나 사람은 영혼을 가지고 있으므로 자기가 하는 행위 또는 하지 않는 행위에 도덕적으로 책임을 져야 한다. 철학자 제럴드 해리슨Gerald K. Harrison이 말했듯이, 우리는 이런 본질을 내면에 가지고 있기 때문에 우리가 하는 행동들은 칭찬받기도 하고 비난받기도 한다.[3] 당신의 내면에는 이런 도덕적인 부분이 있으므로 당신이 하는 생각이나 행동에 따라 어떤 부류의 사람이라는 평가를 받을 수밖에 없다.

개인은 각자 자기 영혼을 가지고 있으므로 다른 사람들에게서 제각기 특정한 수준의 존경이나 호의를 받는다. 또 개인은 각자 자기 영혼을 가지고 있으므로 그 존엄성이 모욕당하거나 무시되거나 말살될 때는 분개한다. 노예제가 잘못된 것은 인간 영혼의 본질적인 존엄성을 모욕하기 때문이다. 강간은 분자들의 집합체로 구성된 물리적인 신체에 가하는 폭력만이 아니라 인간의 영혼을 모독하는 짓이다. 강간은 외설이다. 철학자 로저 스크러턴Roger Scruton은 외설이란 다른 사람의 영혼을 완전히 덮어 묻어 버리는 어떤 것이라고 가르친다.

영혼은 도덕 의식과 윤리 감각의 못자리이다. C. S. 루이스가 말했듯이 동서고금을 막론하고 어떤 나라에서건 전투 현장에서 달아난 탈영병이나 고마운 사람을 배신한 사람이 칭송받은 경우는 지금까지 없었다. 어떤 동물이 자기장에 의지해 방향을 잡는 것처럼 우리 인간은 이런 도덕 감각들에 의지해 자기 행위의 방향을 잡는다. 이런 도덕 감각들은 우리 성정 안에 녹아 있다. 이마누엘 칸트도 다음과 같이 썼다.

"생각하면 할수록 늘 새롭고 점점 커지는 감탄과 경외심에 휩싸이

는 두 가지가 있다. 밤하늘에 빛나는 별과 내 마음속의 도덕률이 그
것이다."《실천이성비판》 뒷부분에 나오는 문구이다-옮긴이)

영혼이 주로 하는 것은 동경yearn이다. 심장이 다른 사람 또는 어
떤 대의와 하나로 녹아들기를 갈망한다면, 영혼은 올바름을 동경하
고 선한 것과 하나로 녹아들기를 동경한다. 소크라테스는 인생의 목
적은 자기 영혼을 완벽하게 만드는 것, 즉 영혼이 동경하는 선함을
깨닫는 것이라고 말했다. 내가 지금까지 만난 모든 사람들은 선하고
의미 있는 인생을 살고자 했다. 자기가 살아가는 인생에서 목적과
의미를 경험하지 못할 때 사람들은 상실감을 느낀다. 심지어 범죄자
나 소시오패스조차 자기가 저지른 악행이 실은 알고 보면 선한 행위
라거나 적어도 전후 사정을 고려하면 용서받을 수 있는 행위라는 변
명을 만들어 낸다. 자기가 철저하게 악인이라는 생각을 가지고 살아
가는 사람은 아무도 없기 때문이다.

우리는 모두 영혼을 가지고 있기 때문에 어떤 도덕적 드라마에 등
장하는 인물들이라고 할 수 있지만, 이런 사실을 주어진 어떤 순간
에 더 분명하게 의식할 수도 있고 그렇지 않을 수도 있다. 자기가 높
은 수준으로 고양된다고 느끼는 어떤 행위를 할 때, 그리고 어떤 나
쁜 행위를 할 때, 우리는 도덕적인 합리화를 하기 시작한다. 이런 사
실을 존 스타인벡은 소설《에덴의 동쪽East of Eden》에서 멋지게 묘사
한다.

인간은 선과 악의 망 안에 사로잡혀 있다. 생활에서, 생각에서,
갈망과 야망에서, 탐욕과 잔인함에서 그리고 아울러 친절함과 관

대함에서 모두 그렇다. 이것이 우리가 가진 유일한 이야기이며 또 이것은 감정과 지성의 모든 단계에서 나타난다고 나는 생각한다. 미덕과 악덕은 우리의 첫 번째 의식의 날실과 씨실이며, 이것들은 우리의 마지막 의식의 얼개를 이룰 것이다. …… 자기 인생의 온갖 먼지를 떨어낸 사람은 다음과 같은 명백한 질문들만을 남기게 될 것이다. 내 인생은 선했는가, 아니면 악했는가? 나는 인생을 잘 살 았는가, 아니면 잘못 살았는가?

세계 역사나 현재 사건들을 보면, 얼마나 많은 사건들이 도덕적으로 정당화하고 싶은 필요성, 자기가 옳다고 느끼며 또 보살핌을 제공할 필요성, 궁극적으로는 남에게 죄책감을 떠안기고 자기는 도덕적 우월감을 느낄 필요성에 따라서 일어나는지 알 수 있다. 도덕적인 충동은 세상에서 일어나는 많은 좋은 사건들을 설명해 준다. 그런데 이것이 우월감을 느끼고자 하는 충동에 의해 왜곡될 때는 많은 나쁜 사건들을 설명해 준다.

그런데 영혼과 관련해서 특이한 것은 영혼은 강력하고 회복력이 강한 동시에 은둔적이라는 사실이다. 사람은 자기 영혼이 무언가를 동경하는지를 전혀 알지 못한 채로 오랫동안 살아갈 수 있다. 그렇게 인생의 온갖 즐거움을 누리면서 자기 커리어를 쌓아 간다. 자기 영혼은 저 멀리 어딘가에 떨어져 있는데 오래도록 아무런 어려움 없이 살 수 있다는 게 놀라울 따름이다.

그러나 결국에는 당신의 영혼이 당신을 찾아낸다. 영혼은 마치 산속 어딘가에 틀어박혀 은둔자로 살아가는 표범과도 같다. 당신은 이 표범의 존재를 오랜 세월 잊어버릴 수 있다. 당신은 세속의 일상 속에서 바쁘게 살아가지만 영혼의 표범은 저 멀리 산에 분명이 있다. 그런데 이따금 당신 눈에 얼핏 그 표범이 비칠 때가 있다. 멀찍이 나무 뒤에 몸을 숨긴 채 당신을 추적하는 그 영혼의 표범이…….

당신이 그 존재를 희미하게 또는 긴급하게 느끼는 순간들이 틈틈이 있다. 이런 일은 잠 못 드는 한밤중에, 어느 시인의 표현을 빌리자면, 칼들이 가득 든 서랍처럼 온갖 생각들이 밀려들 때 고통스럽게 나타날 수 있다. 당신의 영혼에 어떤 문제가 있고, 그 바람에 당신은 잠들지 못하는 것이다.

이 표범은 친구들이나 가족과 함께 보내는 환상적인 어떤 순간에 찾아올 수도 있다. 예를 들면 피크닉 테이블 너머에서 활짝 웃고 있는 어린 자녀의 얼굴을 바라보는 순간이 그런 때이다. 이 순간에 당신은 감사하는 마음으로 압도된다. 이런 순간들을 맞을 때 당신은 자기에게 다가온 그런 행복에 걸맞은 사람이 되어야 한다는 소명을 느끼고, 당신의 영혼은 기쁨으로 넘쳐난다.

그리고 중년이나 노년에 더 많이 부닥치는 순간이 있는데, 이 표범이 산 아래로 내려와 당신 집 현관 앞에 얌전히 앉아 있는 그런 때이다. 표범은 당신을 응시한다. 당신은 이 시선을 피할 수 없다. 표범은 당신에게 해명을 요구한다.

– 당신은 지금까지 어떤 좋은 일들을 했는가? 당신은 무엇을 위해 여기에 왔는가? 당신은 지금 어떤 부류의 사람이 되어 있는가?

이런 순간에는 그 어떤 변명도 통하지 않는다. 누구나 자기 가면을 벗어던져야 한다.

행복한 추락

—

계곡에 있을 때 운 좋은 사람은 자기 자신을 전인적인 인간으로 바라보는 법을 배운다. 자신은 단지 뇌로만 또 세상을 깜짝 놀라게 할 여러 재능의 집합체로만 존재하는 것이 아니며, 기본적으로 그리고 가장 중요하게 심장과 영혼을 가진 존재임을 깨닫는다. 이제 남은 생애 동안 자기가 하는 모든 것은 심장과 영혼을 가진 존재라는 그 실체의 증거가 될 것 같다.

도대체 어떤 경험 덕분에 지금과 같은 사람이 되어 있느냐고 물을 때 "하와이에서 멋진 휴가 여행을 보내기 전까지만 하더라도 나는 형편없이 천박하고 이기적인 인간이었습니다"라는 식으로 대답하는 사람은 하나도 없다. 사람들은 보통 어렵고 힘들었던 순간들을 화제로 삼아 얘기한다. 영국의 저널리스트인 맬컴 머거리지Malcolm Muggeridge는 이런 모습을 좀 지나칠 만큼 직설적으로 표현했다.

"내가 이 세상에서 75년 인생을 살면서 배운 모든 것, 나의 존재를 진정으로 고양시키고 계몽시켰던 모든 것은, 내가 힘들게 추구했던 행복이든 또는 거저 얻은 행복이든 간에 행복을 통해서가 아니라 고통을 통해서 얻은 것이었다고 백 번이고 자신 있게 말할 수 있다."

계곡에서 변화가 일어나는 이유는 무엇일까? 그것은 지금까지 유용했고 또 즐거웠던 어떤 것이 이제 그만 사라져야 할 필요가 있기 때문이다. 없어져야 할 그 어떤 것은 첫 번째 산에서 자기 자신을 위해 구축했던 인상적이고 합리적인 존재 방식인 '자아의 자기ego self'이다. 사람들은 첫 번째 산의 과업들을 수행할 수 있도록, 즉 세상

속으로 돌진해 자기 길을 헤쳐 나가며 일자리를 얻고 자기의 흔적을 남기며 자기만의 정체성을 쌓아 나가기 위해 '자아의 자기'를 개발한다. 하지만 이것이 사라지기 전까지는 결코 눈에 보이지 않는 더 깊은 자기가 그 아래 존재한다.

소설가 너새니얼 호손Nathaniel Hawthorne이 자기에게서 이상적 자아를 몰아내는 데는 심각한 질병과 죽음을 대면하는 것이 필요했다. 그는 다음과 같이 썼다.

"나의 병 발작은 줄곧 두 개의 존재 사이를 이어 주는 어떤 길이었다. 나는 나지막한 아치가 둘러진 어두컴컴한 그 길을 무릎을 꿇고 두 손을 짚고서 기다시피 통과해 낡은 인생에서 빠져나와 그 너머에 놓여 있던 더 자유로운 곳으로 들어갔다. 어떻게 보면 그것은 죽음과도 같았다. 그리고 죽음을 경험할 때와 마찬가지로 그것을 경험하고 통과하는 것은 좋은 일이었다. 그러지 않았더라면 나는 수천 가지 거짓, 위선, 편견, 버릇, 그리고 넓은 고속도로를 따라 늘어선 군중들이 고스란히 뒤집어쓸 수밖에 없는 그 온갖 세속적인 먼지들을 결코 벗어던지지 못했을 것이다."[4]

낡은 자아가 사라지고 나면 심장과 영혼이 나서서 통제권을 장악할 공간을 확보한다. 과거의 욕구들은 폐기되고 더 큰 욕구들이 형성된다. 이런 움직임은 "내면을 심화하고 외면을 확장한다"라고 임상심리학자인 대프니 드 마네프Daphne De Marneffe는 말한다. 자기 내면으로 들어가면 오로지 다른 사람들을 사랑하고 또 이들에게 봉사할 때 비로소 완성될 수 있는 여러 소망들이 거기에 있음을 깨닫는다. 시인 릴케도 말했다.

"바로 그때, 내 안에 두 번째 인생, 시간이 흘러도 변하지 않는 더 큰 인생이 들어설 공간이 있음을 깨닫는다."

'자아의 자기'가 소멸하고 심장과 영혼이 등장할 때 사람들은 두 번째 산에 오를 준비를 끝낸다. 그런데 이때 사람들은 이것을 또 다른 등반이라고 말하지 않는다. 사람들은 이것을 '추락'이라고 말한다. 그들은 어떤 것을 떠나보냈으며, 또 자기 자신을 통해 추락한다. 그 다행스러운 추락으로 자기를 밀어 넣기 위해서는 사람들은 대부분 지진이 필요하다. 이렇게 해서 이제 우리가 할 일은 훨씬 더 큰 어떤 것들에 패배하는 것이다. 누군가가 우리를 붙잡아서 우리에게 길을 보여 주도록 하려면 우리는 인생을 믿고 소명에 공손하게 무릎을 꿇어야 한다.

당신은 이제 통제를 받지 않아도 된다. 당신이 나서서 세상을 감동시켜야 할 필요도 없다. 당신은 첫 번째 산에서 기술을 습득했으며 계곡에서 지혜를 얻었다. 이제는 커다란 모험을 할 때이다. 신학자 칼 바르트Karl Barth는 다음과 같이 썼다

"씨를 뿌릴 시기는 지났고 지금은 수확을 할 시기이다. 도움닫기는 이미 했고 이제는 뛰어오를 때이다. 준비는 끝났고 이제는 실천할 때이다."

1849년에 소설가 도스토옙스키는 단 한순간에 자기의 계곡을 경험했으며 또한 이어서 회복의 시작을 경험했다. 그는 상트페테르부르크에서 한 무리의 다른 혁명가들과 함께 노역형을 선고받았다가 취소되고 다시 사형 선고를 받아 투옥되어 있었다. 수의를 입은 이 죄수들은 광장으로 끌려 나왔다. 총살형을 집행할 군인들이 정렬했

고 북소리가 울리기 시작했다. 이제 죽음은 코앞이었다. 그런데 바로 그 순간에 전령이 말을 타고 달려왔다. 황제의 메시지를 가지고 온 전령이었다. 황제가 관용을 베풀어서 사형 선고를 거두고 원래의 선고 결과대로 노역형에 처한다는 내용이었다. 사실 총살형이며 감형이며 하는 것들은 황제가 죄수들에게 감동과 충성심을 이끌어 낼 목적으로 미리 짜 두었던 각본이었다.

하지만 죽음의 코앞까지 갔던 사람들은 이런 사실을 알 리 없었고, 그 가운데 한 사람이 울음을 터트리며 "황제 폐하 만세!"를 외쳤다. 또 다른 사람은 미쳐 버렸다. 자기 감방으로 돌아온 도스토옙스키는 기쁨을 주체하지 못했다. 이 순간을 그는 나중에 다음과 같이 회상했다.

"돌아보면 그날만큼 행복했던 때가 없었던 것 같다. 나는 쉬지 않고 계속 방을 걷고 또 걸었고…… 계속 목청껏 노래를 불렀다. 생명을 되찾았다는 사실이 그렇게 행복할 수 없었다."

그는 곧바로 자기 형에게 편지를 썼다. 그의 마음에는 이제 그동안 거치적거리던 모든 사소한 의문들이 사라져 버리고 없었다.

"바로 그 순간에야 비로소 내가 형을 얼마나 사랑하는지 깨달았어! 얼마나 많은 시간을 아무것도 아닌 것에 허비하고 비방과 실수와 나태와 무능함 속에서 흘려보내 버렸는지, 소중한 것들을 얼마나 사소하게 여겼는지, 내 심장과 영혼을 거슬러 얼마나 많은 죄를 지었는지 돌이켜 생각하니, 내 심장에 상처가 나고 피가 흘러."

그는 자기 인생이 다시 시작되는 걸 느꼈다.

"지금처럼 풍성하고 건강한 정신적인 삶을 느꼈던 적은 지금까지

한 번도 없었어. …… 이제 내 인생은 바뀔 거야, 나는 새로운 모습으로 다시 태어날 거야. 삶은 선물이야. 삶은 행복이야. 모든 1분의 시간이 영원한 행복이야. …… 인생은 모든 곳에 있어, 인생은 바깥에 있는 게 아니라 우리 안에 있어."

사형장으로 끌려갔다가 극적으로 사형을 면제받는 일을 경험하는 사람은 거의 없다. 도스토옙스키가 깨우쳤던 교훈을 우리는 대부분 고통의 시기를 거치면서(보통 광야에서 고통의 시기를 거친다) 점진적으로 깨닫는다. 이 교훈은 업적, 확신, 지성 같은 우리가 가장 중요하다고 생각했던 것들이 사실은 그다지 중요하지 않으며, 심장과 영혼처럼 우리가 낮게 평가했던 것들이 오히려 가장 중요하다는 것이다.

어쩌면 어떤 사람들은 이 교훈을 성공에 성공을 거듭하는 과정이나 더할 나위 없는 사랑을 받는 동안에 깨우칠 수도 있지만, 대부분은 고통의 시기를 거치면서 깨우친다. 우리는 인생에서 사소한 것들을 추구하는 시기를 경험한다. 우리는 거기에 충족감을 느끼지 못한다. 그러다가 시련이 닥치고, 이 시련이 심장과 영혼을 노출시킨다. 심장과 영혼은 우리가 자신이 가장 바라는 것을 자기 자신에게 줄 수 없음을 가르쳐 준다. 충족과 기쁨은 저 멀리 봉사의 자리에 놓여 있다. 이 지점에 다다라야 비로소 우리는 진정으로 사랑을 할 수 있다. 이 시점에 가서야 비로소 우리는 두 번째 여정을 시작할 수 있다.

Chapter 7

선한 영향력을 끼치는 깊은 헌신

달콤한 멍에

—

두 번째 산을 오르기 시작하는 사람은 여전히 우리 시대의 특징으로 자리를 잡고 있는 "나는 자유다"의 문화에 조용히 반역의 깃발을 든다. 개인주의 문화는 1950년대의 획일성에 대한 반란임은 앞에서 설명했는데, 두 번째 산의 정신은 이 반란에 대한 반란이다.

개인주의는 개인의 행복을 추구하는 데 힘쓰라고 말하지만, 두 번째 산에 있는 사람은 인생의 의미와 도덕적 기쁨을 추구하는 데 힘을 더 쓴다. 개인주의는 독립성을 찬양하라고 말하지만, 두 번째 산에 있는 사람은 상호 의존성을 찬양한다. 자기가 사랑하는 사람들에게 의존할 수 있는 기회를 찬양하고 그들이 자기에게 의존하게 되는 것을 찬양한다. 개인주의는 자율성을 찬양하지만, 두 번째 산은 관계성을 찬양한다. 개인주의는 적극적인 목소리로 말하며(설교하기, 주장하기) 결코 수동적인 목소리로 말하지 않는다. 그러나 두 번째 산의 반란은 귀 기울여 듣고 응답하고자 한다. 주고받는 친밀한 목소리로 소통한다.

개인주의는 세속적인 세상, 즉 커리어 선택과 세속적 성취를 중요하게 여기는 세상에서 번성한다. 두 번째 산의 정신은, 세속적인 세상은 마법에 걸린 세상이자 도덕적·감정적 드라마일 뿐이라고 말한다. 개인주의는 개인의 사리사욕을 용인하고 표방하지만, 두 번째 산의 정신은 사리사욕에 초점을 맞추는 세계관은 인간의 모든 진폭을 온전히 담아내지 못한다고 말한다. 우리 인간은 개인적인 이기심으로는 감히 가늠할 수 없는 위대한 사랑의 행동을 할 수 있으며 또 이기심으로는 도저히 설명할 수 없는 잔인무도한 행동도 할 수 있다. 개인주의는 인생의 주된 행위는 사고파는 것이라고 말하지만, 두 번째 산에 있는 사람은 인생의 주된 행위는 주는 것이라고 말한다. 최고 수준의 인간은 선물을 주는 사람이다.

개인주의는 자기를 먼저 사랑해야만 다른 사람을 사랑할 수 있다고 말한다. 그러나 두 번째 산의 정신은 사랑을 이해할 수 있으려면 먼저 사랑을 받아야 하며, 또 자기가 사랑받을 가치가 있는 사람인지 알기 위해 다른 사람을 적극 사랑해야 한다고 말한다. 첫 번째 산에서는 각자가 개인적인 선택을 하고 또 여러 선택지들을 계속 열어 둔다. 두 번째 산은 약속이 넘쳐 나는 곳이다. 여기에서는 헌신하고, 자신을 내려놓고, 자신을 던져 버리는 것이 가장 큰 관심사이다. 자기를 버리고 헌신하는 것이다. 《성서》에서 룻은 시어머니 나오미에게 이렇게 말한다.

"어머님 가시는 곳으로 저도 가겠으며, 어머님 머무시는 곳에 저도 머물겠습니다. 어머님의 겨레가 제 겨레요 어머님의 하느님이 제 하느님이십니다. 어머님이 눈감으시는 곳에서 저도 눈을 감고 어머님 곁에 같이 묻히렵니다."

서문에서도 언급했듯이 우리는 대부분 인생을 살면서 네 가지 커다란 헌신의 결단을 한다. 직업에 대해, 배우자와 가족에 대해, 철학이나 신앙에 대해, 그리고 공동체에 대해. 우리는 이 헌신의 결단들이 제각기 다르다고 여긴다. 결혼을 선택하는 것은 어떤 철학이나 믿음을 선택하는 것과 다르게 보인다. 그런데 이 네 가지 가운데 오로지 결혼에서만 실제로 의례가 치러지며, 당사자인 신랑과 신부는 서로 서약을 주고받는다. 그러나 실제로 헌신을 실천하는 과정은 네 가지 모두 비슷하다. 맹세를 하고, 시간과 노력을 들이며, 선택의 자유를 기꺼이 포기하고, 또 겉으로 보이는 것보다 더 가파르고 울퉁불퉁한 경사면을 따라서 두려움 없이 직하강하는 스키 선수처럼 질주하는 것이 그렇다.

헌신의 결단은 어떻게 일어날까? 이것은 심장과 영혼의 어떤 움직임에서부터 시작된다. 당신은 어떤 것과 사랑에 빠진다. 그 어떤 것은 사람일 수도 있고 대의나 사상일 수도 있다. 만일 그 사랑이 충분히 깊다면 당신은 자기 삶의 커다란 부분을 뚝 떼어 내서 그 사랑에 바치겠다고 결심한다.

대부분의 사람들에게 이 사랑은 매우 천천히 다가온다. 어떤 사람 또는 대의가 헌신에 필요한 것들을, 즉 자기의 모든 열정과 보살핌과 성실함을 다 바칠 가치가 있음을 알아차리기까지는 오랜 시간이 걸린다. 우리는 자기 심장 주변에 성문들을 세워 두고 사람이나 대의가 한 번에 문 하나씩 들어오게 한다. 예를 들어 만일 당신이 졸업한 학교나 당신이 갔던 여름 캠프 또는 당신의 고향에 대해 평생 이어지는 어떤 사랑을 가지고 있다면, 당신은 아마 그것의 뿌리가 당신에게 견고하게 박혀서 그 사랑이 깊고 영원해지기까지 오랜 시간 동안 거기에서 생활했거나 살았을 것이다.

내가 사랑에 빠졌던 사람은 그다지 많지 않지만, 그런 낭만적인 관계는 전혀 낭만적이지 않은 오랜 우정의 시간이 지난 뒤에야 비로소 가능했다. 이런 이유 때문인지 몰라도, 갑자기 들이닥친 결정적인 순간이 계기가 되어 사랑에 완전히 사로잡히는 경우들을 볼 때마다 나는 매료된다. 1274년 피렌체에서 어린 단테는 베아트리체라는 이름의 소녀를 보고는 한순간에 경외심에 사로잡히고 만다(당시 베아트리체는 아홉 살, 단테는 열 살이었다-옮긴이) 그는 사랑에 푹 빠져 버린 사람을 놀랍도록 생생하게 묘사한다.

심장의 가장 내밀한 방에 살고 있던 생명의 영vital spirit이 얼마나 격렬하게 떨었던지 그것의 고뇌를 내 심장 박동에서 느낄 수 있을 정도였다. 그 영은 떨리는 목소리로 나에게 말했다. "나보다 더 강력한 신을 보라, 이 신은 나를 지배하고 말 것이다." 그 순간에, 모든 감각의 정신들이 각자 자기가 지각한 내용을 날라다 주는 높은 방에 살고 있던 나의 동물의 영animal spirit은 깊이 경탄하기 시작했고, 특히 시각의 정신에게 "지금 너에게 축복이 나타났구나"라고 말했다. 그 순간, 우리의 모든 영양소가 모이는 장소에 사는 자연의 영natural spirit이 울기 시작했고, 울면서 이렇게 말했다. "오, 가여워라, 이 순간부터 나는 얼마나 많이 괴로워해야 할 것인가!"(고대 그리스 의학자이자 철학자인 갈레노스는 인체의 주요 기능을 소화, 호흡, 신경으로 구분하고 영양 공급과 성장을 담당하는 것을 자연의 영, 생명 에너지를 부여하는 것을 생명의 영, 감각과 지성을 제공하는 것을 동물의 영이라고 불렀다—옮긴이)

단테는 이 지배적인 새로운 열정이 자기에게 가져다 줄 괴로움을 보았고 거기에 정복당했으며 또 그것이 어떤 것일지 즉각 알아차렸다. 이런 일은 사람뿐 아니라 정치적 대의나 사상 또는 신을 사랑하는 데서도 일어날 수 있다. 이 사랑은 전혀 예상하지 못했던 방식으로 그리고 매우 불편한 방식으로 모든 것을 바꾸어 놓는다.

일단 심장이 사랑에 빠지고 그 사랑을 인정하고 나면 영혼은 거기에 헌신하겠다는 강렬한 충동을 느낀다. 사랑의 불꽃이 일면 "나는 언제나 당신을 사랑할 거야"라고 말하고 싶은 충동이 생긴다. 사랑의 본질이 헌신이기 때문이다. 이런 맥락에서 독일의 신학자 디트리히 폰 힐데브란트Dietrich von Hildebrand와 그의 아내 알리체Alice는 다음과 같이 썼다.

"'나는 지금 당신을 사랑하오. 하지만 이 사랑이 얼마나 오래 지속될지는 지금 말할 수 없소'라고 말하는 남자는 진정한 사랑을 하는 게 아니다. 그는 심지어 사랑의 본질을 따져 보지도 않는다. 충실함은 사랑에서는 너무나 본질적인 것이라서, 적어도 사랑하는 사람이라면 누구나 그의 전념을 부정할 수 없다. 이 말은 부모 자식 사이의 사랑, 친구 사이의 우정 그리고 부부 사이의 사랑 등 모든 사랑에 통용된다. 사랑이 깊을수록 충실성은 그만큼 더 속속들이 배어든다."[1]

헌신은 사랑에서 비롯된 약속이다. 헌신의 결단은 순수한 사랑의 마음으로 아무런 보상을 기대하지 않고 무언가를 약속하는 것이다. 훌륭한 결혼 생활에는 초자연적인 보상이 있을 수 있다. 또는 정치적 대의를 위한 헌신이나 음악을 만드는 일에서 비롯되는 초자연적인 보상이 있을 수 있다. 그러나 그런 보상이 헌신을 하는 이유는 아니다. 어떤 커플이 서로 사랑하는데 당신이 이 둘을 떼어 놓으려고 그 사랑은 도무지 말이 되지 않으니 갈라서라고 말한다 치자. 이때 그 커플이 당신 말에 설득되지 않을 것임은 거의 확실하다. 그들은 평온하게 혼자 지내기보다는 차라리 위험한 사랑의 소용돌이 속으로 기꺼이 몸을 던질 것이다.

자기 의도와 거의 무관하게 깊은 헌신에 빠져드는 느낌이 들 경우가 있다. 이런 일은 어떤 사람이나 대의 또는 연구 분야가 자기 정체성의 일부로 자리 잡게 되었을 때 나타난다. 당신은 이중 부정의 지점에 도달했다. "난 이러지 않을 수가 없어." 어느 사이엔가 당신은 깨닫는다.

– 난 음악가야. 난 유대인이야. 난 과학자야. 난 해병이야. 난 미국인이야. 난 그녀를 사랑해. 난 그가 사랑하는 사람이야.

이처럼 헌신의 결단이라는 것은 계약과 다르다. 계약을 체결하는 사람은 상대방이 사기꾼인지 아닌지 따진다. 계약을 체결하는 사람은 실제로는 전혀 달라지지 않는다. 그저 자기의 현재 관심사나 이해관계에 맞춰서 어떤 것을 조정할 뿐이다. 이에 비해 헌신은 당신을 예전과 다른 사람으로 바꾸어 놓거나 완전히 새로운 인간관계 속으로 집어넣는다. 그냥 남자와 여자가 아니라 남편과 아내이다. 그냥 어른이 아니라 학생을 가르치는 교사이고 환자를 돌보는 간호사이다. 랍비 조너선 색스Jonathan Sacks는 계약과 헌신의 차이를 명료하게 정리한다.

"계약은 '거래'이다. 약속은 '관계'이다. 조금 다르게 표현하면, 계약은 이해관계가 걸린 것이고 약속은 정체성이 걸린 것이다. 너와 내가 합쳐져서 '우리'가 되는 문제이다. 거래가 '이득'을 가져다주고 약속이 '변화'를 가져다주는 이유도 여기에 있다."

헌신하는 사람은 다른 사람을 지키기 위해 자기가 하는 말에 또 자기가 있는 자리에 자기 자신의 일부를 떼어서 넣는다. '헌신commitment'이라는 단어의 어원은 '보내다, 파견하다'라는 뜻의 라틴어 '미테레mittere'이다. 이 사람은 자기 자신을 내보내고 다른 사람에게 어떤 권리를 제공한다. 이 사람은 한층 더 높은 상위의 실재를 창조하고 있다. 당신이 결혼을 해서 결혼 생활을 시작한다고 치자. 이때 당신의 재산은 자기 것이긴 하지만 더는 예전처럼 오로지 자기만의 것은 아니다. 배우자의 재산이기도 하다. 더 정확하게 말하자면, 그 재산은 부부가 만들어 낸 통일체, 두 사람이 새롭게 만들어 낸 더 높은 차원의 어떤 것에 속한다.

이처럼 헌신을 강렬하고 사랑에 푹 빠지고 정체성을 바꾸어 놓는 것이라고 정의하는 게 맞긴 하지만 이게 다가 아니다. 헌신은 그냥 사랑이나 어떤 약속이 아니다. 이것은 법 아래 놓인 사랑이자 약속이다. 헌신을 실천하며 살아가는 사람은 감정의 변덕스러움을 이해하고, 자기의 미래 자아를 특정한 의무에 묶어 둔다. 어떤 커플이 서로 사랑한다. 그러나 두 사람은 법적이고 공적이며 흔히 종교적이기까지 한 결혼 서약이라는 의무에 스스로를 묶는다. 미래에 상대방에게 화가 날 때 행할 선택들을 제한하기 위해서이다. 지식을 갈망하고 호기심이 많은 사람들은 대학교에 진학하지 않고서 그냥 책을 읽기만 할 수도 있다. 그러나 이들은 굳이 대학교에 진학한다. 앞으로 적어도 몇 년 동안은 감독과 통제를 받으며 공부하겠다고 자청하는 것이다.

영성이 뛰어난 사람들은 초월성을 그냥 경험하기만 해도 되지만, 대부분의 경우에 영성(정신성)은 제도화된 종교라 불리는 어떤 공동체 안에 있을 때 오래 지속되고 또 깊어진다는 사실을 이들은 잘 안다. 종교는 신의 사랑을 휴일, 이야기, 훈련, 예배 속에 집어넣어 이런 것들을 불변의 영속적인 것으로 만들었다. 랍비 데이비드 울프David Wolpe가 썼듯이 "영성은 하나의 감정이다. 종교는 하나의 의무이다. 영성은 마음을 달래 준다. 종교는 사람들을 집결시킨다. 영성은 스스로에 만족한다. 종교는 세상에 만족하지 않는다."[2]

그러므로 헌신의 가장 완벽한 정의는 이렇다. '어떤 것과 사랑에 빠지며, 그런 다음 그 사랑이 흔들릴 때를 대비해 그 주위에 어떤 행위 구조를 구축하는 것.' 정통 유대교도는 자신의 신을 사랑하지만 만일의 경우를 대비해 유대교 율법을 지킨다. 그러나 이를 두고 굳이 그래야 하느냐는 식으로 따질 필요는 없다. 헌신하는 사람들이 스스로에게 씌우는 이런 멍에는 고통의 멍에가 아니다. 이것은 거의 언제나 유쾌한 멍에이다. 내가 첫아이를 얻었을 때 한 친구가 이메일을 보내 왔다.

"피할 수 없는 현실 세계로 들어선 걸 축하해!"

일 때문에 퇴근이 늦어질 수 있고 사교적인 차원의 만남을 미룰 수도 있다. 그러나 만일 당신이 아이 밥을 챙겨 먹여야 한다거나 어떤 장소에서 몇 시에 아이와 만나기로 했다면, 당신은 피할 수 없는 현실 세계 안에 있는 셈이다. 부모는 아이 양육이라는 자기가 짊어진 헌신의 의무에 등이 휘며 신음한다. 그렇지만 자기 아이 돌보는 일을 당장 때려치우면 좋겠다고 말하는 부모가 몇 명이나 되겠는가? 풍성한 인생, 충만한 삶은 헌신과 의무로 정의된다. 잘 살아가는 인생은 자유로운 선택에서 달콤한 강제로 넘어가는 여정이다.

헌신이 당신에게 주는 것
—

헌신은 비록 무언가를 남에게 주는 정신 속에서 만들어졌지만, 헌신을 실천하는 사람에게 적지 않은 이득을 가져다준다. 몇 가지를 예로 들면 다음과 같다.

헌신은 정체성을 가져다준다

헌신은 낯선 사람들에게 자신을 소개하는 방식이다. 헌신은 우리의 눈을 반짝이게 해 주는 대화 주제이다. 헌신은 인생에 불변성과 일관성을 가져다준다. 이와 관련해 철학자 한나 아렌트는 다음과 같이 썼다.

"만일 우리가 약속을 이행하는 일에 스스로를 묶어 두지 않는다면, 이렇다 하고 말할 수 있는 이야깃거리를 가진 어떤 '사람'을 함께 형성해 내는 정체성과 연속성의 총량을 우리는 결코 성취할 수 없다.

그러지 않을 경우 우리는 모두 자기만의 외로운 심장의 어둠 속에서 방향성을 잃은 채로, 시시때때로 바뀌는 기분과 온갖 모순과 미심쩍음에 사로잡혀 희망도 없이 정처 없이 떠돌 것이다."

정체성은 혼자서는 형성되지 않는다. 정체성은 언제나 다른 어떤 것과 결합해서 쌍을 이룰 때만 형성된다.

헌신은 목적의식을 가져다준다

2007년에 갤럽이 전 세계 사람들을 대상으로 의미 있는 인생을 산다고 느끼는지 물었다. 그 결과 라이베리아가 대부분의 사람들이 인생의 의미와 목적의식을 느끼는 나라임이 드러났다. 반면에 네덜란드는 이렇게 느끼는 응답자의 비율이 가장 낮은 나라로 꼽혔다. 이것은 라이베리아인이 살아가는 인생이 반드시 더 달콤하기 때문이 아니다. 오히려 반대이다. 그러나 라이베리아인은 사회학자 폴 프로스Paul Froese가 "실존적 긴급성existential urgency"[3]이라고 부르는 것을 가지고 있었다. 그들은 아수라장과 같은 삶 속에서 오로지 살아남기 위해 서로에게 강렬한 헌신을 할 수밖에 없었다. 그들은 남을 위해 기꺼이 자기 목숨을 거는 위험을 감수했다. 이 격렬한 헌신이 그들의 인생에 의미를 가져다주었던 것이다.

이것이 바로 특혜의 역설paradox of privilege이다. 모든 것이 풍요로울 때 사람들은 실제로는 사람들을 서로 떼어 놓는 기능을 하는 일시적인 온갖 즐거움들을 추종한다. 자기가 가진 재산으로 넓은 마당이 딸린 커다란 집을 산다. 하지만 이런 집은 집주인을 이웃과 분리시키며 그 사람을 외롭게 만든다. 그러나 위기의 시기에 사람들은 서로 가깝게 밀착할 수밖에 없는데, 이런 행동이야말로 우리의 가장 깊은 필요성을 실질적으로 충족해 주기 때문이다.

헌신은 더 높은 차원의 자유로 나아가게 해 준다

우리 문화권에서는 자유를 구속이 없는 것으로 바라본다. 이것은 어떤 것에서 '벗어나는' 자유이다. 그러나 또 다른 더 높은 차원의 자유가 있다. 이것은 어떤 것으로 '향하는' 자유이다. 이 자유는 최대치 용량의 자유이며, 흔히 구속과 제한을 포함한다. 만일 당신이 진정한 피아니스트가 되기 위한 자유를 가지고 싶다면 당신은 자기 몸을 피아노에 묶어 두고 몇 해고 간에 연주 연습을 계속해야 한다. 술독에 빠지고 싶다거나 남에게 인정받고 싶다거나 하루 종일 침대에 누워서 빈둥거리고 싶다거나 하는 파괴적인 여러 욕구의 노예가 되지 않도록 하려면 일련의 도덕적인 습관에 자기 자신을 꽁꽁 묶어야만 한다.

신학자 팀 켈러Tim Keller가 말했듯이 진정한 자유는 "구속의 부재가 아니라 오히려 올바른 구속을 찾는 것"이다. 우리 삶의 너무 많은 부분이 우리가 무의식적으로 받아들이는 자유의 정의에 따라 결정된다. 두 번째 산에 있는 당신을 자유롭게 만드는 것은 당신이 스스로를 묶는 사슬이다.

헌신은 도덕적 인격을 만든다

첫아들이 태어날 때였다. 출산은 순조롭지 않았고, 아이는 출산 과정에서 상처를 입고 멍이 들었다. 신생아 상태를 평가하는 아프가 점수Apgar Score도 낮았다. 아이는 집중 치료실로 들어갔다. 끔찍한 시간이었다. 그날 밤 이런 생각을 했던 것이 기억난다.

– 만일 이 아이가 단 30분 만이라도 더 산다면, 과연 이 30분이 나나 아내가 평생 짊어지고 살아갈 슬픔의 가치를 가질 수 있을까?

아이가 없었을 때는 절대 그렇지 않다고 생각했을 것이다. 자기 존재를 의식조차 하지 못하는 어린 생명이 30분을 더 사는 것이 어떻게 성인 두 사람이 평생 짊어질 슬픔의 가치를 가질 수 있단 말인가! 비용 편익 분석을 하더라도 전혀 말이 안 되는 것이다. 그러나 자식을 가진 모든 부모는 그것이 완벽하게 말이 되는 것임을 알고 있다. 아이가 태어난 뒤 나를 지배하던 논리가 달라졌다. 아이의 생명이 무한하게 고귀하다는 것이 명백해졌다. 설령 그 촛불이 아무리 짧은 시간 동안만 빛을 뿜었다 하더라도 그것은 당연히 슬픔의 가치를 가지고 있다. 아이가 태어나면 부모는 헌신, 즉 예전에는 상상조차 할 수 없었던 어떤 힘에 사로잡히고 만다. 그 힘은 아이의 부모를 철저한 봉사의 세상으로 데리고 간다.

어떤 부모가 아이를 사랑하게 되면 이 사랑은 놀라운 힘을 불러 일으킨다. 그래서 밤새 잠을 잊고서 갓난아이를 보살핀다. 이 사랑은 우리에게 자기가 사랑하는 것에 충성의 맹세를 하도록 강제한다. 부모는 언제나 아이 곁에 있을 것이라고 맹세한다. 이 맹세를 지키려면 특별한 실천을 해야만 한다. 혼자 산책을 할 수도 있지만 굳이 아이를 유모차에 태워 함께 산책을 한다. 시간이 흐르면서 이런 실천들은 습관으로 굳어지고, 그 습관들은 부모의 성정에 특정한 성향을 깊이 새긴다. 아이가 세 살쯤 되면 아이가 필요로 하는 것을 언제나 먼저 챙기는 것이 대부분의 부모에게 제2의 천성이 된다.

꾸준한 헌신으로 서서히, 아주 서서히 당신은 남에게 조금이라도 더 주고자 하고, 또 남들과 더 잘 어우러져 살고, 선한 것들과 더 조화롭게 살고자 하는 어떤 존재로 자기의 중심적인 부분을 바꾸어 놓는다. 주말이면 아이와 함께 공놀이를 하면서 보낼 수 있는데 왜 그 시간을 골프를 치면서 보낸단 말인가! 내 경험으로는 사람들은 자기의 관심을 더 나은 어떤 욕구로 돌려놓을 수 있을 때만 나쁜 욕구들을 억누를 수 있다. 깊은 헌신의 삶을 살아갈 때 이기주의와 이타주의의 구분이 사라지기 시작한다. 아기를 돌보고 있으면 아기가 나의 일부인 것처럼 느껴진다. 아기라는 타인을 돌보는 게 아니라 자기 자신을 돌본다는 느낌이 든다. 선한 일을 하는 이런 성품이야말로 훌륭한 인격의 기본이다.

이런 맥락에서 볼 때 도덕 형성은 개인 차원의 문제가 아니라 타인과 맺는 관계 차원의 문제이다. 인격은 어떤 방에 앉아 옳고 그름의 차이에 대해 그리고 자기의 의지력에 대해 생각하면서 쌓는 어떤 것이 아니다. 어떤 사람의 인격은 그 사람이 하는 헌신에서 형성된다. 만일 다른 누군가에게 좋은 인격을 심어 주고 싶다면 그 사람에게 헌신하는 방법을 가르치면 된다. 이 헌신은 그 사람이 아직 어린 시절을 보내는 시기에는 일시적인 실천이겠지만, 청년 시기에는 예비적인 실천이 되고, 성인 시기에는 영원히 변치 않는 실천으로 자리 잡는다.

강렬한 헌신이 당신 인생의 한가운데 있을 때 당신은 이미 두 번째 산에 올라가 있다.

Chapter 8

인생의 계곡을 지나 두 번째 산으로

모두 우리 아이들

—

케이시 플레처Kathy Fletcher와 데이비드 심슨David Simpson 부부에게는 샌티라는 아들이 있다. 이 아이는 워싱턴 D.C.에 있는 공립학교에 다녔다. 그리고 이 아이에게는 제임스라는 친구가 있었는데, 제임스는 때로 저녁을 먹지 못하고 고픈 배를 움켜쥔 채 잠자리에 들곤 했다. 그래서 샌티는 이 아이를 자기 집으로 초대해 함께 자며 놀곤 했다. 그리고 제임스에게는 다른 친구가 있었고, 이 다른 친구에게도 역시 또 다른 친구가 있었고, 또 이 친구도……. 이렇게 해서 지금은 목요일 저녁만 되면 케이시와 데이비드의 집 식탁에는 무려 스물여섯 명이나 되는 아이들이 둘러앉는다. 보통은 너덧 가족이 케이시와 데이비드 집이나 인근에 사는 다른 가족의 집에 함께 있다. 해마다 여름이면 케이시와 데이비드는 캠핑카를 구해 약 40명이나 되는 그 도시의 아이들을 데리고 코드곶Cape Cod으로 휴가 여행을 떠난다. 두 사람은 그저 자신들 주위에서 제기되는 이런저런 필요성에 반응하기만 했을 뿐인데 지금 그들은 그렇게 함으로써 어마어마한 규모로 확장된 가족의 구성원이 되었다.

내가 케이시와 데이비드의 집에서 벌어지는 저녁 자리에 참석하기 시작한 것은 대략 2014년 초 무렵이다. 그 부부와 나를 동시에 아는 어떤 친구가 초대해 처음 참석했다. 현관으로 들어서자 키가 크고 카리스마가 넘치는 남자가 반겨 주었다. 이름이 에드인 그 남자의 눈에는 영혼이 넘쳐흘렀고, 눈 위로는 레게풍으로 꼰 머리 다발들이 출렁거렸다. 나는 악수를 하려고 손을 내밀었다. 그러자 에드가 말했다. "우리는 악수를 하지 않습니다. 끌어안지요." 나는 천성적으로 포옹이 어색하다. 그렇지만 그때 이후로 지금까지 5년 동안이나 포옹을 하고 있다.

명목상으로는 저녁 식사를 함께하려고 목요일마다 모이지만, 사실 우리는 그보다 더 깊은 어떤 허기를 채우려고 모인다. 저녁 메뉴는 언제나 동일하다. 양념 치킨과 흑미. 휴대폰은 금지다("현재에 집중하자"는 게 케이시가 말하는 휴대폰 금지 이유이다). 식사가 3분의 1쯤 진행될 무렵에 참석자들은 돌아가면서 저마다 고맙게 여기는 일이나 다른 사람들이 알지 못하는 자기 얘기나 그 순간의 자기 인생에 대한 어떤 얘기 등을 한다. 그러다 보면 축하할 일이 자주 있다. 누가 고졸 학력 인정 시험에 합격했다거나 누가 취업을 했다거나 누가 미용 학교를 졸업했다거나 하는 일이 있기 마련이기 때문이다. 사람들은 또한 제법 복잡한 일들도 화젯거리로 올려놓는다. 열일곱 살짜리 소녀가 임신을 했는데 이 문제로 고민하는 얘기며, 신장에 문제가 생긴 젊은 여성의 얘기며, 메디케이드Medicaid(미국에서 저소득층과 장애인 등을 대상으로 연방 정부와 주 정부가 공동으로 의료비 전액을 지원하는 제도-옮긴이)

로부터 의료비 지원을 거부당한 이민자의 얘기 등이 그런 것들이다. 또 어떤 청년은 자기가 양성애자임을 밝히고, 또 다른 사람은 자기에게 우울증이 있음을 인정한다. 어느 날엔가는 모임에 새로 참석한 사람이 자기는 스물한 살인데 열일곱 살 이후로 집 식탁에 둘러앉아 저녁을 먹는 게 처음이라고 했다.

우리가 나누는 대화 대부분은 그저 순수한 확인들이다. 사람들은 지금까지 살아오면서 인생의 쓴맛을 충분히 맛봤으며, 자기가 얼마나 가치 있는 사람인지, 자기가 얼마나 많이 사랑받고 있으며 또 그 사랑을 필요로 하는지 들을 필요가 있다. 때로 우리는 그냥 농담을 하면서 깔깔거리며 웃기도 한다. 아이들은 자기 의자에 앉아서 노래를 부른다. 언젠가 나는 딸을 데리고 그 자리에 참석했는데, 모임을 마치고 집으로 돌아오는 길에 딸아이가 이렇게 말했다. "오늘 모임은 내가 평생 경험한 것 가운데서 가장 따뜻한 자리였어요."

식사를 마치고 나면 우리는 피아노 앞으로 가는데, 누군가가 아델Adele의 노래를 연주하면 사람들은 함께 그 노래를 부른다. 그러나 이 모임에서 저녁 식사 자리는 사회적 친밀함의 핵심 기술이다. 그 자리는 우리가 서로 연결되어서 유대감을 느끼고 서로에게 헌신하는 데 사용하는 도구이다. 함께 밥을 먹는 것이 가지는 힘이 정말 크다는 사실을 나는 그 모임을 통해 깨달았다. 그 자리는 마치 꽃이 태양을 찾아서 고개를 돌리듯이 서로가 서로에게 사랑을 찾아서 고개를 돌리는 무대이다.

"내 안에 있는 빛을 봐 주어서 고마워요." 어느 날 저녁 모임에서 한 젊은 여성이 케이시에게 했던 말이다. 성인들은 정서적으로 회피형 세상인 워싱턴 D.C.에 사는 사람들인데 이 자리에 함께하는 순간 모두 자기를 보호하려고 입고 있던 갑옷을 벗어던진다. 아이들은 '거리의 아이들'인데 케이시와 데이비드를 '엄마' '아빠'라고 부른다. 두 사람은 그 아이들이 선택한 부모이다.

그 집 식탁 주변으로 모인 아이들은 미국에서 가난이라는 공통의 트라우마를 경험한 아이들이었다. 노숙자 출신도 있고 고아원에서 성장한 아이도 있었다. 이 아이들의 개인사 속에는 남성 폭력이라는 주제가 관통하고 있었다. 아버지 또는 다른 남자가 이들을 학대했거나 버렸거나 또는 잘못된 길로 이끌었다. 그리고 지금 헤어나기 어려운 곤경에 처해 있다. '학교 공동체Communities in Schools'라는 단체를 설립한 빌 밀리켄Bill Milliken이 어느 날 저녁에 함께했다. 그는 현재 칠십 대인데, 이렇게 말했다.

"나는 이 분야에서 지금까지 50년 동안 일했습니다만, 인생을 송두리째 바꾸어 놓는 프로그램 같은 건 한 번도 본 적이 없습니다. 오로지 사람들 사이의 관계, 인간관계만이 인생을 바꾸어 놓더군요."

이런 얘기들이 그 식탁에서 오간다. 35살 이상 백인이라면 모르겠지만, 25살 미만 흑인 예술가라면 워싱턴 D.C.는 환상적인 도시이다. 저녁 식사 모임에 참석하는 아이들은 시인으로서, 화가로서, 디제이로서, 가수로서 또는 다른 무엇으로든 간에 이 언더그라운드 예술계에 연결되어 있다. 우리 어른들이 청중이 되어 지켜보는 가운데 이 아이들 또는 청년들은 자기가 어떤 재능을 가지고 있음을 깨닫는다. 그들이 우리에게 주는 선물은 완벽할 정도로 가깝게 밀착된 사회적 거리social distance(집단과 집단 사이, 개인과 개인 사이에서 어느 정도 호감 또는 반감을 가지고 있는지 따지는 추상적인 거리 개념-옮긴이)이다.

정서적인 차원의 불타오름은 더할 나위 없이 신비로운 방식으로 일어난다. 어떤 공동체에서는 사랑의 불꽃이 타오르고 어떤 공동체에서는 그렇지 않은 그 화학 반응 과정은 아무도 추적할 수 없다. 그러나 그 과정이 이 모임에서는 일어나고 있으며, 우리는 이 모임에 참석하면서 모두 놀랍도록 바뀌었다. 데이비드는 일자리를 포기하고 지금은 전업으로 아이들과 함께 일한다. 케이시는 미국 전역에서 예술 프로그램을 기획하고 조직하지만 집에 돌아와서는 자기를 기다리고 있는 다른 일을 전업으로 하고 있다.

여러 해 동안 어른들은 아이들에게 조건이 허락되면 얼마든지 대학에 진학할 수 있다고 격려했고, 그래서 아이들은 나이가 되면 입학 지원서를 낼 때 보호자로 케이시와 데이비드를 내세웠으며, 지금은 우리가 다 함께 그 비용을 부담하는 길을 찾았다. 케이시와 데이비드는 '모두 우리 아이들All Our Kids'이라는 비영리 단체를 만들었다. 우리는 이제 모두 깊이 빠져들어서 서로에게 도움의 손길을 내민다. 우리가 이렇게 바뀐 건 순전히 케이시와 데이비드가 자기네 주변에서 보이는 결핍과 필요성을 외면하지 않고 거기에 반응했기 때문이다. 케이시는 가톨릭 신앙을 가진 대가족에서 성장해 많은 사람들이 한자리에 모여 유쾌한 시간을 갖는 것에 익숙했다. 그렇게나 많은 손님을 어떻게 다 맞이하고 대접하는 일을 감당하느냐는 질문을 받고는 도리어 의아한 표정을 지으며 반문했다. "그걸 왜 못 해요?"

누구나 상상할 수 있듯이 케이시와 데이비드는 대부분의 시간 동안 지쳐 있다. 어린 자녀 두세 명을 돌봐야 하는 엄마나 아빠라면 그 일이 얼마나 힘든지 잘 알 것이다. 케이시와 데이비드는 40명을 돌봐야 하니 오죽하겠는가. 이 아이들 가운데 누구는 방금 휴대폰을 잃어버렸고 누구는 자기 자전거를 망가뜨렸다. 어떤 때는 진짜 위기 상황이 닥치곤 한다. 2018년에는 두 사람이 돌보는 소녀의 신장 이식 수술비를 메디케이드 측에서 지급하지 않겠다고 하는 바람에 두 사람은 피 말리는 시간과의 전쟁을 치러야 했다. 모든 사람이 들고일어나서 최초의 결정을 번복하라고 메디케이드 측에 촉구했고 다행히 결과가 바라는 대로 나왔다. 또 운 좋게 신장을 기증하겠다는 사람도 나타났다. 그 기증자는 바로 데이비드였다.

이런 힘들고 지치는 일에는 보상이 뒤따른다. 케이시와 데이비드는 지금 수십 명과 사랑의 관계를 맺고 있다. 두 사람은 때로 자신들이 하는 일을 더 잘할 방법이 있는지 스스로에게 묻는다. 그러나 자신들이 인생을 걸 만큼 무언가 가치 있는 일을 하고 있는지는 물어볼 필요가 없다. 이미 잘 알기 때문이다. 만일 당신이 케서리, 제임스, 콜리코, 터루크, 설라이어 등과 사랑에 빠지고 나면 그건 이미 질문도 아니게 되어 버린다. 이 아이들은 무한한 깊이와 전망을 가지고 있다. 이들과 함께하는 기회를 잡는 것이 바로 당신이 해야 할 일이다.

나에게 '모두 우리 아이들'은 두 번째 산을 살아가는 인생의 모습이다. 사랑과 보살핌과 헌신의 인생이다. 우리 문화에 잘못되어 있는 많은 것들을 바로잡을 수 있는 해결책이다.

사랑의 베를 짜는 사람들

—

앞서 소개한 애스펀연구소의 위브 프로젝트 덕분에 나는 케이시와 데이비드 같은 사람들 주위에서 많은 시간을 보내게 되었다. 이런 시도 뒤에 숨어 있는 첫 번째 발상은 사회적 고립이 다른 많은 사회 문제들을 일으키는 핵심 문제라는 인식이었다. 두 번째 발상은 건강한 공동체를 만들고 있는 사람들이 미국 전역에 존재한다는 사실이었다. 이런 사람들에게서 배울 점이 무척 많다.

우리는 전국을 돌면서 사회적 자산을 복원하고 삶을 치료하는 사람들을 만난다. 이런 사람들은 도처에 있다. 우리는 치료자 집단이다. 위브 프로젝트를 하러 어떤 소도시에 들를 때면 우리가 지향하는 인물형에 딱 들어맞는 사람 서른다섯 명을 찾는 것은 그리 큰 문제가 아니다.

앨버커키에 사는 제이드 보크라는 여성은 어릴 때 아버지를 잃었는데 지금은 나쁜 일을 겪은 아이들이 슬픔의 과정을 잘 통과하도록 돕는 일을 한다. 휴스턴에 사는 스테퍼니 흐루제크라는 여성은 방과 후 어린이 프로그램을 운영하면서 아이들과 여러 시간 동안 놀아 준다. 그녀는 한 아이와 놀아 주는 1시간은 아무런 사심이 개입하지 않는 정말 중요한 시간이라고 믿는다. 그녀는 이렇게 말한다. "난 가진 게 아무것도 없어요. 내게는 살아남기 위해 다른 사람들이 필요해요." 또 오하이오 동남부 지역에서 아마추어 권투 도장을 하는 샘 존스라는 남성은 어린 남자 아이들에게 권투를 무료로 가르친다. 명목상으로는 권투를 가르치지만 사실은 인생을 가르친다.

2018년 한 해 동안 나는 아마 이런 사람들을 적으면 500명 많으면 1000명 만났던 것 같다. 이 사람들은 거의 예외 없이 케이시와 데이비드가 가지고 있는 것을 가지고 있다. 바로 자기 일에 대한 확신이다. 이들은 수입이 변변치 않으며 흔히 무시당한다. 이들이 실천하는 작은 보살핌의 행위는 우리 사회의 신분 체계로부터 흔히 아무런 보상을 받지 못한다. 그러나 이들은 남들에게 빛을 가져다주는 일에서 기쁨을 발견한다. 이들은 또 자기가 이 세상에 태어난 이유를 잘 알고 있다. 워싱턴에서 난민 보호 단체 메리 하우스Mary House를 운영하는 섀런 머피는 말한다.

"이 일은 내가 언젠가는 그만둬야 할 직장이 아닙니다. 나는 내가 하는 일을 사랑합니다. 이런 유형의 일은 사람이 살고 존재하는 하나의 방식입니다."

이 사람들은 매우 이타적으로 보일 수 있다. 철학자 알래스데어 매킨타이어가 지적했듯이, 이타주의라는 개념은 18세기에 처음 나타났다. 기본적으로 인간의 본성은 이기적이라는 발상이 이미 자리를 잡고 있던 터라서, 이기적인 욕구에 휘둘리지 않는 사람들을 지칭할 새로운 단어를 만들어 낼 필요가 있었다. 그러나 그 이전에, 우리가 이타주의라고 부르는 것, 즉 인간관계를 중심에 두고 사는 것은 당연한 일이었다. 결코 영웅적이거나 특별한 것이 아니었다.

두 번째 산에 있는 사람들, 깊은 헌신으로 자기 인생을 살아가는 사람들의 유형은 많다. 이런 사람들은 기업계에도 있고, 학계에도 있고, 예술계에도 있고 또 군대에도 있다. 그러나 나는 위브 프로젝트에서 하는 일 덕분에 비영리 단체에서 일하는 사람들을 누구보다 많이 알게 되었다. 이들은 개인주의와 소외의 문화에 반대한다. 이들의 일상 활동은 자기가 가지고 있는 궁극적인 목적과 연결되어 있다.

이런 사람들 주변에서 시간을 보내며 나는 많은 것을 배웠다. 두 번째 산의 인생이 어떤 것인지, 그리고 두 번째 산에 있는 사람들이 공유하고자 하는 가치가 무엇인지 알려 주기 위해 이 사람들을 간략하게나마 묘사하고자 한다.

이 사람들의 계곡
—

위브를 통해 내가 만난 사람들 대부분은 그동안 인생을 살아오면서 적어도 한 차례씩은 인생의 계곡을 경험한 이들이었다. 어떤 사람들에게 그 계곡은 불우한 어린 시절이었고, 또 어떤 사람들에게는 '직장에서 뛰쳐나오는 경험'이었다. 그들은 평범한 직장에서 일했다. 그러나 직장은 그들의 도덕적 성정에 맞지 않았고, 그래서 그들은 뛰쳐나왔던 것이다. 노스캐롤라이나에 살던 한 사람은 IBM에서 좋은 일자리를 가지고 있었지만, 애팔래치아에 있는 작은 고향 마을의 문화 속에서 살라는 어떤 목소리를 느끼고 거기에서 사람들이 모일 수 있는 술집을 개업했다. 또 사우스캐롤라이나에 사는 한 공무원은 이렇게 말했다. "내가 일한 곳은 명백하게 인종 차별주의적인 기관이었습니다. 나는 그런 그들의 관행에 대해 따졌습니다." 결국 그는 예전에 살던 인생에서 걸어 나와서 자기가 옳다고 느끼는 새로운 인생 속으로 걸어 들어갔다.

이 사람들이 고통을 겪었던 몇몇 계곡들은 충격적이다. 오하이오 출신인 카라 브룩은 3년 만에 대학을 졸업한 직후 갑작스럽게 희귀 암 판정을 받았다. 미국에서 1년에 10명도 걸리지 않는다는 병이었다. 이 병을 고치기 위해 1년 동안 화학 요법 치료를 받았다. 그리고 병마에서 벗어나는 순간 마치 포탄에 정통으로 맞는 것 같은 느낌이 들었다고 했다. 그래서 예전과는 다른 삶을 살겠다고 결심했는데, 지금은 오하이오의 애팔래치아 지역에 부흥의 활력을 불어넣기 위해 모금 활동을 하고 있다. 워싱턴의 더라이어스 백스터는 아홉 살 때 아버지가 스트립댄서와 바람을 피웠고 이 여자가 자기를 죽이려 하는 일을 겪었다. 조지타운에서 미식축구 선수로 활동한 경력이 있는 더라이어스는 현재 자기 이웃에 사는 소년들을 대상으로 미식축구 캠프를 운영한다. 그 아이들의 삶 속에 어른다운 어른의 이미지를 심어 주기 위해서이다.

세라 애드킨스는 오하이오에 사는 약사이다. 그녀는 샘슨과 솔로먼이라는 어린 두 아들을 남편 트로이와 함께 키웠다. 그런데 트로이가 우울증과 불안 발작 증세를 보였고, 세월이 흐르면서 이 증세는 점점 더 심해졌다. 나중에는 직장도 그만두고 가족에게 불같이 화를 내며 강박적인 태도를 보였다. 세라와 트로이는 이 어려움을 극복하려고 노력하며 치료법을 찾았다. 그리고 한동안은 노력의 효과가 있는 것 같았다.

그런데 두 아이가 각각 여덟 살과 여섯 살이던 2000년 어느 가을날이었다. 주말을 맞아 세라는 오랫동안 계획을 세웠던 골동품 여행을 어머니와 여동생과 함께 떠났다. 트로이는 두 아이를 호숫가에 있는 친구 집에 데리고 가겠다고 말했다. 일요일에 세라는 여러 번 트로이에게 전화를 했지만 연결이 되지 않았다. 호수에 배를 타러 나갔거나 다른 일로 바쁜 줄로만 알았다. 그런데 일요일 다섯 시쯤 집에 돌아와서는 우편물이 현관 앞에 방치되어 있는 걸 보고는 깜짝 놀랐다. 아이들에게 주려고 주문했던 장난감들도 마찬가지였다. 그녀는 불안한 마음을 억누르며 문을 열고 들어가서 "엄마 왔어!"라고 소리쳤다. 그러나 아무 대답도 돌아오지 않았다. 그때 지하실로 내려가는 문이 매트리스로 가로막혀 있는 게 보였다. 그녀는 아이들이 자기와 숨바꼭질 놀이를 한다고 생각했다. 그래서 미소를 지으며 지하실로 내려갔다. 그런데 계단 끝에서 그녀는 트로이가 캐비닛에 기댄 채 고꾸라져 있는 것을 보았다. 그리고 소파에 쓰러져 있는 샘슨도 보았다. 소파는 초콜릿으로 뒤덮여 있는 것처럼 보였다. 그녀는 자기 눈에 보이는 상황이 무슨 의미인지 도무지 알아차릴 수가 없었다. 그녀는 샘슨의 이마에 손을 대보고서야 아이의 몸이 차갑게 식어 있음을 깨달았다. 그 순간 햇살과도 같은 한 줄기 황금빛이 그녀의 뇌리를 스치고 샘슨이 신과 함께 있는 환상이 떠올랐다. 이 환상은 순식간에 사라져 버렸다. 그녀는 위층으로 올라가서 솔로먼을 찾았다. 솔로먼은 자기 침대에 있었다. 이불을 젖혔다. 그러나 그녀는 지금까지도 자기가 본 것을 묘사하지 못한다. 솔로먼 역시 총에 맞아 차갑게 식어 있었다.

세라는 911에 신고했다. "그 사람이 내 아이들을 죽였어요! 내 귀여운 아이들을! 아이들이 죽었다고요!" 그녀는 전화기에 대고 울면서 고함을 질렀다. 전화를 받은 요원은 심폐 소생술을 해 보라고 했다.

세라는 아이들의 몸이 이미 차갑게 식어 있다고 설명했다. 트로이는 쪽지를 남겼다.

－나는 혼란, 의심스러운 충성, 죄의식, 절망, 상호 의존, 불안정으로 가득 찬 인생으로부터 샘슨과 솔로먼을 지켜 낼 것이다. 이 참혹한 불행의 반복을 나에게서 끝낸다.

수많은 사람들이 세라를 도우려고 힘을 모았다. 그녀는 석 달 동안 부모님과 함께 지내며 그들의 침대에서 함께 잤다. 여섯 달 동안 날마다 그녀에게 음식이 배달되었다. 세라가 충격에서 회복하기까지는 여러 해가 걸렸다. 하지만 그녀는 자기가 지금도 여전히 벼랑 끝에서 아슬아슬하게 살고 있다고 농담을 한다. 그녀의 마음은 흔들리며 방황한다. 그녀와 함께 잠시라도 시간을 보내 본 사람이라면 그녀의 얼굴에 스치는 보통 사람과 전혀 다른 어떤 기분 또는 분위기를 느낄 것이다. 그녀는 조증 증세를 가지고 있다. 모든 것이 폭발 직전에 있는 듯한, 제어할 수 있는 범위를 넘어서서 아슬아슬한 그런 증세이다. 하지만 다행인 것은 이 증세가 심하지 않다는 점이다.

그녀의 집은 위험 지대로 선포되었고, 모든 것을 깨끗하게 정리하는 데 3만 5000달러가 들었다. 그렇게 많은 돈이 들지는 몰랐다. 그때 세라는 깨달았다. 가난한 여성은 자기 아이들이 총에 맞아 살해되거나 폭력으로 자기 집이 난장판이 되었을 때 장례나 그 밖의 다른 비용을 감당할 수 없다는 것을……. 그런 사람들은 자기 손으로 직접 카펫에 묻은 피를 닦아 내야 하는데, 어떻게 그럴 수 있단 말인가? 그래서 세라는 이런 참담한 일을 겪은 여성들에게 장례식과 청소 비용을 지원하는 재단을 만들었다. 그녀는 오하이오대학교와 오하이오주립대학교에서 강의를 한다. 또 무료 헬스케어 클리닉에서 일하면서 이런 클리닉을 새로 하나 더 열려고 준비하고 있다. 세라는 인생이 가져다줄 수 있는 최악의 충격으로 내내 고통받고 있으며 또 그 충격에 죽을 때까지 영향받는 사람의 전형이다. 그러나 그녀는 다른 사람들에게 봉사하겠다는 강렬한 바람을 가지고 우뚝 일어섰다.

"나는 그 경험을 통해 성장했습니다. 화가 났거든요. 나는 그 사람이 나에게 하려고 했던 것에 대항해 싸웠습니다, 세상을 바꾸는 것으로 말입니다. 보세요, 그 사람은 나를 죽이지 못했습니다. 그 사람한테 내가 해 줄 대답은 바로 이겁니다. '나한테 무슨 짓을 하려고 했던 간에, 빌어먹을, 난 절대로 못 건드려!'"

그녀의 동기 가운데 하나는 자기 남편에 맞서는 저항이고, 또 하나는 자기 앞에 있는 사람들을 향한 사랑이다.

도덕적인 동기

—

이것이 두 번째 산에 있는 사람들에게서 볼 수 있는 것이다. 동기 이동motivational shift이라는 개념이 있다. 두 번째 산에 있는 사람들의 욕구가 예전과 달라졌다는 뜻이다. 이것을 일반화하면 욕구에는 여섯 개의 층이 있다고 말할 수 있다.

1. 물질적인 즐거움: 맛있는 음식, 멋진 자동차, 멋진 집

2. 자아의 즐거움: 유명해지거나 부자가 되거나 성공하는 것. 경쟁에서 이기고 인정받는 것

3. 지적인 즐거움: 사물에 대해 배우는 것. 자기 주변 세상을 이해하는 것

4. 생산성generativity: 자기가 가진 것을 다른 사람들에게 나누어 주고 자기가 속한 공동체에 봉사함으로써 얻는 즐거움

5. 사랑의 충족: 사랑을 주고받는 것. 두 영혼의 황홀한 결합

6. 초월: 자기가 설정한 어떤 이상에 따라서 살아갈 때 얻는 느낌

사회과학을 비롯해 우리 현대 사상의 많은 부분은 처음 두 가지 욕구를 강조하는 경향이 있다. 우리는 흔히 물질적 이득과 지위 인정으로 정의되는 자기의 개인적인 이익을 인생의 주된 욕구로 규정하며, 다른 사람들에게 하는 봉사는 그저 장식으로만 여긴다. 이것은 수백 년 동안 우리의 사회사상 대부분이 남성에 의해 규정되어 왔기 때문이다. 여성들이 주로 집에서 가족을 돌보는 동안 남성들은 세상에 나가서 경쟁했다. 남자들은 정치 제도와 경제 제도를 연구하며 인생을 보냈지만, 정작 그런 제도를 뒷받침하는 온갖 활동들에는 눈길을 주지 않았다. 그러나 실제로 세상을 둘러보면 어떤가? 부모들은 자기 아이들을 돌보고, 이웃들은 서로 유대를 형성하고, 동료들은 서로 돕고, 사람들은 커피숍에서 계획된 만남 또는 우연한 만남을 가진다. 사랑이 담긴 보살핌이 결코 사회의 장식품만이 아님을 알 수 있다. 이 애정 어린 보살핌이야말로 사회를 떠받치는 토대이다.

공동체를 만드는 사람들은 기본적으로 네 번째부터 여섯 번째까

지 욕구인 '정서적 동기, 정신적 동기, 도덕적 동기'에 따라 행동한다. 다른 사람들과 친밀한 관계를 형성하며 살아가려는 욕구, 세상을 더 낫게 만들려는 욕구, 자기가 옳은 일을 한다고 느끼려는 욕구에 추동된다는 말이다. 이들은 소속감과 관대함을 추구하려는 욕구에 따라 움직인다.

이들은 "밝은 슬픔bright sadness"을 드러낸다. 나는 이 표현을 프란체스코회 수사이자 영성 작가인 리처드 로어Richard Rohr와 중년 이후의 삶에서 의미를 찾는 그의 책《위쪽으로 떨어지다Falling Upward》에서 보았다. 결핍에 시달리는 사람들을 보살피다 보면 아픔과 부당함을 가까이에서 접하게 된다. 지혜에 가까워질수록 또 자기의 그늘과 다른 사람의 그늘을 더 많이 볼수록 우리가 서로를 얼마나 많이 필요로 하는지 깨닫는다고 로어는 말한다. 계속해서 그는 이렇게 쓰고 있다.

"인생 후반에는 어떤 중력이 작용한다. 그러나 이 후반의 인생은 훨씬 더 깊은 어떤 밝음 또는 '다 괜찮음okayness'(긍정적 태도)에 의해 지탱된다. 우리의 성숙한 시기가 가지는 특징은, 이게 말이 될지 모르겠지만, 밝은 슬픔과 냉철한 행복이다."[1]

언젠가 나는 《뉴욕타임스》의 내 기사 독자들에게 인생의 목적을 발견했는지 물었다. 그러자 수천 명이 자기가 했던 경험을 써서 보내주었다. 그 가운데 하나가 특히 눈에 띄었는데, "밝은 슬픔"과 "다 괜찮음"이라는 로어의 개념을 제대로 드러냈다. 오스트레일리아 브리즈번에 사는 그레그 선터라는 사람이 쓴 글이었다.

4년 전에 21년을 부부로 함께 살았던 아내가 뇌종양으로 세상을 떠났습니다. 아내가 병 진단을 받고 세상을 떠나기까지 시간은 채 6개월도 되지 않았습니다. 그런데 아내의 죽음만큼이나 충격적이었던 사실은, 그 경험을 통해 내가 내면적인 성찰을 하면서 개인적으로 성장했고 또 각성했다는 점입니다. 내가 성장한 것의 정말 많은 부분이 아내의 죽음에 따른 결과였다는 깨달음에 나는 죄책감을 느낄 정도였습니다.

파커 파머는 《다시 집으로 가는 길A Hidden Wholeness》에서 심장이 찢어지는 것을 두 가지로 상상할 수 있다고 썼습니다. 하나는 심장이 갈기갈기 찢어지는 것을 상상하는 것이고, 또 하나는 심장이 활짝 열리면서 자기 자신과 세상의 고통과 기쁨, 절망과 희망을 더 많이 수용하게 되는 새로운 차원으로 나아가는 것을 상상하는 것이라고 했습니다. 심장이 활짝 열리는 이미지는 아내가 죽은 뒤로 지금까지 내 인생의 추동력이 되어 왔습니다. 그것이 내 인생의 목적이 되어 왔습니다.

사회사업가이자 작가인 내 친구 케네디 오데데Kennedy Odede는 케냐에서 성장했다. 그런데 세 살 때 그가 그토록 따르고 좋아하던 할머니가 미친개에게 물려 세상을 떠났다. 양아버지는 술에 취해 툭하면 그를 때렸다. 가장 친했던 친구는 여덟 살에 말라리아로 죽고 말았다. 그는 조폭 집단에 들어갔다. 그리고 본드와 휘발유를 흡입하며 온갖 범죄를 저질렀는데 죽을 뻔한 고비도 여러 번 넘겼다. 그러다가 가톨릭 성직자의 도움으로 구조되긴 했지만 이 성직자도 그를 성폭행했다. 하지만 그는 지금 내가 아는 한 세상에서 가장 유쾌하게 살아가는 사람들 가운데 한 명이다.

한번은 이 친구에게 그 힘들고 어려운 상황에서 어떻게 그토록 유쾌한 사람이 될 수 있었는지 물었다. 그러자 그는 자기 어머니가, 비록 짧은 기간이었지만 할 수 있는 동안에는 자기에게 무조건적인 사랑을 베풀었기 때문이라고 대답했다. 케네디 역시 다른 사람들에게 무조건적인 사랑을 베풀며 지금까지 살고 있다. 그는 나이로비의 빈민가인 키베라에서 도시 빈곤 문제와 싸우며 여자아이들을 위한 학교를 설립해 운영하는 단체인 '공동체를 위한 밝은 희망Shining Hope for Communities, SHOFCO'을 설립했다. 그는 나에게 이렇게 말했다.

"이 단체가 내 인생을 구원했지요. 이 단체는 아무리 어렵고 힘든 일이 일어나더라도 내가 긍정적인 마음을 유지하도록 도왔습니다. 이 단체 덕분에 나는 수동적인 희생자라고 느끼기보다는 내가 속한 공동체에서 벌어지는 일을 바꿀 수 있는 능력과 조직을 가졌다고 느끼게 되었습니다. 또 이 단체를 시작하면서 '우분투ubuntu'의 힘도 느끼게 되었습니다. 내가 보편적인 인간성과 연결되어 있다는 느낌 말입니다."

빈민가의 참혹한 삶에서도 여전히 밝은 빛은 반짝인다.

이 사람들은 어느 곳에나 있는 것이 아니라 어떤 곳에 있다. 세계주의자가 아니라 지역주의자이다. 이들은 특정한 곳에 붙박여 있다. 사회사업가 세라 헤밍어는 볼티모어에서 멘토링 프로그램을 개설했다. 그녀가 매일 목에 걸고 다니는 펜던트에는 볼티모어 지도가 묘사되어 있는데, 볼티모어야말로 그녀가 자기 인생을 걸고 있는 지역

이기 때문이다. 오하이오 영스타운의 필 굿은 "영스타운을 지키자"라는 문구를 적은 피켓을 들고 도심 광장에 서 있는 것으로 자기의 활동 경력을 시작했으며, 지금은 이곳이 산업 공동화deindustrialization에서 회복하는 일을 돕는 데 자기 인생을 쏟아붓고 있다(산업 공동화는 경제 성장이 성숙 단계에 들어선 선진국에서 제조업이 국민 경제 전체 고용이나 생산에서 차지하는 비중이 줄어드는 현상이다-옮긴이). 휴스턴의 한 교육자는 우리에게 이런 말을 했다. "휴스턴에 다시 돌아왔을 때 나는, 내가 나서 자라긴 했지만 세계화 때문에 어느 순간 인연의 끈을 놓쳐 버린 이곳에서 헌신하며 살겠다고 다짐했습니다."

흔히 회자되는 비유를 들어서 말하자면, 이들은 '여우'가 아니라 '고슴도치'인 경향이 있다. 여우는 많은 것을 알고 있으며 다양한 관점에서 적대적인 마음으로 세상을 바라본다. 하지만 고슴도치는 단 한 가지만을, 자기 인생을 좌우하는 단 한 가지 큰 생각만을 알고 있다. 바로 이것이 헌신적인 공동체 활동가들이 일반적으로 가지고 있는 정신이다.

그들은 '책임을 떠맡는다.' 자기 주변을 책임지면서 살아가는 인생이 어떤 것인지 또 사람은 무엇을 하면서 살도록 되어 있는지 보여주는 하나의 이상을 누군가가 심었다. 어떤 사람들은 길을 걸어가면서 바뀌어 가는 거리의 온갖 형태들을 본다. 그러나 공동체를 건설하는 이들은 거리에서 사람들을 보고 또 그 사람들에게 필요한 것을 본다. 반응이 자연스럽게 그 사람들에게로 향한다. 이런 반응을 실천하는 이들은 자신이 그런 식으로 행동하지 않을 경우 자기를 인정하려 들지 않는다. 워싱턴 D.C.에서 구타당하는 여성들을 위해 일하는 한 여성은 우리에게 이렇게 말했다.

"나는 이것이 일이라고 생각하지 않기 때문에 이 일을 합니다. 나의 어머니와 할머니가 무언가를 필요로 하는 사람에게 반응을 보이는 것은 의무라고 가르쳤기 때문에 이 일을 하는 겁니다."

이들은 사람들이 설거지하는 것을 당연하게 생각하듯이 그 일을 당연하게 여기며 한다. 테레사 수녀도 말했다.

"내가 하는 일은 어린아이가 깔깔거리며 웃는 것과 마찬가지로 단순하고 일상적인 것입니다."

이들은 또 자기의 인생철학을 설명할 때 "무조건적인 환대radical hospitality"라는 표현을 자주 쓴다. 환대를 받지 못하는 사람이 단 한 명도 없도록 하는 것이 그들의 목표이기 때문이다. 워싱턴의 어떤 청소년 센터에서 일하는 한 청년은 우리에게 이런 말을 했다.

"이런 것들이 바로 인생임을 깨닫고 나면, 누구든 인생을 위해 목숨을 걸게 됩니다. 어떤 인생이든 간에 외면하고 돌아설 수 없거든요."

이렇게 이들은 사로잡혀 붙들린다. 케이시와 데이비드 부부처럼 이들은 자기가 돌볼 사람을 찾으러 또는 자기가 평생을 바쳐 풀어 나갈 문제를 찾으러 밖으로 나가지 않는다. 이런 일이 그냥 이들에게로 찾아온다. 라틴아메리카청소년센터Latin American Youth Center에서 일하는 프랭클린 페랄타는 이렇게 말한다.

"내가 이 일을 선택한 게 아니에요. 이 일이 나를 선택했죠."

공동체 건설을 위해 일하는 사람들에게서 우리가 늘 듣는 말이다.

사람이 자기 자신을 온전하게 놓아 버릴 때 비로소 자기 자신을 발견한다는 사실은 역설이다. 도움이 필요한 어떤 사람을 당신이 만났다고 치자. 처음에 당신은 조금만 돕겠다고 생각한다. 그래서 일주일에 1시간씩만 내서 돕는다. 그 정도 시간은 그리 큰 부담이 아니다. 그러나 당신이 도와주다가 그 사람과 가까워지면 어느 순간 코가 꿰이고 만다. 이렇게 되면 그 사람이 필요로 하는 것은 무엇이든 하게 된다. 이 시점에서 당신은 '운전대를 그냥 놓아 버린다.' 난 무엇을 하고 싶은 거지, 하는 질문을 그만두고 인생이 나에게 요구하는 건 무엇이지, 하는 질문을 시작한다. 그리고 이 질문에 당신은 반응한다.

철학자 수전 울프Susan Wolf는 다음과 같이 말했다.

"한 사람의 인생은 오로지 어떤 것을 무척 깊이 신경 쓰며 보살필 때만, 어떤 것에 사로잡혀서 흥분하고 관심을 기울이며 개입할 때만 의미를 가질 수 있다."

울프가 사용하는 "사로잡히다" "흥분하다" "개입하다"와 같은 표현을 눈여겨보기 바란다. 이 단어들은 행위자가 의식해서 스스로 판단하는 하나의 선택이 아니라 외부 상황에 대한 깊은 차원의 반응을 묘사한다. 바로 이런 표현들이 공동체를 만드는 사람들이 사용하는 표현이다.

스탠퍼드대학교의 앤 콜비Anne Colby와 윌리엄 데이먼은 공저《누군가는 누군가를 돌본다Some Do Care》에서 이런 여러 유형의 공동체 건설 활동가들을 연구했다. 그리고 그 활동가들이 자기를 내던지는 결단을 하는 데서 "도덕적인 성찰을 하는 경우는 그다지 많지 않다"는 사실을 확인했다. 그 선택을 두고 속으로 갈등하거나 비용 편익 분석을 하는 경우가 드물다는 말이다.

"오히려 우리는 망설이지 않고 행동하는 의지, 두려움과 의심에 대한 강력한 부정 그리고 도덕적 반응의 단순성을 보았다. 그들은 위험을 무시했고 결과도 중요하게 여기지 않았다."[2]

몇 년 전 휴스턴 출신의 바버라 굿슨은 노숙자들에게 무료로 머리를 깎아 주는 일을 시작했다. 처음에는 한 달에 기껏해야 몇 번이었다. 그러나 그녀는 출소자들이나 구타당하는 여성들의 머리를 깎아 주기 시작했고, 그러다 보니 어느새 한 달에 수백 번의 봉사를 하게 되었다. 그녀는 이렇게 말했다.

"무엇이 나를 그렇게 하도록 동기 부여했을까요? 내가 머리를 깎아 주는 모든 사람의 존엄성을 높여 줄 수 있기 때문이죠."

최근에 한 친구가 플로리다에서 만났던 교통 봉사자 얘기를 해 주었다. 이 친구는 길에서 만난 어떤 여성에게 마을을 위해 따로 봉사 활동을 하는 게 있는지 물었다. 그러자 여성은 시간이 없어서 못 한다고 했다. 그러나 사실 그 여성은 초등학생들이 안전하게 등하교할 수 있도록 네거리에서 교통 봉사 활동을 한다는 걸 얼마 뒤에 알았다. 그리고 이야기를 나누다 보니 그녀가 오후에 노약자들에게 음식을 가져다주기로 되어 있다는 사실을 알았다. 계속 얘기를 나눌수록 그녀가 하는 다른 여러 봉사 활동들이 더 나왔다. 그러나 그 여성은 그런 것들을 봉사 활동이라고 생각하지 않았다. 그저 자기가 당연히 해야 하는 일이라고 생각할 뿐이었다.

우리는 남에게 무언가를 베푸는 일을 아주 가끔씩만 하는, 그러니까 크리스마스나 생일 같은 특별한 날에만 하는 행위로 생각한다.

그러나 독일의 신학자 디트리히 본회퍼Dietrich Bonhoeffer는 "베푸는 행위는 한 사람과 다른 사람 사이의 일차적인 인간관계"이지, 이차적인 관계가 아니라고 주장했다. 가족 구성원 대 가족 구성원, 친구 대 친구, 동료 대 동료, 그리고 사람 대 그가 속한 공동체 사이의 관계가 그러하다. 소외와 자기중심주의를 유대와 보살핌으로 바꾸고자 하는 것은 사람이 가진 기본적인 욕구이다. 베풂을 통해 인격은 저절로 각성한다.

공동체 건설을 위해 노력하는 사람들과 있을 때면 "머물며 견딘다abide"라는 말을 많이 듣는다. 이들은 영웅적이거나 극적이지 않은 종류의 베풂을 말할 때 이 표현을 쓴다. 이것은 다른 사람들과 늘 함께 있으면서 일상적으로든 특별한 방식으로든 그들에게 봉사하는 것이다. 이런 종류의 베풂은 인생의 안정성을 창조한다. 인생의 밀물과 썰물이 아무리 들어오고 나가길 반복하더라도 자기 자신의 연속성이 계속 보장된다는 뜻이다. 이 개념을 완벽하게 표현한 말이 있는데 빈곤 타파 운동 활동가가 했던 얘기이다. 앤 콜비와 윌리엄 데이먼은 이 말을 《누군가는 누군가를 돌본다》에서 인용한다.

"나는 또한 내가 어떤 투쟁의 한 부분임을 알고 있다. 나는 투쟁 그 자체가 아니다. 그 투쟁을 이끌지도 않는다. 나는 그냥 거기 있다. 그리고 지금까지 오랫동안 거기에 있었으며, 앞으로도 평생 거기에 있을 것이다. 그래서 나는 특별히 비현실적인 기대 따위는 하지 않는다. 그러므로 나는 지치지도 않을 것이다."

깊이 있는 관계

—

내가 만난 '위버weaver'(위브 프로젝트 참여자)들은 지극히 관계적인 사람들, 관계성이 인격에 녹아 있는 사람들이다. 이들은 다른 사람들과 깊이 있는 관계를 추구하는데, 연대와 결속에 대한 갈망을 충족하고 싶어서이기도 하지만 관계를 점점 더 깊게 발전시킴으로써 변화가 일어난다고 믿기 때문이다.

이들은 노숙자들이나 가난한 사람들 또는 트라우마를 가진 사람들과 일할 때, 서비스는 제공하지만 보살핌은 제공하지 않는 거대 복지 제도들과 나란히 일한다. 이런 제도들은 사람을 '사례case'나 '환자'로 대한다. 이 제도들은 사람들에게 경제적인 안정이나 지원을 제공하는 데는 필요하지만 근본적인 변화를 이끌어 내지는 못한다. 공동체 분야의 선도적인 인물인 피터 블록Peter Block이 말한 것처럼 "가난한 사람이나 상처받은 사람과 얘기를 나눠 보라. 그러면 그들이 그동안 받았던 많은 봉사들을 줄줄이 늘어놓을 것이다. 그들은 봉사를 잘 받았지만, 당신은 그들에게 인생에서 근본적으로 바뀐 것이 무엇인지 자꾸 물어 봐야 한다."

'관계는 변화의 추동력이다.' 지금의 당신을 만들어 준 사람을 생각해 보라. 부모이거나 교사이거나 멘토일 것이다. 수치로 환원될 수 있는 측정 가능한 어떤 결과를 추구하는 조직이나 단체가 아니다. 더 많은 사람을 대상으로 규모를 확장할 수 있는 어떤 변화 체계를 만들려는 사람도 아니다. 사람 사이의 관계가 인생의 궤적을 어떻게 바꾸어 놓는지 안다고 생각하지도 않은 채 그저 당신에게 좋은 것을 행하는 사람, 당신을 알아주고 돌봐 주고 믿어 주고 조건 없이 사랑하는 사람이 바로 지금의 당신을 만들었다.

내 아내 앤 스나이더Anne Snyder는 《인격의 얼개The Fabric of Character》에서 솔트레이크시티에 위치한 재활 훈련소인 디아더사이드아카데미The Other Side Academy에 대해 썼다. 이곳은 상습 범죄자들을 받아서 이들이 교도소 바깥으로 외출할 기회를 주고 또 그룹홈group home(사회에 적응하기 힘든 사람들이 자립할 때까지 소규모 시설에서 공동으로 생활할 수 있게 하는 제도 또는 시설-옮긴이)에서 생활하며 이삿짐센터에서 일하게 함으로써 자기 삶을 바꾸도록 유도하는 일을 한다. 이 프로그램에 참여하는 전체 구성원은 '게임'이라 부르는 만남의 자리를 갖는데, 여기에서 도덕적으로 아무리 사소한 위반이라도 서로 털어놓는다. 진실과 사랑이 결합하면 연결이 일어난다. 적어도 이 단체 설립자들은 그렇게 믿는다. 사랑 없는 진실은 가혹하기 짝이 없고, 진실 없는 사랑은 싸구려 감상주의에 머문다. 그러나 만일 당신이 다른 누구에게 애정 어린 지지를 보내며 완벽하게 솔직해질 수 있다면 신뢰하는 관계가 형성된다. 누가 규범을 어기든 본인이 규범을 어긴 것처럼 모두가 책임을 지게 할 때 규범은 저절로 강제된다. 공동체는 '사랑으로 흠뻑 젖은 의무'를 통해 씨실과 날실이 서로 엮여 직물이 짜지듯 만들어진다.

위브 프로젝트에 참여하는 위버들은 말만 하는 게 아니라 행동으로 실천하는 게 얼마나 중요한지를 놓고 많은 이야기를 한다. 이들은 스스로를 이른바 'GSDGet Shit Done(일 깔끔하게 마무리하기) 유형'이라고 말한다. 이 사람들은 자신의 실천 활동과 관련된 인생 이야기를 책으로 펴낸다. 그러나 이들은 또한 대화와 '경청을 엄청나게 강조'한다. 이들은 속 깊은 대화가 이루어질 수 있는 공간을 많이 마련하려고 애쓴다.

스테퍼니 흐루제크는 휴스턴에서 방과 후 프로그램인 패밀리포인트FamilyPoint를 진행하는데, 어느 날 열 살 소년이 쪽지 하나를 그녀에게 주면서 바닥에서 주운 것이라고 했다. 거기에는 "개 같애" "등신" "씹할" 같은 외설스러운 단어들이 적혀 있었다. 스테퍼니는 그 아이에게 누가 그런 말을 썼는지 물었다. 소년은 모른다고 했다. 그날 밤 스테퍼니는 보안 카메라 영상에서 범인은 쪽지를 들고 왔던 바로 그 아이임을 확인했다. 다음 날 프로그램 진행자들은 그 아이에게 증거를 보여 주며 어떻게 된 일인지 물었다. 아이는 처음에는 자기가 한 짓이 아니라고 부인했다. 통상적인 절차는 나쁜 짓을 한 아이에게 벌을 주는 것이었지만 일단은 아이와 함께 한동안 얘기를 나누었다. 그러자 나중에 아이는 울면서 말했다. "선생님에게 쓴 게 아니고 나를 해치려고 한 남자한테 쓴 거예요."

나중에 밝혀진 사실이지만 최근에 총을 든 두 남자가 그 아이 집에 침입해 그 아이를 죽이겠다고 위협한 일이 있었다. 아이 엄마가 지르는 비명을 듣고 이웃집에서 달려와 현관문을 두드리는 바람에 괴한들은 도망쳤다. 경찰이 오고 모든 게 정상으로 돌아왔지만 그 아이와 엄마는 큰 충격을 받았고 이것이 트라우마로 남았다. 스테퍼니는 만일 자신들이 무슨 일인지 알아보지도 않고 아이에게 벌을 주었다면 어떻게 되었을지 생각해 보았다. 아이가 스테퍼니에게 보인 행동은 실은 도움을 청하는 것이었다. 이런 도움 요청이 거부되었을 때 이 소년은 어떤 교훈을 얻을 것이며 또 그의 인생 궤적은 어떻게 달라질까?

우리가 여기에서 얻는 교훈은 충분히 많은 대화를 나누어야 한다는 것, 끈기를 가지고 충분히 들어야 한다는 것이다.

공동체 활동가들은 '철저한 상호 관계'를 신봉한다. 이들은 어떤 사람은 모든 것을 완벽하게 갖추고 있으며 어떤 사람은 늘 실수투성이라는 발상을 단호히 거부한다. 이들의 견해에 따르면 사람은 모두 실수투성이다. 이런 맥락에서 시인 W. H. 오든은 "자기의 비뚤어진 마음을 가지고 비뚤어진 자기 이웃을 사랑하는 것"이 인생의 과업이라고 했다.

'자선慈善'이라는 말은 비열하기 짝이 없는 단어이다. 우리는 모두 동등하며 서로가 서로를 필요로 한다. 사회사업가 세라 헤밍어는 심지어 자기 단체에서 '멘토'라는 말조차 금지한다. 이 단어는 어른은 언제나 아이에 비해 지위가 높고 아이를 보살핀다는 관념, 즉 멘토라는 호칭이 붙은 사람은 언제나 존엄하다는 관념을 내포한다는 게 이유이다.

공동체 활동가들의 입에서 내가 가장 많이 들은 표현은 "전인적인 인간"이다. 지난 수십 년 동안 우리의 제도들은 인간을 여러 조각들로 나누는 경향을 보여 왔다. 학교는 아이들을 막대기 위에 뇌를 얹어 놓은 존재로 여기며 이들의 뇌에 정보를 쑤셔 넣는다. 병원은 환자를 수리받아야 할 온갖 신체 기관의 집합체로 여기며, 의사들은 자기가 수술하는 사람이 어떤 사람인지 전혀 알지 못한다. 그러나 공동체를 만드는 사람들은 전인적인 관점으로 접근할 필요성을 이야기한다. 한 아이가 학교에 들어갈 때 이 아이는 자기의 건강 관련 문제, 안전 관련 문제, 정서적인 트라우마, 영양과 관련해서 필요한 조치, 또는 목적과 의미 따위를 모두 집에 두고 뇌만 가지고서 가는 게 아니다. 어떤 분야에서 일하든 상관없이 누구를 대할 때는 전인적인 인간으로 대하고 전인적인 관점에서 그 사람과 소통해야 한다.

그런데 무엇보다 중요한 것은 사랑 가득한 친절함loving-kindness이라는 정신이다. 위버들과 대화하면서 나는 누군가가 알려 준 존 비어스도프John E. Biersdorf의 책《목적의 치유Healing of Purpose》에 나오는 구절을 자주 떠올린다.

연민은 따뜻한 부드러움으로 표현된다. 영적인 삶의 깊이에서 내가 모범으로 삼는 어떤 사람들을 생각하다 보면 나는 그들의 따뜻한 부드러움에 감동받곤 한다. 그들의 두 눈에서는 천사들, 다른 사람들을 돌보는 비용, 야망과 자아의 죽음, 그리고 인생에서 잃을 것이 거의 없는 데서 비롯되는 평화 등을 상대로 벌이는 고독한 전투들의 흔적을 읽을 수 있다. 그들이 따뜻하고 부드러운 것은 자기에게 주어진 투쟁에 정직하게 맞서 왔기 때문이며 또 혼자 살아남는 것이 중요한 게 아님을 배워 왔기 때문이다. 그들의 보살핌이 따뜻하고 부드러운 것은 자기를 드높이는 일이 그들에게는 더는 중요하지 않기 때문이다. 그 보살핌 안에 그들 자신을 위한 것이라고는 아무것도 없다. 그들이 가진 취약성은 다른 사람들을 향한 눈 맑은 세심함으로 또 진정으로 자기를 잊은 사랑으로 확장되어 왔다.

에티 힐레숨의 두 번째 산 이야기

—

두 번째 산에 있는 사람들에 대한 간략한 설명을 어떤 사람에 대한 짧은 초상으로 대신하고자 한다. 이 초상의 주인공은 여성이다. 그녀는 자기 인생의 변덕스러운 환경 때문에 매우 빠른 속도로 첫 번째 산에서 두 번째 산으로 넘어갔다. 그녀는 일기를 계속 썼기 때문에, 그녀가 이기적인 미성숙함에서 자기를 잊은 성숙함으로 넘어가는 것이 내면에서 어떻게 보이는지 우리는 어렴풋이 엿볼 수 있다.

그녀의 이름은 에티 힐레숨Etty Hillesum이다. 그녀는 1914년 1월 15일에 태어났으며 십 대 시절을 네덜란드 동부 지역의 작은 도시 데벤터르에서 보냈다. 그녀의 아버지는 소심하고 책을 좋아하던 사람이었는데, 지역 학교의 교장이었지만 번잡한 현실 세상보다는 고매하지만 모호하기만 한 온갖 사상들의 세계에 파묻혀 살았다. 그리고 그녀의 어머니는 도움이 많이 필요한 사람이었다. 힐레숨의 전기를 쓴 패트릭 우드하우스Patrick Woodhouse는 그녀의 어머니가 "혼돈 그 자체이며, 외향적이고 소란스러우며 갑작스러운 감정 분출에 휩싸이곤 했다"라고 썼다.[3]

에티와 똑똑하지만 차분하지 못한 두 남동생은 멜로드라마에 나올 법한, 무질서하며 정서적으로도 사람을 지치게 만드는 집에서 성장했다. 그녀는 일기에서 자기가 받은 교육을 고매한 문화와 정서적 야만주의의 혼합이라고 묘사한다.

내가 생각하기에 부모님은 모두 언제나 자신감이 없었던 것 같다. 생활이 점점 더 어려워지자 두 분은 부담감에 갈수록 더 짓눌린 나머지 어떤 것에도 아무 결정을 내리지 못하는 지경까지 되었다. 부모님은 우리에게 너무 많은 행동의 자유를 주었고, 단단히 붙잡고 매달려야 할 것은 아무것도 제시하지 않았다. 이것은 두 분이 자신들을 위한 어떤 디딤돌을 단 한 번도 만든 적이 없었기 때문이다. 우리가 걸어갈 길을 거의 인도하지 않았던 건 당신들이 이미 길을 잃고 방황하고 있었기 때문이다.[4]

힐레숨은 불안정하고 방향성이 없는 젊은 여성으로 성장했다. 이십 대 후반에 그녀는 일기에 자기 자신을 "약골이며 파도에 이리저리 떠밀려 둥둥 떠다니는 보잘것없는 존재"라고 묘사했다. 그리고 "파편화되어 있으며 …… 의기소침하고 …… 불확실성의 덩어리"라고 했으며 "자신감이 부족하고, 혐오스럽고, 공황에 사로잡힌" 인물로 표현했다.

그녀는 자기 인생을 안전하게 붙잡아 줄 아무런 구조물도 가지고 있지 않았다. 명목상으로는 유대인이었지만 신앙에 독실하지 않았다. 진리나 신념과 관련된 어떤 지적인 감각도 가지고 있지 않았다.

"유능한 나의 뇌는 절대적인 것은 존재하지 않는다고, 모든 것은 상대적이며 끊임없이 변하고 영원히 움직인다고 나에게 말해 준다."[5]

그녀는 어떤 멋진 남자가 나타나 자기 인생의 방향을 일러 주기를 꿈꿨다.

"내가 진실로 바라는 것은 남자를 위해 살아가는 인생이다. 그리고 그 남자와 함께 무언가를 만들어 나가는 것이다. 내가 지금까지

했던 그 모든 모험들과 일시적인 인간관계들은 나를 완전히 참혹하게 만들었으며 나를 갈기갈기 찢어 놓았다."[6]

그런데 그녀가 스물여섯 살 때 나치가 네덜란드를 침공해서 점령했다. 그녀의 초기 일기에서 그 점령 사건은 그녀의 자아도취 벽을 단 한 번도 뚫지 못한 채 그녀 일상의 뒷배경으로만 등장한다. 그녀는 오로지 자기 내면에서 일어나는 이런저런 사건들만 일기에 썼다. 그 무렵에 그녀는 율리우스 슈피어Julius Spier라는 심리 치료사를 만나기 시작했다. 슈피어는 현명하면서도 섬뜩할 정도로 기이한 사람이었다. 그는 정신분석학자 카를 융 아래에서 공부했던 사람이었다. 그러나 그는 수상술手相術도 깊이 익혔으며, 치료사가 환자를 치료하는 데는 환자와 대화를 나누는 것만으로는 부족하다고 믿었고 정신과 신체는 하나이므로 환자들과 레슬링을 하며 신체적으로도 함께 부대낄 필요가 있다고 주장했다. 그리고 그의 환자들은 대부분 여성이었다.

두 사람이 처음 레슬링을 할 때 힐레숨은 슈피어의 등에 올라탔다. 당시를 그녀는 다음과 같이 묘사했다.

"내 내면의 모든 긴장들과 울적한 기분의 힘들이 자유롭게 풀려났다. 그리고 그는, 나중에 그가 했던 말대로 하자면, 신체적으로 또 정신적으로 널브러졌다. 나 이외에 자기를 그렇게 할 수 있었던 사람은 한 사람도 없었다고 했다."[7]

힐레숨은 그와 사랑에 빠졌고, 두 사람 사이에는 지적이기도 하고 성적이기도 하고 치료적이기도 한 이상한 관계가 형성되었다. 그녀는 슈피어에게 보내는 편지에서 "당신은 나의 사랑 …… 값을 따질 수 없는 개인 심리학 대학교예요. 나는 당신과 토론할 게 너무나 많고 또 당신에게 배울 게 너무나 많답니다"[8]라고 썼다.

그 모든 결점과 괴팍함에도 불구하고 슈피어는 적어도 그녀에게 일관성 있는 어떤 세계관을 제공했으며 당대 심리학을 소개했다. 그녀는 그의 견해들을 수용할 수도 있었고 거부할 수도 있었는데, 적어도 거기에는 잡거나 뿌리칠 손잡이가 있었다. 슈피어는 그녀에게 일기를 계속 쓰라고 하면서 정신적인 성정을 연마할 것을 강력하게 주문했다. 그리고 1942년 가을 슈피어는 간암으로 죽었고, 그녀는 그를 "내 영혼의 탄생에 산파였던 사람"으로 기억했다.

슈피어가 세상을 떠날 무렵 힐레숨의 일기 톤이 바뀐다. 집착적인 자기 분석이 줄어들었다. 바깥으로 눈을 돌려서 세상을 더 직접적으로 경험하기 시작했다. 그녀는 일기에 이렇게 썼다.

"생각은 아무 데로도 데려가 주지 않는다. 학문 연구에서는 멋지고 우아한 도움이 되겠지만, 생각만으로는 여러 감정 문제들에서 탈출할 길을 찾을 수 없다. 생각은 어떤 것을 엉뚱한 곳으로 데려가고 만다. 자기 자신을 수동적인 존재로 만들고, 가만히 귀를 기울여야 한다. 영원성의 한 조각과 다시 접촉해야 한다."

어느 날 그녀는 자기 집 테라스에 앉아 해바라기를 하면서 새들이 지저귀는 소리를 들으며 밤나무를 바라보고 있었다. 그때 그녀에게 일었던 첫 번째 본능은 그 장면을 말로 표현하는 것, 자기가 경험하는 그 기쁨의 감각을 설명하는 것이었다.

다시 말해 나는 자연을, 모든 것을 나에게 복속시키고 싶었다.

나는 어떻게든 그것을 설명해야만 한다고 느꼈다. 그리고 매우 단순하고도 명백한 사실은 지금 내가 그 일이 내게 일어나도록 그냥 내버려 두고 있다는 것이다. …… 햇살 아래 그렇게 앉아 있으면서 나는 무의식적으로 머리를 숙였다. 마치 인생에 대한 그 새로운 느낌을 훨씬 더 많이 받아들이려는 듯이 말이다. 그때 갑자기 나는, 어째서 어떤 사람이 충동적으로 두 손으로 얼굴을 가린 채 무릎을 꿇고 평화를 구하는지를 깊이 깨달았다.[9]

일생의 대부분 동안 실제 현실 세계에서 살지 않고 그저 그 세계에서 살 준비만 하는 것처럼 동경 속에서 살았다고 그녀는 썼다. 그런데 그녀 내면의 무언가가 바뀌었다. 그녀는 이제 자기의 모든 것을 바칠 수 있는 어떤 위대한 이상에 사로잡혀야만 한다는 긴박한 감정을 느꼈다. 그래서 그녀는 기도를 했다.

"오, 신이시여! 저를 당신의 위대한 손 안으로 데리고 들어가 당신의 도구로 써 주십시오."[10]

그녀는 공식적인 의미에서 보자면 신앙을 가진 인물이 전혀 아니었지만, 그럼에도 불구하고 기도를 시작했다. 처음에 그녀는 자기 자신을 "무릎 꿇기 훈련자"라고 불렀다. 기도가 너무나 나약하고 불편한 행위라고 느꼈기 때문이다. 그러나 얼마의 시간이 지나고 나자 그녀의 몸은 마치 기도를 하기 위해 만들어진 것 같다는 느낌이 들었다.

"때로 깊은 감사의 순간들에는 참을 수 없는 충동으로 무릎을 꿇었다. …… 이 사실을 쓰는 지금도 나는, 내밀한 것 가운데 가장 내밀한 것에 대해 쓰는 것 같아서 어쩐지 부끄러운 느낌이 든다."

계속해서 그녀는 이렇게 썼다.

더는 그렇지 않다. 나는 이것 또는 저것을 원한다. 그러나 인생은 위대하고 멋지며 매혹적이고 영원하다. 만일 자기 자신에게만 너무 집착하고 머물러서 갈팡질팡하다가 실패하면 인생이라는 강력하고 영원한 흐름을 놓친다. 모든 개인적인 야망이 나에게서 떨어져 나가고 지식과 깨우침을 바라는 나의 갈망이 중단되며 또 영원성의 작은 한 조각이 커다란 날갯짓으로 나에게 내려앉는 것은 바로 이런 순간들 속에서이다. 인생은 바로 이 순간들 속에 놓여 있다. 나는 이 순간들에 정말 감사한다.[11]

1942년 4월, 나치는 유대인을 대상으로 한 첫 번째 대규모 검거를 시작했고, 유대인들에게 노란색 '다윗의 별Star of David'(삼각형을 두 개 짜 맞춘 형태의 별 모양으로 유대교와 이스라엘의 상징-옮긴이)을 옷에 달라고 강요했다. 아침마다 점점 더 많은 검거 소식이 들려왔다. 유대인 가족들이 잡혀 실려 갔다는 소식, 유대인 남자들이 직장에서 쫓겨나 앞길이 막막해졌다는 소식, 그리고 유대인 강제 수용소와 가스실에 대한 온갖 소문까지. 한동안 힐레숨은 그저 그 무서운 폭풍을 피할 피난처를 찾기만 했다.

그녀는 자기 동네를 둘러보면서 끌려간 사람 수를 세곤 했다. 이 집에서는 아버지가 잡혀갔고 저 집에서는 아들 둘이 잡혀갔다. 사람들은 동쪽으로 보내졌지만 되돌아온 사람은 아무도 없었다.

"위협이 점점 더 커지고 공포가 날마다 더 깊어 간다. 나는 기도로 나를 둘러쌌다. 그것이 나를 보호해 줄 벽이라도 되는 것처럼. 그리고 수도원의 작은 방으로 들어가듯 그 안에 숨었다."[12]

그러다가 그녀는 사람들을 구하는 적극적인 어떤 행동에 나서야 한다는 소명을 느끼기 시작했고, 1942년 7월 3일에 이런 생각을 밝혔다.

"지금 우리는 파괴와 절멸이 임박한 위태로운 상황에 놓여 있다. 이 사실에 대해 더는 환상을 가질 수 없게 되었다. 저들은 우리를 완전히 말살하려 한다. 우리는 이 사실을 받아들여야 하며, 거기에서 출발해 무언가를 해야 한다."[13]

나치즘의 야만성은 야만적인 대응이 필요한 것처럼 보인다. 지금 우리 가운데 많은 사람들은 그때 유대인이 더 격렬하게 저항했더라면, 더 강력하게 분노하고 나서서 싸웠더라면 좋았을 것이라고 생각한다. 그러나 유대인 학살이 확산될 때 힐레숨은 그렇게 대응하지 않았다.

"나는 우리가 이 세상에서 무언가를 바꿀 수 있다고는 이제 믿지 않는다. 우리 자신부터 바꾸지 않는 한에는 그렇다. 이것이 내가 이 전쟁에서 배운 유일한 교훈이지 싶다."[14]

나치가 세상에서 사랑을 소멸시키려 한다면 그녀는 그 사랑을 지키는 군대로 당당히 설 준비가 되어 있었다. 그리고 세상이 점점 냉혹하게 변해 가는 것을 보고 그녀는 무엇보다 우선 자기 자신의 마음을 활짝 열어야 한다고 느꼈다.

이것은 자기 동포를 보살피기 위해, 마구잡이로 검거되어 끌려가는 십 대 소녀들을 돕기 위해 자기가 할 수 있는 일을 한다는 뜻이었다. 그녀는 나치 압제자들을 미워하지 않기로, 나치를 향한 증오심으로 자기 안의 공포심을 달래는 일은 하지 않기로 결심했다. 그녀는 다른 사람의 사악함을 절대로 증오하지 말라고, 먼저 자기 내면에 있는 사악함부터 증오하라고 자기 자신에게 설교했다.

죽어 가는 사람들에게는 그 어떤 사소한 즐거움도 있을 수 없다. 나치의 압박이 점점 강해지자, 힐레숨은 예쁜 블라우스며 비누 냄새며 자기가 누리는 모든 것을 한층 더 소중하게 여기기 시작했다. 그녀는 죽음과 직접적으로 대면했으며, 자신의 마지막 시각이 임박했다고 짐작했다. 그리고 죽음을 회피하는 태도를 버릴 때, 죽음을 자기 삶 속에 수용할 때 자기 인생을 더욱더 확장하고 풍성하게 만들 수 있음을 깨달았다.

힐레숨은 자기 가족을 데리고 나치가 찾지 못하는 곳에 숨을 수도 있었다. 그렇게 했던 네덜란드 유대인 2만 5000명 가운데 약 1만 8000명이 전쟁에서 살아남았다(안네 프랑크는 명백한 예외였다). 그러나 그녀는 그렇게 하자는 가족의 손길을 뿌리쳤다. 여기에는 세 가지 이유가 있다고 그녀의 전기를 쓴 패트릭 우드하우스는 주장한다. 첫째는 그녀가 가지고 있던 연대감이다. 그녀는 전체 유대인 가운데 일원으로 소속되어 있었으며, 자신이 다른 사람들과 연결되는 삶을 살아야 한다고 느꼈다. 다른 사람들이 강제 수용소로 끌려가야 하는 상황에서 자기 안위만 챙길 수 없다고 생각했던 것이다. 둘째, 그녀는 나치를 피해 숨는 것을 공포와 결부시켰으며, 그런 공포에 사로잡힌 삶을 살고 싶지 않았다. 셋째, 그녀는 헌신의 소명 의식을 느끼기 시작했다. 자기가 가진 재능이 무엇인지 깨달았으며, 강제로 끌려가기를 기다리는 유대인 동포들을 위해 이 재능을 사용할 수 있겠다고 생각했다.

그녀는 유대인위원회Jewish Council에서 일하겠다고 갔다. 유대인위원회는 나치가 유대인을 살피고 감시할 목적으로 만든 조직이었다. 나치가 유대인 동원 지시를 내리면 유대인으로 구성된 이 위원회는 이 지시를 이행할 방도를 마련하고 결정했다. 이 단체를 만든 유대인들은 나치에게 이렇게 협조하면 그나마 최악의 학살은 막을 수 있으리라는 오판 아래 그런 행위를 하고 있었다.

1943년 6월, 에티 힐레숨은 베스터보르크에 있는 유대인 임시 강제 수용소에서 일하겠다고 자원했다. 이 강제 수용소에서는 10만 명의 네덜란드 유대인이 아우슈비츠를 비롯한 학살장으로 끌려가기를 기다리고 있었다. 이 시기에 그녀가 썼던 글 가운데 우리에게 남아 있는 것은 일기가 아니라 집으로 보내는 편지 형식인데, 따라서 글의 어조는 일기에 비해 개인적인 요소가 덜하다. 그러나 이것은 또한 이 무렵에 그녀가 자기 자신을 이미 초월했기 때문이기도 하다.

"여기에서 일어나고 있고 앞으로 일어날 모든 일이 어떤 까닭에서인지 내 안에서 완화된 것 같아요. 마치 이 모든 것을 내가 이미 경험한 것 같고 또 내가 지금 예전과는 다른 새로운 어떤 사회를 만드는 데 힘을 보태고 있는 느낌이에요."[15]

그녀가 집으로 보낸 편지들에서 많은 부분이, 너무 당혹스러운 나머지 망연자실한 노인들이며 자신들이 어떤 처지에 놓였는지 전혀 알지 못하는 어린아이들에 이르기까지, 그녀가 그 강제 수용소에서 돌보던 사람들을 묘사하는 내용이다. 그녀는 예전에 부유하고 유명했던 사람들을 보며 특히 더 슬퍼했다.

"그들이 입고 있던 지위와 존경과 재산의 갑옷은 이미 벗겨지고 없어요. 이제 이 사람들이 인간임을 알 수 있는 것은 입고 있는 남루한 옷뿐입니다."

때로 그녀는 징벌 막사에서 일하면서 강제 노역을 선고받은 사람들과 강제 수용소의 다른 곳에 있는 그들 가족 사이를 오가며 말을 전하기도 했다. 또 강제 수용소 여기저기를 돌아다니면서 환자들을 돌보거나 사람들이 집으로 전보를 보내는 일을 도와주었다. 수용자들에게 필요하다 싶은 것이면 힘닿는 대로 다 했다. 그녀는 네 곳의 병동 막사에 자유롭게 접근할 수 있는 권한을 가지고 있었는데, 하루 종일 이 병상에서 저 병상으로 돌아다니며 환자를 돌봤다. 강제 수용소에 있던 다른 유대인들은 자기 집으로 보낸 편지에서 그녀를 환한 빛과 따뜻한 온기를 발산하는 사람이라고 묘사했다. 이 무렵 그녀의 글에는 평정심과 견고함이 깃들어 있었는데, 그녀가 위대한 도덕적 과업을 떠맡기 전에는 전혀 찾아볼 수 없었던 요소이다. 재앙 앞에 산산이 부서지거나 절망에 무릎을 꿇는 사람들이 있지만, 그녀는 절망 앞에서 한층 더 성숙하고 깊어졌다. 그녀는 한 친구에게 보낸 편지에서 이렇게 썼다.

"인생에는 많은 기적이 있어. 내 인생도 내면적인 기적의 길고 긴 연속이야."[16]

강제 수용소 생활의 리듬은 사람들을 동쪽으로 실어 가는 기차의 일정에 따라 달라졌다. 기차는 한 주에 한 차례씩 와서 일정한 수의 수용자들을 죽음의 장소로 데려가곤 했는데, 기차가 오기 직전에 거기 타야 할 사람들 명단이 발표되었다. 그녀가 보낸 편지들에는 기차에 타라는 명령을 받은 사람들을 묘사하는 내용이 자주 나오는데, 그녀는 주근깨투성이 얼굴이 잿빛으로 질려 있는 한 여성을 묘사하면서 이렇게 썼다. "그녀는 독약을 먹고 죽어 가는 여인의 침상 옆에 웅크리고 앉아 있어요. 그녀 어머니 옆에요."

이 무렵 힐레숨의 편지들에는 어떤 내면의 희망이 자주 분출했다.

이곳의 참혹함은 정말 끔찍해요. 그러나 하루가 내 등 뒤 어둠 속으로 깊이 가라앉은 밤에 가시 철책을 따라 걷노라면 어쩐 일인지 발걸음이 가볍다는 느낌이 들곤 합니다. …… 나로서는 어찌할 수 없는, 어떤 원초적인 힘처럼 원래부터 늘 그렇게 존재해 온 느낌. 인생은 눈부시게 아름답고 장엄하며, 언젠가 우리가 완전히 새로운 세상을 만들게 될 것이라는 느낌. 그런 느낌입니다.[17]

1943년 9월 6일, 힐레숨은 자기 이름이 부모님과 막내 동생 미샤의 이름과 함께 기차 탑승자 명단에 올라 있는 것을 보고는 충격을 받았다. 그녀의 어머니는 독일 친위대 책임자에게 편지를 써서 아들 이름만은 빼 달라고 간청했다. 그런데 이 편지가 오히려 화를 불러와서 그들 모두에게 사형 선고가 내려졌다.

그녀의 친구였던 요피 블레스하우어르가 나중에 알리기를, 힐레숨이 처음에는 그 소식을 듣고 까무러칠 듯이 놀랐지만 1시간 뒤에는 정상으로 돌아왔다고 했다. 그녀는 먼 여행에 필요한 것들을 챙기기 시작했다. 블레스하우어르는 힐레숨이 떠날 때의 모습을 다음과 같이 묘사했다. "가는 길에 만나는 모든 사람에게 미소를 띤 밝은 얼굴로 얘기를 했다. 쾌활하고 생기 넘치는 모습이었다. 아마 슬픔이 묻어 있긴 했겠지만 평소 알던 에티의 모습과 전혀 다르지 않았다."

기차에 탄 뒤 그녀는 친구에게 보내는 엽서를 써서 객차 판자 틈을 통해 밖으로 던졌다. 이 엽서를 어떤 농부가 발견해서 암스테르담으로 부쳤다. 엽서 내용은 이랬다.

"크리스틴, 《성서》를 아무 데나 펼쳤더니 이런 구절이 나오네. '주는 나의 산성이시요.' 나는 사람들로 가득 찬 객차 가운데에 짐 보따리를 깔고 앉았어. 아버지와 어머니 그리고 미샤는 다른 객차에 있어. …… 우리는 노래를 부르면서 강제 수용소를 떠났어, 아버지와 어머니는 굳세고 평온하셨어, 미샤도 그랬고."

에티 힐레숨은 1943년 11월 30일 아우슈비츠에서 사망했다.

통합된 삶을 향하여

—

힐레숨처럼 완벽하게 개인적인 변화를 경험하는 사람은 드물다. 그리고 공동체 활동가들처럼 자기를 버리고 살아가는 사람도 드물다. 그러나 이들의 삶은 하나의 모범이 된다. 그들이 모범이 되는 이유는 많겠지만 하나를 꼽자면, '인생의 한 가지 과제는 통합이다'라는 핵심을 그들이 입증한다는 점이다. 통합이란 단일한 어떤 전망을 향해 일관되게 나아갈 수 있도록 자기 자신의 파편 난 조각들을 모두 모아서 온전한 하나로 엮는 것이다.

어떤 사람들은 결코 통합을 이루지 못하고 파편화된 삶을 살아간다. 어떤 사람들은 낮은 수준에서만 통합을 이룬다. 그런데 힐레숨은 매우 높은 수준에서 통합을 이루었다. 인생의 외부 조건들이 극단적으로 참혹하게 바뀌어 갔지만 그녀의 내면 상태는 오히려 예전보다 더 평온해졌다.

그녀가 통합을 획득한 방식은 자기 천착이라는 끊임없는 내적 과정을 통해서가 아니라 자기를 온전하게 내려놓고 또 내어 주는 외적 과정을 통해서였다. 심리학자 윌리엄 셸던William H. Sheldon 박사는 이렇게 썼다.

"행복은 기본적으로 전심전력을 다해서 아무런 미련이나 후회도 없이 오로지 한 곳만을 향해서 가고 있는 상태이다."

우리가 이것을 실천하는 방법은 어떤 대상에 온전히 몰두해 헌신하는 것이다. 우리가 진정으로 소중하게 여기는 것들이나 사람들에게 최대한 헌신을 다하고 또 진심으로 봉사하는 것이다. 두 번째 인생의 핵심 과제는 다음과 같은 질문들에서 찾아볼 수 있다.

– 내가 헌신할 대상을 어떻게 찾을까? 무엇이 나에게 올바른 헌신인지 어떻게 판단할까? 헌신할 대상을 찾은 뒤에는 어떻게 봉사할까? 내가 하는 헌신들이 일관되고 집중되고 기쁨이 넘치는 인생으로 통합되게 하려면 이 헌신들을 어떻게 하나로 엮어야 할까?

이런 질문들에 대한 대답을 나는 2부에서부터 하나하나 다루고자 한다. 이 책이 헌신하는 인생, 자기 직업과 결혼 생활과 신념과 공동체에 봉사하며 사는 인생으로 인도하는 실질적인(그러나 정신적이기도

한) 안내서가 되면 좋겠다고 생각하며 나는 이 책을 구성했다. 두 번째 산의 인생은 정신적인 모험이다. 그러나 우리는 이 인생의 하루하루를 매우 실천적으로 살아야만 한다.

네 가지 헌신의 결단

The
Second Mountain
The Quest for a Moral Life

PART 2

직업에 대하여

Chapter 9

소명으로서 직업은 어디서 비롯되는가

조지 오웰과 소명으로서 직업

—

1946년 조지 오웰은 소설가이자 에세이스트라는 자기 직업을 소재로 한 탁월한 에세이집인 《나는 왜 쓰는가Why I Write》를 출간했다. 이 책에서 오웰은 위선적이고 가식적인 자기의 글쓰기를 비판하려고 노력한다. 그는 자기 작품에서는 결코 표면으로 드러나지 않는 어떤 죄의식을 가지고서, 자신의 천박하고도 이기적인 동기들을 폭로하고 또 이를 통해 독자들에게 충격을 주고자 했다.

그는 자기가 네 가지 이유로 글을 쓴다고 말한다. 첫째 이유는 '순전한 자아도취'이다. 남들에게 똑똑해 보이고 남들 입에 오르내리고 싶은 욕구이다. 둘째 이유는 '심미적 열정'이다. 문장과 단어를 주무르면서 얻는 즐거움이다. 그러나 오웰은 대단히 정직하다. 그는 이것보다 더 높은 동기가 있음을 인정한다. 그래서 셋째 이유로 '역사적 충동historic impulse', 즉 무언가를 깨닫고 싶은 욕구를 든다. 이것은 사물을 있는 그대로 바라보고 진정한 사실들을 찾아내고자 하는 욕구이다. 넷째 이유는 '정치적 목적'이다. 이것은 세상을 특정한 방향으로 밀어붙여서, 자신들이 추구하는 사회 유형에 대해 사람들이 가지고 있는 발상을 바꾸려는 욕구이다.

오웰은 자신이 인생을 바쳐서 해야 할 일이 무엇인지 일치감치 눈치챘던 사람이었지만 그동안 그것을 외면하고 살았다. 어린 시절에 이미 그는 작가가 되길 원했다. 그러나 학교를 마친 뒤 식민지이던 인도로 가서 대영제국 경찰관으로 복무했다. 그때 그는 퇴근을 하고 집에 돌아와서는 게으르게 빈둥거리기만 했다. 그러나 그는 글쓰기를 회피하면서도 글쓰기를 늘 의식했다.

"내가 나 자신의 진정한 본성을 격노하게 만든다는 사실, 또 앞으로 언젠가는 결국 자리를 잡고 앉아서 책을 쓰게 되리라는 사실을 의식하면서 그렇게 지냈다."

결국 오웰은 스물다섯 살 때 자기 운명에 무릎을 꿇었다. 그리고 작가가 되고자 한다면 꼭 해야 할 세 가지가 있다고 결론 내렸다. 첫째는 가난한 사람들 사이에서 살 필요가 있었다. 오웰은 좌익 성향을 가지고 있었는데, 사회주의자 친구들은 자기네가 해방시키려 한다고 말하는 가난한 사람들과 직접적인 접촉을 별로 하지 않는 점이 문제라고 믿었다. 그래서 그는 글쓰기를 본격적으로 시작할 때 도보 여행에 나섰다. 당시에는 부랑자단속법Vagrancy Act 때문에 노숙자들은 구걸을 하거나 텐트를 칠 수 없었다. 많은 사람들이 잉글랜드 전역을 이 마을에서 저 마을로 걸어 돌아다니며 하룻밤은 이 도시의 자선 숙박소에서 자고 다음 날 밤은 저 도시에서 잠자리를 해결했다. 오웰도 이 경험을 했다. 그런 다음에는 프랑스의 호텔 겸 레스토랑에서 접시 닦는 일을 하루에 13시간씩 했다. 이런 경험들 덕분에 그는 노동 계급을 직접 파악할 수 있었고, 이에 따라 지배 권력에 대한 그의 천성적인 증오심도 커졌다.

둘째로, 오웰은 새로운 글쓰기 방식을 만들어 낼 필요가 있었다. 논픽션을 문학적인 어떤 형태로 만드는 것이었다. 그는 우화를 이용해 정치적인 주장을 펼치는 데 달인이 되었다. 예컨대 '코끼리를 쏘는 것'이 영국 제국주의의 잘못된 점들을 상징하게 만드는 식이었다 (식민지 버마에서 경찰로 복무하며 경험했던 일을 소재로 한 자전적인 에세이 〈코끼리를 쏘다Shooting an Elephant〉를 가리킨다-옮긴이). 그는 글을 쓰는 과정에서 글쓰기의 고유한 기쁨을 얻지 못했다.

"책을 쓴다는 것은 끔찍하고 진이 빠지는 투쟁이다. 마치 어떤 고통스러운 질병과 긴 싸움을 벌이는 것과 같다. 저항할 수도 없고 이해할 수도 없는 악마에게 억지로 등을 떠밀리지 않고서는 결코 할 수 없는 일이다."

T. S. 엘리엇과 마찬가지로 오웰은 좋은 글쓰기 태도는 자기 개성을 끊임없이 죽이는 것이라고 믿었다. 작가는 "자기의 개성을 지우기 위해" 고군분투한다. "좋은 글은 창에 끼운 유리와 같다." 글을 잘 쓰려면 자기를 억눌러서 독자가 묘사된 내용과 직접 접촉하도록 해야 한다고 믿었던 것이다.

마지막 세 번째로, 오웰은 자기에게 주어진 소명을 다하기 위해서는 철저하게 정직해야 한다고 결심했다. 심지어 자기편 사람들에 관해서조차 그래야 한다고 말이다. 1930년대에 스페인내전에서 공산주의자들이 파시스트들과 싸울 때 그는 승산이 없는 무정부주의자들 편에 서서 싸웠다. 그는 그 어떤 환상도 없이 현실을 있는 그대로 바라보는 법을 배웠다. 알베르 까뮈가 표현했듯이 "옳지만 패배할 수 있다는 사실, 무력이 정신을 무너뜨릴 수 있다는 사실, 때로는 용기가 아무런 보상도 받지 못할 수 있다는 사실"[1]을 오웰은 배웠다.

하지만 오웰은 냉소주의자가 되지 않았다. 스페인과 독일 그리고 소련의 전체주의는 오웰에게 그의 나머지 인생을 지배한 도덕적 과제를 제시했다. 이때부터 그는 거짓말을 폭로하거나 어떤 실제 사실에 사람들의 이목을 집중시키고자 글을 썼다.

"1936년 이후로 내가 썼던 진지한 작품의 모든 문장은 직접적으로든 간접적으로든 전체주의에 '반대'하고 민주사회주의(정치적으로는 민주주의, 경제적으로는 사회주의를 추구하는 사상-옮긴이)에 '찬성'하기 위한 것이었다."

스페인에서 돌아온 오웰은 완전히 바뀌어 있었다. 그는 어떤 부름 속에 있는 자신의 소명을 경험했다. 자기가 왜 이 세상에 존재하는지를 깨닫고 자기에게 주어진 임무를 가차 없이 수행해야 함을 깨닫는 정화의 순간을 경험했다. 이와 관련해서 오웰을 잘 알던 한 친구는 이런 말을 했다. "그의 내면에서 내내 들끓고 있던 어떤 불길이 갑자기 거대한 화염을 내뿜으며 폭발하는 것 같았다." 그는 모든 부당함에 화를 냈으며 냉정한 열정을 뿜었다. 그는 거짓말에 분노했지만 시민들을 향해서는 친절했다. 그는 파시즘에 맞서는 싸움에 온몸을 던지면서도 자기편과 관련된 불편한 진실들을 정확하게 파악할 수 있을 만큼 늘 일정 거리를 유지했다.

소명은 어디서 비롯되는가

—

오웰은 늘 곁에 함께 있기에 유쾌한 인물은 아니었다. 그는 쌀쌀맞고 음산하고 까칠하고 독자적이었으며 또 내향적이면서도 자기주장이 강했다. 그러나 치명적인 병으로 고생하며 《1984》를 썼던 생애의 막바지에 이르러, 그의 직업은 욕구의 순수함과 목적의 통일성을 그에게 가져다주었다. 아일랜드 극작가 조지 버나드 쇼가 다른 맥락에서 썼듯이, 오웰의 직업은 "수많은 욕구들을 취해 그것들을 어떤 목적과 원칙의 군대로 조직하는 것"이었다. 그리고 사람들은 그를 당대의 성인 같은 인물로 인정하기 시작했다.

내가 오웰의 생애와 경험을 언급한 것은 그것이 직업을 찾는 과정에서 나타나는 몇 가지 공통점을 보여 주기 때문이다.

소명으로서 직업 찾기와 관련해서 모든 사람이 아는 사실은, 이것이 커리어 찾기와는 전혀 다르다는 점이다. 어떤 사람이 커리어라는 관점으로 접근할 때는 전두엽이 매우 많은 부분에서 관여한다. 이사람은 자기가 가진 여러 재능을 하나하나 조사해서 파악한다.

– 나는 무엇을 잘할까? 어떤 재능이 시장에서 비싸게 먹힐까?

그런 다음 좋은 교육을 받는 것으로 자기 역량에 투자를 한다. 그리고 전문적인 기량을 닦는다. 그런 다음에 어떤 기회가 있는지 일자리 시장을 둘러본다. 그러고는 자기가 투자한 시간과 노력에 대해 최대의 보상을 제공하는 유인을 따른다. 그리고 성공이라는 정상을 향해 올라가는 올바른 경로를 전략적으로 찾고 또 그 경로를 따른다. 그리하여 최종적으로는 존경, 자부심, 경제적 안정이라는 성공의 여러 보상들을 거둔다.

그러나 어떤 사람이 소명으로서 직업이라는 관점으로 접근할 때는 의식의 자아 차원에서 살지 않는다. 돈을 많이 받는다거나 생활이 편해진다는 이유로 어떤 일을 하는 게 아니라는 말이다. 이런 관점으로 접근할 때 사람은 자기 기질의 본성에 사로잡힌다. 어떤 행위나 어떤 부당함이 이 사람이 가진 본성의 가장 깊은 곳을 건드리며 능동적인 반응을 요구한다. 카를 융은 직업을 "어떤 사람이 함께 있던 무리에서 그리고 이미 잘 알려져 있던 경로에서 스스로를 벗어나게 해서 해방되도록 운명 짓는 어떤 비이성적인 요인"이라고 불렀다. 그러면서 "직업을 가진 사람이면 누구나 자기 내면에 있는 사람이 부르는 목소리를 듣는다. '소명을 받는다'는 말이다"라고 했다.

자기를 부르는 그 목소리는 처음에 흔히 심미적인 양상을 띠고 나타난다. 작가 애니 딜러드는 화가인 친구에게 어떻게 화가가 될 운명인지 알았느냐고 물었다. 그러자 친구는 이렇게 대답했다. "나는 물감 냄새 맡는 게 좋아." 냄새 자체는 장엄한 운명감과는 거리가 멀다. 물감을 캔버스에 묻힐 때 나는 향기일 뿐이다. 어떤 사람들은 자동차 관련 일을 좋아하고, 어떤 사람들은 숫자들을 가지고서 이리저리 끼워 맞추는 일을 좋아한다. 빵을 만드는 것을 좋아하는 사람도 있고, 대중 앞에서 연설하는 것을 좋아하는 사람도 있다.

그런데 또 어떤 사람들에게는 이 소명이 자기가 놓인 역사적인 환경에서 비롯될 수도 있다. 우리는 모두 특정한 순간과 특정한 장소에 놓여 있으며, 이러한 주변 환경은 우리가 풀어야만 하는 구체적인 문제들을 우리 앞에 던진다. 체코슬로바키아의 민주화를 이끈 바츨라프 하벨Václav Havel은 자기가 공산주의 독재 치하에 살고 있음을 깨달았다. 미국의 페미니즘 운동가인 글로리아 스타이넘Gloria Steinem 은 남성이 지배하는 사회의 중압감에 짓눌린 자기 모습을 보았다. 이 두 사람은 수많은 유명한 사례들 가운데 일부일 뿐이다. 지금까지 수백만 명이 집산주의collectivism(경제적 개인주의에 대한 반대 개념으로 개인의 자유방임을 부정하고, 사회 전체의 복지를 실현하기 위해 개인의 자유에 제한을 가할 필요를 인정하는 사상 및 운동-옮긴이), 인종 차별주의, 성차별주의 그리고 그 밖에 다른 많은 잘못된 것들과 투쟁하는 과정에서 자기 직업을 찾았다.

오스트리아 정신의학자인 빅토르 프랑클Viktor Frankl이 열세 살 무렵일 때였다. 어떤 교사가 인생이라는 것은 그저 물질 연소의 과정에 지나지 않는다는 말을 아이들에게 했다. 그러자 소년 프랑클이 벌떡 일어나서 물었다.

"선생님, 만일 그게 맞다면 인생의 의미는 뭐가 될 수 있습니까?"

어린 시절에 이미 이 질문에 깊이 사로잡혀 있던 그는 지그문트 프로이트와 관계를 맺었다(두 사람의 나이 차이는 약 50세이다-옮긴이). 젊은 치료사로서 그는 빈 인근에 자살 예방 센터를 여러 곳 만들고, 자살의 문턱까지 간 사람들에게 삶의 의미를 찾아 주는 방법론들을 창안했다.

그런데 2차 세계대전이 터지고 나치가 오스트리아를 점령했다. 프랑클은 강제 수용소로 끌려갔다. 그는 "나는 인생에서 무엇을 얻고자 해야 할까?" "나를 행복하게 하려면 무엇을 해야 할까?" 같은 커리어 관점의 질문은 적절한 질문이 아님을 깨달았다. 그가 깨달은 진정한 질문은 바로 이것이었다. "인생이 나에게 요구하는 것은 무엇일까?" 프랑클은 유대인 강제 수용소의 정신과 의사에게는 고통을 연구하고 또 그것을 누그러뜨릴 의무가 있음을 깨달았다.

"우리가 인생에서 기대하는 것은 전혀 중요하지 않았다. 중요한 것은 인생이 우리에게서 기대하는 것이었다. 우리는 인생의 의미에 대한 질문을 멈출 필요가 있었다. 대신에 스스로를 매일 매시간 인생으로부터 질문을 받는 사람이라고 생각할 필요가 있었다. 우리의 대답은 대화나 명상이 아니라 올바른 행동과 올바른 처신이어야 한다. 인생이란 궁극적으로 인생이 던지는 문제들에 대해 올바른 해답을 찾고 인생이 각 개인에게 끊임없이 부여하는 과제들을 수행하는 의무를 지는 것이다."[2]

소명 의식은 "지금 여기에서 나에게 주어진 의무는 무엇일까?"라는 질문에서 비롯된다. 프랑클은 강제 수용소에서 심리 치료사 일을 수행하면서 절망에 빠진 사람들에게 세상이 여전히 그들에게 기대하는 것들을 상기시켰다. 그들에게는 여전히 추구할 목적과 의무가 있었다.

워즈워스의 방랑 시기
—

소명으로서 직업에는 수습 기간이, 비용이 편익을 초과하는 시기가 있기 마련이다. 누구든 이 기간을 거쳐야만 또 다른 차원의 강렬함에 도달할 수 있다. 이런 순간들에서 커리어 관점에 휘둘리면 더는 그 직업을 가질 수 없다. 쏟아붓는 것에 비해 얻는 것이 적기 때문이다. 그러나 어떤 것을 자기 직업으로 발견한 사람은 자신에게 선택권이 있다고 느끼지 않는다. 선택을 한다는 것은 자기의 본성을 거스르는 짓이기 때문이다. 그래서 이 사람은 이해타산이 맞지 않는 그일을 밀고 나간다.

이런 맥락에서 스탠퍼드대학교 교수들인 앤 콜비와 윌리엄 데이먼은 다음과 같이 썼다.

"어떤 쟁점이 자기 정체성과 덜 부합할 때, 예를 들어 '어려운 사람들을 돕는 일을 내가 더 많이 해야 하는 게 맞지만 나로서는 감당하기가 너무 힘들어'라거나 '도무지 시간을 낼 수 없어'와 같은 생각을 하게 되는 것이다. 그러나 그 쟁점이 자기 정체성의 핵심 문제일때는 그 문제에 등을 보이며 돌아서는 것은 생각할 수 없는 일이 된다."[3]

오웰의 이야기에서 두 번째로 확인하는 사항은 그가 어릴 때 이미 자기 직업을 예감했다는 점이다. 그러나 그는 거기에서 멀어져 갔다. 어쩌면 그것을 잊어버렸을지도 모른다. 어쩌면 생계를 꾸려야 했기 때문에 어쩔 수 없이 그랬을 수도 있다. 그래서 그는 방황하는 시기를 거친 뒤 다시 자기 소명의 직업으로 돌아가 정착했다. 이것 역시 특이한 경우가 아니다. 사람들은 흔히 어떤 소명을 느끼긴 하지만 그것을 온전하게 깨닫지 못하거나 잊어버리거나 아니면 그냥 방황하거나 한다. 그러다가 나중에야 사람들이 덜 걸어갔던 길을 자기가 택하게 된 과정을 묘사해 주는 선명하고 일관된 자기 인생 이야기를 갖게 된다.

직업에 대해 글을 쓰는 사람들은, 직업을 찾는 과정이 일직선의 유쾌한 길처럼 보이게 만드는 윌리엄 워즈워스의 시를 흔히 인용한다. 대학생일 때 워즈워스는 여름밤 댄스파티를 마치고 새벽에 잉글랜드의 호크스헤드에 있는 집으로 걸어가고 있었다. 2마일쯤 걸었을 때 동이 텄다. 그때 그는 아침이 "내가 보았던 그 어떤 아침보다 찬란하게" 자기에게 인사하는 경험을 했다. 바다는 저 멀리서 껄껄거리며 웃는 것 같았다고 그는 썼다. 산들은 마치 구름처럼 밝았다. 모든 피조물들은 순수한 기쁨 그 자체였다.

"이슬방울들, 수증기들, 새들의 노랫소리 / 그리고 들판으로 일하러 나가는 사람들."

그는 자기 앞에 펼쳐진 아름다움에 압도되었다. 그 아름다움은 심장과 영혼의 차원에서 그를 감동시켰다. 그때 갑자기 그의 내면에서 어떤 변환이 일어났다.

> 내 가슴은 벅차올랐지. 나는 아무런 맹세도 하지 않았지만,
> 내게는 지켜야 할 맹세들이 이미 있었네. 내가 알지 못하는 어떤 끈이
> 나에게 연결되어 있었네, 거부하면 커다란 죄를 짓는,
> 헌신하는 정신이 되라는 끈이. 나는 걸어갔지
> 감사한 축복 속으로, 그 축복은 지금까지도 남아 있다네.

그의 가슴은 충만하게 부풀어 올랐다. 그가 스스로 어떤 약속을 한 건 아니었지만 어찌 된 영문인지 "지켜야 할 맹세들이 이미 있었"

다. 그 순간 그는 시인이 되리라는 것을, 자신이 이 당시 느꼈던 것을 포착해 내는 일에 헌신하며 평생을 살아가리라는 것을 깨달았다. 그런데 만일 그 약속을 지키지 못한다면 "커다란 죄를 짓"게 되리라는 것도 깨달았다. 시인의 길을 포기한다는 것은 자기 본성과 자기 운명을 거스르는 행위이기 때문이다.

이 이야기를 하는 사람들이 보통 언급하지 않는 것이 있는데, 바로 이 내용은 반反신화적이라는 점이다. 워즈워스는 훗날 더 나이 들었을 때 인생을 돌아보면서 이 선명한 순간에 대해 이야기했지만, 그때는 그다지 선명하지가 않았다. 그는 이십 대 중반으로 접어들면서 자기 인생을 걸고 할 수 있는 어떤 것을 찾으려고 노력했다. 대학교에 들어갔지만 대학 시절 거의 대부분을 학교생활을 경멸하는 마음으로 다녔으며, 시는 거의 쓰지 않았다. 성직자가 되겠다며 노력하면서도 술과 춤에 빠져서 살았다. 변호사가 되려고도 생각했다. 그러나 하는 일도 없이 빈둥거리며 런던에서 넉 달을 보냈다. 프랑스 여기저기를 여행하면서 한 아이의 아버지가 되었고, 프랑스혁명을 지켜보았으며, 자기 아이를 낳은 여인을 버렸고, 잡지 창간을 꿈꾸었으며, 정치 문제를 다루는 기자가 될 생각을 했고, 아일랜드에서 가정교사 일자리를 잡으려고 애썼다. 즉 그는 자기 인생의 보금자리가 마련되기를 기다리는 동안 방랑의 시기를 견뎌 내야 했다. 사실 우리도 대부분 이렇다.

상상할 수 없었던 두 차례의 행운을 겪은 뒤에야 비로소 워즈워스의 인생은 또렷하게 초점에 맞추어졌다. 우연히 알게 된 조각가 레이즐리 칼버트Raisley Calvert가 워즈워스에게서 그때까지만 하더라도 거의 아무도 알아보지 못했던 천재성의 불꽃을 보았던 것이다. 칼버트는 유언장을 고쳐서 자기가 죽으면 자기 재산 가운데 900파운드를 워즈워스에게 주도록 했다. 칼버트는 매우 드문 유형의 수호성인 역할을 했다. 다른 사람에게서 어떤 재능을 발견해 이 사람이 그 분야에서 직업을 가지도록 실질적인 도움을 주는 후원자 말이다.

그런데 칼버트는 그것 말고도 다른 일을 한 가지 더 했다. 스물한 살 나이로 세상을 떠나면서 워즈워스에게 재정적인 안전판을 마련해 주었던 것이다. 칼버트가 세상을 떠난 직후에 또 다른 친구가 자기 아들들의 개인 교사가 되어 주는 대가로 워즈워스와 그의 여동생에게 시골에 있는 자기 집을 사용할 수 있도록 했다. 이 두 가지 행운 덕분에 워즈워스는 돈과 임대료가 들지 않는 대저택을 얻었다. 그 뒤의 이야기는 널리 알려진 그대로이다.

직업에 대한 소명은 매우 성스러운 일이다. 마치 깊은 곳에서 깊은 곳으로 이어지는 어떤 부름처럼 신비롭기 짝이 없다. 그러나 이런 일이 실제 삶에서 일어나는 방식은 혼란스럽고 엉망진창이어서 전혀 성스럽게 느껴지지 않는다. 다음에 이어질 장들에서 나는 천직으로서의 직업이 어떻게 다가오며 또 어떻게 성장하는지 자세하게 설명하겠다.

Chapter 10

아름답고 경이로운 깨달음의 순간

발견과 사로잡힘의 마법

—

하버드대학교 생물학자인 에드워드 윌슨Edward O. Wilson은 일곱 살 때 부모의 이혼을 경험했다. 부모는 그를 그가 알지도 못하던 어떤 친척 집에 보냈고, 그는 거기에서 여름을 보내야 했다. 그 집은 플로리다 북부의 패러다이스비치에 있었다. 이 집에서 소년 윌슨은 친척 가족과 함께 아침을 먹고 점심때까지 해변을 혼자 돌아다니면서 '보석'을 찾았다. 점심을 먹은 뒤에는 다시 해변으로 나가서 저녁때까지 돌아다녔다.

그런데 그가 찾아냈던 피조물들이 그에게 마법을 걸었다. 그는 물속에서 동갈치를 보았고 복어와 알락돌고래를 보았다. 그러다가 어느 날엔가 난생처음으로 해파리를 보았다. 이때 상황을 수십 년 뒤 그는 다음과 같이 회상했다.

"그 생명체는 놀라운 것이었다. 내가 상상하던 세계에서는 존재하지 않던 것이었다."

또 어느 날엔가는 부두에 걸터앉아서 두 발을 물에 담그고 있었다. 그런데 그때 그가 평생 보았던 그 어떤 것보다 큰 거대한 빛 한 줄기가 그의 두 발 아래로 소리도 없이 미끄러지듯 지나갔다.

"나는 번개를 맞은 듯 놀랐다. 그러고는 곧바로 이 거대한 괴물을 다시 한 번 보고 싶다는 마음, 할 수만 있다면 사로잡아서 자세히 살펴보고 싶다는 절박한 욕구에 강하게 사로잡혔다."

어린아이에게는 모든 게 커 보이기 마련이다. 이런 사정을 윌슨은 나중에 다음과 같이 설명했다.

"내가 일곱 살 때는 모든 사물이 지금 내 눈에 보이는 것보다 두 배는 더 커 보이지 않았을까 싶다."

그는 이 조용한 생명체들에 완전히 사로잡혔다. 그러나 그것 말고 다른 어떤 것도 함께 슬쩍 보고 말았다. 그것은 수면 아래 숨어 있는 세상, 탐구하고 연구할 새로운 세상이었다. 그의 가족과 가정생활은 수백 마일이나 떨어져 있었지만, 그 친척집의 바닷가에서 그는 평생 동안 그를 따라다닌 어떤 호기심과 소속감을 느꼈다. 바로 그해 여름 위대한 생물학자가 탄생한 것이다. 윌슨은 수십 년 뒤 회고록《자연주의자Naturalist》에서 이렇게 썼다.

"체계적인 지식이 아니라 결정적인 순간의 직접적인 경험이 한 사람의 자연주의자를 만들어 내는 중요한 요인이다. …… 긴 시간을 그저 탐색하고 꿈꾸며 보내는 것이 훨씬 낫다."

이것을 윌슨이 맞았던 깨달음의 순간annunciation moment이라고 부를 수 있을 것이다. 이것은 어떤 것이 흥미의 불꽃을 튀기는 순간 또는 마법이 작동하는 순간이며, 장차 인생에서 다가올 수많은 기쁨과 도전을 미리 알려 주는 어떤 욕구를 불러일으킨다. 많은 나날들이 기억할 수 없는 흐름 속에서 지나가지만 이따금 어떤 새로운 열정이 은밀하게 잉태된다. 무엇인가가 우리를 기쁘게 해 주며, 바로 이 순간부터 우리는 그 매혹적인 것에 영원히 황홀하게 도취된다. 윌슨은 일곱 살 나이에 자연을 발견했고, 그 뒤 70년 동안 자연을 연구하면서 세계에서 가장 저명한 과학자 반열에 올랐다.

어른들이 자기가 경험한 깨달음의 순간을 화제로 얘기하는 걸 들어 보면, 흔히 잃어버린 어떤 것과 발견한 어떤 것에 대해 이야기한다. 윌슨은 부모와 함께 생활하던 집을 잃은 동시에 자연 속에서 자기를 반겨 주는 가정을 발견했다. 내가 아는 어떤 사람은 아버지가 술을 너무 많이 마셔 대는 바람에 집이 늘 돈에 쪼들렸다. 그런 환경에서 이 사람은 가계부 기입과 장사에 재미를 붙였고, 그러다가 나중에는 재산이 수십억 달러나 되는 부자가 되었다. 작가인 앤드루 솔로먼Andrew Solomon은 소년 시절에 유대인 학살 이야기를 듣고는 유대인들이 문제가 발생했을 때 아무 데도 갈 수 없었다는 사실이 너무나 끔찍하게 여겨졌다. 그는 어느 북콘서트에서 말했다. "나는 결심했습니다. 어디든 갈 곳을 마련해 둬야겠다고 말입니다." 이렇게 해서 그의 여행 인생과 여행 글쓰기가 탄생했다. 애스펀연구소의 위브 프로젝트에서 알게 된 친구인 에이프릴 로슨이 했던 표현을 빌려 말하자면, 우리는 모두 어린 시절에 무언가를 잃어버렸으며 성인이 된 지금은 그것을 되찾기 위해 많은 것을 기꺼이 포기하고 있다.

아름다움에 물들다

깨달음의 순간과 관련된 또 다른 흥미로운 사실은 이 순간들이 매우 심미적이라는 점이다. 흔히 이 순간들은 어린아이가 숭고해 보이는 어떤 것을 발견할 때 일어난다. 이 순간들은 그 아이가 인생을 살아가는 동안 함께 따라다니다가 어느 날 갑자기 활짝 꽃을 피운다. 어떤 풍경이나 경험은 벅찬 경이로움으로 그 아이가 아무 말도 하지 못하게 만들어 버린다. 어린아이 윌슨의 발 아래로 미끄러지듯 헤엄쳐 지나갔던 노랑가오리 한 마리가 바로 그런 것이다.

아름다움 앞에서 경이로움을 느끼는 것은 웅장하게 놀라는 것이다. 경이로움에 사로잡힌 사람은 통상적인 '머리에서 나오는 목소리'의 자아도취에서 빠져나와서, 자기보다 훨씬 더 큰 어떤 것에 외경심을 느끼는 자기의 모습을 발견한다. 비약적인 개방성, 호기심 그리고 숭배감이 느껴진다. 지각의 어떤 즉각적인 생생함, 다가가 녹아들고 싶은 어떤 욕구가 느껴진다.

윌슨에게 바다는 탐구해야 할 너무나 매력적인 세상이었다. 역사학자 프레더릭 터너Frederick Turner는 이렇게 썼다.

"아름다운 것은, 비록 찰나의 순간 속에서는 단순하지만, 언제나 우리에게 한없는 깊이감을, 그 아래로 떨어질 때의 순수한 야성의 현기증을 안겨 준다."[1]

내 아들은 다섯 살 때 야구장과 야구 선수들의 아름다움을 흘끗 보았다. 그리고 얼마 지나지 않아 야구에 넋을 잃고 빠져들었다. 야구는 녀석이 세상을 이해하는 길이 되었다. 야구는 또한 지리를 익히고 수학을 배우는 길이었다. 야구는 우리 부자가 나누는 대화의 언어가 되었다. 내 딸은 아들과 비슷한 나이에 집 근처에서 아이스하키장을 발견했는데, 지금은 아이스하키를 가르친다. 또 다른 아들은 아주 어린 나이에 철학에서 아름다움을 발견했다. 세상의 나머지 부분이 아직 광대하고 어지럽고 혼란스러울 때 야구와 아이스하키와 철학은 그 아이들이 지배하고 이해할 수 있는 영역이었다. 철학자이자 시인 존 오도너휴John O'Donohue가 쓴 구절이다.

"우리가 가지고 있는 가장 놀라운 기억들 가운데 일부는 우리가 집에 있는 것처럼 즉각적으로 편안함을 느끼는 아름다운 곳들이다."

'아름다움'을 뜻하는 그리스어는 '칼론kalon'인데, 이 말은 '부르다·소명call'이라는 단어와 연관이 있다. 아름다움은 어떤 것을 탐구하고 그 안에서 살고자 하는 욕구를 자극한다. 아이들은 자기가 가장 애착을 느끼는 것들의 포스터를 벽에 붙여 두곤 한다. 아이들은 미술 시간에 그것들의 이미지를 그리고, 공책 표지에도 그것들을 그린다. 빈센트 반 고흐 역시 아름다움에 사로잡혀 살던 인생 중반에 이렇게 썼다.

"나는 찾고 있다. 나는 추구하고 있다. 나는 내 모든 마음을 바쳐서 아름다움 그 안에 있다."

알베르트 아인슈타인 이야기다. 어느 날 그는 아파서 학교에 가지 못하고 집에 있어야 했다. 이날 그의 아버지는 그에게 나침반을 주었다. 보이지 않는 어떤 힘의 영향을 받아서 나침반 바늘이 흔들리는 것을 본 소년은 몸을 떨었다. 이때를 아인슈타인은 나중에 다음과 같이 회상했다.

"나는 지금도 생생하게 그 실험이 나에게 깊고 또 오래가는 인상을 남겼다고 기억한다. 적어도 기억한다고 믿는다."[2]

소년 아인슈타인은 보이지 않는 힘들인 자기장, 중력, 관성, 가속도에 매료되었다. 이것을 한 전기 작가는 다음과 같이 표현했다.

"음악, 자연 그리고 신이 그의 안에서 감정의 어떤 복합체로 하나로 뒤섞였다. 그 감정은 도덕적 통일체였고, 이것이 남긴 흔적은 결코 사라지지 않았다."[3]

그 형이상학적인 호기심이 아인슈타인을 일생 동안 몰아붙였다. 이와 관련해 그는 나중에 다음과 같이 썼다.

"그런 엄청난 노력들, 그리고 무엇보다 헌신이 없이는 이론과학 분야에서 선구적인 과업을 성취할 수 없다는 사실을 깨닫는 사람만이, 코앞의 현실적인 삶과는 멀리 떨어져 있는, 그런 과업에서만 생성될 수 있는 감정의 힘을 포착할 수 있다. 과학자에게 종교적 느낌은 자연법칙의 조화로움에 대한 황홀한 놀라움이란 형태를 띠고 나타난다."[4]

나는 분명 윌슨도 아니고 반 고흐도 아니며 아인슈타인도 아니다. 그러나 나도 일곱 살 때 깨달음의 순간을 경험했다. 그때 나는 패딩턴 베어가 나오는 책을 읽다가 내가 작가가 되고 싶어 한다는 걸 깨달았다(또는 적어도 그렇게 깨달았다고 생각한다).(패딩턴 베어는 영국 작가 마이클 본드가 1958년에 첫 권을 출간하기 시작한 아동 문학 작품 시리즈 속 주인공인 곰의 이름이다–옮긴이) 지금 와서 돌이켜 보면 내가 작가가 될 수밖에 없었던 필연성의 모든 퍼즐이 쉽게 맞추어진다. 두 분 부모님 모두 학자였기에 집은 온통 책과 논문으로 가득 차 있었다. 그리고 할아버지는 예쁜 손 글씨를 쓰시던 분이었으며 당신이 쓴 글자들이 《뉴욕타임스》에 실릴 날을 꿈꾸셨다. 패딩턴 베어 이야기로 다시 돌아가면, 그 아기 곰은 어찌어찌해서 페루에서 런던까지 갔다. 혼자였던 그 곰은 패딩턴이라는 이름의 기차역에서 길을 잃어버리고 만다. 그러다가 어느 따뜻한 가족을 만나는데, 이 가족이 그를 집으로 데려가서 돌봐 준다. 아마 다들 어릴 적에 어느 정도까지는 자기가 혼자라고 느끼며 자기를 따뜻하게 보살펴 줄 가족이 필요하다는 생각을 해 봤을 것이다.

《내 이름은 패딩턴A Bear Called Paddington》의 첫 장면을 읽은 지 50년이 지났지만 그동안 내가 무언가를 쓰지도 않았거나 쓸 준비도 하지 않았던 날은 채 200일도 되지 않을 것이다. 최근에 나는 피트니스 스마트밴드인 핏비트Fitbit를 하나 샀다. 이 기기는 내가 8시간이나 11시간 동안 잠을 잤다고 아침에 알려 준다. 그러나 사실 나는 그렇게 자지 않았다. 나는 분명 깨어 있으면서 글을 썼다. 아무래도 글을 쓰는 동안에는 심장 박동이 느려져서 핏비트가 오해를 했던 모양이다. 글을 쓸 때 내가 그만큼 마음이 편안하고 느긋하다는 뜻일 것이다.

진정한 자아의 법칙

—

지금까지는 어린아이 때 경험하는 깨달음의 순간들을 묘사했다. 그러나 물론 이 순간들이 어린 시절에만 나타나는 건 아니다. 서른 살이나 쉰 살 또는 심지어 여든 살에 이런 순간을 맞이한 사람들도 우리는 많이 알고 있다. 그런데 이런 일이 성인 시절에 일어난다 하더라도, 그것의 기원은 할머니 할아버지에게로 또는 어린 시절에 처음 꽃을 피웠던 어떤 옛날의 씨앗으로까지 거슬러 올라간다. 니체는 〈교육자로서 쇼펜하우어Schopenhauer als Erzieher〉라는 에세이에서, 자기가 이 세상에서 무엇을 하기 위해 태어났는지 알 수 있는 길은 과거로 돌아가 가장 충만한 느낌이 들었을 때를 모두 찾아 적은 다음 지금도 여전히 가슴이 떨리는지 확인하는 것이라고 했다. 니체는 계속해서 썼다.

"젊은 영혼이 다음과 같은 질문들에 대한 어떤 견해를 가지고서 자기 인생을 살펴보게 하라. '당신은 지금까지 무엇을 진정으로 사랑해 왔는가? 지금까지 당신의 영혼을 높은 곳으로 들어 올렸던 것은 무엇이며, 동시에 당신의 영혼을 지배하고 또 기쁘게 했던 것은 무엇인가?' 이런 경외하는 대상들을 눈앞에 열거해 두면, 아마 이것들은 스스로 어떤 법칙과 순서를 드러낼 것이다. 이것이 진정한 자아의 본질적인 법칙이다."[5]

사실 깨달음의 순간과 관련해 까다롭고 어려운 점은, 이런 순간을 가지지 않는 것이 아니라 자신이 이런 순간을 가지고 있음을 '깨닫는' 것이다. 세상은 아름다운 것들과 경이로운 순간들로 가득하다. 그러나 때로 이런 것들은 우리가 중요하다고 깨닫지 못하는 사이에 그냥 휙 지나가 버린다. 흔히 우리는 자기의 깨달음의 순간을 의식하지 못한다. 다만 시간이 많이 흐른 뒤 돌이켜 볼 때야 비로소 이런 순간들이 있었음을 알 뿐이다. 당신은 돌아보면서 깨닫는다.

- 그래, 맞아, 바로 거기에서부터 모든 게 시작되었지……. 그때 그 순간에서부터 시작해서 이 멋진 일이 펼쳐지게 될 줄이야 누가 알았을까?

깨달음의 순간의 가장 좋은 점은, 자기의 목적이 어디에 있는지 유추할 수 있는 힌트를 준다는 것이다. 그다음으로 좋은 점은, 다른 많은 것들을 배제해 버린다는 것이다. 작가 워커 퍼시Walker Percy는 "자기에게 모든 가능성이 열려 있다는 것을 속으로 믿지 않는 사람은 행운아다"라고 썼다.

위대한 생물학자 에드워드 윌슨이 경험했던 깨달음의 순간에는 또 다른 단계가 포함되어 있었는데, 이것 역시 장기적으로 보면 행운이었다. 친척 집에 맡겨져 있던 그해 어느 여름날에 그는 패러다이스비치에서 낚시를 하고 있었다. 도미가 낚싯바늘을 물었고, 그는 낚싯대를 들어올렸다. 그러나 고기를 물 바깥으로 끌어내는 순간에 방심하고 말았다. 물고기가 그의 바로 눈앞 허공에서 펄떡였고, 녀석의 등지느러미에 나 있던 가시 하나가 오른쪽 눈의 동공을 찔렀다. 엄청난 고통이 뒤따랐다. 그러나 윌슨은 낚시를 그만두고 싶지 않았다. 그래서 고통을 참으며 계속 낚시를 했다. 그날 밤 그는 이 이야기를 식구들에게 했다. 그러나 그때는 이미 고통도 잦아든 터라 어른들은 그를 병원으로 데리고 가지 않았다. 그러자 몇 달 뒤 그의 오른쪽 눈 시야가 흐릿해졌고 결국에는 시력을 완전히 잃어버렸다.

윌슨은 생물학자가 되는 길을 걸었다. 하지만 그는 관찰하려면 별도의 기구가 필요한 새 같은 생물은 거들떠보지도 않았다. 손가락으로 집어서 시력 좋은 왼쪽 눈으로 볼 수 있는 것만 대상으로 삼았다.

그런데 운이 좋았던지 눈을 다쳤던 바로 그해에 그는 플로리다의 항구 도시 펜서콜라에 있는 팔라폭스 스트리트를 걸어가고 있었는데, 개미 무리가 집에서 나와 줄지어 가는 모습이 그의 눈에 띄었다. 그는 바다를 바라보던 것과 똑같은 감정으로 그 자리에 서서 개미들을 지켜보았다. 거기에 또 다른 매혹적인 세계가 숨어 있었다. 이렇게 해서 그는 개미를 연구하게 되고 위대한 생물학자가 된다.

40년 뒤 윌슨은 우연히 펜서콜라의 그 거리를 걸어가고 있었다. 그때 그의 눈에 40년 전 보았던 개미 무리의 후손들이 보였다. 갑자기 황홀해진 그는 옛날처럼 두 손을 땅에 짚은 채 엎드려서 그 개미들을 관찰했다. 그러자 나이 지긋한 노인이 지나가다가 그를 보고 깜짝 놀랐다. 멀쩡한 어른이 아이처럼 길 한가운데 엎드려서 엉금엉금 기어 다니면서 무언가를 살피고 있으니 그럴 만도 했고, 또 이 노인이 윌슨에게 다가와 어디 아프냐고 물을 만도 했다. 하지만 그때 윌슨은 어린 시절에 품었던 사랑으로 돌아가서 평생에 걸친 소명을 계속하고 있었을 따름이었다.

Chapter 11

멘토는 너그러운 사람이 아니다

말로는 가르치거나 배울 수 없는 지식

—

생물학자 윌슨은 저 혼자만의 힘으로 위대한 생물학자의 반열에 올라선 게 아니다. 그에게는 멘토가 여러 명 있었다. 첫 번째 멘토는 앨라배마대학교의 버트 윌리엄스Bert Williams 교수였다. 윌리엄스는 그를 현장으로 데리고 나갔고, 그에게 해부용 현미경을 빌려 주었으며, 그를 자기 집으로 반갑게 맞아들였고, 또 그에게 자연과학자로 산다는 게 어떤 것인지 실제 현실에서 보여 주고 깨우쳐 주었다.

윌리엄스는 훌륭한 멘토가 하는 여러 가지 일들을 했던 것 같다. 훌륭한 멘토는 멘티가 어느 학교를 선택해야 하는지 또는 어떤 일자리를 잡아야 하는지 등과 같이 인생에서 맞닥뜨리는 여러 가지 의사 결정을 거칠 때 옆에서 지도해 준다. 훌륭한 멘토는 어떤 분야에서 깊이 각인되어 있는 암묵적인 지혜를 멘티에게 가르쳐 준다.

어떤 일을 수행하는 방법은 책이나 강의를 통해서도 배울 수 있다. 그러나 요리든 목공일이든 과학이든 리더십이든 모든 분야에는 규칙이나 레시피에 녹여낼 수 없는 지식의 형태들, 즉 오로지 멘토만

이 가르칠 수 있는 실질적인 지식 형태들이 있기 마련이다. 철학자 마이클 오크쇼트Michael Oakeshott는 이 실질적인 지식이 가지고 있는 말로 설명할 수 없는 특성을 수레바퀴를 만드는 어떤 중국인 목수의 이야기를 통해 풀어내려고 시도했다.

제나라 환공이 대청에 앉아 책을 읽고 있었다. 그런데 그 아래 뜰에서 수레바퀴를 만들고 있던 목수 윤편이 끌과 망치를 내려놓더니 환공에게 무엇을 읽고 있느냐고 물었다.

"성인들이 한 말씀을 모아 놓은 책이다."

"그 성인들은 아직 살아 있습니까?"

"모두 죽었다."

"그렇다면 지금 전하께서 읽고 계신 책은 옛사람들이 남긴 찌꺼기이군요."

그러자 환공은 벌컥 화를 내며 수레바퀴나 만드는 목수 주제에 어찌 감히 자기가 읽는 책과 고매한 성인들을 깎아내리느냐고 호통을 쳤다.

"네가 만일 합당한 설명을 할 수 있다면 없던 일로 치고 넘어가겠지만, 그러지 못한다면 죽음을 면치 못할 것이다!"

그러자 윤편은 이렇게 말했다.

"수레바퀴를 만드는 목수로서 말씀드리겠습니다. 수레바퀴를 깎을 때 많이 깎으면 굴대가 헐거워서 튼튼하지 못하고 덜 깎으면 빡빡해 굴대가 들어가지 않습니다. 더하지도 덜하지도 않게 정확히 깎는 것은 손짐작으로 터득하고 마음으로 느낄 수 있을 뿐, 입으로는 말할 수가 없습니다. …… 그래서 전하께서 읽고 계신 것이 옛사람들

의 찌꺼기일 뿐이라고 말씀드린 것입니다."(《장자》〈천도편〉-옮긴이)

책에 나오는 이론적인 지식은 "계획적으로 학습이 이루어지는 또는 그렇게 될 수 있는 공식화된 규칙들"로 구성되어 있다고 오크쇼트는 말한다. 그러나 실질적인 지식은 학습될 수 있는 게 아니다. 이 것은 오로지 전수되고 습득될 뿐이다. 실질적인 지식은 오로지 실천 속에서만 존재한다. 실질적인 지식을 말할 때 우리는 신체와 관련된 비유를 드는 경향이 있다. 예를 들어 어떤 사람이 어떤 행위에 대해 '촉각'(솜씨)을 가지고 있다have a touch고 말한다. 피아노 건반을 적정한 힘과 속도로 치는 능력을 말할 때 그런 표현을 쓴다. 또 어떤 사람이 어떤 게임에 대한 '느낌'(감각)을 가지고 있다have a feel고 말한다. 장차 일이 어떻게 전개될지 알아채는 직관, 어떤 문제를 언제 치고 나가야 하는지 또는 언제 손을 놓고 때를 기다려야 하는지 알아채는 인식을 말한다. 또 어떤 사람이 어떤 분야에 '미각'(심미안)을 가지고 있다have a taste고 말한다. 이것은 어떤 제품 또는 프레젠테이션이 상대적으로 더 뛰어난지 또는 더 처지는지 알아보는 미적인 감각을 말한다.

전문가는 자기가 가진 실질적인 지식을 사용할 때 생각을 더 많이 하는 게 아니라 더 적게 한다. 전문가는 습관을 통해 기술의 레퍼토리를 계속 만들어 왔으며, 그렇게 함으로써 자기가 의식적으로 자각하지 않고서 수행할 수 있는 작업의 수를 꾸준하게 늘려 왔다. 이런 종류의 지식은 경험을 통해 축적되며 또 경험의 공유를 통해 전수된다. 멘토는 수없이 많은 상황을 멘티와 함께하면서 자기의 지식을 멘티에게 전수한다. 이런 유형의 교육법은 개인 간에 우호적인 분위기 속에서 경험을 공유하는 과정에서 대화를 통해 이루어진다. 여기에서는 배운다기보다는 터득한다는 게 정확한 표현이다. 교과서는 학생에게 생물학의 원리를 가르쳐 주지만, 멘토는 멘티에게 생물학자라면 어떻게 생각해야 하는지를 보여 준다. 심리학자 윌리엄 제임스William James(프래그머티즘 철학의 확립자이자 기능주의 심리학의 창시자로 일컬어지며 "의식의 흐름"이라는 용어를 처음 사용했다-옮긴이)는 이렇게 썼다.

"교육의 위대한 점은 '우리의 신경계를 적군이 아니라 아군으로 만든다'는 것이다."

바로 이런 일들을 훌륭한 멘토들은 한다. 그런데 윌슨은 운 좋게 윌리엄스 외에 또 다른 멘토가 있었는데, 자기만의 전문 기술을 갖추고 있었던 이 사람은 멘토십을 또 다른 차원으로 확대했다.

앨라배마대학교를 졸업한 뒤 하버드대학교 대학원에 진학한 윌슨은 거기에서 필립 달링턴Philip Jackson Darlington, Jr.을 만났다. 달링턴은 딱정벌레를 연구했으며 동물의 지리적 분포 분야에서 일가를 이룬 학자였다. 그는 윌슨에게 표본 채집과 관련된 실질적인 조언을 해 주었다.

"곤충을 채집할 때는 길로만 다녀서는 안 되네. 숲을 일직선으로 가로질러서 걸어가야 해. 도중에 장애물이 있어도 어떻게든 뚫고 지나가려고 해야 한다네. 힘들긴 하지만 이게 최고의 방법이야."

더 근본적으로 말하자면, 달링턴은 생물학자라는 직업의 진정한 모습이 어떤 것인지 윌슨에게 보여 주었다. 젊은 시절에 달링턴은 시에라네바다 데 산타마르타 산맥에 올라서 곤충을 채집했다. 아이티에서는 1000미터가 넘는 거리의 원시림을 관통해 그 나라에서 가장 높은 산 정상까지 갔다. 서른아홉 살 때는 연구 작업에 필요한 물의 표본을 구하려고 남아메리카 정글에 있는 연못으로 통나무를 타고 들어갔다가 봉변을 당하기도 했다. 거대한 악어가 그를 물고는 통나무가 옆구르기를 하듯이 뱅글뱅글 돌다가 연못 바닥까지 끌고 들어갔던 것이다. 그는 발로 차고 손으로 때리는 등 악어와 사투를 벌인 끝에 가까스로 물 밖으로 헤엄쳐 나왔다. 그런데 기진맥진한 채 연못 둑에 널브러져 있는 그를 악어가 다시 공격해 왔다. 그는 또 한 번 물로 끌려 들어갔다가 겨우 빠져나왔다. 악어에게 물려 두 손에는 구멍이 나고 양팔 근육과 인대는 갈기갈기 찢어지고 오른팔 뼈는 산산조각이 났다. 간신히 문명 세계로 살아 돌아왔을 때 그는 과다 출혈로 목숨이 위태로운 지경이었다.

나중에 윌슨은 어떤 사람이 악어의 공격을 피해 죽음의 문턱에서 도망친 행위 자체만으로는 그 사람의 인격에 대한 증거가 될 수는 없다고 냉담하게 말하기도 했다.[1] 그러나 그 뒤에 일어난 일은 윌슨에게 뚜렷한 흔적을 남겼다. 달링턴은 여러 달을 깁스를 한 채로 살아야 했다. 그랬기에 그는 멀쩡한 왼손으로만 표본을 채집하는 방법을 고안했다. 표본 채집통들을 막대기에 고정시킨 뒤 땅에 박아 두고서 채집한 곤충을 한 손으로 통에 넣었던 것이다.

"교사란 교과 내용을 가르친다기보다는 자기 자신을 가르치는 사람이다."[2]

문학비평가 레슬리 피들러Leslie Fiedler가 한 말이다. 달링턴은 자기의 행동을 통해 생물학자로서 살아가는 인생은 쉽지 않고 몹시 고된 삶임을 윌슨에게 가르쳤다. 그는 우리가 사는 세상에 관한 지식

탐구는 중요한 임무이며, 또한 이 일을 하는 사람들은 먼 과거로까지 이어지는 긴 행렬의 일원임을 가르쳤다. 그는 또 과학을 치열하게 사랑하는 것이 어떤 것인지도 가르쳤다. 윌리엄 워즈워스 역시 자전적 작품《서곡The Prelude》에서 썼다.

"우리가 사랑해 온 것을 다른 사람들도 사랑할 것이므로, 우리는 그들에게 그것을 사랑하는 방법을 가르쳐야 할 것이다."

멘토가 가르치는 것들
—

아닌 게 아니라 이런 가르침은 젊은 사람들 대부분이, 아니 어쩌면 우리 모두가 받고 싶어 하는 것일지도 모른다. 대부분의 사람들이, 특히 젊은 시절에 인생에서 추구하는 것은 행복이 아니라 근본적인 핵심에 다다르는 어떤 강렬함이다. 우리는 고난을 포함하고 있으며 또 그런 고난을 감내할 만한 가치가 있는 어떤 중요한 탐구와 추구에 발을 들여놓길 원한다. 실제로 이런 마음에 깊이 사로잡혀 있는 멘토는 우리를 가혹할 정도로 몰아붙이는 사람(또는 적어도 자기 자신을 가혹하게 몰아붙이며 올바른 모범을 보이는 사람)이지 우리에게 너그러운 사람이 아니다. 멘토는 아낌없이 주는 사랑과 높은 기준 사이에서 균형을 유지한 채 자신이 진지하게 바라보는 무언가를 위해서는 가차 없는 요구를 해댄다. 우리는 자신이 쉽고 편한 것을 바란다고 생각한다. 물론 때로는 그러기도 한다. 그러나 우리 내면에는 헌신과 희생이 요구되는 어떤 소명을 갈망하는 무언가가 존재한다.

멘토가 하는 일은 탁월함이 어떤 것인지 날마다 멘티에게 가르치는 것이다. 철학자이자 수학자인 앨프리드 노스 화이트헤드Alfred North Whitehead가 썼듯이 "도덕 교육은 위대함을 수시로 보여 주지 않고서는 불가능하다."[3] 이를 고전학자이자 교육학자인 리처드 리빙스턴Richard Livingstone은 다음과 같이 표현했다.

"인생 여정에서 꼭 해야 하는 가장 중요한 노자성체路資聖體(가톨릭에서 죽음을 기다리는 신자가 마지막으로 모시는 성체-옮긴이)는 적절한 이상들을 모아 놓는 것인데, 이 이상들은 매우 간단하게 획득할 수 있다. 세상에서 최고의 것들 즉 최고의 그림들, 최고의 건물들, 최고의 사회·정치 질서들, 최고의 사람들과 함께 살아가기만 하면 된다. 그림에서 건축에 이르기까지, 문학에서 연극에 이르기까지, 와인에서 시가에 이르기까지 어떤 것에서든 뛰어난 취향을 획득하는 방법은 늘 똑같다. 각각의 분야에서 최고의 것과 함께하면서 그것과 친숙해지는 것이다."[4]

멘토는 탁월한 어떤 것을 멘티 앞에 제시함으로써 멘티에게서 겸손함을 이끌어내기도 한다. 멘토는 과업에 겸손히 순종하는 법을 멘티에게 가르친다. 자연스러운 방법은 어떤 행위의 한가운데로 스스로를 던져 넣는 것이다. "내가 어떻게 하면 됩니까?"라는 질문은 딱 한 번만 하면 좋다. 이 질문을 늘 입에 달고 다닌다는 건 끔찍한 일이다. 야구 경기에서 어떻게 하면 공을 잘 던질지를 놓고 골몰하는 투수는 공을 잘 던질 수 없다. 공을 던져야 한다는 과업이 아니라 자기 자신에게 초점이 맞춰져 있기 때문이다. 철학자이자 오토바이 정비사인 매슈 크로퍼드Matthew Crawford는 "사람은 정원 손질이든 기계

정비든 러시아어든 어떤 것을 힘들게 배울 때, 따라가기 매우 어려운 그것만의 고유한 방식을 가진 어떤 것에 순종하게 된다"라고 썼다.[5]

크로퍼드는 또 영국 소설가 아이리스 머독이 했던 다음 말을 인용해 핵심을 짚는다.

"예를 들어 내가 러시아어를 배운다고 치자. 그러면 나는 존경심을 바칠 수밖에 없는 어떤 권위 있는 구조에 맞닥뜨린다. 과업은 어렵고 목표는 멀다. 어쩌면 그 목표에 영원히 다다르지 못할 수도 있다. 내가 하는 일은 나와는 별개로 존재하는 무언가를 조금씩 더 많이 밝혀내는 것이다. 깊은 주의와 관심을 쏟으면 진실한 지식으로 보상받는다. 러시아어에 대한 사랑 덕분에 나는 나 자신에게서 떨어져 나와서 낯선 어떤 것, 내 의식이 떠안거나 삼키거나 부정하거나 비현실적인 것으로 만들 수 없는 어떤 것을 향해 다가간다."

멘토는 또한 실수를 다루는 법을 가르친다. 경험을 많이 할수록 자기 실수를 한층 더 잘 인식하게 되고 또 이 실수를 어떻게 바로잡을 수 있는지 경험을 통해 이해하게 된다. 멘토는 두 번, 네 번, 열 번 원고를 고쳐 쓰는 방법에 대한 감각을 멘티에게 제공한다. 또 실패를 두려워하지 않는 자유, 어떤 실수든 나중에 얼마든지 바로잡을 수 있다는 믿음과 그런 실수를 기꺼이 받아들이는 자신감을 가지고서 앞으로 나아갈 수 있는 자유를 준다. 예를 들어 좋은 글을 쓰는 법을 가르치는 멘토는 형편없는 글을 쓰게 되는 것을 두려워하지 않도록 가르친다. 아무리 형편없더라도 초고를 일단 쓰라고 말한다. 아무리 그래 봐야 자아가 다치지는 않는다.

마지막으로, 멘토는 힘든 투쟁을 받아들이는 법, 즉 힘든 투쟁이

약이라는 것을 가르친다.

심리학자 윌리엄 제임스가 한번은 뉴욕 북부에 위치한 셔터쿼를 방문했다. 지금도 마찬가지이지만 이곳은 평온하고 고상한 분위기를 지닌 멋진 마을로 해마다 여름이면 하계 캠프가 열리고 음악 축제가 펼쳐진다. 처음에 제임스는 그곳이 무척 마음에 들고 즐거웠다. 그는 당시를 다음과 같이 회상했다.

"나는 하루 동안 호기심에 가득 차서 보냈고, 모든 것이 매력적이고 편안해 중산층의 낙원과도 같은 환경에 매혹되어 한 주를 머물렀다. 죄 지을 일도 없었고, 애꿎은 희생자가 될 일도 없었으며, 그 어떤 얼룩이나 눈물 한 방울도 없었다."[6]

그러나 그 마을을 떠나서 현실 세계로 돌아왔을 때 어쩐 일인지 그는 커다란 안도감을 느꼈다. 셔터쿼 내의 질서는 "너무나 반질반질하게 길이 들어 있었으며, 문화는 그저 그런 수준의 이류였고, 또 모든 사람이 좋다고 말하는 것도 따지고 보면 너무나 밋밋했다."

제임스는 사람의 마음속에는 어려움과 어려움의 극복, 빛과 어둠, 위험과 구원 둘 다를 요구하는 무언가가 존재한다고 결론 내렸다. 그는 이렇게 썼다.

"그러나 우리 인간의 감정들은 앞으로 나아가려는 힘겨운 투쟁의 모습을 요구하는 듯하다. 과일을 아무런 노력 없이 그냥 먹어치우는 순간, 힘든 노력이 필요 없어지는 순간, 모든 것은 가치를 잃고 무시해도 되는 존재가 되어 버린다. 땀과 노력, 극도의 고통과 괴로움 속에서 안간힘을 다 써서 기어코 바라던 것을 획득하지만 기껏 거둔 성공에 다시 등을 보이고 돌아서서 한층 더 드물고 강력한 치열함이 필요한 또 다른 도전을 추구하는 인간의 성정, 이것이야말로 우리에게 영감을 주고 우리를 독려하는 엄연한 현실이다."

인간은 가장 높은 경지에서 이상을 만들어 내는 동물이라고 제임스는 주장한다. 그리고 어떤 이상을 위해 봉사하는 삶을 살아가는 인생이야말로 최고의 인생이라고 말한다. 그가 멋지게 표현했듯이 "인생의 확고한 의미는 언제나 동일하고 영원한 그것이다. 습관적이지 않으면서도 특별한 어떤 것에 충성과 용기와 인내를 고통과 함께 쏟아붓는 것 말이다."[7]

멘토가 마지막으로 하는 일은 멘티를 세상 속으로 들여보내고, 그러고는 어떤 의미에서 연락을 끊는 것이다. 내 커리어 초기에 멘토였던 사람은 윌리엄 F. 버클리 주니어William F. Buckley Jr.(미국 보수주의의 대부로 일컬어진 언론인이자 작가—옮긴이)였다. 나는 버클리가 운영하던 잡지사에서 18개월 동안 일했는데, 이 기간 동안 그는 탁월함이 어떤 것인지 나에게 직접 가르쳐 주었다. 그런 뒤 그는 나를 떠나보냈고, 이후로 다시는 가까이 지내지 않았다. 나와 똑같은 과정을 거쳤던 몇몇 사람들은 이런 처사에 상처를 받기도 했다. 나 역시 그와 헤어진 뒤로 오랜 세월 동안 그를 그리워했지만 여전히 그의 판단이 옳았다고 생각한다. 어떤 시점에 다다르면 멘토는 성인이 된 제자들을 떠나보내야 하고, 우리는 성인이 된 자식들을 떠나보내야 한다.

결국 모든 사람은 멘토나 부모의 품을 떠나 이리저리 떠돌게 된다. 그러다가 누구의 도움도 없이 혼자서 중대한 결정을 내려야 하는 상황과 맞닥뜨린다. 어쩌면 당신은 가장 선명한 깨달음의 순간을 경험했을 수도 있다. 어쩌면 당신에게는 최고의 멘토가 있었을 수도 있다. 하지만 그렇더라도 당신이 몹시 크고 까다로운 문제에 대해 어떤 의사 결정을 내려야 한다는 사실은 변하지 않는다.

－이 일자리를 택해야 할까, 아니면 저 일자리를 택해야 할까? 내가 가진 재능을 이런 식으로 발휘해야 할까, 아니면 저런 식으로 발휘해야 할까? 이 도시로 이사를 갈까, 아니면 저 도시로 이사를 갈까?

당신은 자기 인생을 송두리째 바꾸어 놓을 수 있는 거대한 의사 결정을 어떻게 내리는가? 이제부터 이 문제를 집중적으로 살펴보기로 하자.

Chapter 12

심장을 깨우고 영혼을 자극하는 일

인생이 송두리째 바뀌는 선택을 할 때

—

이런 상상을 한번 해 보자. 당신에게 뱀파이어가 될 기회가 주어진다. 다른 뱀파이어가 당신 목을 딱 한 번만 물어 주면 마법처럼 당신은 불멸의 생명과 초인적인 힘 그리고 찬란하고도 격렬한 삶을 얻을 수 있다. 당신은 또한 모든 종류의 새로운 기술들도 가지게 되며 밤에는 하늘을 날아다닐 수 있다. 뱀파이어가 된다 하더라도 굳이 다른 사람의 피를 빨아 먹을 필요는 없다. 누군가가 기부한 소의 피를 마시면 되니까 말이다. 이미 뱀파이어가 되어 전혀 다른 인생을 경험한 친구들이 엄지손가락을 치켜세우며 최고라고 말한다. 이들은 뱀파이어가 되니 인간으로 살던 과거에는 상상조차 할 수 없었던 완전히 새로운 온갖 방식으로 세상을 경험한다고 주장한다.

자, 과연 당신은 뱀파이어가 되겠는가? 당신의 인생을 통째로 바꾸어 놓을 그 깨물리기를 받아들이겠는가? 물론 일단 뱀파이어가 되고 나면 선택을 무를 수는 없다.

이 선택이 어려운 이유는 뱀파이어 자아의 존재를 과연 즐기게 될 수 있을지를 인간의 자아를 이용해 추정해야 한다는 데 있다. 뱀파이어가 되는 것을 철학자 L. A. 폴Laurie Ann Paul은 "전환적 선택transformative choice"이라고 부른다. 이것은 자기의 본질, 자기의 모든 것을 바꾸는 선택이다.

인생은 온갖 뱀파이어 문제들로 가득하다. 결혼은 어떤 사람을 예전과는 완전히 다른 사람으로 만들어 버린다. 어떤 사람에게 아이가 생기면 이 사람의 존재 자체 그리고 이 사람이 원하는 것이 달라진다. 다른 나라로 이민을 간다거나 개종을 한다거나 의과대학에 진학한다거나 해병대에 입대한다거나 커리어를 바꾼다거나 또는 이사할 지역을 결정할 때도 마찬가지이다. 어떤 크고 소중한 것에 헌신하고 몰두하기로 할 때마다 전환적 선택을 하는 셈이다.

모든 결정에는 미래에 대한 상당한 불확실성이 내포되어 있다. 전환적 선택이 특히 어려울 수밖에 없는 것은, 예상하지 못했던 여러 변화들이 실질적으로 효력을 발휘한 뒤 새롭게 전환된 자아가 과연 어떤 모습일지 또는 무엇을 원할지 지금으로서는 알지 못하기 때문이다. 지금 당신에게 달콤한 것이 새롭게 바뀐 당신에게는 구역질이 날 수 있다. 새로운 종류의 비참함이나 기쁨은 지금까지 당신이 경험한 적 없는 것들인데, 이런 것들이 미래의 당신 존재의 핵심일 수 있다. 현재의 자기 자아를 아는 것도 힘들기 짝이 없는데, 미래의 바뀐 자아가 어떤 모습일지 안다는 것은 거의 불가능하다. 이 문제는 합리적으로 생각할 수가 없는데, 변화된 자기가 가지게 될 욕구에 대한 데이터가 현재로서는 전무하기 때문이다.

게다가 이것은 오래도록 지속되는 그림자를 드리울 그런 종류의 선택임을 당신은 알고 있다. 모든 선택은 하나의 포기, 또는 무수한 포기이다. 당신은 가지 않은 길을, 그리고 만일 그 길을 갔을 때 일어날 수 있는 일들을 앞으로 영원히 의식할 것이다. 평생 후회하며 살 수도 있다는 말이다.

누구나 자기 주변에 이런 종류의 전환적 선택을 한 결과 크게 낭패를 본 사람들이 있을 것이다. 결혼한 부부 중 3분의 1이 이혼한다고 한다. 또 우리는 오랜 세월 어떤 분야에서 커리어를 쌓으며 살아왔지만 결코 만족을 얻지 못하는 사람들, 결국 그 긴 세월을 낭비하고 만 사람들을 주변에서 많이 본다. 기업 합병 중 83퍼센트가 주주 가치 창조에 실패하는데,[1] 이런 합병들은 짧게는 몇 달 길게는 몇 년씩 걸리는 정밀한 분석에 근거해 이루어진다. 이런 맥락에서 L. A. 폴은 인생에서 이런 커다란 선택을 할 때 주의해야 할 점을 분명히 지적했다.

"자기 자신을 속이지 말아야 한다. 당신은 지금 당신이 들어가려고 하는 세상에 대해 아는 것이 아무것도 없다."[2]

많은 사람들이 헌신 공포증commitment phobia을 가지고 있다는 사실은 놀라운 일이 아니다. 중대한 선택 때문에 시달리다가 몽유병 증세까지 보이는 사람들이 있다는 사실 역시 놀라운 일이 아니다. 사람들이 중대한 선택보다 사소한 선택에 더 많이 주의를 기울이는 것처럼 보인다는 점은 인생의 역설이다. 자동차를 사기 전에 사람들은 해당 모델의 소비자 평점을 모두 확인하고 중고차로 되팔 때의 가격을 살피는 등 수고를 아끼지 않는다. 그러나 직업을 선택할 때는 신중한 의사 결정 과정을 거치기보다는 그저 시류나 주변 상황에 휩쓸려서 한다. 또 어쩌다 보니 함께 살게 된 사람과 결혼을 한다. 많은 사람들에게 인생의 중대한 선택들은 사실상 선택이 아니다. 그것들은 유사流沙이다. 사람들은 어쩌다 보니 자기가 서 있게 된 바로 그 자리에서 그저 유사에 휩쓸려 버리고 만다. 신학자 디트리히 본회퍼도 이 점을 인정했다.

"나는 지금까지 많은 결정을 내렸지만 어떤 결정을 내릴 때 그 결정과 관련된 동기들을 명확하게 의식한 적이 단 한 번도 없었음을 인정할 수밖에 없는데, 이런 사실이 너무나 놀랍다."[3]

위대한 심리학자들인 대니얼 카너먼Daniel Kahneman과 아모스 트버스키Amos Tversky는 연구자의 길로 들어선 뒤로 줄곧 의사 결정을 연구했다. 그러나 이 두 사람에게 맨 처음 어떻게 해서 심리학이라는 과목을 전공하기로 결정했는지 묻는다면, 이들은 절대로 딱 부러지는 대답을 내놓지 못할 것이다. 예전에 트버스키는 이렇게 말한 적이 있다.

"누군가가 인생에서 어떤 경로를 선택하는 방식을 알기란 어렵다. 우리가 하는 중대한 선택들은 사실상 무작위로 이루어진다."

그렇다면 당신은 이런 중대한 의사 결정을 어떻게 하는가? 어떤 분야의 커리어를 선택할 것인지, 누구와 결혼할 것인지, 어디에서 살 것인지, 또는 은퇴 이후의 인생을 어떻게 보낼 것인지 당신은 어떻게 결정하는가?

어떤 사람들은 '너도 알잖아You Just Know' 모델에 의존한다. 일이 잘 풀릴 때 감각적으로 그런 사실을 안다. 목사 T. D. 제이크스Thomas Dexter Jakes는 인생이란 많은 열쇠들이 주렁주렁 매달린 열쇠

꾸러미를 가지고 있는 것과 같은데, 이 많은 열쇠들 가운데 단 하나만으로 열 수 있는 것이 최고의 인생이라고 말했다. 여러 개의 열쇠를 가지고 시도했지만 번번이 실패하고 말다가 어느 열쇠 하나를 선택해 자물쇠 구멍에 넣는 순간 느낌이 달라진다. 굳이 열쇠를 돌리지 않고서도 '됐구나!' 하는 느낌에 전율한다.

이 방법에는 어떤 지혜가 담겨 있다. 생각을 많이 할 시간 여유가 없을 때 더 나은 의사 결정을 내릴 수 있게 해 주는 상황들이 있다. 그러나 이 방법에는 '충분할 정도로' 많은 지혜는 없다. 그렇다면 당신은 순간적인 어떤 느낌, 그저 어떤 직관에 당신의 인생을 걸겠는가? 그러지 않기를 바란다. 이유는 이렇다.

첫째, 직관이라는 것은 불안정하다. 느낌은 대개 유동적이며 시시때때로 변한다. 어떤 사람이 한 직장에 취업하려고 한다고 치자. 이 사람은 그 회사에 취업하기 위한 치열한 경쟁 속에서, 투자금을 모으고 관리하는 그 일을 자기가 즐기면서 할 수 있다는 온갖 이유들을 만들어 낼 것이다. 그런데 결국 그 직장에 취업하지 못했을 때 이 사람은 다음과 같이 생각하며 일종의 안도감을 느낀다.

내가 무슨 생각을 했던 거지? 나는 중년 남성이고, 아무리 봐도 나의 정체성을 판단할 단서라고는 아무것도 없는 게 분명한데 말이야.

둘째, 직관은 자주 엉뚱한 길로 유도해 길을 잃게 만든다. 카너먼과 트버스키를 비롯한 많은 행동경제학자들은 사람의 직관이 그 사람을 배신할 수 있는 온갖 방식들을 연구하고 이를 책으로 써 왔다. 예를 들면 손실 회피 편향(이익보다 손실에 더 민감하게 반응하는 심리 현상-옮긴이), 점화 효과(시간적으로 먼저 제시된 자극이 나중에 제시된 자극의 처리에 부정적 또는 긍정적 영향을 주는 심리 현상-옮긴이), **후광 효과**(인물이나 사물 같은 대상의 두드러진 어떤 특성이 그 대상을 평가할 때 다른 특성에까지 영향을 미치는 심리 현상-옮긴이), **낙관주의 편향**(자기가 실패할 가능성을 낮게 평가하는 심리 현상-옮긴이) 등이다. 여섯 달 동안 이러저러한 사람이야말로 자기 인생의 유일한 연인이라고 생각했다가 그 뒤 40년 동안 그 사람이야말로 자기 인생의 절대적인 재앙이었다고 말하는 사람들이 내 주변에도 여럿 있다. 조지 엘리엇은 다음과 같이 썼다.

"남자와 여자는 자기가 느끼는 징후, 즉 모호하고 불안정한 어떤 동경을 때로는 천재성이라고, 때로는 신앙이라고, 더 흔하게는 강렬한 사랑이라고 착각하는 서글픈 실수를 저지른다."

마지막으로, 직관은 오로지 특정한 유형의 의사 결정들에서만 신뢰할 수 있다. 직관이란 패턴 인식을 근사하게 표현한 말일 뿐이다. 그렇기 때문에 많은 경험이 축적되어 있어서 정신이 다양한 패턴들을 모두 속속들이 검토할 수 있는 영역에서만 신뢰할 수 있다. 그러나 전환적 선택은 전혀 알지 못하는 영역으로 훌쩍 뛰어든다는 것이다. 그 영역과 관련된 패턴은 전혀 학습되어 있지 않다. 이때는 직관이 올바른 정답을 제시할 수 없다. 그저 무작위의 추측만 가능할 뿐이다.

합리적인 의사 결정 방법의 함정
—

더 나아 보이는 방법은(특히 우리 문화권에서는) 한 걸음 물러나서 '합리적인' 결정을 내리는 것이다. 감정을 배제하고 객관적이고 과학적인 관점을 유지하는 것이다. 어떤 공학적 방법론, 어떤 설계 모델 또는 스스로 거리를 둘 수 있도록 해 주는 어떤 기법을 찾아야 한다. 수첩을 앞에 놓고 모든 것을 꼼꼼하게 확인해야 한다. 그리고 비용 편익 분석을 철저하게 해야 한다.

합리적이고 과학적으로 접근함으로써 의사 결정을 분명한 몇 가지 단계로 나눌 수 있다. 의사 결정 전문가들은 이런 분명한 의사 결정 단계를 다룬 많은 책들을 썼는데 다음과 같은 단계들이 있다. 준비 단계(문제 확인하기, 목적 설정하기), 검색 단계(목적 달성에 도움이 될 사람들이나 직업군의 목록 작성하기), 평가 단계(차트를 만들고 다양한 특성에 따라 각 선택들을 10점 만점 기준으로 평가하기), 대립 단계(불편한 질문 던지기, 기존의 전제들을 무너뜨릴 건설적인 반대하기), 선택 단계(점수의 총합 산출하기, 각선택의 미래 결과 예측에 도움이 될 도표 만들기).

만일 이런 종류의 형식을 갖춘 방법론을 따른다면 분명 유용한 틀을 적용할 수 있긴 할 것이다. 예를 들어 현재 다니는 직장을 그만둘지 고려할 때 이른바 '10-10-10 규칙'을 적용할 수 있다. 이 결정이 10분 뒤, 10개월 뒤, 10년 뒤에 어떻게 느껴질지 따져 보는 것이다. 이 방법론은 어떤 결정이 가져다주는 단기적인 정서적 고통을 장기적인 결과라는 맥락 속에서 판단하는 데 도움이 된다.

집을 살 때는 최종 결정을 내리기 전에 시장에 나와 있는 매물 열여덟 곳을 살펴보라. 그런 다음 그 열여덟 곳보다 더 나은 다음 집에 대해 매수 가격을 제시하라. 이렇게 하면 어떤 선택을 하기 전에 전체 개체군을 대표하는 상당히 좋은 표본을 확보할 수 있다.

합리적인 기법들은 모두 인지와 관련된 편견들을 배제할 목적으로 설계된다. 예를 들어 사람들은 '좁은 틀'을 사용하는 경향이 있다. 경영 전문가인 칩 히스Chip Heath와 댄 히스Dan Heath는 사람들은 모든 개방형 질문(주어진 선택지 없이 응답자가 자유롭게 자기 의견을 제시하게 하는 질문-옮긴이)을 '이것 아니면 저것'(양자택일) 질문으로 바꾸려 든다고 주장한다. 사람들은 의사 결정을 두 가지 선택지 가운데 하나를 택하는 것이라고 무의식적으로 생각한다. '내가 이 일자리를 가져야 할까, 아닐까?' '내가 톰과 절교를 해야 할까, 아닐까?' 같은 식이다. 그러나 현실에서 핵심적인 의사 결정이 이루어지는 대부분의 순간에서는 이런 관점 때문에 허무하게 제외되고 마는 많은 좋은 선택지들이 존재한다. 당신이 '이것 아니면 저것'을 놓고 고민할 때마다 한 걸음 물러나서 그 두 가지보다 더 나은 선택지를 찾는 게 좋다고 칩과 댄 히스는 주장한다. 예컨대 어쩌면 톰과 절교를 하느냐 마느냐가 문제가 아니라, 자신의 인간관계 태도와 기술을 개선하는 새로운 길을 찾는 게 더 시급하고 중요한 문제일 수 있다.

당신 내면의 악마와 만나라

—

합리적인 과정은 결코 실패할 수 없을 것 같다. 하지만 그렇지 않다. 인생의 어떤 중대한 헌신과 관련된 문제를 결정할 때는 이것만으로 충분하지 않다. 첫 번째 문제는 이 장 서두에서 설명했던 것이다. 당신의 바뀐 자아가 원하는 것에 대한 데이터를 당신은 전혀 가지고 있지 않으며, 이것은 가지려 해도 가질 수가 없다. 그러니 증거에 근거해 객관적인 점수를 내서 최종 선택지를 결정할 수 없다. 두 번째 문제는 어떤 중대한 문제에 대한 결정을 내릴 때 당신은 궁극적인 도덕적 목적과 자기 인생의 의미에 대한 어떤 결정을 내린다는 사실이다.

논리는 이런 궁극적인 질문들에 별 도움이 안 된다. 논리는 어떤 의사 결정의 목표가 분명할 때, 즉 일련의 규칙들로 잘 정의되어 있는 어떤 게임을 할 때는 정말 좋은 도구이다. 당신이 토스터기를 산다고 치자. 이때 당신은 빵을 뜨겁게 데워 주는 기계를 원한다. 그러나 헌신과 관련된 의사 결정은 그런 것과 다르다. 이런 결정을 할 때는 자기 인생의 목적이 무엇인지를 규정하는 일이 전체 문제 해결의 과정에서 가장 큰 부분을 차지한다. 이것은 궁극적 차원의 문제이다. "나에게 궁극적으로 좋은 것은 무엇인가?"는 "어떻게 하면 내가 모노폴리 보드게임에서 이길 수 있을까?"와 전혀 다른 종류의 질문이다.

만일 당신이 무슨 직업을 택하면 좋을지 알아보려고 커리어 관리 분야의 전문가들을 찾아가서 도움말을 구한다고 치자. 이때 많은 전문가는 "내가 가진 재능은 무엇일까?"라는 질문을 당신의 직업 탐색 과정에서 가장 중요한 자리에 둘 것이다. 커리어 조언의 세계에서 가장 중시하는 한 가지는, 사람들로 하여금 자기가 지닌 힘을 파악하도록 돕고 그 힘을 활용하는 방법을 찾도록 돕는 것이다. 그런데 여기에 전제되어 있는 암묵적인 기준은 커리어 진로를 선택할 때는 해당 분야에 대한 관심보다 재능을 우선시해야 한다는 원칙이다. 그러므로 당신이 미술에 관심은 많지만 재능이 없다면, 당신은 결국 자기가 그다지 중요하게 여기지 않는 어떤 회사에 소속되어서 따분한 디자인 작업을 하고 있을 것이다. 직업과 관련한 선택을 할 때 "나에게는 어떤 재능이 있을까?" 하고 물어보라는 것이 이 전문가들의 조언이다.

커리어처럼 무미건조한 무언가를 찾는 데 기꺼이 만족한다면 이 질문만으로도 충분하다. 그러나 만일 자기에게 맞는 직업을 알아내고자 한다면 올바른 질문은 "나에게는 어떤 재능이 있을까?"가 아니다. 이때는 다음과 같이 물어야 한다.

– 내가 하고자 하는 동기를 부여받는 것은 무엇일까? 내가 앞으로 수십 년 동안 계속 더 잘하고 싶어 할 만큼 사랑하는 활동은 무엇일까? 내 존재의 근원에서 나를 사로잡을 정도로 내가 바라는 것은 무엇일까?

어떤 직업을 선택할 때 흥미나 관심보다는 재능이 우선이라는 말은 완전히 잘못된 것이다. 흥미는 재능을 키워 주며 또 대부분의 경우 재능보다 더 중요하다. 직업 탐구에서 반드시 살펴보아야 할 결정적인 부분은 자신의 심장과 영혼, 즉 장기적인 동기 부여이다. 지식은 널려 있지만 동기 부여는 희소하다.

작가 로버트 그린Robert Greene은 《마스터리의 법칙Mastery》에서 진리의 핵심을 포착한다.

"당신이 지금 하고 있는 일에 대한 정서적인 헌신의 결과는 당신의 작업 성과로 직접 드러날 것이다. 만일 당신이 어떤 일을 건성건성 한다면 그 결과는 흐리멍덩할 것이며, 당신은 최종 목적지까지 게을러 느려 터진 걸음으로 갈 것이다."[4]

훗날 괴테가 포착해 냈듯이, 그리스 사람들은 '악마적인 것the daemonic'이라는 개념을 가지고 있었다. 악마daemon는 어떤 부름, 어떤 집착, 오래 지속되며 때로는 미친 듯한 에너지의 어떤 원천이다. 악마는 무의식 깊은 곳에 있는 신비로운 에너지 덩어리이다. 이 에너지는 지금은 불완전하게만 이해하고 있는 어린 시절의 어떤 신비한 사건(또는 어떤 트라우마 경험, 또는 우리가 평생을 사는 동안 다시 한 번 경험하고 싶은 어떤 위대한 사랑이나 기쁨이나 동경)에 의해 충전되었다. 이 악마는 집착적인 흥미, 어떤 장소에 있을 때 집에 있는 것처럼 편안한 느낌, 어떤 활동하기(예를 들어 학급 일에 앞장서기, 병상의 환자 돕기, 환대 베풀기) 등으로 스스로를 확인한다.

힘의 절정기에 있는 어떤 개인을 우리가 눈여겨보는 것은, 그 사람이 자기의 악마, 즉 그 상처, 그 갈망 그리고 그 해결될 수 없는 핵심적인 긴장과 접촉한 상태이기 때문이다. 이런 점은 작가들과 학자들에게서 특히 뚜렷하게 드러난다. 흔히 이 사람들을 사로잡는 핵심적인 쟁점이 존재하는데, 이들은 평생에 걸쳐 그것을 긁어 대며 사투를 벌인다. 예를 들어 보자. W. 토머스 보이스W. Thomas Boyce는 '난초와 민들레 이론'으로 유명한 아동 정신의학 분야의 권위자이다. 그의 이론에 따르면 어떤 아이들은 고도로 예민한 난초여서 자기가 처한 환경에 따라 매우 높은 곳에 올라가거나 매우 낮은 곳에만 집착하는 반면에, 어떤 아이들은 고도로 둔감한 민들레여서 아무리 주변 환경이 나쁘더라도 개의치 않는다.

이런 학문적 관심은 전혀 우연이 아니라고 보이스는 《난초와 민들레The Orchid and the Dandelion》에서 쓰고 있다. 그에게는 메리라는 이름의 누이가 있었는데, 이 누이는 똑똑하고 아름답고 카리스마가 넘쳤다. 메리는 어릴 때 늘 대담한 짓을 저지르곤 했다. 한번은 낮잠 자는 시간에 작은 상자에 들어 있던 건포도를 하나씩 몽땅 자기 콧구멍으로 쑤셔 넣으며 몹시 재미있어 했다(이 일로 의사의 진료를 받아야 했다). 메리는 나이를 먹으면서 분열되었던 어린 시절의 영향이 점점 더 뚜렷하게 나타나기 시작했다. 스탠퍼드대학교 학사 학위와 하버드대학교 석사 학위를 받긴 했지만 그녀의 정신 건강은 점점 더 악화되었고, 마침내 쉰세 번째 생일을 앞두고 스스로 목숨을 끊고 말았다. 보이스는 평생 동안 이 누이를 걱정하면서, 같은 가정에서 태어나고 같은 환경에서 자랐지만 한 명은 비극적이게도 환경에 고도로 민감하고 다른 한 명은 그렇지 않은 두 아이를 비교하는 일에 매달렸다. 정서적으로 강렬한 이런 관심의 집중이 보이스가 그 작업을 할 수 있었던 큰 요인이었다.

우리가 15세기와 16세기 피렌체처럼 르네상스 예술의 한가운데 있었던 어떤 도시를 눈여겨보는 것은, 거기 살던 사람들이 자기네 문화 속에 깊이 녹아 있는 가치관들의 격렬한 충돌 때문에 정신적으로 몹시 시달렸으며, 이 긴장을 해소하려고 부단히(그러나 대개는 헛되이) 노력했기 때문이다. 당시 피렌체에서는 고전적인 도덕 생태계와 기독교적인 도덕 생태계가 충돌하면서 엄청난 에너지가 발산되었다. 피렌체 사람들은 네모가 될 수 없는 동그라미를 네모로 만들려고 수없이 온갖 시도를 했다.

어떤 사람이나 공동체가 자신의 고유한 악마를 건드릴 때, 해결될 수 없는 긴장에 직면할 때, 이때 나타나는 창의성은 마치 핵폭발처럼 놀라울 수 있다. 반면에 어떤 사람이나 문화가 자신의 악마와 분리되어 있을 때, 모든 것은 새롭지 않고 감상적이 된다. 자기 악마와 접촉을 잃어버린 개인이나 문화는 생명의 손길을 잃어버린다. 피렌체의 예술이 100년 뒤 어떻게 되었는지 보면 알 수 있다.

사랑으로부터 안전한 장소는 지옥뿐이다
—

당신이 어떤 직업을 찾고 있을 때 당신은 사실 어떤 악마를 찾고 있는 셈이다. 당신은 이 책의 핵심 주제이기도 한 바로 그 추락(자기중심주의적인 욕구들을 관통해 나아가서 신비스러운 방식으로 자기의 욕구들이 형성되는 정신적 기질 안으로 떨어지는 일)을 하려고 노력하는 것이다. 당신은 도덕적이고 정신적이며 관계론적인 힘들의 엄청난 파도를 몰고 올 그 긴장 또는 문제를 찾으려고 노력하는 것이다. 이것은 이성으로는 도저히 꿰뚫을 수 없는 심장과 영혼의 무의식적인 영역들을 당신이 들여다보고 있다는 뜻이다. 의식의 저 아래 어딘가에 존재하는 복잡하게 뒤엉킨 거대한 풀숲인 '빅 섀기Big Shaggy'의 한구석에 자리 잡고 있는 어떤 것을 건드리려고 노력한다는 뜻이다.

　어떤 계산에 따르면 사람의 정신은 1초에 1100만 개의 정보를 받아들일 수 있으며, 이 가운데서 의식적인 정신이 인식하는 것은 400만 개라고 한다. 버지니아대학교의 심리학자인 티머시 윌슨Timothy Wilson의 표현을 빌리자면, 의식적인 정신은 거대한 무의식의 빙산 위에 놓인 눈 뭉치 하나일 뿐이다.[5] 다시 말해 우리를 인도하는 것 대부분은 우리가 의식적으로 수행하는 이성적인 과정이 아니라 무의식의 영역이라는 뜻이다. 이런 사실을 19세기의 영국 시인 매슈 아널드 Matthew Arnold는 현대 인지과학의 도움을 받지 않고서도 시로 잘 표현했다.

> 표면의 흐름 아래로, 얕고 가벼운
> 우리가 느낀다고 말하는,
> 마치 불빛처럼, 우리가 느낀다고 생각하는 그 흐름 아래로
> 소리 없이 분출하는 강력하고, 모호하고, 깊은
> 우리가 진정으로 느끼는 것의 가장 중요한 흐름이 흐르고 있다.

아이를 키워 본 사람이라면 아이의 악마가 많은 시간 동안 깨어 있음을 알 것이다. 이 악마는 그 깊은 영역에 곧바로 접근한다. 도덕의식이 우리의 첫 번째 의식이다. 그러나 성인으로서 우리는 그 기질을 덮어 버리려는 경향이 있다. 그래서 그 악마와의 접촉을 잃어버리고 악마가 잠든 채 무의식 속을 둥둥 떠다니도록 내버려 둔다. 때로 우리는 모든 것에 지나칠 정도로 분석적이 되는데 이것이 악마와의 접촉을 끊는다. 나는 성장하면서 영화를 좋아했다. 대학교 2학년 때는 거의 밤마다 고전 영화를 보러 갔다. 그러다가 성인이 되어서 영화비평가가 되었다. 나는 수첩을 들고서 시사회장에 앉아 있곤 했다. 이제 더는 영화를 감상하지 않았다. 영화를 분석하고 있었다. 수첩은 나와 내가 경험하고자 했던 이야기 사이를 가로막는 벽이 되었다. 나는 나 자신이 좋아하는 것과 좋아하지 않는 것을 식별하는 능

력을 잃어버렸다. 그렇게 분석적인 인간이 됨으로써 진정한 나 자신의 반응을 보이는 능력을 잃어버리고 말았다.

때로 우리는 과도하게 경제적인 인생관을 가짐으로써 악마와의 접촉을 잃어버린다. 인생을 오로지 경제적인 관점에서만 바라볼 때 그에 비례해 도덕적인 관점이 사라진다는 것은 흥미로운 현상이다. 예를 들어 보자. 제법 오래전에 있었던 일인데, 이스라엘의 하이파에 있는 어린이집들이 운영상의 문제점 하나를 발견했다. 부모들이 아이를 데리러 오기로 되어 있는 시각에 늦곤 했다. 그래서 교사들의 퇴근 시간이 1시간 정도 늦어졌다. 이 문제를 해결하려고 어린이집들은 늦게 오는 부모에게 벌금을 매기는 제도를 시행했다. 하지만 곧바로 역풍이 불었다. 늦게 오는 부모의 수가 오히려 두 배로 늘어난 것이다.[6] 부모가 자기 아이를 제시간에 데리러 오는 것은 교사들을 배려하는 행동, 즉 도덕적인 차원의 의무였다. 그런데 어린이집에서 벌금 제도를 시행하자 그 행위는 경제적 차원의 거래로 바뀌었다. 어린이집은 아이를 돌보는 서비스를 제공하고 부모는 거기에 상응하는 비용을 치르기만 하면 된다는 말이었다. 예전에는 옳고 그름, 즉 배려를 하느냐 마느냐가 판단의 기준이었지만 이제는 비용 편익 분석이 그 자리를 파고들었다.

– 어떤 행동이 나에게 최고의 경제적 편익을 가져다줄까?

오로지 경제적인 관점으로만 생각하며 살아가는 사람들은 '빅 새기'와 거기에서 발견되는 악마를 향한 접근을 없던 것으로 덮어 버리는 경향이 있다. 물질주의적인 것은 무엇이든 실재적인 것으로 받아들이고 그렇지 않은 것은 아예 존재하지 않는 것으로 친다.

때로는 이 깊은 영역들을 보이지 않게 덮어 버리는 것이 속물적인 삶의 모습 전체가 된다. 사람들은 쇼핑이나 출퇴근 같은 세속적이고 통상적인 일을 하면서 그냥 살아갈 뿐이고, 죽은 생각과 판에 박힌 감정이 모든 것을 덮어 버린다. 그리하여 사람들은 궁극적으로 자기를 둘러싼 완충 장치에 익숙해져서, 무언가를 갈망하는 삶보다 무미건조하고 단조로운 삶을 더 안전하게 느낀다. 이런 삶의 결과는 결코 아름답지 못한데 이 사실을 C. S. 루이스는 그 유명한 구절에서 훌륭하게 묘사한다.

안전한 투자는 어디에도 없다. 무언가를 사랑한다는 것은 쉽게 상처받는다는 것이다. 무엇이든 사랑해 보라. 그러면 분명 당신의 마음은 괴로움으로 찢어질 것이다. 마음을 다치고 싶지 않다면 그 어떤 사람에게도, 심지어 그 어떤 동물에게도 마음을 주지 마라. 이런저런 취미와 사소한 사치들로 당신의 마음을 꽁꽁 감싸라. 이기심이라는 관 또는 장식함 속에 당신의 마음을 집어넣고 단단히 걸어 잠가라. 그러나 당신의 마음은 안전하고 깜깜하고 움직임도 없고 바람도 없는 그 장식함 속에서 변할 것이다. 그것이 다치는 일은 결코 없을 것이다. 그것은 무엇으로도 깨뜨리거나 꿰뚫거나 또 바로잡을 수 없게 될 것이다. 비극 또는 적어도 비극을 맞이할 위험을 피하기 위한 대안은 이런 지옥살이뿐이다. 천국을 제외하고, 당신이 사랑에 따르는 모든 위험과 동요로부터 완벽하게 안전할 수 있는 유일한 장소는 지옥이다.

자기 마음을 파묻고 악마를 마비시키겠다는 결정을 의식적으로 하는 사람은 아무도 없을 것이다. 이런 일은 수십 년에 걸쳐 조심스럽게 요령껏 살아온 결과로 그냥 일어날 뿐이다. 결국 사람들은 자기 자신이 가지고 있는 온갖 욕구와 멀리 동떨어지고 만다. 스페인 철학자 호세 오르테가 이 가세트José Ortega y Gasset는 대부분의 사람은 혼신의 힘을 다해 자신의 진정한 자아를 회피하고 악마의 속삭임에 귀를 막고 듣지 않으려 한다고 믿었다. 그래서 우리는 자기 내면에서 희미한 불꽃이 타닥거리며 타오르는 소리를 더욱더 안전한 소음들로 덮어 버리고는 거짓된 인생에 안주한다.

영혼 깨우기

직업 선택과 관련해 현명한 결정을 내리고자 한다면 자기 심장과 영혼이 날마다 깨어 있는 인생을 살아야만 한다. 심장과 영혼을 덮어 버리는 활동들이 있다. 지나치게 분석적이고 경제적인 활동, 조심스럽게 요령을 부리는 활동, 안전한 속물적 활동이 그런 예들이다. 반면에 심장을 깨우고 영혼을 자극하는 활동들도 있다. 음악, 드라마, 미술, 우정, 아이들과 함께하기, 아름다움 추구하기, 그리고 역설적인 말이지만 부당함 곁에 머물기 등이 그런 것들이다. 직업과 관련해 가장 현명한 의사 결정을 하는 사람들은 자기 욕구가 늘 생생하게 깨어 있도록 하는 나날을 살아가는 사람들이다. 이들은 따분한 사무실에서 벗어나 문제가 있는 일자리를 찾는다. 이들은 자기 욕구들을 알아보고 그것들과 정면으로 마주하고, 그것들이 갈망하는 것이 무엇인지 이해한다.

때로는 예술 작품 하나가 심장과 영혼을 깨울 수 있다. 영국의 경제학자이자 철학자인 제임스 밀James Mill은 아들 존 스튜어트 밀John Stuart Mill을 생각하는 기계로 키워 냈다. 존은 두 살 때 그리스어를 배웠다. 그리고 여덟 살에서 열두 살 사이에 헤로도토스와 호메로스와 크세노폰의 모든 작품, 플라톤의 《대화편》 중 여섯 편, 그리고 (라틴어로 쓰인) 베르길리우스와 오비디우스의 작품을 읽었으며, 이와 동시에 물리학, 화학, 천문학, 수학을 공부했다. 그에게 휴일이란 없었다. 이 모든 공부를 존은 다 해치웠고 그만큼 성장했다(그야말로 엄청난 천재였다). 그러나 존은 스무 살에 깊은 우울증에 빠져들었다.

데이터와 논픽션을 토대로 끊임없이 이어졌던 공부가 자기에게 무엇을 가져다주었는지 존은 깨달았다. "분석하는 습관은 감정을 메마르게 하는 경향이 있다"는 사실을 깨달았던 것이다.[7] 그때 무언가가 그를 잡아끌었다. 그것은 신의 계시, 어떤 새로운 통찰의 분출이 아니었다. 그것은 바로 시, 윌리엄 워즈워스의 시였다.

"워즈워스의 시들이 내 마음 상태를 치료하는 약이 되었다. 이 시들은 단순히 외면의 아름다움만이 아니라 아름다움이 불러일으키는 흥분 아래에서 느껴지는 감정의 상태 그리고 감정으로 채색된 생각의 상태를 표현했다. …… 그 시들 속에서 나는 사람이라면 누구나 공유할 수 있는, 내면에서 우러나는 기쁨의 원천, 공감할 수 있고 상상할 수 있는 즐거움의 원천을 접한 것 같았다. 그 원천은 투쟁이나 불완전함과는 아무런 관련이 없었으며, 인류의 물리적 또는 사회적 조건이 조금이라도 개선되면 그만큼 더 풍부해지는 것이었다."

밀은 자기의 욕구들이 미적지근하게 시들어 간다는 걸 느끼고는 우울증에 빠져들었다. 그러다가 무한한 욕구들(세속적인 욕구들이 아니라 정신적이고 도덕적인 욕구들)의 존재를 발견했을 때 그는 우울증에서 벗어났다. 그래서 그는 이렇게 썼다.

"감정을 가꾸는 일은 나의 윤리적·철학적 신조에서 중요한 기준점들 가운데 하나가 되었다."

자기 영혼을 깨워서 악마를 발견하게 돕는 것은 때로 단순히 신나는 일이기도 하다. 소설가 톰 클랜시Tom Clancy가 《붉은 10월The Hunt for Red October》(소련의 핵잠수함 '붉은 10월호'가 갑자기 사라지면서 이야기가 시작되는 소설로 베스트셀러가 된 뒤 영화로도 만들어졌다-옮긴이)을 발표한 직후 나는 클랜시와의 저녁 식사 자리에 초대되었다. 미 해군 소속 전함을 막 견학하고 돌아온 참이었던 그는 거기에서 새로운 무기 체계를 보았다고 했다. 그의 얼굴은 상기되어 있었고 두 눈은 반짝거렸다. 그는 저녁 식사 시간 절반 동안 자기가 목격한 것에 대해 신이 나서 얘기했다. 의자에 똑바로 앉아 있지 못하고 마치 어린아이처럼 엉덩이를 들썩거리면서 그 무기 체계의 온갖 세세한 부분까지 설명했다. 그때 나는 이런 생각을 했던 것을 기억한다.

- 그래, 바로 이래야 하는 거야. 자기가 쓰고자 하는 것에 대해 진정으로 어떤 감정을 느끼지 못한다면 베스트셀러 작가가 될 수 없는 거야. 이런 어린아이와 같은 열정이 진정으로 자기 가슴에서 우러나오지 않는다면 그리 될 리가 없겠지. 이런 건 절대로 꾸며 낼 수 있는 게 아니야.

자기가 정말 존경하는 사람을 보고는 그 사람처럼 되고 싶다는 강렬한 욕구에 휩싸일 때가 있다. 인류학자 메리 캐서린 베이트슨Mary Catherine Bateson은《죽을 때까지 삶에서 놓지 말아야 할 것들Composing a Life》에서 체육 교사가 되려고 공부하는 조앤이라는 여성을 묘사한다. 조앤은 무용을 좋아하지만 정작 무용수가 되려는 생각은 한 번도 해 보지 않았다. 무용수는 가냘프고 예뻐야 하는데 자기는 건장했기 때문이다. 그러던 중 무용 교사가 조앤이 다니는 학교에 부임했는데, 이 교사는 조앤만큼이나 건장하고 키가 컸다. 그런데 이 교사는 무용을 잘했을뿐더러 학생들도 잘 가르쳤다. 조앤은 당시를 다음과 같이 회상한다.

"나는 선생님의 움직임을 관찰했다. 그리고 내가 선생님보다 더 크지 않고, 또 어쩌면 내가 소질이 있을지 모른다고 생각했다. 그래서 나는 춤추는 것을 진지하게 받아들이기 시작했고 얼마 뒤에는 춤을 잘 춘다는 칭찬을 받기 시작했다. 그해 말쯤에는 정말 본격적으로 달라붙었다. '그래, 바로 이거야! 이게 바로 나야. 나는 무용가야.' 그냥 이런 깨달음이 찾아왔다. 그 뒤로 내게는 더없는 행복을 누릴 일만 남았다."[8]

때로는 끔찍하고 비극적인 사건이 충격을 주어서 거짓된 욕구들에서 빠져나와 진정한 욕구들을 볼 수 있게 도와주기도 한다. 심리학자 에밀리 에스파하니 스미스Emily Esfahani Smith는《어떻게 나답게 살 것인가The Power of Meaning》에서 자기 어머니와 늘 살갑게 지내면서 성장한 크리스틴이라는 여성을 묘사한다. 엔지니어가 되고 싶었던 크리스틴은 미시간대학교에 들어가 공학을 전공했다. 그런데 그녀가 2학년이던 어느 날 어머니가 횡단보도를 건너다가 트럭에 치여 사망하고 말았다. 크리스틴은 이렇게 말했다.

"어머니는 멍청한 인간에게 죽임을 당했습니다. 정말 무책임하고 바보 같은 인간이 어머니를 죽인 겁니다. 그 일을 당한 뒤로는 그냥 무기력하기만 했습니다. 그 무엇도 나에게는 의미가 없었습니다. 어머니는 이제 이 세상에 없었죠. 어떻게 해야 할까요? 나는 분노와 나도 내 인생을 살고 싶다는, 앞으로 나아가야 한다는 나의 또 다른 부분 사이에서 갈등하고 있습니다. …… 나는 사람들이 정말 싫어요. 그렇지만 동시에 나는 내 인생을 살아야 해요."

결국 크리스틴은 엔지니어가 되는 걸 포기하고 제빵사가 되었다.

"그런 일을 겪고 나면 누구나 자기 인생에 대해, 진정한 자기 자신에 대해, 자기가 하고 싶어 하는 것에 대해 생각하게 됩니다. 지금 내가 내리는 결정의 95퍼센트는 어머니가 돌아가시고 없다는 사실에 영향을 받습니다. 예, 맞아요, 그래서 빵을 만들고 있죠."[9]

또 때로는 양심의 가책을 느끼게 만드는 어떤 문제가 자기의 진정한 욕구들을 볼 수 있게 도와주기도 한다. 만일 평범한 조직에서 평범한 업무를 수행하는 직장인이라면 거대한 사회 문제들과 정면으로 맞닥뜨릴 일이 별로 없다. 그러나 만일 인디언 보호 구역에 있는 어떤 학교에서 교사로 일하는 사람이라면 부당함을 끊임없이 목격할 수밖에 없다. 이 경우에 이 교사의 영혼은 잘못된 것을 바로잡고 싶은 욕구로 불타오를 것이다. 그리고 이 교사의 인생 행로는 분명해질 것이다.

프레드 워스하이머Fred Wertheimer는 정치권에서 선거에 사용되는 자금을 조달하고 집행하는 과정을 개혁하는 데 평생을 바친 사람이다. 그는 금권 정치를 증오하지만, 자기가 안고 있는 문제를 진정으로 사랑한다. 그는 선거 자금 조달 개혁과 관련된 새로운 소식을 전하는 링크들을 담은 이메일을 나에게 날마다 보낸다. 나는 그가 보내는 이런 이메일이 반갑지 않다. 그래서 다 지워 버리고 싶다. 너무 많아서 넘쳐날 지경이니까 말이다. 하지만 나는 그의 마음을 다치게 하고 싶지 않다. 그가 그토록 중요하게 여기는 문제를 나는 하찮게 여긴다고 말하는 것은, 내가 그의 자녀를 그다지 중요하게 여기지 않는다고 말하는 것이나 다름없기 때문이다.

오스트리아 작가인 토마스 베른하르트Thomas Bernhard는 어떤 소명을 찾는 사람에 대해 다음과 같이 쓴다.

"사람의 마음은 탐색하는 마음이어야 한다. 실수를, 인간의 실수를 찾는 마음, 실패를 찾는 마음이어야 한다."[10]

어떤 문제를 바로잡는 일에 대한 헌신은 시간이 지나면서 처음과 같은 강렬함을 조금씩 잃어 간다. 예를 들어 어떤 종류의 일을 하든 누구나 소수의 사람들을 크게 돕는 것과 다수의 사람들을 작게 돕는 것 사이에서 선택을 해야 하는 경우에 맞닥뜨린다. 어떤 사람이 교육 분야를 선택한 것은 남에게 무언가를 가르치는 일을 좋아하기 때문일 수 있다. 그런데 이 사람이 그 분야에 오래 있다 보면 교실에서 직접 학생들을 대하는 교사가 아니라 교장 또는 교육 관청에서 관리자로 일해 보겠느냐고 승진 제안을 받게 된다. 관리자가 된다는 것은 이 사람이 그토록 소중하게 여기던 교실을 떠나 지루하기 짝이 없는 행정 업무와 까다로운 인사 업무, 그러니까 자기가 좋아하지도 않는 업무를 맡아서 해야 한다는 뜻이다.

어떤 사람들은 이런 '승진'을 거부한다. 관리자가 되기보다는 현장 노동자로 남기로, 교장이 되기보다는 평교사로 남기로 결정한다. 다른 사람들이 '영향력'이라고 또는 '규모 있게' 일하기라고 부르는 것은 과대평가되어 있다고 생각하기 때문이다. 그러나 대부분의 사람은 승진을 선택한다. 교장으로서(또는 관리자로서) 새롭게 맡은 업무는 예전보다 재미는 훨씬 덜하지만 보수는 훨씬 더 많다. 처음에 사람들은 어떤 활동에 대한 즉각적이고 심미적인 즐거움 때문에 직업을 선택한다. 하지만 시간이 흐르면서 자신이 어떤 문제를 해결하는 조직에 이바지하는 도구가 될 때 가장 충족감을 느끼고 만족해한다는 사실을 깨닫는다. 이들은 자기의 직업을 찾은 것이다.

바로 이 시점에서 분명한 확신감이 작동한다. 이런 일이 일어날 때 당신은 "내 인생을 어떻게 살아가야 할까?"라고 묻지 않는다. 대신 어느 날 문득 잠에서 깨어나 그 질문이 아주 멀리 사라져 버리고 없음을 깨닫는다.

의무의 순간들

—

직업을 탐색하는 사람들을 위한 조언 가운데서 내가 들은 최고의 조언은 모든 것에 "예"라고 대답하라는 것이다. 자기에게 찾아오는 모든 기회에 "예"라고 대답하라. 왜냐하면 그 기회가 당신을 어디로 데려갈지 결코 알 수 없기 때문이다. 행동을 앞세워라. 자기를 낚싯바늘에 걸리기를 희망하는 물고기라고 생각하라. 낚싯바늘이 줄지어 내려와 있는 곳으로 가라.

아주 단순한 질문들이 어디에 기쁨이 있는지 일러 준다. "나는 무엇에 관해 이야기할 때 기쁠까?" 그 대상이 오토바이라면 아마 당신은 정비사가 어울릴 것이다. "언제 내가 가장 필요한 사람이라고 느꼈을까?" 군인으로서 국방의 의무를 다할 때 그렇게 느꼈다면 당신의 직업은 아마 법을 집행하는 일일 것이다. "어떤 고통을 나는 기꺼이 견딜 수 있을까?" 만일 거부당할 때의 비참함을 기꺼이 견딜 수 있다면 당신은 틀림없이 배우라는 직업을 무척 사랑할 것이다. 작가이자 사업가인 케이시 제럴드Casey Gerald가 했던 질문도 있다. "나에게 두려움이 없다면 나는 무엇을 할까?" 공포는 상당히 좋은 위성 항법 장치GPS 체계이다. 두려움은 자신의 진정한 욕구들이 어디에 있는지 가르쳐 준다. 설령 그 욕구들이 사회적으로 매우 강하게 거부되는 것이라고 하더라도 말이다.

프레드 스와니커Fred Swaniker라는 내 친구가 있다. 1976년에 가나에서 태어나 소년 시절에 아프리카의 네 개 국가에서 살았다. 변호사인 동시에 치안 판사였던 아버지는 그가 십 대 때 사망했다. 어머니는 보스와나에서 학교를 열었는데 처음에는 학생이 5명뿐이었다. 어머니는 그를 이 학교 교장에 임명했다.

스와니커는 고등학교를 졸업한 뒤 장학금을 받고 미네소타에 있는 매컬러스터칼리지에 입학했다. 그 후 컨설팅 회사인 매킨지에서 일했고, 스탠퍼드대학교 경영대학원에서 학위를 받았다. 이런 과정을 거치는 동안 그는, 자기와 똑같은 수억 명의 아프리카 청년들이 결코 누릴 수 없는 기회를 자신만 누린다는 사실이 마음에 걸려 늘 괴로웠다.

스와니커는 아프리카로 돌아가서 병원 체인 사업을 할까 하는 생각도 했다. 그러나 그는 자기 인생의 그 결정적인 순간에, 리더십 훈련을 제대로 받을 수 있는 강좌가 부족한 것이 아프리카가 발전하는 데 가장 큰 장애물이라고 결론 내렸다. 그래서 그는 실리콘밸리에 있는 친구들에게서 돈을 모금해 남아프리카공화국으로 가서 50년에 걸쳐 6000명의 지도자를 훈련시키겠다는 목표로 아프리칸리더십아카데미African Leadership Academy를 설립했다. 이 학교는 아프리카 전역에서 재능이 가장 뛰어난 학생들을 모아서 무상으로 중등 교육을 제공하며, 또 이들 가운데 아프리카로 다시 돌아와 살겠다고 약속하는 학생들은 외국 대학교로 유학을 보내 준다.

2016년에 스와니커는 에코잉 그린 펠로십Echoing Green Fellowship 수상자로 선정되었는데, 이는 당시 해마다 세계에서 가장 유망한 사회적 기업가 16명에게 주어지던 특전이었다('에코잉 그린'은 1987년 설립된 소셜 벤처 투자 회사로, 미셸 오바마를 비롯한 여러 사회적 기업가나 활동가가 에코잉 그린 펠로십을 수상했다-옮긴이). 이 일로 인터뷰를 하던 스와니커는 '의무의 순간', 즉 지금까지 하던 일을 중단하고 소명을 따라야 한다고 깨달은 순간에 대해 설명해 달라는 질문을 받았다. 이와 관련해 그는 나중에 온라인 출판 플랫폼인 미디엄Medium에 다음과 같이 썼다.

"그 질문이 내가 이 세상에 태어난 이유를 확고하게 다지는 데 도움이 되었다."

스와니커는 "우리가 사회에서 목격하는 어떤 부당함이나 불공정함 또는 잘못된 행동에 대한 분노감으로 대개 촉발되는" 이런 의무의 순간들이 우리를 규정한다고 믿는다. 그러나 그는 계속해서 이런 순간들로 인해 아무리 죄의식을 느낀다 하더라도 "이 의무의 순간들 가운데 99퍼센트는 무시해야 마땅하다"라고 주장한다. 세상은 온갖 문제들로 가득하지만 그중에 '내'가 나서서 바로잡을 수 있는 문제는 극소수이기 때문이라고 그는 말한다.

이런 의무의 순간을 느낄 때는 세 가지 커다란 질문을 하라고 스와니커는 조언한다.

첫째 질문은 "그것은 충분히 큰 문제인가?"이다. 운이 좋아서 좋은 교육을 받고 몸이 건강하며 큰일을 한 경험이 많은 사람이라면 사소한 문제를 해결하려고 달려들어서는 안 된다. 행운을 안고 태어났다면 작은 문제가 아니라 큰 문제와 맞서 싸우고 해결해야 한다.

둘째 질문은 "오로지 나만이 이 문제를 해결할 위치에 있는가?"이다. 자기가 지금까지 거쳐 왔던 경험을 돌이켜 보고, 자신이 그런 경험을 통해 이 특정한 과제를 맡아서 처리할 준비가 되어 있는지 확인해야 한다.

셋째 질문은 "나는 진정으로 열정에 불타는가?"이다. 과연 그 문제가 온통 자기를 사로잡아서 끊임없이 그것에 대해 생각하게 만드는지, 그 문제 때문에 밤잠을 이루지 못하는지 따져 보아야 한다는 말이다.

만일 이 세 가지 질문에 모두 "그렇다"라는 대답이 나오지 않는다면 그 의무의 순간을 무시하는 게 좋다고 스와니커는 말한다. 스와니커의 인생은 그만의 공식에 딱 들어맞는다. 그는 아프리카 여러 곳을 거치면서 성장했고 이런 배경 덕분에 아프리카 전체를 아우르는 관점을 가지고 있다. 그는 교육가인 어머니 슬하에서 성장했고 또 자기 인생이 학위 덕분에 완전히 바뀌는 과정을 직접 목격했다. 그러므로 그가 교육 부문에 초점을 맞추는 것은 매우 적절했다. 그리고 대담하게도 그는 큰 문제를 해결하기로 선택했다. 그것은 바로 아프리카 대륙 전역의 최우수 학생들을 교육시키는 사업으로 어쩌면 평생이 걸릴지 모르는 일이었다.

그러나 스와니커의 정말 인상적인 순간은 나중에 찾아왔다. 그는 이미 아프리칸리더십아카데미라는 학교를 시작한 터였다. 또 아프리카 전역의 유망한 청년 전문가 약 2000명이 모인 단체인 아프리칸리더십네트워크African Leadership Network도 설립했다. 그런데 삼십 대에 그는 새로운 큰 문제를 목격했다. 아프리카에 대학교가 부족하다는 문제였다. 누군가는 반드시 아프리카 대륙 전체에 새로운 대학교 네트워크 25개를 건설한다는 목표 아래 아프리칸리더십대학교African Leadership University를 설립해야 한다고 그는 생각했다. 한 캠퍼스마다 1만 명의 학생이 공부할 것이고, 이렇게 50년이 지나면 300만 명의 리더가 배출될 터였다.

스와니커는 친구들에게 대학교를 세우는 작업을 시작하라고 강권하다시피 했다. 그러나 나서는 사람이 없었다. 그래도 그는 이 원대한 발상을 포기하지 않았다. 그것은 정말 커다란 사업이었으며, 그가 열정적으로 생각하는 사업이었고, 또 오로지 그만이 잘 해낼 준비가 되어 있는 사업이었다. 고작 열여덟 살에 한 학교의 교장이 되고, 또

5000개의 고등학교를 세우고, 대륙 전체에 걸친 청년 기업가들의 리더십 네트워크를 만든 사람이 세상에 얼마나 되겠는가?

"나는 그 작은 점들을 연결하면서, 지난 15년은 내가 그 거대한 사업, 훨씬 더 큰 과업을 조직하는 데 필요한 전문성을 연마하고 인맥을 다지는 준비 기간이었음을 깨달았다. 1억 달러를 모금한 일은 50억 달러를 모금하는 데 필요한 '보조바퀴'였음을 깨달았다."

스와니커의 이야기는 장엄하기 짝이 없으며, 그가 만들고 있는 조직은 우리 대부분이 하는 그 어떤 것보다 규모가 크다. 하지만 그럼에도 그는 여전히 자기 인생에 귀를 기울이면서 자기 욕구들이 어떤 것인지 헤아리고 또 다음과 같은 질문을 던지는 사람의 귀감이다.

- 내 주변에 어떤 문제들이 있을까? 내 인생이 나에게 준비시킨 것은 무엇일까? 어떻게 하면 이 두 가지가 나란히 손잡고 갈 수 있을까?

스와니커의 이야기는 직업 탐색과 관련된 의사 결정의 최종적인 두 가지 특성을 알려 준다. 첫째, 이것은 커리어 개발과 관련된 것이 아니다. 이것은 "무엇이 나의 가장 깊은 욕구를 건드리는가?" 그리고 "어떤 활동이 나에게 가장 깊은 만족을 안겨 주는가?"라고 묻는다. 둘째, 이것은 딱 들어맞는 어떤 것을 찾는 문제이다. 직업과 관련된 의사 결정에서는 세상에서 가장 크거나 가장 화려한 문제를 찾는 건 중요하지 않다. 그보다는 기분 좋은 활동과 사회적 필요 사이의 연결 고리를 찾는 게 중요하다. 이것은 우리가 앞에서 살펴보았던 내면의 여행과 같은 것이다. 내면으로는 추락하고 바깥으로는 확장하는 것이다. 자기 안에서 다른 사람과 연결될 수밖에 없는 어떤 장소를 찾는 것, 작가이자 신학자인 프레더릭 비크너가 한 유명한 말처럼, 자신의 깊은 기쁨이 이 세상의 깊은 갈망과 만나는 바로 그 지점을 찾는 것이다.

Chapter 13

천직을 찾아 통달의 경지로 나아가라

일은 길고, 넓고, 높아야 한다

—

여행 작가이자 역사가인 윌리엄 리스트 히트-문William Least Heat-Moon
은 미주리대학교에서 하던 강의 일자리를 잃었다. 그러자 아예 느긋
하게 시간을 잡고서 지도 제작 회사 랜드 맥널리에서 만든 지도에
파란색으로 표시된 작은 길을 따라서 미국 전역을 여행하기로 결심
하고 실행에 옮겼다. 여행 중 캘리포니아의 햇크리크라는 마을 인근
을 지나가던 그는 개를 데리고 산책 나온 노인을 만나 대화를 나누
었다. 그 노인은 그에게 이런 말을 했다.

"한 푼의 가치라도 있는 사람은 일이 끊이지 않는 법이라네. 다만
이따금 일을 한 대가를 지불받지 못할 뿐이지. 나도 받아야 할 몫을
받지 못한 경우가 지금까지 숱하게 있었으니까. 그렇지만 이건 일을
하는 것과는 아무 관계가 없어. 어떤 사람이 하는 일은 그 사람이 하
기로 되어 있는 일을 하는 거지. 바로 이런 까닭에 그 사람에게는 때
로 재앙이 필요하다네. 재앙은 나쁜 일이 생겼다고 해서 그게 끝이
아니라는 걸 알려 주는 역할을 하거든. 그 어떤 나쁜 일도 선한 사람

의 일을 막지는 못하니까 말이야."

이것은 일자리job와 일work을 구분하는 데 매우 유용한 발상이다. 일자리는 생계 수단이지만 일은 인생이 그 사람 앞에 놓여 있는 의무를 다하는 특정한 존재 방식이다. 마틴 루서 킹 목사는, 일이란 모름지기 평생에 걸쳐 조금씩 더 나아질 수 있도록 길어야 하며, 많은 다른 사람들과 접촉할 수 있도록 넓어야 한다고 조언했다. 또한 일은 높아야 한다고 했다. 그래야 그 사람이 어떤 이상에 복무하게 만들고 올바름을 갈망하는 영혼을 충족하게 만들 수 있기 때문이다.

환대(깊은 교감)를 자신의 진정한 일로 삼는 사람들을 우리는 알고 있다. 그러나 이 사람들은 제각기 다른 일자리를 통해 이 일을 한다. 신학자 벨든 레인이 하는 일은 이따금 자연에서 경험하는 정신적인 초월성을 받아 적고 묘사하려고 노력하는 것이다. 그러나 그는 디너파티 같은 데서 사람들에게 자기가 초월성을 찾아 숲을 헤매고 다니는 사람이라고 무작정 말할 수 없다. 그는 이렇게 썼다.

"나의 특별한 간판은 대학 교수라는 직함이다. 이 간판은 내가 사실은 훨씬 더 중요한 것들에 신경 쓰면서도 내가 무언가를 책임지고 있는 것처럼 보이게 만들어 준다. …… 교수로서 나는 사회적으로 용인되는 범주들 속에 틀어박혀서 평판이 좋은 그럴듯한 일들을 하고 있는 것처럼 사람들 눈에 비친다. 나를 고용한 사람을 만족시키고, 사회의 기대에 부응하고, 수표에 사인을 하는 그런 일들 말이다."[1]

그러나 그가 진정으로 하는 일은 산에 올라가, 보이지 않는 것 속에서 보이는 영원성을 집요하게 추적하는 것이다.

한 우물 파기

—

자기 직업을 이미 발견한 사람은 불확실성에 따르는 불안에서 해방된 사람이다. 그러나 일 자체의 어려움은 여전히 남아 있다. 모든 직업에서 일은 아무리 깊은 감동을 준다 하더라도 힘들 수밖에 없다. 고된 과업을 수행하는 순간과 마주해야 하기 때문이다. 그리고 어떤 분야의 전문가가 되려면 그 지긋지긋한 우물을 마냥 파야 한다.

모든 진정한 일은 검증의 문턱들, 온 세상과 운명이 바위들을 마구 굴려 대며 당신이 가는 길을 방해하는 순간들을 맞는다. 모든 진정한 일은 엄격한 규율을 요구한다. 공자는 이렇게 말했다.

"공손하지만 예가 없으면 지치게 되고, 신중하지만 예가 없으면 두려워지며, 용감하지만 예가 없으면 난폭해지고, 강직하지만 예가 없으면 야박해진다."(《논어》〈태백〉-옮긴이)

모든 진정한 일은 계획적이고 목적의식 있는 훈련에 몰두할 것을, 따분하기 짝이 없는 것들을 기꺼이 수없이 반복해서 어떤 기술에 통달할 것을 요구한다. 벤저민 프랭클린은 글쓰기를 독학하려고 당시에 최고로 꼽히던 잡지 《스펙테이터The Spectator》에 나오는 에세이들을 골라 시로 각색하는 훈련을 했다. 또 거기에서 그치지 않고 그렇게 시로 각색한 것을 다시 산문으로 풀어 낸 뒤 원래의 에세이와 비교해 자기가 한 작업이 얼마나 형편없는지 분석했다.

NBA 스타인 빌 브래들리Bill Bradley는 농구를 혼자 익힐 때 스스로 일정표를 짰다. 평일 방과 후와 일요일에는 날마다 3시간 30분씩 연습했다. 토요일에는 8시간씩 연습했다. 다리 힘을 기르려고 10파운드(약 4.5킬로그램)짜리 모래주머니를 양발에 찼다. 그의 가장 큰 약점은 드리블이었기에 안경 아랫부분에 종이를 붙여서 드리블을 할 때 공이 보이지 않게 하고 연습했다. 온 가족이 유럽 여행을 떠나 배를 타고 대서양을 건널 때도 연습을 멈추지 않았다. 갑판 아래 선실 공간에는 좁고 긴 통로가 있었는데 거기에서 그는 날마다 몇 시간이고 드리블 연습을 했다.[2]

계획적인 훈련은 자동화 과정automatizing process의 진행을 일부러 늦춘다. 우리가 어떤 기술을 배울 때 뇌는 새로 입력된 지식을 무의식의 여러 층에 저장한다(자전거 타는 법 배우기를 생각하면 된다). 그러나 뇌는 그것만으로 충분히 만족한다. 만일 어떤 사람이 어떤 기술에 관해 통달의 수준까지 도달하고 싶다면, 그것에 대한 지식이 무의식에 저장되어 완벽해질 때까지 그 기술을 수없이 반복해 익혀야 한다.

어떤 음악 학교들에서는 피아노 전공자들이 연주를 얼마나 느리게 하도록 연습시키는지 만일 선율을 알아들을 수 있기라도 하면 연주가 너무 빠르다는 불호령이 떨어질 정도이다. 또 어떤 골프 학교들에서는 학생들에게 한 차례 스윙을 하는 데 걸리는 시간이 무려 90초나 되도록 느린 속도로 스윙하는 법을 가르친다. 미국의 무용가 마사 그레이엄Martha Graham은 자기가 운영하는 무용 연습실의 거울을 모두 천으로 가렸다. 여기에서 연습하는 무용수들은 자신의 동작이 어떤지 확인하려면 신체의 모든 움직임에 집중해 동작 하나하나를 스스로 느껴야만 한다.

어떤 활동이 창의적이면 창의적일수록 그 일의 통상적인 순서와 방법은 한층 더 구조화되어야(즉 미리 설정되어 있어야) 한다. 미국의 시인이자 소설가인 마야 안젤루Maya Angelou는 글을 쓸 때면 매일 아침 5시 30분에 일어나서 커피를 마신다. 그리고 6시 30분에 호텔 방으로 간다. 이 방은 침대 하나, 책상 하나, 《성서》 한 권, 사전 한 권, 카드 한 벌, 그리고 셰리주 한 병밖에 없다. 이 호텔 방에 7시에 도착해서 오후 12시 30분까지 글을 쓴다. 이 일정은 날마다 똑같다.

미국 소설가 존 치버John Cheever는 일어나자마자 단벌 양복을 입고는 엘리베이터를 타고 아파트 건물의 지하실 창고로 간다. 그런 다음 양복을 벗고 정오까지 글을 쓴다. 그러고는 다시 양복을 입고 에스컬레이터를 타고 올라와서 점심을 먹는다.

19세기의 영국 소설가 앤서니 트롤럽Anthony Trollope은 극단적인 경우였는데, 매일 아침 5시 30분에 집필용 책상 앞에 앉으면 하인이 이 시각에 맞춰 커피 한 잔을 가져왔다. 그런 다음 2시간 30분 동안 15분마다 250개 단어를 썼다. 그가 날마다 썼던 단어의 총량은 정확하게 2500개였으며, 만일 이 할당량을 다 채우지 못한 채로 어떤 소설을 완성해 버렸을 때는 곧바로 새로운 소설을 시작해 그 할당량을 기어코 채운 뒤에야 펜을 놓았다.

H. A. 도프먼Harvey A. Dorfman은 위대한 야구 심리학자이다. 걸작 《피칭의 정신적 기본기The Mental ABC's of Pitching》에서 그는 산만한 마음의 독재에서 벗어나고 싶다면 이런 유형의 구조화된 훈련이 반드시 필요하다고 말한다.

"자기 규율은 자유의 한 형태이다. 게으름과 무기력으로부터의 자유이며, 다른 사람들의 기대와 요구로부터의 자유이며, 나약함과 공포 그리고 의심으로부터의 자유이다."

도프먼은 투수들에게 모든 경기 때마다 똑같은 어떤 의식을 치르라고 조언한다. 라커룸에서 나온 다음에는 늘 앉는 자리에 앉고, 물병은 늘 같은 자리에 두며, 늘 같은 방식으로 스트레칭을 하라는 것이다. 또 그는 투수에게 자기가 있는 곳에서 해야 하는 모든 것을 미리 설정해 두고 지키라고 조언한다. 투수의 우주에는 두 개의 지역만 존재한다. 하나는 마운드이고 다른 하나는 마운드가 아닌 곳이다. 마운드에 올라가 있을 때 투수는 반드시 구종 선택과 공을 꽂을 위치 두 가지만 생각해야 하며, 만일 이것 외에 다른 생각을 하고 있다면 마운드에서 내려와야 한다고 그는 말한다.

마음이 어떤 것을 향해 일직선으로 뻗어 나갈 때 이 마음은 집중할 수 있다고 도프먼은 주장한다. 과제를 항상 모든 것의 중심에 두는 것이 일차적인 규율이다. 투수 개개인의 개성은 그 중심에 있지 않다. 투수의 재능과 불안함 역시 그 중심에 있지 않다. 과제만이 중심에 있다. 달인은 자기가 수행하고 있는 어떤 일과 자기 자신을 멀리 떼어 놓을 줄 안다. 달인은 자기가 가장 강렬한 열정을 느끼는 대상에 초연할 수 있는 능력을 가지고 있다.

만일 이 훈련을 충분히 오래 한다면 당신은 자기의 힘과 한계를 이해하기 시작할 것이고 자기만의 독특한 방법론도 개발할 수 있다. 글을 쓰기 시작하고 여러 해가 지난 뒤에 나는 내 기억력이 얼마나 나쁜지 그리고 머리에 떠오르는 생각들을 순차적으로 조직하는 것이 얼마나 어려운지 깨달았다. 온갖 흥미로운 발상들은 내가 전혀 기대하고 있지 않던 순간에 아무런 순서도 없이 무작위로 떠오른다. 그래서 나는 늘 수첩을 뒷주머니에 넣고 다니다가 그런 생각들이 떠오를 때마다 메모를 해 둔다. 또 어떤 것을 조사할 때는 프린터로 출력한 종이 수백 장 분량의 자료를 모은다. 책을 읽을 때도 중요한 부분은 모두 사진으로 찍어 둔다.

나중에 알게 된 사실이지만 나는 지리적으로 생각한다. 내가 가지고 있는 것에 대한 감을 잡으려고 할 때는 내 앞에 물리적으로 놓여 있는 나의 모든 메모와 자료를 일일이 봐야 할 필요가 있다. 그래서 나는 유용한 체계 하나를 고안했다. 글을 쓸 때마다 모든 관련 문서들을 파일로 만들어서 서재나 거실 바닥에 죽 늘어놓는다. 각 파일은 내가 쓴 칼럼이나 책의 어떤 문단이다. 신문 연재 칼럼은 원고량이 850단어밖에 되지 않지만 대략 14개 파일을 바닥에 늘어놓아야 한다. 내게는 원고를 쓰는 과정이 의자에 앉아서 키보드를 두드리는 게 아니다. 카펫 위를 엉금엉금 기어 다니면서 파일들을 적절한 곳에 내려놓는 것부터 시작된다. 이 작업이 끝난 뒤에는 각 문단 파일을 하나씩 주워서 집필 작업대인 커다란 책상으로 가져가 문장 파일들로 쪼갠다. 그리고 이런저런 발상들을 키보드로 친다. 이렇게 해서 한 파일 작업이 끝나면 그 파일을 던져 버리고 다음 파일로 넘어간다. 글을 쓴다는 것은 사실 구조의 문제이며 일종의 교통정리이다. 만일 구조가 올바르게 설정되어 있지 않으면 아무것도 일어나지 않는다. 나로서는 거실 바닥을 기어 다니면서 파일 작업을 하는 것이 내 일의 최고 순간들이다.

직업이 그 사람을 만든다

—

일은 자기를 주변 동료들에게 유용한 존재가 되도록 만들어 주는 하나의 방법이다. 이와 관련해 신학자 팀 켈러는 다음과 같이 썼다.

"이웃을 사랑하는 데는, 주차 위반 딱지를 끊는 일이든 소프트웨어를 만드는 일이든 책을 쓰는 일이든 간에, 자기 일을 하는 것보다 더 좋은 방법은 없을 것이다. 그러나 여기에는 단서가 붙는다. 능숙하고 유능하게 하는 일이어야만 한다."

직업은 자기중심주의를 치료하는 처방이 될 수 있다. 일을 잘하려면 수행해야 할 과제 자체에 주의와 관심을 집중해야 하기 때문이다.

직업은 불안해하고 초조해하는 마음을 치료하는 처방이 될 수 있다. 어떤 직업에 통달해서 달인이 되는 것은 우물을 파는 것과 같다. 날마다 똑같은 지겨운 작업을 반복해야 한다. 그러다 보면 조금씩 점점 더 깊어지고 더 나아진다. 이런 맥락에서 사상가이자 시인인 랠프 월도 에머슨은 다음과 같이 썼다.

"그가 침묵 속에서, 꾸준함 속에서, 혹독한 추상성 속에서 혼자 매달리도록 그리고 관찰에 관찰을 더하고 그 어떤 무시와 비난에도 아랑곳하지 않게 내버려 두라. 진정으로 만족할 수 있다면 충분히 행복하니 자기만의 시간을 살게 내버려 두라. 그는 이미 진정으로 소중한 무언가를 발견했다."

에머슨은 결단의 의사 결정에서 핵심적인 여러 요소들 가운데 하나를 강조한다. 처음에 그 의사 결정은 어떤 선택을 포함한다. 이 직업을 선택할 것인가 아니면 저 직업을 선택할 것인가 하는 의사 결정이다. 그러나 당사자는 99.9퍼센트의 확률로 이미 선택을 한 상태이다. 모든 글쓰기가 실제로는 '다시 쓰기'인 것과 마찬가지로 말이다, 모든 결단은 사실은 '재결단'이다. 그것은 이미 "예"라고 대답했던 것에 다시 "예"라고 대답하는 과정이다.

미국 정치인 마이크 비브Mike Beebe는 십 대 싱글맘의 아들로 태어나서 타르를 칠한 판잣집에서 성장했다. 아칸소에서 고등학교를 졸업한 뒤 아칸소주립대학교에 입학해 법학 학위를 받았다. 1982년에 주의회 의원으로 선출되었고, 2007년에는 주지사가 되었다. 그는 아칸소 역사상 그리고 미국을 통틀어서도 가장 인기가 높은 주지사였다. 2010년 선거에서 공화당은 전국에서 민주당을 압도했지만, 아칸소에서는 비브가 75개 카운티를 모두 석권하며 재선에 성공했다.

그의 비결은 무엇이었을까? 한 가지 핵심 요인은 그가 전국적인 차원의 야망을 가지고 있지 않았다는 점이다. 아칸소는 그의 고향이었으며 그가 자기의 모든 에너지를 집중할 곳이었다. 뉴욕의 유니테리언교(삼위일체론을 부정하고 신격의 단일성을 주장하는 기독교의 한 파—옮긴이) 목사인 갈렌 갱그리치는 비브를 다룬 글들을 읽고서는 한 설교에서 합당한 결론을 내렸다.

때로는 다른 무언가로 옮겨 가서 새로운 시도를 하는 것이 옳긴 하지만, 우리는 그 자리에 가만히 있는 것과 자기에게 진실한 것 즉 예전에 선택했던 것을 다시 한 번 선택하는 것의 미덕을 배울 필요도 있습니다. 내 생각으로는 바로 이것이 우리가 교회에 오는 중요한 이유들 가운데 하나가 아닐까 싶습니다.

우리가 지금 여기에 있는 것은 매주 영적인 발전을 하기 위해서만이 아닙니다. 물론 영적인 발전도 놀랍고 멋지긴 합니다만, 우리가 교회를 찾는 것은 무엇보다 일관성을 위해서, 한 주 한 주가 지나가도 늘 똑같은 것을 위해서입니다. 예배를 드리면서 느끼는 평온함, 찬송가에서 느끼는 위안, 낯익은 얼굴들에서 확인하는 따뜻한 표정, 오랜 역사의 예배 의례와 시간을 초월한 상징들의 영속적인 존재감 같은 것들 말입니다. 우리가 지금 여기에 있는 것은 우리를 하나로 묶어 주는 가치관을 그리고 우리를 올바른 길로 나아가게 지켜 주는 헌신을 우리 스스로에게 되새기기 위해서입니다. 우리가 여기에 있는 것은 과거에 우리가 선택한 것을 다시 한 번 선택하기 위해서입니다.[3]

오랜 커리어 과정에 걸쳐 살펴보면 사람들이 특정한 정신적 과제들은 잘 해내지만 다른 과제들은 그렇지 않음을 알 수 있다. 사람의 뇌는 인생 초반인 이십 대에 절정기에 도달한다고 한다. 이 시기가 지나면 뇌 세포가 죽고 기억력은 감퇴한다. 그러나 이렇게 부족해지는 부분을 경험으로 터득한 교훈이 메워 준다. 사람은 나이를 먹을수록 특정한 패턴들을 더 잘 인식하고 또 의사 결정을 할 때도 훨씬 적은 노력만 들이고 할 수 있다. 신경심리학자인 엘코논 골드버그 Elkhonon Goldberg는 뇌에 나타나는 패턴들을 연구하는데, 커리어 말년에 자기가 가진 여러 가지 능력에 대해 다음과 같이 썼다.

"내 정신 속에서 과거에는 일어나지 않았던 무언가 흥미로운 일이 일어났다. 따로 떼어 놓으면 매우 까다로워 보이는 어떤 문제에 맞닥뜨릴 때, 내 머릿속에서는 치열한 정신적인 연산이 굳이 진행될 필요 없이, 마법처럼 그 문제에 대한 해법이 그야말로 아무런 노력을 들이지 않아도 쉽게 제시된다. 마치 저절로 나타나는 것 같다. 나이가 들면서 까다로운 정신적인 일을 수행하는 역량이 사라져 버리지만, 즉각적이고 터무니없을 정도로 손쉬운 통찰 부문의 역량이 늘어나서 그 손실을 메워 준다."[4]

통달의 수준에 도달한 사람은 사물을 개별적인 것으로 바라보지 않고 전체 구조 속에서 본다. 이들은 실제로 작동하는 여러 힘이 만들어 내는 힘의 장field of force들을 인지한다. 음악가들은 개별 음표들이 아니라 음악 작품의 전체 구조를 보는 것에 대해 이야기한다.[5]

아래로, 지역으로 내려가라

—

미국의 록 가수 브루스 스프링스틴Bruce Springsteen의 인생은 경험이 없는 초심자에서 출발해 달인이 되는 경로를 확실하게 보여 주며, 어떤 사람이 자기 직업에 자신의 모든 것을 쏟아부을 때 어떤 일이 일어나는지 생생하게 증명한다. 스프링스틴은 일곱 살 때 깨달음의 순간을 맞았다. 텔레비전으로 〈에드 설리번 쇼The Ed Sullivan Show〉를 보고 있었는데, 갑자기 엘비스 프레슬리가 나타났던 것이다. 정말 놀라운 순간이었다고 그는 회고록에서 밝혔다.

"인종을 가르는 경계선과 성별을 가르는 경계선을 희미하게 만들어 버리는 새로운 유형의 인간, 새로운 현대인이었고, 재미있었다! 정말 재미있었다! 그 사람은 진짜였다. 인생에 축복을 내리고, 장벽을 깨부수며, 심경을 바꾸어 놓고, 마음을 열어 주는 한층 더 자유롭고 한층 더 해방된 존재였다."

어린 스프링스틴은 엘비스를 본 직후에 바로 그 엘비스의 모습이 야말로 자기가 진정으로 되고 싶은 것이라는 내장 감각(몸 안의 여러 내장 기관에서 느껴지는 감각-옮긴이)을 느꼈다. 심리학자 제임스 홀리스는 "모든 관계는 투사projection에서 시작된다"라고 말했다. 스프링스틴은 자기 어머니를 악기점으로 끌다시피 해서 데리고 갔다. 집에 돈이 거의 없었던 어머니는 대출을 받아 아들에게 기타를 사 주었다. 그는 그 기타를 가지고서 몇 주 동안 쉬지 않고 연습했다. 그러다가 갑자기 연습을 중단했다. 너무 어려웠던 것이다.

스프링스틴은 비참한 어린 시절을 보낼 수밖에 없는 가정에서 태어나서 온갖 고난을 거쳐 마침내 눈부신 성공을 거둔 인물의 전형이었다. 그는 더없이 자상하고 아낌없이 사랑을 베푸는 어머니와 냉담하고 소원하기만 한 아버지 밑에서 자랐다. 또 너무 가난해서 말 그대로 다 쓰러져 가는 집에서 살았다. 온수가 나오지 않아 부엌에서 물을 데워 화장실로 가져가 써야 했다. 어린 시절 그의 별명은 '블링키Blinky'(눈깜작이)였다. 심한 틱 장애를 가지고 있어서 1분에 수백 번씩 눈을 깜박거렸기 때문이다. 그는 숫기 없고 여린 십 대였다.

그런데 그때 다시 한 번 번개가 쳤다. 그가 열네 살이던 1964년에 비틀스가 〈에드 설리번 쇼〉에 출연한 것이다. 이때 그는 엘비스를 보았을 때와 똑같은 소명, 그 강렬한 호기심을 느꼈다. 그는 동네에 있는 싸구려 잡화점에 가서 곧바로 앨범 매대에서 훗날 그가 "모든 시대를 통틀어서 가장 위대한 앨범"[6]이라고 말했던 것을 발견했다. 그것은 바로《미트 더 비틀스!Meet the Beatles!》(미국에서 발표된 비틀스의 두 번째 앨범-옮긴이)였다. 이 앨범의 커버에는 검은색 바탕에 비틀스 멤버 네 명의 반그림자 진 얼굴만 실려 있었다.

"그것이 내가 하고 싶었던 바로 그것이었다."

나중에 이런 순간들을 이야기할 때 우리는 보통 당시 느꼈던 감정들, 특히 야망을 애써 낮춰서 말하는 경향이 있다. 허세를 부린다는 말을 듣고 싶지 않기 때문이다. 그래서 음악가들에게 어떻게 해서 음악계에 발을 들여놓게 되었느냐고 물으면 거의 대부분 여자들에게 잘 보이고 싶었다거나 사랑을 받고 싶었다거나 돈을 벌고 싶었다고 말한다. 하지만 이런 낮은 차원의 동기는 그들의 진짜 속마음이 아니었다. 그럼에도 그렇게 말하는 것은 그들이 그 깨달음의 순간에 가졌던 드높고 강렬한 이상주의를, 즉 자기 안에 있는 어떤 감정을 표현하고 어떤 경험을 탐구하고자 하는 욕구를 솔직하게 드러내고 싶어 하지 않기 때문이다.

청년들에게 해 줄 수 있는 최고의 조언 가운데 하나는 '너 자신을 빨리 찾아라'이다.

─ 자신이 하고 싶은 게 무엇인지 안다면, 지금 당장 그 일을 시작하라. 이런 일자리 또는 저런 학위가 자기가 궁극적으로 하고 싶은 것을 하는 데 좋은 준비 과정이 되어 주리라 생각한다면 꾸물거리지 마라. 지금 당장 시작하라!

스프링스틴은 아무런 대책도 없이 무작정 자기 자신을 찾아 나섰다, 그것도 서둘러서!

그는 낡은 중고 기타를 사서 기타 연주를 독학했다. 다섯 달 뒤 그의 손가락은 굳은살이 박여 딱딱해졌다. 그는 밴드에 들어가 자기가 나온 고등학교에서 공연을 했다. 하지만 그의 연주는 끔찍했고, 그는 밴드에서 쫓겨났다.

그날 밤 스프링스틴은 롤링 스톤스의 앨범을 꺼내서 키스 리처즈의 기타 솔로 연주곡을 듣고는 밤을 새워 가면서 이 연주를 모방하려고 노력했다. 그는 주말마다 YMCA나 고등학교 댄스파티를 찾아다녔다. 춤을 추려고 간 게 아니었다. 그는 그냥 리드 기타리스트 곁에 서서 연주를 연구했다. 그리고 집으로 달려가 자기가 보았던 모든 것을 연주했다. 오스왈드 챔버스Oswald Chambers 목사가 말했듯이 "힘들고 단조로운 일이야말로 훌륭하게 완성된 개성의 시금석이다."

스프링스틴은 여러 밴드에 들어갔고, 스무 살 무렵에 이미 할 수 있는 모든 소규모 공간에서 연주를 해 보았다. 예를 들면 YMCA 회관, 피자 가게 대기실, 주유소 개업식, 결혼식장, 바르 미츠바(유대교 성년식-옮긴이), 소방서 행사, 말보로 정신 병원 등이었다. 그는 조금씩 나아지기 시작했다. 뉴저지의 애즈버리파크 시에는 그가 아는 사람은 아무도 없었지만 음향 장비를 갖춘 술집이 있었다. 음악가들은 30분짜리 시간을 신청하기만 하면 연주할 수 있었다. 연주석으로 올라간 스프링스틴을 알아보는 사람은 아무도 없었고, 그는 자기 하고 싶은 대로 다 했다. 그는 회고록 《본 투 런Born to Run》에서 "나는 내 쪽으로 더 가까이 다가와 자세를 바로잡고 앉아 진지하게 관심을 기울이는 사람들을 바라보았다"라고 썼다(책 제목 '본 투 런'은 스프링스틴이 1975년 발표한 세 번째 앨범 제목인 동시에 그 앨범 타이틀곡이자 그의 대표곡 제목이기도 하다-옮긴이). 그 뒤 "모든 것을 태워 버릴 듯한 기타 아마겟돈의 강렬한 30분"이 이어졌고 "그런 다음 나는 걸어 나왔다"라고 그는 회고했다. 서부 시대로 치자면 마을에 새로운 총잡이가 나타났던 셈이다.

스프링스틴은 자기가 찾을 수 있는 최고의 연주자들을 끌어모았다. 다들 음악 이외의 다른 선택지는 뒤도 돌아보지 않고 내팽개친 사람들이었다. 이렇게 결성된 밴드는 빡빡한 일정으로 순회공연을 다녔다. 그러다가 그들은 뉴욕에 있는 그리니치빌리지에 갔는데, 거기에서 자기들보다 못한 밴드는 찾아보기 어렵다는 충격적인 진실을 마주했다(그리니치빌리지는 미국 뉴욕 맨해튼섬 남부에 있는 지역으로 예술가들의 천국, 보헤미안의 본산, 성소수자 운동의 요람으로 유명하며, 1960년대 비트 문화와 반문화의 탄생지이기도 하다-옮긴이). 실패에는 (적어도) 두 가지 유형이 있다. 첫 번째는 '나'는 뛰어나지만 다른 사람들이 이 사실을 알아주지 못할 때이다. 허먼 멜빌의 소설 《모비딕Moby-Dick》도 처음 18개월 동안 2300부, 50년 동안 5500부밖에 팔리지 않았다. 이 소설은 비평자들에게 혹평을 받았다. 어떤 예술가들은 사람들이 자기를 판단할 수 있는 취향을 스스로 창조해야만 한다. 두 번째 유형의 실패는 '나'는 내가 생각하는 만큼 썩 훌륭하지 않으며 이런 사실을 다른 사람들이 꿰뚫어 볼 때이다.

사람은 누구나 자기가 한 실패가 첫 번째 유형의 실패라고 생각하고 싶어 한다. 그러나 전체 실패의 대략 95퍼센트가 두 번째 유형의 실패라고 한다. 통달의 경지로 나아가려면 이런 통렬한 깨달음도 거쳐야 한다.

누구든 다른 사람의 지식을 가지고서 박식할 수는 있지만 다른 사람의 지혜를 가지고서는 지혜로울 수 없다. 스프링스틴은 초기에 경험한 힘겨운 투쟁을 통해, 일거리에서 주의를 기울여야 하는 부분은 재미를 주는 요소들이 아니라 일이 잘 돌아가도록 신경을 쓰고 살펴야 하는 요소들이라는 사실을 깨달았다. 그는 밴드를 조직하고 운영하는 방식을 두고 점점 더 많은 시간을 들여 생각했다. 그는 매니저를 해고했다. 이따금 반짝거리기는 하지만 들쑥날쑥한 기량을 보이는 드러머도 해고했다. 그는 밴드의 운영 구조에 대해 생각했다. 밴드는 굳이 민주적으로 운영되지 않아도 된다고 결론 내리고, 자기가 밴드를 관리하기로 마음먹었다.

사람들은 보통 록 스타들은 일도 열심히 하고 파티에서 흥청망청 놀기도 잘한다고 생각한다. 그러나 달인이 난봉꾼처럼 사는 경우는 거의 없다. 달인의 경지에 오르려면 너무나 많은 연습을 해야 하며 또 대개 금욕적인 생활 태도를 유지해야 한다. 스프링스틴은 커리어 초창기에 줄곧 술집에서 연주하며 일했지만 술은 전혀 마시지 않았다. 또 평생 공장 이야기를 노래로 불렀지만 공장에는 한 번도 발을 들여놓은 적이 없었다. 자동차를 소재로 한 노래를 수없이 불렀지만 젊을 때는 자동차를 소유하기는커녕 운전 면허증조차 없었다. 로큰롤은 야생과 쾌락을 추구하지만 그는 콘서트를 끝낸 뒤에는 자기만의 엄숙한 의례를 치렀다. 그 의례는 방에 혼자 있는 것이었다. 프라이드치킨, 프렌치파이, 책 한 권, 텔레비전 그리고 침대가 그가 치르는 의례에 동원되는 전부였다.

스프링스틴이 말했듯이, 예술에는 약간 사기성이 있다. 그것은 록

스타의 어떤 멋진 이미지를 투사해 보여 주는 것이다. 설사 그 사람이 실제로는 투사되는 그 이미지대로 살지 않는다 하더라도 말이다.

어떤 사람들은 다른 사람들과의 어울림을 통해 몰입을 획득한다. 친구들과 어울려서 시끌벅적한 저녁 만찬이나 파티를 벌이고 춤을 춘다. 그리고 자의식이 점점 희미하게 사라진다. 그러나 많은 예술가들은 자기 생활 속으로 자연스럽게 사라지기 어렵다. 그들은 다른 사람들과 떨어져 있다고 느끼며 어떻게든 다른 사람들과 이어지길 바란다. 창의성을 추진할 수 있는 것은 바로 사회적·정서적 몰입의 부족이다. 그래서 시인 크리스천 위먼도 다음과 같이 표현했다.

"예술가는 언제나 삶에서 떨어져 있는 것을 의식하는데, 이런 태도의 결과로 자기가 느끼는 데 실패했던 것을 가장 강렬하게 느끼기 시작할 수 있다. 이처럼 한 사람의 인생 속 어떤 정서적 내향성이 그 사람이 하는 작업에서 위대한 힘의 원천이 된다."[7]

1972년에 마침내 세상은 스물두 살의 스프링스틴을 발견했다. 처음 두 앨범은 상업적으로 성공을 거두지 못했다. 그래서 그의 커리어는 세 번째 앨범의 성패 여부에 달려 있었다. 그 앨범이 《본 투 런》이었다. 그는 《타임》과 《뉴스위크》 두 잡지의 표지를 장식했다, 그것도 같은 주에. 당시에 이런 일은 대단한 사건이었다.

스프링스틴은 갑자기 스타가 되었다. 그다음에 이어질 명백한 단계는 달리는 말에 한층 더 박차를 가해서 자기 존재를 훨씬 더 넓게 각인시키는 것이었다. 물론 이것은 음반사와 그의 주변 사람들 모두가 바라던 일이었다. 당연하고 자연스러운 진행이었다. 신인이라면 스타가 되는 것이고, 스타라면 슈퍼스타가 되는 것이었다.

그런데 그 뒤에 실제로 이어진 것은 이와 달랐다. 그리고 그것은 스프링스틴이 달인의 경지에 올라서는 데서 결정적인 순간이 되었다. 그는 바깥으로, 전국으로 나가는 대신 아래로, 지역으로 내려가는 쪽을 택했다. 그의 다음 앨범은 뉴저지 중부 지역의 작은 마을들에 사는 사람들, 자기가 속한 사람들 속으로 한층 더 깊이 들어갔다. 자신이 소재로 삼는 외로운 사람들을 자기 음악이 온전하게 반영할 수 있도록 한층 더 좁혀서 들어갔던 것이다. 성공적인 커리어를 일구어 가는 과정에서는 많은 경우 성공이 바로 눈앞에 보인다는 이유로 초심에서, 즉 처음 자신이 하는 일을 촉발시켰던 그 악마에게서 멀어지는 어떤 순간이 필연적으로 닥친다. 이때 자기 주변에서 들리는 모든 목소리를 거부하고 자기가 과거에 선택했던 것을 다시 선택하는 것은 원초적인 도덕적 용기를 발휘하는 행위이다. 성공의 무대에 올라설 수 있는 기회를 자기 발로 차 버리는 것처럼 보이지만, 사실 이것은 그를 그 위치까지 데려다 준 것과의 접촉을 계속 이어 가는 행위이다. 스프링스틴은 이렇게 썼다.

"나를 음악적으로 굳건하게 세우고 싶었고 또 나 자신의 여러 질문들과 대답들을 찾고자 했던 바로 그 지점이었다. 나는 거기에서 바깥으로 나가고 싶지 않았다. 나는 그 안에 머물고 싶었다. 나는 지우거나 도망치거나 잊어버리거나 거부하고 싶지 않았다. 나는 이해하고 싶었다. 내 부모님의 인생을 사로잡았던 사회적인 힘은 무엇이었을까? 그것은 왜 그토록 가혹했을까?"[8]

바로 여기에 역설이 존재한다. 스프링스틴은 "나는 자유다"라는 주장이 절정이던 시기에 성장했다. 록 음악은 이런 정신의 고전적인 표현이었다. 스프링스틴 본인도 완전한 자유를 찾아서 탈출하는 것에 대해 노래했다. 그러나 개인적으로 그는 단 한 번도 그런 헛된 유혹에 빠지지 않았다. 대신에 자기 뿌리를 찾아서 자기가 선택하지 않았던 의무들 속으로 더욱 깊이 돌아갔다. 그리고 지금까지도 자기가 성장한 곳에서 10분 거리에서 살고 있다.

"방해받지 않는 개인적인 자유와 진정한 자유 사이에는 커다란 차이가 있음을 나는 깨달았다. 우리보다 앞서 존재했던 많은 집단들, 많은 영웅들이 이 둘을 혼동했고 그들의 시도는 결국 잘못되고 말았다. 나는 개인적인 자유와 진정한 자유의 차이는 자위와 섹스의 차이라고 느꼈다. 자위는 나쁘지 않지만 진짜가 아니다."

스프링스틴은 자기와 함께 성장한 사람들에게 어떤 책임감을 느꼈다. 그들 가운데서 대학교에 진학한 사람은 거의 없었고 대부분이 힘겹게 살고 있었기 때문이다. 그래서 그는 그 땅으로 돌아가 거기에 뿌리를 내렸다.

그로부터 수십 년 뒤에 나는 마드리드에서 6만 5000명의 젊은 팬들이 소리를 질러 대는 가운데서 공연하는 그의 모습을 지켜보았다. 그 팬들이 입고 있는 티셔츠는 9번 고속도로, 스톤포니, 그리시레이크 등 그의 노래들에서 불쑥불쑥 튀어나오는 뉴저지 중부 지역의 여러 장소들을 찬양하고 있었다. 여기서도 밝혀지는 사실이지만 그는 굳이 바깥으로 나가서 팬을 찾을 필요가 없었다. 자기만의 특정한 고향에 대한 어떤 풍경을 만들기만 하면 팬들이 그를 찾아올 터였기 때문이다. 이 사실은 그런 특정한 것이 얼마나 어마어마한 힘을 가졌는지 깨닫게 해 준다. 만일 당신의 정체성이 어떤 군건한 경계선들에 의해 형성된다면, 만일 당신이 특정 지역 출신이라면, 만일 당신이 다른 것들과 확연히 구분되는 어떤 전통을 구체적으로 드러낸다면, 만일 당신의 관심거리들이 창의적이고 상상력 넘치는 특정한 풍경을 통해 표현된다면, 당신은 한층 더 깊어지고 한층 더 선명해질 것이다. 광범위한 절충주의 네트워크들을 기반으로 성장하고, 이곳저곳 맥락도 없이 옮겨 다니고, 삶의 방식도 이랬다저랬다 바꾸고, 또 이리저리 기웃거리며 가볍게 몰두해 보는 것으로 자기 정체성을 형성하거나 정체성을 전혀 형성하지 못하는 경우에 비해서 말이다.

내가 가르친 학생 중에 존 엔딘이라는 친구가 있는데, 그가 한번은 나에게 라이스대학교의 마이클 에머슨Michael O. Emerson이란 교수에 관한 이야기를 들려주었다. 백인인 에머슨은 인종적 정의racial justice에 대해 가르치는 사회학자였다. 그는 정체성의 힘을 입증하기 위해 자기 강의를 듣는 학생들에게 '켄터키 가이Kentucky Guy' '프라이드 피클스 갤Fried Pickles Gal' 같은 꼬리표를 만들어 붙였다. 그리고 자기 자신은 '어 코먼 가이A Common Guy' 또는 그냥 '코먼'이라고 불렀다. 그런 다음 이런 꼬리표가 삶을 어떻게 형성하는지 보여 주는 여러 실험을 학생들이 수행하게 했다. 예를 들어 학생들은 흑인과 백인 온라인 짝짓기 프로필을 각각 만들어 사람들이 보이는 반응 차이를 살펴보았다. 엔딘은 이 '어 코먼 가이'가 자신이 만난 최고의 스승이었다고 나에게 말했다. 인종의 역할, 종교, 그리고 도시 생활을 주제로 한 에머슨의 저작들은 그 분야에서 저명하다.

'어 코먼 가이'는 인종적 정의를 강의실에서 가르치기만 한 것이 아니었다. 그의 부부가 지금까지 이사를 다닐 때마다 산 집들은 모두 흑인 거주 지역에 있었다. 그래서 그 집들의 가격은 하나같이 그가 거주하는 동안에 떨어졌다. 그럼에도 두 사람은 개의치 않았다. 이 부부는 또 아이들을 집 근처에 있는 흑인만 다니는 학교에 보냈다. 이 아이들의 자기 정체성은 대여섯 살이 될 때까지 흑인이었다. 이 아이들에게 인종적인 정체성을 가르는 것은 피부색이 아니었다. 그것은 그 아이들이 함께하는 친구들이 누구이냐 하는 것이었다.

라이스대학교 사회학부는 연구 기금을 마련해 해마다 모든 교수들에게 공평하게 분배했다. 그런데 이미 종신 재직권이 보장되어 있던 '어 코먼 가이'는 젊은 교수들이 종신 재직권을 따려면 더 많은 기금이 필요하리라 생각하고 자기 기금을 그들에게 양보했다. 그는 나중에 라이스대학교의 종신 재직권을 박차고 나가서 시카고에 있는 노스파크대학교로 갔다. 유명한 대학교에서 특권을 누리며 편안하게 살 수 있는 길을 버리고 굳이 이름 없는 대학교로 자리를 옮긴 것은, 라이스대학교 학생들보다 노스파크대학교 학생들에게 더 많은 봉사를 할 수 있다고 판단했기 때문이다.

'어 코먼 가이' 이야기를 들은 지 벌써 여러 해가 지났지만, 그는 지금도 여전히 내 마음속에 완전한 헌신을 발견한 사람의 전형이자 직업인의 본보기로 남아 있다. 생각에만 머물지 않고 최대한 실행에 옮기고, 모든 것을 연결시키고, 한 가지 일관된 단일체 속에 하나로 녹아들고, 고개를 쳐드는 자아를 눌러 덮어 버리고, 가장 중요한 어떤 선을 위해 봉사하는 사람. 마이클 에머슨이야말로 그런 사람이다.

PART 3

결혼에 대하여

Chapter 14

두 사람이 함께 수행하는 희망의 혁명

둘이 하나가 된다는 것

—

시인 잭 길버트Jack Gilbert는 1925년 피츠버그에서 태어났다. 고등학교를 중퇴하고 막노동꾼으로 일하다가 유럽으로 건너갔고 나중에는 시인이자 교사가 되었다. 그가 쓴 많은 작품이 사랑을, 특히 자기보다 스물한 살 어린 아내 미치코 노가미를 향한 사랑을 주제로 한 것이었다. 미치코는 서른여섯 살에 암으로 죽었는데, 그 직후에 길버트는 〈결혼한 사람Married〉이라는 시를 썼다.

장례식장에서 돌아와
엉엉 울면서, 온 집 안을 기어 다니며
아내의 머리카락을 찾았다.
두 달 동안 배수구 뚜껑에서
진공청소기에서, 냉장고 아래에서
또 옷장에 걸린 옷에서 머리카락이 나왔다.

하지만 다른 일본 여성들이 왔다 간 뒤로는
어느 것이 아내의 것인지 알 길이 없어
결국 머리카락 찾기를 그만두었다. 그런데 1년 뒤
아내가 기르던 아보카도의 분갈이를 하다가
흙 속에서 길고 검은 머리카락 한 올을 발견했다.

내가 죽음을 소재로 한 시로 결혼을 다루는 이 장을 시작하는 데
는 이유가 있다. 결혼은 일화로는 도저히 설명할 수가 없으며, 때로
는 모든 게 끝나 버린 뒤에야 비로소 가장 강렬하게 느껴지기 때문
이다. 아름다운 결혼 생활은 극적이지 않다. 결혼은 소설과 노래로
묘사하기 어려운데, 결혼을 규정하는 모든 행동과 행위는 너무나 작
고, 끊임없이 이어지며, 또 특수하기 때문이다. 결혼은 아내가 공항
에 일찍 가는 걸 좋아한다는 사실을 아는 것이다. 결혼은 자기가 안
하면 아내가 하리란 걸 알면서도 굳이 시간을 내 잠자리를 정돈하는
것이다. 더 큰 차원에서 보자면 결혼은 사랑과 존중과 안전을 제공
하는 것이다. 하지만 결혼 생활의 하루하루는 상대방의 기분을 이해
하고 있으며, 상대방의 존재에 깊이 감사하며, 상대방이 자기 세계의
중심에 있음을 보여 주는 결코 끝나지 않는 눈치와 배려의 사소한
몸짓들로 이어진다. 그리고 하루가 끝날 때는, 더 큰 합일을 위해 자
기의 한 부분을, 자기가 가지고 있는 욕구들을 포기하고 자아를 결
혼의 제단에 희생물로 바치는 힘겨운 노력이 이루어진다.

결혼은 오르막길과 내리막길의 연속이다. 처음 사랑이 싹을 틔웠
던 신성한 장소들과 관련된 이야기를 하고 또 하는, 둘만이 알아들

는 농담들이 있다. 디너파티에서 몇 번이고 들어서 이미 잘 알고 있는 일화들을 상대방이 해도 웃으면서 들어 준다. 그리고 어김없이 끝없이 이어지는 온갖 계획들이 있다.

결혼식장에서 누구나 듣는 《성서》 구절이 결혼 생활의 사랑을 잘 정리해 준다.

"사랑은 오래 참습니다. 사랑은 친절합니다. 사랑은 시기하지 않습니다. 사랑은 자랑하지 않습니다. 사랑은 교만하지 않습니다. 사랑은 무례하지 않습니다. 사랑은 사욕을 품지 않습니다. 사랑은 성을 내지 않습니다. 사랑은 앙심을 품지 않습니다. 사랑은 불의를 보고 기뻐하지 아니하고 진리를 보고 기뻐합니다. 사랑은 모든 것을 덮어 주고 모든 것을 믿고 모든 것을 바라고 모든 것을 견디어 냅니다."

누구와 결혼할 것인가는 어떤 사람이 인생을 살면서 해야 하는 가장 중요한 결정이다. 결혼은 인생과 그 안에 있는 모든 것의 색깔을 규정한다. 조지 워싱턴은 자기가 매우 흥미로운 인생을 살았다고 인정했는데, 그러면서 다음과 같이 결론 내렸다.

"결혼이야말로 한 사람의 인생에서 가장 흥미로운 사건이라고, 행복 또는 불행의 토대라고 나는 늘 생각해 왔다."

내가 아는 어떤 사람은 자기 또래의 아름답고 재능 넘치는 여성과 결혼했다. 그리고 불임 때문에 어려움을 겪다가 7년 뒤 아이를 가졌다. 그런데 출산 과정에서 문제가 생겼다. 아내가 양수색전(분만 도중에 양수가 모체의 핏속으로 들어가서 산모가 심폐 기능 이상, 대량 출혈 등을 일으키는 증상-옮긴이) 증상을 보이면서 엄청난 양의 피를 흘렸다. 절체절명의 위기였고, 의사들은 남편에게 산모가 죽을 수도 있다고 말했다.

이런 증상을 보일 경우 50퍼센트에서 80퍼센트의 산모가 죽는다는 것이었다. 설령 목숨을 건지더라도 뇌에 심각하고 영구적인 손상이 일어날 것이라고 했다. 남편은 대기실에 앉아서, 자기를 더는 알아보지도 못하는 여인을 돌보면서 나머지 인생을 바쳐야 할지 모른다는 사실을 받아들이려 애쓰고 있었다.

"바로 그 순간에 결혼식장에서 했던 서약이 생각나더군요."

다행히 아내가 기적적으로 완쾌되는 것으로 끝났던 그 사건이 있은 지 몇 년 뒤에 아내와 그때 낳은 딸 곁에 앉아서 남편이 한 얘기이다.

결혼은 하나의 혁명으로 다가온다. 여태껏 하나로만 살다가 갑자기 둘이 된다는 것, 이것은 일종의 침범이다. 그러나 여기에는 보상도 뒤따른다. 길고 행복한 결혼 생활을 하는 사람은 인생의 복권에 당첨된 사람이다. 이들은 행복한 사람, 축복받은 사람이다. 그리고 바로 이것이 우리를 유혹하는 결혼의 아름다운 꿈이다. 조지 엘리엇은 소설《애덤 비드Adam Bede》(가상의 전원 마을을 배경으로 펼쳐지는 네 주인공의 사랑 이야기이다-옮긴이)에서 이렇게 썼다.

"두 영혼에게 자신들이 인생을 위해 하나로 결합했다고 느끼는 것보다, 즉 온 노력을 다해 상대방을 강하게 만들고, 모든 슬픔 속에서 서로에게 의지하고, 모든 고통 속에서 서로를 보살피고, 마지막 이별의 순간에 말로 다할 수 없는 침묵의 기억 속에서 서로 하나가 되는 것보다 더 위대한 것이 뭐가 있을까?"

열정은 노인기보다 청년기에 절정으로 치닫는다. 그러나 결혼 생활은 나이가 들어서 절정기를 맞는다. 행복한 결혼 생활을 진정으로 가늠할 수 있는 것은 수십 년 동안 함께한 어떤 부부의 완벽함이다. 콜롬비아 작가 가브리엘 가르시아 마르케스Gabriel Garcia Marques는 소설《콜레라 시대의 사랑Love in the Time of Cholera》에서 노부부를 묘사하면서 이 완벽함을 포착해 낸다.

마지막에 가서 두 사람은 서로를 속속들이 너무 잘 알게 되었는데, 결혼한 지 30년쯤 되었을 때는 몸은 둘이지만 그야말로 한 사람과 같았으며, 상대방이 무슨 생각을 하는지 묻지 않아도 아는 빈도가 늘어난다는 사실이 불편하기까지 했다. …… 바로 이때가 두 사람이 서두르지도 않고 지나치지도 않으면서 서로를 가장 사랑한 때였으며, 또 두 사람이 함께 온갖 역경을 이기고 믿을 수 없을 정도로 커다란 승리를 거두었다는 사실을 가장 선명하게 깨닫고 거기에 감사하는 마음을 가진 때였다. 인생은 두 사람에게 언젠가 한 사람이 먼저 죽을 수밖에 없다는 시련을 안겨 줄 테지만, 그건 이제 더는 중요하지 않았다. 그들은 이미 강 건너편에 가 있었기 때문이다.

말하는 것도 똑같고 웃는 것도 똑같은 부부를 우리는 주변에서 흔히 본다. 내가 아는 사람들 가운데 짐 팰로스와 뎁 팰로스 부부는 우리 지인들 사이에서 가장 행복한 결혼 생활을 하는 것으로 유명하다. 이들은 단일한 지능과 진실한 선함을 사방으로 뿌리고 다닌다. 언젠가 다른 작가 한 명이 이 부부와 함께 점심을 먹었는데, 이 자리에서 그 사람은 정말 기쁨이 넘치는 결혼 생활이 어떤 것인지 알 수 있었고, 그래서 자기 여자친구에게 청혼을 해야겠다고 마음을 먹었을 정도이다.

결혼 생활 카운슬러인 주디스 월러스틴Judith Wallerstein과 샌드라 블레이크슬리Sandra Blakeslee는 공동 저서 《좋은 결혼The Good Marriage》에서 전체 결혼 중 약 15퍼센트에서는 부부 사이에 열정이 결코 시들지 않는다고 추정한다. 이런 결혼 생활에서는 여성이 상대적으로 더 가정적인 아버지와 다소 냉담한 어머니 슬하에서 성장한 경향이 있다고 두 저자는 썼다. 이런 여성은 자기 아버지를 이상형으로 여기는 마음을 남편에게 투영하기 때문이다. 또 이런 결혼 생활에서 남성은 흔히 외로운 어린 시절을 보냈거나 상실의 고통을 겪은 경향이 있다. "이런 남성들은 오랫동안 유예되었던 사랑과 친밀함을 갈망하는 강렬한 필요성을 안은 채로 성인이 되기 때문이다."[1]

두 사람이 연구한 부부들 가운데 맷 터너와 세라 터너가 있었는데, 세라는 이렇게 말했다.

"늘 마법처럼 느껴졌지요. 32년이 지난 지금도 계속 그렇고요. 우리 두 사람은 처음 만난 지 1시간 만에 마법을 느꼈습니다. 그때 그 이야기를 했고, 지금도 그 이야기를 해요."

또 다른 부부로 프레드 펠리니와 마리 펠리니가 있었는데, 프레드는 이렇게 말했다.

"나는 늘 우리가 했던 최악의 싸움이 무엇이었는지 떠올려 보려고 애를 씁니다만 안 돼요. 기억이 안 나요. 하지만 우리가 싸움을 하지 않은 건 아니거든요. 도대체 우리가 뭘 가지고 싸웠는지 도무지 기억나지 않습니다. 한 사람이 상대방에게 벌컥 화를 내곤 하지만 금방 잊어버리죠. 이제 그런 건 하등 중요하지 않아요."[2]

이것이 바로 최고의 결혼 생활 모습이다. 결혼은 수십 년 동안 이어지는 헌신이다. 결혼은 두 사람이 한 몸이 되는 것이다.

결혼을 공격하는 세 가지 요인
—

결혼을 주제로 쓴 오늘날의 책이나 글을 보면 결혼을 관리 가능한 (그리고 더 현실적인) 크기로 축소하려는 경향을 엿볼 수 있다. 열정은 일시적이며 지금 하는 생각은 얼마든지 바뀔 수 있으니 믿지 말라는 것이다. 소울메이트soulmate는 환상일 뿐이니 '단 하나의 진정한 사랑'을 찾겠다는 생각은 아예 하지 말라는 것이다. 스위스 작가 알랭 드 보통Alain de Botton은 〈당신이 잘못된 사람과 결혼하려는 이유Why You Will Marry the Wrong Person〉라는 인기 있고 유려한 에세이를 《뉴욕타임스》에 썼는데, 거기에서 그는 자기를 마법의 양탄자에 태워 줄 사람을 찾아야 한다는 발상을 일축했다.

"우리는 낭만적인 생각을 버리고, 모든 인간은 우리를 좌절시키고 분노하게 하고 성가시게 만들고 미치게 만들며 실망시킨다는 비극적인(또는 어떤 점에서는 희극적인) 인식을 받아들어야 한다. …… 우리가 느끼는 공허감과 불완전함은 영원히 계속될 수 있다."[3]

현대의 많은 책들이 현실적·반反낭만적 주제를 다룬다. 미국의 문화비평가인 로라 키프니스Laura Kipnis는 《사랑은 없다Against Love: A Polemic》를 썼다. 2010년에 프랑스 작가 파스칼 브뤼크네르Pascal

Bruckner는 《사랑을 추구하는 결혼은 실패하고 말았는가?Le mariage d'amour a-t-il échoué?》라는 도발적인 책을 썼다. 2008년에 미국의 저술가이자 심리 치료사인 로리 고틀립Lori Gottlieb은 《애틀랜틱》에 논쟁을 불러일으킨 글을 실었고, 이 글을 바탕으로 해서 《그 남자랑 결혼해!Marry Him!: The Case for Settling for Mr. Good Enough》라는 책을 썼다. 여기에서 로리는 열정과 깊은 결속을 놓고 걱정하지 말라고 충고한다.

"내가 관찰한 사실에 근거하자면 사실 안주安住는 장기적으로 당신을 지금보다 더 행복하게 만들어 줄 것이다. 왜냐하면 커다란 기대를 안고 결혼한 사람들 가운데 많은 수가 한 해씩 결혼 생활을 이어 갈 때마다 점점 더 환상에서 깨어나기 때문이다."

최고의 결혼 생활을 향한 이런 공격은 크게 세 가지 방향에서 이루어진다. 첫째, 이혼이 흔하고 이혼에 따른 부정적인 효과가 매우 큰 문화권에서는 많은 사람들이 안전제일주의 전략을 따른다.

– 당신이 가진 달걀을 결혼이라는 바구니에 담지 마라. 별을 따려고 노력하지 마라. 당신에게서 떨어져 나가지 않을 분별 있는 무언가를 만들어라.

이혼으로 상처받는 많은 사람들은 그런 취약함에 고스란히 노출되기보다는 자기 보호를 최우선으로 삼는다.

둘째, 많은 사람들은 그다지 대단하지도 않은 결혼 생활을 이어가는 자신의 모습을 발견하고는, 자기가 자존감을 유지하면서 허용할 수 있는 결혼 생활의 정의를 받아들인다. 이것은 월러스틴과 블레이크슬리의 표현을 빌리자면 "우애 결혼companionate marriage"이다. 이런 결혼 생활을 하는 부부는 사이가 좋다. 서로가 서로를 돌본다.

그러나 여기에서는 열정이 사라지고 없다. 이들은 성생활을 할 수도 있고 하지 않을 수도 있지만, 한다고 하더라도 드물게만 한다. 일과 양육이 이들 부부가 이끌어 가는 삶의 가장 중요한 부분이 되며, 결혼 생활 자체는 셋째나 넷째 또는 다섯째 순위로 밀려난다. 학계에서 일하는 한 친구는 최근 함께 밥을 먹는 자리에서 이렇게 말했다.

"행복한 결혼 생활을 하는 부부는 난 거의 몰라. 아이들을 사랑하는 부부는 많이 알지만 말이야."

이런 결혼 생활을 하는 사람들은 자기의 관심이나 에너지를 그다지 많이 잡아먹지 않도록 재조정된 어떤 틀 속에서 살아가는 법을 배운다.

어떤 사람들은 극적인 강도가 낮은 이런 유형의 결혼 생활을 선호한다. 월러스틴과 블레이크슬리는 한 여성이 한 말을 인용했다.

"내 에너지를 몽땅 빨리지 않고 살았던 관계가 참 신선하고 활기찼다고 생각해요. 예전에는 모든 관계가 그랬거든요. 친구들과 함께 있을 때 더 자유롭고 더 재미있었어요."[3]

셋째, 개인주의 문화가 최고의 결혼 생활을 갉아먹는다. 우리는 노스웨스턴대학교 사회심리학자 엘리 핀켈Eli Finkel이 자기의 필요가 다른 모든 필요보다 우선한다고 규정하는 문화 속에 살고 있다. 이런 문화에서 인생의 목적은 자기를 실현하고 자기의 자율성과 개별성을 표현하고, 매슬로의 다섯 단계 욕구를 충족하는 것이다. 핀켈은 다음과 같이 썼다.

"자기표현이 분명한 개인주의는 개인의 특수성을 강하게 신봉하는 특징을 가진다. 그래서 자아 발견의 여정을 고상한 행위로 여긴다."

개인주의 문화에서 결혼은 두 사람이 하나로 융합하는 것이 아니라 동맹을 맺는 것이다. 오스트리아의 심리학자로 프로이트의 초기 제자였던 오토 랑크Otto Rank는 인간관계를 사회적인 연결이라고 재규정하고, 이 속에서는 "한 개인이 다른 사람의 개성에 지나치게 간섭하는 일 없이 그 사람이 성장하고 발전하도록 돕는다"라고 했다.[5]

대략 1965년부터 "우리는 자기표현이 강한 결혼 생활의 시대를 살아왔다. 미국인은 이제 결혼을 자기 발견, 자존감 그리고 개인의 성장이라는 차원에서 바라보는 경향이 점점 커지고 있다"라고 핀켈은 썼다.[6] 유명한 심리학자 칼 로저스Carl Rogers의 표현을 빌리자면, 배우자는 "분리되어 있지만 서로 얽혀 있는 성장의 길에 함께하는 동반자"가 되었다.[7]

만일 결혼을 최대치로 정의한 것이 일심동체가 되는 것이라면, 사랑을 개인주의적으로 정의한 것은 자율성을 유지하는 채로 지원하는 것이다. 결혼에 대한 서약적인 관점이 관계 차원의 필요를 각 개인 차원의 필요보다 우선시한다면, 결혼에 대한 개인주의적인 관점은 각 개인 차원의 필요를 관계 차원의 필요보다 우선시한다.

사회학자인 폴리나 애런슨Polina Aronson은 십 대 시절에 러시아에서 미국으로 와서 자기가 개인의 선택을 토대로 하는 낭만적인 체제에 발을 들여놓았음을 깨달았다. 그녀는 미국 잡지들을 읽고서는 사람들이 "자기의 필요를 잘 인식하고 자기 이익에 근거해 행동하는 기민하고 자주적인 사람들을 찬양한다"는 사실을 알았다.[8] 계속해서 그녀는 이 선택의 체제가 안고 있는 가장 큰 문제는 "성숙성을 절대적인 자기 충족으로 오해하는 데서 비롯되었을지도 모른다. 애착은 유아적이다. 인정받고자 하는 욕구는 '결핍'으로 여겨진다. 친밀함은 '개인이 설정해 놓은 경계선'을 절대로 침범하면 안 된다"라고 썼다.

지금도 여전히 압도적으로 많은 사람이 결혼을 하고 싶어 한다. 그러나 사회학자들이 보기에 오늘날 결혼은 토대로 사용되는 쐐기돌보다는 장식물 기능을 가진 갓돌로 인식되고 있다. 예전에는 먼저 결혼부터 해야 좋은 커리어를 만들어 나갈 수 있는 자제력과 건실함을 갖춘 사람이 된다고 보았다. 그러나 지금은 달라졌다. 자기부터 먼저 자리를 잡은 다음에 결혼을 하겠다는 사람이 점점 더 많아지고 있다. 이처럼 결혼을 바라보는 사회적인 인식이 완전히 바뀌어 버렸다.

다른 사람과 함께 살 수 있는 사람이 되려면

—

늘 그렇듯이 개인주의 관점에서 문제가 되는 한 가지는 개인이 '자기'라는 작은 감옥에 갇혀 버린다는 점이다. 자아실현을 좇아서 결혼한 사람은 앞으로도 계속 좌절감을 맛보게 될 것이다. 결혼 생활 그리고 특히 자녀 양육은 이 사람이 자기의 목표를 달성하는 길로 온전하게 나아가지 못하고 엉뚱한 길로 벗어나도록 끝까지 방해할 테기 때문이다.

개인주의 관점이 안고 있는 또 다른 문제는, 이것이 가장 깊은 갈망들을 충족할 명쾌한 답안을 우리에게 주지 않는다는 점이다. 심장 heart은 다른 사람들과 합쳐져서 하나로 녹아들길 갈망한다. 하지만 이런 일은 서로의 자율성을 합친다고 해서 해결되지 않는다. 서로가 자기를 버릴 때만 해결된다. 영혼soul은 어떤 이상을 좇고 기쁨을 추구하길 갈망한다. 이것은 자아를 초월해서 결혼 생활에 봉사할 때만 비로소 가능하다.

신화학자 조지프 캠벨의 이론에 따르자면, 헌신하는 인생에서 최고의 결혼 생활은 공동의 인간관계를 위해 자아를 희생하는 영웅적인 탐구로 여겨진다. 헌신이라는 정신 속에서 결혼 생활은 인생의 도덕적 소우주이며, 이 안에서 각 개인은 상대방에 대한 책임을 다할 것을 자유롭게 선택하며 또 더 큰 가치를 지닌 무언가를 수행하기 위해 서로에게 의존한다. 결혼 생활을 이렇게 이해하는 가운데 사람들은 자기 자신이 아니라 다른 사람을 사랑함으로써, 다른 사람에게 서약함으로써, 다른 사람의 짐을 대신 짊어지고 자기가 한 맹세를 지키고 무거운 짐을 옮김으로써, 사랑스러운 존재가 된다. 인생의 모든 품위와 무게는 이런 포기와 내어 줌 속에 존재한다.

최고의 결혼은 자기 뒤의 배들을 몽땅 불태워 버리고 자기 자신을 내던지는 것이다. 작가 마이크 메이슨Mike Mason은 《결혼의 신비The Mystery of Marriage》에서 이렇게 쓴다.

"우리는 모든 걸 버리는 태도로 돌아가야 한다. 천성적인 모든 주의력과 방어 기제를 과감하게 날려 버리고 의지의 힘으로써 자기를 온전하게 사랑의 손 안으로 던져 넣는 태도로 돌아가야 한다. 어쩌다 사랑에 빠지는 대신, 우리는 이제 사랑 속으로 행군해 들어가야 할 것이다."[9]

사람들은 '정착과 안주'에 대해 말한다. 그러나 사실 결혼은 그 너머에 무엇이 있는지 어떤 실질적인 지식도 가지지 않은 채로 두 사람이 함께 수행하는 희망의 혁명이다. 결혼에는 멀리까지 이어지는 개인의 개혁도 포함되는데, 이렇게 해야만 비로소 자기가 다른 사람과 함께 살 수 있는 사람이 될 수 있기 때문이다. 결혼에 내재해 있는 위기 성향을 인식하지 않는 것은 위험한 짓이다. 메이슨은 계속해서 다음과 같이 쓴다.

"결혼이 건강한 일상이 될지, 만만찮은 시련이 될지, 건설적인 위기가 될지, 또는 재앙과 같은 악몽이 될지는, 두 사람이 얼마나 기꺼이 변화를 수용할 수 있는가 하는 데 달려 있다."[10]

가장 철저한 감시 프로그램에 자발적으로 참여하기
—

19세기 영국의 자선가였던 섀프츠베리 백작Earl of Shaftesbury이 말했듯이 결혼은 보석을 한곳에 담아 놓은 텀블러와 같다. 결혼은 두 사람을 한곳에 던져두고 날마다 서로 부딪히게 만들어, 두 사람이 일련의 "우호적인 부딪침" 속에서 서로를 끊임없이 조금씩 깎아 내게 하고, 마침내 두 사람을 반짝거리는 보석으로 만들어 주는 그런 것이다. 결혼은 두 사람이 결혼 이전에 비해 덜 이기적인 인간이 되도록 강제하는 온갖 상황들을 만들어 낸다.

신학자 팀 켈러와 케이시 켈러Kathy Keller 부부는 《결혼의 의미The Meaning of Marriage》에서 개선과 고양이 일어나는 과정을 묘사한다. 첫째, 어떤 사람이 자기 눈에 멋지고 거의 완벽해 보이는 사람과 결혼한다. 그리고 얼마 뒤(한두 달 또는 한두 해 뒤)에 이 사람은 자기가 멋지고 완벽에 가깝다고 생각했던 상대방이 알고 보니 완벽과는 거리가 멀고 이기적이며 여러 가지 결점을 가지고 있음을 깨닫는다. 아내가 이런 깨달음을 얻을 때 남편 역시 똑같은 깨달음을 얻는다.

이 상황에서는 각자 자기가 조금은 이기적이며 또 결점이 많다는 것을 인정하지만, 사실 큰 문제는 자기가 아니라 상대방에 있다고 생각하는 것으로 자연스럽게 양상이 전개되는데, 두 사람은 거의 동시에 이런 결론에 도달한다.

그리고 두 사람 앞에 갈림길이 나타난다. 어떤 부부는 상대방과 자신에 대해 새롭게 알게 된 진실을 바로잡으려는 데서 비롯되는 온갖 스트레스와 갈등을 더는 원하지 않는다고 결정 내릴 것이고, 두 사람은 휴전에 돌입한다고 켈러 부부는 말한다. 이 상태에서는 민감한 몇몇 주제에 대해서는 서로 아예 말도 꺼내지 않는다. 이렇게 두 사람은 서로의 단점을 지적하며 따지지 않기로 합의한다. 그리하여 "휴전 상태의 결혼 생활"이 이어지는데, 이런 상태는 적어도 단기간에 걸쳐서는 별일 없이 조용하지만, 사실 장기적으로 보면 점점 악화되어 가는 중이다. 계속해서 켈러 부부는 다음과 같이 쓴다.

"이 휴전 상태의 결혼 생활에 대한 대안은 자신의 이기심을 근본 문제로 여기면서 상대방이 안고 있는 문제보다 더 진지하게 대하는 것이다. 어떻게 하면 될까? 자신의 이기심에 온전하게 접근해서 그것을 온전하게 책임지면 된다. 만일 이 부부가 각자 '나는 내 이기주의가 우리 결혼 생활에서 가장 큰 문제라고 보고 고치려고 해'라고 말할 때, 진정으로 위대한 결혼 생활을 이어 갈 기회가 두 사람에게 주어진다."

알랭 드 보통이 지적했듯이, 사람은 누구나 결혼을 하기 전에는 자기가 함께 살기에 참 편한 사람이라는 환상을 가질 수 있다. 그러나 결혼한다는 것은 인류에게 알려진 가장 철저한 감시 프로그램에 자발적으로 참여하는 것이나 다름없다. 결혼한 사람은 어떤 수준으로든 간에 항상 감시받는다. 더 나쁘게는, 자기가 감시받고 있다는 생각 때문에 스스로 자신을 감시하게 된다. 이 새로운 자의식 때문에 온갖 어리석은 짓을 저지르게 된다. 예를 들어 찬장 문을 일부러 열어 놓는다든가, 아침부터 입을 꾹 다물고 괜히 심술을 부린다든가, 또는 난처한 대화는 회피한다든가, 상처받았다고 느끼면 수동공격적인passive-aggressive 태도를 보인다든가 한다(모호하게 말하거나 잊어버렸다고 하거나 꾸물거리거나 토라지거나 하는 소극적이고 간접적인 방식으로 적대감이나 공격심을 표출하는 것을 '수동공격성'이라고 한다-옮긴이). 이처럼 인생이 마치 피해 의식의 어떤 정교한 게임이라도 되는 것처럼, 나에게 상처 준 일로 상대방이 죄의식을 느끼게 만듦으로써 내 점수를 올리는 심리 게임을 벌인다.

결혼 생활에서는 싸움과 회복, 크고 작은 배신 그리고 사과가 이어진다. 켈러 부부는 다음과 같이 쓴다.

"결혼 생활에는 커다란 문제가 있다. 당신의 심장을 손에 쥐고 있으며 당신이 그토록 확인과 인정을 필요로 하고 또 갈망하는 이 세상 단 한 사람이, 당신이 잘못했을 때 세상의 다른 어느 누구보다도 당신에게 깊은 상처를 주는 바로 그 사람이라는 문제이다."[11]

상대방을 엄청나게 사랑하는 배우자가 상대방이 더 나은 사람이 되도록 돕고 싶어 할 때 사정은 한층 더 힘들어진다. 이 배우자는 상대방에게 봉사하고 싶어 한다. 그러나 상대방은 그 봉사를 받아들이고 싶지 않다! 혼자 알아서 자기 인생을 꾸려 나가길 원한다. 결혼하기 전 혼자일 때는 아무도 우리에게 선물을 주지 않았다. 적어도 자기가 다른 사람에게 의존한다는 사실을 굴욕적으로 인정해야만 하는 그런 종류의 선물을 준 사람은 아무도 없었다. 그러나 결혼을 하고 나면 달라진다. 그 큰 굴욕은 상대방으로부터 도움을 받으려면 어쩔 수 없이 필요하다.

선물을 주고받는 것은 결혼 생활의 일상적인 일이다. 결혼 생활이 제대로 돌아가도록 하려면 배우자를 잘 알아야만 한다. 그래야 배우자의 사랑을 이끌어 낼 정도로 배우자를 사랑할 수 있다. 결혼 생활에 성공하려면 미혼인 사람들은 상상조차 할 수 없는 유형의 사랑이 요구된다. 시인 잭 길버트는 "우리는 심장이 알고 있는 것을 해체함으로써만 심장을 찾아낸다"라고 썼다.

위대한 결혼 생활은 두 사람이 서로의 성취에서 얼마나 많은 기쁨을 얻을 수 있느냐로 판정된다. 또 두 사람이 서로의 나쁜 점을 얼마나 부드럽게 바로잡을 수 있느냐로 판정된다. 그래서 조지 엘리엇은 "나는 아내 아닌 다른 누구에게도 아내에게 하는 것처럼 나무라고 싶지 않다. 이것은 남편이라는 존재와 관련해서 꼭 생각해 봐야 할 점이다"라고 썼다. 싸움을 할 때는 끊임없는 내적 투쟁이 있다고 내가 아는 한 친구는 말한다. 자아ego는 자기 입에서 싸움에 기름을 부을 막말이 튀어나오길 바란다. 그러나 심장heart은 "자기야, 사랑해"라고 말하길 원한다. 그러면 자아는 "시끄러, 난 지금 화났어. 화났다고 말해!"라고 다그친다. 우리는 이 둘 가운데서 하나를 선택해야 한다.

결혼 생활이 최대치일 때 이 결혼 생활이 가장 잘 작동하는 이유도 바로 이것이다. 결혼 생활은 거의 모든 것을 요구하고 거의 모든 것을 준다. 키르케고르는 사랑이라는 승리의 배너 아래에서 일어나는 싸움에 대해 다음과 같이 썼다.

"나는 가슴에 내 훈장의 리본을 단다. 사랑의 장미 목걸이를 한다. 이 장미는 결코 시들지 않는다, 믿어도 좋다. 설령 많은 세월이 흘러서 장미가 변한다 하더라도 결코 사라지지는 않는다. 설령 그 장미가 예전처럼 붉지 않더라도 그건 그 붉은 장미가 흰 장미로 바뀌었기 때문이다. 장미는 바뀔지언정 사라지지 않는다. …… 나는 그녀를 통해 존재하고 그녀는 나를 통해 존재한다. 우리 두 사람은 혼자서는 아무런 의미가 없다. 우리는 하나로 합쳐진 존재로만 존재한다."

결혼은 자기의 모든 것을 던질 때 한층 더 안전한 것이고, 반쯤만 던질 때는 위험한 것이다. 그리고 나중에 모든 것이 잘되었을 때 당신은 이 세상에서 찾을 수 있는 가장 깊고 꾸준한 사랑을 즐기는 사람들을 볼 것이다.

Chapter 15

친밀함이 꽃피는 여러 단계들

흘낏 한 번 쳐다보기

—

서로 몰랐던 두 사람이 어떻게 해서 결혼하고 싶은 마음을 가지는
데까지 나아갈까? 이 두 사람은 친밀함의 여러 단계들을 거쳐서 앞
으로 나아간다. 이 세상의 모든 부부 모든 커플은 똑같지 않지만, 일
반적인 패턴은 분명히 존재한다. 다음에 이어질 몇 개 장에서 나는
사랑하는 두 사람이 친밀함의 여러 단계를 거치는 과정을 자세하게
묘사함으로써, 결혼이 성사되는 방식을 설명할 뿐 아니라 친밀함이
각 단계의 경계를 넘어서 발전하는 과정을 보여 주고자 한다.

이 모든 것은 단 한 차례의 흘낏 쳐다보기에서 시작된다. 당신이
어떤 사람을 슬쩍 한 번 쳐다본다. 날마다 수백 번도 더 하는 행동
이다. 그런데 이번에는 다르다. 놀랍게도 불꽃이 튄다. 작은 불길 하
나가 타오른다. 관심이 갑자기 피어오른다. 당신 내면 어딘가에 이
미 존재하던 불쏘시개에 이상하고 놀라운 방식으로 불이 붙는다. 당
신이 쳐다보는 사람은 소름이 돋을 정도로 새롭지만, 그럼에도 이상

하게 낯설지 않다. 사랑은 처다보는 것으로써 시작된다. 사랑은 주의력의 질이다. 몇몇 경우에 어쩌면 흘긋 처다보는 사람 쪽이 나이가 조금 더 많을 수도 있겠지만, 그 처다봄 속에는 '봐! 내 기쁨이 나타났어!'와 '아, 이거 머리 아픈 일이 생기겠네'라는 상반된 두 감정이 뒤섞인 어떤 예감이 묻어 있다.

대부분 이 첫 번째 처다봄은 그냥 그것으로 끝나 버린다. 그 뒤로 아무 일도 일어나지 않는다는 말이다. 그러나 때로는 이 처다봄이 거대한 무언가로 이어진다. 술집이나 파티장에서 처음 만났다는 부부는 우리 주변에 흔히 있다. 한 사람이 실내의 저쪽 건너편에 있는 어떤 웃음소리를 듣는다. 이 사람은 고개를 돌려서 웃음소리를 낸 사람을 처다보고, 두 사람의 시선은 3초 동안 서로에게 머문다. 이런 동작은 사람들 사이에서 이루어질 수 있는 동작 가운데서도 가장 강력하다. 낯선 사람의 시선을 잡아끌고, 그저 그 사람을 처다보는 것만으로 그 사람의 눈을 자기 눈에 묶어 두는 것, 3초 동안! 그다음에 이어지는 미소. 그리고 서로를 알아보았다는 어떤 작은 눈 깜박거림이 교환된다.

심장이 언제 활짝 열릴지는 알 수가 없다. 20년 전에 있었던 일이다. 휴스턴에 살던 한 여성 피아니스트가 약혼자가 있는 샌프란시스코로 막 떠나려던 참이었다. 그런데 떠나기 전에 잠시 짬을 내어서 머리를 자르기로 하고 가까운 미용실로 들어갔다. 그녀가 한 번도 간 적 없었던 '에튀드 파리'라는 이름의 미용실이었다. 그 여성은 미용실 문을 열고 들어가면서 누군가의 머리를 자르고 있던 한 남자를 보았는데, 바로 그 순간 그녀의 내면에 어떤 확실성이 형성되었다.

그녀는 탈의실로 가서 가운으로 갈아입고는 자기 어머니에게 전화를 걸었다.

"나 지금 내가 결혼하려는 사람을 만났어."

그 여성은 탈의실에서 나가 머리를 감았다. 그리고 그 남자 앞에 앉았다. 남자의 이름은 프랑스식 발음으로 '다비드'였다. 두 사람은 이런저런 얘기를 나누었고, 남자는 그녀에게 무슨 일을 하는지 또 어디에 사는지 물었다. 그러자 그녀는 자기는 피아니스트며 약혼자가 있는 샌프란시스코로 가서 함께 살려고 한다고 말했다. 거기까지 말한 다음, 이렇게 덧붙였다.

"그렇지만…… 만일 당신이 나와 결혼해 준다면 샌프란시스코에는 가지 않을 거예요."

거기에서 대화는 잠시 중단되었다.

남자는 자기 가위를 말없이 내려다보았다. 이 상황을 나중에 그녀는 "내 평생 그때만큼 자유롭다는 느낌을 가져 본 적이 없었다"라고 회상했다. 한참 만에 남자가 대답했다.

"그럽시다."

두 사람은 바로 그 순간에 약혼 맹세를 했고, 그 뒤에 서로를 알아가는 과정을 거쳤으며 결국 결혼했다.

아일랜드의 시인이자 철학자인 존 오도너휴는 《뷰티Beauty》에서 이렇게 썼다.

"사랑이 시작될 수 있는 방식은 늘 놀라울 뿐이다. 그 어떤 맥락도 사랑을 막지 못한다. 그 어떤 관습이나 결단도 문제가 되지 않는다. 개성이 철저하게 통제되고 하루하루 그리고 모든 행동이 철저하게 계획되어 있어 완벽하게 고립된 생활 속에서도 예기치 않은 사랑의 불꽃이 튈 수 있다. 그것은 희미한 어떤 불씨에서 시작해서 마침내 그 어떤 것도 끌 수 없는 불길이 된다. 에로스의 힘은 언제나 소란을 몰고 온다. 에로스는 인간의 마음이라는 밀폐된 곳에 잠들어 있지만, 에로스의 잠귀는 놀랍도록 밝다."

다른 사람은 어떤지 모르지만, 나로서는 의미심장한 흘낏 쳐다보기는 결코 맨 처음의 단 한 번 쳐다봄만으로 찾아오지 않는다. 대개는 그야말로 수백 번, 수천 번 만에 찾아온다. 나는 어찌어찌 해서 전혀 낭만적이지 않은 환경에서 어떤 사람을 알게 되었고, 그러다가 우리 둘 사이에는 의미 있는 불꽃이 일어났다. 중학교 때 나는 한 소녀를 만났고, 그 뒤 5년 동안 같은 동아리 회원으로 그냥 그렇게 친구로 지냈다. 그런데 고등학교 졸업을 앞둔 어느 날 저녁이었다. 나와 그 소녀를 포함한 한 무리의 친구들이 모닥불을 가운데 두고 둘러앉아 있었다. 그때 그 아이와 나는 이전까지는 없었던 새로운 종류의 흘낏 쳐다보기를 교환했고, 그 아이의 손이 내 손 안으로 들어왔으며, 작은 불꽃이 일었다. 그리고 석 달 만에 그 불꽃은 활짝 핀 사춘기 사랑의 불기둥으로 활활 타올랐다.

사랑은 주의력을 집중하는 것으로 시작된다. 사랑의 반대말은 증오가 아니라 무관심이다.

호기심 품기

―

친밀함의 두 번째 단계는 호기심, 즉 상대방에 대해 무언가를 알고 싶은 욕구이다. 이때 기분이 마구 좋아지고 에너지가 넘친다. 마음이 무언가를 향해 자꾸만 쏠린다. 호기심을 일으키는 상대방이 겉보기와 다르지 않게 멋진 사람이면 좋겠다는 기대감이 한껏 부풀어 오른다.

호기심의 여러 가지 측면을 생각해 보자. 이 측면들은 모두 초기 친밀함 또는 초기 사랑의 여러 단계와 비슷하다. 우선 상대방에 대해 더 많은 것을 알고 싶다는 욕구인 '기쁨을 가져다주는 탐구joyous exploration'가 있다. 어떤 공간에서 다른 사람은 눈에 들어오지 않고 오로지 그 사람만 보이는 '몰두absorption'가 있고, 그 사람과 함께 있을 기회가 생긴다면 어떤 새로운 상황이든 기꺼이 받아들이겠다는 '확장stretching'이 있다. 또 그 사람과 함께 있지 않을 때 드는 공허한 느낌으로 심리학자들이 "박탈 감수성deprivation sensitivity"이라고 부르는 것이 있다.

그리고 전문가들이 "침입적 사고intrusive thinking"라고 부르는 것도 있다. 그 사람이 하루 종일 마음에서 떠나지 않는다. 사람들로 북적이는 장소에 있을 때 그 사람과 아주 조금밖에 비슷하지 않은 누군가를 보고도 그 사람이라고 믿는다. 상상 속에서 그 사람과 대화를 나눈다. 이 대화는 매우 대담하다. 상상 속에서 그 사람과 대화할 때 떠올리는 생각들은 늘 대담하다.

만일 당신이 학생이라면 당신과 그 사람은 함께 공부한다. 당신은 그다지 많은 얘기를 하지 않을 수도 있다. 그저 그 사람이 당신 근처에 있어 주기만 하면 된다고 생각한다. C. S. 루이스가 지적하듯이 이 단계에서는 성적인 매력을 느끼지 않을 수도 있다. 그저 호기심에 압도될 뿐이다.

"이 단계에 있는 사람에게는 섹스를 생각할 여유가 없다. 그저 상대방을 생각하는 것만으로 너무 바쁘다. 상대방이 여성이라는 사실은 상대방이 그 모습 그대로인 인간이라는 사실에 비해 훨씬 덜 중요하다. 이 사람은 욕구로 가득 차 있지만 그 욕구는 성적인 성격으로 물들어 있지 않을 수도 있다. 만일 이 사람에게 원하는 것이 무엇이냐고 묻는다면 '계속해서 그녀를 생각하는 것'이라는 대답이 돌아올 가능성이 높다."[1]

대화 나누기

당신은 그 사람에게 말을 한다. 대화는 친밀함의 세 번째 단계이다. 대화는 상대방을 감싸고 있는 껍질들을 서로 벗겨 내는 춤이다. 어떤 커플이 데이트를 하면서 함께 있을 때 이들은 자기의 가장 좋은 모습을 보이려고 애쓰면서 이런 노력의 결과로 무언가가 나타나기를 기대한다. 두 사람이 대화를 나누면 호흡이 서로에게 맞춰지기 시작해서 말하는 속도가 비슷해진다. 두 사람은 무의식적으로 상대방의 페로몬을 받아들인다(냄새는 상대방을 알아 가는 놀랍도록 강력한 매개물이다). 오래지 않아서 두 사람은 미소를 짓는다. 사람들은 마음에서 우러나오는 진짜 미소와 그저 예의를 차리기 위한 가짜 미소를 무의식적으로 간파하는 능력을 가지고 있다. 이른바 '뒤센 미소Duchenne smile'(마음에서 우러나는 '진짜 미소'와 그렇지 않은 미소를 구분하고 각각의 특징을 밝혀 낸 19세기 프랑스 신경학자 뒤센 드 불로뉴의 이름을 따서 만든 용어-옮긴이)는 사람이 인위적으로 움직일 수 없는 눈가의 근육을 들어 올린다. 어떤 사람이 뒤센 미소를 지을 때 이 미소를 쳐다보는 사람은 천국을 느낀다. 그래서 두 사람은 함께 웃음을 터트린다. 우리는 웃음을 농담에 대한 반응이라고 생각하지만, 웃음을 촉발하는 말 중 겨우 15퍼센트만 진짜로 재미있을 뿐이고 나머지는 그렇지 않다. 웃음은 사람들이 유대감을 구축하기 위해 사용하는 언어이다. 웃음은 어떤 사회적인 부조화가 해결되었거나 정서적으로 긍정적인 어떤 환경에 자기들이 동일하게 반응한다는 사실을 발견할 때 피어오르는 것이다. 웃음은 이해를 공유하는 것에 대한 보상이다.

대화의 초기 단계에서 두 사람은 자신들 사이에 존재하는 공통점을 찾는다. 친밀함이 쌓일 때 서로에게서 공통점을 발견한 두 사람은 이 만남이 운명이라고 생각한다.

- 푸아그라를 싫어한다고요? 나도 그런데! 이건 기적이네요! 그 6달러짜리 컵케이크도 말이 안 되는 거라고요? 나도 그런데! 우린 소울메이트네요!

두 사람이 끊임없이 기분 좋게 불평하면서 하는 말은 "당신도 그렇다고요? 그런 생각을 하는 사람은 나 혼자뿐인 줄 알았는데! 우리는 똑같네요! 어떻게 이럴 수가 있죠!"이다.

닮음의 한 가지 핵심적인 토대는 유머 감각에 있다. 동일한 대상에 더 잘 웃음을 터뜨리는 것이다. 대화는 시간이 지나면서 점점 깊어진다. 두 사람은 서로 추파를 던지기 시작하고, 자신들만의 농담을 주고받으며, 은밀하게 서로를 곁눈질한다. 그러다가 두 사람은 인생의 여러 목표를 공유하기 시작한다. 결혼과 출산, 양육에 대해 상대방이 어떤 생각을 하고 있는지 미묘한 느낌으로 간파하기 시작한다. 그리고 상대방이 상처받기 쉬운 취약점을 찾기 시작한다. 느리지만 차근차근 단계를 밟아 나가는 '베일' 벗기기이다. 이것은 상대방의 취약점들을 알기 위한 피할 수 없는 노력의 일부이다. 하지만 이것은 또한 도덕적 검증의 일환이기도 하다. 자기가 베일을 벗으면 상대방이 자신을 지켜 줄 것인지 알고 싶어 한다.

– 내가 이 과정을 조심스럽게 진행하면 당신은 나를 이해하고 내 속도에 맞춰서 따라올 건가요? 만일 내가 잠시 멈추면, 당신은 이런 나를 존중하고 기다려 줄 건가요? 만일 내가 내 안의 어두운 괴물들을 드러낸다 하더라도 당신은 나를 포용할 건가요? 당신 안에 도사린 괴물도 드러낼 건가요?

정중함은 도덕성의 핵심이다.

다들 이런 경험이 있을 것이다. 식당에 갔는데 바로 옆 테이블에서 최악의 데이트가 이루어지고 있다. 여성은 친밀함을 높이기 위해 남성이 하는 말에 꼬박꼬박 대꾸를 하고 있지만, 남성은 오로지 대화의 주도권을 쥐고 행사하는 데만 열중이다. 게다가 남성은 자기가 아는(실제로 아는지 알 수 없지만) 모든 지식을 동원해서 자기 영웅담을 쉼 없이 늘어놓는다. 여성의 눈에서는 따분함이 뚝뚝 떨어지는데도 남성의 장광설은 도무지 끝날 기미가 보이지 않는다. 이럴 때 당신은 아마 식탁에 놓인 포크를 집어 들고 그 남성의 목에다 푹 찔러

넣고서는 "제발 자기 자랑 좀 그만해! 상대방에게 질문을 하란 말이야!"라고 절규하고 싶은 충동을 느낄 것이다.

대화 단계에서 가장 큰 문제는 공포이다. 한쪽이 정서적으로 의미 있는 무언가를 공유하면, 상대방이 이것을 받아들이면서 다른 무언가를 공유할 때 친밀함이 생성된다. 그런데 한 가지 확실한 공포는, 자기의 연한 살을 고스란히 노출했을 때 상대방이 이것을 아무렇지도 않게 짓밟고는 그냥 가 버리지 않을까 하는 것이다. 또 다른 확실한 공포는 자기로서는 제공할 수 없는 어떤 미래를 상대방이 추구한다는 사실을 알게 될지 모른다는 것이다. 그런데 훨씬 더 깊고 강력한 공포는 자신을 상대방에게 드러낼 때 있는 그대로의 자기 모습을 자신이 이해하게 될지 모른다는 것이다.

"우리는 독립적인 자율성과 스스로 만들어 나가는 인생 그리고 선택의 자유에 긍지를 느끼고 싶어 하지만, 그럼에도 낡은 여러 패턴들이 우리 안에서 작동하고 있음을 인식하고는 겸허해지는 경우가 자주 있다. 내가 아니라면 도대체 누가 나의 인생을 책임지고 있는 것일까?"

심리학자 제임스 홀리스가 한 말이다. 우리 정신의 무의식 층에는 우리가 똑같은 자멸적인 행동을 계속 되풀이하도록 유도하는 온갖 콤플렉스들과 상처들이 있다. 당신의 개성은 사랑이 당신 인생에 개입했거나 당신 인생에서 떠나간 장소들의 숨은 역사이다. 당신의 개성은 부모님이 당신을 사랑했던 방식 또는 사랑하지 않았던 방식에 따라 결정된다. 사람은 누구나 자기 마음 깊은 곳에 특정한 애착 패턴들을 가지고 있다. 어떤 사람들은 친밀함이 두려운 나머지 위기를 유발한다. 어떤 사람들은 관계가 잘 풀리는 바로 그 순간에 뒷걸음질을 친다.

서로의 껍질을 하나씩 벗겨 내는 춤은 대개 어떤 피상적인 수준에서 멈춘다. 어떤 사람들은 친밀함이 결여된 수백 건의 인간관계를 빠르게 스쳐 지나가고자 하는 경향을 느낀다. 이들은 아직 자기 자신에게 다가가지 않았으며 또 그렇게 하고 싶지도 않다. 이들은 자기 내면의 삶과 소원해진 상태이다. 고인이 된 코미디언이자 배우인 게리 샌들링Garry Shandling은 "내 친구들은 내가 친밀함에 어떤 문제가 있다고 말하지만, 사실 이 친구들은 나를 전혀 몰라"라는 농담을 하곤 했다.

서구 문화권에 속한 성인 가운데 약 20퍼센트는 친밀함, 즉 헌신을 두려워한다.[2] 이들은 관계를 포기하는 일이 벌어지길 기대하며, 익숙한 것이 머지않아 나타날 것임을 보장하는 행동을 취한다. 친밀함을 두려워하는 사람은 쉽게 알아볼 수 있는데, 당신이 충분히 가까이 다가갔다고 생각하는 순간에 갑자기 사라져 버리는 상대방이 바로 그런 사람이다. 이 사람들은 '남자친구'나 '여자친구' 같은 공식적인 어떤 관계를 암시하는 말을 싫어한다. 이들은 온갖 의문의 장벽 뒤로 숨어 버리는 경향이 있다. 또 자기와 관련된 어떤 내용이 노출되는 걸 피하려고 대화의 소재를 끊임없이 자기 아닌 상대방에게로 돌린다. 자기 주위 사람들을 멀리 쫓아내기 위한 방편으로, 의견을 매우 강하게 표출하거나 외설적인 농담을 하는 경향도 있다. 이들은 늘 긍정적이며 쾌활해서 다른 사람들이 의지하지만 자기가 상처받을 수 있는 상황은 절대로 허용하지 않는다.

그러나 정말 가끔씩은 모두가 깜짝 놀라게도 대화가 계속되어 점점 더 깊이 진행되기도 한다. 당신은 다른 모든 대화가 중단되곤 하던 바로 그 지점에서 당연히 대화가 중단될 것이라고 생각하지만 이런 기대는 빗나가고 만다. 그 사람은 끝까지 당신과 함께 있다. 그 사람 안으로 들어가는 문은 활짝 열려 있고, 당신은 그 문을 지나쳐서 계속 안으로 들어간다. 공포를 다스리는 유일한 처방은 직접적인 행동이다. 당신은 다음 단계의 문을 열고 그 안으로 들어간다.

문 열어젖히기

—

두 사람 사이의 대화는 테니스 경기 형식을 띤다. 여성이 크게 심호흡을 하고는 "이게 내가 좋아하는 거예요"라면서 몇 가지를 펼쳐 낸다. 여성은 자기가 좋아하는 영화들을 남성에게 알려 준다. 그러면 남성은 자기가 좋아하는 것을 여성에게 알려 준다. 여성은 자기 스마트폰에 저장한 선곡 목록을 알려 준다. 그러면 남성은 자기가 저장한 선곡 목록을 여성에게 알려 준다. 남성은 늦은 밤에 자기가 좋아하는 동영상들을 보내고, 그러면 여성은 자기가 좋아하는 동영상들을 보낸다.

그런 다음에는 "이게 내 인생에서 중요했던 순간들이에요"가 이어진다. 어린 시절부터 성인이 되기까지 한층 내밀한 이야기들인데, 갈수록 과감해져 과거에 경험했던 관계와 이별까지 포함된다.

이렇게 하다 보면 위험은 점점 더 커진다. 사랑은 두 사람이 궁극적으로 자기 존재의 핵심을 드러낼 때만 비로소 가능해진다. 사랑이 활짝 꽃을 피우려면 이것이 내가 미쳐 버리게 된 과정이라고 말하는 데까지 나아가야 한다. 알랭 드 보통이 얘기하듯이 우리는 모두 어떤 식으로든 미쳤다. 즉 정상이 아니다. 어떤 인간관계에서든 그 관계의 깊은 곳에 있는 결정적인 질문은 "그는 비정상인가?"가 아니다. 그 질문은 다음과 같은 것들이다. "당신은 어떤 식으로 정상이 아닌가?" "당신 인생의 어떤 부분들이 공포로 차단되어 있는가?" "당신은 정확히 어떻게 자기 파괴를 하는가?" "당신은 지금까지 어떤 식으로 사랑받지 못했는가?"

아내와 나는 이메일로 서로를 알아 가는 과정을 거쳤다. 자기를 있는 그대로 드러내는 이 단계들은 매우 느리게 진행되었는데, 우리 사이에서 전개되었던 진전 상황이 다른 사람 눈에는 아마 호수에서 물이 증발되는 것을 지켜보듯 느렸을 것이다. 그러나 우리는 주고받는 이메일 하나하나가 관계를 너무 급하게 몰아가지 않도록 하기 위해 세심하게 주의를 기울였다. 그때 나는 '보내기'를 클릭한 다음에 혹시라도 내가 넘지 말아야 할 선을 넘은 게 아닐까 하고 전전긍긍하곤 했다. 한번은 내가 아무런 악의 없는 어떤 주제에 관한 내용을 적어서 이메일을 보냈다. 이것은 서로를 알아 가는 과정의 작은 걸음이었다. 그 직후에 나는 와이파이 서비스가 되지 않는 대륙 횡단 비행기를 탔다. 비행기를 타고 가는 동안 내내 내가 보낸 이메일의 말투가 지나치게 가까운 척, 친한 척한 게 아닐까 하는 생각으로 걱정하고 또 걱정했다. 지금도 생생하게 기억하는데 비행기가 공항에 착륙하자마자 이메일을 확인했다. 그리고 내가 네트 너머로 보냈던 공이 다시 네트를 넘어 돌아온 것을 알고는 안도의 한숨을 얼마나 크게 내쉬었는지 모른다. 어떤 교제에서든 진도를 안정적으로 꾸준하게 유지함으로써 자기가 상대방에 대해 가지고 있는 신뢰를 드러내 보여 주어야 한다.

그리고 세심한 경청 또한 중요하다. 사람은 자신이 하는 말만큼이나 남이 하는 말을 듣는 것으로도 평가받는다. 다른 사람들의 말을 수동적으로 듣기만 한다고 생각할 때, 사실 당신은 그들에게 당신 자신에 관해 무언가를 가르쳐 주고 있기 때문이다.

영성 작가인 리처드 로어는 다음과 같이 썼다.

"선한 사람들은 선함을 우리에게 거울처럼 비춰 보이는데, 이것이야말로 우리가 그들을 그토록 사랑하는 이유이다. 한편 성숙하지 못한 사람들은 제대로 살아가지 못하고 혼란스럽기만 한 인생을 우리에게 비춰 보여 준다."[3]

그러므로 두 마음이 만나는 일은 언제나 부드럽지만은 않다. 시인 테드 휴스는 나중에 결혼하는 시인이자 소설가인 실비아 플래스 Sylvia Plath를 처음 만났을 때 대담하게도 그녀의 목에 키스를 했다. 그러자 그녀는 한 술 더 떠서 그의 뺨을 깨물었는데, 얼마나 세게 물었던지 피부가 찢어질 정도였다. 그녀의 이 행동은 "난 당신을 사랑해. 나야말로 당신의 짝이야"라고 말하는 것이었다.[4]

결혼 상대를 선택할 때는 여생 동안 함께 대화를 즐길 사람을 선택하는 게 좋다. 그러나 상대방과 물 흐르듯이 흐르는 대화의 기쁨에 몰입해 보지 않고서는 상대방이 그런 사람인지 알아볼 수 없다. 휴대폰으로도 몇 시간씩 길게 대화를 할 수 있다. 하루 14시간을 함께 보내면서 이야기를 나누어도 대화는 더 이어질 수 있다. 그리하여 결국 모든 것을 말할 수 있으며 모든 주제를 대화의 소재로 삼을 수 있다. 이것이 '나-그것'이 '나-너'가 되는, 오스트리아의 유대교 사상가 마르틴 부버Martin Buber가 "순수한 관계"라고 불렀던 바로 그 과정이다. 이것이 자기가 누군가에게 알려질 때의 바로 그 느낌이다.

Chapter 16

친밀함이 무르익는 여러 단계들

봄날 즐기기

—

조지 워싱턴은 다정다감하고 외향적인 사람이 아니었다. 그런 그가
1795년에 손녀에게 편지 한 통을 썼다.

"인간의 틀을 이루는 구성물 가운데는 아무리 오랜 기간 휴면 상
태로 놓여 있다고 하더라도 얼마든지 활활 불타오를 수 있는 것들이
있어. …… 거기에 횃불을 갖다 대기만 하면, 네 안에 있는 그것은 한
순간에 뜨거운 불꽃으로 타오른단다."

이것이 연소이다. 이것은 돋보기로 햇빛을 모아서 화장지를 태우
는 것과 비슷하다. 화장지는 점점 뜨거워지다가 갈색으로 바뀐다.
그러다가 어느 한순간에 확 불이 붙는다. 이렇게 되면 화장지의 상
태는 예전과 완전히 달라진다.

키스가 그런 상태이다. "내가 널 지켜 줄게"라는 첫 맹세가 그 키스
안에 새겨진다. 이렇게 해서 친밀함의 다음 단계인 연소가 시작된다.
이것은 완전히 무르익어 최대치에 이른 사랑의 단계가 아직 아니다.
친밀함의 가장 밝고 또 가장 근심 걱정 없는 단계, 환희는 절정으로

차오르며 긴급하게 처리해야 할 것이라고는 아무것도 없는 밝고 쾌청한 봄날 같은 단계이다.

이제 두 사람은 함께 자전거를 타고 하이킹을 한다. 어쩌면 함께 야구를 할 수도 있다. 흥분은 넘쳐흐르고 전염성이 있기 때문에 데이트를 하면서 함께 영화를 본다. 액션 영화나 로맨틱 뮤지컬 영화 〈물랑 루즈Moulin Rouge〉를 보는 동안 심장이 두근거리면, 그 에너지를 영화관에서 나와 길을 걸을 때 데이트에 쏟는다. 함께 카약을 타면서 두 사람은 말로 설명할 수 없이 가까워졌음을 느낀다.

이 단계에서 두 사람은 각자 살아온 인생을 상대방에게 보고하기 시작한다. 파티가 끝났을 때나 영화를 보고 나왔을 때 또는 저녁을 먹은 뒤에 두 사람은 술집이나 커피숍에 가서 자기들이 방금 경험한 것에 대한 반응을 각자 펼쳐 놓고 비교한다. 두 사람은 서로의 생각을 아무런 의도나 악의 없이, 마치 어린아이가 세상을 처음 만나듯이 그렇게 무심하게 받아들인다. 한 사람이 어떤 의견을 내면 다른 사람이 그 의견에 동의하거나 무언가를 추가한다. 상대방이 오해할지도 모른다는 두려움 없이 자유롭게 말할 수 있다는 사실에 마음은 무척 편안하다. 아닌 게 아니라 영국 소설가 J. B. 프리스틀리John Boynton Priestley도, 아직 깊은 사랑에 빠지지는 않았지만 장차 그렇게 될 가능성이 높으며 또 서로에게 아직 탐구해야 할 것들이 많이 남아 있음을 알고 있는 두 사람이 나누는 대화보다 더 생기 도는 것은 없을 것이라고 했다.

이 단계에서 사람들은 최선을 다한다. 이 단계에 있는 커플은 상대방이 자기를 어떻게 돌보고 배려하는지 보려고 한다. 루소의 《에밀Emile》에서 주인공 에밀은 젊은 여성 소피에게 매료된다. 처음에 두 사람은 대화를 나누지 않고 그저 가족 식사 자리에서 멀리 떨어져 앉은 채로 눈빛만 교환한다. 미국의 철학자 앨런 블룸Allan Bloom은 두 사람의 교제를 다음과 같이 설명한다.

"몇 가지 단계들로 나누어지는데, 이 단계들에서 갈망으로 목마른 에밀은 소피의 명백한 수락에 따른 황홀감과 명백한 거부에 따른 고뇌 사이에서 갈팡질팡한다."

에밀과 그의 친구가 소피의 집을 가끔 방문한다. 어느 날 저녁에 두 사람은 초대를 받았고 이 초대를 수락했다. 그런데 두 사람은 오지 않았다. 소피의 가슴에는 찬바람이 황량하게 불었다. 왜 에밀은 오지 않았을까? 혹시 죽은 게 아닐까? 다음 날 에밀과 그의 친구가 소피의 집에 왔다. 소피의 고뇌는 분노로 바뀐다. 하지만 에밀이 잘못한 것이라고는 아무것도 없었다. 에밀은 그녀의 비난을 고스란히 받아들였다.

"그녀는 대충 적당하게 사랑받기보다는 차라리 사랑받지 않는 게 좋았다. 그녀는 스스로를 의식하고, 스스로를 존중하고, 또 스스로를 명예롭게 생각하는 만큼 명예롭게 대우받고 싶어 하는 미덕에 바탕을 둔 우아한 자존감을 가지고 있었다."

소피의 비난이 끝나자 두 청년은 전날 무슨 일이 일어났는지 설명했다. 그녀의 집으로 오던 길에 말에서 떨어져 다리 하나가 부러진 농부를 만났는데, 이 사람을 그냥 길에 두고 갈 수 없어서 집까지 태워다 주었다는 이야기였다. 그러자 소피의 태도가 바뀌었다. 그녀는 그 농부의 가족을 찾아가서 자기가 해 줄 수 있는 게 무엇인지 알아

보고 싶다고 했다. 그래서 그들은 그 농부의 허름한 집에 도착했고, 그녀는 곧바로 행동으로 실천했다.

"그 농부 가족에게 고통을 주는 모든 것을 그녀는 알아보았던 것 같다. 지극히 섬세한 이 소녀는 집이 불결하고 고약한 냄새를 풍겼지만 전혀 아랑곳하지 않았다. 소녀는 두 사람이 환자를 고통 속에 내버려 두지 않기 위해 아무에게도 기별조차 하지 못한 채 사라져 버릴 수밖에 없었음을 알았던 것이다."

소녀는 다친 남자의 자세를 뒤집어 옷을 갈아입히고 붕대를 감아 주었다.

"아내와 남편은 자신들을 돌봐 주고 가엾게 여기며 위로해 준 그 사랑스러운 소녀에게 축복이 내리길 빌었다."[1]

연소는 또한 이상화idealization가 절정에 다다른 단계이기도 하다. 스탕달은 《사랑에 대하여De l'amour》에서 오스트리아 잘츠부르크 인근에 있는 소금 광산을 묘사했다. 이 광산의 광부들은 작고 이파리가 없는 나뭇가지들을 갱도에 한참 동안 놔두곤 했다. 나중에 가 보면 이 나뭇가지들은 다이아몬드 같은 수정의 얇은 막으로 덮여서 빛을 받으면 반짝거렸다. 스탕달은 황홀경에 사로잡힌 연인들은 서로를 이처럼 아름답게 반짝거리도록 만들어 준다고, 사랑하는 사람을 바라보는 눈빛은 사랑하는 사람의 모든 것에 다이아몬드를 뿌려 준다고 말했다.

이 단계에서 서로를 더 많이 이상화할수록 두 사람의 결혼 생활은 앞으로 수십 년 동안 더 오래 지속될 가능성이 높다. 사랑은 관대한 이상화에 의존하는 법이다. 결혼 생활 카운슬러인 주디스 월러스틴은 다음과 같이 썼다.

"내가 지금까지 만난 이혼한 부부들 가운데 많은 부부가 서로를 이상화한 적이 한 번도 없었던 것으로 보인다. 이혼한 부부에 대해 '도대체 결혼 생활을 하기나 한 것일까? 그 결혼 생활에 사랑, 기쁨, 희망, 또는 이상화가 있기나 했을까?'라고 나 자신에게 묻게 되었다 (이 질문을 그 사람들에게 직접 할 수는 없는 노릇이다). 그런 것을 찾기 어려운 경우가 많다. 이혼이 언제나 식어 버린 사랑이나 무너져 버린 높은 기대를 반영하는 건 아니다. 많은 경우에 오히려 배우자에 대한 기대는 충분할 정도로 높지 않았다. 배우자를 이상화하는 것은 모든 행복한 결혼 생활의 한 요소이다."[2]

연소는 결국 모든 것의 방향을 바꾸어 놓는다. 이와 관련해 존 오도너휴는 다음과 같이 썼다.

이끌림이 동반되는 사랑스러운 혼란이 있다. 자기가 누군가에게 깊이 이끌린다는 것을 느낄 때, 당신은 당신 삶을 규정하는 틀을 붙잡고 있는 손을 서서히 놓아 버리기 시작한다. 아닌 게 아니라, 그 사람의 얼굴이 점점 선명하게 나타날 때 당신 인생의 많은 부분이 흐리멍덩해진다. 가차 없는 자석의 힘이 당신이 하는 모든 생각을 그쪽으로만 끌어당긴다. 어디에 가 있든 당신은, 당신이 품고 있는 동경의 수평선이 되어 버린 그 사람 생각만 한다. 당신이 그 사람과 함께 있을 때는 시간이 잔인하게도 너무 빨리 지나가 버린다. 헤어져야 하는 시간은 언제나 너무 빨리 찾아온다. 그리고 그렇게 헤어지자마자 곧바로 당신은 벌써 다음 만남을 상상하면서 그때까지 남은 시간을 손꼽아 가면서 센다. 그 사람의 존재에서 비롯되는 자력磁力은 당신을 기쁨에 겨워 무기력한 사람으로 만들어 버린다. 얼마 전까지만 하더라도 당신이 전혀 몰랐던 낯선 사람이 당신 마음 안으로 침입해 들어와 버렸다. 당신 몸을 구성하는 섬유 조직 하나하나가 모두 그 사람과 조금이라도 더 가깝게 있기를 갈망한다.[3]

연소는 상대방을 마침내 밑바닥까지 보는 단계이다. 다른 사람이 그 사람을 보는 것과는 완전히 다르게 오로지 당신만이 볼 수 있는 방식으로 그 사람을 본다. 그 사람은 그저 식탁 앞에 앉아 있거나 가족 외식 자리에서 계산을 할 뿐이지만, 당신은 사랑하는 마음을 담은 눈으로 가만히 그 사람을, 모든 선함을 갖춘 그 사람을 본다. 그 사람은 그저 일을 마치고 돌아와서 거실로 들어설 뿐이다. 머리카락은 조금 흐트러져 있고 지친 상태로 가방을 들고서……. 그 사람이 고개를 약간 들면서 시선을 위로 올릴 때, 무언가를 기대하는 듯 그 사람의 입은 반쯤 열려 있고, 그 사람 뒤에 있는 조명등 때문에 그 사람의 실루엣이 뚜렷해진다. 이때 당신은 이런 생각을 한다.
　－난 당신을 보았어. 난 줄곧 당신만 보았어.

도약하기
—

친밀함을 향한 진지한 여정의 어느 지점에선가는 도약을 감행해야 한다. 신념에 찬 이 행동을 시인 W. H. 오든이 아름답게 포착했다.

위험을 느끼는 감각이 사라져서는 안 된다.
가는 길은 분명 짧으면서도 가파르지만,
지금 선 곳에서는 완만해 보인다.
원한다면 그렇게 보라. 그러나 그대는 반드시 도약을 감행해야
할 것이다.
......
수만 미터 깊이의 외로움이
우리가 누워 있는 침상을 지탱한다, 그대여.
비록 내 그대를 사랑하지만, 그대는 도약을 감행해야 한다.
안전을 바라는 우리의 꿈은 사라져야 한다.

마침내 당신은 당신 앞에 있는 사람을 살펴본다. 그 사람 없이 존재할 가능성을 따져 본다. 그리고 도약을 감행한다. 당신은 당신의 사랑을 세상에 선포한다. 당신은 두 사람 사이의 관계를 규정하는 이야기를 한다. 당신들 두 사람은 이제 버거울 수도 있는 상처받기 쉽고 위험하며 까다로운 국면으로 진입한다.

예전에는 '나'가 혼자 했던 크고 작은 많은 결정들이 이제는 '우리'의 결정이 된다. 무슨 영화를 볼지 또는 주말을 어떻게 보낼지 같은 사소하기 짝이 없는 것까지 모두 '우리'의 결정이 된다. 이제까지 누렸던 독립성은 의존성으로 대체된다.

이 단계에 들어선 사람들은 또한 의무가 동반되는 어떤 역할(남자

친구, 여자친구, 동반자 또는 다른 어떤 이름으로 부르든 간에)을 맡아서 수행해야 한다. 가장 큰 의무는 자기보다 상대방을 먼저 생각하고 돌보는 것이다. 친밀함의 이 단계는 따뜻한 감정에 대한 것이 아니라 이타적인 행동에 대한 것이다. 미국 작가 셸던 베너컨Sheldon Vanauken이 훗날 아내가 될 여인과 사랑에 빠졌을 때 두 사람은 공손함courtesy을 기본적인 태도로 채택했다. '공손함'은 원래 가지고 있던 의미를 잃어버린 단어이다. 특히 사랑의 일상적인 흐름이라는 의미를 잃어버렸다. 그러나 이들에게 이 단어는, 어느 한 사람이 무엇을 원하든 간에 상대방이 그것을 해야 한다는 뜻이었다.

"그래서 한밤중에 깨워서 물 한 잔 가져다 달라고 요구할 수도 있는데, 그러면 상대방은 매우 평화롭게(물론 졸린 눈을 비비며) 물을 가져다준다는 뜻이다. 사실 우리는 이 공손함을 '한밤중의 물 한 잔'이라고 정의했다. 그리고 우리는 물 한 잔을 가져다주는 것뿐 아니라 그렇게 요구하는 것 또한 매우 훌륭한 공손함으로 여겼다."[4]

위기의 시간

—

이제 두 사람이 싸움을 벌이는 시점이다.

친밀함의 이 단계는 거대한 위기가 찾아오기에 완벽한 시기이다. 두 사람은 충분히 오래 가까운 사이로 지냈으므로 서로의 자아를 이제는 잘 안다. 맨 처음에 자기가 상대방에게 가졌던 자기 마음대로의 지레짐작, 즉 투사는 이미 사라지기 시작했다.

무엇보다 어떤 강렬한 욕구가 생겨났다. 예전에 자기가 원했던 것보다 못한 어떤 것을 원한다. 바로 상대방의 사랑이다. 그리고 아주 사소한 변화 하나에도 더할 나위 없이 극단적인 감정 반응을 보일 수 있다. 기쁨과 함께함에 자기의 마음을 열었을 뿐 아니라 질투, 불안, 상실의 공포 그리고 배신에도 자기 마음을 활짝 열었기 때문이다. 이 시점에 들어선 사람은 결코 안정적이지 않다.

작가이자 철학자인 애덤 필립스Adam Phillips는 《놓침Missing Out》에서 다음과 같이 썼다.

"모든 사랑 이야기는 좌절과 절망의 이야기이다. 사랑에 빠진다는 것은 자기 안에 있는지도 몰랐던 좌절이나 절망을 새삼스럽게 떠올린다는 것이다."

자기가 중요한 어떤 것을 놓치고 있음을 전혀 알지 못한 채 즐겁고 유쾌하게 인생을 살고 있다가, 어떤 사람을 만나고 나서는 그 사람이 자기 곁을 떠날지도 모른다는 생각 때문에 지옥과 같은 인생을 살게 된다는 말이다.

때로 이 위기는 순전히 이기적인 어떤 행위에서 비롯된다. 때로는 두 사람 사이에서 주도권을 누가 쥐고 있는가에 대한 혼란에서 비롯되기도 한다. 생활 속에 존재하는 많은 영역 각각에서 두 사람 가운데 한 사람이 주도권을 쥐고 다른 사람은 동반자가 된다. 그러나 각 영역에서 과연 누가 주도권을 쥘 것인가 하는 문제가 협상을 통해 최종적으로 결론이 나기까지는 많은 시간이 걸린다.

때로는 중대한 의견 불일치가 표면화되면서 싸움이 일어난다. 모든 인간관계에는 어떤 중대한 의견 불일치가 있기 마련인데, 이것은 결코 사라지지 않는다. 그러니 두 사람은 싫든 좋든 이 문제를 끌어안은 채 함께 살아가야만 한다. 그러나 사람들은 자기 커플의 중대한 의견 불일치가 무엇인지 알지 못하고 지내다가 그 문제가 불거지고 나서야 깨닫는다. 때로 이 의견 불일치는 뿌리가 무척 깊으며 도덕적이거나 철학적인 차원의 문제이다. 그러나 가장 까다롭고 곤란한 의견 불일치 중 일부는 피상적이지만 엄청난 파괴력을 동반한다. 이것은 시간관념 문제일 수도 있고(남자는 시간을 칼같이 지키는데 여자는 언제나 늦다), 돈 문제일 수도 있고(여자는 아껴서 쓰는데 남자는 펑펑 쓴다), 위생관념 문제일 수도 있고(여자는 깔끔한데 남자는 구질구질하다), 섹스 문제일 수도 있고(남자는 날마다 하고 싶은데 여자는 한 주에 한 번이면 좋다), 의사소통 문제일 수도 있다(남자는 입이 무겁디무겁고 여자는 입이 가볍디가볍다).

이런 위기 단계에서 사랑하는 사람에게서 받는 고통이 마치 실제로 몸이 아플 때의 고통처럼 느껴진다는 사실은 매우 흥미롭다. 사랑하는 사람과 싸울 때, 자기에게 가장 소중한 어떤 물건이나 사람이 곁에 없어서 그리워할 때, 그 느낌은 누군가가 날카로운 물건으로 자기 몸을 찌르거나 뜨거운 불로 지지거나 할 때 느낄 수 있는 바로 그것이다. 이때는 그 신체적인 고통을 지워 버리기 위해 땀을 뻘뻘 흘리면서 달리기를 한다거나 힘이 몹시 드는 어떤 행위를 하려고 한다. 익명의 콰키우틀족(아메리칸 인디언의 한 종족. 북아메리카 북서부 연안 문화 영역에 속하며, 밴쿠버섬과 그 주변 지역에 살면서 고기잡이로 생활했다-옮긴이) 시인의 시가 이런 고통을 적나라하게 묘사한다(이 시는 1896년에 영어로 번역되었다).

"내 온몸 속으로 불길이 내달린다. 그대를 사랑하는 고통이다. 고통은 당신을 향한 내 사랑의 불길을 몰고서 내 온몸을 내달린다. 나는 아프다. 이 아픔이 당신을 향한 내 사랑을 몰고서 온몸을 떠돈다. 고통은 당신을 향한 내 사랑을 몰고서 금방이라도 끓어 넘칠 것만 같다. 당신을 향한 내 사랑의 불길 때문에 나는 완전히 진이 빠져 버렸다. 나는 당신이 나에게 한 말을 기억한다. 나를 향한 당신의 사랑을 나는 생각하고 있다. 나를 향한 당신의 사랑 때문에 나는 갈기갈기 찢어졌다. 고통스럽고 또 더 고통스럽다."

어떤 사람들은 너무 둔감한 나머지 관계가 깨어지고 이별을 맞이한 뒤에야 비로소 이미 떠나 버린 그 사람이 자기에게 얼마나 소중하고 필요했던 사람인지 깨닫는다. 또 어떤 사람들은 애착에 빠져드는 것을 너무 싫어한 나머지 그렇게 될지도 모른다는 공포심에 대항하느라 그 관계를 살짝 맛만 보고 일찌감치 포기해 버린다.

용서하기

—

싸움 뒤에는 용서가 찾아온다. 용서는 흔히 감상적인 용어로 사용되면서 남발되기도 한다. 그러나 진정한 용서는 매우 엄격하다. 자비와 연민 그리고 그 반대편에 있는 책임성, 이들 사이의 균형을 용서가 잡아 준다.

엄격한 용서의 과정은 부당하고 억울한 일을 당한 사람이 보내는 어떤 몸짓에서 시작된다. 마틴 루서 킹 목사는 용서는 행위가 아니라 태도라고 주장했다. 우리는 모두 죄인이므로, 용서하는 태도를 가진 사람은 죄가 당연히 일어나리라 여기고 죄에 공감하며 또 죄를 지은 사람보다 자기가 더 우월하다고 함부로 단정하지 않는다고 킹 목사는 말했다.

용서하는 사람은 자기에게 잘못을 저지른 사람에게 분노와 적개심을 드러낼 수 있을 정도로 충분히 강하지만, 다른 한편으로는 그 분노와 적개심을 거두어들일 수 있을 정도로 충분히 강하기도 하다. 그렇기에 이 사람은 잘못을 저지른 사람이 용서를 구하기도 전에 먼저 손을 내밀 수 있을 정도로 충분히 강하다. 사람이라면 누구나 가질 수 있는 복수의 충동에 저항하면서, 잘못을 저지른 사람이 자기 잘못을 뉘우칠 수 있도록 따뜻하게 손을 내민다. 킹 목사는 이렇게 썼다.

"용서할 줄 아는 힘을 가지고 있지 않은 사람은 사랑할 줄 아는 힘도 가지고 있지 않다."[5]

피해를 당한 사람이 용서의 분위기와 여건을 조성하고 나면 잘못한 사람도 용서의 과정에 발을 들여놓을 수밖에 없다. 이렇게 해서 그 사람은 자기 잘못을 고백하고 뉘우친다. 그런데 이 단계에서 온전하게 정직하기란 매우 어렵다. 사람은 누구나 이런저런 핑계를 대서라도 자기 잘못을 합리화하려는 경향이 있기 때문이다. 내 경우를 말하자면, 나는 내가 잘못한 것들을 시간차를 두고 조금씩 찔끔찔끔 흘린다. 이렇게 하면 내 잘못이 조금이라도 작게 보이고, 그렇다면 내가 사랑하는 사람이 질색하고 달아날 가능성도 그만큼 줄어들 것이라고 기대하기 때문이다. 그러나 잘못을 고백하려면 자기가 저지른 실수의 뿌리까지 더듬어 내려가야 한다. 그러다 보면 애초에 자기가 예상했던 것보다 더 크고 완전한 죄의 고백을 해야 할 수도 있다. 자기 잘못을 인정하고 용서를 구하는 데서는 순수한 굴복의 행위가 전제된다.

그다음에 평가와 판단의 순간이 이어진다. 잘못한 행위는 평가를 해야만 하는 대상이다. 문제가 된 행위를 한 사람의 기질적인 특성은 무엇인가? 그 어리석은 행동의 순간이 그때까지의 품위를 갉아먹을 만큼 가치가 있었나, 굳이 그런 행동을 했어야만 했나? 혹시 그 잘못된 행위가 일시적인 것이 아니라 영구적인 기질적 특성에서 비롯된 것은 아닌가? 두 사람은 이 질문을 놓고 함께 따져 본 다음 서로에게 조금씩 더 다가간다.

킹 목사가 말했듯이 신뢰는 곧바로 회복되지 않는다. 죄를 굳이 없던 일로 돌릴 필요는 없지만, 잘못된 행위가 두 사람 사이 관계에 더는 장애가 되지 않는다. 잘못을 저지른 사람은 부끄러움의 시간을 견디며 이를 통해 더 나은 사람이 된다. 피해를 당한 사람이 은총을 베풀 때 그 사람은 복수와 같은 감정들에서 해방되고 한층 높은 수준의 행복감에 젖는다. 이렇게 해서 두 사람의 관계는 재결합을 통해 한층 더 단단해진다.

독일 출신의 아프리카 선교사 월터 트로비쉬Walter Trobisch는 이렇게 썼다.

"고통은 미성숙한 사랑을 성숙한 사랑으로 성장시킨다. 미성숙하고 배운 것이 없는 사랑은 이기적이다. 이것은 막무가내로 떼를 쓰면서 뭐든 곧바로 자기가 바라는 대로 되길 바라는 유아적인 부류의 사랑이다."

그러나 용서 뒤에 오는 사랑은 연민, 공감, 이해, 말로는 설명할 수
없는 배려가 특징이다. 미국 작가 손턴 와일더Thornton Wilder가 말했
듯이 "사랑의 봉사에서는 오로지 부상당한 병사들만이 봉사를 할
수 있다."

하나로 녹아들기
—

마침내 우리는 본질까지 다가섰다. 바로 '최대한 사랑'하는 것, 즉 친
밀함으로 나아가는 절정의 단계이다. 우리는 사랑을 이야기하는 영
화를 수없이 봤으며 또 그런 노래를 수없이 들었다. 그런데 때로 우
리는 그것이 얼마나 낯선 현상인지 잊어버린다. 사랑은 자기를 위하
는 이기적인 욕구인 동시에 자기를 잊어버리는 이타적인 선물이다.
사랑은 자기가 무능하다는 사실을 일깨워 주고 또 그런 무능함으로
우리를 가득 채운다. 사랑은 딱딱하게 굳어 버린 우리 개성의 표토
를 갈아엎어서 그 아래에 있는 비옥한 토양을 드러낸다. 사랑은 자
기를 중심에서 변방으로 밀어 놓는다. 사랑은 우리가 가진 재산은
다른 사람 안에 있음을 가르쳐 준다. 사랑은 우리 자신은 자기가 진
정으로 필요로 하는 것을 줄 수 없음을 가르쳐 준다. 사랑은 자아의
벽을 무너뜨리고 삐죽삐죽한 돌무더기를 두 사람에게 남긴다.

미국의 철학자 앨런 블룸은 《사랑과 우정Love & Friendship》에서 사
랑은 모든 것이면서 동시에 그 반대라는 사랑의 역설적인 특성을 멋

지게 묘사한다.

사랑은 사람들로 하여금 자기를 의식하게 만드는 자기를 잊어 버리는 헌신이다. 사랑은 자기 자신에 대한 이성적 추론의 조건인 비이성적인 어떤 것이다. 사랑이 만들어 내는 고통은 최상의 황홀경과 이어지며, 사랑은 아름다움에 대한 그리고 인생의 달콤함에 대한 최고의 경험을 안겨 준다. 사랑은 강력한 환상의 요소들을 지니고 있어서 완전한 환상이라고 여겨질 수도 있지만 사랑의 효과는 환상이 아니다. 사랑은 어떤 원칙이나 의무의 지침 없이 가장 즉각적인 방식으로 가장 위대한 행동들을 낳을 수 있다. 사랑하는 사람은 아름다움의 가치를 알고 있으며, 또한 자기 혼자서는 잘 살 수 없음을 또는 결코 살 수 없음을 안다. 그는 자기 혼자서는 아무것도 할 수 없음을 안다. 사랑하는 사람이야말로 인간이 천성적으로 불완전하며 따라서 완전함을 추구할 수밖에 없는 존재임을 가장 분명하게 밝혀 주는 증거이다.

사랑에 빠지고 나면, 자기가 그동안 자아의 영향력 아래에서 인생을 마치 몽유병자처럼 살아왔음이 선명하게 드러난다. 사랑은 우리를 깨워 일으킨다. 사랑은 우리 내면의 깊은 균열은 자아가 갈망하는 음식으로는 절대 채워질 수 없다는 진리를 일깨워 준다. 이런 맥락에서 카를 융은 다음과 같이 썼다.

"인간관계가 없는 사람은 온전함이 부족하다. 온전함은 오로지 영혼을 통해서만 얻을 수 있는데, 영혼은 언제나 '당신' 안에서 발견되는 다른 면이 없이는 존재할 수 없기 때문이다."[6]

열정적인 사랑은 자아를 내팽개칠 수 있을 정도로 강력하고 유일한 힘이다. 사람들은 이런 사랑을 광기, 열병, 홍수, 불길 또는 어떤 강력한 감정이라고 묘사한다. 사실 사랑은 비록 많은 감정들을 담고 있긴 하지만 정확하게 따지면 감정이 아니다. 사랑은 일종의 충동, 극단적인 동기 부여 상태이다. 자기가 아닌 다른 누구와 영원히 하나가 되고 싶은 열렬한 동경이다. 사랑은 사람들의 등을 떠밀어서 온갖 우스꽝스러운 행동을 하게 만든다. 기껏 밥 한 끼를 함께 먹으려고 자동차로 수백 킬로미터를 달려가게 만들고, 사랑하는 사람이 조금이라도 특별한 대우를 받는다는 느낌이 들도록 그 사람을 태우러 갈 때마다 자동차를 세차하게 만들고, 그 사람이 있는 사무실의 창문을 멀리서나마 바라보려고 굳이 먼 길을 돌아서 그 사무실 건물 앞을 지나가게 만든다.

예전에 내가 약혼했을 때 한번은 약혼녀를 포함해 약 15명과 함께 어떤 회의실에 있었다. 우리 두 사람은 그때까지 서로를 알아 가고, 위기를 만나고, 또 용서하는 친밀함의 그 숱한 단계들을 거쳐서 거기까지 와 있었다. 그때 나는 그 많은 사람들 가운데서 오로지 그녀만이 나에게 특별하다는 사실에 마음속으로 경탄하고 또 경탄했다. 어째서 그럴 수밖에 없었을까? 다른 사람들 역시 밝고 친절했다. 그들도 모두 머리를 가지고 있고 몸통과 팔다리를 가지고 있었다. 그런데 나는 내 인생을 바꾸어 놓는 마법의 줄로 바로 그 사람, 내가 사랑하는 바로 그 사람과만 연결되어 있었던 것이다. 그 마법의 줄은 방에 있던 다른 사람은 아무도 볼 수 없었는데, 그 줄이 그 방의 모든 것이 그녀를 중심으로 돌아가도록 만들었다.

사람들이 사랑은 맹목적이라고 말한다. 그러나 영국 작가 G. K. 체스터턴Gilbert Keith Chesterton은 사랑은 결코 맹목적이지 않으며 오히려 그 반대라고 했다. 사랑은 지극히 세심하고 눈이 밝다. 어떤 사람을 사랑하지 않고서는 그 사람 영혼의 핵심까지 꿰뚫어 볼 수 없기 때문이다.

사랑에 들뜬 사람들은 서로 떨어져 있는 것을 도무지 참을 수 없어서 어쩔 수 없이 커피숍에서 노트북을 놓고 함께 일을 하면서도 노트북 너머로 서로를 바라보느라 정신이 없다. 사랑하는 사람들은 서로 얼굴을 바라보며 웃는 것으로 많은 시간을 보낸다고, 그러다가 아이가 생겨나면 또 아이를 바라보며 웃는 것으로 많은 시간을 보낸다고 C. S. 루이스는 말했다. 시인 도널드 예이츠Donald Yates는 "합리적이기만 한 사람들은 사랑을 할 수 없다"라고 했다. 위엄은 사랑과 거리가 멀다. 사실 위엄은 사랑을 죽일 수도 있다.

여기까지 온 사람들은 구름 위를 날고 있다고 느낀다. 처음에는 사랑이 늘 변한다. 셸던 베너컨이 장차 아내가 될 데이비와 사랑에 빠진 시점은 겨울이었다.

"우리는 '만일 우리가 라일락이 피는 계절에 서로를 더 사랑하지 않는다면, 우리 관계는 끝날 거야'라고 말했다. 그러나 우리는 더 많이 사랑했다. 사랑은 점점 더 커지거나 아니면 죽기 때문이다. 해마다 기념일이 돌아올 때마다 우리는 '만일 우리가 다음 해에 더 깊이 사랑하지 않는다면, 우리는 망할 거야'라고 말했다. 그러나 우리는 그렇지 않았다. 더욱더 깊이, 더욱더 가깝게, 더욱더 애틋하게 서로에게 빠졌다."[7]

사랑은 행복보다 더 큰 것을 좇는 사냥이다. 사랑은 두 영혼의 결합이다. 두 사람 가운데 한 사람이 치매에 걸린다고 해서 다른 사람이 떠나 버리지 않는다. C. S. 루이스는 이렇게 말했다. "헤어지는 것보다 이게 더 낫다. 그녀 없이 행복한 것보다 그녀와 함께 비참한 게 더 낫다. 차라리 우리의 심장을, 두 심장이 함께 부서질 수만 있다면, 부숴다오."[8]

누군가가 사랑을 방해하고 사랑하는 두 사람을 떼어 놓을 때 어떤 일이 일어나는지 가장 잘 보여 주는 문학 작품은 에밀리 브론테의 소설《폭풍의 언덕Wuthering Heights》이 아닐까 싶다. 그것은 일종의 살인 행위이다. 두 사람이 헤어질 때 히스클리프는 캐서린에게 외친다.

"한 번 더 키스를 해 주오. 제발 당신의 눈을 보게 하지 마시오! 당신이 나에게 한 모든 것을 용서하겠소. 나는 '나를' 죽인 살인자를 사랑하오. 하지만 '당신을' 죽인 살인자들은 사랑할 수 없소! 어떻게 그럴 수 있겠소?"(캐서린은 히스클리프를 사랑하면서도 그의 사랑을 배신하고 딴 남자와 결혼했다. 그 후 오랜 세월이 지나 두 사람이 다시 만난 뒤에 헤어지는 장면이다-옮긴이)

두 사람은 서로를 으스러져라 껴안는다. 마치 죽음을 앞두고 있는 사람들처럼 "그들은 서로의 얼굴에 자기 얼굴을 숨겼다. 그리고 서로의 눈물이 서로의 얼굴에 흘렀다."

이 장면의 비극은 슬픔에 있지 않고, 숨기는 것에 즉 사랑을 파괴하는 두 사람이 서로의 눈을 똑바로 쳐다보지 못하는 상태에 있다.

르네상스 시대의 프랑스 철학자 몽테뉴는 자기와 에티엔 드 라 보에티Étienne de La Boétie의 우정을 묘사하는 장면에서 이 융합을 포착했다. 두 사람 사이의 우정은 사랑이라고밖에 부를 수 없을 정도로 깊었다.

"우리의 두 영혼은 하나로 합쳐지고 완벽하게 뒤섞여서 합쳐진 자국조차 남지 않았으며, 그 흔적은 앞으로도 영원히 찾지 못할 것이다. 만일 누가 나에게 왜 그를 사랑했는지 말하라고 윽박지른다면, '그게 그 친구였기 때문이고, 그게 나였기 때문이다'라는 대답 외에는 다른 어떤 말로도 표현할 수 없을 것 같다."

이 단계에서는 자아가 완전히 패배해서 물러나고 없다. 이제는 자기가 아플 때보다 사랑하는 사람이 아플 때 더 많은 고통을 느끼며, 자기가 모욕받을 때보다 사랑하는 사람이 모욕받을 때 더 큰 분노를 느낀다. 이런 모습은 암이나 만성 질병으로 서서히 죽음을 향해 가는 사람을 배우자로 둔 부부에게서 어렵지 않게 찾아볼 수 있다. 사랑하는 두 사람이 무너져 내리는 동안에도 죽음은 강하게 또 엄혹하게 다가선다. 이때 당사자들은 사랑하는 사람이 고통스러워하는 모습을 지켜보는 것보다 차라리 자신이 그 병의 희생자가 되는 편이 훨씬 더 편하고 쉽다고 느낀다.

이런 정서 상태를 많은 시인들이 즐겨 다루었다.

"우리는 하나다 / 하나의 육체, 당신을 잃어버리는 것은 나를 잃어버리는 것."(밀턴의 《실낙원》에서 아담이 이브에게 한 말)

"이것은 내 피부이고 두껍다. 이것은 그대의 피부가 아닌데, 그대는 그 아래에 있다."(이언 토머스)

"사랑하는 사람 둘이 누웠다, 키스를 하면서 / 환희에 어쩔 줄 모른다, 목이 탄다 / 두 사람은 서로의 안으로 온전하게 들어가고 싶어 안달이 났다."(1500년 전 동로마제국의 시인 파울루스 실렌티아리우스)

"파도 속에서, 너는 / 벌거벗은 황홀경이 되었다."(말라르메)

Chapter 17

결혼 전에 스스로 물어야 할 질문들

결단하기 전에 잘 따져 봐야 하는 이유

사랑은 스스로 영원하길 바란다. 당연하다. 심장은 결단을 요구한다. 허공에서 선회하는 건 이미 충분히 오래 했다. 항공모함이 바로 아래에 있다. 그러니 이제 그만 착륙해야 할 시간이다.

그러나 지금은 결혼을 하기 전에 여러 가지를 따져 보기 위해 한 걸음 뒤로 물러서야 할 때다. 결혼을 해야 하는 이유를 제시할 때다. 이 책에서 지금까지 나는 심장과 영혼을 많이 강조했다. 그러나 어떤 헌신의 결단을 내릴 때 이성적인 뇌 역시 함께해야 할 중요한 동반자이다. 내가 아는 어떤 사람의 표현을 빌리자면, "지금 나는 좋은 결정을 내리려고 한다"라는 말을 해야 할 시간이다. 사랑하는 두 사람은 결혼할 수도 있고 헤어질 수도 있다. 그러나 이것은 어디까지나 '나'의 인생이다. '나'는 스스로 내린 선택에 책임을 져야 한다. '나'는 올바른 판단을 내릴 능력을 완벽하게 가지고 있다.

이미 관계가 깊어진 이 시점에서조차 당신이 한 걸음 물러나서 결혼에 대해 냉정하게 따져 봐야 하는 명백한 이유는 이런 식으로 느끼는 사람이 이 지구상에서 당신이 처음이 아니라는 사실이다. 아마 지금까지 결혼한 수많은 부부들이 당신이 걸어온 친밀함의 여러 단계들을 똑같이 거쳐 갔으며, 당신과 똑같은 사랑의 소용돌이를 느꼈고, 똑같은 혼란과 운명을 느꼈다. 그런 뒤에 그들은 결혼을 했고 또 이혼을 했다. 사랑과 열정만으로는 충분하지 않다. 이제 기준을 더 높여야 한다.

이러한 평가(따져 보기)를 해야 하는 이유는 결혼하기로 결정 내릴 때 당신은 곤란과 불리함을 무릅쓰고라도 도약하려는 것이기 때문이다. 미국에서 결혼한 부부 가운데 거의 40퍼센트가 이혼한다. 나머지 10퍼센트에서 15퍼센트는 이혼은 하지 않지만 별거하며, 또 7퍼센트 정도는 만성적인 불행을 감수하면서 그냥 함께 살기만 한다. 즉 결혼하기로 결정한 사람들 가운데 절반 이상이(아마 이들도 열정적인 사랑을 느끼면서 결혼했을 것이다) 결국은 불행한 결혼 생활을 맞이한다는 말이다. 특히 스물다섯 살 이전에 결혼한 부부는 이 확률이 더 높다.[1]

그리고 결혼 생활에 실패하는 일보다 더 나쁜 것은 거의 없다는 사실도 마음에 새겨야 한다. 행복하지 않은 결혼 생활은 질병에 걸릴 확률을 35퍼센트 높이며 수명을 평균 4년 단축시킨다. 전혀 사랑을 느끼지 못하는 다른 사람과 한 침대에 누워 있을 때 느끼는 외로움보다 더 큰 외로움은 없다. 사람들은 결혼하면서 두 사람이 망망대해로 함께 여행을 떠난다고 상상하지만, 결혼 생활이 행복하지 않을 때는 조지 엘리엇의 표현을 빌리자면 갑문으로 닫힌 바다에 갇힌 것이나 마찬가지다.

결혼하기로 결정하기 전에 한 걸음 뒤로 물러나서 따져 봐야 하는 이유는 자기가 지금 하고자 하는 행동이 무엇인지 전혀(또는 어느 정도밖에) 알지 못하기 때문이다. 이 상황에 놓인 사람이라면 누구든 지금 자기가 하는 행동이 무엇인지 결코 알지 못하겠지만, 그래도 적어도 최대한 최상의 선택을 하고 싶은 마음을 가지고 있을 것이다. 시인 데이비드 화이트는 다음과 같이 썼다.

"결혼 생활과 관련해서 대단히 흥미로우며 또 존재론적으로 거의 해롭기까지 한 점은 부부 가운데 한쪽이 바라는 것은 무엇이든 이루어지지 않는다는 사실이다. 다른 쪽이 원하는 일도 무엇이든 간에 일어나지 않는다. 일어나는 것이라고는 두 사람 사이에 처음에는 충돌이 그다음에는 대화인, 하나로 결합된 인생이다. 그리고 이 대화는 처음에는 두 사람 모두에게 외국어처럼 낯선데, 어쩌면 두 사람이 알아듣지 못할 수도 있고, 심지어 자기들이 원한다고는 생각조차 하지 않았던 것일 수도 있다."

자, 그렇다면 이 평가(따져 보기)를 어떻게 해야 할까? 이것은 당신 인생에서 가장 중요한 결정이므로, 사회가 이 순간을 위해 당신에게 무언가를 준비해 두었을 것이라고 생각할 수도 있다. 학교에서 예컨대 '결혼의 심리학' '결혼 생활의 신경과학' '결혼 생활과 문학' 같은 결혼 결정과 관련된 강좌들을 사람들에게 제공할 것이라고 생각할 수도 있다. 천만의 얘기다. 사회는 사람들이 전혀 중요하지 않은 것들에 정신이 팔려 매달리도록 하기 위해 인생의 중요한 선택들에 전혀 신경 쓰지 못하도록 온갖 술책을 꾸미는 거대한 음모 집단일 뿐이다.

당신이 던져야 할 중요한 질문들

자기 자신에게 어려운 질문을 던져야 할 순간이다. 다들 결혼 결정을 할 때 상대방을 평가하는 데 지나치게 많은 시간을 쓴다. 하지만 정작 정말 꼼꼼하게 따져 봐야 할 대상은 결혼할 상대가 아니라 자기 자신이다. 이때 던져야 할 질문들로는 다음과 같은 것들이 있다.

나는 진정으로 결혼을 할 수 있는 지점에 도달했는가?

영국 소설가 D. H. 로런스David Herbert Lawrence는 "사랑과 개성을 동시에 숭배할 수는 없다"라고 했다. 당신에게 던질 궁극적인 질문은 과연 당신은 결혼을 함으로써 그 뒤에 무슨 일이 일어나든 자기가 그동안 가지고 있던 통제권을 포기하고 결혼 생활에 압도당할 준비가 되어 있느냐 하는 것이다.

나는 그 사람 곁에 있을 때의 내 모습을 좋아하는가?

사람은 여러 가지 인격을 가지고 있으며, 자기 주변에 누가 있느냐에 따라 이 인격들 가운데 하나를 세상에 투사한다. 그 사람은 당신에게서 무신경하고 사회적 출세에 매달리는 인격을 끌어낼까, 아니면 친절하고 봉사하는 인격을 끌어낼까?

나에게 가장 중요한 문제는 무엇이며, 그 사람이 그 문제를 채워 줄까?

사람들은 해결되지 않은 자기의 가장 큰 정신적 문제를 채워 주는 사람과 결혼하는 경향이 있다. 어쩌면 당신은 정서적인 신뢰감을 갈망할 텐데, 그 사람은 당신이 기댈 든든한 어깨를 내어 줄 수도 있다. 어쩌면 당신은 정서적인 강렬함을 갈망할 텐데, 그 사람은 당신에게 마르지 않는 사랑의 샘이 되어 줄 수도 있다.

내가 설정한 기준은 얼마나 높은가?

어떤 사람은 "절대로 낮은 기준에 안주하며 섣불리 정착하려 들지 마라. '이런 사람과 결혼하다니 말도 안 되는 행운이야'라는 느낌이 들 때까지 고르고 또 골라야 한다"라고 말한다. 또 어떤 사람은 "더 현실적이 되라. 모든 것이 완벽한 사람을 찾는 건 불가능하다. 그러니 혼자 살기보다는 적당한 사람과 결혼해 사는 편이 낫다"라고 말한다. 《오만과 편견Pride and Prejudice》의 저자 제인 오스틴은 "그냥 같이 사는 거지"라면서 안주하는 것은 "사악하다"고 생각했다. 상대방에게 완전히 감탄하며 사로잡히지 않은 채로 결혼하면, 처음부터 하나로 온전히 융합하기에 충분한 열정을 가지지 못할 것이고, 또 어려운 시기를 만나면 헤어지고 말 것이다.

게다가 '안주'는 비도덕적이기도 하다. 그런 발상에는 또 다른 사람이 개입되어 있기 때문이다. 상대방은 자기가 당신 인생에서 네 번째 순위의 선택지로 꼽히는 걸 반기지 않을 것이다. 당신은 이 사람에게 "당신이 최고가 아니라서 아쉽긴 하지만 그래도 당신에게 정착해 안주할래요"라고 말하며 관계를 맺을 참인가? 만일 당신이 워낙 솔직해 그렇게 말한다고 치자. 그러면 당신은 이 사람과 당신 사이의 관계에 치명적인 불평등을 끌어들이는 셈이 된다. 반대로 그 말을 하지 않는다면, 이 사람에게 "당신은 내가 이 세상에서 제일 사랑하는 사람이에요"라는 거짓말을 암묵적으로 하는 셈이 된다. 안주는 현실적인 대안처럼 보인다. 그러나 결국에는 황홀한 헌신을 토대로 한 사랑만이 실질적이다.

나는 평생 이 사람과 즐겁게 대화를 주고받을 수 있을까?

나머지 질문들은 상대방 및 관계 그 자체에 대한 것들이다. 여기서 무엇보다 중요하게 고려해야 할 것은, 결혼은 50년 동안의 대화라는 점이다. 누군가와 결혼하려고 생각할 때 가장 중요한 질문은 이것이다.

"나는 남은 인생 동안 이 사람과 이야기를 주고받는 것을 기쁘게 즐길 수 있을까?"

이 질문에 대한 대답이 "그렇다"일 경우, 사람들은 결혼과 관련된 나머지 결정들을 내릴 때 심리적 관점, 정서적 관점, 도덕적 관점이라는 세 가지 잣대를 들이댄다.

세 가지 잣대

먼저 심리적 관점에 대해 살펴보자. 제인 오스틴의 소설이나 조지 엘리엇의 소설에 등장하는 인물들은 상대방의 기질 또는 우리가 보통 '성격적 특성'이라고 말하는 것을 평가하는 데 많은 시간을 쓴다. 이와 관련해 심리학자 타이 타시로Ty Tashiro는 《왜 그런 사람과 결혼할까?The Science of Happily Ever After》에서 이렇게 썼다.

"만일 당신이 쾌활하고 재미있고 자신감 넘치며 친절하고 잘생겼으며 자기 어머니를 사랑하는 정말 꿈처럼 멋진 어떤 배우자를 선택한다면, 25년 동안 결혼 생활을 한 뒤에 당신이 자신의 낭만적인 상황을 재평가할 때 그 배우자는 당신 또래의 다른 사람들에 비해 아마 여전히 쾌활하고 재미있고 자신감 넘치며 친절하고 잘생겼으며 또 좋은 아들이나 딸일 것이다."[2]

그렇다면 어떤 사람의 항구적인 성격적 특성을 간파하는 방법은 무엇일까? 1938년에 미국의 심리학자 루이스 터먼Lewis Terman은 그 사람의 인간관계 배경을 보면 된다고 주장했다. 그는 살펴봐야 할 변수들의 순위를 다음과 같이 매겼다.

1. 부모님은 매우 행복한가
2. 행복한 어린 시절을 보냈는가
3. 어머니와 갈등 없이 지내는가
4. 엄격하지만 가혹하지 않은 가정교육을 받았는가
5. 어머니에 대한 강한 애착을 가졌는가
6. 아버지에 대한 강한 애착을 가졌는가
7. 아버지와 갈등 없이 지내는가
8. 부모님이 성 문제에 대해 솔직한가
9. 어릴 때 벌을 거의 받지 않았고, 받더라도 가볍게 받았는가
10. 결혼 전에 섹스를 혐오하거나 회피하지 않는 태도를 지녔는가

다른 이들은 가장 우선적으로 보아야 할 것은 애착 유형attachment style이라고 말한다. 생후 18개월 무렵에 자기를 돌보는 사람과 안정

된 애착 관계를 형성한 사람(이런 사람의 비율은 전체의 약 60퍼센트이다)은 안정적인 인간관계를 만들고 유지하는 방법에 대한 모델을 머릿속에 가지고 있다. 이런 사람들은 사랑하는 사람 앞에 서면 심박수가 줄어들고 호흡이 느려진다. 이런 상태를 정상으로 느끼기 때문에 긴장하지 않고 오히려 편안해지는 것이다.[3]

유아기 때 불안한 애착 관계를 경험한 사람은 누군가를 사랑할 때 제대로 긴장을 풀지 못한다. 이 사람의 머릿속에 들어 있는 모델은 사랑하는 사람이 곧 떠날 것이라고 속삭이기 때문이다. 그래서 심박수가 늘어나고 호흡이 빨라진다.[4] 어릴 때 회피성 애착 패턴을 경험한 사람(자기를 돌보는 사람에게 어떤 신호를 보냈지만 아무런 응답을 받지 못한 사람)은 아예 관계 자체를 차단한다. 이들의 머릿속에 들어 있는 모델은, 내가 가까이 다가가지 않으면 무응답에 상처받을 일도 없을 것이라고 속삭이기 때문이다.

권위 있는 어떤 장기 추적 연구에 따르면, 안정된 애착 관계를 형성한 사람 중 90퍼센트가 결혼을 하고, 이들 가운데 21퍼센트가 이혼을 한다. 회피성 애착 관계를 형성한 사람 중에서는 70퍼센트가 결혼하고, 이들 가운데 50퍼센트가 이혼한다. 불안한 애착 관계를 형성한 사람들은 이혼율이 더 높다.

모든 사람이 안정된 애착 유형을 가진 사람과 결혼하려 한다고 생각할지 모르지만, 실제로는 그렇지 않다. 사람들은 자기와 동일한 애착 유형을 가진 사람과 결혼한다. 안정된 애착 유형을 가진 사람은 그런 사람과, 회피성 애착 유형을 가진 사람은 또 그런 사람과 결혼한다. 불안한 애착 유형을 가진 사람도 마찬가지다. 어린 시절의 애착 유형은 운명이 아니다. 사람은 얼마든지 변할 수 있다. 그러나 만일 자기 짝에게서 회피성이나 불안한 애착 유형의 어떤 표시를 본다면, 이런 사실을 마음에 새겨 두는 게 좋다.

또 어떤 이들은 다른 사람의 심리를 이해하는 가장 좋은 방법은 '다섯 가지 성격 특성 요소Big Five Personality Traits' 검사를 해 보는 것이라고 말한다. 이 다섯 가지는 경험에 대한 개방성, 성실성, 외향성, 친화성, 신경성이다. 결혼 결정을 내려야 하는 상대방에 대해서는 마지막 두 가지, 즉 친화성과 신경성이 가장 중요하다. 사람은 누구나 기본적으로 친화성을 추구하고 신경성을 회피하려 한다고 타이 타시로는 주장한다.

친화성(좋은 사람 되기)이 가장 섹시하거나 가장 로맨틱할 것 같은 특성으로는 들리지 않는다. 친화적인 사람은 친절하고 애정 넘치며 사근사근하고 고분고분하며 마음이 넓고 온화하며 눈치가 빠르고 믿음을 주는 사람이다. 사람들은 흔히 친화성 있는 남성은 남자다우면서도 여성적인 감성을 가진 사람이라고 말한다.

계속해서 타시로는, 신경성은 사람들이 피하고 싶어 하는 것이라고 말한다. 신경증적인 사람은 처음에는 흥미진진하고 드라마틱하지만 늘 긴장해 있고 침울하며 곧잘 슬픔에 빠진다. 이런 사람은 분노나 불안과 같은 부정적인 감정들을 아주 심하게 경험하는 경향이 있다.

"신경증적인 사람은 가족이나 친구를 포함해 다른 사람들과 격렬하고도 불안정한 인간관계를 경험하는 경향이 있다. 이들은 또한 운이 나쁜 것처럼 보이기 쉽다. 그러나 시간이 흐르고 나서 보면 그런 불행한 사건들이 그들이 가지고 있는 신경증과 그들이 놓인 환경에서 비롯된다는 사실을 흔히 확인할 수 있다. 그런데 내가 정말 강조하고 싶은 중요한 점은, 이런 신경증이 언젠가는 저절로 소멸될 것이라는 소박한 바람은 아예 처음부터 버려야 한다는 것이다. 신경증은 평생 줄기차게 이어진다는 사실을 입증하는 강력한 증거들이 많기 때문이다."[5]

결혼을 결정할 때 적용해야 할 두 번째 잣대는 정서적 관점이다. 상대방을 향한 사랑의 성격을 따져 보아야 한다는 뜻이다. 그리스 사람들은 사랑을 세 가지 유형으로 구분했다. 바로 필리아$_{philia}$(우정), 에로스$_{eros}$(열정), 아가페$_{agape}$(아낌없이 줌)이다.[6]

어떤 사람에게 필리아나 아가페 없이 에로스를 느낄 때가 있는데 이 경우에는 오로지 사랑의 열병만 존재한다. 필리아와 에로스 없이 아가페를 느낄 때는 존경만 존재한다. 또 가능성이 좀 더 높은 경우인데, 약간의 에로스가 있긴 하지만 아가페가 없는 필리아를 경험할 수도 있다. 이런 사람은 상대방을 행복하게 만든다. 그러나 이 경우에는 이기심 없는 사랑의 폭발적인 분출이 절대로 일어나지 않는다. 이것은 멋진 우정이긴 하지만 평생을 가는 헌신의 토대는 아니다. 만일 당신이 자기 인생을 헌신하며 살기로 결단한다면, 이 사랑은 이미 친밀함과 욕구와 자기희생적 사랑이라는 세 요소를 모두 갖추고 있다.

어떤 관계는 아름다운 우정 단계에서 멈추고 만다. 두 사람은 서로를 진정으로 존경하지만 영혼까지 깊이 접촉하지는 않으며, 굳이 그렇게 해야 할 이유도 찾지 못한다. 이런 관계는 매우 합리적이기 때문이다. 두 사람은 서로 사랑한다고 말할 수도 있지만, 이들은 서로에게서 진정한 사랑을 느끼지는 않는다. 그러나 어쨌든 이것은 떨어져 있을 때 고통을 느끼는 그런 종류의 사랑이 아니다. 상대방이 멀리 떠나갈지 모른다는 공포의 소용돌이에 휘말리는 사랑도 아니고, 두 사람이 아무것도 하지 않은 채 그저 곁에 가만히 있기만 해도 행복하고 마음이 설레는 사랑도 아니며, 결혼에 필요한 일상의 봉사와 끊임없는 배려를 요구하는 사랑도 아니다.

어중간한 깊이의 관계는 깨기가 가장 어렵다. 우정과 존경이 있기 때문이다. 그러나 어떤 이유에서든 심장과 영혼의 깊이에서는 그것들이 존재하지 않는다. 결혼에서는 외롭고 혼자 떨어져 있다고 느낄 아직 개발되지 않은 깊은 층들이 존재한다.

마지막으로 세 번째 잣대는 도덕적 관점이다. 이것은 매우 중요한 관점인데, 상대방에 대한 존중은 감정의 우물이 말라 버린다 하더라도 이런 어려움을 헤쳐 나가게 해 주기 때문이다. 상대방의 별난 성격에 좀 짜증이 나더라도 존중은 이것을 극복할 수 있게 해 준다. 훌륭한 인품은 일이 나쁘게 풀려 갈 때도 모든 것을 참고 견딘다. 그렇기 때문에 이 관점에서 던져야 할 질문은 다음과 같다.

"이 사람은 정직한가?" "이 사람은 성실한가?"

두 사람 사이의 의견 불일치는 필연적으로 나타날 수밖에 없다. 결혼 생활은 이것을 극복해야 하는데, 상대방을 향한 경멸은 부부 사이의 연대감을 끊어 놓는다. 그러므로 결정적인 질문은 이것이다.

"나는 이 사람을 깊이 존중하는가?"

부부가 결혼 서약을 할 때는 어떤 맹세를 하는 것이므로 다음 질문도 결정적으로 중요하다.

"이 사람은 자기가 한 약속을 지킬까?"

배우자를 선택한다는 것은 자기 아이의 아버지나 어머니를 선택하는 것이다. 그러므로 이 질문도 해야 한다.

"이 사람은 내 소중한 아이들이 물려받으면 좋겠다고 생각하는 성정을 가지고 있는가?"

결혼 생활을 이어 가다 보면 언제고 질병이나 불운 또는 무슨 이유로든 서로의 본질까지 낱낱이 드러나는 그야말로 알몸 상태가 될 수 있다. 그러므로 이 질문도 반드시 해야 한다.

"이 사람에게서 교육 수준, 기술 능력, 지금까지 거둔 성취, 그리고 온갖 스펙들을 다 빼고 나면 이 사람에게 남는 알맹이는 무엇일까?"

결혼 생활을 이어 가다 보면 수천 가지 결정을 내려야 한다. 그러므로 다음 질문도 해야 한다.

"이 사람이 내렸던 판단을 내가 나중에 비판한 경우가 많았던가?"

결혼이란 하루하루 적나라한 인생의 현실을 살아가는 것이다. 그러므로 이 질문 또한 잊지 말아야 한다.

"이 사람은 출세하기 위해 다른 사람을 속이거나, 자기의 지배력을 강화하기 위해 아랫사람에게 잔인하게 굴거나, 자기가 원하는 것을 얻으려고 다른 사람들을 조종하거나 하는, 스스로 부끄러워해야 마땅한 행동을 자랑한 적이 있는가?"

물론 상대가 완벽할 수는 없을 것이다. 모든 사람은 어느 정도까지는 이기적이다. 그러므로 다음 질문 역시 해야 한다.

"이 사람이 가지고 있는 이기심은 내가 충분히 감당할 수 있는 정도인가?"

잃어버린 반쪽을 찾아서

—

영화 〈제리 맥과이어Jerry Maguire〉에서는 "당신이 나를 완성시켜You complete me"라는 대사가 나온다. 아닌 게 아니라 부부의 사랑은 어떤 완성된 기분을 느끼는 것이다. 이것은 플라톤의 《향연Symposium》에 나오는, 두 개의 반쪽이 서로 만나서 온전한 하나의 영혼이 된다는 그 이야기처럼 느껴진다. 두 반쪽은 오직 함께해야만 정말로 모든 여정을 마칠 수 있다. 그들은 이제 혼자 감당할 수 있는 것보다 훨씬 더 큰 인생을 살아갈 준비가 되어 있다.

도스토옙스키는 자기 자신의 성정과 투쟁했던 인물이다. 도박 그리고 자기 성정에 따른 온갖 무질서 때문에 그는 빚의 구렁텅이에 떨어졌고, 그 구렁텅이에서 벗어나려면 어떻게 해서든 글을 써야 했다. 어느 날 소설 원고를 넘겨주기로 약속했던 기일이 한 달 앞으로 다가왔는데, 아직 손도 대지 않은 상태였다. 한 달 안에 소설 한 편을 써야만 했다. 그때 그는 안나 그리고리예브나Anna Grigoryevna라는 이름의 속기사를 만났다. 두 사람은 함께 《노름꾼Igrok》이라는 작품을 썼다. 나중에 안나는 당시를 다음과 같이 회상했다.

"날마다 그 사람은 나를 마치 친구처럼 대하며 이런저런 이야기를 해 주었는데, 그 이야기를 하면서 자기가 겪었던 불행한 장면들을 있는 그대로 적나라하게 털어놓았다. 그 사람이 결코 벗어나지 못했고 또 그렇게 할 수 없었던 그 시련들을 설명해 줄 때 나는 깊은 감명을 느낄 수밖에 없었다."

그 소설을 끝낸 뒤 도스토옙스키는 그녀에게 약속했던 돈(1500달러에 상당하는 금액)을 지급했고, 두 사람은 헤어졌다. 그런데 그녀는 어느 순간 자기가 도스토옙스키를 그리워하고 있음을 깨달았다.

"나는 도스토옙스키와 함께했던 그 유쾌하고 바쁜 작업 일정, 기쁨과 생기가 넘치는 대화에 너무나 익숙해져 있었다. 그런 것들이 이제 없어서는 안 되는 나의 한 부분이 되어 버렸던 것이다. 예전에 했던 모든 활동들에는 더 이상 흥미를 느낄 수 없었다. 그 모든 게 공허하고 무의미했다."

두 사람은 연락을 주고받는 사이로 지냈는데, 어느 날 그들은 결혼이라는 주제를 화제로 대화를 나누었다. 그런데 작가나 화가와 결혼하는 것이 현명한 결정인지를 놓고 두 사람의 의견이 갈렸다. 도스토옙스키는 바보만이 그런 사람과 결혼할 것이라고 믿었다. 정신이 멀쩡한 사람이라면 그런 불안정한 인간 유형이 제안하는 결혼을 받아들일 리 없다고 했다. 그러면서 예를 들어 설명했다.

"봐요, 내가 그 화가라고 쳐요. 내가 당신에게 사랑을 고백하고 아내가 되어 달라고 한다면, 당신은 그 청혼을 받아들이겠소?"

안나는 그 대화가 남의 이야기가 아님을 깨달았다. 그리고 이렇게 말했다.

"네, 나라면 '당신을 사랑해요. 평생 당신을 사랑할게요'라고 대답하겠어요."

그녀는 나중에 당시를 이렇게 돌아보았다.

"그때 그 사람이 나에게 해 주었던 다정하고 사랑이 가득 담긴 말들을 굳이 여기에서 밝히진 않겠다. 그 말들은 나에게 성스러운 것들이기 때문이다. 나는 너무 놀라서 아무 말도 할 수 없었다. 거대한 행복의 무게에 짓눌려 질식할 것만 같았다. 한참 동안 나는 내가 들은 말을 믿지 못했다."

두 사람은 결혼에서 비극을 맛보았다. 두 아이를 잃는 슬픔을 겪었다. 그러나 두 사람의 결혼 생활은 영광으로 바뀌었다. 안나는 자기 경력을 최대한 활용해 남편을 위해 출판사를 차렸고, 결국 남편이 경제적으로나 문학적으로 성공을 거둘 수 있게 했다. 남편은 아내의 영혼에서 자기가 보았던 것에 대한 존중심을 평생 단 한 번도 거두지 않았다. 아내는 남편이 죽은 뒤에 이렇게 썼다.

"나의 남편이 다른 남편들이 자기 아내를 사랑하고 존중했던 것처럼 나를 사랑하고 존중했을 뿐 아니라, 마치 내가 오로지 자기만을 위해 창조된 어떤 특별한 존재라도 되는 듯이 나를 숭배하기까지 했다는 사실은 내 인생을 통틀어서 늘 수수께끼 같은 일이었다. 그 사람은 결혼 초기만이 아니라 그 뒤로도 내내, 그리고 마지막 숨을 거둘 때까지도 그랬다."

Chapter 18

결혼은 함께 만들어 가는 학교이다

기쁨에서 배움으로

—

결혼은 기쁨으로 시작해 교육으로 끝난다. 결혼이 기쁨으로 시작하는 것은 처음에는 자기가 세상에서 가장 소중히 여기는 사람, 곁에 있기만 해도 자기를 행복하게 만들어 주는 사람과 날마다 함께 있을 수 있기 때문이다. 그러나 이것은 어느 순간 다른 것으로 바뀐다. 결혼하기로 동의하는 순간 자기를 상대방에게 완전하게 드러내야 한다는 미래의 무서운 현실에 동의하는 게 되기 때문이다. '나' 대신 '우리'로 사는 것은 일상생활의 시간표가 달라진다는 뜻이다. 당신이 배우자를 사랑할 수밖에 없게 만드는 바로 그것이 나중에 당신을 미쳐 버리게 만드는 것과 연결되어 있다. 비꼬는 투의 위트가 아내의 버릇인데, 이것이 남편에게 때로는 냉소적으로 들릴 수 있다. 남편은 감정이 예민한 편인데, 이것이 아내에게 때로는 속 좁음으로 느껴질 수 있다. 결혼 생활을 별 문제 없이 잘해 나갈 수 있는 유일한 방법은 각자 더 나은 사람으로 개선되는 것이다. 참을성을 더 기르고, 더 현명해지고, 더 따뜻한 마음을 가지고, 더 많이 듣고 또 많이 말하고,

또 더 겸손해지는 것이다.

결혼은 두 사람이 걸어가는 길에 일련의 어려운 과제들을 던져 놓는 것으로써 두 사람을 교육시킨다. 주디스 월러스틴과 샌드라 블레이크슬리는 그 과제들 가운데서 가장 중요한 몇 가지를 다음과 같이 정리했다.

- 각자의 어린 시절 가족과 정서적으로 분리되기
- 어느 정도 자율성을 가지고서 친밀함 구축하기
- 부모의 역할을 받아들이고 '우리 아기 폐하'의 등장에 따른 충격을 당연하게 받아들이기
- 인생에서 맞이하는 불가피한 위기들과 정면으로 맞서기
- 왕성한 성생활 하기
- 차이를 표현할 수 있는 안전지대 마련하기
- 서로에 대해 처음에 가졌던 이상적인 이미지들을 계속 유지하기[1]

아내와 남편 모두 혼자서는 자기 앞에 놓인 시련과 과제를 감당할 수 없음을 받아들이기만 하면 결혼 생활은 성공적으로 유지된다. 두 사람 모두 평생 동안 이어지는 강좌들(예컨대 공감, 의사소통, 재결단 같은 과목들)을 받아들이겠다고 합의하기만 하면 결혼 생활은 성공적으로 유지된다. 그런데 미리 기죽을 필요는 없다. 이런 강좌들 가운데 어떤 강좌에서도 굳이 A+를 받지 않아도 되기 때문이다. B만 받아도 상당히 좋은 점수를 받는 셈이기 때문이다.

공감의 지혜

—

결혼 생활이 무너지는 것은 부부 가운데 한 사람이 또는 두 사람 모두 상대방이 자기를 오해하고 몰라준다고 느끼기 때문이다. 이런 감정이 들 때 사람들은 보통 자기 잘못을 최소화하고 변명하려 든다.

"그래, 내가 망쳤어! 그렇지만 당신은 나를 제대로 알아주지도 이해해 주지도 않잖아!"

이런 식으로 비난의 화살을 상대방에게 돌리며 자기의 나쁜 특성들을 계속 강화한다.

부부 사이의 사랑은 사랑을 알아보는 것이다. '감정 코칭'이라는 개념을 개발한 심리학자 존 가트맨John Gottman이 이런 사실의 핵심을 꿰뚫는다.

"행복한 결혼 생활은 깊은 우정을 기반으로 한다. 이 말은 부부가 서로 존중하며 상대방과 함께 있는 것 자체를 즐거워한다는 의미이다. 이런 부부는 서로를 속속들이 잘 아는 경향이 있다. 상대방이 좋아하는 것과 싫어하는 것, 성격상의 변덕, 희망 그리고 꿈 등을 훤히 꿰뚫고 있다. 이들은 서로에게 변함없는 관심과 배려를 기울이며, 이런 두터운 사랑을 거창한 방식으로만이 아니라 사소한 방식으로 매일같이 표현한다."

부부 사이의 사랑은 상대방의 패턴을 이해하는 것이다. 결혼 생활 카운슬러인 게리 채프먼Gary Chapman은 《결혼 전에 꼭 알아야 할 12가지Things I Wish I'd Known Before We Got Married》에서 결혼 생활에서 공존할 수 있는 매우 다양한 인물 유형을 묘사한다. 우선 화가painter와 지시자pointer가 있다. 대화 속에서 화가는 어떤 사건을 매우 상세하게 묘사하는 데 비해 지시자는 핵심만 가리킨다. 또 조직가와 자유로운 영혼이 있다. 조직가는 세세한 것들까지 신경을 쓰지만, 자유로운 영혼은 세세한 것들은 그냥 내버려 두면 알아서 돌아갈 거라고 생각한다. 엔지니어와 무용수도 있다. 엔지니어는 모든 결정에서 논리적으로 접근하길 바라지만, 무용수는 마음으로 접근한다. 이런 차이들은 각자가 상대방을 얼마나 잘 이해하고 수용하는지에 따라서 사사건건 부딪치는 갈등 관계로 이어질 수도 있고 서로 부족한 것을 메워 주는 상호 보완 관계를 형성할 수도 있다.

부부 사이의 사랑은 과거가 결혼 생활 속에 어떻게 현존하는지 알아차리는 것이다. 심리학자들은 농담 반 진담 반으로 결혼 생활이란 두 가족이 자기 구성원들 가운데서 최고의 전사를 뽑아 출전시킨 전투 현장이며, 이 대결의 결과에 따라서 어떤 가족의 문화가 이 두 사람의 인생을 이끌어 갈지가 결정된다고 말한다.

두 사람은 부부가 되기 전까지는 혈통의 영향을 거의 의식하지 않는다. 그러나 결혼을 하고 처음 몇 달 동안 한 사람의 일 처리 방식은 다른 사람의 일 처리 방식과 충돌한다. 이 새로운 인식은 대개 턱을 괴고 눈썹을 잔뜩 모은 자세로 "음, 이것 참 흥미롭군"이라고 말하는 그런 점진적이고 학구적인 차원의 인식이 아니다. 이 인식은 흔히 전혀 예상치 못하게 툭 튀어나온다. 배우자가 한 어떤 사소한 행동에 지나칠 정도로 과잉 반응을 보이고, 그러는 와중에 속으로 "도대체 왜 이러는 거지?!"라고 중얼거리는 식으로 나타난다.

알랭 드 보통은 이렇게 썼다.

"우리는 너무나 자주, 우리 모두가 이미 의식적으로 잊어버린 아주 오래전의 위기들에 의해 생성된 각본에 따라서 행동한다. 우리는 지금은 자신에게 남아 있지 않은 어떤 낡은 논리에 따라서 행동한다."[2]

예를 들어 조건부 사랑이나 위태로운 사랑 속에서 성장한 사람이라면 "왜 그랬어? 그러지 말지"라는 말을 "이제 난 곧 네 곁을 떠날 거야!"라는 말로 알아듣는다. 이들은 분노는 인간관계를 위협하지 않는다는 사실을 잘 이해하지 못한다.

공감 능력을 가진 부부는 뒤로 한 걸음 물러나서 각자가 스트레스에 어떻게 반응하는지 이해한다. 부부 관계가 깨지는 가장 보편적인 형태는 요구-철회 사이클demand-withdraw cycle이다. 한쪽이 다른 쪽에게 집 청소를 하라거나 시간을 잘 지키라는 요구를 한다. 이 요구를 다른 쪽에서는 잔소리나 불만으로 받아들인다. 그러고는 요구를 충실하게 이행하지 않고 위축되어 회피하는 태도로 일관한다. 그러면 요구한 쪽이 한층 더 강경하게 그리고 비난까지 담아서 재차 요구한다. 그러면 요구받은 쪽은 점점 더 위축되어서 요구를 회피한다. 그런데 만일 요구받는 쪽이 항복하면 요구하는 쪽은 비난과 비판이 상대방에게 잘 먹힌다고 생각한다. 그 결과 더욱더 많은 비난이 퍼부어지고, 마침내 상대방은 완전한 회피와 분리 상태로 떨어진다. 한쪽이 몰아붙이면 몰아붙일수록 다른 쪽은 더욱더 위축된다.

건강한 부부라면 이 악순환에서 한 걸음 뒤로 물러난다. 그리고 거기에서 빠져나오도록 서로 돕는다. 미국의 심리학자 아열라 맬러크 파인스Ayala Malach Pines는 《사랑에 빠지다Falling in Love》에서 다음과 같이 썼다.

"두 사람이 사랑에 빠져 있을 때 그들이 정서적으로 성장하기 위해 할 필요가 있는 모든 것은, 한쪽이 두 사람에게서 필요로 하는 바로 그것인 경우가 거의 대부분이다. 이것이 부부 관계의 마법이다. 예컨대 아내는 거부당한 어린 소녀의 모습으로 돌아가 상대방이 들으라고 문을 세게 쾅쾅 두드리는 대신에, 어른스러움을 유지한 채 자기가 원하는 걸 얻을 가능성을 높이는 방식으로 요구하는 법을 배울 필요가 있다."³

요컨대 결혼 생활을 원만하게 이끌어 가는 사람들은 '메티스metis'를 얻는다. 메티스는 상황이 어떤지, 상황이 잘 돌아가고 있는지, 상황이 앞으로 잘 안 돌아갈 건지를 판단하는 직관적인 인식, 즉 실질적인 지혜를 가리키는 그리스어다.

메티스를 가진 교사는 어느 순간에 교실이 통제 불능 상태가 될지 느낄 수 있다. 메티스를 가진 정비사는 엔진 소리를 잠깐 듣는 것만으로 어느 부품에 문제가 있는지 느낄 수 있다. 메티스를 가진 기혼자는 언제 물러서 주고 언제 치고 들어가야 하는지, 언제 깜짝 선물을 준비해야 하는지, 그리고 언제 짓궂은 농담을 삼가야 하는지 안다. 결혼이라는 가장 훌륭한 학교에서는, 어떤 공식으로도 요약될 수 없고 책으로도 가르칠 수 없으며 오로지 민활한 사랑으로만 나타나는 이런 정서적 인식의 형태를 부부라는 학생들에게 가르친다.

의사소통의 달인은 뭐가 다른가

—

말은 결혼 생활의 연료이다. 니체도 "다른 모든 것은 일시적이지만, 부부는 함께 있는 시간의 대부분을 대화에 바친다"라고 했다.

대화의 질은 결혼 생활의 질이다. 좋은 대화는 온기와 평화를 가져다주고, 나쁜 대화는 불감증과 정지 상태를 낳는다. 부부 사이의 대화는 서로에게 몰드는 방식이다.

물론 대부분의 대화 주제는 저녁 메뉴를 무엇으로 할지, 벽에 무슨 색의 페인트를 칠할지 또는 아기에게 어떤 이유식을 먹일지 같은 일상의 자잘한 것들이다. 한때는 예절과 관련한 모든 생각들이 시대에 뒤떨어진다고 여겨진 시절이, 정중함이 아무 짝에도 쓸모없는 속물적 태도처럼 보인 시절이 있었다. 그러나 예절은 일상의 도덕이다. 18세기 영국의 정치가이자 정치철학자였던 에드먼드 버크Edmund Burke는 이렇게 말했다.

"예절은, 우리가 호흡하는 공기와 마찬가지로 끊임없고 한결같으며 균일하면서도 지각할 수 없는 작용으로, 우리를 성질부리거나 진정하게, 타락하거나 순수하게, 고상하거나 비천하게, 야만스럽거나 세련되게 만든다. 예절은 우리 삶에 온전한 형태와 색깔을 부여한다. 그 질에 따라서 예절은 도덕을 보조하고 도덕을 제공하거나, 또는 도덕을 완전히 파괴한다."

예의를 잘 갖춘 대화는 존 가트맨이 "제시와 받아치기bids and volleys"라고 부르는 것에 의해 형성된다. 예를 들어 남편인 당신이 거실 탁자에 앉아서 신문을 보는데 아내가 이렇게 말한다고 치자.

"어머! 저기 창 밖에 좀 봐, 파란색 새가 정말 예쁘다!"

이것은 그러니까 대화의 '제시'이다. 그러면 당신은 그 새를 보며 이렇게 말할 수 있다.

"우와, 진짜 예쁘네. 고마워, 당신 아니었으면 못 볼 뻔했네."

이것은 '동조의 받아치기toward bid'이다. 그러면서 당신은 아내 쪽으로 다가간다.

그런데 당신은 아내의 말에 다르게 반응할 수도 있다.

"나 지금 신문 보고 있잖아, 가만 좀 내버려 둘래?"

이것은 '거부의 받아치기against bid'이다. 또는 당신은 그냥 투덜거리며 아내의 말을 무시하거나 엉뚱한 대답으로 화제를 바꿀 수도 있는데, 이것은 '외면의 받아치기turning-away bid'이다.

결혼 생활을 행복하게 잘 이끌어 온 부부는 거부나 외면의 받아치기를 한 번씩 할 때마다 동조의 받아치기를 적어도 다섯 번씩 한다는 사실을 가트맨은 확인했다. 가트맨이 "인간관계의 달인"이라고 부르는 사람들은 자기의 정서 은행 계좌에 잔고를 쌓아 놓으려고 많은 노력을 한다. 심리학자 에밀리 에스파하니 스미스와 가진 인터뷰에서 가트맨은 이렇게 말했다.

"이 사람들은 어떤 정신적인 습관 같은 것을 가지고 있습니다. 이들은 상대방에게 고맙다는 말을 할 수 있는 게 뭐가 있을까 하고 일부러 시간을 내어 자기 부부를 둘러싼 환경이나 자기들이 놓인 상황을 살핍니다. …… 이에 비해 결혼 생활을 실패로 몰고 가는 사람들은 배우자의 실수를 찾아내려고 주변을 살핍니다."[4]

결혼 생활에서 갈등 횟수가 많다고 해서 이혼 가능성이 높아지는 것은 아니다. 그보다는 긍정적인 일의 횟수가 줄어들 때 이혼이 발생한다. 존 가트맨의 아내이자 심리학자인 줄리 가트맨Julie Gottman은, 인간관계의 달인들은 자기 배우자가 무엇을 훌륭하게 잘하는지 신경을 곤두세우고 지켜보다가 즉각 칭찬한다고 지적한다. 가트맨 부부에 따르면, 부부를 갈라서게 만드는 불친절함에는 경멸, 비난, 자기방어 그리고 담쌓기라는 네 가지 유형이 있다. 가트맨 부부가 원만하고 행복한 결혼 생활을 바라는 부부들에게 제시하는 규칙은 단순하다. 만일 당신이 피곤한데 배우자가 어떤 대화를 제시하면 친절하게 받아라. 정신이 산만한데 배우자가 대화를 제시하면 친절하게 받아라. 스트레스에 짓눌려 있는데 배우자가 대화를 제시하면 친절하게 받아라.

인간관계의 달인들은 또한 무언가를 멋지게 성공했을 때나 심각한 갈등을 겪고 있을 때의 의사소통법을 배운다. 승리의 순간들은 인간관계에서 별다른 어려움이 없을 것처럼 보인다. 그러나 사실은 그렇지 않다. 캘리포니아대학교 샌타바버라의 심리학자 셸리 게이블Shelly Gable은 오히려 그런 승리의 순간들이 멀쩡하게 잘 살던 부부를 갈라놓는다는 사실을 확인했다. 남편 또는 아내가 퇴근해 자신의 승진 소식을 배우자에게 전한다. 그러나 배우자는 자기 또는 자기 일에 너무 깊이 몰두하고 있어서 배우자의 승진 사실을 마냥 기뻐하지 않는다. 그래서 이 배우자는 이런 식으로 반응한다. ① 화제를 자기가 거둔 어떤 성공으로 돌린다. ② 심드렁한 표정과 말로 축하한다고 하고는 곧바로 자기가 하던 일을 계속 한다. ③ "승진하긴 했지만 당신이 정말 그 직책을 잘해낼 수 있을까?"라는 질문으로 상대방의 기쁨에 찬물을 끼얹는다.

달인들은 또한 화가 나서 부루퉁하게 있는 것은 절대로 배우지 않는다. 부루퉁한 상태는 무언가에 화가 나 있지만 대놓고 이야기할 결심은 서지 않은 감정 상태이다. 이런 상태에 대해 알랭 드 보통은 이렇게 썼다.

"부루퉁한 상태에 있는 사람은 상대방이 자기를 이해해 주길 간절하게 바라면서도 상대방이 그렇게 해 주도록 유도하는 적극적인 행동은 전혀 하지 않기로 단단히 마음먹고 있다. 설명을 들어야 할 필요성이 있다고 상대방이 느끼게 하는 것, 이것이 바로 상대방에게 주고자 하는 모욕의 핵심이다. 즉 설령 상대방이 설명을 요구하더라도 상대방은 그런 설명을 들을 자격이 없다는 것이다."[5]

이런 사람은 어린아이 시절로 돌아가서, 아무런 설명을 하지 않아도 자기가 원하는 것을 모두 이해해 줄 엄마를 찾는 허황한 꿈을 꾸고 있는 셈이다.

상대방으로부터 비난이나 공격을 받을 때는 그 누구도 이성적인 상태를 유지하지 못한다. 언쟁을 벌이는 와중에 배우자가 자기에게 "철 좀 들어!"라고 고함을 지를 때는 그 누구도 성숙한 어른이 되지 못한다. 여러 지침서들은 더 나은 대응 공식을 제시한다. 비록 화가 나 있을 때는 충실하게 따르기 어렵긴 하지만 말이다. 우선 문제가 된 쟁점을 중립적인 표현으로 이야기하려고 노력한다. 그런 다음에는 자기가 상대방의 말을 경청하고 상대방을 이해하고 있음을 주지시키고, 이어서 자기주장이나 생각을 분명하게 밝히고, 마지막으로 타협책을 찾는다.

위기의 부부를 구하는 재결단의 기술

—

결혼 생활에서는 고전적인 위기의 시기가 두 차례 존재한다. 두 사람 사이에 아이가 태어난 직후와 중년기의 무풍無風 시기이다. 전자에서는 배우자와 이어 가는 복잡하고 힘든 관계를 아이와 나누는 기쁘고 매력적인 사랑으로 대체하려는 유혹이 생긴다. 후자에서는 중년기에 접어든 사람들이 일상화된 슬픔과 무기력감에 사로잡힌다. 인생이 그저 슬금슬금 빠져나가 버린다는 느낌이 든다. 이 시기에는 여러 결점과 부정적 요소 그리고 잔소리와 불행을 모두 갖춘 배우자를 자기가 맞닥뜨린 진짜 문제로, 즉 자기가 활짝 꽃을 피우지 못하도록 발목을 잡고 있는 존재로 바라보는 경향이 있다.

이 위기의 순간들에서는 스스로 움츠러들며 배우자에게서 멀리 떨어지려는 경향이 있다. 그래서 스스로 배우자와 소원해지기 시작한다. 가정 바깥에 가정과 평행선을 달리는 또 다른 재미있는 생활을 따로 만들고 친구 집단도 분리한다. 이렇게 함으로써 친밀함이 사라져 버린 결혼 생활에 익숙해진다. 침대에 나란히 누운 부부 사이의 실제 거리는 몇 센티미터밖에 되지 않지만, 심정적으로는 수백 킬로미터나 멀리 떨어져 있다. 그래서 약물에 손을 대거나, 술에 절어 살거나, 일에 미치거나, 아이에게 매달린다. 과거에 배우자가 채워 주었던 심리적 공간을 이렇게 해서라도 메우려는 것이다.

캐머런대학교에서 진행한 한 연구에서 조애니 세일러Joanni L. Sailor 교수는 사랑이 식어 버린 사람들을 상대로 면접 조사를 했는데, 그녀가 수집한 통렬한 증언들은 사랑이 식어 버린 관계가 얼마나 끔찍한지 잘 보여 준다.

"섹스를 하면서도 키스는 하지 않아요. 누군가 나에게 키스를 해 주는 모습을 상상하고 갈망하지만, 그 사람이 해 주는 키스가 아니에요."

"그 고통이 얼마나 강렬하게 나를 짓누르는지 몰라요."

"한 해 정도 펑펑 울었던 것 같아요."

"네, 맞아요. 그건 깊은 외로움으로 인한 우울감이었어요."

"내 사랑은 사라지고 있어요. 그 사람이 내 사랑을 마구 짓밟는 느낌이 들지만, 그 사람은 신경조차 쓰지 않는 것 같아요."

"내 개성은 오래전에 거부당했죠. …… 그 바람에 난 영원히 바뀌고 말았어요. …… 이미 여러 해째 아무 개성도 없이 그냥 살고 있어요."

배우자와 심리적으로 분리된 이후에는 결혼 생활에서 사랑이 말라 버린 것 같은 끔찍한 시기가 찾아온다. 때로 결혼 생활이 정말로 죽어 버리기까지 한다. 부부 가운데 어느 쪽도 상대방에게 더는 상처를 줄 수 없다. 양쪽 모두 서로에게 전혀 신경을 쓰지 않기 때문이다. 이 경우에 이혼이 일어난다. 그러나 다른 경우들에는 잉걸불이 여전히 따뜻하게 살아 있다. 바로 이때 결혼 생활은 용감한 재결단recommitment의 행동을 필요로 한다. 이것이 결혼 생활 교과 과정의 다음번 강좌인 재결단의 기술이다.

이 몹시 힘겨운 순간들에서는 결혼 생활이 단지 관계만이 아니라 하나의 약속이라는 사실을 기억하는 것이 도움이 된다. 좋을 때나 좋지 않을 때나 서로의 손을 꼭 잡는 것은 도덕적 차원의 약속이다.

두 사람 모두 각자의 정서적 기상 상태보다 더 중요한 결혼 생활을 함께 꾸려 나가기로 맹세했었다. 물론 이혼이 올바르고 유일한 선택인 경우도 있지만, 파커 파머의 이 조언이 유용한 지침이 되어 주는 경우들도 있다.

"밖으로 나갈 수 없다면 안으로 들어가라!"

어떤 것에서 쉽게 빠져나올 수 없다면 전진할 수 있는 유일한 길은 한층 더 몰두하는 것이다.

사랑의 우물이 말라 버렸을 때는 그 우물을 더 깊이 파고 들어가면 된다. 작가 마이크 메이슨도 다음과 같이 썼다.

"거리감보다는 친밀감을, 무심함보다는 사귐을, 고립보다는 관계를, 무관심보다는 사랑을, 죽음보다는 생명을 택하는 것이 신중한 선택이다."[6]

하지만 이건 사람이 타고난 성향이 아니다. 내 말을 믿어도 좋다. 여기에서 실패하고 무너지는 것이 어떤 건지 나는 안다. 재결단에는 자기 자신을 거스르는 것이 포함된다. 그러나 인생은 자기 자신을 거슬러야 한다는 요구를 받는 순간들에 의해 규정되지 않는다. 다른 모든 헌신과 마찬가지로 결혼 생활은 당신을 행복하게 해 주려고 존재하는 것이 아니라 당신을 성장시키려고 존재한다. 메이슨은 이렇게 표현했다.

"결혼은, 오로지 순수하게 희생적인 사랑만이 두 사람을 묶어 줄 수 있다는 사실이 두 사람에게 너무나 분명한 시간들, 그런 거의 불가능한 시간들을 토대로 살아가는 것이다. 이것은 지독한 역설이다."[7]

특이한 방식이긴 하지만, 결혼 생활 재결단의 모범 사례를 에이브 러햄 링컨의 두 번째 취임사에서 찾아볼 수 있다. 링컨은 국가가 큰 위기에 처한 때에 그 연설을 했는데, 남북전쟁에서 북군의 승리가 확실시되던 시점이었다. 링컨은 이 순간을, 자기 자랑과 호언장담을 늘어놓을 기회로 활용할 수도 있었다. 이렇게 말이다. '우리가 훌륭한 대의를 가졌기 때문에 이겼다. 우리는 선을 위해 싸웠지만 저들은 악을 위해 싸웠다. 우리는 옳았지만 저들을 틀렸다. 우리는 정당성을 입증했다. 하지만 너무 많은 우리의 피를 손에 묻힌 남부의 저들은 불명예를 뒤집어썼다.'

그러나 미국이라는 나라 전체를 생각하는 링컨의 사랑은 자기편 (북군)만 생각하는 사랑보다 훨씬 더 컸다. 그랬기에 그의 두 번째 취임사에는 "우리" "모두" "함께"라는 단어가 유난히 많이 들어가 있었다.

"모든 생각들이 임박한 내전으로 불안하게 쏠리고 있었습니다. 모두가 그것을 두려워했고 모두가 그것을 피하려 했습니다. …… 양측 모두 전쟁에 반대했습니다."

그는 남쪽과 북쪽을 동일한 위상에 놓았던 것이다.

링컨은 노예제를 남부의 제도라고 말하지 않고 미국의 제도라고 말한다. 이 죄악을 몰아내기 위한 전쟁의 천벌이 양측 모두에게 떨어진 것이다. 그는 남부와 북부를 떠나서 우리 모두가 과실을 범하고 타락한 동일한 범주에 속한다고 말한다. 그는 나라 전체에 만연한 분열과 실망을 현실적으로 인정한다. 그러나 어떤 집이 반드시 쪼개질 수밖에 없다는 필연성을 받아들이지 않고, 마음을 근본적으로 바꿀 것을 주문한다.

"어느 누구에게도 악의를 품지 말고, 모든 사람을 사랑으로 대하며 …… 정의롭고 영원한 평화를 성취하고 소중히 간직하기 위해 우리 모두 최선을 다합시다."

허물어진 결혼 생활을 치료하는 것은 허물어진 나라를 치료하는 것과 다르지 않다. 인간관계에서는 차이와 의견 불일치가 늘 존재할 수밖에 없다. 그러나 거의 대부분 그런 것들은 관계를 파괴하지 않는다. 관계를 파탄 내는 것은 의견 불일치를 자기의 우월함을 입증하고 과시하는 수단으로 삼을 때이다. 그것은 "내가 옳고, 너는 틀렸어"가 아니다. 그것은 "내가 더 낫고, 너는 더 못해" "나는 정당하고, 너는 비열해" "나는 착하고, 너는 못됐어"이다. 자기의 도덕성이 상대방보다 낫다고 주장하면서 화를 내는 것은 인간의 자연스러운 경향이다. 미디어 이론가인 마셜 매클루언Marshall McLuhan은 "도덕적인 굴욕감은 바보에게 품위를 부여하기 위해 사용하는 하나의 기술이다"라고 했는데, 비록 과격하기는 하지만 틀린 말은 아니다.

재결단은 흔히 자기 잘못을 속속들이 털어놓는다는 의미이다. 관용은 지금까지 저질러 온 잘못들을 인정하고 심지어 그 잘못들 때문에 빚어진 분노까지 인정한다는 뜻이지만, 관용은 분노를 사랑이라는 맥락 속에 둔다. 충실함은 그저 "나는 당신을 사랑해"라는 말만 반복한다. 이 말의 쓰임새가 얼마나 많은지 그리고 이 말이 의견 불일치와 위기의 순간에 얼마나 큰 힘을 발휘하는지 그저 놀라울 뿐이다.

재결단을 하는 방법에서 전문가들의 대답은 한결같다. 그것은 바로, 결혼 생활에서 커다란 의견 불일치가 있을 때 이 문제를 말끔하게 풀어 줄 어떤 궁극적인 해결책이 있으리라고 기대하지 말라는 것이다.

재결단이란 "우리 오후에 함께 산책할까?" "당신은 쉬어. 청소는 내가 할게"와 같은 실천을 할 시간이다. 이 순간은 유명한 유대교 신학자인 아브라함 조슈아 헤셸Abraham Joshua Heschel이 "행위의 황홀경an ecstasy of deeds"[8]이라고 불렀던 것을 실천할 때이다. 당신이 어떤 선행을 하나 하고 그다음에 또 다른 선행을 하면, 그 각각은 "우리가 자기 의지를 초월하는 압도적인 행위들을 통해 성장했던 그 빛나는 순간들, 자기 아닌 바깥으로 향하는 기쁨과 강렬한 환희로 채워지는 순간들"을 만들어 낸다. 행동의 변화는 언제나 진행되고 또 이런 변화들이 태도의 변화를 유발한다는, 태곳적부터 이어 온 인간 성정의 가장 기본적인 법칙이 이것이다. 만일 당신이 어떤 사람에게 친절하게 행동한다면, 당신은 친절해지고 또 친절함을 자기 가슴에 품게 된다. 섹스는 결혼 생활에서 많은 상처를 치료해 준다. 또는 적어도 치료의 출발점이 된다. 유대교 신앙에는 섹스가 없는 결혼 생활은 결혼 생활이 아니라는 오랜 지혜가 전해 온다. 랍비인 조셉 솔로베이치크Joseph Soloveitchik도 결혼 생활의 윤리는 수도자적인 것이 아니라 쾌락적인 것이라고 썼다. 결혼 생활을 지나치게 정신적인 측면으로만 바라보면 위험하다는 것이다.

여러 해 전에 미국의 소설가 리디아 네처Lydia Netzer가 〈15년 동안 결혼 생활을 유지하는 15가지 방법〉이라는 제목의 포스트를 블로그에 올렸는데, 이 글은 인생의 풍파를 부부가 함께 헤쳐 나갈 수 있는 현실적이고도 좋은 조언을 담고 있다. 그 가운데 몇 가지를 소개하면 다음과 같다.

화가 난 채로 잠자리에 들어라

해가 지기 전에 분노는 모두 풀어 버려야 한다고 모든 사람이 말한다. 때로는 그게 어리석은 행위일 수도 있다. 당신은 피곤하다. 그러니 잠자리에 들어서 잠을 자라. 다음 날 아침에 일어나서 팬케이크를 만들어라. 그런 다음에 전날 벌였던 싸움이 정말 심각한 것이었는지 다시 살펴보아라.

자랑스러워하고 떠벌여라

배우자가 이룩한 성취를 사람들 앞에서 자랑스럽게 말하고, 자기가 그렇게 하고 다니는 것이 배우자의 귀에 들어가도록 해라.

남편 욕은 시어머니에게 하고 친정어머니에게는 하지 마라

만일 당신이 시어머니에게 남편 욕을 하면 시어머니는 남편을 용서할 것이다. 그러나 친정어머니는 결코 용서하지 않을 것이다.

배우자를 믿어라

배우자가 당신에게 도움을 줄 수 있게 해라. 무엇이 올바른지 배우자가 알고 있다고 믿어라.

충실하라

네처는 이렇게 썼다. "당신과 배우자는 두 사람으로 구성된 팀이다.

다른 누구도 이 팀에 들어올 수 없으며, 다른 누구도 이 팀의 규칙을 이해하지 못할 것이다. …… 때로는 아내가 찬사의 조명을 받을 것이고 때로는 남편이 그럴 것이다. 오르막이 있고 내리막이 있는데 이런 것들은 중요하지 않다. 결국 한 팀으로 이겨 내기 때문이다."

네처의 조언은 결혼 생활의 몇 가지 역설들 가운데 하나를 포착하는데, 그것은 바로 결혼 생활이란 구부러진 목재로 지은 성스러운 집이라는 것이다. 혼란스러운 애정뿐인, 현실 속 인간만큼 꼬부라지고 불완전한 어떤 존재를 상대할 때 완벽주의는 끼어들 여지가 없다. 결혼은 광시곡으로 시작해서 카풀로 끝난다.

두 번째 사랑
—

첫 번째 사랑은 샴페인이다. 그러나 결혼한 뒤 싸우고 화해하기를 무수히 반복하고 나면, 어느 순간엔가 두 번째 사랑에 접어들어 있음을 깨닫는다. 이 사랑은 첫 번째 사랑에 비해 덜 열정적이긴 하지만 지속력은 한층 더 강하다. 두 번째 사랑은 서로가 가지고 있는 최악의 모습을 지켜본 사람들, 몇 번이나 용서하고 또 용서받은 사람들, 그리고 함께 어려움을 극복하며 살아왔다는 사실에 자부심을 가지고 앞으로도 그렇게 살아가리란 걸 알기에 위안을 받는 사람들이 비로소 누리는 사랑이다. 당신은 앞으로 이런 사람과 함께하는 것이다. 이것이 당신의 인생이다. 두 번째 사랑은 두 번째 산의 사랑이다.

첫 번째 산의 스릴과 계곡에 떨어졌을 때의 고통을 거쳐서, 이제 더 크고 더 이타적인 인생의 단계에 함께 올라서는 것이다.

외모, 행동, 말투까지 닮은 노부부를 본 적이 있을 것이다. 프랑스 철학자 앙드레 고르André Gorz는 아내에게 보낸 편지에서 이렇게 썼다. "당신은 여든두 살이군요. 그사이에 키는 6센티미터나 줄어들었고 몸무게는 45킬로그램밖에 되지 않네요. 하지만 그래도 당신은 여전히 아름답고 우아하고 매력이 넘칩니다. 지금까지 우리는 58년을 함께 살았지만, 나는 당신을 그 어느 때보다 더 사랑합니다. 당신의 몸이 내 몸에 꼭 붙어 있을 때만 메워지던 마음속 텅 빈 공허감을 나는 다시 한 번 느낍니다."[9]

이 사랑은 죽음조차 견뎌 낸다. 오스트리아의 정신의학자인 빅토르 프랑클을 찾아온 한 노인 환자는 아내와 사별한 뒤 깊은 슬픔을 이기지 못하고 있었다. 아내가 떠나간 지 2년이 지났지만 상실의 고통은 여전히 예리하게 남아 있었다. 프랑클은 이 환자에게 만일 본인이 아내보다 먼저 죽었다면 어떤 일이 일어났을 것 같으냐고, 홀로 남은 아내가 어떤 일을 겪었을 것 같으냐고 물었다. 그러자 노인은 이렇게 대답했다.

"아내로서는 아마 끔찍했겠죠. 그 고통을 혼자 어떻게 짊어지고 살았을지 모르겠네요!"

그러자 프랑클은 이렇게 말했다.

"그렇습니다. 부인은 그런 고통을 면제받으셨습니다. 그리고 그 고통을 덜어 주신 분이 바로 선생님이십니다. 부인보다 오래 사시면서 사별을 괴로워하시는 대가로 말입니다."

그러자 그 노인은 고개를 끄덕였다. 그러고는 모자를 집어 들고 프랑클의 손을 잡은 뒤에 진료실을 나섰다.

이 마지막 조화의 순간까지 다다른 부부는 단지 만족을 얻지 못했을 뿐이다. 이들은 정서적인 상태이자 도덕적인 상태이기도 한 카타르시스를 얻었다. 카타르시스는 오랜 기간에 걸친 오르막과 내리막을 경험한 뒤에야 비로소 찾아온다. 이것은 지난 세월을 돌아보고 자신이 똑같은 사람과 대여섯 번의 결혼 생활을 한 것이나 다름없음을, 사실은 한 사람이지만 모두 다른 대여섯 사람과 결혼 생활을 한 것이나 다름없음을 깨달을 때 나타난다. 온갖 비극과 희극의 일화들, 온갖 죄와 기쁨의 표출을 거친 뒤에야 비로소 나타난다. 이것은 마치 등장인물들이 모든 결함과 잘못을 드러낸 뒤 용서받고 눈물을 흘리고 모두가 함께 웃는 연극의 마지막 장면과도 같다.

카타르시스 과정에서 굶주린 사랑은 베푸는 사랑으로 변한다. 부부는 서로의 부조리함 속으로 뛰어들어서 터무니없는 희생을 해 왔다. 그들은 아파서 칭얼대는 아이들, 아이들이 대학 입시를 치를 때의 불안, 휴가 항공편의 지연 등을 뒤로 하고 마침내 평화로운 협곡에 다다랐다. 금혼식을 하는 부부에게 우리는 박수를 보낸다. 50년을 부부로 함께 살았다는 사실이 비록 두 사람에게는 그저 기쁜 일일 뿐일지라도 엄청난 업적임을 우리는 잘 알기 때문이다. 그들은 아직 인생의 여정을 모두 마치지 않았지만, 어느 겨울 저녁 서로 머리를 기댄 채 함께 모닥불을 응시하며 잠시 멈춰 쉴 수 있다.

PART 4

철학과 신앙에 대하여

Chapter 19

최고의 교육은 최상의 욕구를 가르친다

학교가 바꾸어 놓은 인생

—

청년 시절에 나는 혁명을 꿈꿨다. 그때 나는 물리적으로는 레이건 시
대인 1980년대를 살고 있었지만 지적으로는 1917년의 그리니치빌
리지에 살고 있었다. 나는 대학교 도서관에 파묻혀서 《뉴매시즈The
New Masses》(1926년부터 1948년까지 발행했던 미국의 마르크스주의 잡지로 미국
공산당과 밀접한 관련이 있었다-옮긴이)를 산더미처럼 쌓아 놓고 읽었다.
러시아혁명에 고무된 급진 마르크스주의자들을 위한 잡지였는데, 디
자인이 화려하고 글도 멋졌다. 이들은 낡은 세상의 잿더미에서 새로
운 세상이 탄생할 것이라고 믿었으며 또 살아 있다는 것 자체가 축
복이라고 믿었다.

　당시의 좌파 지식인들은 역사의 급물살에 완전히 휩쓸렸다고 느
꼈으며, 금방이라도 들이닥칠 것 같은 낙원을 위해 헌신했다. 카를
마르크스와 프리드리히 엥겔스는 역사의 깊은 흐름을 밝혀 보여 주
었다. 혁명 전위대가 앞장서서 그 길을 인도했다. 1910년 하버드
대학교를 졸업한 저널리스트 존 리드John Reed는 1917년 러시아로

가서 10월혁명을 목격하고는 1919년 《세계를 뒤흔든 열흘Ten Days That Shook The World》을 썼다. 그로부터 수십 년 뒤 뉴욕시립대학교에 다니던 유대인 근본주의자 청년들이 수업을 빼먹고 학생 식당 근처를 배회하면서 미국에서 공산주의의 미래를 놓고 논쟁을 벌였다. 트로츠키주의자들이 한쪽에 나란히 앉고 스탈린주의자들이 다른 쪽에 나란히 앉았는데, 한번 시작하면 6시간 또는 심지어 8시간씩 격론이 오갔다. 그들은 그 논쟁에 완전히 사로잡혔다. 혁명이 도래했을 때 마르크스주의의 어떤 해석이 주도권을 잡을지가 중요했기 때문이다.

그때 내가 마르크스주의에 진정으로 몰두하고 헌신했는지 잘 모르겠지만(당시 나는 민주사회주의자로 자처했다), 정의와 세계의 역사적 변화를 위해 지적 차원에서 열정을 불태우는 그런 종류의 인생에는 헌신했다.

그러다 대학교 2학년 때 나는 에드먼드 버크의 《프랑스혁명에 관한 성찰Reflections on the Revolution in France》을 읽었다. 버크는 내가 믿고 있던(또는 믿는다고 생각하던) 모든 것과 반대되는 주장을 했다. 그는 혁명적인 변화는 경솔할 정도로 성급하다고(혁명이 어떤 종류의 의도하지 않던 결과를 낳을지 결코 알 수 없다고), 이성의 힘은 세상의 복잡한 현실을 모두 이해하기에는 적절하지 않다고, 또 우리는 우리 문화 즉 오랜 시간에 걸쳐 검증한 전통의 "공정한 편견just prejudice"을 존중해야 한다고 주장했다. 그는 인생의 품위 있는 것들, 예의, 관습, 정중함 등을 옹호했는데, 이런 것들이 인생에는 부드러움을 주고 사회에는 영광을 준다고 그는 말했다.

내가 그 책을 얼마나 혐오했는지 말로 다 할 수 없을 정도이다. 나는 그 책을 경멸하는 내용을 담은 편지를 쓰고 또 썼다. 하지만 심지어 그때조차 나는 버크가 이미 내 피부 속으로 스며들어 와 있음을 희미하게 인식했다.

대학교 4학년 때 윌리엄 F. 버클리 주니어가 우리 학교에 와서 강연을 했다. 당시 나는 학보사의 유머 칼럼니스트였는데, 기본적으로 버클리는 유명 인사의 이름을 자신이 잘 아는 사람인 양 들먹이는 허풍선이라고 신랄하게 패러디했다. 그런데 네이선 타코브라는 교수가 이 패러디를 버클리에게 전해 주었다. 버클리는 내 글을 재미있게 읽은 모양이었다. 학생들을 대상으로 한 강연 말미에 나를 언급했기 때문이다.

"데이비드 브룩스 군이 이 자리에 있는지 어떤지 모르겠지만, 일자리 하나를 주고 싶군."

나는 그 자리에 없었다. 위대한 경제학자인 밀턴 프리드먼Milton Friedman과 토론을 하는 PBS 프로그램에 출연하기로 선발되어 있어서, 프리드먼이 일하던 후버연구소가 위치한 팰로앨토에 가 있었기 때문이다. 그 프로그램의 포맷은 프리드먼이 청년들과 이야기를 주고받는 것이었다. 그때가 나의 첫 텔레비전 출연이었는데, 이 영상은 지금 유튜브에서 찾아볼 수 있다. 당시에 나는 머리카락을 치렁치렁 기르고 보름달처럼 크고 둥근 안경을 쓰고 있었다. 그 프로그램에서 나는 어떤 좌파 서적의 내용을 별 의미 없이 반복 주장했고 프리드먼은 내 논리를 깨부수었는데, 그러고 나면 카메라는 무언가 할 말을 생각해 내려고 애쓰는 내 얼굴을 계속 비추고 있었다. 그때 그 시간이 내게는 족히 몇 시간은 될 정도로 길게 느껴졌다.

그 프로그램의 모든 회 촬영이 끝나기까지는 한 주가 걸렸는데, 저녁이면 프리드먼과 그의 아내 로즈는 우리를 바깥으로 데리고 가서 저녁을 사 주면서 경제학 이야기를 했다. 나는 그때까지 한 번도 자유주의자를 실제로 본 적이 없었기에 그 경험은 나에게 신세계였다. 또한 나는 어떤 사상에 그토록 완전히 몰두하고 또 그 사상을 통해 서로에게 그토록 완전히 몰두하는 부부를 단 한 번도 본 적이 없었다. 그것도 바로 코앞에서!

내 마음은 활짝 열렸다. 나는 지적인 과제를 함께 공유하는 프리드먼 부부의 인생에 크게 감명받았고, 지금도 여전히 그러하다.

몇 년 뒤 나는 시카고의 남부와 서부를 담당하는 기자로 일했다. 그러면서 기본적으로 사람들이 살 수 없도록 만들어 버린 어떤 끔찍한 주택 사업들을 일부 맡아서 취재하고 있었다. 그때 나는 이 사업들이 낡은 공동 주택을 쓸어버리고 그 자리에 번쩍거리는 새로운 주거지를 건설하려는 최고의 선의를 가진 사회학자들에 의해 설계되었다는 데 생각이 미쳤다. 그런데 그들은 오래된 주거지를 파괴할 때, 거기 살던 사람들이 그곳에서 살아가는 삶을 견딜 만하게 만들기 위해 구축했던 보이지 않는 지원의 망까지 파괴하고 만다는 사실을 깨닫지 못했다. 건축업자들은 그 지역을 물질적으로는 더 낫게 만들긴 했지만(그것도 얼마 동안뿐이긴 하지만) 사회적으로는 더 나쁘게 만들어 버렸다. 그들에게는 인식론적인 겸손함이 부족했다.

그 순간 이것이 바로 버크가 경고하고자 했던 바로 그것이었다는 생각이 떠올랐다. 그래서 버크의 《프랑스혁명에 관한 성찰》을 다시 꺼내 읽었고 거기에 꽂혀 버렸다. 버크의 모든 주장에 전적으로 동의

하지는 않았지만, 그리하여 나는 보수주의라 일컬어지는 어떤 것에 담긴 지혜를 제대로 바라보기 시작했다.

나는 버클리에게 연락해서 나에게 일자리를 주겠다는 제안이 여전히 유효한지 물었다. 유효하다고 했다. 그리고 얼마 지나지 않아 보수 성향의 잡지인 《내셔널리뷰National Review》에서 일하게 되었다. 이렇게 해서 나는 갑자기, 대학생 시절에 읽었던 마르크스주의자들만큼이나 사상과 혁명적 변화에 헌신하는 사람들 한가운데 있게 되었다. 그런데 실은 그들 중 많은 수가 완전히 똑같은 인물들이었다. 현대의 보수주의 운동은 주로 마르크스주의자였다가 엄정한 현실에 부닥친 뒤 자기의 정치 노선을 바꾼 사람들에 의해 시작되었기 때문이다. 휘태커 체임버스Whittaker Chambers, 제임스 버념James Burnham, 어빙 크리스톨Irving Kristol, 맥스 이스트먼Max Eastman 등이 모두 그런 사람들이다.

이들은 과거에 지녔던 신념의 흔적들을 여전히 가지고 있었다. 예를 들어 크리스톨은 《신보수주의Neoconservatism》에서 트로츠키를 인용해 다음과 같이 썼다.

"젊은 시절에 급진적인 운동에 가담하는 것은 젊은 시절에 사랑에 빠지는 것과 매우 비슷하다. 사랑에 빠졌던 그 사람이 알고 보니 '썩은' 사람일 수는 있지만, 사랑의 경험은 워낙 소중해서 궁극적인 각성을 통해 완전히 무효화하기란 불가능하다."[1]

당시에 내가 어떤 부류의 보수주의자였는지 알기까지는 수십 년이 지나야 했지만, 결국 내가 버크 부류의 보수주의자임을 깨달았다. 내가 진실이라고 생각하는 것의 핵심은 모두 버크의 《프랑스혁명에 관한 성찰》에 담겨 있다. 나는 사상의 힘을 의심하지 않는데, 그 책이 내 인생을 송두리째 바꾸어 놓았기 때문이다. 그 책은 어떤 철학에 이름을 붙임으로써 내 안에 잠재되어 있던 어떤 지식을 세상에 태어나게 했다. 그 책은 내 세계관의 기초가 되었다. 사상은 결과를 낳는 법이다.

프리드먼과 버클리가 늙어서 죽음을 앞두고 있을 때 나는 두 사람에게 지나온 삶에 만족하는지 물었다. 그들은 각자 기대했던 것보다 훨씬 더 심대하게 역사를 바꾸어 놓았다. 그들은 이제 편히 쉴 수 있다고 느꼈을까? 그런데 두 사람은 내가 하는 말이 무슨 뜻인지조차 이해하지 못했다. 그들에게는 아직 할 일이 많이 남아 있었던 것이다. 그들은 죽는 순간까지 자기 사상을 밀어붙였으며, 자기 사상을 위해 살았고, 또 세상을 자기 사상이 가리키는 방향으로 조금이라도 더 가깝게 끌어당기려고 노력했다. 그들은 지적인 헌신이 어떤 것인지 실천으로 보여 주었다.

적어도 처음 시작할 때만큼은 이들이 얼마나 급진적이었는지 모른다. 이 두 사람의 의견에 동시에 동의하는 사람은 아마 미국에 단 한 명도 없을 것이다. 그러나 수억 명이 결국에는 동의하게 될 것이다. 어떤 사상을 지지하기 위해 세상의 조류에 맞서서 "변화하라!"고 외치는 사람에게는 아름다운 무언가가 있다.

나는 대학 시절을 돌이켜 보면서,《뉴매시즈》를 읽을 수 있도록 개가식 서가를 마련해 주고, 또 당시에 내가 진심으로 증오하던 책을 읽도록 강요하는 뻔뻔함을 가지고 있었던 시카고대학교가 얼마나 고마운지 모른다고 새삼스럽게 생각한다. 학교는 인생을 바꿀 수 있다.

잃어버린 인본주의적 이상 회복하기

—

미국의 고등 교육은 지난 수십 년에 걸쳐 진화해 왔다. 19세기 후반과 20세기 전반에 대부분의 대학교는 예일대학교 로스쿨의 앤서니 크론먼Anthony Kronman이 "인본주의적 이상humanistic ideal"이라고 부르는 것을 신봉했다. 이 이상은 대학교의 목적은 인생의 궁극적인 질문들에 대한 대답을 찾도록 돕는 것이라고 주장했다. 더 직설적으로 표현하자면, 학교의 목적은 학생들의 영혼이 어떤 꼴을 갖추게 하는 것이라는 뜻이다.

"인격은 교육의 주된 목적이다." 미국 마운트홀리오크칼리지의 총장이었던 메리 울리Mary Woolley가 한 세기 전에 한 말이다. 버몬트에 있는 사립학교 스토스쿨의 첫 교장이었던 J. F. 록스버러John Fergusson Roxburgh는 1920년대에 이 학교의 목적에 대한 질문을 받고는 "댄스파티에서 인기가 좋고, 배가 난파당했을 때 진가를 발휘할" 청년을 배출하는 것이라고 대답했다.

실제로 이 학교는 탁월한 학생들을 배출했다. 영국의 교육학자 리처드 리빙스턴Richard Livingstone은 이렇게 썼다. "어떤 사람이 도덕적으로 문제가 있을 때 이것을 그 사람의 인격이 취약하기 때문이라고 생각하기 쉽다. 그러나 그보다는 적절하지 않은 이상 때문인 경우가 많다."[2]

그래서 교사가 해야 할 일 가운데 하나는 모범을 제시하는 것이다. 어떤 스파르타식 교육자는 "나는 명예로운 일들이 아이들에게 즐겁게 받아들여지도록 만든다"라고 말한다. 학생들은 학교를 졸업하기 전에 인류가 지금까지 생각했거나 실천했던 최고의 것들을 최소한 어느 정도는 접해서 알아야 한다는 말이다.

물론 지금까지 대학교들은 예전에 비해 한층 더 다양해지고 또 다원화되었다. 인생을 어떻게 살 것인가 하는 질문에 대해 단 하나의 이상적인 대답이란 있을 수 없음을 우리는 깨달았다. 선도적인 대학교들이 점차 인본주의적 이상을 버리고 크론먼이 "연구적 이상 research ideal"이라 부르는 것을 채택했다. 생물학, 문학, 역사 같은 커다란 지식 체계들은 더 좁은 영역의 전문 분야들로 쪼개졌고, 학자들은 지식의 경계선을 한층 더 멀리 넓히려고 자기 전문 분야를 깊이 파고들었다.

이 방법으로 많은 것들이 발견되었다. 특히 과학 분야에서 그랬다. 그러나 크론먼이 주장하듯이, 전문화에 대한 이런 강조는 "사람들의 주의력을 우리 인생 전체에서 분리시키고, 인생의 사소한 측면들에만 초점을 맞추게 한다."[3] 사람이라면 모름지기 인생의 주요 형식들을 연구할 수 있어야 한다든가 또는 예를 들어 "무엇이 인생을 살만한 가치가 있는 것으로 만드는가?"와 같은 크고 모호한 질문들을 던질 수 있어야 한다는 발상이 이제는 비현실적일 뿐 아니라 무책임하고 치명적으로 해로운 것처럼 보이기 시작했다. 이렇게 되어 버린 이유를 크론먼은 이렇게 밝힌다.

"인생의 의미를 묻는 질문을 전혀 전문적이지 않은 질문처럼, 책임감 있는 어떤 인문학 교사도 결코 진지하게 다룰 수 없는 질문처럼 보이게 만들었기 때문이다."[4]

연구적인 차원의 이상이 중심 지향점이 됨에 따라 대학교가 학생들을 전인적인 인간으로, 즉 인생에 대한 동경과 갈망을 가진 하나의 완전체로 대할 여지는 거의 사라지고 만다. 연구적 이상은 조용히 속삭인다, 커튼 뒤의 보이지 않는 영혼은 무시하라고.

도덕 교육이 대학교에서 능동적으로 밀려난 게 아니라, 그것과 관련된 사업 전체가 처치 곤란한 일이 되어 버렸으며 사람들은 도덕 교육이 그렇게 밀려나도록 방치했다. 도덕성 발달이 매우 중요함은 모두가 인정하지만, 개인이 각자 알아서 해결해야 할 문제라는 인식이 만연해 있다. 하버드대학교의 심리학자 스티븐 핑커Steven Pinker는 오늘날 대학교의 이런 연구 정신을 다음과 같이 요약했다.

"내가 가르치는 학생들이 자기 자신을 세우고 자기만의 영혼을 가지도록 하는 방법을 나는 전혀 알지 못한다. 이것은 대학교에서 가르치는 것이 아니다. 지금까지 내가 참가했던 수백 차례의 교수 선발 및 승진 회의에서, 우리는 단 한 번도 후보자가 위와 같은 과업을 얼마나 잘 성취할 수 있을지 평가한 적이 없었다."

학생들은 대상을 비판적으로 생각하고 의심하고 멀리 떨어져서 바라보고 또 분해해 보라는 가르침을 받는다. 하지만 대상과 관련해 어떻게 연결되고, 또 어떻게 존중하고 충실하고 모방하고 봉사할지에 대해서는 거의 아무런 교육도 받지 않는다. 대학교는 사회의 다른 기관들과 마찬가지로 정보는 풍부하지만 의미는 빈약하다.

다행스럽게도 나는, 한 발은 연구적 이상에 들여놓았지만 다른 한 발은 여전히 고집스럽게 인본주의적 이상에 두고 있는 기관들 가운데 하나인 시카고대학교에 들어갔다. 내가 입학했을 때 적어도 2학년까지는 고전들을 공부했으며, 흔히 그 이후까지도 이어졌다. 교수들 역시 책만 가르치지 않고 개종을 시키곤 했다. 2차 세계대전 때 전쟁을 피해 미국으로 건너온 독일 출신 몇몇 교수들은 여전히 책을 파고들었으며, 이들은 왕국으로 들어가는 마법의 열쇠가 책 안에 있다는 종교적 열정에 가까운 믿음을 지니고 있었다. 인생의 여러 수수께끼와 인생을 잘 살아가는 방법은 책을 잘 읽고 깊이 생각하는 사람들이면 얼마든지 붙잡을 수 있다고 믿었다.

내가 학생일 때 시카고대학교에서는 칼 와인트라우브Karl Weintraub라는 전설적인 교수가 서양 문명사를 가르쳤다. 그는 헌신과 열정을 다해 고전들을 설명하면서 강의의 완벽한 전형을 보여 주었다. 오랜 세월이 지나고 죽음이 가까이 다가왔을 때 그는 나와 대학 동창인 캐럴 퀼런에게 보낸 편지에서 그 강의를 할 때의 어려움을 털어놓았다.

"1시간 남짓 동안 나의 모든 열정과 감수성을 강의에 쏟아붓고 나면, 완전히 진이 빠지고 녹초가 되지. 내가 보고 경험한 이야기들을 최대한 온전하게 학생들에게 전달하려면 그럴 수밖에 없다네. 나는 그게 학생들에게 도움이 된다고 생각하지만, 실제로 그런지는 모른다네."

그런데 안타깝게도 교수들이 헌신과 열정을 다해 쏟아 내는 가르침이 그 연령대의 학생들이 받아들일 수 있는 한계를 초과하는 일이 종종 있었다. 이런 점에서 보자면 좋은 가르침은 식물의 씨가 땅에 뿌려지고 거기에서 싹이 트고 자라는 것과 비슷하다. 와인트라우브와 같은 스승들의 가르침은 흥미로운 씨앗이었고, 이 씨앗들은 여러 해 또는 수십 년이 지난 뒤에 우리가 성인으로 인생을 살아갈 때 그 현실의 부름에 응답해 우리 안에서 싹을 틔웠다. 나는 와인트라우브 교수를 잘 모르지만, 그때 받았던 대학 교육이 내 정체성의 틀을 형성했다는 느낌을 학교를 갓 졸업했을 때에 비해 그로부터 25년이나 더 지난 지금 훨씬 더 강하게 느낀다.

열정으로 불을 붙이면 멀리서도 사람들이 불구경을 하러 온다는 옛말이 있다. 내가 받은 교육 가운데 일부는 교수들이 피운 불을 구경하는 것이었다. 나보다 25년 먼저 시카고대학교에 입학했던 칼럼니스트 조지프 엡스타인Joseph Epstein도 이 대학교에 널리 퍼져 있던 포괄적인 교육의 정신을 기억한다.

"사춘기 후반에 나는 무지의 깊은 늪에 빠져 있었다. 나는 단 한 순간도 내가 그런 위대한 인물들을 모방할 수 있으리라고 생각해 본 적이 없었다. 그럼에도 나는 엄청나게 인상적인 무언가를 그들에게서 느꼈다. 그 교수들 그리고 그들이 가르치던 책의 저자들을 향한 엄청난 존경심에 사로잡혀 있었던 그때 그 느낌을 나는 지금도 생생하게 기억한다."

철학자 이바 브랜Eva Brann이 말했듯이, 자신이 비록 부족하고 모자라지만 자기가 사랑으로 자신보다 위대한 무언가에 묶여 있다는 사실, 즉 자신보다 우월한 어떤 것을 인식하고 그것에 고무된다는 사실을 깨달을 때는 기분 좋은 겸손함이 느껴진다.

많은 사람들은 서양 문명사나 그런 종류의 고전 교육은 백인 남성이 지배하는 이미 죽고 없는 엘리트주의적 관행이라고 말한다. 그러나 서양 문명은 예나 지금이나 급진주의, 즉 현재의 상태와 행복하게 공존하는 것을 불가능하게 만드는 전복적이고 혁명적인 반문화이다. 서양 문명은, 그가 속한 도시로서는 도저히 그 삶을 포용할 수 없을 정도로 위험한 인물이었던 소크라테스이다. 서양 문명은 동굴에서 벗어나서, 현실을 이데올로그들이 바라보고 안주하는 그림자로서가 아니라 원래 색깔 그대로의 실체로 바라볼 수 있는 길을 제시한다. 서양 문명은 내가 살던 시기의 시대적 가정假定에서, 그리고 현대의 능력주의와 미국의 성공 지상주의에서 나를 끄집어냈다. 서양 문명은 나를 고무시켜서 내가 평생 동안 어떤 철학을 추구하게 만들었다. 다시 말해 현실 실체의 복잡성을 제어할 수 있게 했을 뿐 아니라, 이런저런 사건들에 대응하고 또 인생의 온갖 우여곡절을 겪으면서도 길을 잃지 않도록 일관된 전망을 제시할 수 있는 어떤 세계관을 찾으려고 수십 년 동안 애쓰게 해 주었다. 서양 문명은 내가 현재 세상에 만족하지 못할 때면 언제나 돌아가 재충전할 수 있는 반역의 기지이다. 인간 경험의 최고봉을 한 번 흘낏 보기만 해도 평생 평평한 땅에서 무지렁이처럼 사는 일은 어려워지고 만다. 인생 후반에는, 아무리 그 방향을 지향하더라도, 얄팍하게 살기란 상당히 어렵다.

스승들이 베풀어 준 지적 미덕들

—

시카고대학교 교수들은 초기 개척자들이 다들 그러하듯이 적어도 여섯 가지 일을 했다.

첫째, 우리를 학자들의 전통 속으로 맞아들였다. 그래서 우리는 읽고 생각하고 주장하고 또 더 충만하게 사는 데 헌신한 그 많은 사람들 속으로 들어갈 수 있었다. 그들은 철학자 마이클 오크쇼트가 다음과 같이 정의하는 길고 긴 대화 속으로 우리를 끌어들였다.

"이것은 리허설이 없는 끊임없는 지적 모험인데, 상상 속의 이 모험에서 우리는 세상과 우리 자신을 이해하는 매우 다양한 방식들을 경험하고, 그러면서 각각의 방식이 서로 다르다는 사실에 당황하지 않으며, 또 그 모든 것들이 결코 완벽한 해답을 가져다주지 않는다는 사실에 실망하지도 않는다."⁵

둘째, 시카고대학교 교수들은 우리에게 역사 속 도덕 생태계들의 전모를 소개해 주었다. 우리 모두는 건설적인 인생철학, 즉 가치의 우선순위를 결정할 수 있는 일련의 기준을 필요로 하고 또 요구한다. 운 좋게 지난 수백 년 동안 인류는 다양한 시간과 다양한 장소에서 서로 구분되는 가치 체계들 그리고 세상 속에서 의미를 찾는 여러 방법들을 만들어 냈다. 예를 들어 명예와 영광을 강조하는 그리스 전통이 있고, 법에 대한 복종과 의례의 엄격함을 강조하는 히브리 전통이 있으며, 겸손함과 복종과 자애를 강조하는 기독교 전통이 있고, 이성과 개인의 자유를 기반으로 하는 계몽주의 정신이 있다. 우리 교수들은 이런 것들을 비롯해 온갖 도덕 생태계를 우리에게 제시했다. 스토아철학, 독일 낭만주의, 영지주의Gnosticism, 불교, 유교, 아프리카 애니미즘, 마르크스주의, 페미니즘, 해체주의deconstructionism 등. 그들은 우리에게 어떤 도덕 생태계 안에서 살아가라고 지시하지 않았다. 다만 우리에게 여러 가지를 시험해 보고 자기에게 가장 알맞은 것을 확인할 수 있는 기회를 주었을 뿐이다.

셋째, 시카고대학교 교수들은 우리에게 대상을 보는 방법을 가르쳐 주었다. 현실의 실체를 보는 것이 간단해 보일 수도 있다. 그냥 고개를 들고 세상을 둘러보기만 하면 되니까 말이다. 그러나 정치권 주변에 있는 사람이라면 잘 알겠지만, 얼마나 많은 사람들이 당파성이라는 왜곡된 안경을 통해 세상을 바라보는지, 얼마나 많은 사람들이 자기가 보고 싶은 것만 보는지, 또 얼마나 많은 사람들이 자기 안의 공포와 불안과 자아도취의 필터를 통해 세상을 바라보는지 모른다.

대상을 잘 보는 건 자연적으로 되지 않는다. 이것은 겸손함의 어떤 행위이다. 이것은 자기 자신에게서, 즉 자기에게 필요한 것이나 자기가 바라는 것에서 온전하게 빠져나와야 한다는 뜻이다. 그래야 보고자 하는 대상을 자기 관심사의 반영물이 아니라 있는 그대로 볼 수 있기 때문이다. 대상을 잘 보는 것은 실체를 선명하게 바라볼 줄 아는 다른 사람들(예컨대 레오나르도 다 빈치, 조지 엘리엇, 조지 오웰, 제인 제이콥스, 제임스 볼드윈, 레프 톨스토이 등)에게서 배워야 하는 하나의 기술이다.

19세기 영국의 예술평론가이자 사회사상가인 존 러스킨John Ruskin은 이렇게 썼다.

"인간의 영혼이 이 세상에서 수행하는 가장 위대한 일은 어떤 것을 '보고' 또 이렇게 '본' 것을 쉽게 풀어서 말하는 것이다. 말을 할 수 있는 사람이 수백 명이라면 생각할 수 있는 사람은 한 명이며, 생각할 수 있는 사람이 수천 명이라면 볼 수 있는 사람은 한 명이다."

넷째, 시카고대학교 교수들은 지적 용기를 가르쳐 주었다. 혼자서 생각한다는 건 있을 수 없다. 모든 생각은 의사소통이며, 누군가의 머릿속에 들어 있는 모든 것은 수천 년 전 과거로까지 거슬러 올라가는 수많은 사상가들에게서 비롯된 것이다. 우리는 사회적 동물이며 우리의 많은 생각은 진리를 찾고자 하는 게 아니라 다른 사람과의 유대를 추구한다. 우리의 많은 생각은 사회적으로 승인받고 또 올바른 사회 집단에 가입하는 데 도움을 줄 자기 의견을 가지려고 노력하는 것이다. 지적인 삶에서 힘든 부분은 진실한 것과 자신이 좋아하게 될 것을 구분하는 일이다.

다섯째, 시카고대학교 교수들은 우리에게 정서적인 지식을 주었다. 휘트먼의 시를 그가 기쁨으로 들떠 있었을 때처럼 읽는 것, 오빠의 시신을 매장하는 안티고네의 곁을 지키는 것, 자기가 한 발견이 자신을 어디까지 데려갈지 모르는 갈릴레오와 동행하는 것, 수학자 파스칼이 신의 존재를 직접 느끼는 바로 그 순간에 그와 함께 있는 것, 또는 실비아 플래스를 따라서 광기의 심연 속으로 함께 들어가는 것(실비아 플래스는 어린 시절부터 심한 우울증에 시달리며 자살 시도를 하고 정신 치료를 받았다. 남편 테드 휴스의 외도로 별거 중 서른 살의 나이로 자살했다-옮긴이) 등은 새로운 사실을 배우는 데 반드시 필요하지는 않지만, 새로운 경험을 하는 것이다.

정서적인 지식은 특정한 상황에서 무엇을 느껴야 할지 아는 것, 그래서 부당함을 마땅히 혐오하고 자기희생 행위에 마땅히 존경심을 표하고 우정에 마땅히 공감하고 억울한 일을 당했을 때 마땅히 관용을 베푸는 것이라고 영국의 철학자 로저 스크루턴Roger Scruton은 주장한다. 이런 정서적 지식은 하나의 기술이며, 다른 기술들처럼 습득해야 하는 것이지 저절로 주어지는 것이 아니다. 사람은 누구나 특정한 기본적인 감정들을 가지고 태어난다. 그러나 자기가 직접 경험하지 않은 상황에서 어떤 감정을 느끼는지는 배워야만 한다. 예를 들어 미국의 흑인 작가 랠프 엘리슨Ralph Ellison이 인간성을 말살하는 인종 차별주의 앞에서 경험했던 눈에 보이지 않는 존재가 된 느낌, 홀로코스트 생존자를 괴롭히는 죄책감 같은 감정 말이다. 우리는 선한 사람이 자신의 결함 때문에 돌이킬 수 없는 상황에 놓일 때 마땅히 느끼는 비극적인 슬픔, 화형장의 불길 앞에서도 의연했던 잔 다르크의 강건한 용기, 모차르트가 〈교향곡 41번 '주피터'〉에 불어넣었던 절제된 기쁨 같은 세련된 감정들을 배워야 한다.

여섯째, 시카고대학교 교수들은 우리에게 사랑할 만한 새로운 것들을 주었다. 모든 사람은 지식에 대한 욕구를 가지고 태어난다. 어린아이들은 무언가를 이해하고 싶은 열정에 휩싸여서 바퀴나 지렛대를 한참 동안 바라보곤 한다. 직관적으로 희미하게만 알고 있던 어떤 것을 말로 정확하게 풀어 놓은 문구를 책에서 우연히 마주칠 때 누구나 짜릿한 전율을 느낀다. 시인이 어떤 감정을 완벽하게 표현했을 때 그 시구는 그저 사실처럼 보이기만 하는 게 아니라 아름다워 보인다.

플라톤은 교사들에게 아름다움을 동경하는 이 천성을 활용하라고 충고했다. 학생들에게 점점 더 아름다운 대상을 제시해서 그들이 나이를 먹을수록 더 진지한 것들을 욕구하도록 학생들의 상상력을 형성시키라고 했다. 먼저 어떤 학생에게 아름다운 얼굴을 제시한다. 일단 물리적인 아름다움의 가치를 알고 나면 이 학생은 더 높은 아름다움에 사로잡히는데, 사랑스러운 인격의 아름다움과 선한 사람이 가진 사랑스러운 심장의 아름다움이다. 이것을 이해했을 때 학생은 훨씬 더 높은 차원의 아름다움을 파악해 내는데, 바로 공정한 사회의 아름다움이다. 이것을 보고 난 다음에도 학생은 여전히 더 높은 아름다움을 갈망하는데, 바로 지혜와 진리에 대한 탐구이다. 그러고 난 다음에 학생은 이제 아름다움의 궁극적인 형태를 향한 동경을 느낀다. 그것은 아름다움 그 자체이며, 모든 것을 아우르는 초월적인 아름다움의 영원한 형태인데, 꽃피지도 시들지도 않고 더할 것도 뺄 것도 없는 이것은 플라톤에게 신성divinity 그 자체였다.

더 높은 사랑을 향해 나아가라
—

시카고대학교 스승들은 위대한 대작들을 우리 앞에 제시함으로써 그리고 그 작품들 주변에 에로틱한 분위기라고 묘사할 수밖에 없는 것을 만들어 냄으로써, 더 높은 차원의 아름다움들을 향한 우리의 갈망을 부추겼다. 예를 들어 이런 적이 있었다. 어느 날 저녁 나는 학교 중앙도서관의 지하에서 과제를 하고 있었다(그 도서관은 신이 만든 초록색 지구에서 가장 추악한 부류의 건물들 가운데서도 가장 추악한 건물이었다). 과제는 니체의 《비극의 탄생》 가운데 어떤 구절을 읽는 것이었다. 나는 7시쯤 자리를 잡고 앉아서 읽기 시작했다. 그러다가 10시 30분쯤에 고개를 들고는 깜짝 놀랐다. 도대체 그사이에 무슨 일이 일어났는지 도무지 알 수 없었고, 지금까지도 수수께끼이다. 그 시간 동안 나는 일종의 시간여행을 한 게 아니었나 싶다. 아마 니체의 사악할 정도로 뛰어난 재기, 그의 산문이 불러일으킨 마법의 주문, 또는 그의 주제, 수천 년 전 연극을 탄생시켰던 원시적인 디오니소스 축제가 바로 그 순간에 작동했던 게 아니었을까 싶다. 내가 말할 수 있는 것은, 고개를 들었을 때 세상의 나머지가 모두 사라지고 없었다는 사실이다. 시간이 사라져 버리고 없었다. 나는 나 자신 속에 들어가 있었던 게 아니라 책 속에 들어가 있었다.

이런 경험을 한 번 하고 나면 누구나 한 번 더 그 경험을 하고 싶어진다. 보통 사람은 시인 릴케만큼 심오하지 않지만, 그래도 그가 말하는 것이 무엇인지 이해할 수 있다.

"나는 보는 것을 배우고 있다. 도무지 영문을 모르겠지만, 모든 것이 한층 더 깊이 내 안으로 침투하고, 여태껏 늘 끝나곤 했던 그곳에서 멈추지 않는다. 내 안에는 내가 알지 못했던 내면 자아가 있다. 지금 모든 것이 그쪽으로 간다. 거기에서 무슨 일이 일어나는지 나는 알지 못한다."

사람들은 대학교에 진학할 때 대개 일련의 통상적인 욕구를 가지고 있으며, 이 욕구들 대부분은 사람들이 긍정적으로 여기는 것들이다. 그러나 만일 대학교가 본연의 일을 한다면 내면 자아를 또는 적어도 내면 자아의 가능성을 드러내 줄 것이다. 이와 관련해 프랑스 철학자 자크 마리탱Jacques Maritain은 이렇게 썼다.

"사람은 형이상학적인 존재, 초월성을 자기 인생에 영양분으로 공급하는 동물이다."

이런 수준으로 학생을 끌어올림으로써 대학교는 일련의 새로운 욕구(이 영역을 이해하고 싶은, 영원성에 대한 어떤 것을 이해하고 싶은 욕구)들을 일깨운다.

과거의 욕구들은 사라지지 않는다. 학생은 여전히 자기가 인기가 좋기를 바라고 잘생기기를 바라고 또 즐겁기를 바란다. 그러나 욕구에도 위계가 있음이 분명해진다. 예를 들어 숭고한 예술적 경험은 초코바보다 더 가치 있다. 중심 메시지는 자기가 사랑하는 것을 주의 깊게 살피라는 것이다. 당신은 자기가 바라는 대로 될 수 있기 때문이다.

소설가 데이비드 포스터 월리스는 무언가를 제대로 잘 원하는 것의 중요성을 케니언칼리지에서 했던 유명한 졸업식 연설에서 정확하게 포착했다.

어른이 되어 하루하루 꾸려 가는 삶 속에서는 무신론 같은 건 실제로 존재하지 않습니다. 기도하지 않는 사람이 없습니다. 모두가 무언가를 숭배합니다. 우리의 유일한 선택은 우리가 숭배할 대상입니다. 그리고 어떤 신 또는 기도를 올릴 정신적인 유형의 어떤 것, 이것은 예수나 알라일 수도 있으며, 야훼나 마법의 신일 수도 있고, 불교의 고집멸도苦集滅道 사제四諦나 깨뜨릴 수 없는 어떤 윤리 원칙일 수도 있습니다만, 아무튼 그 어떤 것을 선택하는 두드러진 이유는 그것이 자기를 먹여 살려 주리라는 기대 때문입니다. 만일 여러분이 돈과 사물을 숭배한다면, 그리고 그것들이 여러분 인생의 진정한 의미를 건드리는 지점이라면, 여러분은 결코 만족하지 못할 것입니다. 이제 충분하니 그만 됐다는 생각은 절대로 들지 않을 것입니다. 그것이 진실입니다. 자신의 몸과 아름다움과 성적 매력을 숭배한다면 여러분은 언제나 자기가 추하다고 느낄 것이고, 시간이 흐르고 나이가 들어 갈 때 마지막으로 죽어 땅에 묻히기 전까지 수백만 번이나 죽음을 경험할 것입니다. …… 권력을 숭배한다면 여러분은 스스로를 약하다고 느끼고 두려움에 떨 것이고, 그 두려움을 쫓아 버리기 위해 다른 사람들을 찍어 누르는 점점 더 많은 권력을 필요로 하게 될 것입니다. 똑똑해 보이고 싶은 사람은 지성을 숭배하십시오. 그러면 여러분은 자기가 멍청하고, 사기꾼이라고 느낄 것이고, 언제든 자기 정체가 발각될 수 있다고 불안해할 것입니다.

뚜렷한 족적을 남긴 사람이나 기관은 당신에게 당신이 사랑할 더 나은 것을 준다. 그것은 지식의 새로운 장일 수도 있고, 집짓기나 자동차 정비의 새로운 형태일 수도 있고, 또 사회적인 변화의 새로운 비전일 수도 있다. 경영학자 피터 드러커Peter Drucker는 리더십을 다음과 같이 정의했다.

"리더십은 다른 사람의 전망을 더 높은 경지로 끌어올리는 것이며, 이 사람의 성과를 더 높은 수준으로 끌어올리는 것이고, 그 사람의 인격을 통상적인 한계를 초월해서 형성하는 것이다."

내가 입학했을 때 시카고대학교는 몇 가지 문제를 안고 있었다. 우리가 졸업해서 학교를 떠날 때 많은 졸업생들이 일자리와 커리어 측면에서는 아무런 교육이 되어 있지 않은 상태였다는 게 가장 큰 문제였다. 철학과 사상에 열중하긴 했지만 우리는 다른 사람들과는 어쩐지 멀리 떨어져 있는 것 같은 느낌이었다. 당시에 제도권 문화는 사회성 부족을 매력적인 것으로 여겼으며 개인 간의 차이와 소원함을 장려했는데, 나중에 내가 이 문제를 극복하는 데는 여러 해가 걸렸지만 결국 거기에서 완전히 벗어나지 못했고 지금도 마찬가지다. 그러나 시카고대학교는 학생들이 인간 조건의 이상적인 전망과 열렬하게 접촉할 수 있게 해 주었다. 그 덕분에 우리 모두는 사람들이 할 수 있는 일이 무엇인지 잘 알게 되었다. 시카고대학교는 우리에게 고급 와인을 주었는데 그 바람에 우리는 인생 후반에 싸구려 술에 만족하기가 한층 더 힘들어졌다. 모든 사람이 시카고대학교와 같은 대학교는 뇌를 잘 훈련시켜서 매우 똑똑한 인재들을 길러 낸다고 말한다. 그러나 내 경험으로 보자면 사실은 그것과 반대이다. 시카고대학교가 가장 잘했던 것은 뇌가 아니라 심장과 가슴을 훈련시키는 일이었다.

예전에 우리가 강의실에서 했던 토론들과 우리가 읽던 신문의 기사 제목들 그리고 학교 식당이나 술집의 동그란 의자에 앉아서 나누었던 대화들을 되짚어 생각해 보면, 그것들은 모두 자기가 원하는 가치 있는 것은 무엇인지, 어떤 욕구들이 다른 욕구들보다 더 나은지, 어떤 동경들이 받아들여지고 어떤 동경들이 후순위로 밀리거나 폐기되어 마땅한지 알아내고자 하는 것이었다.

예일대학교에서 내가 제자들에게 들었던 가장 훌륭한 불만은 마지막 강의 시간에 한 학생이 한 말이었다. "이 강의를 듣고 나니까 더 서글퍼졌습니다." 그 학생은 좋은 뜻으로 말했고 나도 그렇게 알아들었다. 이런 가정을 해 보자. 당신은 역사상 가장 위대한 연인의 사랑 이야기를 들었다. 다 듣고 났을 때 당신 마음을 어떨까? 당신은 분명 현재 상태에 만족하기 어려울 것이다. 당신은 그저 평균적인 사람일 뿐이기 때문이다. 그래서 당신은 늘 불만이고, 이 불만은 늘 당신을 괴롭힌다. 게다가 불만은 결코 완전히 사라지지 않는다. 당신이 설정한 이상적인 기준에 다가가면 갈수록 그 기준이 점점 더 멀어지는 것처럼 느껴지기 때문이다. 예술가들은 자신의 기량이 더 좋아질수록 자기가 할 수 있다고 생각하는 포부는 점점 더 커지고 목표는 점점 더 멀어진다.

그러나 궁극적으로 보면 기쁨은 자기 욕구를 충족하는 데 있지 않고 자기 욕구를 바꾸어서 최상의 욕구를 가지는 데 있다. 교육을 잘 받은 인생은 더욱더 높은 사랑을 향해 나아가는 여정이다.

Chapter 20

한 줄기 빛처럼 스며드는 신비로운 경험

세상은 여전히 창조의 과정 속에 있다

—

웬델 베리Wendell Berry의 소설《포트윌리엄의 이발사Jayber Crow》는 학교와 직장에서 늘 실패만 경험했으며 그 바람에 할 일 없이 빈둥대던 제이버 크로라는 청년의 이야기를 다룬다. 대공황의 주름이 한창 깊던 시기에 이 청년은 자기 물건을 모두 싸서 정리한 다음 켄터키의 포트윌리엄이라는 작은 고향 마을을 향해 걸어가기 시작한다.

그런데 도중에 엄청난 폭우가 내리기 시작했다. 그러더니 켄터키 강이 범람해 다리고 집이고 모두 쓸어가 버렸다. 폭풍우가 몰아치는 그 밤 내내 그는 터벅터벅 걸었다. 그리고 아직 멀쩡하게 남아 있는 다리를 발견하고는 별생각 없이 그 다리를 건너기 시작했다. 이윽고 다리 한가운데 가장 높은 지점에 다다르자 그는 이렇게 말했다.

다리는 마치 살아 있는 것 같았다. 다리는 마치 거대한 군중이 소리치는 것 같았다. 그런데 엄청난 양의 강물이 만들어 내는 으르렁거리는 소리 위에서 또는 그 소리 안에서, 물보라가 사정없이 몰아치는 소리가 들렸다. 물살이 다리를 마구 두드리는 걸 느낄 수 있었다. 무섭지 않았다고 말할 수는 없지만, 그 무서움은 마치 강물이 내는 소리처럼 내 안에 있는 게 아니라 공기 속에 떠 있는 것 같았다. 어쩐지 그것은 내가 예전에 뛰어들긴 했지만 쉽게 또는 금방 빠져나올 수 있으리라고 기대할 수 없었던 어떤 것과도 같았다.

통들, 통나무들, 뿌리째 뽑힌 나무들 그리고 온갖 가재도구들이 급류에 쓸려 내려가는 게 그의 눈에 보였다. 그 순간 《성서》의 한 구절이 그의 머리에 떠올랐다.

"땅은 아직 모양을 갖추지 않고 아무것도 생기지 않았는데, 어둠이 깊은 물 위에 뒤덮여 있었고 그 물 위에 하느님의 기운이 휘돌고 있었다."

크로는 어느 태고의 인식을 향해 시간을 거슬러 올라가는 것만 같았다.

그때 나에게 무슨 일이 일어나고 있었는지 말할 수 있을지 확신이 서지 않는다. 지금도 나는 그게 무엇이었는지 확실하게 말할 수 없다. 그때 나는 분명 나 자신에게 무언가를 얘기하려고 했던 게 아니다. 그러나 그 책을 읽으면서 그리고 그 책을 읽는 소리를 들으면서 그리고 또 그것을 믿고 또 믿지 않으면서 여러 해를 보냈었는데, 그때 나는 처음의 시작점으로, 책의 시작점이 아니라 이 세상의 시작점으로, 그리고 앞으로 다가올 나머지 모든 것들로 돌아가고 있었던 것 같다. 나는 지식이 내 피부 위를 스멀스멀 기어

가는 것을 느꼈다.

크로는 계속 걸어갔다. 어떻게든 포트윌리엄까지 갈 생각이었다. 그러나 번번이 길을 잘못 들어서 헤매야 했다. 추위로 이빨은 따닥따닥 부딪는 소리를 냈고 허기는 위장을 마구 찔러 댔다. 그러다가 마침내 그는 한 마을에 다다랐고, 홍수를 피해 모여든 이재민들이 음식과 잠자리 문제를 해결하려고 마을 회관을 향해 터덜터덜 걸어가고 있었다. 크로도 비에 홀딱 젖은 그 길 잃은 영혼들의 대열에 합류했고, 마침내 사랑을 만났다. 어디에서 온 사람들인지는 몰라도 자원 봉사자들이 우르르 몰려와서 음식과 커피를 내놓았던 것이다.

그는 임시로 마련된 보호소 침대에서 아이들을 재우려고 애정을 듬뿍 담아 토닥여 주는 부모들을 지켜보았다. 그는 녹초가 될 만큼 지쳐서 눈을 감았지만 잠은 오지 않았다. 그때 그는 마음의 눈으로 그 강을 다시 보았다. 그러나 이번에는 강 전체가, 강의 모든 길이가 보였다. 물살이 통나무며 헛간이며 또 집을 통째로 휩쓸고 내려갔다. 온 세상이 물살 위에 내던져져서 이리저리 흔들리며 떠내려가는 것 같았다.

세상의 꼴을 갖추기 위해 또 이 세상이 살아 있도록 하기 위해 나아갔던 신의 영이 여전히 그 속에서 살아 있음을 나는 알았다. 이 사실을 나는 조금도 의심하지 않았다. 내가 신이 창조한 세상 속에 살고 있음을 그리고 이 세상은 여전히 창조의 과정에 있음을 알 수 있었다. 나는 이 세상의 한 부분이 될 터였다, 영원히. 도망칠 곳이라고는 어디에도 없었다. 세상을 만든 신의 영은 세상 안에 있었으며, 세상의 꼴을 만들었고 그리고 다시 또 새롭게 꼴을 만들었는데, 어떤 때는 누워서 쉬었고 어떤 때는 일어나서 마치 진흙 투성이 말이 몸부림치듯이 그렇게 자기 몸을 흔들었고, 온갖 조각들이 사방으로 마구 날았다.[1]

크로는 그날 밤 더 깊은 인식에 다다를 때까지 계속 나아갔다. 어떤 영적인 지식이, 그가 했던 표현을 빌리자면, 그의 피부 위로 스멀스멀 기었다.

그 순간 한 줄기 빛이 시작되었다
—

이 책 서두에서 내가 사람들이 설명하는 기쁨의 정의를 수집했다고 말했는데, 사람들이 설명하는 신비로운 경험 역시 나는 수집했다. 신비로운 경험을 하는 순간이란 늘 보던 눈에 익은 현실의 껍질이 깨지면서 알 수 없는 어딘가로부터 어떤 빛이 비추어진다고 느끼는 순간을 말한다.

이런 경험들 가운데 많은 경우가 자연 속에서 일어나는데, 사실 이건 놀랍지 않다. 심리학자 윌리엄 제임스는 《종교적 경험의 다양성 The Varieties of Religious Experience》에서 이런 경험을 마치 천둥소리처럼 생생하게 겪었던 사람의 말을 인용한다.

그날을 나는 기억합니다. 그 언덕 꼭대기의 바로 그 자리에서 내 영혼은 활짝 열렸습니다. 그러니까 영원성 속으로 활짝 열렸던 겁니다. 두 개의 세상, 내면의 세상과 외면의 세상이 동시에 마구 내달렸습니다. 그것은 마음 깊은 곳까지 이르는 깊은 소명이었습니다. 그 마음 깊은 곳은 내가 힘들게 열었던 곳입니다. 멀리 별들 너머로 나아가지 않고서도 헤아릴 수 없을 정도로 깊은 곳에서 들리는 대답을 나는 들었습니다. 나는 혼자 서 있었습니다. 나를 창조하신 그분이 함께하셨고, 세상의 모든 아름다움, 사랑, 슬픔, 그리고 심지어 유혹까지 함께했습니다. 나는 신을 간구하지 않았습니다만 내 영혼이 그분과 완벽하게 하나로 합쳐지는 걸 느꼈습니다.

역사적으로 보면 위대한 인물들 가운데서 놀랄 정도로 많은 사람들이 감옥에 갇혀 있으면서 신비로운 경험을 했다. 감옥에 갇혀 있을 때는 물질적인 갈구, 외면적인 자유, 바쁜 일상 등 모든 것이 박탈되거나 필요 없어진다. 적어도 몇몇 사람들에게는 내면적인 경험과 정신적인 상태만이 자기가 가진 것의 전부가 된다. 이런 내면의 상태가 실질적으로 인생에서 본질적인 경험이며 다른 모든 것은 부차적이라는 깨달음이 그들에게 내려앉는다.

2차 세계대전 때 안와르 사다트Anwar Sadat(이집트 대통령을 역임했으며 중동 평화를 위한 노력을 인정받아서 1978년에 노벨 평화상을 받았다-옮긴이)는 영국 제국주의에 맞서서 반역 음모를 꾸몄다는 혐의로 투옥되어 있었다. 그는 회고록 《정체성을 찾아서In Search of Identity》에서 당시를 다음과 같이 회고했다.

"감옥에 있을 때 나는 시간과 공간의 구속을 초월할 수 있었다. 공간적으로 보자면 나는 네 개의 벽으로 둘러싸인 좁은 감방이 아니라 전체 우주 속에서 살고 있었다."

물질적인 것들을 박탈당하자 자기 존재가 오히려 한층 더 커진 느낌이 들었다고 했다.

"더 광대하고 더 아름다운 세상으로 발을 들여놓은 것처럼 느껴졌다. 인내하는 힘도 두 배로 커진 것 같았다. 그 어떤 압력이나 압박도 거뜬하게 이겨 낼 수 있을 것 같았다."

정서적인 태도 또한 바뀌었다.

"나라는 개인적인 실체가 한층 더 광대한 모든 존재의 실체 속으로 녹아 들어갈 때, 내 여행의 출발점은 고향 이집트를 향한 사랑, 모든 존재를 향한 사랑, 신을 향한 사랑이 되었다."

체코슬로바키아의 민주화를 이끈 바츨라프 하벨은 공산당 치하에서 성장했다. 마르크스주의 국가 정책은, 어떤 사람이 하는 일과 그가 처한 삶의 조건들이 그 사람의 존재와 사고를 결정한다고 믿는 유물론적 결정론을 토대로 한 것이었다. 1977년에 반체제 활동 혐의로 투옥되었을 때 하벨은 이것은 그런 경우가 아님을 깨달았다. 물질적인 실체는 인간 역사에서 기본 동력이 아니라고, 그 동력은 바로 정신적인 실체라고 그는 결론 내렸다.

내가 말하고자 하는 그 특별한 경험은 나에게 한 가지 확신을 가져다주었다. 마르크스주의자들이 하는 주장과 다르게 의식이 존재에 선행한다. 이런 이유로 이 인간 세상의 구원은 바로 인간의 마음속에, 성찰할 수 있는 인간의 역량 속에, 인간의 겸손함 속에, 인간의 의무 속에 놓여 있다. 인간의 의식 차원에서 전 세계적인 혁명이 일어나지 않는다면 아무것도 더 나은 방향으로 바뀌지 않을 것이다.

하벨은 감옥에서 심하게 병을 앓아 죽기 직전까지 갔다. 어느 날이었다. 창살을 통해 바깥을 바라보던 그의 시선이 어느 나무 꼭대기에 고정되었다. 그때를 묘사하는 내용이 아내 올가에게 보낸 편지에 담겨 있다.

그 나무를 바라보고 있을 때 말로 설명할 수 없는 어떤 감정에 휩싸였소. 갑자기 내가 일시적인 존재의 모든 좌표를 초월해서, 지금까지 살면서 보고 경험했던 모든 아름다운 것들이 총체적으로 '공존하는co-present' 시간 밖에 있는 어떤 상태 속으로 훌쩍 날아오른다는 느낌이 들었소. 나는 어떤 화해의 느낌을 느꼈소. 지금 나에게 일어난 일을 포함해서 내가 걸어가는 길에 놓여 있는 일련의 사건들을 부드러운 미소로 받아들일 수 있다는 그런 느낌이었소. 이 느낌은, 앞으로 어차피 맞닥뜨려야 할 것이라면 기꺼이 맞닥뜨리겠다는, 아무런 근심 걱정이 없는 편안한 결심과 이어졌소.

존재 자체가 가지는 의미에 대한 심오한 놀라움은 현기증이 날 지경이오. 나는 지금 신비로움과 무한한 기쁨의 심연 속으로 끝없이 빙글빙글 돌면서 추락하는 것 같소. 살아 있음에 대한, 내가 지금까지 살면서 함께했던 그 모든 것들과 함께할 수 있는 기회를 받았음에 대한, 그리고 모든 것이 깊고 명백한 의미를 가지고 있다는 사실에 대한 무한한 기쁨. 이 기쁨이 내 마음속에서, 내가 그 순간 그토록 가까이 있는 그 모든 것을 도무지 이해할 수도 손에 넣을 수도 없다는 사실에서 비롯되는 어떤 모호한 공포와 낯설게 동맹을 맺고 손을 잡았소. 나는 세상과 나 자신, 바로 그 순간, 내가 기억하는 그 모든 순간 그리고 그 뒤에 놓여 있으면서 의미를 가지고 있지만 눈에 보이지 않는 모든 것들과 내가 조화를 이루고 있다는 느낌이, 그리고 궁극적인 행복이 나를 압도하며 나의 온 정신으로 흘러넘쳤소. 심지어 나는 지금, 비록 누구 또는 무엇을 위한 사랑인지 정확하게 알지 못해도, '사랑의 번개를 맞았다'고까지 말할 수 있겠소.

나치의 유대인 강제 수용소에 갇혀 있다가 살아남은 빅토르 프랑클은 그때의 삶을 개인의 존엄성에 대한 끊임없는 공격으로 기억한다. 그는 자기의 삶을 통제할 수는 없지만 자기에게 가해진 것들에 대한 자기의 반응은 통제할 수 있음을 깨달았다. 그는 "내면의 억제력inner hold"을 행사했다. 이것은 고통을 어떤 위엄 있는 방식으로 견딘다는 뜻이었다. 인생은 물리적인 투쟁만이 아니라 정신적인 투쟁, 자신을 둘러싼 비인간적인 조건들로부터 자기의 인간성을 보호하려는 투쟁이 되었다. 그는 다음과 같이 썼다.[2]

현실에서는 기회가 있고 도전이 있다. 어떤 사람은 그런 경험을 승리로 이끌어서 인생을 내면의 승리로 만드는 반면에 어떤 사람은 도전을 무시하고 그저 아무것도 하지 않는다.

어떤 사람이 자기 운명과 그 운명에 수반되는 모든 고통을 받아들이는 방식 그리고 자기 십자가를 짊어지는 방식은, 아무리 어려운 환경에 놓여 있다 하더라도, 그에게 자기 인생에 더 깊은 의미를 추가할 수 있는 무한한 기회를 제공한다.

신체는 섭취하는 영양분에 비례해서 성장하지만 영혼은 그것이 쏟아 내는 사랑의 크기에 따라서 성장함을 프랑클은 발견했다.

강제 수용소에서 살았던 우리는 막사들 사이로 걸어 다니면서 다른 사람들을 위로하고 자기에게 남았던 마지막 빵을 나누어 주던 사람들을 기억할 수 있다. 그 사람들의 수가 많지 않았을 수도 있다. 그러나 사람에게서 모든 것을 다 빼앗을 수는 있어도 단 하나, 인간의 여러 자유들 가운데 마지막 자유, 어떤 환경에 놓여 있든 간에 그 환경에 대한 자기의 태도를 선택할 수 있는 자유, 자기의 길을 스스로 선택할 수 있는 자유를 빼앗을 수 없음을 그 사람들은 충분히 확실하게 입증했다.

어느 겨울날 아침 프랑클은 다른 수용자들과 함께 얼어붙은 땅에 참호를 파고 있었다. 하늘은 회색으로 흐렸고 그들이 입고 있던 넝마 같은 옷도 회색이었고 그들의 얼굴도 회색이었다. 그는 나지막하게 머릿속으로 사랑하는 아내와 대화를 나누었다. 아내는 강제 수용소 바깥의 어딘가에 있었다. 아니, 어쩌면 이미 죽고 없을지도 몰랐다. 그는 몇 시간째 땅을 파는 동안 내면으로 아내를 향한 사랑을 외치고 또 외쳤다. 그때 갑자기 이상한 느낌이 그를 덮쳤다.

내 정신이 나를 꽁꽁 감싸고 있던 우울함을 찢고 나간다는 느낌이 들었다. 그 빛이 희망도 없고 의미도 없는 세상을 초월한다는 느낌이 들었고, 어떤 궁극적 목적의 존재를 향한 내 의문에 대한 대답으로 "있다"라는 승리의 음성이 어딘가에서 들려왔다.

그 순간 한 줄기 빛이 멀리 있는 농가에서 시작되었다.

경비병이 나에게 욕을 하면서 지나갔고, 나는 다시 한 번 내 사랑하는 아내와 교감했다. 아내가 존재한다는 것을, 나와 함께 있다는 것을 나는 점점 더 강하게 느꼈다. 아내를 만질 수 있고 손을 뻗어 아내의 두 손을 잡을 수 있다는 느낌이 들었다. 그 느낌은 몹시 강렬했다. 아내는 분명 거기에 있었다.

새 한 마리가 프랑클의 눈앞에 조용히 내려앉았다. 프랑클과 새는 서로를 바라보았다.

난생처음으로 나는 그 진리를 보았다. 수많은 시인들이 노래에 담았던, 수많은 사상가들이 최종적인 지혜로 선언했던, 사랑은 인간이 염원할 수 있는 가장 궁극적이고 가장 높은 목표라는 그 진리를. 그때 나는 인간의 시 그리고 인간의 생각과 믿음이 전하는 가장 위대한 비밀의 의미를 깨달았다. 그것은 바로 '인간의 구원은 사랑을 통해 사랑 안에서 이루어진다'는 것이다. 이 세상에 아무것도 남아 있지 않은 사람이, 설령 아주 짧은 순간일지라도, 어떻게 여전히 지극한 행복을 알아차릴 수 있는지 이제는 이해한다. 자기가 사랑하는 사람을 깊이 생각하기만 하면 된다.[3]

이때 처음으로 "천사들은 무한한 영광을 끝없이 생각한다"는 말을 온전하게 이해했다고 프랑클은 말했다. 그는 인간의 기본적인 동기는 돈도 아니고 심지어 행복도 아니며 의미라고 주장하면서 여생을 살았다. 우리는 자기 인생의 의미를 이해해야 한다. 이것을 이해하고 나면 그 어떤 가혹하고 비참한 환경에서도 내면의 평화는 흔들리지 않는다.

프랑클은 사랑하는 아내가 설령 이 세상에서 사라져 버린다 하더라도 아무런 문제가 되지 않음을 깨닫는 데까지 나아갔다. 구원을 가져다주는 것은 바로 사랑을 쏟아 내는 것임을 알았던 것이다. 그는 강제 수용소에서 수용자들을 살피며 이런저런 조사와 연구를 한 끝에, 질병으로 일찍 죽은 수용자들은 강제 수용소 바깥에 자기가 헌신할 대상이 아무것도 없는 사람들임을 발견했다. 반면에 그 참혹한 현실을 견뎌 내는 사람들은 자기가 욕망하고 밀어붙이는 목적인 어떤 헌신의 대상이 외부에 존재하는 사람들이었다. 그 대상은 자기가 반드시 써야 한다고 소명을 느끼는 책일 수도 있고, 반드시 돌아가서 만나야 한다고 생각하는 아내일 수도 있었다.

어느 날 프랑클은 강제 수용소 의무실에서 병으로 죽어 가는 젊은 여성을 만났는데, 그녀는 이렇게 말했다.

"운명이 나에게 이런 혹독한 시련을 안겨 줘서 얼마나 고마운지 모르겠어요. 예전에 나는 정신적인 성취나 깨달음 따위는 신경도 쓰지 않던 철없는 응석받이였거든요."

병상에서 그녀는 외롭게 죽어 가고 있었지만, 자기가 볼 수 있는 유일하게 살아 있는 생명체와 친구가 되어서 참 좋다고 말했다. 그 생명체는 바로 창문 너머에 있는 밤나무였다.

"이 나무가 내 외로움 속에서 함께하는 유일한 친구랍니다."[4]

그녀는 그 나무와 자주 대화를 한다고 했다. 황당한 말에 깜짝 놀란 프랑클은 무슨 얘기를 해야 할지 몰랐다. 그러다가 나무도 뭐라고 대꾸를 해 주느냐고 물었다. 그녀는 그렇다고, 나무가 자기 말에 대꾸를 한다고 말했다. "나는 여기 있어. 나는 여기 있어. 나는 생명이야. 영원한 생명이야"라고 말한다고 했다. 영원한 생명과의 그 초월적인 연결이 그녀가 죽어 가면서도 그토록 평온하고 쾌활할 수 있었던 이유였다.

소련의 반체제 소설가 알렉산드르 솔제니친Aleksandr Solzhenitsyn은 소설 《수용소 군도The Gulag Archipelago》에서 이렇게 썼다.

"감옥이여, 축복을 받아라. 내 인생에 함께 있어 준 너에게 축복을 내린다. 감방의 썩어 가는 짚단 위에 누워 나는 깨달았다, 인생의 목적은 우리가 자라면서 배웠던 것처럼 번영이 아니라 인간 영혼의 성숙임을."

감옥에서 솔제니친은 자기에게 유난히 모질게 구는 교도관을 보며, 만일 운명이 장난을 쳐서 그 교도관이 죄수이고 자기가 교도관이었다면 어땠을지 생각했다. 그리고 아마 자기도 그 교도관처럼 모질게 굴었을 것임을 깨달았다. 또한 선과 악을 가르는 경계선은 어떤 부족이나 민족 사이가 아니라 모든 인간의 마음을 가르며 지나간다는 사실도 깨달았다. 감옥과 감옥으로 대표되는 독재 체제는 그에게 자기가 더 크고 넓은 이야기에 참여하고 있음을 깨닫게 해 주었다.

"나 혼자서 모든 것을 계획하고 관리할 필요가 없다고 생각하자, 나는 그저 불순한 힘들을 내리쳐서 쪼개어 물리치도록 예리하게 벼려진 마법에 걸린 한 자루의 칼일 뿐이라고 생각하자, 마음이 한층 더 편안하고 밝아졌다. 신이시여, 제가 그것들을 내리칠 때 부러지지 않게 해 주소서! 제가 당신의 손에서 떨어지지 않도록 해 주소서!"

우리를 뒤덮고 있는 보이지 않는 힘

—

많은 사람들은 이런 정신적인 경험을 미심쩍은 눈으로 바라본다.

– 도대체 무슨 소릴 하는 거야?

많은 사람들은 그런 경험을 해 본 적이 없으며, 따라서 아무런 증거도 제시할 수 없는 보이지 않는 차원의 존재를 믿기 어려운 것은 당연하다. 그리고 솔직히 이런 경험을 믿지 못할 이유는 많다. 어쩌면 이런 경험은 뇌에서 이루어진 화학 작용의 결과물, 그러니까 피곤과 스트레스 때문에 정상 상태에서 벗어났을 때 나타나는 환각일 뿐일 수도 있다. 이런 경우라면 자기 인생의 토대로 삼을 만한 것이 아님은 분명하다.

하지만 그 반대편에 있는 사람들은 똑같이 미심쩍은 눈으로 무신론자들을 바라본다. 예컨대 미국 시인 크리스천 위먼은 《나의 밝은 심연My Bright Abyss》에서 다음과 같이 썼다.

정말인가? 당신은 지금까지 단 한 번도 어떤 이상한 경험에 압도된다는 느낌을 받은 적이 없다는 말인가? 당신 안에 있는 무언가가 당신을 초월해서 어떤 주장을 한다는 느낌을 받은 적이 없다는 말인가? 말로는 표현하기 어려운 신비로움이 당신에게 전해진다는 느낌을 받은 적이 없다는 말인가? '단 한 번도?' 종교는 이런 순간들 자체로 구성되는 게 아니다. 종교는 이런 순간들을, 당신이 나중에 그 존재를 도저히 인정할 수 없는 낯선 또는 심지어 무섭기까지 한 어떤 과격한 침범이 아니라, 당신 인생의 일부로 만들기 위한 수단이다. 종교는 인생에서 경험하는 무언가에 압도되는 이런 순간들을 가지고서 당신이 '행하는' 어떤 것이다.[5]

우주는 살아 있으며 연결되어 있다고 그 순간들은 우리에게 말해 준다. 당신이 과거에는 한 번도 상상할 수 없었던 존재의 차원들이 분명히 있다. 양자quantum 입자들은 설령 시공간상으로 엄청나게 분리되어 있어도 서로 조응해서 운동한다. 세상은 어떤 방식으로든 살아 있으며 스스로 의사소통한다. 세상에는 서로 연결되어 있고 활력을 불어넣는 어떤 힘이 존재하며, 이 힘은 우리를 물이나 공기처럼 뒤덮고 있다. 이것을 우리의 보잘것없는 사전은 사랑이라고 부른다.

이런 순간들의 특이한 면을 위면은 이렇게 정리했다.

"우리는 현실에서 흔히 과거에 전혀 인지하지 못했던 어떤 것을 갑자기 인지한다는 느낌을 받을 뿐 아니라, 자기 자신이 인지되는 것 같은 느낌을 받는다."[6]

Chapter 21

나는 어떻게 신앙에 이르게 되었는가

신앙의 길은 어떻게 펼쳐지는가

—

어떤 사람들은 극적인 사건을 통해 신앙을 가지게 된다. 예컨대 갑자기 눈부신 빛이 나타난다든가, 어떤 음성이 들린다든가, 또는 장엄한 트럼펫 소리가 들린다든가 하는 경험 말이다. 나는 그런 경험을 한 적이 없다. 지금부터 나는 내가 어떻게 신앙의 길로 들어서게 되었는지 이야기하려고 한다. 비록 믿음의 모든 도약은 일반적인 상식으로 보자면 신비롭거나 터무니없긴 하지만, 그것이 얼마나 평범할 수 있는지 알려 주고 싶어서다. 이런 일은 정신적(영적) 차원에서 볼 때 평범하기만 한 사람에게도 얼마든지 일어날 수 있다. 그러나 놀라운 상황을 경험하고 나면, 독일 신학자 파울 틸리히가 표현했던 대로, 신은 존재의 토대라는 사실을 믿을 수밖에 없게 된다.

나는 어린아이일 때 《성서》 이야기를 처음 들었다. 노아의 방주, 다윗과 골리앗, 에스더와 하만, 또 아브라함과 이삭……. 《성서》 이야기는 그저 내 어린 시절을 구성하는 구조물의 일부였다. 어린 시절 삶에서 그리고 심지어 유대인 주일 학교에서조차 《성서》 이야기는 신화였고 신화가 하는 기능을 수행했을 따름이었다. 즉 선과 악을 이해하고, 감정을 조절하고, 영웅 정신을 이해하고, 아동심리학자 브루노 베텔하임Bruno Bettelheim이 할 수 없었던 모든 것을 이해하고, 또 내가 속한 집단인 유대인을 이해하는 데 도움을 주었다. 《성서》이야기에서 시작해 이어서 하누카hanukkah(더럽혀진 예루살렘 성전을 기원전 2세기에 다시 봉헌한 일을 기념해 11월 말이나 12월에 8일간 진행되는 유대교 축제-옮긴이)나 홀로코스트와 관련된 역사 이야기가 뒤섞인 이 이야기들은 우리 민족과 우리 정체성에 대한 이야기였다. 이 이야기들은 광대한 시간의 지평 속에서 내가 속한 집단을 관통하는 일관성을 이해하는 데 도움이 되었다.

그러다가 대학 시절과 성인기 초반에 나는 이 이야기들을 지혜의 창고로, 인생의 어려운 문제를 이해하고 풀어 나가는 도구로 사용하기 시작했다. 《성서》에 나오는 인물들은 도덕적인 시련에 맞닥뜨리는 평범한 사람들이다. 여기서 핵심 질문은 그들이 올바른 내면의 태도를 가지고서 그 시련에 대응하느냐이다. 즉 자선을 요구할 때 자선을 베풀고 용서가 필요할 때 용서하고 또 선한 행위 앞에서 겸손을 잃지 않느냐 하는 것이다. 다윗은 골리앗에 맞서서 용감함이 어떤 것인지 우리에게 보여 준다. 솔로몬은 두 여인과 어린아이를 두고 지혜가 무엇인지 보여 준다. 보아스는 룻에게 따뜻한 친절함이 어떤 것인지 보여 준다. 이 시기 동안 나는 이 이야기들과 거리를 유지한 채 거기에 어떤 유용한 정보가 담겨 있는지 확인했다. 나는 이미 충분히 컸고, 그 이야기들은 작았다. 내가 인생의 길잡이로 사용하기 위해 집어 든 낡은 책에 실린 이야기들일 뿐이었다.

그로부터 수십 년 동안 여러 가지가 알아차릴 수 없을 정도로 미세하게 바뀌기 시작했다. 내 인생은 계속 펼쳐졌고, 크리스천 위먼의 표현을 빌리자면 "내가 옛날에 가졌던 생각들은 내가 경험한 극단적인 기쁨과 슬픔에는 적합하지 않았다."[1] 그 이야기들은 변함없이 나를 따라오긴 했지만, 마치 시간의 화학 작용으로 새롭게 구성된 것처럼 예전과 다르게 바뀌었다. 규모가 더 커졌고 깊이가 더 깊어졌으며 더 기막히게 환상적이고 더 놀라워졌다. 잠깐, 신이 아브라함에게 외아들을 죽이라고 했지?

이런 일은 나이를 먹어 가는 사람들 대부분에게 일어난다고 나는 생각한다. 자기는 점점 왜소해지고 신을 향한 의존성은 점점 커진다는 말이다. 자신을 매력적으로 바라보는 일이 줄어들고, 자신을 현재의 자기를 만든 주체로 생각하는 경향이 줄어든다. 이와 동시에 우리는 자기가 역사에 의해, 가족에 의해, 의식을 초월한 어떤 힘들에 의해 어떻게 형성되었는지 깨닫는다. 그리고 가장 서서히 느리게 바뀌는 것은 이 이야기들을 바라보는 자기의 태도가 아닐까 싶다. 어떤 시점에서 나는 이런 이야기들은 다른 가공의 인물들에게 일어날 법한 꾸며낸 이야기가 아니라는 생각을 가지게 되었다. 즉 그 이야기들은 현실 실체의 근본 형태이고, 인생에서 반복되는 패턴들의 원형이며, 우리가 반복해서 실행하는 각본이라고 믿게 되었다는 말이다.

아담과 이브가 유혹과 실추를 경험했듯이 우리는 유혹과 실추를 경험한다. 모세는 자기 민족을 속박의 땅에서 탈출시켜 우여곡절 가운데 약속의 땅으로 이끌었으며, 우리도 그와 비슷한 정신적 여정을 겪는다.《성서》〈시편〉의 저자가 자기를 돌아보면서 "내 영혼아 너는 어찌 낙심하느냐"라고 물었듯이 우리도 그렇게 묻는다. 탕자가 돌아왔을 때 아버지는 은총과 사랑의 마음으로 아들을 맞으러 달려 나갔다. 때로 우리 역시 말도 안 되는 용서를 받곤 한다. 이 이야기들은 단지 사람들에게 공통적으로 일어나는 일들만 가리키는 것이 아니다. 이 이야기들은 우리가 계속 살아가는 도덕적인 인생을 나타내는 것이다. 우리는 자연계 속에 살아 있으며, 과학을 이용해 이 차원의 살아 있음을 이해한다. 한편 우리는 정신과 의미라는 다른 차원에서도 살아 있으며,《성서》이야기들을 이용해 이 차원의 살아 있음을 이해한다.

스코틀랜드의 철학자 알래스데어 매킨타이어는 다음과 같이 썼다. "만일 내가 '나 자신은 어떤 이야기 또는 이야기들 가운데 한 부분일까?'라는 선결 문제에 답할 수 있다면, 나는 '내가 어떻게 해야 할까?'라는 질문에 답할 수밖에 없을 것이다."

만일 인생에 중요한 이야기가 아무것도 없다면 인생은 아무런 의미가 없다. 그러나 인생에 의미가 없을 리 없다. 내가 어릴 때부터 들었던《성서》이야기들은 단순하지만 한없이 복잡한 방식으로 우리에게 살아 있는 각본을 제공한다. 이 이야기들은 우리에게 자신이 살아갈 의미의 지평을 제공하고, 우리는 거기에 기대어 자기 인생을 살아간다. 그리고 이때 삶이란 단지 자기 개인의 인생만이 아니라 사회 구성원들이 함께하는 공동의 인생이다. 이 이야기들은 위대한 도덕적인 드라마를 묘사하는데, 그것은 개인의 드라마가 아니라 여럿이 함께 공유하는 드라마이다.《포트윌리엄의 이발사》속 주인공 제이버 크로가 말했듯이 우리는 이 드라마의 일부이며, 그렇게 창조되었고 또 지금도 여전히 창조되고 있다.

나의 〈출애굽기〉
—

순례는 어떤 이야기에 대응하여 이루어지는 여정이다. 나는 유대인 가정에서 성장했는데, 이것은 내가 〈출애굽기〉 신화 속에서 성장했다는 뜻이다. 스코틀랜드의 유대교 율법학자인 아비바 고틀리브 존버그Avivah Gottlieb Zornberg가 말한 것처럼 〈출애굽기〉에서 놀라운 점은 이것이 순전히 누군가에게 들려주기 위해 만들어진 이야기라는 점이다. 신은 실제로 해방을 실행하기에 앞서서 모세에게 해방의 이야기를 전하라고 명령한다.

젊은 시절에 나는 정말로 모세라는 사람이 있었는지 또는 유대인이 이집트에서 노예 생활을 했는지 알 수 없었다. 나는 그것을 의심하는 경향이 있었다. 더 신뢰할 수 있는 고고학적 증거가 분명 있을 것이라고 생각했다.

그러나 유대인은 이 이야기를 세대에서 세대로 수천 년 동안 해왔으며 그 과정에서 그 일은 사실이 되었다. 되풀이해 이야기하고 전승하는 가운데 〈출애굽기〉는 유대인의 삶을 형성하는 실체, 유대인이 자기 인생을 이해하고 빚는 실체가 되었다. 이것은 유대인이 추방 또는 망명을 이해하는 방식이었다. 이것이 해마다 유대인이 '내년에는 예루살렘에서!'라는 꿈을 반복해서 꾼 이유였다. 유대인이 미국으로 이주한 것은 궁극적인 〈출애굽기〉 이야기였다. 고향으로 돌아간

것도 이스라엘이라는 국가를 세운 것도 마찬가지였다. 이 모든 경우에서 〈출애굽기〉는 새롭게 재연되었다. 이 이야기는 유대인이 자기의 인생을 살아가는 지평이자 살아 숨 쉬는 창조물이었다.

랍비인 아브라함 이삭 쿡Abraham Isaac Kook이 이것을 선명하게 표현했다.

"우리는 통렬한 의식으로 〈출애굽기〉의 핵심 사건은 '결코 끝나지 않는 탈출'임을 깨닫는다. 신이 세상의 역사에 관여한다는 사실의 공공연하고 명백한 계시는, 온 세상 가운데서 살아 있으며 또 행동하는 성스러운 영혼의 빛이 폭발하는 것이다."2

〈출애굽기〉는 정신적 형성의 여정이다. 이집트의 노예였던 유대인은 자기 인생을 주체적으로 이끌어 갈 능력을 가지고 있지 않았다. 심지어 다른 사람들이 구해 줄 수조차 없었다. 그들은 희망 없고 낙심하고 수동적이고 무감각하고 절망에 빠져 있는 것으로 묘사된다. 공포 때문에 그들은 자기 자신에게 눈을 감았으며, 무력해지고 허약해지고 모든 것에 입을 다물게 되었다. 압제로 인해 어린아이 상태로 퇴행해 버린 그들은 스스로를 책임지려 하지 않았다.

신은 그의 언약을 받들고 그의 일을 대신하면서 스스로를 책임질 수 있는 사람들을 세워야 했다. 신은 자기 백성을 이집트에서 끌어낸다. 그리고 심지어 그들이 다시 노예로 돌아가길 원할 때조차 그들을 계속 나아가게 한다. 신은 무거운 책임을 지기 싫어서 달아나려는 모세를 윽박질러 지도자로 나서게 한다. 그리고 다양한 부족들로 구성된 그들을 서로 결속하게 만들고, 남들의 판단과 거부에 대한 통상적인 인간적 공포를 극복하게 만든다. 신은 자기 백성을 광야로 보낸다. 브레슬로브의 랍비 나흐만Nachman of Breslov이 말하듯이, 고난은 역설적인 효과를 가져다줄 수 있다. 고난은 사람을 언제나 수동적으로 만들기만 하지 않는다. 때로는 거기에 맞서 싸우겠다는 욕구를 불러일으킨다. 장애물이 투지를 유발할 수 있다. 이렇게 해서 비록 느린 속도이긴 하지만 이스라엘 민족은 삶의 징표들을 드러내기 시작한다.

광야를 가로지르는 여정은 그들에게 힘을 주는 시련만이 아니었다. 그들은 자신들에게 정체성을 부여하는 어떤 이야기를 삶 속에서 실천한다. 머지않아 그들은 노래를 부른다. 홍해를 건너고, 미리암을 비롯한 여러 여성들이 노래로 그들을 인도한다. 곧 그들은 서로를 신뢰하게 된다. 배신과 억압을 겪어 온 사람은 남을 믿지 못하고 따라서 신앙을 가질 수 없다. 그러나 마침내 유대인은, 심지어 자신들이 끊임없이 불평하고 변덕을 부렸음에도, 때로 약속은 지켜짐을, 신이 곁에 있음을 배운다. 그들은 신앙을 가질 수 있는 민족이 된다. 법을 부여받을 수 있고 법을 지킬 수 있으며 약속을 지킬 수 있는 민족이 된다.

자기 민족이 금송아지를 숭배하던 바로 그 시점에 모세가 시나이 산에서 내려온 사실은 흥미롭다. 모세는 사람들이 어린아이처럼 행동하던 바로 그때 그들을 어른으로 만들어 줄 계명을 가지고 돌아왔던 것이다.

이것은 어른이 되기 위한 통과 의례를 상기시킨다. 신앙의 도약은 그것을 감당할 준비가 되어 있을 때 나타나지 않는다. 존버그가 말하듯이 그것은 전혀 준비가 되어 있지 않을 때 일어난다. 이 도약은 허둥대고 고민하고 조금 불안해하지만 여전히 열광하고 활력이 넘치는 사람에게 나타난다. 〈출애굽기〉는 단순히 사막을 떠도는 오합지졸 집단을 묘사하는 게 아니다. 끈질긴 민족이 어떻게 만들어지는지 묘사한다. 이것은 수없이 반복해서 일어나는 정신적·도덕적 형성의 영원한 이야기이다.

나의 조상은 저 무서웠던 카자크가 자행한 집단 폭력의 공포에 떨면서 꼭꼭 숨어서 살았다(19세기 말에서 20세기 초에 제정 러시아는 공포 정치를 실시하기 위해 오늘날의 러시아 남부와 우크라이나 일대에 거주하던 민족인 카자크를 사주해 유대인을 무차별 공격하고 학살하게 했다―옮긴이). 그들 또한 광야를 가로질러 새로운 땅에 힘겹게 도착하는 여정을 통해 각성되어야만 했다. 그들도 한껏 부풀어 오른 욕구를 품고서 목적지에 도착했다. 나의 외증조부는 맨해튼의 남동쪽 지역인 로어이스트사이드에서 유대교 율법을 따르는 푸줏간을 열고 독일계 유대인 여성과 결혼해서 위대한 계층 상승 투쟁을 시작했다. 가게는 번창했으며, 그 덕분에 외조부는 유대인 젊은이들이 미국에서 성공을 거두기 위해 갔던 자유 대학교인 시티칼리지에 진학했다.

이어서 외조부 버나드 레비는 컬럼비아대학교 로스쿨에 진학했고, 다른 레비들과 혼동을 피하기 위해 '저스티니안'이라는 중간 이름을 붙였다. 로스쿨을 졸업한 뒤에는 한때 세계에서 가장 높은 빌딩이기도 했던 어떤 건물에 사무실을 둔 유대계 로펌에 취업했다. 계층의 사다리를 한 계단 더 높이 올라갔던 것이다. 외조부는 많은 시간을 변론서를 쓰면서 보냈으며, 그 가운데 몇몇은 《뉴욕타임스》 독자 투고란에 실리기도 했다.

외조부는 내가 그 신문의 칼럼니스트가 되는 걸 보지 못하고 세상을 떠났지만, 그래도 그분이 내가 갈 길을 열어 주었음은 분명한 사실이다. 그분은 내가 위로 올라갈 수 있는 길, 우리 민족이 브루클린과 브롱크스 그리고 로어이스트사이드의 복작거리는 아파트에서 벗어나서 약속의 땅인 매디슨가나 5번가의 으리으리한 저택으로 옮겨가려면 반드시 걸어야만 하는 그 먼 길을 나에게 보여 주었다. 그분은 또 나에게 아름다운 편지를 여러 통 보내서 우리 가족의 이야기를 해 주었다. 당신의 어머니가 들려준 냉정하고 현실적인 금언들과 남들보다 앞서가기 위해 당신이 동원했던 온갖 비결들(예를 들면 '신발을 살 때는 가진 돈으로 살 수 있는 가장 좋은 신발을 사라')을 그 편지에 모두 담았다. 그분은 내가 글 쓰는 것을 무척 반겼고, 또 글을 써서 계층의 사다리를 올라갈 수 있음을 몸소 보여 주었다. 우리 세대에서는 〈출애굽기〉를 발이 아니라 기지로 수행했다. 그분과 그분의 딸인 나의 어머니는 이민자 정신에 투철했다. 이민자 정신이란 스스로 외부자라고 느끼지만 내부자들보다 좀 더 똑똑하고 좀 더 열심히 일한다는 정신이다. 유대인 이민자의 문화는 성공하고 말겠다는 불타는 갈망을 일깨웠다. 이 강렬한 허기는 몸에 한번 배고 나면 나이를 먹어도 사라지지 않는다. 다만 허기를 달랠 음식의 종류가 달라질 뿐이다. 이제 성공하는 것만으로는 충분하지 않다.

우리는 새해를 기념하는 신년제 기간 동안만 셰마Shema(유대교에서 매일 아침저녁으로 예배 때 암송하는 〈신명기〉와 〈민수기〉의 구절로, 가장 중요한 기도 문구이다-옮긴이)를 암송했지만, "너는 _____가 유대인임을 알았느냐?"라는 말은 날마다 외었다. 아인슈타인, 프로이트, 마르크스, 문학평론가 라이어널 트릴링 같은 천재들은 알고 보니 모두 유대인이었다. 음악가인 거슈윈 형제, 코미디언 가족인 마크스 브러더스, 배우인 로런 버콜과 커크 더글러스, 야구 선수 샌디 쿠팩스, 영화감독 우디 앨런 같은 유명인도 모두 유대인이었다. 모든 유명 작가들이 그랬고, 놀랍게도 마릴린 먼로, 밥 딜런, 가수 겸 배우 새미 데이비스 주니어 역시 유대인이었다. 〈출애굽기〉는 무명의 존재에서 세상에 널리 이름을 알리는 존재로 나아가는 여정이었다. 망각의 존재에서 출중한 존재로 나아가는 여정이었다. 우리는 노벨상의 꿈을 위해 올바름의 예복을 포기했다. 이스라엘은 성지가 아니었다. 이스라엘은 골리앗을 물리치고 6일 전쟁에서 승리한 자그마한 다윗이었다. 현대판 〈출애굽기〉에서 모든 변변찮은 랠프 리프시츠Ralph Lifshitz는 랠프 로런Ralph Lauren으로 우뚝 설 수 있었다(미국의 패션 디자이너 랠프 로런은 폴로 브랜드로 잘 알려진 대중적 명품 의류 회사 랠프로런의 설립자이다. 동유럽 출신의 유대인 부모에게서 태어난 그의 성은 원래 리프시츠였지만 열여섯 살 때 형 테리가 성을 로런으로 바꾸면서 같이 바뀌었다-옮긴이).

나의 어린 시절은 환상적일 정도로 행복했다. 나는 부모님에게서 지원과 관심과 대화와 사랑을 아낌없이 받았다. 비록 그런 것들이 실제로 말이나 포옹으로 표현되지는 않았지만 말이다. 사랑받는다는 것이 어떤 것인지 나는 알았다. 그러나 나는 그것을 표현하는 법을 몰랐다. 예를 들어 스물두 살 때 병원에 입원해 있던 할아버지를 찾아갔을 때다. 할아버지의 병실은 숨이 막힐 듯이 더웠고, 할아버지는 환자복 차림으로 의자에 앉아 있었다. 의사들은 할아버지가 오래 살지 못할 것이라고 했다.

"애야, 의사가 나더러 죽은 오리 신세란다."

내가 병실로 들어설 때 할아버지가 했던 말이다. 우리는 몇 시간 동안 이런저런 것들을 화제로 이야기를 나누었다. 그리고 돌아가려고 자리에서 일어서는데 할아버지가 갑자기 흐느껴 울면서 말했다.

"오 신이시여. 애야, 나는 너를 정말 사랑한단다."

우리 가족은 언제나 서로에게 사랑을 보여 주었고 또 그것을 당연하게 여겼다. 그러나 우리는 사랑을 말로 표현하지는 않았다. 그랬던 터라 나는 할아버지의 그 말을 듣고 무슨 말을 해야 할지 몰라 그냥 얼어붙고 말았다. 사랑을 말로 표현하는 연습이 전혀 되어 있지 않았던 것이다. 지금 생각해 보면 심장의 변비였던 것 같다. 나는 할아버지가 나를 사랑한다는 것이 진심임을 알았지만, 나도 할아버지를 사랑한다는 말을 도저히 할 수 없었다. 끝내 할아버지는 나에게서 사랑한다는 말을 듣지 못한 채 세상을 떠났다.

다음은 내 어린 시절의 유대인 정신이었다.

- 더 나은 미래를 상상하고 또 건설하라. 다른 사람들이 우리를 파괴하도록 내버려 두지 마라. 약속의 땅에서 성공하라.

그것은 세속적인 정신이었지만 더 깊고 더 영원한 것으로 성장했다.

- 우리는 세상을 함께 창조해야 한다는 명령을 받고 있다. 우리는 신이 시작한 것을 마무리해야 한다는 명령을 받고 있다. 열심히 일하고 좋은 행동을 함으로써 우리는 함께 구원받는다.

그리고 우리는 저녁 식사 자리에서 그것을 두고 논쟁을 벌인다.

나의 유대인 경험에서 핵심을 말하라면 이런 예를 들 수 있다. 열여덟 명이 안식일 저녁 식탁에 둘러앉아 있는데 모두 한꺼번에 말을 한다. 이들 모두 동시에 진행되는 열여덟 가지 대화를 이어 가고 있으며, 이들은 모두 다른 사람들이 말한 열여덟 가지 잘못된 것들을 바로잡는다.

예수 이야기의 빛나는 반전

—

나의 〈출애굽기〉와 관련된 또 다른 특이한 점은 이것이 교회로 이어졌다는 것이다. 뉴욕의 유대인이 20세기 중반에 채택하고 소화해 냈던 방법들 가운데 하나는 영국 숭배를 받아들이는 것이었다. 고상하고 우아하며 불굴의 정신을 가진 영국 귀족은, 미국의 유대인이 벗어나고자 하는 과거인 우크라이나 시골 출신의 변변찮은 유대인 무리가 올라갈 수 있다고 생각했던 가장 높은 지점이었다.

어떤 부류의 유대인은 노골적인 영국 숭배자가 되었다. "유대인처럼 생각하고 영국인처럼 행동하라"가 그들의 구호였다. 철학자 아이제이아 벌린, 역사가 거트루드 힘멜파브, 문학평론가 라이어널 트릴링과 같은 유대인들은 찰스 디킨스, 윌리엄 셰익스피어, 에드먼드 버크, 제인 오스틴처럼 굴었다. 유대인 부모들은 자기 아이가 유대인임을 사람들이 알아보지 못하도록 영국식 이름을 지어 주었다. 그렇게 해서 생긴 이름이 노먼, 어빙, 밀턴, 시드니, 라이어널 등이다(하지만 효과가 없었다. 게다가 지금은 이런 이름들이 유대인 이름임을 다들 안다).

나의 부모님은 빅토리아 시대의 문학과 역사를 공부했다. 내가 기르던 거북이 두 마리에게는 빅토리아 시대의 수상 이름을 따서 디즈레일리와 글래드스턴이라는 이름이 붙여졌다. 우리 집에서 시는 W. H. 오든의 작품이었다. 나는 어린 시절을 영국 성공회 교도들과 보냈다. 내가 다닌 유치원은 세인트조지스St. George's 유치원이었고, 초등학교는 맨해튼 로어브로드웨이에 있는 그레이스처치스쿨Grace Church School이었다. 그리고 내가 15년 동안 꼬박 참가했으며 어린 시절의 중심이기도 했던 여름 캠프는 매디슨가에 있는 인카네이션교회 Church of the Incarnation가 후원한 인카네이션 캠프였다.

어린 시절의 소중한 순간들이 인생을 어떻게 형성하는지 우리는 결코 알지 못한다. 그때 받은 영향들은 의식 깊은 곳에 묻히기 때문에 그것들이 내뿜는 힘이 어떤 기제로 얼마나 발휘되는지 알아내기란 어렵다. 그러나 그레이스처치스쿨에 다닐 때 매일 아침 그레이스교회에서 예배를 보며 기도문을 암송하고 노래를 부르던 일은 지금도 생생하게 기억한다. 그때 나는 늘 애프스(교회 건물 맨 안쪽 끝에 위치한 반원형 부분-옮긴이)의 높다란 고딕 아치를 바라보곤 했다. 나는 노래를 무척 좋아했지만, 고상함의 어떤 감각을 일깨워 준 것은 바로 교회 건축물 자체였다. 기둥들의 복잡한 짜임새, 높다란 스테인드글라스에서 아래를 내려다보는《성서》속 영웅들, 짙은 색의 나무 의자들……. 나는 동화 속에 살고 있었다. 그곳은 시간을 초월한 인물들, 보이지 않는 힘들, 기사도, 그리고 무한한 깊이가 있는 나라였다.

내가 신앙을 맨 처음 흘낏 쳐다보게 되는 사건도 건축적으로 다가왔다. 그레이스교회에서 아침 예배를 볼 때, 그리고 여러 해 뒤 샤르트르대성당에 갔을 때이다. 그레이스교회는 브로드웨이 10번가에 있는데, 스트랜드 서점과 가깝다. 이 교회는 맨해튼에서 흔히 볼 수 있는, 사람이 붐비는 곳에 위치한다. 그러나 인도를 벗어나 교회로 들어가는 것은 더 깊은 이야기 속으로 들어가는 것이나 마찬가지이다. 파사드(건축물의 주 출입구가 있는 정면 외벽 부분-옮긴이)에 '천국'이 선포되어 있으며, 정문 안쪽으로는 숨죽이고 숭배하는 마음을 표현해야 하는 곳이 있으며, 이곳에 들어가면 자연스럽게 세속은 뒤로 멀어진다. 통로를 따라서 천천히 걸어갈 때 부속실과 양쪽 벽면에 있는 신앙의 영웅들이 눈에 들어온다. 그리고 통로가 교차하는 지점에서 갑자기 모든 방향에서 빛이 쏟아져 들어오고, 돌아서면 장미꽃 무늬 창(고딕 양식 교회 건물에서 많이 볼 수 있는 스테인드글라스로 장식한 둥근 창-옮긴이)의 영광이 보인다. 그레이스교회는 큰 교회가 아니지만 그때 나에게는 무한하게 커 보였다.

나는 이 교회에서 주기도문과 찬송가와 예배의 전례를 배웠으며, 그리고 당연히 예수 이야기를 많이 듣고 거기에 익숙해졌다. 나는 예수가 우리와는 다른 팀에 속하는 것으로 알고 있었다(정통 유대교 신앙에서는 예수를 메시아로 보지 않고 예수의 부활을 믿지 않는다. 따라서《신약성서》도 인정하지 않는다-옮긴이). 당시 그레이스처치스쿨에는 유대인이 많았는데 찬송가 가사에 그의 이름이 나올 때는 부르지 않았다. 그래서 함께 부르던 노랫소리가 '예수'라는 가사 부분에서 갑자기 작아지곤 했다.

개요만 놓고 보면 예수 이야기는 매우 익숙한 신화인데, 아마 모든 문화권에서 동일하게 나타나지 않나 싶다. 사회가 분열되고 복수에 복수가 꼬리를 문다. 이 증오와 분열을 몰아낼 유일한 길은 공동체가 지은 죄들을 어떤 희생양에게 덮어씌우는 것이다. 그리고 이 희생양을 신 앞에 던짐으로써 사회가 지은 모든 죄가 외면화되고 지워진다. 희생양을 죽여야만 비로소 공동체의 통일이 달성되는 것이다.

예수는 고전적인 희생양, 모든 집단이 살인과 폭력의 강렬한 충동에 휩싸인 채 그를 둘러싸고 모여들어 자신들의 증오를 토해 낼 수 있는 순진무구한 아웃사이더이다. 그런데 예수 이야기에서 딱 하나 다른 점은(그런데 이 하나가 매우 중요한 차이이다) 예수는 스스로 희생양이 되고자 세상에 나타났다는 사실이다. 그는 스스로 그 길을 택했으며, 자기를 처형한 사람들을 용서했고, 세상이 지은 죄를 기꺼이 자기 어깨에 짊어졌다. 그러니까 그는 무릎을 꿇고, 고통을 받고, 그리고 세상을 구원할 바로 그 목적으로 세상에 나왔던 것이다. 대부분의 사람들이 원하던 무서운 정복자인 메시아가 되려고 온 것이 아니라, 양이 되고 굴복하고 적들을 사랑하기 위해 왔다. 그는 죄의 희생자가 되려고 온 것이 아니라 죄를 해결하려고 왔다. 그의 힘은 자기희생적이었으며, 우리를 살리기 위한 그의 무기는 사랑이었다.

이 부분이 다른 신화들과 차이 나는 슬기롭고 빛나는 반전이다.

온유한 사람은 행복하다
—

내가 속한 뉴욕 유대인의 반半세속적인 세상에서 우리는 신앙보다 민족의식을 우선시했다. 우리는 홀로코스트의 그림자 속에 살고 있었으며, 따라서 살아남음을 결코 당연한 것으로 받아들일 수 없었다. 우리는 노력, 일, 똑똑함, 규율, 성취, 업적 등을 찬양했다. 랍비의 가르침 속에서 메시아는 가난과 밀접하게 연관되어 있고, 올바름은 가난하고 비참한 사람들과 밀접하게 연관되어 있었다. 그러나 이것은 유대교가 미국 문화에서 살아남았던 방법이 아니다. 우리는 성취를 지향하고 있었다.

하지만 예수 이야기는 세속적인 성취의 이야기가 아니다. 오히려 정반대이다. 예수는 일어서기 위해 무릎을 꿇었다. 다른 사람이 살 수 있도록 하기 위해 스스로 목숨을 버렸다. 기독교인은 일이 아니라 신앙으로 구원받는다. 사실 사람은 구원이라는 상을 받을 수 없다. 그 상은 은총으로 이미 주어진 것이기 때문이다.

기독교의 관점에서 보면 어떤 성취를 이룬 사람이 아니라 가난한 사람이 신에게 가깝다. 저명한 사람이 아니라 어린아이가 신에게 가깝다. 온순한 사람들, 즉 나환자와 상처 입은 사람과 고통당하는 사람이 축복받은 사람이다. 자기에게 많은 것을 해 줄 수 있고 또 세상의 모든 것이 그들의 기준으로 돌아가는 부자와 권력자에게 예수는 조금도 관심이 없었다. 예수는 사회에서 가장 밑바닥에 있는 사람들, 창녀와 버림받은 사람과 과부에게로 나아가려고 했다.

나의 어린 시절 이야기에서는 무언가를 성취하려고 밀어붙이는 사람들이 축복받는 사람들이었다. 그런 사람들이 많은 것을 얻었기 때문이다. 그러나 기독교적인 방식은 소박한 방식이다. 위대한 사랑으로 행하는 지극한 친절의 사소한 행위들이 그런 것이다. 내 세상에서는 누구든 자신의 인생을 자기가 소유한다. 그러나 기독교의 세상에서 자기 자신을 소유하는 주체는 자기가 아니다. 어떤 사람이 가진 재능은 단지 그 사람을 통해 흘러갈 뿐이다. 자기를 만든 그분에게 자기의 모든 걸 주어야 한다.

내 어린 시절의 세상에서 사람들은 다른 사람들의 압제라는 노예 상태에서 스스로를 구했다. 예수도 노예 상태에서 사람들을 구했지만 노예 상태의 종류가 달랐다. 예수는 바로 자만, 자아, 자기 자신이라는 노예 상태로부터 사람들을 구원했던 것이다. 내 세상에서는 지혜를 숭상했다. 그러나 기독교 세상에서 신은 지혜롭다는 자들이 틀렸음을 입증하기 위해 어리석은 것을 선택했고, 강하다는 자들이 부끄러워하도록 약한 자들을 선택했다.

– 온유한 사람은 행복하다. 그들은 땅을 차지할 것이다.

나는 절반은 물에서 살고 절반은 뭍에서 사는 양서류였고 지금도 마찬가지이다. 내 머릿속에서 끊임없이 방울 소리를 내던 두 가지 다른 이야기로 혼란스럽던 그때를 기억할 수 있으면 좋겠지만, 실은 나는 그것을 기억하지 못한다. 나는 이원론 속에서 성장했기 때문이다.

나에게 유대교는 내 가족과 우리 민족의 혈통을 통해 다가왔다. 나의 종조할아버지들과 고모할머니들은 모두 애기Aggie니 페이걸 Fagel이니 하는 유대식의 이상한 이름을 가지고 있었으며, 무교병(유대인들이 유월절에 먹는 발효제를 넣지 않은 빵–옮긴이)을 먹었고, 부엌에서 몇 시간씩 고함을 지르며 싸우곤 했다. 기독교는 내 어깨를 감은 어깨동무로, 포옹으로 그리고 야구 경기의 땀내 나는 접촉으로 나에게 다가왔다.

여섯 살 때부터 해마다 나는 인카네이션 캠프에서 여름을 보냈다. 이 캠프 기간은 두 달이었지만 나머지 열 달을 지배했다. 이 캠프는 여러 가지 주요 행사에서 영국 성공회 성향을 강하게 띠었다. 우리는 유행가인 〈마법의 용, 퍼프Puff, the Magic Dragon〉와 〈만일 나에게 망치가 있다면If I Had a Hammer〉을 가스펠송 〈이 세상이 창조되던 그 아침에Lord of the Dance〉와 함께 불렀다. 우리는 늘 깨어 일어나 신에게 영광을 바쳤다. 확실한 신앙인이었던 유일한 사람들은 독실하고 전투적인 열성 신도들, 기타를 연주하고 대마초를 피우며 헤어스타일로 예수의 사랑을 표현했던 기독교 히피들이었다. 그러나 그 나머지 사람들은 암묵적인 기독교인이었다. 부모가 전도사인 아이들이 정말 많았는데, 복음과 함께 성장한 아이들이었으며 또 대부분 그 사실을 실제로 훌륭하게 입증해 보였다. 이 캠프에서는 성공이나 실패 같은 건 없었다. 지위의 높고 낮음도 없었다. 오로지 자유롭게 흐르고 또 누구도 부끄러움을 느끼지 않는 사랑뿐이었다.

우리는 텐트에서 생활했고 모닥불로 음식을 해 먹었고 호수에서 수영을 하거나 배를 타기도 했으며 또 그렇게 서로에게 친밀함을 강요하고 강요받았다. 이 캠프는 지금까지 내가 경험한 것 가운데 통합이 가장 잘 이루어진 공동체이다. 참가자 절반은 부유한 웨스트체스트 지역에 살거나 맨해튼의 고급 사립학교에 다녔고, 나머지 절반은 브루클린과 브롱크스의 가장 가난한 지역에 살았다. 우리는 거기에서 용기를 배웠다. 절벽에서 호수로 뛰어내렸고, 카누 시합으로 속도감을 즐겼으며, 한밤중에 여자친구를 만나려고 캠프장을 가로질러 기어가기도 했다. 대마초 피우기, 술 마시기, 키스하기, 애무하기 같은 청소년기의 의미 있는 모든 통과 의례가 바로 이 캠프에서 진행되었다. 모든 초기 형이상학적 각성 역시 거기에서 일어났다. 예를 들어 카누를 타면서 동이 트는 산을 바라볼 때의 느낌, 십 대 시절 처음으로 경험하는 황홀경의 순간에는 아무리 딱딱한 바위라도 한없이 부드럽고 따뜻할 수 있다는 사실 등이 그런 것들이다. 고등학교나 대학교 친구들 가운데 지금까지 남아 있는 친구는 별로 없지만 이 캠프를 함께했던 친구들은 지금도 사오십 명이 연락을 하고 지낸다. 그리고 이 친구들은 수십 년 동안 '브룩시'(브룩스의 애칭-옮긴이)가 퍼스트 네임을 가지고 있었다는 사실조차 알지 못했다.

인카네이션 캠프에 족적을 남긴 사람은 많지만 나는 딱 한 사람만 언급하려고 한다. 이름은 웨스 워벤호스트이고 카운슬러 겸 단위 책임자였다. 그는 덩치가 크고 약간 바보 같은 청년이었다. 그가 휘파람 소리, 기이한 탄성, 갑작스러운 웃음, 쾌활한 표정 등을 섞어 하는 대화는 늘 열정 넘쳤다. 그는 언제나 어떤 이야기를 하다가도 의식 속에 반짝거리는 무언가가 끼어들 때면 하던 말을 뚝 끊고 다른 이야기를 하곤 했다. 그는 예순 살 넘게 살았으며 세상에서 가장 어두운 곳들을 돌아다녔다. 그러나 나는 그가 어른처럼 진지하게 대화하는 법을 캠프 이후로도 배웠을 것 같지는 않다고 생각한다. 그의 어떤 부분은 늘 아기 예수의 모습으로 남아 있었다.

그 뒤로 나는 어떤 사람이든 척 보기만 해도 청소년 시절에 캠프 생활을 경험했는지 아닌지 알아보게 되었다. 캠프 생활을 해 본 사람은 웨스 워벤호스트처럼 넘쳐 나는 열정, 환한 빛, 낡은 운동화가 대부분인 신발장, 낡을 대로 낡은 반바지, 울퉁불퉁한 근육이 돋보이는 티셔츠 등을 가지고 있다. 웨스는 나중에 성공회 성직자가 되었다. 그는 온두라스에서 가난한 사람을 돌보았으며 폭력의 희생자들을 위로했다. 그의 신은 사랑의 신이었고, 그가 캠프에서 보냈던 생활은 사랑의 실천이라는 이타적인 임무를 위한 훈련 과정이었다. 그는 사람들이 흔히 말하는, 남을 위해 사는 사람이었다. 아침이면 활기가 넘치는 목소리로 사람들을 깨우고 밤이면 달콤한 노래로 사람들을 잠자리로 인도했다. 농구장에서는 내가 봤던 그 누구보다 동료에게 패스를 잘 해 주었다. 누군가가 바보 같은 짓을 하기라도 하면 그는 그냥 싱긋 웃으면서 인생의 엉뚱함에 경탄하는 한숨을 나지막하게 뱉을 뿐이었다.

내가 열일곱 살의 카운슬러였고 그가 아마 스물다섯 살이었을 때 우리는 함께 운동장을 가로질러 걷고 있었는데, 그는 내가 나중에 유명 인사가 될 것이라고 말했다. 그때는 그의 말을 그저 듣기 좋은 덕담으로만 들었다. 그러나 수십 년이 지난 뒤 그가 죽던 날 나는 아나폴리스에 있던 그를 찾아갔다. 그는 더는 말을 하지 못했고, 다만 작은 몸짓과 알아들을 수 없는 소리로 나에게 뭐라고 하는 것 같았다. 신앙의 길을 구불구불 걸어가던 나의 모습이며 내 인생의 여러 사랑들에 관해 내가 그때 한 말들을 그가 알아들었는지 알 수 없었지만, 자동차를 몰고 돌아오던 길에 문득 이런 생각이 들었다. 어쩌면 예전에 그가 내 인생을 두고 했던 예측 속에 어떤 경고가 들어 있지 않았나 하는 생각이. 어쩌면 그는 당시 나로서는 이해할 수 없었던 어떤 지점에서 내 인생의 앞길을 꿰뚫어 보았을지도 모른다.

종교는 웨스와 같은 정말 훌륭한 사람들을 많이 만들어 낸다고 사람들은 생각하지만, 실은 그렇지가 않다. 종교인은 성스러움과 선함과 사랑에 대해 많이 얘기하기 때문에 이런 사람들은 무신론자나 불가지론자보다 도덕성이 더 높을 거라고 흔히들 생각한다. 그러나 내 경험으로 보자면 그렇지 않다. 순진한 신도들을 대상으로 사기를 치거나 성폭력을 저지르는 일부 성직자들처럼, 어떤 종교인들은 비록 매우 종교적인 삶을 살아가긴 해도 동시에 매우 사악하다.

그럼에도 나는 사람들이 선함의 확고한 비전으로 나아가는 종교적인 지점을 생각한다. 자라면서 나는 전형적인 유대교식 선함을 경험했다. 그것은 히브리어로 '헤세드chesed'라고 일컫는, 사랑 가득한 친절함이다(헤세드는 자비, 인자, 사랑, 친절, 연민, 공감, 관용, 긍휼 등 다양한 의미를 아우르는 말이다-옮긴이). 그것은 수염을 길게 기른 지혜로운 랍비가 지그시 바라보며 짓는 미소이다. 그것은 안식일 식사를 할 때 할머니가 몇 초 동안 시선을 고정한 채 바라보는 눈빛의 따뜻함이다. 그것은 장례식 기간 동안 공동체 전체가 일손을 놓는 선량함, 착한 사람의 바보 같은 친절함, 유대인 한 명이 살해당했을 때 모든 사람이 그 사실을 알리는 봉화가 되는 것이다.

그런데 웨스가 가지고 있었던 선함은 전혀 다른 종류였는데, 나는 이것에서 선함의 기독교식 정취를 연상한다. 단순하고, 진실하며, 쾌활하고, 순수하며, 넘쳐흐르는 기쁨, 그리고 남에게 사랑을 선물하는 가운데 자기를 지워 버리는 것이 바로 그것이다. 웨스는 자기 자신을 그다지 중요하게 여기지 않았다. 아마 그런 환경에서 성장했기 때문이겠지만 나로서는 유대교식 선함이 가지는 의미를 잘 이해할 수 있다. 기독교식 선함은 충격을 주는 힘을 가지고 있다. 가톨릭 평화주의자인 도로시 데이가 말했듯이, 기독교인은 신이 존재하지 않는다면 전혀 말이 안 되는 어처구니없는 방식으로 살아가야 한다고 명령받은 사람들이다.

때로 기독교식 선함은 함께하기가 어렵다. 그것은 이 세상의 것이 아니기 때문이다. 예를 들어 철학자이자 신학자인 장 바니에Jean Vanier는 1942년부터 7년 동안 영국 해군으로 근무했는데, 훗날 그는 정신 장애를 가진 사람들이 사회와 사람들로부터 어떤 식으로 부당한 대우를 받고 정신 병원에 감금되는지 깨달았다. 그는 여러 정신 병원을 방문하고서 거기에 있는 사람들은 아무도 울지 않는다는 사실을 확인했다.

"어린아이들은 아무도 자기를 돌봐 주지 않고 아무도 대꾸해 주지 않는다는 것을 알 때 더는 울지 않는다. 그러기에는 너무 많은 에너지가 소모되기 때문이다. 자기가 내는 소리를 누군가는 들을 수 있을 것이라는 희망과 기대가 있기 때문에 사람들은 운다."[3]

바니에는 파리 인근에 작은 집을 한 채 사서 정신 장애인들이 함께하는 공동체를 시작했다. 그 뒤 얼마 지나지 않아 이 공동체는 35개국 134개로 늘어났다.

바니에는 보통 사람은 상상조차 할 수 없을 위대한 헌신의 모범을 보인다. 그는 자기 자신은 손톱만큼도 신경 쓰지 않는다. 그는 그야말로 순수한 선물 그 자체이다. 그를 만나 본 사람은 누구나 그 경험이 자기를 끊임없이 채찍질하는 것 같다고 말한다. 그는 오로지 약자를 위해 자기 인생을 바치고자 성공한 사람과 강한 사람을 찬양하는 사회에서 제 발로 뛰쳐나갔다. 그가 이렇게 한 것은 자기의 약함을 잘 알고 있었기 때문이다.

"우리 인간은 모두 본질적으로 동일하다. 우리는 모두 고장 난 인간성을 가지고 있다. 우리는 모두 상처받은 심장, 너무나 쉽게 상처받을 수 있는 심장을 가지고 있다. 우리 각자는 인정받고 이해받고 싶다는 간절한 마음을 가지고 있다. 우리 모두에게는 도움이 필요하다."

바니에는 또한 약함의 아름다움을 잘 알고 있다.

"약함 안에는 어떤 비밀스러운 힘이 감추어져 있다. 약함에서 비롯되는 관심과 신뢰는 심장을 활짝 열어젖힐 수 있다. 약한 사람은 강한 사람에게서 사랑의 힘을 불러일으킬 수 있다."[4]

바니에로부터 영향받은 이들 가운데 한 사람이 네덜란드의 가톨릭 사제이자 신학자 헨리 나우웬인데, 그는 하버드대학교와 예일대학교의 강단을 걷어차고 나와서 바니에가 만든 장애인 공동체인 라르슈L'Arche 가운데 하나에서 살면서, 심지어 고맙다는 생각조차 할 줄 모르는 사람들에게 봉사했다.

나우웬은 강연이나 연설을 하러 공동체를 나설 때 자주 환자를 데리고 나갔다. 한번은 워싱턴으로 가는 길에 빌이라는 환자를 함께 데리고 갔다. 그리고 나우웬이 연단에 오를 때 빌도 함께 연단에 올랐다. 나우웬이 강연 도중에 귀에 익은 비유를 하기라도 하면 빌은 청중에게 "저 말, 나도 들어봤습니다!" 하고 말했다. 나우웬이 강연을 마치자 청중은 기립박수를 보냈는데, 이때 빌이 불쑥 나서서 자기도 한마디 하고 싶다고 했다. 그 순간 나우웬은 갑자기 공황을 느꼈다.

─ 무슨 말을 하려고 저러지?

빌은 장황한 말로 횡설수설할 것이고, 그러면 어색하고 난처한 상황이 전개될 터였다. 그러나 곧 나우웬은 빌에게 중요한 할 말이 없으리라 생각하는 건 주제넘은 짓임을 인정했다. 그리고 빌을 마이크 앞으로 데리고 갔다. 그러자 빌은 이렇게 말했다.

"지난번에 헨리가 보스턴에 갈 때는 존 스멜처를 데리고 갔습니다. 이번에는 헨리가 나를 워싱턴으로 데리고 왔습니다. 이 자리에서 여러분을 만나니 무척 기쁩니다. 정말 고맙습니다."

그게 빌이 하고 싶었던 '한마디'의 전부였다. 청중은 다시 자리에서 일어났다. 빌도 기립 박수를 받은 것이다.

행사가 끝난 뒤 빌은 참석자 한 사람 한 사람과 작별 인사를 나누었다. 다음 날 아침 식사 자리에서 빌은 테이블마다 돌면서 사람들에게 작별 인사를 했다. 집으로 돌아가는 비행기 안에서 빌은 나우웬에게 여행이 좋았는지 물었다. 그러자 나우웬은 이렇게 대답했다.

"그럼, 물론이죠. 당신과 함께해서 정말 멋진 여행이었고 좋았어요."

"우리 둘이서 함께 멋지게 해냈잖아요, 그렇죠?"

그때 나우웬은 예수가 했던 말을 떠올렸다.

— 단 두세 사람이라도 내 이름으로 모인 곳에는 나도 함께 있기 때문이다.

굳어 버린 심장에 균열이 일어날 때

—

아무래도 나는 화가이자 작가인 친구 마코토 후지무라Makoto Fujimura가 "경계선 스토커border stalker"라고 불렀던 인생을 살았던 것 같다. 서로 다른 두 세상을 가르는 경계선 위를 늘 아슬아슬하게 걸어 왔던 듯하다. 정치적으로는 좌파도 아니고 우파도 아니다. 직업적으로는 학자도 아니고 저널리스트도 아니다. 기질적으로는 합리주의자도 아니고 낭만주의자도 아니다.

누군가는 나에게 무엇이든 간에 하나를 정하라고 고함을 지를 것이다. 때로는 나의 이런 경향이 어린 시절을 두 가지 커다란 도덕 생태계 사이의 교차로에서 보냈기 때문이 아닐까 하고 생각한다. 논리적으로만 보자면 유대교와 기독교 모두 장엄함과 소박함, 영광에 대한 갈망과 성스러운 복종을 이야기한다. 그러나 나는 신학 서적 속에서 성장하지 않았다. 20세기 후반 미국 버전의 유대교 안에서 성장했다. 나는 이 세상에서 가장 기독교적인 유대인으로 또는 가장 유대교적인 기독교인으로 성장했다. 이것은 신은 존재하지 않으며 모든 것은 오로지 논리적으로만 중요할 뿐임을 내가 확신했던 사실 때문에 비로소 가능했던 상태였다.

이 자리에서 내가 수십 년 동안 무신론자로 살아왔던 내용을 자세하게 설명할 생각은 없다. 종교는 대중의 아편이라고 사람들은 말하지만, 나는 무신론자의 삶이 놀라울 정도로 편하다는 걸 알았다. 물론 나는 종교에 온통 둘러싸여 있었다. 가까운 친구들은 모두 유대교도들이었다. 처음에는 이런 아이러니도 없다 싶을 정도였다. 친구들과 나는 똑같은 언어로 말했고 똑같은 농담을 했다. 그러나 기독교인은 그들만의 끌어당기는 힘을 가지고 있었다. 20세기 미국의 프로테스탄트 신학자 라인홀드 니버Reinhold Niebuhr의 저작들, 르네상스 시대 이탈리아의 화가이자 수도사인 프라 안젤리코Fra Angelico의 그림들, 나의 멘토였던 보수주의의 대부 윌리엄 F. 버클리 주니어, 영국 작가 에벌린 워Evelyn Waugh가 1945년에 출간한 소설《다시 찾은 브라이즈헤드Brideshead Revisited》의 결말 부근에서 죽음을 앞둔 가문의 가장이 기독교를 인정하고 우주의 기본 구조가 둘로 갈라져 나누어지는 장면 등이 그렇다(《성서》에는 예수가 십자가에서 숨을 거두자 "성소 휘장이 위로부터 아래까지 찢어져 둘이 되고"라고 묘사하는 구절이 나온다. 소설에서는 죽어 가던 마치멘 경이 갑자기 손을 들어 느릿느릿 성호를 그으며, 이어서 위의 《성서》 구절이 똑같이 서술된다-옮긴이).

대학교에 다니면서 나는 강인하고 지적인 여성을 만났고 나중에 결혼했다. 우리는 유니테리언 교회에서 결혼식을 올렸지만, 몇 년 뒤 그녀는 유대교로 개종해 유대교 회당인 시나고그에서 일했고, 또 우리 가정이 유대교 율법을 충실하게 따르길 원했으며 아이들을 유대교 학교에 보내기를 원했다. 그동안 나는 유대교와 동떨어진 삶을 살아왔는데 이제 다시 그리로 돌아가게 된 것이었다. 우리는 유대교의 삶에 정착했다. 유대교 율법이 지배하고, 이상한 금기들이 많으며, 공동체가 활성화되어 있고, 유대교 절기들을 잘 지키는 삶으로 돌아간 것이다.

아내의 유대교 신앙심은 독실하고 인상적인데, 이 신앙은 해가 갈수록 더욱 깊어져 왔다. 이 주제를 놓고 우리 부부는 자주 이야기를 하지 않지만, 가끔 이야기를 나눌 때면 아내의 지혜와 지식 수준이 엄청나다는 사실을 늘 새삼스럽게 깨닫는다. 지금 아내는 토라('가르침' '율법'이라는 뜻으로, '모세오경'만을 가리키거나 《구약성서》 전체 또는 유대교 전통 전체를 가리키는 말로 쓰인다-옮긴이), 유대교, 자기 친구들 그리고 자기가 속한 공동체를 공부하고 또 거기에 봉사하는 데 헌신하는 인생을 살고 있다.

유대교 율법에 대한 나의 태도는 격렬한 적개심과 심오한 존경심의 양극단을 끊임없이 오갔다. 무미건조하며 지나치게 규칙에 얽매이는 형식들은 싫어했으며 그런 것들에 분개했다. 그러나 유대교가 모든 경우에 맞는 어떤 의례 형식을 갖추고 있다는 점에 대해서는 가슴 깊이 존경했다. 행동 변화가 선행하며 이것이 내면의 변화를 유발한다는 게 나의 생각이다(이런 사실은 실험심리학으로도 이미 입증되었다). 이와 관련해 랍비 조셉 솔로베이치크는 다음과 같이 썼다.

"유대교 율법에 충실한 사람이 현실의 실체에 다가갈 때 이 사람은 시나이에서 받은 자기의 토라를 손에 들고 간다. 그는 정해진 규정들과 확고한 원칙들을 수단으로 삼아서 어떤 세계로 자기 자신을 밀어붙인다. 유대교의 전체 계율과 규칙이 그가 존재에 이르도록 길을 안내한다. 그가 지평선에 서서 일출이나 일몰을 바라볼 때 그는 모든 각각의 경우에는 수행해야 할 어떤 것이 동반됨을, 즉 아침에는 중요한 기도 문구인 셰마를 낭송해야 하고 또 말씀을 담은 작은 가죽 상자인 성구함tefillin을 몸에 묶어 매달아야 하는 것 등을 알게 된다. 길을 가다가 우연히 샘물을 만나면 그 물이 어떤 용처에 사용되어야 하는지(몸을 물에 완전히 잠기게 하는 세례를 받을 때 사용할지, 죄를 씻을 때 사용할지, 또는 갈증을 없애려고 사용할지) 안다. 그는 그 모든 각각의 경우에 할 축복의 말을 가지고 있으며 또 모든 행동을 하기 전에 할 기도문을 가지고 있다."

이런 의례들과 축복들은 세속적인 삶 속에 뿌리를 내리는데, 솔로베이치크는 계속해서 이렇게 썼다.

"유대교는 구체적인 종교이며, 시각과 후각과 촉각 등의 감각이 동원되는 삶의 종교이고, 또 살과 피를 가진 사람이 자기가 가진 모든 감각과 근육과 기관을 가지고서 그리고 자기의 존재 전체를 가지고서 느낄 수 있는 종교이다."[5]

동시에 이런 계명들은 또한 어떤 높은 이상을 가리킨다. 이 계명들은 어떤 이상적인 기준을 가지고 있으며 우리가 속해 있는 구체적인 현실과 신성함 사이의 관계를 묘사한다. 이와 관련해 솔로베이치크는 다음과 같이 썼다.

"초월성은 사람이 하는 행동들 속에 각인된다. 인간도 한 부분으로 속해 있는 적법한 물리적인 질서가 이 행동들을 형성한다."

유대인은 기본적으로 혼자서는 신앙을 경험하지 못한다. 유대인은 기본적으로 공동체 안에서 신앙을 경험한다. 유대교 회당 시나고그는 유대인의 삶에서 중심이 되는 공간이 아니다. 중심 공간은 안식일 저녁 식탁이다. 다른 종교에서 하는 대부분의 예배가 시나고그 예배보다 더 영적이지만, 안식일 저녁 식사는 다른 종교의 어떤 예배보다 더 영적일 수 있다.

유대교는 죽음 저 너머에 있는 다른 어떤 세상에서 영원하고 정화된 존재를 찾지 않는다. 고대의 어떤 학자는 "이 세상에서 토라 1시간과 좋은 행동을 하며 보내는 시간이 다가올 세상에서 지내는 평생보다 더 낫다"라고 선언했다. 유대교에서 현세는 성스러움을 온전하게 얻을 수 있는 무대이다. 유대인은 지상의 삶을 다스리는 613개 계율을 지키려고 노력한다. 그런데 이 가운데서 종교적인 신앙과 연관된 것은 매우 적다. 5퍼센트도 되지 않는 것들만이 한 개인이 반드시 말해야 하는 것들, 예컨대 기도문이나 서원과 관련이 있다. 613개

계율 가운데 60퍼센트는 신체 의례, 촛불 켜기, 목욕 의례, 특정한 방식으로 종려나무 가지 사용하기 등과 관련이 있다고 미국 철학자 에이브러햄 캐플런Abraham Kaplan은 지적한다.

이런 의례들과 바람직한 행동들은 일종의 언어인데, 이것들을 우리가 수행할 때는 말로는 다할 수 없는 깊은 언어의 규칙과 문법을 실행하는 것이라고 캐플런은 말한다. 이렇게 얼마간 시간이 흐르고 나면 이런 의례와 행동은 반드시 따라야만 하는 어떤 것으로 느껴지지 않는다. 그저 존재의 한가운데서 저절로 나타나는 것으로만 보일 뿐이다.

유대교는 창의적인 행동을 요구한다. 예를 들어 솔로베이치크는 "성스러움은 육신을 가진 인간에 의해 창조된다"[6]라고 썼다. 많은 유대인이 내세를 생각할 때 일종의 정신적인 장벽에 가로막힌다. 내세와 관련된 첫 번째 문제는 이미 그 세상은 완벽하며 따라서 그것을 새롭게 만든다거나 고칠 필요가 없다는 점이다. 그런데 그것이 어떻게 그렇게 위대할 수 있을까?

가끔 기독교가 내 인생 안으로 들어올 때가 있다. 예를 들어 2004년 어느 칵테일파티에서 어떤 사람이 존 스토트John Stott라는 낯선 이름을 언급했다. 보수주의 기독교 학자인 내 친구 마이클 크로마티Michael Cromartie에게 전화를 걸어 물어봤더니, 만일 복음주의자들에게 교황이 있다면 스토트가 바로 그 교황이라고 했다. 요컨대 스토트는 영향력이 가장 큰 복음주의자였다(복음주의evangelicalism는 16세기 종교개혁과 더불어 등장한 프로테스탄트의 중요한 운동 또는 사상으로, 오직 예수 그리스도를 통해서만 구원받을 수 있다는 것과 《성서》의 무오류성을 주장한다─옮긴이). 나는 조사를 좀 한 끝에 1956년에 딱 한 번 실린 것을 빼고는 그의 이름이 《뉴욕타임스》에서 전혀 언급되지 않았음을 확인했다. 그래서 그 사람에 대해 알아보고 〈존 스토트는 누구인가?〉라는 제목으로 칼럼을 쓰기로 마음먹었다.

세속적인 문화에 젖어 사는 사람이라면 누구나 유쾌하고 지적인 기독교인을 처음 만났을 때 일종의 충격 같은 것을 받기 마련이다. 우리는 유명한 복음주의 목사들인 빌리 그레이엄이나 팻 로버트슨과 같은 부류의 사람들을 무시하는 경향이 있지만, 자기가 꼭 한 번 만나 보고 싶은 어떤 기독교인을 만나는 일은 어쩐지 마음이 편치 않고 불안하다. 스토트에 대해 나는 이렇게 썼다.

"스토트의 목소리는 상냥하고 정중하며 자연스럽다. 또한 겸손하고 자기비판적이면서도 자신감에 넘치며 쾌활하고 낙관적이다. 스토트의 임무는 모든 껍데기들을 뚫고서 예수와 직접 접촉하는 것이다. 스토트는 복음의 핵심 메시지는 예수의 가르침이 아니라 인간이면서 동시에 신인 예수 그 자체라고 말한다. 그는 언제나 사람들을 예수가 살았던 삶과 희생의 구체적인 현실로 다시 데려간다."

예수의 마음을 품고 실천해야 한다는 말이다.

스토트에게서 나는 자기 신앙을 전적으로 확신하면서도 그 신앙의 역설에 매료된 어떤 인간상을 보았다. 예수는 겸손하라고 가르치면서 어째서 늘 자기 자신에 대해 이야기할까? 약함을 통해 강함을 얻으라는 말 또는 복종을 통해 자유를 얻으라는 말이 무슨 뜻일까? 스토트에게서 나는 더 당당하고 직접적인 기독교의 어떤 버전을 보았다. 예를 들어 스토트는 이렇게 썼다.

"우리가 십자가를 볼 때마다 그리스도는 우리에게 '바로 너희 때문에 내가 여기에 있다. 내가 참고 견디는 것은 너희의 죄이고, 내가 고통당하는 것은 너희의 저주이며, 내가 갖고 있는 것은 너희의 죄이고, 내가 죽어 가는 것은 너희의 죽음이다'라고 말하는 것 같다. 역사상 또는 우주의 그 어떤 것도 십자가처럼 우리에게 자기 분수를 깨닫게 해 주지 못한다. 지금까지 우리는 모두 자기 자신을 부풀려 왔다. 독선주의에서는 특히 이런 양상이 두드러진다. 그러나 그리스도가 십자가에 못 박힌 곳을 방문하면 모든 게 달라진다. 거기 십자가 아래에서 우리는 원래의 진정한 모습으로 쪼그라든다."

한번은 스토트가 워싱턴에 왔을 때 나에게 연락해 점심을 같이 먹자고 했다. 그때 그는 나와 점심 약속을 어떤 방식으로 잡을지 고민하고 기도하고 또 다른 사람들과 상의하는 데 많은 시간을 들였는데, 이 사실을 나는 그때로부터 여러 해가 지난 뒤에, 그러니까 스토트가 죽은 뒤에야 알았다. 그는 내가 쓴 칼럼에서 어떤 떨림을 감지했다고, 신앙의 어떤 움직임 또는 예감을 느꼈다고 자기 지인들에게 말했다. 점심을 함께 먹으면서 우리는 제법 많은 이야기를 나누었는데 그러던 중 그가 나에게 직설적으로 물었다.

- 당신이 믿는 것은 무엇인가? 신앙의 여정에서 볼 때 지금 어디쯤 있는가? 복음과 복음주의를 어떻게 생각하는가? 유대교를 어떻게 생각하는가?

내 안에서 신을 향한 어떤 움직임을 감지했다고 그는 말했다. 나는 우리가 신에 대한 이야기를 하려고 만났다고 생각했지만 그는 오로지 나에게만 관심을 가졌다.

왠지 마음이 불편했다. 만일 천국의 사냥개가 내 발뒤꿈치를 문다면, 그것은 내가 느끼지 못하는 어떤 것이거나 대면하고 싶지 않은 어떤 진실일 것이다. 나는 그 불편한 진실이 앞으로 내 인생을 얼마나 방해하고 어지럽힐지 무의식적으로 알고 있었음이 분명하다. 나는 문을 닫아 버리고 불까지 꺼 버린 상태였기 때문이다.

그런데 균열들이 나타나기 시작했다. 처음에는 이따금 나타났지만 언제부터인가는 마구 쏟아지듯 나타났다. 영적인 초월성의 순간들이 넋을 빼놓는 아름다움으로 나에게 다가왔다. 샤르트르대성당은 갈 때마다 마법의 주문을 걸었다. 그곳은 마치 우리가 사는 세상과 보이지 않는 다른 세상의 접점인 것 같았다. 나는 놀라운 사람들의 이야기를 담은 책을 한 권 썼다. 그들 가운데 약 3분의 2는 세속적인 사람들이었는데, 가톨릭 평화주의자이자 사회운동가인 도로시 데이도 그중 한 명이었다. 그녀는 내가 만난 사람들 가운데서 정서적으로 가장 풍부하고 또 영적으로도 가장 깊은 사람이었다. 그녀는 아이를 낳으면서 신앙을 발견했다. 그 순간에 그녀는 너무나 큰 기쁨을 느낀 나머지 숭배하고 감사하고 찬양할 어떤 대상이 필요했던 것이다. 그리하여 자기 인생을 온전히 신앙에 내맡기고는 가난을 껴안고 가난한 사람을 돌보며 극빈자들과 함께 살았다.

데이가 인생의 거의 마지막 순간을 앞두고 있던 무렵에 아동심리학자 로버트 콜스Robert Coles가 그녀에게 회고록을 쓸 계획이 있는지 물었다. 그녀가 워낙 왕성하게 글을 쓰는 작가였던 터라 그 질문은 매우 자연스러웠다. 그러자 그녀는 그런 생각을 한 번 한 적이 있었다고 대답했다. 그때 그녀는 종이를 꺼내 놓고 "어떤 인생을 돌아보며"라고 적은 다음 이렇게 썼다.

"나는 가만히 앉아서 주님을 생각했다. 그분이 수백 년 전 우리를 찾아오셨던 일을 생각했다. 그리고 내가 누리는 커다란 행운은 내 인생의 그 긴 세월 동안 그분을 마음속에 담았던 일이라고 나 자신에게 말했다."[7]

그러고 나자 그녀는 아무것도 더 쓸 필요가 없다는 느낌이 들었다.

그런 평화로움과 평온함은 어떤 느낌일까?

그 책에서 내가 다루었던 또 다른 사람으로 놀라울 정도로 똑똑한 사람인 성 아우구스티누스가 있었다. 그의 개종 장면은 유명한데, 거기에 비하면 그의 기도는 덜 유명하다. 하지만 나는 그 기도들에 완전히 사로잡혔다. 내가 특히 제일 좋아하는 기도는 "내가 나의 주님을 사랑할 때 나는 무엇을 사랑합니까?"이다.

그것은 겉으로 보이는 아름다움도, 순간적인 영광도, 세속의 눈이 소중하게 여기는 밝은 빛도 아닙니다. 온갖 종류의 달콤한 곡조도, 은은한 꽃향기도, 연고나 향수도, 만나manna(이집트를 탈출한 이스라엘인들이 40년간 광야에서 지낼 때 신이 내려 준 음식-옮긴이)나 꿀도, 육체의 포옹을 반기는 팔다리도 아닙니다. 내가 나의 주님을 사랑할 때 내가 사랑하는 것은 이런 것들이 아닙니다. 그러나 내가 나의 주님을 사랑할 때 내가 사랑하는 어떤 빛, 어떤 음식, 어떤 포옹이 있습니다. 그것은 나의 내면에 있는 인간의 어떤 빛, 음성, 향기, 음식, 포옹입니다. 거기에서 내 영혼은 어떤 공간으로도 담을 수 없는 빛으로 환히 밝혀집니다. 거기에는 어떤 시간도 붙잡을 수 없는 소리가 있으며, 어떤 산들바람도 퍼트릴 수 없는 향기가 있으며, 아무리 많은 음식을 먹어도 결코 줄어들지 않는 미각이 있으며, 어떤 포만감도 떼어 놓을 수 없는 유대감이 있습니다. 이것이 바로 나의 주님을 사랑할 내가 사랑하는 것입니다.

나는 데이와 아우구스티누스의 글을 읽으면서 수백만 명이 나중에 프란치스코 교황을 보고서 맞닥뜨리게 될 어떤 느낌에 사로잡혔다. 설령 신앙심이 전혀 없는 사람이라도 예수처럼 행동하는 사람을 보면 마음을 움직이는 무언가를 느끼기 마련이다. 나의 심장과 영혼은 단단하게 굳어 있었지만 때로는 도덕적인 아름다움이 그걸 느슨하게 풀어 주기도 했다.

당시에 나는 다른 사람의 신앙을 우호적으로 지지하기는 해도 신앙심은 없었다고 말할 수 있다. 종교를 논리적으로만 지지하고 또 종교가 사람들에게 선한 영향을 미친다고 생각하면서도 정작 본인은 신앙심을 가지고 있지 않는 이들이 있는데, 내가 바로 그런 사람이었다. 나는 종교를 기껏해야 유용한 자기 계발 도구 모음으로밖에 경험하지 못했다. 예를 들면 이랬다. 《뉴욕타임스》의 칼럼니스트로 일하기 시작한 뒤 처음 여섯 달은 직업인으로서 나의 인생에서 가장 힘든 기간이었다. 그 전까지 나는 대대적인 증오의 대상이 된 적이 한 번도 없었다. 나의 수신함 속 메일의 핵심 주제는 진보주의 경제학자인 폴 크루그먼Paul Krugman이 위대하다는 것이었다. 개뿔! 나를 공격하는 비판자들은 그냥 적대적이지 않았다. 매우 '효과적으로' 적대적이었으며, 내가 어딘지 모르게 불완전하고 허둥대고 또 변변찮다고 느끼던 바로 그 말랑말랑한 부분을 정확하게 때렸다. 그때 이런 증오와 공격에 대응하는 유일하게 적절한 태도는 '적을 사랑하라'임을 깨달았다. 그 사람들이 자기만의 이상한 방식으로 나에게 선물을 준다고 생각하는 전략이다. 다른 태도를 취하는 것(그들을 증오하거나 무서워하는 것)은 정서적인 자살 행위일 뿐이다.

신앙으로 도약하기

—

그리고 2013년 여름에 벌어진 일련의 사건들과 그 사건들에 수반된 고통이 나를 찾아왔다. 이혼을 한 것이다. 나는 외로웠고 굴욕감에 시달렸으며 목표를 잃고 떠돌았다. 신체적으로도 위장을 비롯한 소화계 전체에서 타는 듯이 아픈 통증을 느꼈다. 나는 더러운 때가 잔뜩 낀 거울, 놀이공원의 왜곡된 거울과 같은 것을 통해 세상을 바라보았다. 나 자신의 고통과 굴욕감의 프리즘을 통해 세상을 바라보았던 것이다.

고통의 시기에는 누구나 자기 인생이 나아가는 방향을 어떻게든 바로잡아 보려고 핸들을 잡은 손에 과도하게 힘을 주기 마련이다. 그러나 때로는 패배감에 사로잡힌 나머지 될 대로 되라는 식으로 핸들을 놓아 버리기도 한다. 그런데 이때 이상한 일들이 일어나기 시작한다. 아닌 게 아니라 헨리 나우웬도 다음과 같이 썼다.

"자기가 받는 고통의 특수한 환경에 초점을 맞추고 있으면 쉽게 화를 내고 적개심을 품고 복수심에 사로잡힌다. …… 그러나 진정한 치유는 자기의 특수한 고통이 사실은 인간 전체가 겪는 고통의 일부임을 깨닫는 데서 시작된다. …… 자신의 고통을 유발한 외부 상황에 대해서는 관심을 멀리하고 자기가 참여하는 공동체의 고통에 관심을 집중할 수 있을 때 자기가 받는 고통을 견디기가 한결 쉬워진다."

고통을 통해 습득하는 지식은 분명하게 표현될 수 있지만, 고통의 경로를 견뎌 내지 않은 사람은 그 지식을 결코 자기 것으로 만들 수 없다. 내가 그 고통의 구렁텅이에서 빠져나왔을 때 나는 빈손이 아니었다. 인생이 나를 가혹하게 두들겨 팼기에 비로소 나는 무언가에 감동받기 충분할 정도로 마음이 부드러워졌다. 고통은 나 자신의 가장 깊은 원천들을 열어젖혔고, 덕분에 새로운 성장이 이루어질 신선하고 건강한 토양이 드러났다.

바로 이때 그 일이 일어났다. 어느 날이었다. 내가 아파트에 있는데, 예수 그리스도가 벽을 뚫고 나타나서 나의 물을 포도주로 만들고, 나에게 자신을 따르라고 명령했다.

아니다, 농담이다. 그런 일 따위는 전혀 일어나지 않았다. 비록 그런 종류의 일이 다른 사람들에게는 일어나는 것 같고 또 내가 그런 일을 결코 가볍게 여기지 않음에도 불구하고 그랬다. 그러나 내 경험은 지금까지 모두 따분하고 세속적이었으며 설득력도 더 떨어졌다. 내 경험은 구멍투성이에다 길을 잃어버린 순간들로 다가왔다. 나는 평소처럼 바쁘게 일상을 보내고 있었는데, 갑자기 무슨 이유에선지 모르겠지만 신비로운 어떤 침범이 나의 내면에서 일어나더니 더 깊은 어떤 실체를 암시했다.

예를 들면 이런 식이었다. 어느 날 아침 출근 시간에 나는 뉴욕의 펜역에서 지하철을 내려 걸어가고 있었다. 늘 그렇듯이, 화가 난 얼굴로 입을 꾹 다문 채 길게 줄을 지어 터덜터덜 일터로 향하는 수많은 사람들 속에 묻혀 있었다. 보통 때 같으면 그런 상황에서 사람들은 자기가 의미 없는 우주에서 의미 없는 인생을 살아가는 그저 또한 마리의 개미에 지나지 않는다고 느낀다. 일반적으로는 다람쥐 쳇바퀴 돌듯 하는 그런 생활과 환경은 무언가를 접하고 경외심을 느낄 수 있는 능력을 뭉개 버린다. 그런데 그날 아침은 달랐다. 나는 그 많은 사람들에게서 그들 각자의 영혼을 보았다. 갑자기 모든 것에 환한 조명이 비추어지는 것 같았다. 그 사람들은 한 명 한 명이 모두 살아 있는 영혼이었다. 현실의 가장 생생한 부분을 갑자기 느낄 수 있었다. 사람들의 영혼은 아침에 깨어난다. 그 영혼들은 지하철을 타고 직장으로 출근한다. 영혼들은 선함을 갈망한다. 영혼들은 이전에 받은 트라우마의 상처를 안고 있다. 모든 사람의 영혼은 내면에서부터 그 사람을 환하게 밝히고, 그 사람에게 시시때때로 나타나고 또 때로는 그 사람 안에서 황홀하게 도취된다. 영혼은 사람들 각자의 내면에서 살아 있거나 또는 무감각한 상태로 존재한다. 그리고 이때 나는 그 모든 사람과 무선 전파로 연결되어 있다는 느낌에 사로잡혔다. 우리 모두를 자기의 작은 한 부분으로 거느리고 있는 어떤 근원적인 영혼이 존재함을 느꼈다.

그 순간 나는 갑자기 지하철역의 그 많은 사람들을 어떤 경외심, 어떤 존경심을 가지고 바라보았다. 그것은 어느 특정한 날의 깊이에서 비롯된 것이 아니라 수백 년의 깊이에서 비롯된 것이었다. 만일 거기에 대해 조금만이라도 생각해 본다면, 우리가 현재를 살아가는 사람들의 영혼들만이 아니라 여태까지 세대에서 세대를 이어 이 세상에 살았던 사람들의 영혼과 연결되어 있을 가능성, 이 활기찬 근원적인 정신이 지금뿐 아니라 언제나 편재해 있기에 오늘날 여전히 존재하는 모든 사람들의 영혼과 연결되어 있을 가능성과 대면하게 된다. 그리고 만약 영혼들이 존재한다면, 보살핌과 사랑의 행동을 통해 그 영혼들을 우리 안으로 불어넣는 무언가가 존재한다는 믿음으로 한순간에 도약하는 일은 얼마든지 이루어진다. 그때 나는 이런 생각을 했고, 그 생각이 아주 멋졌던 것으로 기억한다.

랍비 아브라함 헤셸Abraham Heschel은 경외심은 감정의 한 종류가 아니라 대상을 이해하는 방식이라고 말한다.

"경외심은 우리 자신보다 더 큰 어떤 의미를 통찰하는 행위 그 자체이다."[8]

요즘 나는 사람을 볼 때면 언제나 영혼이 충만한 어떤 생명체로서만 보게 된다. 내가 글에 담는 모든 사람 그리고 내가 만나는 모든 사람은 영혼을 가지고 있다는 사실을 전제하지 않고서는 저널리스트로서 내 일을 할 수 없다. 이런 사실을 전제하지 않고서는 어떤 일, 어떤 사건도 내 눈에는 앞뒤가 맞지 않는 것으로 보인다. 그해, 그 시각 또는 그날에 따라 충만함의 상태가 달라지는, 갈망하는 영혼으로 어떤 사람을 바라보지 않으면 그 사람이 하는 행동을 도저히 설명할 수 없다.

그해 여름 나는 개인적인 연례행사의 하나로 아메리칸레이크까지 걸어갔다. 이 호수는 콜로라도의 애스펀 인근에 위치한 어떤 산 정상에 있다. 그날 아침 영적으로 충만한 상태였던 나는 산 정상으로 오르면서, 신이 실제로 존재한다면 내가 신에게 완전히 내맡겨야만 하는 것들의 목록을 모두 머릿속으로 정리했다. 내가 하는 일, 내가 가진 명성, 내 친구들, 내가 누리는 생활과 나의 인생, 내가 사랑하는 것들, 나의 가족, 나의 온갖 결점들, 그리고 내 은행 계좌들까지.

마침내 나는 호수에 다다랐고, 바위에 걸터앉아 가지고 갔던 청교도 기도서를 꺼내 들었다. 대부분 인간의 타락을 비롯한 엄숙하고 암울한 내용을 담고 있었다. 그런데 〈전망의 골짜기The Valley of Vision〉라는 기도가 눈에 띄었다. 첫 줄이 이랬다.

"높고 거룩하시며, 온유하고 겸손하신 주님."

나는 고개를 들어 내 앞에 서 있는 장엄한 봉우리들을 바라보았다. 바로 그때 오소리처럼 보이는 자그마한 갈색 동물 하나가 뒤뚱거리며 호수로 다가왔는데, 내가 있는지 모르는 눈치였다. 그렇게 내 발 근처까지 오더니 그제야 비로소 화들짝 놀라 부리나케 달아났다. 높고 거룩하시며, 온유하고 겸손하신.

다음 문장은 이랬다.

"주님께서 저를 전망의 골짜기로 인도하셨습니다."

그랬다. 나는 호수를 둘러싸고 형성된 분지 안에 있었다.

"저는 깊은 곳에 살지만 높은 곳에 계시는 당신을 봅니다."

정말 그랬다. 나는 가장 낮은 곳에 있었지만 산봉우리들을 볼 수 있었다.

"죄악의 신들에 둘러싸인 채 당신의 영광을 봅니다."

기도의 나머지 부분은 신앙의 모든 역逆 논리들을 요약하고 있다.

상처받은 마음이 치유받은 마음이다. 뉘우치는 영이 기뻐하는 영이다. 나의 죽음 속에서 당신의 생명을 본다. 나의 슬픔 속에서 당신의 기쁨을 본다. 나의 죄악 속에서 당신의 은총을 본다. 나의 빈곤 속에서 당신의 부유함을 본다. 나의 골짜기에서 당신의 영광을 본다.

그때 나는 모든 것이 완벽하게 제자리를 찾아간다는 느낌이 들었다. 마치 고급 승용차의 문이 '딸깍' 하는 소리를 내며 우아하게 닫히는 것과 같은 느낌이었다. 웬델 베리의 소설 《포트윌리엄의 이발사》의 주인공 제이버 크로가 다리 위에서 묘사했던 것과 같은 어떤 깊은 조화와 소속감이 느껴졌다. 창조는 살아 있는 것이고 좋은 것이며, 우리는 지금도 여전히 창조되고 있으며 그 창조 안에서 받아들여진다는 그런 느낌 말이다. 지식이 내 피부 위로 기어 다녔다. 내가 자연과 하나가 된다는 느낌을 그때처럼 강렬하게 받아 본 적은 없었다. 모든 창조를 뒷받침하는 활력에 가득 찬 어떤 정신이 존재한다는 느낌이 들었다. 우주는 우리의 선함을 지지한다.

"신은 존재의 바탕이다"라는 말을 나는 늘 들었다. 신은 하늘에 있는 수염 기른 어떤 거대한 인물이 아니라, 현실의 모든 것에 스며 있는 따뜻한 도덕적 존재이며 생명체에 자신의 온기를 베풀고 존재에 저마다의 의미를 부여하는 풍성한 사랑이라는 뜻이다. 그 호숫가에서 나는 생명체란 어쩌다 생겨난 분자들이 무작위로 뭉쳐진 어떤 것이 아님을 깨달았다. 우리의 삶은 특정한 도덕 질서 안에서 펼쳐진다. 나는 그 자리에 한동안 가만히 앉아서 호수를 둘러싼 채 산봉우리까지 이어진 경사면들을 바라보았다. 그리고 이 산정 분지 안에서 사랑의 힘과 이기심의 힘이 거느리는 군대가 (《반지의 제왕》 식으로) 격렬하게 충돌하는 전투 장면과 다소 도덕적인 드라마를 머릿속으로 그려 보았다. 그런데 그 모든 것이 신의 오므린 두 손 안에 들어 있었다. 그날의 경험을 나는 이렇게 썼다.

"신은 사람을 만들어 내는 재단사이다. 아무런 소속감도 없이 그저 머물다 가는 존재라는 생각만 가지고 있는 우리에게 신은 소속 자격과 가입 허가와 참여 권리를 베풀어 준다."

호수에서 내려오는 약 1시간 30분 내내 현기증을 느꼈다.

이것은 개종 같은 것이 아니었다. 어떤 것에서 다른 것으로 바뀌는 것이 아니었다. 무언가를 더 깊이 이해하게 되었다는 느낌이었다. 이런 경험에 공감할 수 없는 사람 또는 이런 경험을 그저 자연에 대한 어떤 정서적인 반응으로만 바라보는 사람을 나는 이해한다. 나는 그것을 그때 어떻게 느꼈고 또 지금 어떻게 느끼는지만 전할 수 있을 뿐이다. 그것은 늘 거기에 있던 것을 비로소 눈을 뜨고 바라보게 되는 느낌, 일상에 널려 있는 실체 속에서 성스러운 존재를 바라보게 되는 느낌이다. 평생 어떤 연극을 봐 왔지만 무대에서 지금 보고 있는 그 연극이 세상에서 진행되는 유일한 연극이 아님을 문득 깨닫는 것과도 같다. 쉽게 눈에 띄지 않는 또 다른 연극이 있다. 등장인물들은 동일하지만 다른 차원에서 진행되는 연극이다. 이 연극에서 작동하는 논리와 힘들은 우리가 늘 보던 연극과는 전혀 다르다. 또 이 연극은 늘 보던 연극성보다 훨씬 중요하다. 사람들이 세속적인 야망을 좇아 거기에 좀 더 가까이 다가가고자 할 때 따르는 세속적인 이야기가 있다. 그러나 이와 달리 성스러운 이야기도 있다. 이 이야기에서는 영혼이 자기의 집인 신에게로 한층 더 가까이 다가간다.

쉽게 눈에 띄지 않는 이 연극을 인식하기란 쉽지 않다. 그러나 이것을 한 번 보고 나면, 세속적인 야망을 다루는 다른 연극을 궁극적인 현실이라고 예전처럼 계속 바라보기는 어려워진다. 그 연극에서 이야기의 중심 줄기는 영혼의 이야기이다.

조너선 하이트는 도덕적인 감성들을 연구하는 유대인 사회심리학자이다. 젊은 시절에 하이트는 공부를 하러 인도에 갔다. 인도에서 그는 사람들이 일상적인 차원에서만이 아니라 영적인 차원에서도 날마다 실체를 경험한다는 사실을 발견했다. 이 또 다른 축은 수직축이었다. 사람은 각자 자기가 하는 일에 따라서 순수함으로 고양될 수도 있고 불순함으로 추락할 수도 있다. 인도에서는 사람들이 먹는 모든 것, 말하는 모든 것, 생각하는 모든 것 그리고 행동하는 모든 것으로 인해 이 영적인 축을 따라 정화淨化를 향해 위로 올라갈 수도 있었고 타락을 향해 아래로 떨어질 수도 있었다.

다시 미국으로 돌아왔을 때 하이트는, 일상 속에서도 그 수직적인 영적 차원을 느끼던 사람들에게 둘러싸여 있던 인도에서의 경험을 늘 그리워했다. 그는 미국을 "평평한 땅Flatland", 즉 한결 빈약한 영역으로 여기기 시작했다. 그는 자기가 "평평한 땅"에 돌아와 있으면서도 여전히 인도적인 정신으로 살아가고 있음을 깨달았다. 하루 종일 여기저기 돌아다녔던 신발을 깨끗한 집 안에서까지, 심지어 침대에서까지 신고 돌아다닌다는 사실에 역겨움을 느꼈다. 특정한 내용의 책을 화장실로 가지고 들어가는 행동에서는 갑작스러운 수치심을 느꼈다. 그는 단정하지 못한 행동을 볼 때면 자기 내면에 어떤 미묘한 감정이 일어나는 것을 의식하게 되었다. 사람들이 성스러운 것

에서 멀어져 타락으로 추락하는 길을 스스로 선택한다는 깨달음이
었다. 그는 미국에 돌아온 뒤에도 여전히 현실의 실체를 이러한 순수
함과 불순함이 양극단에 있는 프리즘을 통해 바라보았다.

아메리칸레이크에 다녀온 뒤 나는 내가 여전히 종교인임을 깨달았
다. 나는 물리적인 세상에 스며 있는 초자연적인 존재인 신을 의식
하게 되었다. 유대인은 영적인 본질이 물질 세상에 녹아 들어가는 방
식을 묘사하기 위한 것으로 '침춤tzimtzum'(축소)이라는 개념을 가지고
있다. 이에 비해 기독교인은 '육화肉化, incarnation' 개념을 가지고 있다.
신의 신성함이 땅 위에서 사람으로 구체화된다는 뜻이다. 기독교인
은 예수를 통해 영원성의 세상이 시간 속으로 들어갔다고 믿는다.

내가 이해하는 내용에 따르면 신앙인이 된다는 것은 현실을 성스
러운 관점으로 인지하는 것, 물리적이고 급박한 것들 속에 영적인 실
체가 있다고 느끼는 것이다. 가톨릭 수도사이자 작가인 토머스 머
턴Thomas Merton은 "신이라는 문제를 해결하려고 노력하는 것은 자기
눈동자를 보려고 노력하는 것이나 마찬가지이다"라고 썼다. 우리는
신과 더불어 그리고 신을 통해 무언가를 보고 느낀다.

사람은 대부분 인생을 살아가면서 이런 종류의 원형적인 종교 의
식을 가지고 있다. 심지어 종교적이지 않은 사람들조차 그렇다. 테러
리스트가 포로의 목을 베는 모습을 볼 때 우리는 도덕적으로 혐오
감을 느낀다. 어떤 사람이 죽었기 때문만이 아니라 성스러운 무언가
가 모욕당했기 때문이다. 인간의 신체는 한낱 고깃덩어리가 아니다.
그것은 초월적인 어떤 것이 깃들어 있는 종교적인 공간 또는 성전이
다. 사람이 죽은 뒤에도 이 신체는 여전히 영적인 존재의 남은 것들

을 담고 있으며, 그렇기 때문에 사람들은 사체를 함부로 다루지 않는다. 유대교에서 그날 사망한 사람의 신체를 시나고그에 모인 사람들이 정성을 다해 조심스럽게 씻어 주는 제의를 접할 때 마음이 따뜻하게 고양되는 이유도 바로 여기에 있다.

아메리칸레이크로 산행을 했던 그 달에 나는 아일랜드에 갔다. 한 지인의 손님이 대저택을 빌렸는데, 함께 지내자면서 여러 명을 초대했고 초대자 명단에 내 이름도 들어가 있었다. 우리를 초대한 사람과 그의 친구는 둘 다 나이가 지긋했으며, 정치와 경제 그리고 금융 정책을 주제로 토론하는 것으로 하루 중 많은 시간을 보냈다. 우리를 초대한 사람의 아내는 말이 없었다. 알츠하이머를 앓고 있어서 기억력이 계속 사라지고 있었기 때문이다. 어느 날 밤이었다. 우리는 정치 관련 이야기를 한창 열띠게 나누고 있었는데 그녀가 특히 혼란스러워하는 눈치였다. 그녀의 남편이 고개를 돌려서 나를 바라보았다. 그의 눈에는 눈물이 고여 있었다. 우리는 그렇게 서로를 한참 동안 바라보았다. 우리가 나눈 시선은 단순한 공감보다 훨씬 더 깊은 어떤 것에까지 다다랐다. 그리고 갑자기 나는 그의 눈 깊은 곳에 담긴 경험의 온전한 전체 차원들을 보았다.

어떤 차원에서는 우리는 금융 정책을 얘기하는 한 무리의 사람이었다. 그러나 더 깊은 무언의 차원에서는 쉽게 눈에 띄지 않는 또 다른 연극이 이어지고 있었다. 사랑이라는 불멸의 감정들, 살고 또 죽는 신체들, 깊은 기쁨과 영적인 평화를 찾는 영혼들, 신비로운 생명력으로 활성화된 전체적인 어떤 것들, 영원한 이야기들에 의해 형성되고 또 계속해서 그런 이야기들을 새롭게 창조하는 인생의 양상들이 펼쳐지는 연극 말이다.

랍비 아브라함 헤셸은 《사람을 찾는 신God in Search of Man》에서 다음과 같이 썼다.

"경이로움 또는 근본적인 놀라움은 종교적인 사람이 역사와 자연을 대할 때 드러내는 태도 가운데서 가장 중요한 특징이다. …… 그런데 한 가지 태도는 그 사람의 정신에서 완전히 낯설다. 그것은 자기 주변에 있는 사물을 당연한 것으로 여기는 태도이다."9

모든 사건에는 성스러움의 불꽃이 튀며 모든 사람 안에는 장대한 우주가 있다.

나는 이 영적인 여정을 나 혼자만의 힘으로 한 게 아니었다. 나는 다소 애처롭고 궁핍한 방식으로 수십 명이나 되는 사람들에게 조언을 구하고 상담을 받았다. 유대인들은 대개 나에게 어떤 식으로 말해야 할지 몰랐다. 유대교에는 들고남의 전통이 사실상 별로 없다. 유대인은 부족의 한 사람으로 태어나며, 유대인에게는 복음주의적 전통은 존재하지 않는다. 유대인 친구 몇몇에게 이메일을 보내서 무언가를 질문했지만 답장은 오지 않았다. 나는 랍비를 모시고 점심을 먹으면서 유대교와 기독교가 뒤섞인 내 종교적 배경에 대해 털어놓았다. 랍비는 내가 한 기독교 이야기의 아름다움을 충분히 이해했으며 또 그 아름다움에 매료되었다고 말했다. 그는 기뻐 어쩔 줄 몰라 했다.

"생각해 보게! 우리 죄를 대신 지고 죽은 주 예수 그리스도라니!"

–랍비님, 고맙습니다.

기독교인들은 모두 나보다 한 수 위였다. 영적으로 방황하는 내

이야기가 여기저기로 퍼져 나갔고, 얼마 지나지 않아 수십 명이나 되는 사람들이 나를 위해 기도했다. 고마운 친구들이 시카고를 비롯해 여러 곳에서 비행기를 타고 날아와 이야기 상대가 되어 주고 위로했다. 한 친구는 나와 내 가족을 위해 기도를 시작했을 뿐 아니라 그날부터 매주 금요일마다 격려의 문자 메시지를 보내 주었다. 몇몇 기독교인은 나를 자기네 편으로 끌어들이려고 유치한 방식으로 접근하기도 했는데, 이들은 말하자면 파괴적인 군대인 셈이었다. 대부분이 나에게 책을 보내 주었는데, 그 몇 달 동안 내가 받은 신앙 관련 서적은 무려 약 300권이나 되었다. 그 가운데 C. S. 루이스의 《순전한 기독교Mere Christianity》만 100권이었다.

당시 나는 동네 교회를 운영하던 스튜어트 매캘파인과 셀리아 매캘파인 부부 그리고 C. S. 루이스를 연구하는 학자인 제리 루트 등과 꾸준히 어울렸다. 그리고 《뉴욕타임스》에서 나를 돕는 연구 조사원이자 동료인 앤 스나이더도 있었다. 사실 나는 그녀에게 첫 취업 면접 기회를 준 사람인데 거기에는 이유가 있었다. 그녀는 대학 진학 예비 학교인 앤도버를 졸업한 뒤 기독교 대학인 휘턴칼리지에 진학했는데, 이런 진로 선택은 흔치 않아서 그 과정에 상당한 용기가 필요했기 때문이었다. 지금도 마찬가지지만 그때 나는 능력주의라는 통상적인 논리의 잣대로 보자면 터무니없을 수 있는 커리어를 가진 사람을 채용하고 싶었다. 그런 사람은 사람들이 세속적인 차원에서 생각하는 승리가 아니라 그보다 더 큰 무언가를 신봉한다는 사실을 확인하고 싶어서였다.

앤과 나는 그 뒤로 3년 동안 함께 일했다. 그런데 나는 그녀의 업무 능력은 매우 높게 평가하면서도 그녀를 한 사람의 인간으로 인식했던 적은 거의 없었다. 함께 점심을 먹거나 커피를 마신 적이 한 번도 없었다. 생각해 보니 아마 딱 한 번 형식적으로 인사 고과 점수를 매겼던 것 같다. 나는 그녀에게 서투르고 무신경한 동료였다.

앤은 내가 지난번 책인 《인간의 품격》을 낼 때 함께했던 조사원들 가운데 한 사람이다. 그녀는 특히 도로시 데이를 다룬 장에 관한 조사 작업을 수행했다. 그때 우리는 전반적인 책 내용과 관련해 많은 메모를 주고받았는데, 이 과정을 통해 나는 종교적인 의식이 세속적인 의식과 얼마나 근본적으로 다른지, 신앙의 도약이라는 것이 얼마나 크고 또 상상을 초월하는지 깨닫기 시작했다. 나는 데이의 영적인 여정을 더 나은 선함과 이해를 구하기 위한 노력이라고 묘사하고 있었다. 그런데 앤은 그게 아니라면서, 자기 바깥에 존재하는 어떤 진리에 기꺼이 무릎을 꿇는 것이라고 주장했다. 나는 마치 데이가 원동력인 것처럼 줄곧 쓰고 있었다. 하지만 데이의 눈으로 볼 때 원동력은 신이며 데이는 그 원동력에 의해 추동되는 존재임을 내가 제대로 알아보도록 앤이 도와주었다. 이런 식으로 앤은 내가 가지고 있던 생각을 바로잡아 주었다.

그 책의 핵심 내용은 랍비 솔로베이치크가 구분한 우리 인간이 가진 본성의 두 가지 측면이다. 그 두 측면을 솔로베이치크는 "아담 I"과 "아담 II"라고 불렀는데 나는 그것을 각각 "이력서 덕목"과 "조문 덕목"이라고 불렀다. 나는 아담 I은 위풍당당함 및 커리어와 관련된 것이고, 영적인 측면인 아담 II는 선함 및 목적에 대한 탐구와 관련된 것이라고 말했다. 그러자 앤은 나에게 메모를 보내, 아담 II에 대한 나의 규정이 지나치게 뉴에이지식이라고, 지나치게 현대식 세속적 범주들에 흠뻑 젖어 있다고 말했다. 그녀는 데이가 가난한 사람들에게 봉사한 것은 자기 인생에서 어떤 의미를 찾음으로써 만족과 행복을 구하려던 게 아니었다고 지적했다. 아담 II가 진정으로 추구하는 것은 "절대적인 진리, 객관적인 진리"에 헌신하고 복종하는 것이라고 그녀는 썼다.

앤은 그런 메모들을 통해 내가 솔로베이치크의 세계관을 한층 더 잘 이해할 수 있도록 안내했다. 예컨대 그녀는 다음과 같이 썼다.

"아담 II는 충성심을 요구하는 그리고 특정한 경계가 있는 경로를 제시하는 어떤 외적 실체를 인식함으로써 궁극적으로 충족을 찾습니다. 그러나 이 목표는 자기만족이라는 지점에서 안주하지 않습니다. 훨씬 더 많은 것, 자기를 넘어서는 영역이 있습니다. 인생을 걸 어떤 진리가 있습니다. 그리고 이 진리의 획득은 모든 것 속으로 스며들어 갑니다. 이 진리에 대해 어떤 권리를 주장하려면 그만한 대가를 치러야 합니다."

가톨릭으로 개종하고 처음 몇 달 동안 데이는, 혼전 순결을 지키는 데 동의한 몇몇 가톨릭 여성 신도들을 만났다. 데이는 그 여성들이 그런 절제 속에서 보여 준 희생과 품위를 두고 그녀들을 크게 칭송했다. 나는 당황했다. 나의 세계에서 혼전 섹스 금지는 이미 빅토리아 시대와 함께 끝나 버린 옛날이야기였기 때문이었다. 나는 섹스는 오로지 사랑하는 사람을 상대로만 해야 하는 것이라고 믿는 구닥다리였다. 그러나 이런 나도 섹스는 의사소통의 한 형태이며 유대감을 깊고 튼튼하게 만드는 한편 재미를 즐기는 하나의 수단이므로,

자기가 헌신하고자 하는 사람과 섹스를 하는 것은 적절하다고 생각한다.

앤은 정통 기독교적인 견해를 설명했다. 데이는 청교도주의자가 아니었다. 그녀는 관능적인 사람이었고 섹스를 전혀 더럽게 여기지 않았다. 그러나 궁극적으로 그녀는 결혼을 성스러운 계약에 근거한 유대, 일심동체의 실현, 신에 대한 공동의 복종이자 신에게로 나아가는 발걸음으로 바라보았다. 섹스 역시 단지 육체적으로만이 아니라 정신적으로도 하나가 되는 것, 자기의 모든 것을 상대방에게 주는 것, "인생을 온전하게 맡기는 것", 완전하고 숨김없는 정직성, 하나가 되기 위해 두 사람이 걸어가는 사랑의 여정의 시작이라고 보았다.

그러므로 섹스가 있어야 할 장소는 결혼이라는 약속 안이다. 데이의 견해에 따르면(앤의 견해도 마찬가지인데) 혼전 섹스와 혼외 섹스는 결혼의 가치를 떨어뜨리고 결혼을 고립시키며, 섹스라는 행위에 동반되는 궁극적인 선물의 가치를 훼손하는 행위이다. 일심동체의 실현인 결혼을 위해 섹스를 보류하는 것은 섹스의 고결함과 진정한 아름다움을 지키는 것, 섹스를 물질주의의 세속적인 천박함 안으로 끌려 들어가지 않도록 지키는 것이다.

나는 인생의 각기 다른 시간대에 유대교와 기독교의 정통 신자들 곁에서 살았다. 그러나 나는 신앙을 비롯해 상처받기 쉬운 내용의 대화를 많이 하는 사람이 아니었다. 그래서 정통 신앙에는 어떤 것들이 포함되는지, 그 수직축에 얼마나 많이 복종할 필요가 있는지, 그리고 이것이 전체 인생의 목표를 얼마나 많이 재설정하는지 전혀 몰랐다. 나중에 가서야 비로소, 회개할 줄 모른다거나 자기가 지은 죄에 합당한 속죄를 하지 않는다거나 하는 것들을 포함해서 내가 한 번도 생각하지 않았던 온갖 종류의 죄들에 앤이 매우 민감하다는 사실을 깨달았다. 예를 들면 쇼핑몰에서 마구잡이로 쇼핑하는 행위처럼 내가 당연하게 여기는 것들도 자기를 정신적으로 타락시킬 수 있다고 그녀는 느꼈다. 그녀가 하루 중 다른 시간대나 인생의 다른 시기마다 다른 영혼 상태를 경험한다는 사실을 나는 나중에 깨달았다. 때로 그녀는 자기가 하는 행위나 자기가 처한 주변 환경에 따라 어떤 때는 신과 매우 가까이 있다고 느꼈고 어떤 때는 신과 멀리 떨어져 있다고 느꼈다.

그 책을 쓰는 동안 나는 내 작은 아파트에서 집필 메모를 써서 앤에게 주었고, 그러면 그녀는 그 원고에 대한 피드백을 보내 주었다. 우리 둘 사이의 이런 의사소통이 《인간의 품격》의 골간을 형성하는 데 크게 기여했다. 특히 도로시 데이와 성 아우구스티누스를 다룬 부분에서 그랬다. 내가 그녀에게 계속 들이댔던 흥미로울 수밖에 없는 주제는 주체성agency과 은총이었다. 나는 능력주의 문화의 산물이다. 이 문화에서는 열심히 노력해서 바람직한 결과를 내어놓음으로써 자기 인생에 통제권을 행사한다. 어떤 본능적인 차원에서 나는 신앙으로 나아가는 나의 여정을 학생들이 다음 날까지 해 가야 하는 과제 정도로만 여겼다. 읽어야 할 것들을 다 읽고 마지막 논문을 쓰고 나면 확실성이 나를 찾아올 것이다. 정말 우스꽝스러운 얘기지만, 바로 그런 식으로 나는 프로그래밍되어 있었다.

《인간의 품격》원고 집필 작업이 계속되면서 나는 데이와 아우구스티누스에게 매료되었고, 이 사람들이 경험했던 그대로의 신앙을 온전하게 이해하고 싶었다. 앤은 나에게 셸던 베너컨의 회고록《잔인한 자비A Severe Mercy》를 읽어 보라고 권했다. 이 책은 옥스퍼드대학교에서 신앙을 찾은 베너컨과 그의 아내의 자전적인 이야기이다. 나는 이 책과 신앙 전반에 대한 질문 열다섯 가지를 정리해 앤에게 보냈고, 그녀는 자기가 아는 모든 것을 동원해 각각의 질문에 답변했다. 그녀는 전혀 나를 이끌지 않았다. 내가 변화하는 과정에 단 한 번도 직접 개입하지 않았으며 그 과정을 통제하고 지시하려고도 하지 않았다. 그냥 뒤로 물러서 있었다. 내가 어떤 질문을 하면 대답하긴 했지만, 절대로 내 앞에 나서지 않았다. 그녀는 신에게 내맡겨 둠으로써 신앙을 입증했다. 앞서서 이끌거나 영향을 주려고 하지 말라는 것, 이것은 어떤 유형의 지적 또는 정신적 여정에 있는 그 누구에게든 결정적으로 중요한 교훈이다.

나는 무릎 꿇음과 은총의 개념을 놓고 씨름하고 있었다. 나는 마틴 루서 킹 목사가 가지고 있었던 생각, 즉 사람은 일이 아니라 오로지 신앙으로만 구원받을 수 있다고 했던 발상을 좋아하지 않았다. 나는 절충안을 주장하고 싶었고, 이 절충안을 "참여의 은총"이라고 불렀다. 어떤 사람이 동료를 위해 어떤 선한 행동을 하면 신은 이 사람과 타협을 하려고 들 것이라는 게 나의 논리였다.

하지만 앤은 이런 타협안을 결코 받아들이려 하지 않았다.

나는 은총이 그리스도가 주시는 가장 중요한 것이 맞지만, 또한 은총은 출입구라는 사실을 거듭해서 말하고 싶습니다. 그리고 그것은 그분을 아는 것입니다. 나는 선생님의 메모에서 노력을 강조하는 부분을 많이 보는데, 싸구려 은총에 대해 노력이 수행하는 해독제 역할을 높이 평가합니다. 그러나 근본적인 사실은, 선생님이 혼자 힘으로 은총의 상태로 들어갈 수 없다는 것입니다. 물론 이 사실이 은총의 힘을 부정하거나 은총의 정의定意 자체를 뒤엎지는 못합니다. 은총은 틀림없이 망가진 사람과 자격 없는 사람에게 손을 뻗습니다. 은총은 틀림없이 자기 자신의 결핍과 공허함을 꾸밈없이, 또 자기 상처를 온전하게 드러내어 인정하는 사람에게 손을 뻗습니다. 은총은 오로지 그렇게 말없이 받아들이는 사람들에게서만 환영받을 수 있습니다.

내가 가진 질환의 이름은 자부심이었다. 나는 그때까지 형성되어 온 내 모습이 자랑스러웠다. 나는 열심히 노력하고 또 주어진 일을 제법 잘 해냄으로써 나 자신에 대한 특정한 정체성과 신념을 획득했다. 내 외로움의 근원인 공허함을 마주하기보다는 하루 종일 열심히 일하는 것이 훨씬 더 쉬웠다.

스스로를 높이 평가하는 자부심은 여러 가지 형태로 나타난다. 그 가운데 하나가 권력과 관련된 자부심인데, 이것은 자기 자신을 안정적으로 만드는 데 필요한 세속적인 권력을 자기가 충분히 획득할 수 있다고 생각하는 환상이다. 다른 사람을 통제하거나 다른 나라를 지배하고자 하는 사람들이 앓고 있는 자부심이다. 또한 지적 자부심이 있는데, 이것은 모든 수수께끼를 설명할 수 있다고 (자의적으로) 생각하는 단 하나의 사상 체계로 자기의 인생을 묶어 내려고 애쓰는 사람들이 앓고 있는 자부심이다. 모든 형태의 광신은 존재의 불안정함을 덮으려는 시도라고 신학자 라인홀드 니버는 말한다. 바로 이 지점에 도덕적 자부심이 있다. 그러나 이것은 자기가 다른 사람들에 비해 우월하다고, 즉 자기는 이미 구원받았다고 생각함으로써 도덕적 불안정성에서 탈출하고자 하는 자아의 주관적인 바람일 뿐이다. 도덕적 자부심에 사로잡힌 사람은 자기 자신에게는 느슨한 잣대를 들이대 기준을 통과했다고 평가하고, 다른 사람에게는 엄격한 잣대를 들이대 기준에 미치지 못한다고 평가한다. 그리고 종교적 자부심도 있는데, 이것은 종교에는 도덕규범을 따르는 것이 포함된다고 생각하며 자기는 이 규범을 따른다는 이유로 스스로를 매우 높게 평가하는 사람들에게 나타난다. 이런 사람은 날마다 기도를 할지 모르지만 그의 진정한 관심사는 자기 자신이다.

– 과연 신은 내 기도에 귀를 기울이고 있을까? 과연 신은 내가 하는 부탁을 들어줄까? 과연 신은 나에게 평화를 허락할까? 내가 선하다는 사실을 모든 사람이 알아볼까? 나의 이런 정당성이 제대로 평가받을까? 그 평가 결과로 나는 보상을 받을까?

모든 자부심은 경쟁을 좋아한다. 모든 자부심에는 악의의 기미가 담겨 있다. 모든 자부심은 부풀려져 있으며 부서지기 쉽다. 권력, 돈, 지위, 지성 그리고 독선을 통해 안정성을 확보하려는 자아의 시도는 결코 성공하지 못하기 때문이다.

통상적인 세상에서 자부심은 흔히 보상을 받는다. 그러나 내가 점점 더 선명하게 의식하던 중이던 또 다른 차원에서는 얘기가 달랐다. 자부심은 엄청난 고통 유발 요인이며, 반대로 겸손함이야말로 위대한 위안을 가져다준다. 도스토옙스키의 소설 《죄와 벌》에서 주인공

라스콜니코프는 자부심으로 고통을 당한다. 그는 지식과 도덕을 통달하려고 노력한다. 이 소설에서 성스러움을 상징하는 인물인 소냐는 아버지와 계모를 봉양하며 가난하게 살아가는 젊은 여성이다. 소냐의 형제자매는 굶주리는데, 이들 가족에게는 팔아서 돈을 마련할 게 아무것도 없다. 그래서 소냐는 자기 몸을 판다. 소냐는 가족이 굶주리지 않도록 하려고 창녀가 된다. 그녀는 도덕적으로 옳지 않은 행동을 해서 사회적으로 버림받은 존재가 되는 길을 택한다.

만약 성스러움이 규범을 곧이곧대로 따르는 것이라면 규범을 어긴 소냐는 성스러운 존재가 되지 못한다. 하지만 그렇지 않다. 이와 관련해서 기독교 역사학자이자 신학자인 야로슬라프 펠리칸Jaroslav Pelikan은 다음과 같이 썼다.

"도스토옙스키의 소설에서 이 창녀는 영웅, 그러니까 일종의 성인이었다. 라스콜니코프는 그녀가 모든 인간의 고통을 대변한다는 사실을 인정하고서 그녀 앞에 무릎을 꿇었다. 비도덕적인 인간이라는 사실에도 불구하고, 또는 바로 그 사실 때문에, 소냐는 성스러운 인간이었다."[10]

성스러움이라는 안경을 끼고서 현실의 실체를 바라보는 사람은 위대한 도덕 드라마, 위대한 진짜 신화를 본다. 이 진정한 신화 속에서는 통상적인 규칙이나 규범은 적용되지 않는다. 사실 오히려 모든 것이 역전된다. 약자와 버림받은 자가 위대하고 현명한 자보다 신에게 더 가까운 경우가 흔히 일어난다. 자부심과 자만심에서 그만큼 멀어져 있기 때문이다.

아메리칸레이크에서는 신의 존재를 감지하기가 상대적으로 쉬웠다. 그러나 신앙을 실제로 실천하기란 훨씬 더 힘들었다. 나는 늘 자부심에 넘쳤고 열심히 분투했고 또 통제권을 잡고 있었는데, 이런 것들이 내 마음의 눈을 가렸기 때문이다.

앤은 뒤로 물러나 있었다. 거기에는 직업과 관련된 이유도 있었고, 도덕적이거나 정신적인 이유도 있었다. 앤은 자기나 내가 아니라 아슬란이 행진 중이라고 진심으로 믿었다(아슬란은 C. S. 루이스의 소설 《나니아 연대기》에 등장하는 왕으로 사자의 모습을 하고 있다. 유대 민족의 전통적 상징인 '유다의 사자'를 뜻하며, 〈요한계시록〉에서는 예수를 "유다 지파의 사자"라고 표현한다-옮긴이). 내게는 기독교도 친구가 많았는데, 이제 나는 그들에게 어떻게 살고 있는지 점점 더 많이 물었다. 나는 그들이 날마다 그리고 연례적으로 미리 정해진 일정과 계획에 따라 지키는 여러 의무들에 대한 정신적인 규율과 개념에 대해 몰랐던 것들을 새롭게 배웠다. 예를 들면 기도하기, 금식하기, 십일조 내기, 침묵의 수행, 《성서》 공부, 소모임 활동, 치유 기도, 가난한 사람과의 지속적인 직접 접촉, 영적 전쟁에 대한 토론, 신의 존재 또는 부재, 오랜 세월 부재했던 신에 대한 진정한 분노 등이 그런 것들이었다. 나에게 단체 생활이란 어떤 커다란 기업을 위해 일한다는 뜻이었지만, 그들에게 그것은 공동체 속에서 신앙생활을 한다는 뜻이었다.

앞에서도 말했듯이 많은 사람들이 나에게 책을 보내 주었다. 그러나 가장 현명한 사람이 나를 《성서》 이야기로 되돌려 보내 주었다. 아기를 가지고 싶으면 사랑을 나누어야 한다. 신앙을 탐구하고 싶으면 《성서》와 기도문을 읽어야 한다. 책을 좋아하는 사람들이야 종교를 신학으로 만들고 싶어 하는 경향이 있긴 하지만, 종교는 신학이 아니다. 신비주의적인 사람들이야 종교를 신비로운 것으로 만들고 싶어 하는 경향이 있긴 하지만, 종교는 신비주의적인 어떤 느낌이 아니다. 어떤 신화가 진리라고 믿는다는 것은 바로 자기의 인생을 거는 것이다. 유대인과 무슬림과 기독교인을 비롯한 종교인들 수십억 명이 특정한 신화가 진리라는 가정에 자기 목숨을 걸었다. 거기에 따라 자기의 인생을 조직하고 또 그것에 고스란히 인생을 바쳤다. 《성서》이야기로 계속 반복해서 돌아갈 필요가 있었다.

그래서 나는 그 이야기들이 사실인지 궁금해하면서 계속 거기로 돌아가고 또 돌아가곤 했다. 아니, 좀 더 정확하게 말하면, 내가 언제든 갑자기 소환할 수 있도록 그 이야기들이 서서히 더 깊은 내면의 층으로 가라앉게 내버려 두었다. 작가 워커 퍼시는 좋은 작품은 우리가 알고 있지만 안다는 사실 자체를 알지 못하는 바로 그것을 우리에게 이야기해 준다고 말한다. 《성서》가 바로 그렇다.

앤은 나의 이 신앙 여정에 그다지 관여하지 않았다. 내가 방황하던 처음 몇 달을 앤은 "황금기"라고 불렀다. 우리는 각자의 생각을 정리한 메모들을 주고받았으며, 서로에 대해 배워 나갔다. 그러나 연애 감정은 조금도 없었다. 나의 사생활은 전혀 다른 차원에서 돌아가고 있었고, 이 생활에 대해 그녀는 거의 아무것도 알지 못했다. 그녀에게도 남자친구들이 있었다. 그녀는 이들을 모호하게 언급하곤 했고, 나는 뭉뚱그려서 FCAFellowship of Christian Athletes(미국의 유명한 프로 선수들이 소속된 스포츠 선교 단체-옮긴이) 사람들이라고만 언급하곤 했다. 하지만 이런 것보다 훨씬 더 큰 어떤 일이 진행되고 있었고, 그것은 나의 마음을 완전히 사로잡았다. 우리가 나눈 대화는 대성당들에 관한 것이었지 연애에 관한 것이 아니었다.

아마 충분히 예상할 수 있겠지만, 그 황금기는 오래 지속되지 않았다. 2013년 가을 무렵에 우리 두 사람 사이에 강력한 감정적 느낌이 형성되었다. 당시 나는 인생의 격변기를 거치고 있었다. 아파트에서 혼자 살면서 절망적일 정도로 외로웠고, 그래서 그 감정들은 막강한 힘으로 나를 흔들었다.

그때 두 가지 생각이 동시에 나타났다. 우리는 서로를 마음 깊이 아끼고 걱정한다는 생각과, 우리 둘 사이에 어떤 관계가 만들어진다 하더라도 결국 비극으로 끝나고 말 것이라는 생각이었다.

앤은 나보다 스물세 살이나 어려서 우리 사이에는 나이 차이가 엄청났다. 게다가 그녀는 내가 아직 전처와 결혼 생활을 하고 있을 때부터 나의 연구 조사 담당 조수로 일했던 사람이었다. 비록 그 기간 동안 우리 둘 사이에 낭만적인 일이나 부적절한 일이라곤 조금도 없었음을 우리는 알고 있었지만 남들 눈에 우리가 어떻게 비칠지는 불보듯 뻔했다. 나는 이른바 공인이라고 할 수 있는 처지였고, 또 우리 사이의 이야기가 그녀의 평판에 어떤 영향을 끼칠지는 소문 전문가의 말을 굳이 들어 보지 않아도 뻔했다. 그럼에도 2013년 가을 무렵에 나의 감정은 다시 새롭게 여성과 데이트할 준비가 되어 있었으며, 또 앤과 데이트를 시도하고 싶었다. 그녀는 멈칫거렸고 친구들이나 지인들에게 조언을 구했다. 그녀는 어떤 형태의 접촉도 하지 않는 완전한 단절 기간을 두었다. 뒤로 물러서서 도대체 무슨 일이 일어나고 있는지 찬찬히 헤아려 보기 위해서였다. 그러다가 12월 말에 이민자의 경험에 대한 글을 쓰는 일자리를 얻어 휴스턴으로 떠났다. 나도 사회생활 무대를 뉴욕으로 옮기고 멋진 새로운 친구들을 만났다. 그리고 거기에서 정말 사려 깊은 여성과 진지하게 사귀게 되었다.

터무니없는 것 속으로 기꺼이 몸 던지기

—

무슬림 속담에 "당신이 신을 뭐라고 생각하든 간에 신은 당신이 생각하는 그게 아니다"라는 말이 있다. 어떤 우주론자들은 우주의 수는 무한하며, 그중 한 우주에는 당신이 앉아 있는 것과 똑같은 자리에 당신처럼 앉아 있는 어떤 사람이 존재한다고 말한다. 참으로 기묘하고도 섬뜩한 얘기다. 그러나 이런 발상도 신만큼 기묘하거나 불가해하지는 않다.

신앙에서 어려운 부분은 터무니없는 무언가에 무한하게 복종할 것을 요구한다는 점이라고 키르케고르는 말했다. 신앙은 무한한 체념을 요구한다. 키르케고르는 아브라함과 이삭의 이야기를 예로 들어 신이 요구하는 것이 얼마나 어마어마한지 보여 준다. 신은 아브라함에게 아들을 죽이라고 요구한다. 아브라함은 신앙심이 매우 깊었으므로 현실 세상의 논리를 기꺼이 저버리며 신의 요구를 따른다. 키르케고르는 자기 자신을 기꺼이 버리고 발가벗겨야 하며 또 지금까지 살면서 획득한 모든 힘을 포기해야 한다고 강조한다.

키르케고르는 이런 터무니없는 도약을 하지 못하는 상태에서 신앙의 말에 귀를 기울이는 것이 어떤 것인지 설명한다.

"나로서는 신앙의 행위들을 아주 잘 묘사할 수는 있어도, 그 행위들을 실제로 하지는 못한다. 어떤 사람이 수영을 배우려 할 때 천장에 줄을 걸어 놓고 거기에 매달려 헤엄치는 동작을 할 수는 있지만, 그렇다고 이 사람이 정말로 수영을 하는 것은 아니다."[11]

계속해서 그는 이렇게 말한다.

"나는 신앙의 행위들을 할 수 없다. 그 터무니없는 것 속으로 눈을 감고 훌쩍 몸을 날릴 수 없다는 말이다. 그런 일은 나로서는 불가능한 일이다. 그러나 그렇다고 해서 이런 나의 모습을 칭찬하는 것은 아니다. 신은 사랑임을 나는 확신한다. 신은 사랑이라는 생각은 원초적인 서정적 타당성이다. 이 타당성이 나에게 주어질 때 나는 말할 수 없이 행복하고, 그것이 없을 때 나는 자기 사랑의 대상을 사랑하는 사람보다 더 강렬하게 그것을 갈망한다. 그러나 나에게는 신앙이 없다. 신앙의 전제가 되는 용기가 나에게는 부족하다."

어쨌거나 그 터무니없는 것 속으로 몸을 던져야만 한다고 키르케고르는 주장한다. 모든 것을 버린 기사만이 사랑하는 공주의 사랑을 얻을 수 있다. 자기 자신을 잃어야만 자기 자신을 발견할 수 있다. 자기가 사랑하는 것을 버려야만 예전보다 더 낫고 더 기쁘게 그 사랑을 되찾을 수 있다.

셸던 베너컨은 회고록 《잔인한 자비》에서 자기 아내 데이비가 어떻게 신앙을 가지게 되었는지 묘사한다. 데이비는 어른이 된 뒤로 줄곧 종교는 웃기는 것이라고 생각했다. 그러다가 그녀는 죄에 맞닥뜨렸고, 기독교 친구들과 어울렸고, 모든 종류의 기독교 서적을 읽었으며, 그리고 신앙이 "생명수처럼 그녀의 영혼 속으로 빠져들었다." 어느 날엔가 그녀는 일기에 이렇게 썼다.

"오늘 나는 방 한쪽 끝에서 다른 쪽 끝으로 건너감으로써 나의 모든 것, 내가 두려워하고 증오하고 사랑하고 희망하는 모든 것을 하나로 묶어 버렸다. 그것도 썩 잘 해냈다. 나는 기독교의 신에게 내 모든 걸 걸기로 작정했다."

며칠 뒤 셸던은 불가에 앉아 석탄을 바라보고 있었는데, 언제부터인가 데이비가 자기 옆에서 무릎을 꿇고 기도하고 있음을 알아차렸다. 그때 그녀가 그에게 속삭였다.

"아, 여보. 부디 믿음을 가져요!"

그러자 남편은 감동에 겨워서 눈물을 흘리며 아내에게 속삭였다.

"그래요, 나도 신을 믿어요."

셸던은 자기를 압도한 어떤 확신에 몸을 떨었다고 썼다. 하지만 오래 가지 않았다. 그가 그런 말을 했던 건 아내를 사랑하기 때문이었지 진정한 믿음을 가졌기 때문이 아니었다. 아닌 게 아니라 그는 아내가 신을 믿고 난 뒤로 아내를 덮친 그 특수한 신앙에 앙심을 품기에 이르렀다. 그로서는 아내가 예전처럼 돌아오기를 바랐던 것이다.

셸던이 신앙심을 가지게 된 것은 달랐다. 그것은 갑작스러운 확신이나 투항으로 온 게 아니라 지적인 과정의 결과였다. 온전하고 완벽한 어떤 비전으로 신을 믿게 된 것이 아니라 신은 반드시 존재해야만 한다는 주장에 설득된 것이었다. 그런 주장들 속에서 성스러움을 얼핏 감지했다. 그러나 그는 확신이 없는 상태에서 어떤 선택을, 정교하면서도 의식적인 선택을 해야만 했다. 그는 다음과 같이 주장했다.

"어떤 사람이든 어느 한편만 선택할 수 있다. 나도 그렇다. 나는 내 편을 선택했다. 아름다움을 선택했고 내가 사랑하는 것을 선택했다. 그러나 믿음을 선택하는 것은 믿는 것이다. 내가 할 수 있는 일은 선택하는 것, 그것뿐이다. 나는 내가 품은 의심을 고백하고 내 주 그리스도에게 내 삶 안으로 들어와 달라고 부탁했다. …… 나로서는 '주여, 저는 믿습니다. 믿음이 없는 저를 도와주소서'라고 말할 뿐이다."[12]

다른 헌신들과 마찬가지로 종교적인 헌신은 슈퍼마켓에서 어떤 수프를 살지 선택하는 것이라기보다는 어떤 부름에 응답하는 것에 더 가깝다. 이것은 자기가 통제하고 또 통제하지 않는 어떤 것이다. 그 누구도 신앙을 좇는 것만으로는 신앙을 잡지 못한다. 그러나 그 누구도 어떤 식으로든 신앙을 좇지 않고서는 신앙을 잡을 수 없다. 종교적인 믿음을 가지는 것을 더 선호하지만 그냥 그러지 않는 사람들을 나는 많이 알고 있다. 또 신앙을 가지고 있으면서 때로는 신앙이 없기를 바라는 사람들도 많이 알고 있다. 이런 사람들이 앞의 사람들보다 더 낫다고 할 수도 없고 더 못하다고 할 수도 없다.

나는 시인이자 편집자인 크리스천 위먼이 신앙을 이미 자기 안에 있는 어떤 진리에 동의하는 것이라고 정의한 것을 좋아한다. 그리고 C. S. 루이스가 신앙을 금지의 철폐, 족쇄 풀기로 정의한 것도 좋아한다.

말이 없고 또 (내가 생각하기에) 이미지도 없는 상태로 나 자신에 대한 어떤 진실이 나에게 제시되었다. 내 안으로 들어오려는 어떤 것을 내가 막고 있음을 깨달았다. 또는 코르셋처럼 딱딱한 어떤 옷을, 아니 심지어 갑옷 같은 것을 게처럼 입고 있음을 깨달았다. 바로 그 순간에 나에게 어떤 자유로운 선택이 주어졌다고 느꼈다. 나는 문을 열고 밖으로 나갈 수도 있었고 그냥 문을 닫아 둘 수도 있었다. 나는 그 갑옷을 벗어던질 수도 있었고 그냥 입고 있을 수도 있었다. …… 그 선택은 중대해 보였지만 이상하리만치 감정이 배제되어 있었다. …… 나는 '내가 선택한다'라고 말한다. 그러나 내가 선택한 것과 다른 무언가를 선택한다는 것은 거의 불가능해 보였다. ……

그때 거기에 따른 영향이 상상 차원에서 나타났다. 나는 내가 눈사람이 된 듯한 느낌에 사로잡혔다. 햇살에 오래 방치되어 막 녹기 시작하는 그런 눈사람. 녹아내림은 등에서부터 시작되었다. 처음에는 한 방울씩 똑똑 녹아내렸지만 지금은 줄줄 흘러내리는. 나로서는 결코 유쾌하지 않은 느낌이었다.

지금까지 내가 들은 것들 가운데서 자신이 결정을 내리는 순간을 가장 잘 묘사한 것은, 자기가 기차를 타고 있다고 상상하라는 것이다. 자, 당신은 객차의 당신 자리에 앉아서 책을 보거나 스마트폰으로 무언가를 하고 있다. 당신 주변에는 제각기 일상적인 행동을 하는 사람들이 있다. 겉으로는 모든 것이 똑같아 보인다. 그러나 그 와중에도 당신은 기차를 타고 수십, 수백 킬로미터를 이동하고 있다. 그런데 갑자기 이런 생각이 든다. 대단히 놀랍지는 않지만, 지금 자기는 처음 출발했던 역에서 매우 멀리 떨어져 있다는 분명한 인식이 떠오른다. 당신은 많은 지역을 지나왔다. 게다가 여기까지 오는 동안 한 곳에서는 국경을 넘기도 했다. 거기에는 세관원도 없었고 화려한 팡파르도 없었다. 신은 여전히 거대한 의문 덩어리이지만, 자기가 신을 안 믿지 않는다는 사실을 당신은 깨닫는다. 당신은 무신론자가 아니다. 심지어 불가지론자도 아니다. 당신은 《성서》의 원리 체계 없이 살아가려 하지 않는다. 당신은 이미 전혀 다른 나라로 들어와 버렸으며, 온갖 신화들이 진실이라고 느낀다.

이 시점에서 내가 개종했는지 물어보는 것은 타당하다. 나는 유대교를 떠나 기독교에 귀의했는가? 우선 말해 두어야 할 것은, 유대교와 기독교라는 범주는 세상에서, 역사에서 그리고 내가 아는 매우 많은 사람들의 마음속에서 서로 무척 반대되는 것이지만, 내 인생에서는 이 둘이 크게 반대된 적이 한 번도 없었다는 사실이다. 기독교와 유대교, 이 두 가지 이야기는 네 살 때부터 내 몸 안에 흘렀으며, 지금도 변함이 없다. 나는 내가 유대인임을 과거 어느 때보다 더 많이 느낀다. 문화적으로 나는 언제나 유대인이었으며 앞으로도 언제나 그럴 것이다. 그런데 지금 나는 종교적으로 유대인임을 느낀다. 신이 유대 민족과 맺은 언약은 진짜이다. 유대인 행사에 참석할 때면 흔히 그렇듯이 나의 가슴은 벅차오르고 또 편안해진다. 지금 나는 과거보다 현재 이 신앙을 더 많이 사랑한다. 만일 유대인이 나를 유대인으로 원하지 않는다면 나를 발로 걷어차서 내쫓아 버릴 것이다.

다른 한편으로 나는 〈마태복음〉을 읽지 않고 그냥 둘 수가 없다 (유대교에서는 예수가 중심인물이 아니고, 따라서 《신약성서》도 마찬가지이다-옮긴이). 팔복八福은 도덕적 숭고함이자 경외심의 원천이며 또한 숨이 멎을 정도로 놀랍고 모든 것이 지향하는 도덕적 순수성이다(〈마태복음〉 5장에서 예수가 축복해 주는 사람들은 심령이 가난한 자, 애통하는 자, 온유한 자, 의에 주리고 목마른 자, 긍휼히 여기는 자, 마음이 청결한 자, 화평하게 하는 자, 의를 위하여 박해를 받은 자이다. 모두 여덟 부류의 사람들이 복 받을 자로 지목됐기 때문에 팔복이라고 부른다-옮긴이).《성서》에는 많은 기적이 등장하지만 가장 믿기 어려운 것은 이 짧은 설교의 존재이다.

성공회 사제이자 신비주의 영성가인 신시아 보졸Cynthia Bourgeault은 팔복을 다음과 같이 요약한다.

"우리 인간이 해야 할 유일하게 진실한 과제는 동물이 가지고 있는 생존 본능을 넘어서서 성장하는 것이라고 예수는 가르친다. 예수의 과제는 이것을 수행하는 방법을 우리에게 보여 주는 것이었다."[13]

예수는 자기 자신을 내려놓고 포기하는 것이 어떤 것인지 우리에게 보여 준 인물이다. 그는 자비를 보여 주지 않았다. 그 자신이 자비이기 때문이다. 그는 완벽한 사랑을 주지 않았다. 그 자신이 완벽한 사랑이기 때문이다. 독일의 가톨릭 사제이자 신학자 로마노 구아르디니Romano Guardini가 쓰고 있듯이, "팔복에서는 천상의 장엄함을 갖춘 어떤 것이 드러난다. 팔복은 우월한 윤리를 위한 단순한 공식이 아니라 성스럽고 지고한 실체가 세상에 나타났다는 소식이다."[14]

이런 설명들은 나에게 하나의 완성으로 느껴진다. 이것은 나를 중대한 질문들로 이끈다.

— 나는 예수 그리스도의 부활을 믿는가? 나는 십자가에서 죽어 장사 지낸 지 사흘 뒤에 예수의 시신이 사라져 버린 걸 믿는가?(정통 유대교 신앙에서는 이것을 믿지 않는다-옮긴이)

이 질문들에 대한 간단하고 솔직한 대답은, 그가 이 세상에 왔다가 갔다는 것이다. 내 안의 "경계선 스토커"는 여전히 힘이 세다.

더 충실한 대답은 내가 신앙을 경험하는 방식은 콘크리트 블록이 아니라는 것이다. 신앙은 변화이다. 신앙은 어느 순간에는 여기 있다가도 어느 순간에는 다음 단계에 가 있는 것, 수증기로 증발하는 흘러가는 물이다. 적어도 나로서는 그렇다. 작가이자 신학자인 프레더릭 비크너는 누가 자기에게 신앙이 무엇이냐고 묻는다면 이렇게 대답하겠다고 했다.

"그것은 내가 얘기하는 시공간, 오랜 세월에 걸친 우여곡절, 여러 가지 꿈들, 이상한 순간, 직관들을 관통하는 여정이다. …… 신앙은 어떤 지점이라기보다는 무언가를 향해 나아가는 운동이며, 확실한 것이라기보다는 어렴풋한 예감이다. 신앙은 기다림이다."

솔직하게 말하면, 나는 내가 만나는 대부분의 종교인에게서 진정한 공감을 느끼지 못했다. 이런 의심을 내가 세상 앞에서 더 합리적이거나 정교하게 보이도록 만들기 위한 명예의 도구로 사용할 마음은 전혀 없다. 이것이 나의 부족함에서, 겉으로 드러나는 것을 중시하며 살아온 세월들에서 비롯되었음을 나는 전적으로 인정한다. 그저 내가 자기 앞에 놓인 탁자만큼이나 신을 실제적으로 느끼는 사람들과 똑같은 방식으로 신앙을 경험하고 있지 않다는 사실을 말하려는 것뿐이다. 그런 독실한 사람들에게 신앙은 전폭적이다. 그들은 자기의 모든 영혼을 바쳐서 신앙 속에서 살아간다. 윌리엄 제임스는 《종교적 경험의 다양성》에서 의심을 품는다거나 그런 일로 곤혹스러워하는 걸 상상도 할 수 없는 어떤 여성의 말을 인용했다.

"아버지가 소리 높여 나를 부르는 음성을 듣는 바로 그 순간 내 심장은 알아듣고 쿵쾅쿵쾅 뛰었다. 나는 달려갔고 두 팔을 앞으로 뻗고서 큰 소리로 외쳤다. '여기에, 여기에 제가 있습니다, 아버지!'"

이러한 일편단심에는 아름다운 무언가가 있다.

그러나 나는 이와는 다른 각도에서, 전혀 다른 여정을 기반으로 해서 신앙을 가지게 되었으며, 이 과정은 나의 인격 형성과 의심할 나위 없이 연결되어 있다. 나는 신앙을 두고 고군분투하는, 터무니없고 도무지 사실일 것 같지 않은 신앙과 힘겹게 씨름하는 더 작은 집단의 사람들과 상대적으로 더 많이 연결되어 있다. 나는 신을 경험하기 전에 은총을 경험했으며, 때로는 그 근원의 존재로 돌아가는 일이 여전히 쉽지 않다. 그러나 신앙이 군건하고 실제적이며 또 자신과 같은 신앙을 가진 사람이 자기 인생에서 최소한 5명에서 10명만 있어도 그 신앙을 매력적인 것으로 지켜 나갈 수 있음을 나는 알았다. 기독교와 유대교의 충성스러운 신도들만 곁에 있으면 된다.

종교적 헌신은 쉽거나 편하지 않다
—

이러한 종교적 현실주의자들에게는 신앙 그 자체에 충실하기 위한 투쟁이 존재한다. 이런 사람들에게 신앙은 지속되지 않는 의식의 어떤 확장으로 다가온다. 이때 존재의 또 다른 차원을 의식하게 되는데, 이 차원은 한 번 경험하고 나면 마치 집에 있는 것처럼 편안하게 느껴지고, 그런 다음에 사라진다. 시인 리처드 월버Richard Wilbur는 이것을 다음과 같이 표현했다.

기쁨의 술책은 마른 입술들에

시원하게 갈증을 해소해 줄 어떤 것을 주는 것,

또한 그 무엇도 채워 줄 수 없는

어떤 아픔으로 놀라 입도 벙긋 못 하게 하는 것.

신앙은 또 다른 차원에서 변함없이 살아가는 것이라기보다는 그 차원을 흘낏 보고 그것을 갈망하는 것이다. 이런 신앙을 가진 사람들은 신앙을 꾸준한 이해라고 생각하지 않고 일종의 욕구 또는 일종의 짐작이라고 생각한다. 신앙은 온갖 세세한 부분까지 다 아는 것이라기보다 대개는 느끼지도 못하는 어떤 것을 향해 나아가는 끊임없는 움직임이다.

이런 종류의 신앙에서는 신비로움이 늘 전면에 위치한다. 이와 관련해 시인 크리스천 위먼은 다음과 같이 썼다.

"신이여, 저는 오로지 저의 의식을 매개로 해서만 당신에게 다가갈 수 있습니다. 그러나 의식은 오로지 어떤 객체로서의 당신에게 다가갈 수 있을 뿐입니다. 그리고 그것은 당신이 아닙니다. 제가 세상을 경험하는 것처럼 직접적이고 즉각적으로 당신을 경험할 수 있을 것이라는 희망이 저에게는 없습니다. 그러나 저는 더는 원하는 게 없습니다. 사실 당신을 향한 저의 갈망이 얼마나 큰지(혹시 이것은 나를 향하는 당신의 갈망의 증거인가요?) 내가 알지 못하는 어떤 무덤 옆에 문상객들이 놓아둔 검은 꽃에서 당신을 보는 것 같습니다. ······ 눈에 덮인 채로 모든 가지에 불이 켜진 겨울나무의 앙상한 풍부함 속에서 당신을 보는 것 같습니다. 신이여, 신이여, 그 '~는 것 같다'는 것 속의 심연이 얼마나 밝은지 모르겠습니다."

물과 관련된 비유는 종교 담화에서 빈번하게 나타나는데 그만큼 사람들 사이에서는 갈증이 심하기 때문이다. 신은, 목마른 사슴이 시냇물을 찾아 헤매듯이 우리가 몹시도 갈망하는 흐르는 물줄기로 일컬어진다. 그리고 신앙은 갈증을 불러일으키는 한 모금의 물로 일컬어진다.

가장 깊은 믿음을 가진 사람이 신앙에 관한 글을 읽는다 할지라도, 거기에는 가뭄과 고뇌, 극심한 도전의 순간들이 존재한다. 랍비 조셉 솔로베이치크는 이렇게 썼다.

"애초에 종교는 낙담하고 절망한 사람들을 위한 은총과 자비의 피난처 또는 망가진 정신을 치유하는 황홀경의 생명수가 아니라, 그 모든 외침과 고통과 고뇌를 가지고서 인간의 의식을 격렬하게 괴롭히는 고문이다."[15]

신앙에서 피상적인 것들을 제거하는 것은, 바위투성이 계곡을 따라 굽이치는 급류를 타고 내려가는 바로 그 어렵고 위험한 여정이라고 솔로베이치크는 주장한다. 신앙의 길은 결코 쉽거나 편하지 않다. 이런 맥락에서 시인 위먼도, 만일 신이 정신적인 상처를 치료하는 어떤 약이거나 또는 인생의 온갖 고통에서 벗어나게 해 주는 탈출구라면, "그렇다면 '종교는 나에게 아무런 의미가 없다'는 사실을 나는 인정할 수밖에 없다"라고 말했다.[16]

테레사 수녀는 1946년 9월 10일에 강렬한 신앙 경험을 했다. 그녀는 신의 사랑을 "가난한 사람들 속에 숨어 있는, 예수의 심장을 향한 갈증"으로 경험했다. 그러나 이미 1953년에 그리고 적어도 1995년까지 그녀는 신과의 연결을 잃어버렸던 것 같다. 사적인 편지에서 그녀는 다음과 같이 고백했다.

"나에게는 신앙이 없다. …… 나는 신이 나를 사랑한다는 말을 듣기만 했을 뿐이다. …… 내 영혼을 어루만져서 어떤 울림을 주는 것은 아무것도 없다."

그녀는 "텅 비어 있는 공간 …… 내 마음에는 아무런 신앙도 없다"라고 말했다 그리고 "신이 나를 원하지 않는다는 사실이 주는 고통, 신이 더는 신이 아니라는 사실이 주는 고통, 신은 실제로 존재하지 않는다는 사실이 주는 고통, 이런 끔찍한 상실의 고통"을 느꼈다. 수십 년이 지나도 그 어둠은 계속 이어졌다. 심지어 그녀가 헌신적인 봉사를 지속했음에도 그랬다. 그런데 사실 어둠이 깊어질수록 갈망은 점점 더 강해졌다.

"나는 몇 시간 동안이나 당신[예수] 이야기를 합니다. 당신을 갈망하는 내 마음을 이야기합니다."

그 모든 시간 동안에 그녀는 자기 집을 활짝 열어 두고 가난한 사람들을 돕고 그들을 위해 고통을 감수했다.

이렇게 보내는 세월 속에서 테레사 수녀의 내면적인 삶은, 내가 가르친 학생들 가운데 한 명인 대니얼 고든의 표현을 빌리자면 "부재 속의 갈망longing in absence"으로 특징지어졌다. 1961년에 오스트리아 예수회의 요제프 노이너Joseph Neuner 신부는 테레사 수녀에게, 그녀는 지금 영적인 지도자라면 반드시 견디고 이겨야 하는 어두운 밤을 경험하고 있는 것이라고 또 그 어려움에 맞설 유일한 대응책은 한층 더 온전하게 자기를 내려놓는 것이라고 말했다. 이해하기 어려운 여러 가지 이유로 그 교훈은 그녀에게 엄청나게 거대한 힘을 주었다. 그래서 그녀는 "11년 만에 처음으로 나는 어둠을 사랑하게 되었다"라고 썼다. 테레사 수녀의 전기를 쓴 작가에 따르면, 그녀가 경험한 어둠은 그녀가 봉사했던 사람들을 자기와 깊이 동일시한 데서 비롯되었다. 그 가난한 사람들은 자기가 남들로부터 환영받지 못한다는 느낌을 견뎌 내고 있었다. 이제 그녀는 이들의 짐을 나누어지라는 부름을 받았다. 그녀는 다음과 같이 썼다.

"아무리 깜깜한 어둠 속이라도 가야 할 길은 분명하다. 나는 지금, 신의 존재를 현실에서 느낄 수 없는 것은 말할 것도 없고, 아무것도 가지고 있지 않은 무소유의 기쁨을 누리고 있다."

대니얼 고든이 말했듯이, 피할 수 없는 고통에 대응해 취하는 태도에 따라서 의미는 얼마든지 찾을 수 있다. 테레사 수녀가 자기가 경험하는 고통의 의미를 이해하고 나자 그 고통은 자기에게 주어진 일종의 과제처럼 느껴지기 시작했다. 그녀의 신앙은 그녀에게 향기로운 위안이 아니었다. 자주 깜깜한 슬픔이었지만 그녀는 자기 신앙에 대한 헌신을 심지어 신앙이 사라진 뒤에도 지속했다. 이 어둠을 견뎌 내고 또 가난한 사람이 자기에게 떠넘긴 고통을 함께 나눔으로써 그녀는 예수와 한 울타리 속에 있게 되었다.

다른 말로 하면, 신앙에 대한 헌신은 신앙의 온갖 시련 속에서도 그리고 심지어 그 신앙이 사라지고 없는 순간들 속에서조차 신앙을 붙잡고 놓치지 않는 것이다. 신앙에 헌신한다는 것은 길고 긴 온갖 우여곡절을 견뎌 내는 것, 스물다섯 살 때의 신과 그것과는 매우 다른 서른다섯 살, 쉰다섯 살 그리고 일흔다섯 살의 신을 배우고 잊어

버리고 또 배우는 것이다. 이것은 인생이 여러 가지 새로운 방식으로 스스로를 드러낼 때 그리고 신앙을 다시 한 번 가다듬어야 할 때, 모든 힘든 것들을 참고 이겨 내는 것을 뜻한다. 신앙에 헌신하는 결단을 내린다는 것은 변화를 단행하는 것이다. 여기에는 절망의 순간들까지 포함된다. 그렇지 않다면 그것은 신앙이 아니다.

스물일곱 살 때 프레더릭 비크너는 이미 소설 두 편을 발표한 소설가였다. 그는 전업 작가가 될 생각으로 뉴욕으로 이주했지만 일이 잘 풀리지 않았다. 그는 우울증에 점점 더 깊이 빠져들었으며 다른 직업을 가질까 하는 고민을 진지하게 했다. 특히 광고 분야로 나가야겠다는 생각을 했다. 그러다가 별 이유 없이 매디슨가에 있는 장로교 교회에 나가기 시작했다. 대부분의 성직자들이 깊이가 없는 얄팍한 설교를 한다는 사실을 잘 알고 있으면서도 그렇게 했다. 어느 날 그는 엘리자베스 여왕과 예수를 대조하는 내용의 설교를 들었다. 설교자는 예수가 화려함 속에서가 아니라 "고백과 눈물 그리고 커다란 웃음 속에서" 왕관을 썼다고 했다.[17] 비크너는 "그리고 커다란 웃음 속에서"라는 표현을 들었을 때의 충격을 다음과 같이 썼다.

"지금까지도 도무지 알 수 없는 이유로, 중국의 만리장성이 허물어지고 아틀란티스 대륙이 바다 위로 솟아오른 것처럼, 또 매디슨가 73번 도로에 있던 나는 마치 뺨을 세게 한 대 얻어맞기라도 한 것처럼 눈에서 눈물이 왈칵 쏟아져 나왔다."

비크너는 신앙을 자기가 "지하에 있는 은총의 존재"라고 불렀던 것을 찾는 일종의 탐구로 경험하게 되었다. 그는 인생이란 수많은 원자들 또는 온갖 것들이 무작위로 서로 부딪히는 것이 아니라 어떤 지점으로 이어지는 특정한 구성을 가진 소설과 같은 것이라는 희미한 느낌으로 신앙을 경험했던 것이다.

만년에 비크너는 마치 평소에 늘 신에게 어떤 이야기를 하고 신이 거기에 대꾸를 해 주기라도 하는 것처럼 신에 대해 자신 있게 말하는 젊은 기독교인들에게 자신이 둘러싸여 있다는 사실을 문득 발견했다. 신은 그 젊은 기독교인들에게 이 길을 직업으로 삼고 저 길은 직업으로 삼지 말라고, 식당에서는 이것을 주문하고 저것을 주문하지 말라고 했다. 적어도 비크너가 보기에는 그랬고, 이렇게 느낀 그는 놀라서 아무 말도 하지 못했다. 만일 신이 날마다 모든 사항에 시시콜콜 지시하는 말을 듣고 있다고 얘기하는 사람이 있다면, 이 사람은 자기 자신이나 다른 사람을 속이려 하는 것이라고 그는 썼다.

그러면서 그는, 아침에 잠자리에서 일어나면 "오늘도 제가 그 모든 것을 믿을 수 있을까요?"하고 물어야 한다고 썼다. 또는 아침 뉴스를 죽 훑어보며 그사이에 자행된 모든 잔학한 행위들을 살펴본 다음에 그 질문을 하면 더 좋다고 했다. 만일 믿음에 관한 그 질문에 대한 대답이 언제나 "그렇다"라면, 이 사람은 신을 믿는다는 것이 진정 무슨 뜻인지 모를 가능성이 높다고 했다.

"열 번 가운데서 적어도 다섯 번은 '아니다'라는 대답이 나와야 한다. '아니다'가 '그렇다'만큼 중요하거나 더 중요하기 때문이다. '아니다'라는 대답은 그 사람이 인간임을 입증한다. 인간이라면 당연히 의심하기 때문이다. 그리고 만일 어느 날 아침에 그 대답이 정말 '그렇다'라면, 그것은 고백과 눈물 그리고 커다란 웃음으로 목이 메는 그런 '그렇다'일 수밖에 없다."[18]

신앙에 대한 헌신은 의심을 통해 신앙으로 끈질기게 나아가는 것이다. 이것은 고통과 불안을 통해 신앙에 고집스럽게 매달리는 것이다. 또한 이것은 투쟁을 통해 신앙에 고집스럽게 매달리는 것이며, 신앙을 대변하는 멍청이들과 부도덕한 천치들을 통해 신앙에 고집스럽게 매달리는 것이다. 이것은 신앙의 본향이라고 할 수 있는 시나고그(유대교)나 모스크(이슬람교)나 교회(기독교)가 이따금 바보 같은 짓을 저지름에도 불구하고 신앙에 고집스럽게 매달리는 것이다.

"교회는 나의 가장 큰 지적·도덕적 문제인 동시에 나에게 가장 많은 위안을 주는 집이기도 하다. 교회는 불쌍한 창녀이기도 하고 자주 찾는 순결한 아내이기도 하다."[19]

프란체스코회 수사이자 영성 작가인 리처드 로어가 쓴 글이다. 그럼에도 여전히 신앙은 그의 인생에서 중심이자 기쁨이다.

〈출애굽기〉는 여정이며, 팔복과 우리를 위해 죽은 사랑은 숭고한 아름다움이다. 나는 모든 우여곡절을 통해 끈질기게 그 지점을 향해 나아간다. 어떤 지점에서 나는 내가 어떤 서사를 물려받았음을 깨달았으며, 이제 그 숭고한 아름다움을 지향하지 않는 인생은 결코 살아가고 싶지 않다. 언제 신앙을 가질 것인지 또는 언제 신앙을 가지지 않을 것인지는 나의 힘으로 통제할 수 없다. 그저 생생하게 살아 있는 이야기들에 충실할 수 있을 뿐이며, 그 숭고함이 가짜가 아니고 진짜라는 데 나를 걸고 꾸준하게 밀고 나갈 수 있을 뿐이다. 또한 어떤 지점에서 나는 인생의 기차가 나를 태워서 예전에 살던 곳과 전혀 다른 나라에 데려다 놓았음을 깨달았다. 나는 믿는다. 나는 종교인이다. 무한한 해석으로 열려 있는 《성서》는 진리의 토대이다.

내가 여기에서 진정으로 묘사하고자 하는 것은 언론에서는 이야기하지 않는 어떤 것이다. 그것은 바로 내면의 변화 과정이 전개되는 방식이다. 이것을 날마다 알아차릴 수는 없다. 그러나 5년 전의 나를 돌아보면 그저 놀라울 따름이다. 장담하건대 당신도 마찬가지일 것이다. 그것은 인식의 질적 변화이다. 그것은 당신 존재의 중심에 천천히, 아주 천천히 쌓이는 새로운 지식을 획득하는 점진적인 과정이다. 성공회 사제인 신시아 보졸은 천국이란 사람이 가는 장소가 아니라 사람이 세상에 나오기 전에 원래 있던 장소라고 썼다. 천국은 세상을 보는 변화된 방식이며, 당신이 신 안으로 더욱더 깊이 들어가고 신이 당신 안으로 더욱더 깊이 들어갈 때 나타난다.

그리고 결국 당신이 함께하게 되는 것은 연결되어 있다는 장엄한 느낌, 형이상학적 일편단심의 느낌이다. 자기 이외의 모든 사람 그리고 모든 것에서 분리되어 있는 이기적인 자아 같은 것은 없다. 그것은 현대성의 환상이다. 지난 5년 동안 내 인생의 이 기묘하고도 낯선 여행에서 내가 얻은 최고의 소득은, 앞으로 5년 동안 또는 10년이나 20년 동안 내가 또 다른 기묘하고도 낯선 여행을 하게 될지 모른다는 사실을 깨달았다는 점이다. 그러므로 그 무엇도 말이 되지 않는 터무니없는 것으로 치부해서는 안 된다. 만일 당신이 자기가 이해할 수 없는 어떤 정신에 스스로를 붙들어 맸을 때, 아무것도 더는 당신에게 충격을 주지 않겠지만, 모든 것이 당신을 경외심과 놀라움의 상태로 데려다 놓을 것이다.

Chapter 22

겸손함과 중간의 목소리로 살아가라

중간의 목소리로 살아가기

—

이제 나는 이 헌신을 어떻게 실천하며 사는지만 알아내면 된다. 종
교인은 어떻게 살아갈까? 이 책을 여기까지 읽은 사람이라면 아마
신앙의 어떤 부분이 나에게 어려운지 알아챘을 것이다. 바로 맹목적
으로 무릎을 꿇는 부분이다. 자기를 버리고 신에게 굴복해서 모든
것을 내어 주는 것, 내가 탄 자동차가 신의 뜻대로 길을 찾아가도록
핸들 잡은 손을 놓는 것에 대해서는 많은 얘기가 있는데, 특히 기독
교에서 그렇다. 또 인간의 '전적인 타락utter depravity'(원죄로 인해 인간
이 완전히 타락한 상태에 있음을 표현하는 신학 용어-옮긴이)에 대해서도 많은
얘기가 있다. 이른바 정신과 육체 사이의 대립이 존재한다는 말이다.
나는 종교인이 된다는 것은 신이 자기의 인생을 통제한다는 사실을
받아들이고 모든 것을 신이 일러 주는 대로 행함을 뜻한다고 생각하
곤 했다. 그리고 지금 왜 내가 그렇게 생각했는지 알 것 같다. 모든
종교에는 '신은 주인이고 너는 하인이다'라는 명제를 통해 신이 사람
들에게 주체성의 부재absence of agency를 요구한다는 인상을 심어 주

는 많은 얘기가 있다.

다행히 이런 유형의 맹목적인 복종 또는 완전한 자기 삭제는 신이 바라는 일이 아닌 것으로 보인다. 사람이 가지고 있는 의지가 바람직하지 않은 문제를 불러일으킬 수 있음은 분명한 사실이다. 의지는 자기중심적이다. 의지는 모든 인간 존재를 자기를 둘러싸고 있는 어떤 것으로, 자기 앞과 옆과 뒤에 놓인 어떤 것으로 바라보는 경향이 있다. 일반적인 인간의 관점에는 이기심이 내재해 있다.

의지는 또한 자아도취적이다. C. S. 루이스도 지적했듯이, 사람은 곰곰이 생각할 때면 언제나 자기 자신을 염두에 두는 것 같다. 자기가 추운지 더운지 또는 배가 고픈지 부른지 생각하지 않을 때라도, 자기가 하려는 어떤 꾀바른 말을 미리 연습하거나 또는 다른 사람이 자기를 부당하게 대한 사실에 분개하고 있을 것이다. 심지어 정말 겸손하고 선한 행동을 할 때조차 자아는 자기가 그렇게 겸손하고 선량하다는 점을 들어서 스스로를 찬양하며 우쭐해한다.

의지는 또한 게걸스럽기도 하다. 사람의 의지는 명망을 바라며 결코 만족할 줄 모른다. 커다란 죄악들은 자기를 지나치게 숭배하고 다른 사람들은 신경조차 쓰지 않는 데서 비롯된다. 탐욕, 부당함, 편견, 부정직함, 거만함, 잔인함 등의 죄악이 모두 그렇다.

고인이 된 신학자 유진 피터슨Eugene Peterson은 다음과 같이 썼다.

"내 의지를 실행하기 시작하는 바로 그 순간에 나는 내가 고양이에게 생선을 맡기고 말았다는 사실을 깨닫는다. 나의 의지는 나의 영광이다. 그러나 그것은 또한 나에게 대부분의 골칫거리를 안겨 주는 것이기도 하다."[1]

윌리엄 어니스트 헨리william Ernest Henley가 시 〈인빅투스Invictus〉에서 묘사한 것처럼, 만일 당신이 스스로를 "내 운명의 주인 …… 내 영혼의 선장"으로 만든다면 당신이라는 배는 암초를 향해 나아가고 만다.

그러나 신은 인간이 자기의 의지를 제거하는 걸 바라지는 않는 것 같다. 신은 인간이 자기 의지를 훈련시키고 변화시키기를 바라는 것 같다. 신은 의지 부족을 바라지 않는다. 신은 인간의 의지와 신의 의지가 하나로 합쳐지는 걸 바란다. 이것을 유진 피터슨은 아래와 같은 이야기로 설명했다.

아직 어린 소년일 때 그는 아버지의 푸줏간에서 일해도 좋다는 허락을 받았다. 그는 가게 바닥 청소에서 시작해 고기 가는 일까지 모두 거쳤다. 그리고 나이가 조금 더 들어서는 칼을 손에 쥘 수 있게 되었다. 이때 푸줏간에서 일하던 다른 사람이 그에게 칼을 건네주면서 이렇게 말했다.

"이 칼은 자기 의지를 가지고 있어. 그러니 이 칼에 대해 잘 알아야만 해."

피터슨은 또한 소고기도 자기 의지를 가지고 있음을 알았다.

"소고기는 단지 물렁한 살과 연골과 뼈로 이루어진 고깃덩어리만은 아니다. 그것은 자기만의 특성과 결합, 질감 그리고 결을 가지고 있다. 소고기 한 덩이를 구이용과 스테이크용으로 잘라 내는 것은 칼로 무장한 나의 의지를 말 못하는 물체에 적용하는 것이 아니라, 그 재료의 실체 속으로 공손하고 경건하게 들어가는 것이었다."

나쁜 푸주한들은 자기 의지를 고기에 억지로 강요하려고 들었다.

그 결과는 추악한 낭비였다. 그러나 선량한 푸주한들은 고기에 맞춰서 자르는 법을 배웠다. 그들은 자기 앞에 놓인 재료를 겸손하게 대하며 일했다.

신앙인은 겸손한 존경심을 가지고 신에게 다가가며, 공부와 기도와 영적인 훈련을 통해 티끌만 할지라도 신의 사랑을 느끼게 된다. 이렇게 해서 이 사람은 신의 사랑이 아무리 작더라도 그것을 거스르지 않고 따르며 사는 법을 서서히 배운다. 인생을 지배하는 것은 의지로 채워진 어떤 시도가 아니며, 또한 완전한 항복과 자기 파괴도 아니다. 인생을 지배하는 것은 열정적인 반응이다. 그것은 참여, 신의 더 큰 의지에 자기의 의지를 보태는 복잡한 참여이다.

피터슨이 말하듯이, 그것은 능동적인 목소리로 살아가려고 노력하는 것(이것은 지배이다)도 아니고 수동적인 목소리로 살아가려고 노력하는 것(이것은 굴복이다)도 아니다. 그것은 중간의 목소리로 살아가려고 노력하는 것, 즉 대화와 반응이다.

"우리는 자기 자신을 은총의 물살에 던져 넣고 포기하지 않으며 사랑의 바다에 빠뜨려 익사시키지 않는다. 또한 우리는 자기 삶에 대한 신의 작용이 활성화되도록 배후에서 조종함으로써 신에게 자신의 확신에 찬 정체성을 강요하지 않는다. 우리는 신을 조작하지도(능동적인 목소리) 않고 신에게 조작되지도(수동적인 목소리) 않는다. 우리는 그 행동에 관여하고 그것의 결과에 참여하지만 그것을 통제하거나 규정하지 않는다(중간의 목소리). 기도는 이 중간의 목소리 속에서 일어난다."

신앙과 은총은 주체성을 버리는 일과 관련된 것이 아니다. 신앙과 은총은 주체성을 강화하고 그것에 권한을 부여하는 한편 그것을 변화시키는 일과 관련된 것이다. 은총이 넘칠 때, 은총은 우리가 바랄 더 좋은 대상들을 우리에게 제시하고, 또 그런 것들을 바랄 수 있는 더 많은 힘을 우리에게 준다. 자기를 버린다는 것은 예전에 가지고 있던 욕구들을 버리고서 새롭고 더 나은 일련의 욕구들을 가지게 된다는 말이다. 예를 들어 보자. 어릴 때 나는 과일맛 분말 음료인 쿨에이드Kool-Aid를 무척 좋아했지만, 지금 그 욕구는 나에게 전혀 매력이 없다. 이제 나는 커피와 와인을 더 좋아하는데, 이런 것들은 어린 시절의 나에게는 전혀 매력이 없었다. 커리어를 처음 시작할 때 나는 유명해지고 그래서 소수 엘리트 집단 안으로 초대받기를 간절히 바랐다. 이제 나는 내가 실제로 원하는 것보다 더 많은 명성을 가지고 있다. 그리고 엘리트 집단에 속하지만 매력을 상실해 버린 사람들을 지금까지 무수히 보아 왔다.

신의 사랑 그리고 신의 사랑에 대한 동참은 자아의 타도를 나타내는 것이지 자기 자신의 약화를 나타내는 것이 아니다. 정신과 의사이자 신학자인 제럴드 메이Gerald May는 (주체성 및 의지와 관련된 두 개념인) "의도적인 마음willfulness"과 "기꺼운 마음willingness"을 구분해, 전자는 자기 배의 선장이 되겠다는 욕구이고 후자는 강력한 반응으로써 어떤 소명에 대답하고자 하는 욕구라고 본다.

네 가지 장벽과 여섯 가지 연결로

신앙생활은 단지 추상적으로만 생각하고 느끼는 것이 아니다. 여기에는 구체적인 실천, 즉 실제 현실에서 이런저런 공동체에 속해 다른 사람들과 어울리는 것이 포함된다. 나는 내가 걸어 온 종교 여정을 '샤르트르로 가는 길walk to Chartres'이라고 생각하기 시작했다(프랑스 북부에 위치한 도시 샤르트르는 1146년 2차 십자군이 창도된 곳이며, 11~13세기에 건설된 고딕 양식의 대표 건축인 샤르트르대성당으로 유명하다-옮긴이). 나는 신을 향해 나아가는 여정에 올라 있었다. 그 길에서 종교인들과 종교 기관들이 때로는 여정을 더 쉽게 이어 나가도록 해 주는 연결로를 만들기도 하고 때로는 여정을 한층 더 어렵게 만드는 장벽을 만들기도 한다는 사실을 나는 꽤 빠르게 간파했다. 기독교 세계에 존재하는 많은 장벽들이 지적 열등 콤플렉스와 영적 우월 콤플렉스가 결합해 생긴 것임을 깨달았다. 기독교인, 특히 복음주의 개신교의 여러 분파에 속한 사람들은 자기가 세속적인 세상 사람들만큼 지적으로 엄밀하거나 멋지지 않다는 생각에 시달리고 있다. 또한 그들 가운데 많은 이들은 자기가 도덕적으로 한두 단계 더 높다는 생각에 한껏 부풀어 있다.

두 콤플렉스의 결합은 예를 들어 첫 번째 장벽인 '피포위 심리siege mentality'(항상 적들에게 둘러싸여 있다고 믿는 강박 관념-옮긴이)로 이어질 수 있다. 많은 기독교인은 자기의 가치관과 세속적인 가치관 사이에 넓은 골이 있음을 알고 있다. 특히 성적인 문제에 대해서는 더욱 그렇다. 이런 심리는 '집단 희생자 의식collective victimhood'으로 곧바로 전이될 수 있다. 저 속된 '문화'가 자기들에게 해코지를 하고 있으므로 자기들만의 순수한 거주지 안으로 움츠러들어야만 한다고 생각하는 것이다. 그런데 특이한 점은 이 집단 희생자 의식이 이것에 사로잡혀 있는 사람들에게는 좋은 것으로 느껴진다는 사실이다. 이 의식은 세상을 해석하는 지름길을 제공하는데, 바로 '고귀한 우리 대 힘 있고 죄 많은 저들'이라는 관념의 틀이다. 자기들은 순진무결한 희생자라는 것이다.

이렇게 되면 기독교는 겸손한 신앙이 아니다. 문화 전쟁 전선에 선 전투 여단이다. '복음주의적'이라는 말은 더는 형용사가 아니라 어떤 명사, 어떤 부족으로 전환된다. 그다음에는 결과가 수단을 정당화하게 된다. 자기 부족을 지키기 위한 것이라면 무엇이든 정당하다. 그다음에는 외부 세상을 향한 적대감이 일반화된다. (목사가 "저 속된 문화"라는 말로 어떤 문장을 시작할 때마다 그는 설교를 그만두는 셈이 된다. 그 말 하나면 다 되니 굳이 길게 할 필요가 없다. 그냥 누워서 낮잠이나 자는 것 말고는 달리 할 일이 없다.) 그다음에는 랍비 조너선 색스가 "병적인 이원론 pathological dualism"이라고 부르는 것과 맞닥뜨리게 된다. 세상은 의심할 여지 없이 선한 사람들과 구제할 길 없는 악한 사람들이라는 두 집단으로 나뉜다고 보는 심리이다.

두 번째 장벽은 남의 말을 잘 듣지 않는 것이다. 일부 종교인들은 틀에 박힌 격언이나 자동차 범퍼 스티커용 속담 같은 말들로 단단히 무장한 채 남들과 대화를 한다. 이들은 상대방이 제기하는 질문은 사실상 듣지 않으면서, 맥락이나 상황에 전혀 개의치 않고 자기가 외우고 있는 문구들만 그저 앵무새처럼 읊어 댄다.

세 번째 장벽은 오지랖이 지나치게 넓은 것이다. 어떤 사람은 신앙을 핑계 삼아 남이 부탁하지도 않았음에도 불구하고 남의 일에 간섭하고 나선다. 이들은 자기는 그저 연민과 관심을 드러내는 것일 뿐이라고 생각한다. 또 자기가 기도를 통해 다른 사람의 인생에서 진행되고 있는 중요한 무언가를 알아냈다고 생각하며, 또 이것을 그 사람에게 꼭 말해 줘야 한다고 생각한다. 그러나 사실 이들은 신이 그러기를 원한다는 구실 아래, 자기가 전혀 환영받지 못하는 곳에서 자신이 전혀 알지 못하는 어떤 것을 주절주절 떠들어 댈 뿐이다.

네 번째 장벽은 지적 평범함이다. 나는 예일대학교에서 강의를 한다. 여기에서는 교수들이 서로 상대방의 논문을 놓고 토론할 때 무서울 정도로 전투적이다. 그러나 이들은 탁월함을 추구하는 과정에 한해서만 그렇다. 그런데 기독교인은 서로에게 전투적이지 않다. 그들은 자기가 훌륭하길 바라고 또 모든 공방을 부드럽게 잠재우길 원한다. 그렇기 때문에 진리의 보석은 단단해지지 않는다. 모호한 말과 두루뭉술한 감정이 용인되는데, 다들 서로에게 친절한 사람이 되길 바라기 때문이다. 여러 해 전 기독교 역사학자이자 개혁 복음주의자인 마크 놀Mark Noll이 복음주의에 지성이라 할 만한 것이 별로 없는 현실을 다룬 《복음주의 지성의 스캔들The Scandal of the Evangelical Mind》이라는 책을 냈는데, 몇 가지 두드러진 예외가 있긴 하지만 이 스캔들은 지금도 여전히 진행되고 있다.

이런 것들이 내 여정을 방해하는 장벽들이다. 그런데 내 여정을 한결 쉽게 만들어 주는 연결로들도 있다.

첫 번째 연결로는 의례이다. 종교에는 촛불 밝히기, 절하기, 서 있기, 행진하기, 쉬기 같은 온갖 의례로 가득하다. 이런 관습들은 도덕적 질서와 성스러운 이야기를 드러내기 위한 총체적인 법규이다. 이것들은 특정한 교훈과 진리를 상기시킨다. 유대교 율법에서는 촛불을 밝힐 때 향도 함께 피우는데, 이것은 우리의 삶에서 지식의 불빛은 열정 및 여러 감각의 경험과 연결되어 있기 때문이다. 우리는 차갑고 냉정한 이성주의자가 아니라 열정을 통해 소중한 것을 배운다.

사회학자인 크리스틴 스미스Christian Smith는 이렇게 말한다.

"예배는 의례에 따라 어떤 전통, 경험, 역사, 세계관을 재연한다. 이것은 말, 음악, 이미지, 향기, 맛 그리고 신체 움직임 속에서 성스러운 믿음 체계를 극적이고 물질적인 형태로 표현한다. 예배에서 참가자들은 의례를 수행하는 동시에 지켜보고, 진리를 수행하는 동시에 자기에게 영향을 미치는 그 진리를 알고, 과거를 기억하는 동시에 그것을 미래로 나른다."[2]

예배 과정에서 두 팔을 벌리는 것은 기묘할 정도로 강력한 힘을 발휘하는데, 이 작은 신체 동작이 사람의 마음을 활짝 열어 신 앞에 무장 해제 상태로 만든다.

두 번째 연결로는 부끄러움을 모르는 신앙이다. 보수적인 유대교 교회에서는 부끄러움을 모르는 신앙을 거의 볼 수 없다. 그러나 정통적인 유대교 교회에서는 흔히 볼 수 있는데, 사람들은 탈리트(유대인이 아침 기도 때 입는 숄-옮긴이)를 걸치고서 몸을 흔들며 큰 소리로 울부짖는다. 이와 비슷하게 주류 프로테스탄트 교회에서는 부끄러움을 모르는 신앙을 거의 볼 수 없다. 적어도 시에라클럽Sierra Club(1892년 미국에서 설립된 세계적인 민간 환경운동 단체-옮긴이)에서의 신앙이 아니라면 말이다. 그러나 은사주의 교회charismatic church들에서는 부끄러움을 모르는 신앙을 볼 수 있는데, 여기에서는 사람들이 두 손을 높이 쳐들고 눈을 감은 채 "할렐루야!"를 큰 소리로 외쳐 댄다. 여기에는 분명 어떤 퍼포먼스의 요소가 있긴 하지만, 스스로를 드러내는 것을 두려워하지 않는 신앙에 대한 전염성 있는 무언가가 존재한다.

세 번째 연결로는 기도이다. 나는 솔직히 기도를 잘하는 사람이 아니다. 나는 대체로 신보다는 나와 함께 있는 사람에게 말을 더 많이 한다. 불행하게도 나는 기도 도중이나 기도를 마친 직후에 늘 내 기도에 대해 문학 비평을 한다. 그러다 보니 지루한 기도, 맥락을 잃어버린 기도가 된다. 《보바리 부인Modame Bovary》에서 플로베르는 다음과 같이 썼는데, 내가 하는 기도도 마찬가지이다.

"사람이 하는 말은 곰들이 춤추도록 조잡한 리듬으로 두드리는 깨어진 무쇠솥과 같지만, 그럼에도 우리는 하늘의 별도 녹일 음악을 만들길 갈망한다."

그러나 심지어 이제 막 신앙의 여정에 발을 들여놓은 사람도 기도를 할 수 있다. 기도는 신과의 만남이며 신과 나누는 대화이다. 말하기 가장 쉬운 기도는 식사 때나 다른 좋은 일이 있을 때 올리는 감사 기도이다. 이런 쉬운 기도조차 좋은 기도가 되는데, 감사하는 마음이야말로 이기주의가 성장하지 못하는 토양이기 때문이다.

대화는 상대가 누구냐에 따라서 달라진다. 신과 나누는 대화는 은총을 맞이하는 대화인데, 이 은총은 분에 넘치는 사랑일 뿐 아니라 그 사랑을 받는 사람이 가진 결점들로 가장 강력하게 흘러드는 그런 사랑이기도 한다. 그러므로 더 깊은 기도는 일반 사람과 나누는 대화와는 질적으로 다른 놀라운 특성을 가지고 있다.

이런 종류의 기도에 담기는 정서의 톤은 산문으로 포착하기 어려운데, 그래서 많은 사람들이 17세기 영국의 사제이자 시인인 조지 허버트George Herbert의 시를 이야기한다.

> 기도는 교회의 성찬, 천사들의 시간,
>
> 탄생의 순간으로 돌아간 인간이 느끼는 신의 숨결,
>
> 다른 말로 쉽게 표현한 영혼, 순례에 나선 마음
>
> ......
>
> 만물이 듣고 두려워하는 선율 같은 것.
>
> 너그러움, 평화, 기쁨, 사랑, 축복,
>
> 고귀한 음식 만나, 더없는 행복,
>
> 일상에 깃든 천국, 잘 차려입은 사람,
>
> 은하수, 파라다이스의 새.

시간이 흐르면서 기도는 욕구들의 방향을 바꾼다. 신에게 말하는 행위는 사람을 특정한 방식으로 기울게 만든다. 이제 당신은 신에게 합당한 대화를 하고 싶어 한다. 당신은 자기 바람이 신을 기쁘게 하고 영광스럽게 하는 쪽으로 기울어지기를 원한다. 오랜 세월을 함께한 노부부가 서로 닮는 것처럼, 오랜 세월 신과 대화를 나누는 사람은 비밀스러운 차원, 신만이 볼 수 있는 지점들에서 신을 닮게 된다.

네 번째 연결로는 영적인 의식이다. 세속적인 세상에서 살아가는 우리는 모든 것을 물질적인 인과 관계(경제학, 투표 패턴, 국제 관계 등)로

축소하려는 경향이 있다. 그러나 이런 관점은 상황을 끊임없이 악화시킨다. 인간은 협소하게 규정된 경제적·정치적 이해관계에 따라 움직이는 물질적이기만 한 존재가 아니기 때문이다.

정말로 신앙이 깊은 사람과 함께 있을 때는 무슨 이야기를 나누든 한층 더 풍성한 대화를 하게 된다. 종교 공동체들은 자연스럽게 전인적인 인간에 대해, 육체와 정신만큼이나 심장과 영혼에 대해 얘기하기 마련이다. 종교 공동체가 가난한 사람들을 돌볼 때 그리고 종교 대학이 학생들을 가르칠 때, 단지 돈만이 아니라 존엄성과 사랑과 목적을 필요로 하는 전인적인 인간으로 그들을 섬기고 가르친다.

다섯 번째 연결로는 선과 악의 언어이다. 이 언어 역시 공식적인 세상에서는 대개 버려져 왔다. 오늘날 '죄'라는 단어는 '죄 많은 초콜릿 케이크'처럼 디저트와 관련해서 주로 사용된다. 그러나 만일 당신이 가장 깊은 여행에 대해 말하고 싶다면, 당신에게는 '죄' '영혼' '타락' '구원' '성스러움' '은총' 등과 같은 단어들이 필요하다. 만일 수직축의 인생에 대한 어떤 개념을 가지고 싶다면, 선함과 악함의 다양한 층위에 대한 개념이 필요하다. 당신이 종교 세계로 들어가서, 민감하고 지적이고 신중하게 이런 것들에 대해 생각하고 말하는 사람을 단 몇 명만 만난다 하더라도, 당신은 엄청나게 강력한 영향을 받는다.

마지막 여섯 번째 연결로는 순수한 충격이다. 종교는 영원히 끝나지 않는 놀라움이다. 창조의 과정이 여전히 살아 있으며, 보편적인 사랑과 같은 것이 존재한다는 생각을 가지고 있을 때는 결코 편안해질 수 없다. 그리고 무엇보다 큰 충격은 몇몇 신자들이 보여 주는 사랑의 방식이다. 테레사 수녀는 도대체 왜 수십 년을 빈민가에서 보냈을까? 가톨릭 수도사이자 작가 토머스 머턴은 도대체 왜 수십 년을 수도원에서 보냈을까? 사회운동가 도로시 데이는 도대체 왜 수십 년을 가난 속에서 살면서 가난한 사람들에게 빵을 나눠 주었을까? 신학자 디트리히 본회퍼는 죽을 줄 뻔히 알면서도(그리고 실제로 죽음을 당하게 되면서도) 도대체 왜 독일로 돌아가서 히틀러에게 저항했을까? 이 사람들은 그곳에 가면 해변에서 멋진 휴가를 보낼 수 있을 거라고 생각했을까? 멋진 요리가 나오는 훌륭한 식당이 있을 거라고 생각했을까?

그런데 방금 예로 든 이들은 이름이 알려진 사람들일 뿐이다. 이들 외에도 신이 자기에게 그 힘든 일을 하라는 소명을 내렸다는 믿음 하나로 병원에서 또 빈민가에서 약한 자와 가난한 자를 돌보면서 평생을 바친 수많은 사람이 있다.

인생에서 가장 자연스러운 충동은 재산이나 권력이나 지위의 사다리에서 위로 높이 올라가는 것이다. 그런데 굳이 아래로 내려가는 사람들이 전 세계에 널려 있다. 우리는 '겸손하다'라는 단어를 동사로 사용하지 않지만, 마땅히 그렇게 해야 한다. 이들은 종을 자처하며 종으로서 해야 할 일을 실천한다. 이들은 무릎을 꿇고 도움이 필요한 사람의 발을 씻겨 준다. 보이지 않는 곳과 주변부를 찾아다니면서 결코 자기를 내세우지 않는다. 이들은 말이 안 되는 상황에서 용서를 베풀고, 생명의 위협을 기꺼이 무릅쓰면서까지 극단적인 친절을 베푼다.

2003년에 세상을 떠난 프레드 로저스Fred Rogers를 다룬 다큐멘터리 영화가 2018년 개봉되었다. 로저스는 어른보다는 아이가 신에게 더 가까울 수 있다는 생각을 바탕으로 텔레비전 프로그램을 만든 방송인, 음악가, 작가이자 장로교 목사였다. 일반적으로 어른들은 나이를 먹으면서 점점 더 세련되지기를 원하지만, 그가 만든 프로그램은 단순함 그 자체를 다루었다. 예를 들면 운동화 끈을 묶을 때의 단순함이나 사랑을 공개적으로 선언할 때의 단순함 같은 것들이었다. 또 일반적으로 어른들은 나이를 먹으면서 점점 더 단호함과 자급자족의 성향이 강해지지만, 그가 만든 프로그램은 상처받기 쉬운 특성과 의존성을 향해 나아갔다. 한번은 로저스의 내면 아이를 상징하는 인형이 〈가끔 난 내가 불량품이 아닐까 하는 생각을 해 Sometimes I Wonder If I'm a Mistake〉라는 노래를 불렀다. 로저스는 자기가 잘못 만들어진 것 아닐까 하는 생각을 때때로 했던 것이다. 어른이 된다는 것은 일반적으로 작은 것에서 큰 것으로 바뀐다는 뜻, 세상에서 무언가 큰 어떤 일을 하게 된다는 뜻이다. 그러나 로저스는 〈작고도 큰Little and Big〉이라는 노래를 썼다. 작지만 선한 것의 사랑스러움을 담은 노래였다. 한 에피소드에서는 함께 발 씻기를 하기도 했다. 어떤 사람들은 로저스가 실제로 그렇게 진실하고 선량한 사람일 수 있을지 의아하게 여겼다. 그러나 그 다큐멘터리 영화는 그가 정말로 그런 사람임을 확인시켜 준다. 그리고 영화가 끝나자 모든 관객이 극장에 발을 들여놓을 때는 전혀 예상치 못했던 울음을 터트린다. 그런 전복적인 선함에는 놀랍고 강력하고 또 사람을 압도하는 무언가가 담겨 있다.

"겸손함이 있는 곳에 장엄함이 있고, 약함이 있는 곳에 강함이 있으며, 죽음이 있는 곳에 생명이 있다. 그러니 후자들을 갖고자 한다면 전자들을 우습게 여기지 마라."

아우구스티누스가 했던 말이다. 시인 T. S. 엘리엇도 신앙생활의 이상적인 모습을 다음과 같이 포착해 냈다.

"완전한 단순함의 상태 / (모든 것을 다 바쳐 노력하는)"

모든 것에서 신성함이 반짝거린다
—

내 일을 도와주다가 휴스턴으로 떠난 앤은 거기서 3년 넘게 살았고, 그 기간 동안 우리 두 사람의 인생은 온갖 우여곡절을 거쳤다. 그런데 당시에는 불가능해 보였고 지금은 도저히 피할 수 없었던 일로 보이는 사랑의 힘으로 우리는 2017년 봄에 결혼했다. 그러니까 앞에서 설명했던 일들이 일어난 지 4년 뒤였다. 어쨌거나 우리 사이의 이야기는 더없이 행복한 결론으로 이어졌다.

정신없이 사랑에 빠져 행복해 어쩔 줄 모르는 상태는 나의 신앙에 좋기도 했고 나쁘기도 했다. 황홀한 사랑의 순간들에는 사랑이 너무 많아서 흘러넘친다. 그때 사랑은 이 특정한 여성에 대한 사랑에서 더 높고 더 보편적인 사랑으로 향하고 결국에는 사랑의 원천에까지 이른다. 그런 한편으로 나는 행복을 누리면서 고통은 뒤로 밀쳐 버렸다. 덕분에 내가 정말로 우울할 때 맞닥뜨렸던 깊고 어둡고 괴로운 정신적·영적 위기들이 나에게 더는 얼씬거리지 않는다(정말 속이 시원하다).

그런데 신앙 측면에서는 여전히 근본적으로 미완성이고 불완전하다. 그러나 신앙이 불완전하다는 것이 불만족스럽다는 것은 아니다. 랍비 아브라함 헤셸은 "나는 행복 대신 경이로움을 달라고 기도했다. 그러자 행복과 경이로움 둘 다 나에게 찾아왔다"라고 썼다. 정통 유대교도는 종교란 세상의 신성화라고, 모든 것에서 신성함이 반짝거리는 걸 보는 것이라고 말한다.

"놀라운 경배astonished reverence"는 이 세상에 신이 존재함을 묘사할 때 사용하는 표현이다. 우리는 신의 무한함에 놀라고 신이 우리를 돌본다는 사실에 놀란다. 작가 워커 퍼시는 "신은 꼬부라진 선들로 곧게 쓴다God writes straight with crooked lines"라고 했다(이것은 '신은 불완전한 존재인 인간을 통해 완벽한 계획을 성공시킨다'는 뜻이다-옮긴이). 우리는 초자연적인 기묘함에 놀란다. 예수가 보인 첫 번째 기적은 결혼 잔치 집에서 물을 포도주로 바꾼 것이었다. 이제 누가 행사나 모임에서 사람들을 재미나게 해 주는 마술로 신앙생활을 시작할까?

나는 지금까지 걸어 온 나의 신앙 여정이 그 이전보다 더 많은 겸손함을 나에게 불어넣었기를 희망한다. 이 여정이 더 많은 희망을 나에게 불어넣었다고 나는 확신한다. 오늘날 신앙은 바닷물을 가르는 허연 수염을 기른 어떤 노인이 가졌던 신앙처럼 느껴지지 않는다. 이제 신앙은 내가 상상했던 것보다 더 넓은 가능성 속에 있는 것처럼 느껴지며, 또 사람들은 그 가능성의 그림자 안에서 자기의 인생을 살아가는 것으로 느껴진다.

실체는 희미하게 빛나고 있다. 지하철에서 당신 옆에 있는 사람은 그냥 어떤 몸뚱이가 아니다. 내 친구이자 내가 자주 인용하는 심리학자인 에밀리 에스파하니 스미스가 한번은 나에게 자기 남편과 다

투었던 때 이야기를 했다. 두 사람은 곧 화해하고 볼일을 보러 함께 외출했다. 그리고 편의점 앞에 차를 세웠다. 에밀리는 한바탕 싸움을 한 뒤끝이라서 아직 눈물이 마르지 않았고 또 진이 빠진 상태였다. 두 사람이 계산대에서 계산을 할 때 점원이 이런저런 걸 물었다. 부부냐, 아이가 있느냐, 어디에 사느냐. 그렇게 한동안 묻고 나서 점원은 두 사람을 바라보며 싱긋 웃더니 이렇게 말했다.

"아시는지 모르겠지만, 두 분은 정말 잘 어울리는 커플이네요."

그것이야말로 에밀리가 그 순간에 정말 듣고 싶었던 말이었다. 마음을 따뜻하게 감싸 주는 말이었고 사랑이 듬뿍 담긴 말이었으며 자비로운 은총의 표현이었다. 그때 그녀는 한 번도 해 보지 않았던 어떤 생각을 떠올렸다.

'아, 세상에는 진짜 천사가 있나 봐!'

이 책에서 나는 헌신의 결단이라는 것은 우리가 세상에 하는 일련의 약속이라는 말을 줄곧 해 왔다. 그러나 어떤 무한한 사랑의 존재가 우리에게 무슨 약속을 했을 가능성을 생각해 보라. 우리가 무한한 헌신의 대상일지도 모를 가능성, 그리고 그 헌신이 우리를 구원하고 우리를 '집'으로 데려다줄 가능성을 생각해 보라. 바로 이것이 종교가 희망인 이유이다. 나는 방황하는 유대인이자 혼란에 휩싸여 있는 기독교인이다. 그러나 나의 발걸음은 얼마나 빠른지 모른다. 나의 가능성은 얼마나 열려 있는지 모른다. 그리고 나의 희망은 얼마나 광대한지 모른다.

PART 5

공동체에 대하여

Chapter 23

공동체의 회복은 매우 느리고 복잡하다

제인 제이콥스의 싸움

—

1950년대 말의 어느 날, 저술가이자 사회운동가였던 제인 제이콥스
Jane Jacobs는 그리니치빌리지에서 2층 창문을 통해 아래를 내려다보
고 있었다. 그런데 한 남자가 어린 여자아이와 실랑이를 벌이고 있었
다. 남자가 여자아이를 어떤 곳으로 데리고 가려 하는데 아이는 한
사코 가지 않겠다고 버티는 모습이었다. 그 순간 제이콥스는 자기가
어린이 유괴 현장을 목격하고 있는지 모른다고 생각했다. 그녀가 아
래로 내려가려고 몸을 돌리려는데 마침 정육점 주인 부부가 가게에
서 길로 나서는 게 보였다. 이어서 과일 장수가 자리에서 일어났고,
열쇠공도 나타났으며, 세탁소에서도 몇 사람이 나왔다.

"그 남자는 알지 못했지만, 이미 그는 포위되어 있었다."

제이콥스가 《미국 대도시의 죽음과 삶The Death and Life of Great
American Cities》에서 쓴 구절이다.

하지만 알고 보니 아무 일도 아니었다. 그저 아버지와 딸 사이의
사소한 실랑이일 뿐이었다. 그러나 그 장면에서 제이콥스는 올바른

결론을 이끌어 냈다. 건강한 마을에서 길거리의 안전은 주로 경찰이 아니라 동네 사람들이 지켜 낸다는 결론이었다. 안전을 지키는 것은 바로 "사람들 사이에서 그 사람들이 스스로 강제한 자발적 통제와 표준의 복잡하고 무의식적인 관계망"이었다.[1]

제이콥스는 계속해서 자기가 거주하는 블록의 거리 풍경을 구성이 복잡한 발레 작품이라고 묘사한다. 이 발레는 아침 일찍 제이콥스가 차고를 나서고 아이들의 부모가 아이를 학교로 데려다줄 무렵부터 시작된다. 오후에도 계속 이어지는데, 가게 주인들이 가게 앞에서 서성이고 우편집배원이 지나가고 부두 노동자들이 맥주 한잔하려고 술집으로 모여들고 연인들은 느긋한 걸음으로 거리를 거닌다.

"내가 퇴근해 집으로 돌아올 때쯤 발레의 속도는 점점 빨라진다. 이때는 롤러스케이트와 죽마와 세발자전거의 시간이다. …… 이때는 물건들을 산 꾸러미와 장바구니의 시간으로 사람들은 약국에서부터 과일 상점까지 부산하게 오간다."

정신없고 제멋대로인 것 같지만 역동적이고 유기적인 질서가 이 거리에 엄연하게 존재한다고 제이콥스는 주장한다.

"이 오랜 도시가 겉으로는 무질서해 보이지만, 그 아래에는 동네 사람들의 안전을 지켜 주는 놀라운 질서가 자리하고 있다."[2]

제이콥스는 로버트 모지스Robert Moses(1924년부터 1963년까지 롱아일랜드 주립공원위원회 회장과 뉴욕주 공원위원회 의장을 지내면서 뉴욕주와 뉴욕시의 도로, 다리, 운동장, 공원, 주택 등의 개발을 주도했다-옮긴이)와 같은 도시 계획 전문가들이 이런 종류의 거리 풍경을 파괴하던 무렵에 글을 썼다. 이 전문가들은 제이콥스가 찬양하는 거리 풍경을 시대에 뒤떨어지고 비효율적이라고 보았다. 이들은 거리는 자동차를 이동시키기 위한 기계여야 한다고 생각했다. 이런 새로운 발상이 힘을 얻으면서 도시 계획 전문가들은 시가지를 관통하는 고가 도로를 건설하기 시작했으며, 갈색 벽돌로 된 오래된 공동 주택들을 철거하고 그 자리에 텅 빈 광장들에 둘러싸인 고층 아파트 단지들을 세웠다.

제이콥스는 사람들이 오래된 동네의 풍경을 도시 계획 전문가들과는 다른 관점으로 바라보기를, 그리고 그들의 비인간적인 도시 계획에 저항하기를 바랐다. 오늘날 적어도 도시 계획 차원에서 보자면 제이콥스가 그 싸움에서 이겼다. 지금은 도시의 오밀조밀하고 다양한 거리 풍경의 가치를 누구나 이해한다. 그러나 공동체 만들기라는 훨씬 더 큰 사안(이것이 제이콥스가 관심을 가졌던 진정한 주제였다)에서 보자면 싸움은 여전히 계속되고 있다.

어떤 공동체가 건강한가

—

건강한 공동체는 인간관계가 두텁게 형성되어 있는 하나의 체계(시스템)이다. 이런 공동체는 여러 면에서 불규칙적이고 역동적이며 유기적이고 또 개인적이다. 누군가가 무거운 짐을 들고 쩔쩔 맬 때면 이웃 사람이 나타나서 도와준다. 공동체 정신이 풍성한 마을에서는 사람들이 다른 사람이 하는 일에 관여하고, 서로의 비밀을 알고 있으며, 슬픈 일이 있을 때는 슬픔을 나누고 기쁜 일이 있을 때는 기쁨을 나눈다. 이런 공동체에서는 사람들이 자녀를 양육하는 일에도 서로 돕는다. 60년쯤 전까지만 하더라도 인류 역사의 전형적인 특징이었던 이런 공동체에서는 요즘에는 가족끼리만 하는 일들을 마을 차원에서 함께했다. 마을 사람들은 번영과 생존을 위해 서로를 필요로 했다. 농작물을 수확한다든가 어려운 시기를 버틴다든가 하려면 서로에게 의지해야만 했기 때문이다.

부유한 공동체에서는 어떤 사람이 일자리를 잃으면 이웃들이 새로운 일자리를 찾을 수 있도록 돕는다. 집에서 고립감을 느끼는 사춘기 청소년이라면 언제나 문이 열려 있는 이웃집에서 따뜻한 유대감을 느끼며 시간을 보낼 수 있다. 이런 공동체에서는 흔히 "미스 톰킨스"처럼 강인하고 나이 든 여성이 있기 마련이다. 언제 어디서나 나타나며, 십 대들에게 언제 음악 소리를 낮춰야 하는지 말해 주고, 어린아이들에게는 자동차 근처에서는 뛰지 말라고 일러 주며, 또 어떤 일에 대한 책임을 누가 져야 할지 정리해 주고, 마을이 정상적으로 굴러가도록 이런저런 참견을 하고 집행하는 그런 사람 말이다. 모두가 이런 미스 톰킨스를 다소 두려워하지만 또한 동시에 사랑한다. 그녀는 마을에서 어머니 역할을 하는 사람이며, 그 누구보다 시장 역할을 확실하게 수행한다.

이런 유형의 공동체에서는 사회적인 압력이 조금은 무겁게 느껴질 수도 있고 이웃의 간섭이 때로는 참기 어려울 때도 있긴 하지만, 이런 불편함은 충분히 감수할 가치가 있다. 거기에 따르는 편익이 그만큼 크기 때문이다.

학자들은 이런 유형의 공동체를 놓고 이야기를 할 때 "사회적 자본social capital"이라는 용어를 사용하지만, 그렇게 대단한 용어는 아니다. 사회학자들은 흔히 딱딱하고 경제학적으로 들리는 개념들을 사용함으로써 경제학자들의 명망을 빌리려고 애쓰기 때문이다. "사회적 자본"이라는 표현은 측정 대상이 양적인 것임을 암시한다. 그러나 관심이나 보살핌은 기본적으로 질적인 것이다. 구성원들 사이의 인간관계가 깊게 느껴질 때, 다시 말해 신뢰의 역사가 쌓여 있고 서로가 소속감을 공유하고 있고 또 서로를 아끼는 규범과 서로 돕는 관습이 마련되어 있으며 심장과 영혼에서 우러나오는 애정이 사람들 사이에 존재할 때, 이런 공동체는 건강하다.

우리 모두의 내면에서 벌어지고 있는 전쟁
—

얼마 전에 나는 이스라엘에서 살다가 캘리포니아 남부의 부유한 마을로 이사 온 어떤 부부를 만났다. 이들은 몇 달 전에 놀라운 일을 겪었다면서 그 이야기를 해 주었다. 일 때문에 출장을 가 있던 남편이 어느 날 밤 집으로 전화를 해서 아내와 제법 길게 통화를 했다. 통화를 끝낸 뒤 아내는 네 살배기 아들이 잘 있는지 보러 아이의 방으로 갔다. 그런데 아이가 방에 없었다. 깜짝 놀란 아내는 미친 듯이 온 집 안을 뒤졌다. 그래도 아이는 보이지 않았다. 그래서 풀장으로 달려갔다. 혹시 거기 빠진 게 아닐까 해서였다. 하지만 거기에도 아이는 없었다.

아내는 집 밖으로 나가 온 동네를 돌아다니면서 있는 힘껏 아이의 이름을 불러 댔다. 그때 시각이 밤 10시쯤이었다. 몇몇 집에서 불이 켜졌다. 그러나 밖으로 나와 보는 사람은 아무도 없었다. 그 무렵 아내는 거의 이성을 잃은 상태였다. 그러다 혹시나 하는 마음으로 한 번만 더 찾아보려고 집으로 다시 돌아갔다. 그런데 아이가 거실에 있었다. 아이는 쿠션으로 요새를 만들어 놓고 그 안에서 평화롭게 잠들어 있었던 것이다.

다음 날이 되었다. 그녀가 집 밖으로 나갔을 때 이웃 사람 몇 명이 그녀에게 지난밤에 왜 그렇게 아이의 이름을 고래고래 부르면서 거리를 뛰어다녔느냐고 물었다. 그 여성은 이 이야기를 하면서 도저히 믿을 수 없다는 얼굴로 나를 바라보았다. 엄마가 아이를 잃어버려서 찾고 있는데 아무도 나서서 도와주지 않는 공동체가 도대체 어디에 있느냐고 말이다. 만일 이스라엘에서 그런 일이 일어났다면 온 동네 사람들이 잠옷 바람으로 거리로 나와서 아이를 찾았을 것이라고 했다.

우리가 지금 살고 있는 미국은 제인 제이콥스가 살던 시대의 미국이 아니다.

모든 장점을 다 갖추고 있는 어떤 마을에서 이런 일이 일어난다. 서구 사회 공동체들에서는 사회적 얼개가 훨씬 더 심하게 찢어져 있다. 로버트 퍼트넘, 시더 스코크폴Theda Skocpol, 찰스 머레이Charles Murray, 마크 던클먼Marc Dunkelman을 비롯한 많은 사람들이 사회적 얼개의 파편화 현상을 철저하게 기록해 왔는데, 내가 여기서 굳이 그들이 연구한 내용을 반복할 필요는 없지 싶다. 나는 그저 이 모든 사회적 고립이 초래한 끔찍한 결과들만 다시 언급하고자 한다.

자살이 유행병처럼 번지는 것은 이런 고립 상태의 생생한 증거이다. 평균 수명이 줄어든 현상 역시 또 다른 증거이다. 이른바 "절망의 죽음deaths of despair"(사회적 전망의 상실, 경제적 불평등이나 가난 때문에 좌절해 알코올중독, 약물중독, 우울증 등에 빠져 자살하거나 죽는 것-옮긴이)이다. 무차별 대량 살상 사건이 확산되는 것도 마찬가지 증거이다. 대량 살상은 총기나 선동과 관련된 문제이기도 하지만 사회적 고립과 정신 착란 증세의 확산과 관련된 문제이기도 하다. 총기 사건의 범인은 늘 외로운 사람이다. 사회 구조에 넓고 깊게 나 있는 틈 사이로 추락한 사람이고 외롭고 실망스러운 인생을 살아가는 사람이며, 그러다가 어느 날 아무런 의미가 없는 익명에서 높은 악명으로 피비린내 나는 도약을 시도하겠다는 결심을 한 사람이다. 이런 사람들은 자기를 사로잡고 있는 실망을 설명해 주고 또 자기가 무언가와 연결되어 있다는 느낌을 주는 극단적인 이념들에 이끌린다. 이들은 무고한 사람들을 죽임으로써 어떤 정당한 대의를 위해 싸우는 전사가 될 수 있다는 생각을 자기 자신에게 주입한다.

우울증을 비롯한 여러 정신 질환을 앓는 사람의 수가 늘어나는 것 역시 사회적 고립 현상의 증거이다. 사람들은 우울증이나 그 밖의 정신 질환들은 기본적으로 뇌의 화학적 불균형 때문이라고 말하는 데 다들 익숙해져 버렸다. 그러나 저널리스트 조핸 해리Johann Hari가 《잃어버린 연결성Lost Connections》에서 썼듯이, 정신 질환 관련 쟁점들은 신경 화학의 문제이기도 하지만 또 그만큼 인생의 여러 문제, 즉 오랜 외로움, 의미 있는 일의 상실, 공동체의 부재 속에서 느끼는 압박감과 스트레스 등의 문제이기도 하다.

"오래 지속되는 외로움은 당신의 사회성을 차단하고, 당신이 사회적인 접촉을 점점 더 의심하도록 만든다. 당신은 위험에 지나치게 예민한 과잉 경계hypervigilance 상태에 빠진다. 아무 일도 아닌 것에 벌컥 화를 내기 시작하고 낯선 사람을 두려워한다. 자기에게 가장 필요한 것조차 두려워하기 시작한다."

어쩐지 오늘날의 미국 정치를 요약한 것처럼 들린다. 그렇다, 정치적 양극화 역시 사회적 고립의 산물이다.

미국 사회의 토대, 즉 국가와 시장을 비롯해 모든 것이 의존하는 신뢰와 인간관계 그리고 헌신의 망이 무너지고 있다. 이에 따른 결과는 그 어떤 전쟁 못지않게 유혈이 낭자하고 피비린내가 진동한다.

어쩌면 지금이 이런 현상을 하나의 전쟁으로 보기 시작해야 할 시점이 아닐까 싶다. 한쪽 진영에는 분리와 불화와 고립을 조장하는 힘들이 있고, 다른 쪽 진영에는 애착과 연결과 연대를 강화하는 사회의 모든 힘들이 있다. 바야흐로 우리는 사회적 얼개를 찢으려는 진영과 이 얼개를 강화하려는 진영 사이의 마지막 대결전을 목격하고 있는 듯하다.

그런데 이 전쟁에는 특별히 까다로운 점이 있다. 이것은 선량한 사람들의 집단과 사악한 사람들의 집단이 벌이는 전쟁이 아니라는 점이다. 이 전쟁은 모든 사람의 마음속에서 진행되고 있다. 사람들은 대부분 두 진영에 동시에 속해 있다는 말이다.

19세기 프랑스의 정치철학자이자 역사가인 알렉시 드 토크빌은, 극단적인 개인주의는 사람들이 스스로를 자립적인 모나드monad(무엇으로도 나눌 수 없는 궁극적인 실체-옮긴이)로 보게 만들고 각각의 고립된 자아를 다른 고립된 자아들과 단절시키도록 만들 것이라고 예측했다. 이 예측대로 우리는 대부분 극단적인 개인주의를 자기 안으로 수용해 버렸다. 우리는 대개 일중독 윤리를 신봉하고 있어서 공동체를 위해 함께할 시간 여유가 거의 없다. 언론계 종사자들은 기사의 조회수를 늘리는 방법은 《프라우다Pravda》(러시아 모스크바에서 발행되는 일간 신문으로 소련 붕괴 이전까지는 공산당 기관지였다-옮긴이)처럼 자기 부족의 도덕적 우월성에 대한 확신을 심어 주는 것임을 잘 알고 있다. 우리는 대부분 이웃에 대해 아무것도 모르는 상황을 유발하는 사생활 보호 원칙을 충실하게 따른다. 또한 대부분 어떤 만남에서든 갈등 유발을 목표로 하는 기술을 가지고 살아가며 또 이런 생활 방식에 익숙해져 있다. 그러나 서로에게 관심을 가지고 서로를 위하는 공동체적인 삶은 갈등을 기초로 해서, 끈끈하고 비효율적인 인간관계를 기초로 삼아서 성립한다.

우리가 관심과 보살핌을 외부에 위탁했기 때문에도 공동체는 공격을 받는다. 피터 블록과 존 맥나이트John McKnight가 공저《풍성한 공동체The Abundant Community》에서 주장하듯이, 공동체에서 수행되곤 했던 많은 역할이 시장이나 국가 차원으로 넘어가 버렸다. 오늘날 사람들의 정신적 복지는 심리 치료사의 몫이다. 육체의 건강은 병원의 몫이다. 그리고 교육은 학교 체계의 몫이다.

체계들에서 문제는 이 체계들이 비인격화를 조장한다는 사실이라고 블록과 맥나이트는 주장한다. 체계 속의 기관이나 조직은 대규모로 일을 진행해야 하므로 모든 것이 표준화될 수밖에 없다. 모든 것은 정해진 규칙을 따라야 한다.

"관리의 목적은 반복될 수 있는 어떤 세상을 창조하는 것이다."

그러나 모든 사람은 결코 동일하지 않으며 다 다르다.

관심과 보살핌이 부족할 때 이웃이라는 집단은 쉽게 깨지고 그 구성원들 역시 파편화된다. 사람들은 여전히 예전과 다름없이 이웃 사람들과 함께 살고 있긴 하지만 사람들 사이에 흐르던 신뢰의 물길은 바짝 말라 버린다. 좋지 않은 상황이 발생하더라도 가깝게 의지할 사람이 별로 없다. 사람들은 다들 소속감을 갈망한다. 그러나 이 소속감을 어디에서 찾아야 할지 분명하지 않다. 겉으로는 앞에서 예로 들었던 캘리포니아 남부의 그 마을이 건강한 공동체와 다름없어 보이지만, 정서적인 질은 완전히 다르다. 관심과 보살핌은 소원함과 불신으로 이미 대체되고 없다.

그렇다면 과연 어떻게 공동체를 복원할 수 있을까? 기본적으로는 두 번째 산에 사는 사람들, 자기가 아닌 다른 사람에게 충성을 다하는 사람들에 의해 공동체는 복원된다. 앞에서 나는 '위브: 사회적 얼개 짜기 프로젝트'에 관해 언급했다. 이 프로젝트를 나는 애스펀연구소에서 공동으로 출범시켰다. 이 원고를 쓰고 있는 시점을 기준으로 할 때, 위브 프로젝트를 진행하는 우리는 인간관계를 두텁게 쌓는 일을 자기 생활의 중심에 둔 사람들과 1년 동안 함께 이야기를 나누었다.

공동체를 건설하는 과정은 건물을 지을 때와 마찬가지로 매우 느리고 복잡하다. 제인 제이콥스가 발레 작품이라고 말했던 것처럼 공동체에는 매우 많은 것들이 함께 어우러진다. 지금부터 나는 공동체를 만드는 단계들을 소개하고 설명하려 한다. 이것은 친밀성을 구축하는 단계들과 비슷하지만, 규모가 훨씬 더 크고 또 움직여야 할 조각도 훨씬 더 많다.

공동체 만들기의 첫걸음은 헌신의 결단

—

충분히 상상할 수 있겠지만, 공동체 회복은 헌신에서 시작된다. 어떤 사람은 자기 자신보다 공동체를 우선시하며 살기로 결정한다. 예를 들어 아이샤 버틀러는 시카고에서도 가난하고 폭력이 난무하기로 소문난 지역인 엥글우드에서 성장했다. 여기에서 아이샤는 강도를 당하기도 했다. 폭력배들이 이 지역을 장악하고 있었으며 현관문 바깥에서는 살인 사건이 심심찮게 벌어졌다. 어느 날 밤에는 총알 하나가 유리창을 뚫고 집으로 날아들었다. 이 지역에는 아홉 살짜리 딸을 보낼 제대로 된 학교조차 없었다. 결국 참다못한 두 사람은 좀 더 안전한 애틀랜타로 이사 가기로 결정했다.

아이샤 가족은 친구들과 작별 파티를 한 뒤 이삿짐을 싸기 시작했다. 그날은 일요일이었는데, 아이샤는 창문으로 집 앞길 건너편 공터를 바라보고 있었다. 이 지역에 5000개쯤 있는 공터 가운데 하나였다. 그런데 그 진흙투성이 공터에서 어린 소녀들이 돌멩이며 부서진 병 조각을 던지면서 그리고 폐타이어를 가지고서 놀고 있었다. 아이샤는 남편을 돌아보면서 말했다.

"우린 아무래도 여기를 떠나면 안 될 거 같아."

남편이 깜짝 놀라서 물었다.

"응? 무슨 말이야 그게?"

"만일 우리가 떠난다면 다른 사람들도 모두 우리처럼 떠날 거 아냐. 일자리를 갖는다는 게 어떤 건지 그리고 가정을 꾸린다는 게 어떤 건지 예를 들어 보이려고 여기에 있지는 않을 거야. 우리는 여기에 있으면서 뭔가를 해야 해."

결국 남편은 아이샤의 뜻을 꺾지 못했고, 두 사람은 이사를 가지 않기로 결정했다. 바로 이웃을 위해 헌신하기 위해서였다.

아이샤는 어디에서 시작해야 할지 몰랐다. 그녀는 이웃 사람들을 잘 알지도 못했다. 그래서 "엥글우드 자원봉사자"로 검색을 했고, 이웃에 있는 몇몇 모임을 발견했다. 그 모임 가운데 하나에서 그녀는 교육 분야의 일을 맡았다. 또 다른 마을 모임이 십 대 아이들을 위한 파티를 마련하고 있었는데, 오십 대나 육십 대인 이 모임의 활동가들은 어떻게 하면 십 대 아이들을 재미있게 해 줄 수 있을지 아는 게 전혀 없었다. 그런데 아이샤가 아이들의 정서에 맞춰 힙합과 길거리 구어로 그 파티 행사에서 양념을 쳤다. 또한 그녀는 영화로 접근하면 이웃 사람들이 서로 대화를 나눌 수 있겠다고 생각해서 '다큐멘터리와 대화Docs and Dialogues'라는 모임을 만들었다. 그녀는 함께 짧은 다큐멘터리 영화를 본 다음 그 영화를 소재로 토론을 하자는 취지로 사람들을 초대했다. 그로부터 2년 만에 이 모임 참석자는 수백 명으로 늘어났다.

엥글우드는 여섯 개 구역으로 나뉘어 있었는데 지역 전체를 아우르는 조직은 하나도 없었다. 그래서 아이샤는 '그레이터 엥글우드 주민 연대Resident Association of Grater Englewood, RAGE'를 창설했다('rage'는 '분노'라는 뜻이기도 하다-옮긴이). 이 조직은 채용 박람회를 개최하고 선거철에는 후보자 토론회를 열었다. 또 지역 주민들이 모여서 지역 사람이 소유한 가게들에서 쇼핑을 하는 장터인 '현금 폭탄cash bomb'을 만들었다. 주민 연대가 마련한 목공 프로그램에서는 그래픽 디자이

너들과 기업 간부들 그리고 과자를 구워서 가지고 올 수 있는 사람들이 참가했다. 이런 일들 가운데 영웅적이거나 특이한 것은 하나도 없다. 이제 이곳 사람들은 서로를 잘 안다. 지역 가게들은 "우리는 엥글우드"나 "엥글우드의 딸"이라는 문구가 박힌 티셔츠를 판다.

"나는 작은 승리들을 정말 좋아합니다."

아이샤가 하는 말이다. 모든 것은 헌신하겠다는 결단에서부터 시작된다. 이것이 공동체 건설의 첫 번째 단계이다.

이웃을 변화의 단위로 삼아라

—

공동체 건설의 다음 단계는 이웃을 하나의 전체로서 바라보고 또 그 차원에서 바로잡아 나가야 함을 이해하는 것이다. 한 사람 한 사람에게 개별적으로 초점을 맞추는 것으로는 충분하지 않다.

불가사리 이야기는 다들 들어서 알고 있을 것이다. 한 소년이 수천 마리의 불가사리가 해변으로 떠밀려 와서 말라 죽는 것을 보았다. 이 소년은 그중 한 마리를 집어서 바다로 던져 넣었다. 지나가던 사람이 소년에게 왜 군이 귀찮게 그렇게 하느냐고 물었다. 수천 마리가 죽어 가는데 그깟 한 마리를 살리는 게 무슨 의미가 있느냐는 말이었다. 그러자 소년은 이렇게 대답했다.

"그래도 내 손으로 한 마리는 살렸잖아요."

우리의 많은 사회 프로그램들이 이와 같은 사회 변화 이론에 근거하고 있다. 우리는 사람들을 한 번에 한 명씩 구하려고 한다. 마을에서 똑똑한 아이 한 명을 선발해 장학금을 주고 지원해서 명문 대학교에 진학하게 만든다. 사회 프로그램들과 자선 분야의 노력들은 수천 가지 방식으로 거르고 걸러서 최고의 인재를 선발한다. 이들은 개인이야말로 사회 변화의 가장 중요한 단위라고 여긴다.

물론 개인 단위를 대상으로 좋은 일을 할 수는 있다. 그러나 이런 접근 방식으로는 도덕 생태계를 바꿀 수 없으며 사람들이 살아가는 삶의 형태를 규정하는 온갖 구조와 체계를 바꿀 수 없다.

어쩌면 불가사리 이야기보다는 수영장 이야기가 더 나은 비유일지 모른다. 내가 아는 어떤 사람이 표현했듯이, 수영장을 청소할 때 전체 수영장의 한 부분만 청소를 해서는 아무런 도움이 되지 않고 아무런 의미가 없다. 더러운 부분이 여전히 남아 있을 경우 곧바로 수영장 전체로 퍼지기 때문이다.

공동체를 재건하려면 우선 개인이 아니라 이웃을 사회 변화의 본질적인 단위로 보아야 한다. 만일 자기가 사는 마을에서 사람들의 생활을 개선하려고 노력한다면, 무엇보다 마을 전체의 많은 요소들을 한꺼번에 바꾸는 길을 고민해야 한다.

인터넷 시대의 특징적인 사실 가운데 하나는 거리distance 개념이 여전히 살아서 작동한다는 점이다. 장소는 과거 어느 때보다 더 중요한 요소이며, 우리가 알고 있는 것보다 훨씬 더 중요한 요소이다. 평균적인 미국인은 자기 어머니가 사는 집에서 18마일(약 30킬로미터) 떨어진 곳에서 산다. 전형적인 대학생은 집에서 15마일(약 24킬로미터) 떨어진 대학교에 입학한다. 페이스북 친구를 전국 차원에서 조사한 한 논문에 따르면, 페이스북 사용자가 친구로 설정한 사람의 63퍼센트는 자기가 사는 곳에서 100마일(약 160킬로미터) 안쪽에 사는 사람이다. 오늘날의 미국인은 예전에 비해 많이 이동하기는커녕 오히려 덜 이동한다.

이처럼 좁은 삶의 행동반경 안에서 누군가가 하는 어떤 행동은 전염성이 매우 높을 수밖에 없다. 자살, 비만, 사회적 이동social mobility(소득, 직업, 교육 등에서 사회적 지위가 변화하는 것-옮긴이)은 네트워크 속에서 일어난다. 사람들은 다른 사람의 행동에 어떤 식으로든 영향을 주기 때문이다. 그리고 이때 영향을 주고받는 과정은 거의 무의식적인 차원에서 이루어진다. 경제학자 라즈 체티Raj Chetty가 공동 연구자로 참여한 한 논문에 따르면, 한 마을에서 성장한 아이들은 인구통계학적으로 비슷한 다른 마을에서 성장한 아이들과 매우 다른 인생을 살아간다. 예를 들어 2010년 4월 1일 기준으로, 로스앤젤레스의 와츠 지역에 사는 저소득 흑인 남성 중 44퍼센트가 유치장에 들어가 있었는데, 와츠에서 채 2.3마일(약 4킬로미터)밖에 떨어져 있지 않은 콤프턴에 사는 비슷한 소득의 남성들 중 그날 수감되어 있던 사람은 6.2퍼센트였다.

사회학자 에릭 클라이넨버그Eric M. Klinenberg는 어떤 위기에 맞닥뜨렸을 때 생존 여부를 결정하는 데 이웃이 매우 중요하게 작용한다는 사실을 입증했다. 클라이넨버그는 1995년 폭염 때를 기준으로 삼아 시카고의 두 지역 사망률을 비교했다. 노스론데일과 사우스론데일은 인구통계학적으로 별 차이가 없으며 겨우 도로 하나로 접해 있음에도 불구하고 전자의 사망률은 후자의 여섯 배나 되었다.

이런 차이를 가른 결정적인 요소는 공동체가 가진 유대의 두터움이었음을 클라이넨버그는 발견했다. 서로 만나서 인간관계를 형성할 수 있는 장소가 더 많은 곳에 사는 사람들은 위기의 순간에 서로를 챙겨 준다. 마을에 공공 도서관 하나가 있고 없음에 따라 열사병 사망자가 발생하거나 발생하지 않을 수 있다고는 쉽게 생각하지 못하겠지만, 실제로 큰 효과를 발휘한다.

이러한 이웃 차원에서 생각하기는 권력 구조를 바라보는 시각을 근본적으로 재조정할 것을 요구한다. 이웃이란 단위가 자체의 공공 서비스를 통제하는가? 이웃이란 단위 안에서 구성원들이 서로를 알 수 있는 길거리 시장이나 길거리 축제가 열리는가? 이웃이란 단위에서 공동의 사안을 이야기할 수 있는 토론의 장이 마련되는가?

이웃 차원에서 생각하기는 변화를 이끌어 내는 방식의 근본적인 변화를 뜻한다. 이는 어느 한 지역을 선정해서 학교 개혁, 조기 교육, 예체능 프로그램 등 그 지역의 모든 것을 한꺼번에 전면적으로 다루겠다는 뜻이다. 무한한 긍정적인 영향이 해당 지역에 사는 사람들 서로를 무한하게 복잡한 방식으로 미묘하게 강화한다. 이것은 현재 이루어지는 것과 같은 방식, 즉 한 사람의 기부자가 하나의 프로그램에 재정 기부를 하는 자선 형태의 방식(어떤 '충격'을 이끌어 내기 위해 한 명의 대상 또는 하나의 사업을 떼어 내 특화하려고 시도하는 방식)을 배제한다는 뜻이다. 이웃 차원에서 생각하기는 만병통치약 같은 것은 결코 존재하지 않는다는 현실의 진리를 다시금 절실히 깨닫게 해 준다.

사람들을 모으는 기술

―

이웃이 변화의 단위임을 깨달았다면 이제는 이웃을 하나로 묶을 방법, 즉 사람들 사이에 존재하는 거리감을 지우고 그 자리에 친밀함과 연결성을 심는 방법을 찾아낼 필요가 있다.

공동체 건설의 세 번째 단계에는 사람들을 불러 모으는 기술을 마련하는 것이 포함된다. 사람들을 하나로 묶고 이들의 옆구리를 찔러서 신뢰와 친밀함의 인간관계로 나아가도록 할 어떤 방법론을 개발해야 한다.

저술가이자 컨설턴트인 피터 블록이 《공동체Community》에서 지적하듯이, 어떤 사회의 리더들은 사람들이 모이는 명분의 무게 중심을 이동시킬 때 비로소 그 사회가 변화하도록 첫걸음을 떼게 만들 수 있다. 이것은 새로운 사람들, 특히 기왕에 '문제'라고 파악했을 수도 있는 사람들을 어떤 집단(서클) 안으로 초대한다는 뜻이다. 이것은 또 대화를 매우 효과적인 질문들로 구성한 다음 그 질문들에 대한 대답을 경청한다는 뜻이기도 하다.

이웃이라는 공간 안에 있긴 하지만 낯설기만 한 사람들에게 초대장이 발송되고 새로운 사람들이 모여서 과거와는 다른 새로운 방식으로 행동할 때, 무無의 상태로부터 힘이 창출된다. 이와 관련해서 블록은 다음과 같이 썼다.

"한 번씩 모임이 이루어지고 진행될 때마다 미래가 창조된다. 각각의 모임은 우리가 만들고자 하는 미래의 전범이 될 필요가 있다."[3]

그렇게 만들어진 모임의 대화들 속에서 사회의 구석 자리에 있던 사람들이 특별한 재능을 발휘하는데, 이 재능이란 바로 현실을 있는 그대로 바라보는 국외자의 감수성, 타인에 대한 훨씬 더 강렬한 인식과 관심이다.

2016년에 도티 프로멀은 몇몇 친구를 만나려고 오하이오의 넬슨빌을 방문했다. 그런데 도티가 친구의 집을 나서서 거리를 걸어 내려가는 동안 동네 사람들이 자기 집 현관 앞에서 그녀를 불러 세우고는 자기 집 고양이나 이런저런 것들에 대해 얘기를 하려고 들었는데, 이런 사람이 한둘이 아니었다.

"이 사람들 가운데 몇몇은 이야기를 나눌 사람이 하루 종일 한 명도 없다"는 사실을 그녀는 깨달았다. 그녀는 또 광장을 배회하며 외로움에 몸부림치는 아이들을 보았다.

아무튼 그녀는 어찌어찌 해서 넬슨빌을 떠나지 않았다. 자기가 도울 수 있고 또 자기의 도움을 필요로 하는 것 같은 사람들을 위해 작은 일들을 하기 시작했다. 집집마다 찾아다녔고 또 목요일 밤에는 마을 사람들을 초대해 함께 저녁을 먹는 마을 공동체 식사 모임을 열었다. 처음에 이 모임은 방과 후 프로그램에서 집에 가 봐야 먹을 게 없는 아이들에게 밥을 먹이는 것에서부터 시작되었다. 그런데 얼마 뒤 학부모를 비롯한 어른들이 함께 참여하기 시작했고, 나중에는 이 인원이 125명까지 늘어났다. 그녀에게는 자금줄도 없었고 조직도 없었다. 그저 크로거(미국 최대 슈퍼마켓 체인-옮긴이)에 가서 자기 돈으로 직접 장을 봐야 했다. 그러다가 몇 달이 지나고 소문이 퍼지면서 사람들이 슈퍼마켓 통로에서 그녀를 보면 20달러 지폐들을 건네기 시작했다. 그녀의 짐을 조금이나마 덜어 주기 위해서였다. 그녀가 한 일은 배고픈 사람에게 밥을 먹이는, 그야말로 평범하고 일상적인 것이었다. 하지만 그녀가 소매를 걷어붙이고 나서기 전까지는 아무도 그 일을 하지 않았다.

사실 그렇게 하는 데는 수만 가지 방법이 있다. 현재 함께 식사를 하는 이런 모임은 온갖 다양한 규모로 수백 개가 진행되고 있다. 조셉 솔로베이치크도 "이웃이 외로움 속에서 떠돌게 내버려 두지 마라. 그 사람이 당신에게서 멀어지도록 내버려 두지 마라"라고 썼다.

사람들을 한자리에 모으는 더 정교한 기술을 가진 집단들도 많다. '어른 되기Becoming a Man'는 시카고 웨스트사이드에서 위험에 처한 청소년을 대상으로 한 프로그램이다. 이런 아이들로 구성된 소집단들이 '체크인'을 위해 정기적으로 모이고, 참석자는 모두 정신적·정서적·지적·신체적으로 자기가 어떻게 지내는지 보고한다. 만일 누가 도움이 필요하면 다른 아이들이 나서서 돕는다.

텍사스의 시골에 사는 다이애나 웨스트모어랜드는 '부바 캔 쿡Bubba Can Cook'(촌뜨기도 요리할 수 있다)이라는 모임을 만들었는데, 여러 팀이 한자리에 모여서 닭고기, 소 가슴살, 갈비 등의 바비큐 경연 대회를 펼치는 모임이다. 텍사스 사람들이 정서적으로 가장 편안해질 수 있는 자리가 바로 바비큐 자리이기 때문이다.

메리 고든은 온타리오에서 '공감의 뿌리Roots of Empathy'라는 프로젝트를 시작했는데, 학교에서 갓난아이를 통해 학생들 사이에 유대감을 형성하는 것이다. 한 달에 한 번씩 한 부모가 갓난아이를 데리고 교실을 방문한다. 부모와 아기는 초록색 담요 위에 앉아 있고, 학생들이 그 주위에 모여서 아기가 하는 행동을 지켜보면서 이런저런 얘기를 나눈다. 학생들은 아기가 무언가를 향해 기어가는 모습이나 장난감을 잡으려고 손을 뻗는 모습 등을 지켜본다. 그리고 아기의 마음 상태로 돌아가는 법을 배운다. 이렇게 해서 학생들은 정서적인 문맹을 깨는 법을 배우며 깊은 애착이 얼마나 소중한지 배운다. 그런데 8학년 중에 대런이라는 아이가 있었다. 이 아이는 네 살 때 자기 엄마가 살해되는 장면을 목격했으며, 그때 이후로 위탁 양육 제도 속에서 성장했지만 제대로 된 애정은 받아 보지 못했다. 대런은 같은 반의 다른 아이들보다 덩치가 훨씬 컸는데 두 해나 뒤처졌기 때문이었다. 이런 대런이 어느 날 급우들이나 교사 모두 깜짝 놀랄 말을 했다. 아기를 자기 손으로 안아 봐도 되느냐고.

대런은 무섭게 생겼고, 아기 엄마는 불안한 빛을 감추지 못했다. 하지만 아기 엄마는 그러라고 하면서 아기를 건넸다. 대런은 아기를 잘 받아 안고서는 조용한 구석 자리로 가서 가슴에 꼭 껴안은 채 둥둥 얼렀다. 그러고는 잠시 후 아기를 엄마에게 돌려주면서 순진무구하게 물었다.

"아무한테도 사랑받지 못한 사람이라도 나중에 좋은 아빠가 될 수 있나요?"

공감과 연결이 활짝 꽃을 피우는 순간, 공동체가 상처를 치유하고 어떤 가능성을 창조하기 시작하는 순간이었다.

나는 사람들을 모으는 가장 정교한 방법론들 가운데 하나를 세라 헤밍어가 볼티모어에서 공동으로 설립한 '스레드Thread'(실, 맥락)라는 조직에서 목격했다. 헤밍어는 어린 시절에 인디애나에서 살았는데, 이때 그녀의 아버지는 다니던 교회의 목사가 교회 돈을 횡령한다는 사실을 알고 이것을 신도들에게 알렸다. 그런데 신도 공동체는 목사를 해고하는 게 아니라 오히려 헤밍어 가족을 기피했다. 세라와 그녀의 가족이 파티나 동네 행사에 참석해도 아무도 말을 걸어오지 않았다. 그래서 그녀는 어린 시절에 8년이라는 세월을 따돌림 속에서 살았다.

이에 대한 대응으로 그녀는 자기의 모든 에너지를 두 가지에만 집중했다. 첫째로 그녀는 전국적으로 실력을 인정받는 피겨스케이트 선수가 되었는데, 하루에 무려 8시간이나 연습을 하곤 했다. 둘째로는 학업에 집중했는데, 결국 존스홉킨스대학교에서 의용·생체공학 박사 학위를 받은 뒤 미국국립보건원으로부터 자리를 제안받았다.

그러나 세라는 어릴 적 따돌림을 당했던 경험 때문에 외롭게 살아가는 국외자들에게 특별히 민감한 감수성을 늘 품고 있었다. 고등학교 1학년 때 그녀는 라이언이라는 급우가 가정생활이 순탄하지 못하자 친구들과 점점 더 어울리지 못하고 고립과 실패의 늪으로 빠져드는 것을 알았다. 이때 교사 여섯 명이 나서서 라이언을 돕기 위한 지원 체제를 마련했다. 그 뒤로 그의 학업 성적은 다시 좋아졌고, 미국해군사관학교에 입교했으며, 나중에는 세라와 결혼했다.

세라가 존스홉킨스대학교에서 박사 과정을 밟고 있던 어느 날이었다. 그녀는 볼티모어의 폴로런스던바고등학교 옆으로 자동차를 타고 지나가고 있었다. 당시 외로움을 느끼고 있던 그녀는 자기가 이해할 수 있는 사람들과 연결될 수 있는 길을 찾고 싶은 마음이 간절했다. 그리고 이 마음은 사람들이 라이언을 도와주었던 것과 같은 방식으로 자기가 볼티모어에 있는 학생들을 도울 수 있을지 모른다는 생각으로 이어졌다. 그녀는 예전에 자기와 교사들이 라이언 주위에 모였듯이 도움이 필요한 학생들 주위에 자기와 함께 모일 자원봉사자들을 모집해야겠다고 결심했다. 세라는 학교를 찾아가 교장에게 학업이 가장 뒤처지는 아이들 이름을 가르쳐 달라고 했다. 그러고는 그 학생들에게 자기가 진행하는 어떤 프로그램을 도와주면 좋겠다고 설득했다. 설득의 가장 큰 무기는 자기를 찾아오면 피자를 사주겠다는 약속이었다. 학생들은 피자만 많이 사 준다면 기꺼이 그러겠다고 했다. 그런 다음 그녀는 존스홉킨스대학교 학생 수십 명을 설득해 자원봉사자로 만들었다. 자원봉사자가 하는 일은 학업 부진아의 확대 가족이 되어서 아이를 학교까지 태워 주고, 점심 도시락을 가져다주고, 수업을 빼먹고 농땡이를 부리면 다시 학교로 데려다주고, 함께 숙제를 하고, 또 함께 캠핑을 하는 것이었다.

세라는 그때 자기가 하는 일이 얼마나 큰 가치가 있는지 온전히 알지 못했다. 그러나 이미 헌신의 길에 뛰어든 뒤였다. 그녀가 박사 학위를 밟으면서까지 나아갔던 과학자로서의 커리어는 더는 이어지지 않았다. 대신에 그녀는 '스레드'를 만들었다. 스레드는 볼티모어의 학업 부진아들 주위에 자원봉사자들로 관계망을 짰다. 학업 부진아 한 사람당 최대 4명의 자원봉사자가 스레드 가족이 된다. 각 자원봉사자는 '가장'이라 불리는 다른 자원봉사자의 지휘를 받으며, 이 가장들은 '조부모'라 불리는 경험이 훨씬 많은 또 다른 자원봉사자의 지휘를 받는다. 그리고 조부모들은 스레드의 유급 직원인 공동체 매니저들의 코치를 받는다. 이 관계의 전체 체계를 관장하는 일은 특수한 전문성(예를 들어 법률 지원, SAT 개인 교습, 정신 건강 상담 등)을 제공하는 스레드 협력자들이 맡는다. 학생들은 처음 스레드와 인연을 맺을 때 앞으로 10년 동안 스레드 활동을 열심히 하겠다는 계약서에 서명을 한다. 그리고 10년이라는 약속된 기간은 철저하게 지켜진다. 여기에서는 조기 졸업도 없고 낙제도 없다.

스레드의 통상적인 목표는 학업 부진 청소년을 돕는 것이지만, 진짜 목표는 학생 415명과 자원봉사자 1000명을 아우르는 인간관계의 망을 구축하는 것이다. 진정한 목적은 세라의 외로움뿐 아니라 모든 사람의 외로움을 걷어 내기 위한 싸움이 얼마든지 가능한 공동체를 만드는 것이다.

아이들은 처음 스레드를 시작할 때 경계한다. 제법 많은 아이들이 나에게 말했듯이, 아무 조건 없이 지속적으로 아이들을 돕는 사람은 그 전까지는 없었다. 그래서 아이들은 처음에 의심했고 심지어 화를 내기까지 했다. 이 아이들이 보이는 첫 번째 반응은 도망치는 것, 참견을 거부하는 것이다. 불신은 이들의 마음속에 휴면 상태로 있으면서 언제든 표출될 때를 기다린다. 그러나 스레드 자원봉사자들은 꾸준하게 아이들 앞에 나타난다.

"무조건적인 사랑은 인생에서 매우 드물다. 그렇기에 거부하는데도 누군가가 자꾸만 나타나면 정체성이 바뀐다. 그 과정에서 아이들뿐 아니라 거부당하는 자원봉사자들 또한 정체성이 바뀐다."

세라가 하는 말이다.

세라가 헌신하는 대상은 스레드라는 모델 자체가 아니다. 그녀는 조금이라도 아니다 싶으면 옳은 쪽으로 스레드 조직을 바꾸어 왔다. 그녀의 헌신은 인간관계의 전체 망을 향한 것이다. 공동체를 향한 것이고, 볼티모어를 향한 것이다. 수십 개 도시가 스레드 모델을 따라 하고 싶다고 문의해 왔다. 그러나 그녀는 이런 제안을 모두 거부했다. 다른 도시로 확대하는 것보다 볼티모어에서 심화하는 게 더 낫다고 판단하기 때문이다. 세라는 볼티모어 지도가 새겨진 펜던트를 날마다 걸고 다닌다. 그녀는 추상적인 공동체를 위해 헌신하는 게 아니다. 그녀는 스레드라는 조직이 충분히 커지면 도시 전체의 얼개를 바꾸어 놓을 수 있다는 기대를 안고서 볼티모어라는 구체적인 장소를 위해 헌신하고 있다.

스레드는 인간관계가 구조화되는 방식에서 매우 체계적이다. 그리고 이 공동체에 속한 사람들 사이의 접촉을 추적하는 방식도 매우 체계적이다. 스레드는 '태피스트리Tapestry'라는 앱을 만들었는데, 이 앱은 자원봉사자와 학생 사이에서 이루어진 모든 접촉을 추적한다(태피스트리는 여러 가지 색실로 그림을 짜 넣은 직물이다-옮긴이). 그렇기 때문에 이 앱을 통해 어떤 학생이 자원봉사자와 얼마나 많이 접촉했는지, 최근에 한 번도 접촉이 없었던 학생이 누구인지, 그리고 집중적인 접촉이 다른 결과들과 어떤 상관성이 있는지 알 수 있다. 세라는 이것을 사회적인 인간관계 차원의 핏비트Fitbit(스마트밴드를 비롯한 웨어러블 헬스 케어 기기를 개발·판매하는 미국의 기업 및 그 제품-옮긴이)라고 부른다. 다른 최고의 공동체 건설자들과 마찬가지로 그녀는 도움이 필요한 사람의 갈망하는 심장과 엔지니어의 머리를 결합한다. 그리고 그 사람들과 마찬가지로 자기가 특별한 일을 하고 있다는 생각은 전혀 하지 않는다.

각자의 약점을 나누며 불타오르기

—

사람들을 한자리에 모으는 것이 공동체의 시작이다. 하지만 그저 모여 있다는 것만으로는 아직 공동체가 아니다. 그 사람들 사이에서 불길이 타올라야만 한다. 어떤 사람의 기질이 다른 사람의 기질을 건드리는 순간, 사람들이 흔히 나중에 과거를 돌아보면서 말하는 것처럼 서로에게 깊숙하게 들어가는 순간이 전제되어야만 공동체라고 할 수 있다.

사람들은 보통 낯선 공간에 들어설 때 불신과 의심 그리고 불편함을 느낀다. 그러나 동료들이 한자리에 모여서 예컨대 판타지 작가인 어슐러 르 귄Ursula Le Guin의 단편 소설 〈오멜라스를 떠나는 사람들 The Ones Who Walk Away from Omelas〉이나 어떤 좋은 문장을 함께 읽으려고 모일 때, 서로에게 깊숙하게 들어가는 일이 일어난다.

어떤 식으로든 스토리텔링이 시작된다. 누군가가 자신의 취약한 점을 이야기하고, 그런 방식을 통해 리더 역할을 맡는다. 그리고 그 집단 내에 어떤 기풍이 확립된다. 스레드에서 구성원들이 말하듯이 모든 사람은 "자기를 바닥까지 보여 주려 한다." 즉 자기와 관련된 나쁜 상황을 몽땅 집단에 털어놓으려고 한다. 함께 모인 사람들 사이에서는 누구나 "있는 그대로 다 말할 것"이라는 기대가 공유된다. 얼버무리거나 완곡하게 에둘러 말하는 것이 없다. 어떤 이야기에 이어서 다른 이야기가 꼬리에 꼬리를 물고 이어지며, 그러다 보면 속 깊은 이야기들이 전부 나온다. 이렇게 해서 사람들은 서로가 가진 약점을 공유하고, 그러면서 여러 감정들이 분출되고, 연소가 일어난다.

강인해 보이는 사람이 약한 모습을 드러내는 이야기를 할 때 이 효과는 특히 강렬하다. 오리건에 사는 카터 데이비스는 우울증과 자살 충동에 시달리는 퇴역 군인들을 돕는 '리프트 포 더 22Lift for the 22'라는 비영리 조직을 만들었다. 그는 자기가 했던 어떤 나쁜 시도를 거리낌 없이 털어놓는다.

"언젠가 커피 테이블 앞에 앉아 권총을 쳐다보면서 내가 얼마나 한심한 존재인가 하고 생각하던 순간을 나는 생생히 기억합니다. 보훈부에서 두 블록 떨어진 곳에 사는, 심지어 단 한 차례의 교전 경험조차 없으면서 자살을 생각한 퇴역 군인이 여기 있습니다."

그의 이야기는 그 방에 있던 모든 사람의 마음을 활짝 열어젖힌다.

미셸 레프는 스레드의 이사회 멤버이다. 그녀는 강인하고 유능하며 활력이 넘쳐 보인다. 그녀는 청소년을 돕겠다는 마음으로 스레드에 참여했지만, 이 조직이 가지고 있는 근본적인 개방성과 정직성 덕분에 그녀 자신이 서서히 바뀌기 시작했다. 자신을 감추려고 쌓아두었던 장벽이 조금씩 허물어지기 시작한 것이다. 그녀는 자기 아이들에게도 하지 않았던 이야기들을 동료 이사들에게 털어놓았다. 그러다가 어느 순간 자기가 겪은 참혹한 어린 시절을 자기 아이들에게 이야기해야 옳다는 결론에 다다랐다. 그래야만 자기 자신에게 온전히 정직할 수 있다고 느꼈기 때문이다.

어릴 때를 생각하면 고통과 암울함과 수치심밖에 떠오르지 않는다고 그녀는 썼다. 그녀는 아버지가 불같이 화를 내던 일을 떠올린다. 아버지의 격노는 어떤 것으로든 촉발될 수 있었다. 피아노를 멋지게 연주하지 못했던 것도 그녀의 잘못이었고, 1학년 때 6학년 수학 문제를 척척 풀지 못할 정도로 멍청했던 것도 그녀의 잘못이었다.

"1학년 때 내 머리카락이 검은색이고 숱이 많은 게 얼마나 다행인지 모른다고 생각했던 기억이 난다. 그 머리카락 덕분에 전날 밤 아버지에게 맞아서 부풀어 오른 혹을 숨길 수 있었기 때문이다. …… 아버지가 분노했을 때(아버지는 너무나 쉽게 화를 내곤 했다) 분풀이 대상은 늘 나나 엄마였다. 어린 마음에 나는 내가 세상에 존재한다는 것 자체가, 공간을 차지하고 돈을 소비한다는 것 자체가 죄악이라고 생각했다."

9학년이 되었을 때 아버지 때문에 받는 압박감은 절정에 다다랐다. 그녀는 진통제 50알을 삼키는 시도를 했다. 그때 그 많은 알약을 한꺼번에 먹는다는 게 생각만큼 쉬운 일이 아님을 깨달았다. 아무튼 목구멍이 미어터지도록 알약을 삼켰다. 그리고 나중에 깨어나서 자살 시도가 실패로 돌아갔음을 알고는 한편으로는 슬펐고 또 한편으로는 안도의 한숨을 쉬었다.

지금 미셸은 성공한 인물로, 정신과 의사로 오랫동안 일해 왔으며 이사라는 중요한 직책을 맡고 있다. 자기가 참여한 대화에 고무된 그녀는 어린 시절 이야기를 동료 이사들과 가족에게 처음으로 털어놓기로 결심했다. 그녀는 가족에게 보내는 편지에서 이렇게 썼다.

"왜 나는 스레드에 참여할까? 열네 살이 된다는 게 어떤 건지 그리고 무력하게 옴짝달싹 할 수 없다는 게 어떤 느낌인지 또렷이 기억하게 해 주기 때문이야. 왜 나는 스레드에 나갈까? 스레드는 학생들과 나 자신의 미래를 낙관하게 해 주기 때문이야. 왜 나는 스레드에 나갈까? 스레드가 나에게 스레드 안경이라는 선물을 주었기 때문이야. 내 스레드 안경은 나의 약점(편향된 추정과 성급한 판단 등)을 자세하게 살펴보도록 해 주었어. 지금 나에게 가장 소중한 건 이 스레드 안경이 내게 인간관계의 풍성함을 깨우쳐 주었다는 사실이야."

미셸은 성장하면서 엘턴 존Elton John을 사랑하게 되었다. 그러나 이 가수를 직접 본 것은 그가 볼티모어에서 무대에 올랐던 2011년이 처음이었다. 아무도 그녀와 함께 그 콘서트에 가려고 하지 않았다. 그러나 단 한 사람 예외가 있었다. 바로 그녀의 열세 살 딸이었다.

"엘턴 존이 앨범《굿바이 옐로 브릭 로드Goodbye Yellow Brick Road》에 수록된 노래들을 부를 때 나는 울기 시작했다. 슬퍼서가 아니었다. 어린 시절의 황량한 기억과 성인 시기의 화려한 생활 사이의 대조가 너무 뚜렷하게 느껴진 나머지 격한 감정을 억누르지 못했기 때문이다. 열세 살 때 엘턴 존의 노래를 들으면서 나는 늘 차라리 죽어버렸으면 좋겠다고 생각했다. 그러나 그날은 열세 살 딸과 함께 기뻐서 깔깔거리며 그의 노래를 들었다. 내 인생은 지금 강력하고 건강한 인간관계로 풍성하다. 인생은 예전에 내가 생각했던 것보다 훨씬 더 좋은 것임을 나는 깨달았다."

자기의 내밀한 이야기를 드러낼 때 무언가 잘못되고 있다는 느낌 또는 불편한 느낌이 들 수 있다. 그러나 그렇게 털어놓고 나면 자신이 너무 많은 트라우마에 둘러싸여 있다는 사실을 깨닫게 된다. 너무 많은 비난을 받았음을 깨닫고 또 그만큼 많은 용서가 필요하다는 사실을 깨닫게 된다. 그토록 많은 사람들이 트라우마를 안긴 사건들을 부정하고 싶은 욕망과 그것들을 속 시원하게 털어놓고 싶은 욕망 사이에서 괴로워한다는 사실을 깨닫게 된다. 흔히 이런 갈등은 분노와 비난으로 표출되는데, 그러면 잘못된 것을 바로잡을 수 있는 기회를 영영 망쳐 버릴 수 있다.

그런데 사실 그런 솔직하고 끔찍한 이야기는 '연소'를 유발하는 이야기이다. 우리는 자신의 성취와 재능과 역량을 보여 주느라 많은 시간을 쓴다. 하지만 자기 약점을 정면으로 마주하는 것이야말로 폭발적인 효과를 낳을 수 있다.

Chapter 24

한자리에 뿌리를 내리고 공생하는 것

'나'의 이야기에서 '우리'의 이야기로

—

개인적인 이야기는 강력한 힘을 발휘한다. 이런 이야기를 주고받을 때 신뢰가 싹튼다. 그러나 자아도취적인 문화에서는 거기에서 그쳐 버리기 십상이다. 어느 날 저녁 사람들이 한자리에 둘러앉아서 각자 자기의 개인적인 이야기를 한 다음 집으로 돌아가는 길에, 자기가 좋은 경험을 했고 또 세상을 위해 무언가 좋은 일을 했다는 환상을 가지기란 쉽다. 공동체에 대한 헌신에는 '나'의 이야기에서 '우리'의 이야기로의 전환이 포함된다. 늘 그렇듯이 이 전환은 아래를 향한 것이며 또한 외부로 향한 것이다. 자기의 개인적인 약점 깊숙한 곳까지 내려간 다음 다른 사람들과 연대해서 바깥으로 향해야 한다.

공동체를 건설하는 다음 단계는 공동의 이야기, 사람들을 하나로 묶어 주는 이야기를 나누는 것이다. 어떤 장소들은 이런 이야기들을 많이 담고 있고 어떤 장소들은 그렇지 않다. 나는 네바다나 애리조나에서 새로 형성된 교외 지역에 자주 가곤 하는데, 이런 곳은 마을의 이야기가 축적되기에는 아직 충분한 시간이 지나지 않아서 뭔가 부족함을 느낄 수 있다. 이에 비해 최근 내가 찾아갔던 윌크스버러는 그렇지 않다. 노스캐롤라이나 북서부 지역에 위치한 인구 약 3500명의 이 마을은 주민 중 81퍼센트가 백인이며 이들의 소득은 약 3만 5000달러로 중간 수준이다. 또 이 마을은 2016년 대통령 선거에서 도널드 트럼프를 지지한 유권자 비율이 4분의 3인 카운티에 속해 있다.

윌크스버러와 이웃 마을 노스윌크스버러는 한때 기업 활동이 왕성하게 펼쳐지던 번창한 곳이었다. 주택용품 회사 로스Lowe's, 가구 소매업체 아메리칸퍼니처컴퍼니American Furniture Company, 홀리팜스 Holly Farms 자동차 경주장, 노스웨스턴뱅크Northwestern Bank 등이 대규모 거울 및 가구 제조업체들과 함께 이 두 마을에 있었다. 그러나 지금은 전부 다른 곳으로 이전하거나 파산하거나 다른 기업에 인수되어서 사라져 버렸다. 2000년대 초에는 마약 광풍이 거세게 불어 이 마을은 큰 타격을 입었다. 젊은 사람들이 모일 곳도 없었고 일할 곳도 없었다.

윌크스버러는 타격을 입었지만, 놀라운 점은 이 마을이 지금도 강력한 정체성을 가지고 있다는 사실이다. 선명한 공동체 이야기가 여전히 이 마을에 살아 있다.

그 정체성의 일부는 애팔래치아 지역 사람이라는 데서 비롯된다. 그래서 윌크스버러 사람들은 자기들에게는 뚜렷한 역사적 혈통과 서로에게 불같은 충성을 다하는 문화가 있다고 생각한다. 이 마을 사람들은 자기들끼리는 서로 고함을 지르고 싸울 수 있지만, 외부인이 마을 사람에게 안 좋은 말이라도 하면 한꺼번에 들고 일어나서 엉덩이를 걷어차 쫓아내 버린다. 외부인은 윌크스버러에서 잉태되지 않은 사람으로 규정된다. 다른 곳에서 이주한 사람은 말할 것도 없고, 다른 곳에서 잉태된 다음 이 마을에서 태어난 사람도 윌크스버러 사람으로 쳐 주지 않았다.

이 공동체 정체성의 또 다른 일부는 아주 오래전 마을의 선조들이 성취한 것에서 비롯된다. 최근에 이 마을에서 커피숍을 연 네이트는 다음과 같이 말한다.

"윌크스에서 우리는 정말 위대한 것들을 많이 이룩했다. 이런 것을 바로 우리가 윌크스에서 한다. 무에서 유를 창조하는 것. 이 마을에는 그런 열정이 있다."

어떤 공동체라는 것은 부분적으로만 보자면 어떤 공동의 이야기를 중심으로 조직된 사람들의 집단이라고 할 수 있다. 윌크스버러 사람들은 다른 많은 곳의 사람들과 마찬가지로, 일어섰다가 쇠퇴하지만 끝내 견뎌 내고 다시 부활한다는 구원의 서사를 이야기한다. 이 부활의 어떤 부분은 정신적인 것이고 어떤 부분은 경제적인 것이며 또 어떤 부분은 물리적인 것이다. 이곳의 젊은 활동가인 엘비LB는 다음과 같이 말한다.

"자부심을 어떻게 다시 창조할 것인가? 사실 모두가 부끄러워한다. 우리는 버려진 공장들이 있는 마을이다. 우리는 그 고난을 이겨낸 마을이다! 우리는 제조업체의 역사이다. 우리는 그것을 해냈다. 어떻게 하면 그렇게 할 수 있는지 우리는 안다."

이 마을에는 공동 프로젝트가 있다. 공동체는 공동체 그 자체를 위해 모이지 않는다. 공동체는 함께 무언가를 건설하기 위해 모인다.

윌크스버러의 공동 프로젝트는 플레이스 메이킹place making(지역 사회의 자산과 잠재력을 활용해 사람들의 건강과 행복, 복지에 기여하는 공공 공간을 조성하는 일-옮긴이)이다. 문화가 변변찮다거나 경제 요인들이 모든 것을 갈가리 찢어 버리는 바람에 사회적 얼개가 너덜너덜해져 버렸다고 생각하는 경향이 우리에게는 있다. 그러나 때로는 사람들이 함께 모일 자리가 없어서 그럴 수도 있다. 윌크스버러에는 한때 볼링장이 있었지만 불타 버렸고 아무도 재건축에 나서지 않았다. 이에 대한 대응으로 현재 마을의 여러 계층 사람들이 커피숍, 헬스클럽, 갤러리, 양조장을 열고 있으며 공연장과 십 대들의 놀이터 그리고 음악 축제를 만들고 있다.

때로 싸우기도 하고 함께 법석을 떨기도 하는 많은 사람들 사이에 부흥의 이런 전망이 공유되고 있다는 사실은 매혹적이다. 공동체의 일관성이 있는 어떤 이야기는 또 다른 형태의 힘이다.

마을 이야기는 다양한 방법으로 형성될 수 있다. 내가 시카고에 살 때 마이크 로이코Mike Royko를 비롯한 여러 지역 신문 칼럼니스트들이 시카고의 기풍과 정신을 만들어 냈다. 그들은 시카고 이야기의 뿌리를 오대호에서 떨어진 곳에 거주하는 소수 인종 사회의 특성에 두었다(적어도 로이코가 부자가 되어 호수에 인접한 지역으로 이사 가기 전까지는 그랬다). 몇몇 지역에서는 예술가들이 공동체 이야기를 형성해 냈다. 예를 들어 1930년대 초에 멕시코 화가 디에고 리베라Diego Rivera는 디트로이트미술관 내부 네 벽면에 그린 놀라운 작품 〈디트로이트 산업 벽화Detroit Industry Murals〉에서 포드 자동차 회사 노동자들 및 과학과 기술의 발전을 묘사함으로써 디트로이트라는 도시의 정체성을 규정했다. 지난 수십 년 동안 디트로이트는 그 이야기 말고는 아무 것도 남지 않은 것처럼 보였다. 하지만 어려운 상황 속에서도 그런 정체성을 잘 지켜 냈고, 그리하여 지금 이 도시는 다시 한 번 떠오르고 있다. 어떤 공동체의 가장 중요한 과업들 가운데 하나가 자기 이야기를 만들어 내는 것이다.

공동체의 이야기 구조는 기본적으로 네 부분으로 구성된다고 베스트셀러 작가이자 마이애미 출신 흑인 남성들을 위한 비영리 조직인 비미BMe를 설립해 운영하는 사회 혁신 기업가 트래비언 쇼터스Trabian Shorters는 말한다. 그 네 부분이란 틀 짜기(이야기의 맥락), 서사(우리는 어디에서 왔고 또 어디로 가는가), 정체성(우리는 누구인가), 행위(우리를 규정하는 행동들)이다. 공동체의 이야기들은 거의 언제나 세대를 초월한다. 이 이야기들은 어떤 곳의 기원에서 시작해 그곳이 어떻게 성장했는지 말한다.

18세기 영국의 정치가 에드먼드 버크는 자기 조상을 돌아본 적 없는 사람은 결코 미래를 바라볼 수 없으며 미래를 위한 계획을 세울 수 없다고 주장했다. 과거의 영웅적 행위와 투쟁을 돌아본 사람은 스스로를 무언가를 빚지고 있는 채무자로, 그러므로 무언가를 지불할 의무가 있는 사람으로 여긴다. 버크는 이렇게 썼다.

"유산이라는 발상은 보존이라는 확실한 원칙 그리고 전달이라는 확실한 원칙을 제공한다. 우리는 우리에게 전해진 것들을 물려받아 유지하고 아끼면서 이것들을 누리고 또 다른 사람들을 위해 개선한다. 조상을 존경할 때 우리는 스스로를 존경하는 법을 배운다."

정직한 공동체는 자신들이 어려운 일을 견디면서 자비를 베풀었던 시절뿐 아니라 죄를 짓고 남들에게 고통을 주었던 시절에 대한 이야기까지, 복잡하게 얽히고설킨 이야기들을 말한다. 정직한 미국 이야기들은 노예 제도와 인종 차별주의를 말한다. 정직한 뉴욕 이야기들은 옛 펜역 철거(1910년 건설된 펜역은 1966년 지상 지하철 역사가 철거되고 1968년부터 지하화되었다-옮긴이)를 비롯해 돈벌이라는 미명 아래 파괴된 온갖 아름다운 것들을 말한다. 모든 공동체에는 정상적이지 않고 뒤죽박죽인 어떤 것, 부패하고 타락한 어떤 것 그리고 정당하지 못한 어떤 것이 언제나 있기 마련이다. 공동체 속에 존재하는 사람들은 자신들의 장소에 대한 자부심과 부당함에 대한 분노가 만나는 교차로에서 살아간다.

이웃이라는 코드에 따라 살기

—

공동체가 형성되고 공동체의 이야기를 하고 난 뒤에도 해야 할 일은 여전히 남아 있다. 고립을 한데 엮어서 공동체를 짜는 일이다. 공동체 건설은 방마다 찾아다니면서 매일 같이 돌보는 행동들을 통해 이루어진다. 공동체 건설은 이웃이라는 코드(사회적 규약, 기준, 관례)를 채택한 사람들에 의해 이루어진다.

이웃 사람은 혼자만의 외로운 인생 여정을 이어 가는 사람이 아니라 공동체에 깊이 빠져 있는 사람이다. 이웃 사람은 스스로를 지역의 행위와 장소라는 전통에 의해 형성된 어떤 사람으로 본다. 그는 그 유산에 빚지고 있다고 느끼며 그 빚을 갚으면서 행복해한다. 그의 일과 가족 그리고 이웃들의 삶은 다른 곳에 외따로 떨어져 있지 않다. 전부 그가 자기 지역에서 하는 여러 봉사와 서로 엮여 있다. 이웃이라는 코드는 다음 몇 가지 공통 원리에 따라 돌아간다.

기다리지 않는다

이웃 사람은 공동체가 안고 있는 문제를 다른 사람이 나서서 해결해 주길 기다리지 않는다. 이웃 사람은 방관자가 아니다. 피터 블록도 다음과 같이 썼다.

"공동체에서 대부분의 지속 가능한 개선은 시민들이 자기의 행동하는 힘을 발견할 때 일어난다. 바로 이럴 때 해결해야 할 문제(마약, 주택 사정 악화, 불경기, 전출 증가, 폭력 등)가 무엇이든 간에 시민들이 전문가들이나 선출직 공무원들이 무언가를 해 주길 기다리지 않고 다른 사람들에게 양도했던 것을 다시 내놓으라고 주장하기로 마음먹고 스스로 나서는 일이 실제로 벌어진다. 강력한 힘을 발휘하는 이 행동은 공동체의 개선과 변화가 지속적으로 이어지는 대부분의 이야기들 속에 존재한다."

자기보다 마을이 우선이다

좋은 사람은 공동체를 위해 자기가 불편한 것을 감수한다. 나쁜 사람은 자기를 위해 공동체에 불편을 끼친다.

사람과 사람을 연결한다

좋은 이웃은 다른 이웃 사람을 식사에 초대하는 사람이다. 좋은 이웃은 이웃 사람에게 말을 걸고 또 다른 이웃을 소개하는 사람이다.

30년을 내다보는 눈을 가진다

이웃은 개인과는 다른 시간 지평을 가진다. 이웃이 하는 행동은 자기 마을을 내일이 아니라 30년 뒤에 더 나은 곳으로 만들기 위한 행동이다. 이런 이웃이 멘토가 되어 주는 아이는 30년 뒤에 마을의 리더가 되고, 이런 이웃이 조직하는 축제는 반세기가 지나면 강력한 전통이 된다. 이 사람은 본인은 그 나무의 과일을 절대 먹지 못하고 그 나무의 그늘을 결코 누리지 못하겠지만, 먼 미래를 내다보고 과일나무를 심는다.

무조건적인 환대가 우선이다

시인 로버트 프로스트Robert Frost는 "집이란, 당신이 거기 가야만 할 때 / 당신을 맞아 주어야 하는 곳"이라고 썼다. 누군가가 어떤 도움이 필요할 때 이웃이라는 코드는 무조건적인 환대가 우선이라고 말한다. 이웃은 돌아온 탕자를 맞이하는 아버지와 같은 존재이다. 이 아버지는 맨발로 뛰어나가 아무것도 따지지 않고 그저 아들을 반갑게 맞이할 뿐이다. 감사하고 용서하는 것이 먼저이고, 그런 다음에야 무엇이 잘못되었는지 그리고 어떻게 하면 잘못된 것을 바로잡을지 생각할 수 있다.

공동체 자체가 전문가이다

아이를 교육하는 것은 학교만이 아니고, 마을을 안전하게 지키는 것은 경찰만이 아니며, 사람들의 건강을 유지하게 해 주는 것은 병원만이 아님을 이웃은 잘 안다. 공유하는 삶의 방식이 그런 일을 한다. 거리 풍경이 활기찰 때 사람들은 안전하다. 건강한 먹거리가 당연한 것으로 여겨질 때 사람들은 건강하다. 어른들이 아이들과 얘기를 나누고 아이들을 격려할 때 아이들은 제대로 된 교육을 받는다. 이것이 이웃의 규범이며 행동이다. 이웃은 가장 훌륭하게 살아가는 방식을 함께 찾으려는 사람들이다.

지도자는 하인처럼 행동한다

헤르만 헤세는 〈동방순례Die Morgenlandfahrt〉라는 단편소설을 썼는데, 이 소설에는 한 무리의 사람들이 먼 여행을 떠난다. 이 여행에는 레오라는 하인도 함께 따라가는데, 레오는 온갖 허드렛일을 하고 또 사람들이 지쳤을 때는 노래를 불러서 기운을 북돋운다. 그는 사소한 것들까지 빼놓지 않고 신경을 쓴다. 그런데 레오가 사라져 버린다. 그러자 그때까지 순탄하던 여행길이 갑자기 뒤죽박죽이 되어 버린다. 사람들은 자기들끼리는 아무것도 할 수 없었고 결국 여행을 포기하고 만다.

여러 해가 지난 뒤 여행을 떠났던 사람들 가운데 한 명이 그 여행길을 후원했던 단체에 대해 우연히 알게 되고 또 레오가 사실은 그 거대한 단체의 지도자라는 사실을 알게 된다. 이 이야기에서 서번트 리더십servant leadership(타인을 위한 봉사에 초점을 두고 자신보다 구성원들의 이익을 우선시하는 리더십-옮긴이)이라는 개념이 나왔다. 공동체의 리더는 '온갖 자질구레한' 일들까지 다 챙기는 사람이어야 한다는 교훈을 배울 수 있다. 조지 엘리엇은 장편소설 《미들마치》의 유명한 마지막 문장에서 이렇게 썼다.

"세상이 점점 더 좋아지는 건 부분적으로는 전혀 역사적이지 않은 자잘한 행동들 덕분이다. 그리고 지금까지 그랬을 수도 있었던 것처럼, 당신이나 내가 세상을 살아가는 일이 그다지 고약하지 않을 수 있었던 것의 절반쯤은, 남에게 드러나지 않은 인생을 충실하게 살았으며 지금은 아무도 찾지 않는 무덤에 편안히 잠들어 있는 수많은 사람들 덕분이다."

가장 작은 것이 가장 중요하다

공동체는 구성원들 가운데서 가장 소수인 사람들(어린 사람들, 가난한 사람들, 장애가 있는 사람들 또는 슬픔에 짓눌린 사람들)을 어떻게 대하느냐에 따라서 규정된다. 철학자이자 신학자인 장 바니에는 정신 장애를 가진 사람들을 위한 공동체를 여럿 만들었는데, 한번은 하버드대학교에서 강연을 하면서 이렇게 말했다.

"내가 여기에 온 것은 그 사람들이 얼마나 많은 삶을 나에게 주었는지 여러분에게 말하기 위해서입니다. 그 사람들이 믿을 수 없을 정도로 큰 선물을 우리가 사는 세상에 가져다주었음을 말하기 위해서입니다. 그들은 희망과 평화의 원천이며 그리고 어쩌면 우리가 사는 상처 입은 세상이 구원받을 수 있는 가능성의 원천일지도 모릅니다. …… 만일 우리가 그들을 계속 지켜본다면, 그들에게 충실하기만 하다면,

우리는 분명 이 어려움을 헤쳐 나갈 길을 찾을 수 있을 겁니다."[1]

공동체의 잘못은 나의 잘못이기도 하다

누구나 실수를 한다는 사실은 공동체를 단단하게 붙여 주는 접착제이기도 하다. 우리는 모두 때때로 약하며 이기적임을 스스로 잘 알고 있다. 우리가 못마땅하게 여기는 온갖 문제들의 원인이 바로 우리 자신일 때가 많다. 이와 관련해서 바니에는 다음과 같이 썼다.

"진정한 공동체는 사악함이 내부에 있음을, 단지 공동체 내부만이 아니라 자기 자신의 내면에 있음을 깨달음으로써 다른 집단과 구분된다. 내 눈 안에 들어 있는 들보를 치우지 않고서 내 이웃의 눈에 든 티끌을 놓고 뭐라고 할 수 없다."[2]

공동체는 서로에 대한 진실이 속속들이 드러나기 때문에 고통의 장소이다. 하지만 공동체는 또한 고통을 통한 사랑의 장소이자 무조건적인 사랑 덕분에 거리낌 없는 불만 토로의 장소이기도 하다.

함께 서약하기

—

랍비 조너선 색스는 《사회의 재창조The Home We Build Together》에서, 《성서》〈창세기〉의 우주 창조를 묘사하는 내용이 불과 31개 절로 이루어져 있음을 지적한다. 그런데 〈출애굽기〉에서는 전체의 3분의 1이나 할애해서 한 가지 에피소드를 묘사한다. 그 에피소드는 바로 성막을 지을 때는 이러저러하게 지어야 한다는 세부 지침이다.

그런데 어째서 이 하나의 구조물을 짓는 일에 그렇게나 많은 세세한 주의(예를 들면 널판의 길이가 얼마여야 한다거나 구조물 부분마다 제각기 다른 종류의 목재와 장식물을 사용해야 한다는 것 등)가 필요했을까? 그것은 바로 이스라엘 사람들이 아직 하나의 민족이 아니었기 때문이다. 그들은 억압받고 분열된 부족들과 개인들로 구성된 집단이었다. 색스가 표현했듯이 "개인들로 이루어진 어떤 집단을 계약에 기초한 하나의 민족으로 바꾸려면 우선 그 사람들이 무언가를 함께 만들어 세워야 한다." 이렇게 함께 만드는 과정을 통해 한 민족이 만들어지며 국가 역시 마찬가지 방식으로 만들어진다고 색스는 주장한다.

색스는 영국 외교관 빅터 미시컨Victor Mishcon 이야기를 한다. 1980년대 초에 미시컨은 중동에서 평화 협상을 중재하려는 노력을 기울이고 있었다. 그래서 그는 요르단의 후세인 국왕과 이스라엘의 외무부장관 시몬 페레스를 자기 집으로 초대해 저녁을 함께 먹었다. 이들은 식사를 하면서 즐거운 대화를 나누었으며, 식사가 끝나자 두 손님은 돌아가려고 자리에서 일어났다. 이때 미시컨은 두 사람에게 아직은 자기 집에서 나갈 수 없다고 말했다. 설거지를 하고 가야 한다는 것이었다. 그러면서 미시컨은 후세인에게는 접시를 닦게 하고 페레스에게는 접시의 물기를 마른 행주로 닦는 일을 맡겼다. 이렇게 두 사람은 나란히 서서 설거지를 했는데, 이 상황이 미시컨이 그날 저녁 자리를 마련하면서 생각했던 노림수였다.

프린스 홈스는 '뉴올리언스 청년 리빌딩Youth Rebuilding New Orleans'의 책임자이다. 그는 서로 다른 유형의 청년들을 한자리에 모이게 해서 이들에게 함께 집 짓는 일을 맡긴다. 그는 이렇게 말한다.

"우리가 만드는 공동체는 집을 짓는 일보다 더 중요하다. 우리는 열정과 에너지로 불타오른다. 누군가가 전에 한 번도 만난 적 없는 사람과 함께 벽 하나를 세울 수 있다는 사실 자체가 즉각적인 유대감을 창출한다. 이때 그것은 더는 일이 아니다."

공동 프로젝트 수행은 집단들 간 경계를 새롭게 그리며 참여하는 사람들의 위계상 위치도 새롭게 규정한다. 예를 들어 손재주가 뛰어난 사람이 기업체 임원보다 높은 직책을 맡을 수 있다. 〈출애굽기〉에서 이스라엘 사람들은 다른 어느 때보다 성막을 지을 때 가장 행복했다.[3]

사람들은 함께 무언가를 만들 때 서로 암묵적인 약속을 한다. 일을 잘 해내기로 약속하는 것이다. 자기에게 합당한 몫 또는 그보다 더 많은 일을 기꺼이 하겠다고 약속하는 것이다. 새로운 무언가를 만들려는 의도를 충실히 따르면서 끝까지 함께 가겠다고 약속하는 것이다.

때로 나는 공동체 구성원들이 이런 약속을 공개적으로 명확히 해야 한다는 생각을 한다. 결혼식장에서 신랑과 신부가 서로에게 맹세하듯이 공동체들도 서약 행사를 치러야 한다고 말이다. 1620년 아메리카 대륙에 발을 디딘 유럽의 식민지 개척자들은 상륙 직전에 메이플라워호 선실에서 메이플라워 서약에 서명했는데, 이 서약에서 그들은 "시민적 정치 체제의 일원이 되겠다"라고 공개적으로 맹세했다. 오늘날이라면 이런 서약에는 사람들이 서로에게 충실할 것이라는 내용과 자기가 구체적으로 어떤 종류의 일을 할 것인지 또 얼마나 많은 돈을 기꺼이 낼 것인지 같은 내용이 포함될 수 있을 것이다. 오늘날

이 서약 행사는 입회식, 서로 간의 소속감을 확인하는 의례, 공동체 이야기(역사) 다시 말하기, 공동체 구성원임을 드러내는 상징물, 사람들이 세대를 초월해 서약할 수 있는 성스러운 회합 장소 같은 요소를 포함할 수 있다. 그런 다음에는 당연히 파티가 뒤따라야 한다.

가능성에 초점을 맞춘 대화

—

우리 문화 안에는 사람들의 등을 떠밀어서 문제 해결이라는 차원에서 생각하도록 유도하는 요소가 있다. 인생이란 분석하고 해결해야 할 일련의 문제들이라는 발상이 우리 문화 저변에 깔려 있다는 말이다. 그래서 "제 기능을 못 하는 학교를 어떻게 바로잡을 것인가?" "어떻게 하면 폭력을 줄일 수 있을까?"와 같은 질문이 제기된다. 그러나 이런 문제 중심의 질문들은 대개 잘못된 질문이다. 재능이 아니라 결핍에 초점을 맞추기 때문이다.

　문제 해결식 대화는 어느 한순간에 초점을 맞추는 경향이 있다. 예를 들면 어떤 고등학생이 학교를 졸업하지 못하는 순간, 어떤 청소년이 범죄를 저지른 순간, 어떤 사람이 노숙자로 전락한 순간 등이 그렇다. 그러나 사람들이 살아가는 실제 삶은 총체적으로 전개된다. 어떤 사람이 노숙자로 전락하더라도 그 일이 있기 전까지 실직을 하거나 가정이 깨지거나 또는 자동차 사고 같은 문제가 생기거나 하는 일련의 충격들이 전제된다. 어떤 학생이 낙제를 해서 유급을 당할 때도 그 전에 일련의 충격이 전제된다. 인생의 이런 총체적인 특성을 빼놓고서 해당 문제 하나에만 초점을 맞출 경우에는 인생을 어떻게 살아갈 것인가 하는 질문을 도외시하는 결과를 빚는다. 모든 대화는 인간답게 만드는 것 아니면 인간답지 않게 만드는 것이며, 따라서 특정한 문제에 초점을 맞추는 대화는 인간미 없을뿐더러 인간성을 말살하는 쪽으로 전개되는 경향이 있다.

공동체를 건설하기 위한 더 나은 대화는 문제가 아니라 가능성에 초점을 맞춘다. 예를 들면 다음과 같은 것들이다.

– 지금 우리는 어떤 교차로에 서 있을까? 우리가 함께 무엇을 만들 수 있을까? 어떻게 하면 우리가 함께 우리 삶을 개선할 수 있을까? 우리가 가진 재능 가운데서 지금까지 충분하게 드러나지 않은 것은 무엇일까?

가능성 중심 대화는 성공으로 나아가는 과정, 입지전으로 이어지는 대화이다. 이때 던지는 질문은 이렇다. "어떤 사람의 인생이 점점 좋아지기 시작한다면 그 사람의 전기(傳記)는 어떤 모습이 될까?" 이런 대화는 "우리는 노숙자를 어떻게 처리해야 할까?"와 같은 비인간적인 질문으로 시작하지 않고 "매리가 안정적이고 안전한 가정생활을 꾸릴 수 있도록 돕기 위해 우리가 할 수 있는 일은 무엇일까?"와 같은 인간적인 질문으로 시작한다. 성공을 전기라는 일련의 과정으로 (어떤 다른 인생 궤적을 살아가는 특정한 인물로) 머릿속에 그릴 때, 더 나은 미래로 나아가는 온갖 요소들을 매우 구체적으로 보게 된다. 새롭게 만들어야 할 모든 인간관계가 눈에 보인다. 지금 이야기하고 있는 쟁점이 겉으로는 오로지 물리적인 차원(예컨대 노숙자에게 거처를 마련해주는 일)일 뿐이라고 하더라도, 사회적인 차원과 정서적인 차원을 어떻게 수용해야 할지도 눈에 들어온다.

현대 사회과학자들은 불행하게도 전기적 이야기 구조가 아니라 통계적 상관성 속에서 생각하는 경향이 있다. 무작위 대조 시험(데이터의 편차를 줄이기 위해 피실험자를 무작위로 실험군과 대조군으로 나누어 비교하는 것-옮긴이)은 하나의 투입과 하나의 산출 사이에서 뚜렷한 인과 관계를 찾아내려고 한다. 사회과학은 흔히 대상을 여러 요소로 분해하려 든다. 그러나 사람이 실제로 살아가는 삶은 장기간에 걸쳐 변화하는 과정이며 이런저런 관계로 얽혀 있다. 이런 실제의 삶은 오랜 시간 속에서 수백만 가지 방식으로 상호 작용을 하는 수천 가지 영향 요소들 속에서 진행된다. 어떤 사람의 인생을 분명한 인과 관계들로 토막 내려고 시도할 때 실제 모습은 왜곡되고 만다. 인간이라는 존재의 실체는 이런 식으로 토막 낼 수 있는 것이 아니다. 이런 사실을 우리는 자기의 삶을 말할 때는 쉽게 이해하지만, 다른 사람들 또는 다른 사람들로 구성된 집단들을 놓고 얘기할 때는 물건으로 객체화해 버린다.

가능성 중심 대화에서 제기되는 질문은 "누구의 잘못인가?"가 아니라 "우리 마을을 모든 사람이 서로를 보살피는 이웃사촌 공동체로 만들기 위해 우리가 동원할 수 있는 자산으로는 어떤 것들이 있는가?"와 "우리가 아직 자기 안에서 미처 발견하지 못한 어떤 재능을 마을을 위해 쓸 수 있는가?"이다. 예를 들어 덴버에서 네팔 출신 이민자들은 공립학교 체계로 편입되는 과정이 매끄럽지 않은 문제로 고통받고 있다. 이 지역의 공동체 활동가인 케이트 가빈은 마을 노인들이 주민들에게 영향력을 행사하고 주민들을 불러 모으고 또 마을 여론을 유도하는 데서 큰 힘을 발휘할 수 있는 미사용 자원임을 알아차리고 그 노인들을 학교 체계로 통합했다. 아직 사용되지 않았던 공동체 자산을 활용한 것이다. 워싱턴 D.C.에서 샤론 머피는 난민들과 밑바닥 인생을 살아가는 사람들을 받아들이면서 이렇게 말한다.

"여러분은 자신이 이미 잘하고 있는 부분에서 더욱더 강해지기 위해 메리 하우스로 왔어요."

이것이 바로 가능성을 생각하는 태도이다. 만일 당신이 문화를 바꾸고자 한다면 여태까지 하지 않았던 대화, 장기적인 가능성에 초점을 맞춘 대화를 해야만 한다. 예컨대 "이곳은 2049년에는 어떤 모습이 될 수 있을까?"와 같은 질문을 던져야 한다.

새 전통 창조하기
—

어떤 공동체가 힘을 합쳐서 무언가를 건설하기 시작할 때 이들은 단지 새로운 건물만을 창조하는 게 아니라 새로운 규범을 창조한다. 공동체에 속한 사람들은 공동체에 어떤 기여를 하고, 시간이 흐르면서 이 기여는 공동체 구성원이라면 누구나 당연히 해야 하는 것으로 정착된다. 예를 들어 작가이자 칼럼니스트인 내 친구 로드 드리어Rod Dreher의 여동생 루시는 루이지애나의 작은 마을에 살았다. 교사였던 루시는 내면의 빛이 밖으로 저절로 발산되는 그런 부류의 사람이었다. 그런데 슬프게도 그녀는 마흔 살에 암으로 사망했다. 그녀의 장례식에는 1000명도 넘는 조문객이 몰려들었다. 루시는 맨발로 다니길 무척 좋아했던 터라 그녀의 관을 옮기는 사람들은 모두 그녀의 남편이 일하던 지역 소방서에서부터 무덤까지 맨발로 걸었다.

생전에 루시는 크리스마스가 되면 마을 사람들이 묘지에 묻혀 있는 사람들도 기억해야 한다고 늘 생각했는데, 이런 생각을 실천할 수 있는 전통 하나를 만들었다. 크리스마스이브 때마다 마을 공동 묘지에 가서 모든 묘비 앞에 촛불을 켰던 것이다. 루시가 죽은 시점이 우연하게도 크리스마스 직전이었다. 그래서 로드는 크리스마스이브에 가족이 모두 모였을 때 어머니에게 루시가 했던 촛불 켜는 일을 대신 해 줄 수 있는지 물었다. 어머니는 내년이나 내후년부터는 할 수 있을지 몰라도 이번 크리스마스이브에는 도저히 할 수 없을 것 같다고 대답했다.

그날 저녁 미사에 참석한 뒤 자동차를 타고 집으로 돌아가던 로드의 부모는 공동묘지 옆을 지나다가 깜짝 놀랐다. 묘지에 수백 개의 불빛이 빛나고 있었던 것이다. 누군가가 묘비마다 촛불을 하나씩 밝혀 두었던 것이다. 바로 이것이 공동체가 작동하는 방식이다. 누군가가 어떤 일을 시작하면 새로운 전통이 만들어지고, 맨 처음 그 일을 한 사람이 사라져도 다른 사람이 대신 그 일을 맡아서 하게 된다.

완전히 새로운 시민 조직체 구성 방식

—

정말 어려운 공동체 사업을 하는 데는 새로운 조직이나 새로운 규범만 있다고 해서 되는 게 아니다. 완전히 새로운 시민 조직체 구성 방식이 있어야 한다. 얼마 전 사우스캐롤라이나의 스파턴버그에서 나는 '스파턴버그 아카데믹 운동Spartanburg Academic Movement, SAM' 사무실을 방문했다. 벽에는 온통 유치원 준비 상황이니 3학년 읽기 점수니 중등 과정 이후 등록 상황 등과 같은 온갖 도표들이 줄지어 붙어 있었다.

탁자에는 스파턴버그 어린이의 일상적인 삶과 관련된 사람들이 둘러앉아 있었다. 교감들과 교장들뿐 아니라 상공회의소 소장들, 지역 유나이티드웨이United Way(미국에서 가장 큰 대중 기부금 모금 단체-옮김이)의 책임자들, 경찰서장, 전임 시장, 신문사 편집장, 보건 분야 인물, 여러 통계 전문가들도 참석했다. 그 전까지 나는 이런 연합체를 한 번도 본 적이 없었다. 사적 부문과 공적 부문, 종교 분야와 사업 분야를 망라한 자리였다. 그 지역 공동체에 존재하는 거의 모든 부문의 대표자들이 모여 모두 동일한 도표들을 보고 있었다.

스파턴버그 아카데믹 운동에서 일하는 사람들은 유아에서부터 사회생활을 하는 청년에 이르기까지 스파턴버그의 모든 젊은 연령층을 대상으로 측정할 수 있는 모든 것을 추적한다. 그들은 부모, 성직자, 의사, 영양 전문가 등 이 자료에 조금이라도 영향을 줄 수 있는 사람은 모두 불러 모은다. 그런 다음 지역 공동체 전체를 아우르는 체계 차원에서 그들과 함께 여러 가지 질문을 던진다.

- 어린이들이 궤도에서 벗어나는 지점은 어디인가? 이유는 무엇인가? 이 문제에 대처하기 위해 우리가 동원할 수 있는 자원은 무엇인가? 그 자원들을 투입하기 위해 우리는 어떻게 공조할 수 있는가?

여러 공동체가 어떤 가능성을 실현하기 위해 시도하는 모습을 많이 봤지만, 그것은 그때까지 내가 본 것들과 전혀 달랐다. 대부분의 경우는 이렇다. 좋은 일을 하겠다는 단체나 조직은 많다. 이들은 지역의 재단이나 정부 기관으로부터 보조금을 타기 위해 서로 경쟁을 벌인다. 그리고 그중 몇몇이 보조금 수혜자로 선정되고, 이 수혜자들은 보조금을 받아서 자신들이 하고자 하는 일을 한다. 한 명의 기부자, 하나의 조직, 하나의 해결 과제, 하나의 프로그램이라는 체계로 일이 굴러간다. 그리고 몇 년이 지난 뒤 누군가가 그 프로그램이 측정 가능한 어떤 효과를 창출했는지 살피는 연구 조사를 해 보면 대부분의 경우에 별로 효과가 없는 것으로 나타난다. 결국 어떤 공동체 내에서 무작위로 생겨난 온갖 프로그램들이 자그마한 규모의 지원금을 서로 받으려고 경쟁하며 독립적으로, 게다가 때로는 상반된 목적을 가지고서 활동하면서 성공은 부풀리고 실패를 감추는 식으로 일이 진행된다. 그리고 그 모든 시도들이 어쨌거나 효과가 있을 것이라고 사람들은 기대한다.

그러나 스파턴버그에서 내가 목격한 조직이나 단체들은 자기들이 독자적으로 어떤 효과를 낳고 있음을 홍보하면서 지원금을 따내려고 경쟁하지 않았다. 그들은 전체 공동체 차원의 총체적인 효과를 창출하기 위해 서로 협력하는 하나의 네트워크에 속해 있었고, 각각이 그 네트워크의 한 부분이었다. 각 단체나 조직이 발휘하는 영향력이 함께 조화를 이루며 서로를 강화할 때, 일은 잘 돌아가기 마련이다. 스파턴버그 아카데믹 운동은 그런 수십 가지 영향력들을 사람과 장소가 실제로 성장하는 방식과 부합하도록 유도하려고 노력한다.

스파턴버그 아카데믹 운동이 구현하고 있는 이 새로운 시민 조직체 구성 방식을 "컬렉티브 임팩트collective impact"라고 부른다. 스파턴버그 아카데믹 운동만이 유일한 사례는 아니다. 스파턴버그는 이른바 '스트라이브투게더StriveTogether'(함께 분투하자)라는 방법론을 채택한 미국 전역의 70개 공동체 가운데 하나일 뿐이다. 스트라이브투게더는 불과 10년 전에 신시내티에서 처음 시작되었다. 몇몇 공동체의 리더들이 이 도시의 교육을 개선하고자 노력하면서 다른 프로그램의 출범을 생각하고 있었다. 그러나 이 리더들 가운데 한 명이자 생활용품 기업 피앤지P&G의 이사로 일하고 있는 사람이 문제를 제기하고 나섰다.

"우리는 프로그램은 넘쳐 나지만 체계는 형편없습니다."

신시내티에는 온갖 프로그램들이 많지만 이 프로그램들을 조정할 효과적인 체계는 마련되어 있지 않다는 말이었다.

이렇게 해서 어떤 방법론이 탄생했고, 이와 더불어 새로운 형태의 공동체 힘이 탄생했다. 이 방법론은 데이터를 구성하고, 공동체에 부족한 것이 아니라 공동체가 지닌 자산에 초점을 맞추며, 만병통치 해결책은 존재하지 않음을 인식하고, 모든 관계자들을 하나로 묶을 수 있는 (스파턴버그 아카데믹 운동과 같은) '중추 조직'을 만들며, 의사결정을 조정하고, 끊임없이 의사소통하며, 행동을 수행할 실무 팀들을 만들고, 책임을 분담한다.

어느 시점에서 신시내티 시민들은 유아들이 유치원에서 학습할 준비가 되어 있지 않다는 사실을 깨달았다. 데이터로 보자면 유치원에 들어가기 전의 어린이를 대상으로 한 사립 프로그램이 공립 프로그램보다 나았다. 그래서 공립학교 체계는 자기네 예산 가운데 일부를 다른 사립 프로그램들을 지원하는 데 할당했고, 그 결과 신시내티는 보편적인 유치원 이전 프로그램을 제공하는 최초의 도시들 중 하나가 되었다. 이것은 단일한 체계 아래 이루어진 공동체 작업이었다.

"컬렉티브 임팩트" 구조는 2011년에 이 이름을 가지게 되었다. 비영리 컨설팅 회사인 FSG의 공동 설립자이자 하버드경영대학원 교수인 마크 크레이머Mark Kramer와 FSG의 상무이사 존 카니아John Kania가 《스탠퍼드 소셜 이노베이션 리뷰Stanford Social Innovation Review》에 영향력 있는 논문을 발표한 시점이었다. 이 논문에서 두 사람은 스트라이브투게더를 인용해 이런 유형의 접근법에 대한 철학적이고 이론적인 토대를 제시했다.

"컬렉티브 임팩트"는 변화를 긴급하게 갈망하는 사람들이 모인 집단과 함께 시작된다고 카니아와 크레이머는 주장한다. 어쩌면 이들은 지역 사람들의 평균 수명을 5년 늘리길 원할지 모른다. 또는 노숙자 문제를 근본적으로 해결하길 원할 수도 있다.

이들은 자기들이 안고 있는 문제가 복잡하다는 사실을 깨닫는다. 이들은 처음 시작할 때 미리 정해져 있는 어떤 해법을 추구하지 않는다. 대신에 행동과 반응의 긴 반복 과정을 거치려고 한다. 그래야만 여러 프로그램들의 올바른 조합을 알아낼 수 있다고 생각한다. 다시 말해 이들은 많은 돈과 노력을 들여서라도 자기들이 그 돈으로 하려는 것이 무엇인지 정확하게 알려고 한다. 물론 이것은 실행하기에 번거로운 일이다.

이들이 투자하는 대상은 학습 과정이다. 이들은 공동체 전체가 어떤 복잡한 문제를 매우 다양한 관점에서 바라보도록 하고, 끊임없이 이어지는 대화와 토론 속에서 해법이 저절로 도출되게 하려고 한다. 이들이 기울이는 노력의 질은 "최선을 다해 노력해 왔는데 왜 우리는 이 상황을 개선할 수 없을까?"와 같은 질문들의 질에 따라 규정된다.

사실상 이들은 공동체 전체가 한 무리의 새 떼처럼 여행할 수 있는 어떤 길을 새롭게 설계하고 있다. 새 떼는 무리를 지어서 함께 날면서도 진로를 변경할 때 자기들끼리 서로 부딪히는 법이 없다. 이런 놀라운 일이 가능한 것은 새들이 다음 세 가지의 단순한 규칙을 따르기 때문임을 과학자들은 알아냈다. 첫째, 자기와 주위의 다른 새 사이에 최소한의 거리를 유지한다. 둘째, 옆에 있는 다른 새들과 동일한 속도를 유지한다. 셋째, 언제나 무리의 중심을 향해 날아간다.

"컬렉티브 임팩트"는 시스템 사고systems thinking를 요구한다. 시스템 사고는, 만일 어떤 문제에 대해 직접적인 접근법을 취할 경우 전체 체계의 복잡성을 보지 못하기 때문에 일을 망쳐 버릴 수 있다는 발상을 기초로 해서 구축된다. 예를 들어 범죄 문제를 해결하는 방법은 범죄자들을 대규모로 체포해서 감옥에 가두는 것이라고 사람들은 생각했다. 이 대량 격리 방법은 처음에는 효과가 있는 것처럼 보였지만 시간이 지나자 잠재적인 생산성을 가진 사람들을 사회로부터 빼내는 꼴이 되었다. 또한 이 사람들은 감옥 경험 때문에 다시 범죄를 저지르고 사회를 한층 더 불안하게 만들었다. 결국 장기적으로 보면 문제가 해결되기는커녕 더 악화되는 결과가 빚어지고 만다.

시스템 접근법은 사회 구성원 한 사람 한 사람은 복잡한 전체 세상의 작은 일부밖에 보지 못한다는 사실을 인정하는 것에서 출발한다. 한쪽에서 어떤 레버를 잡아당길 때 다른 쪽에서 전혀 예상하지 못했던 결과가 빚어질 수 있다는 말이다. 전체 체계의 지도를 그리고, 또 피드백 대화가 계속 이루어지는 가운데 그 모든 부분에서 지속적으로 행동이 이루어질 수 있도록 하려면 새 떼 전체. 즉 공동체 전체가 나서야 한다.

협력 체계에서는 어떤 불쾌한 사실이 드러나더라도 그것 때문에 처벌받는 사람이 나오지 않도록 제도적으로 보장한다. 예를 들어 많은 학교 체계는 학교들을 평가하고 학교들의 허가를 취소하고 또 학교들이 경쟁하게 만드는 수단으로 데이터를 사용한다. 스파턴버그에서는 절대 그렇게 하지 않는다. 학교 체계 내 관계자들 모두가 경쟁이 아니라 협력이 바람직하다고 여기기 때문이다. 관계자들은 그저 서로 간의 의사소통을 충실하게 하고 데이터를 투명하게 처리하기만 하면 된다. 협력 체계에서는 누구든 간에 처벌받을까 봐 두려워 데이터를 숨기는 일이 일어나길 원하지 않는다. 여기에서는 사람들이 데이터를 망치가 아니라 손전등으로 사용한다. 기여의 윤리('모든 사람이 베푼다')와 총체적인 협력의 윤리('우리 모두가 함께 책임을 진다')는 최고 수준의 공동체 작업에서 중심 철학이다.

엷은 사회에서 두터운 사회로
—

첫 번째 산에서는 방해받지 않는 자아, 개인적인 성취, 모든 사람이 마냥 자유자재하는 사회 만들기를 강조한다. 첫 번째 산이 추구하는 사회는 유동적인 사회이며, 단기적으로는 생산적인 사회이지만 엷은 사회이다. 이 사회에서 사람들은 서로에게, 또 사회의 여러 기관이나 단체에 단지 가볍게만 애착을 가진다. 이에 반해 두 번째 산은 두터운 사회이다. 이 사회의 여러 조직과 공동체는 강력한 영향을 미친다. 그래서 나는 어떤 조직을 엷거나 두텁게 만드는 요인이 무엇인지 줄곧 생각해 왔다.

두터운 공동체는 시카고대학교, 모어하우스칼리지, 또는 미 해병대처럼 자기만의 뚜렷한 문화를 가진다. 두터운 기관은 구성원을 도구로 대하거나 그들에게 학위를 주거나 또는 그들이 단순히 봉급을 벌도록 하지 않는다. 두터운 기관은 개인의 전인적 인간에, 머리와 손과 심장과 영혼에 관여해 정체성 자체를 바꾸려고 한다.

두터운 기관들은 물리적인 공간을 가지고 있는데, 저녁 식사 자리일 수도 있고 체육관일 수도 있고 강당일 수도 있는 이 공간은 대개 사람들로 넘쳐 나며 여기에서 사람들은 정기적으로 얼굴을 맞대고 만난다. 이런 기관들은 단식을 하거나 어떤 신조를 단체로 암송하거나 대열을 형성해 서 있거나 하는 일련의 집단 의례를 가지고 있다. 이런 기관들은 모두가 함께하는 과제들을 가지고 있는데, 이 과제들을 수행하기 위해서는 구성원들이, 예컨대 경기에 나선 하키 팀의 팀원들이 빙판 위에서 끊임없이 동료들을 살피듯이, 다른 사람들을 긴밀하게 살펴야만 한다. 이런 기관들에서는 사람들이 이따금 수련 센터나 시설에서 단체로 1박을 하는 프로그램이 진행되는데, 화장하기 전이나 저녁 식사 후에 다른 사람들의 민낯과 진정한 모습을 볼 수 있다. 이것이 이런 프로그램을 진행하는 목적 중 하나이기도 하다.

이런 조직들은 흔히 조직의 기원과 역사에 대한 성스러운 이야기를 반복해서 이야기한다. 많은 이들이 인생의 거의 밑바닥까지 떨어졌던 순간을 경험했고, 또 그 구렁텅이에서 자기를 꺼내 준 영웅들을 찬양한다. 그들은 일상에서 음악을 삶의 중요한 일부로 삼는데, 함께 노래하고 춤췄던 누군가와 튼튼한 유대감을 느끼지 않을 수 없기 때문이다.

그들은 자기들만의 특이한 문화를 가진다. 예를 들어 너무나 많은 대학들이 비슷비슷하게 느껴지지만, 자기 학생들에게 진정으로 어떤 흔적을 남기는 대학들(예컨대 세인트존스, 케니언, 휘턴, MIT 등)은 뚜렷이 구별되고자 하는 용기를 가지고 있다. 이런 곳들을 매우 좋아하는 사람도 있겠고 매우 싫어하는 사람도 있을 것이다. 하지만 어쨌거나 이런 대학을 나온 사람을 만나면 확 티가 난다. 그리고 이런 대학 출신자들은 심지어 졸업하고 수십 년이 지난 뒤에 만나도 자기들 사이에 공통된 중요한 무언가가 있음을 잘 안다.

펜실베이니아대학교의 심리학자인 앤절라 더크워스Angela Duckworth는 두터운 기관들은 거의 언제나 슈퍼볼 우승이나 환경 보존처럼 선명하게 정의된 공동의 목표를 가지고 있다고 덧붙인다. 이 기관들에는 입회식이 있다. 또 세대에서 세대로 이어지는 성스러운 지침서나 물건이 있고, 오로지 그 집단의 문화 속에서만 의미가 통하는 특수한 표현이 있으며, 독특한 호칭이 있고(예컨대 대안 공립학교 네트워크인 KIPP 학교 학생들을 가리키는 'KIPPster'), 유니폼이 있으며, 깃발이나 반지나 팔찌 등과 같은 다른 상징물도 있다.

뉴욕대학교의 사회심리학자 조너선 하이트는 두터운 기관을 만들고 싶다면 사람들을 분열시키는 특성들이 아니라 사람들이 공통으로 가지고 있는 특성들에 주의를 환기해야 한다고 조언한다. 하이트의 두 번째 조언은 동조성同調性, synchrony을 이용하라는 것이다. 세 번째는 개인들 사이가 아니라 팀들 사이에 건강한 경쟁심을 조성하라는 것이다. 사람들은 어떤 추상적인 것보다 자기 동료를 위해 더 열심히 싸우고 더 많이 희생하기 때문인데, 이런 과정을 통해 개인은 팀이라는 관계 속에 깊이 박힌다.

두터운 기관들은 공동의 도덕적 명분을 지향한다. 이런 조직들은 자기네 구성원을 이용할 자원이 아니라 성스러운 임무를 함께 수행하는 동지로 본다. 두터운 기관들은 구성원을 해체해서 더 높은 수준의 인간으로 다시 만든다. 이런 조직들은 흔히 낡았지만 심원해 보이는 오랜 전통과 성스러운 관습을 구성원에게 불어넣는다. 또 구성원에게 자기의 개인 정체성을 집단의 총체적인 정체성 안에 묻어 버리라고 요구한다. 그리고 또 당대에는 도저히 이룰 수 없을 것 같은 장대한 어떤 이상을 제시한다. 영국의 조각가 헨리 무어Henry Moore는 이런 말을 했다.

"인생을 살아가는 비결은 어떤 과제를, 평생을 바칠 무언가를, 남은 인생 동안 매 순간마다 모든 것을 쏟아부을 무언가를 가지는 것이다. 그리고 이때 명심해야 할 가장 중요한 사실은, 그 과제가 당신이 도저히 완수할 수 없을 것처럼 어렵고 힘든 것이어야 한다는 점이다."

개인주의를 넘어 관계주의로

관계 중심 세계관을 위하여

—

이 책에서 나는 두 개의 산에 대해 많은 이야기를 했다. 앞에서 언급했듯이 이런 구분을 한 것은 서로 다른 두 도덕적 세계관 사이의 대조를 이야기 형태로 좀 더 쉽게 풀어내기 위해서였다. 첫 번째 산은 개인주의 세계관으로 자아의 욕구를 중심에 둔다. 이와 달리 두 번째 산은 관계주의relationalism 세계관이라고 부를 수 있는 것으로, 인간관계와 헌신 그리고 심장과 영혼의 욕구를 중심에 둔다. 지금까지 내가 해 왔던 주장의 핵심은 우리는 지금까지 개인주의 세계관을 지나칠 정도로 많이 강조하며 살아왔다는 것이다. 우리는 스스로를 독립적이고 자율적인 자아라고 생각함으로써 우리가 속한 사회를 갈가리 찢어 버렸고, 사회에 분열과 부족주의가 팽배하게 만들었으며, 개인적인 지위와 자족의 원리를 숭배하게 되었고, 또 각 개인의 심장과 영혼 속 가장 아름다운 것들을 덮어서 보이지 않게 만들어 버렸다.

여기 결론에서 나는 내 주장의 조금씩 다른 결들을 소개하려고 한다. 단 그것을 다른 사람들이 한 말을 인용한다거나 우화 형식으로 말하지 않고, 내가 가진 열정 그리고 이 책을 쓰도록 나를 이끌었던 신념을 담아서, 무디면 무딘 대로 선언문 형식으로 정리할 생각이다.

지금 세상은 전환의 순간을 통과하고 있다. 개인주의 도덕 생태계가 우리 주변에서 무너지고 있다. 그 결과 사람들은 벌거벗은 채로 외롭게 떨고 있다. 많은 사람들에게 가장 먼저 나타나는 본능적인 반응은 "부족으로 돌아가자Revert to Tribe"라는 진화론적 반응이다. 만일 우리가 사회 차원에서 "나는 자유다"의 과잉에 대해 "부족으로 돌아가자"의 시대로 대응한다면, 21세기는 유아적인 갈등과 폭력의 시대가 될 것이다.

소속감을 찾는 또 다른 길이 있다. 의미와 목적을 찾는 또 다른 길이 있다. 건강한 사회에 대한 또 다른 전망이 있다. 바로 관계주의를 통하는 길이다. 이 길은 우리 자신의 내면으로 깊이 들어가서 나 아닌 타인을 돌볼 수 있는 무한한 능력을 찾아내고, 그리하여 다른 사람들에게 헌신하는 쪽으로 자기 존재를 확장하는 것이다. 이 선언문에서 나는 현시점의 초개인주의에 반대하고, 더 나은 삶의 방식인 관계주의를 주장하고자 한다.

초개인주의
—

1. 개인의 자아와 사회 사이에는 늘 균형이 존재한다. 어떤 시대들에서는 집단의 압력에 짓눌려 개인들은 숨이 막혔고, 그래서 이

들은 자기의 개인적인 특성을 자유롭게 표출하고자 하는 절박한 필요성을 느꼈다. 그러나 지금 우리가 사는 시대에서는 개인의 자아가 너무 부풀어 있으며 집단의 총체성은 허약해졌다. 우리는 개인주의의 너무 먼 곳까지 와 버렸다. 그 결과 개인과 개인을 이어 주는 연결의 끈이 사라져 버렸다. 그래서 우리는 지금 연대와 결속의 위기를 맞고 있다.

2. 우리 시대를 지배하는 정신인 초개인주의는, 인생 여정은 어디까지나 개인적인 것이며 인생의 목적들은 개인적인 차원의 행복, 진정성, 자아실현 그리고 자기 충족이라는 발상을 토대로 한 도덕, 감정, 사상, 행동을 아우르는 어떤 체계이다. 초개인주의는 모든 사람이 "나 자신이 행복해지기 위해 나는 무엇을 해야 할까?"라는 동일한 질문을 하게 만든다.

3. 초개인주의는 해방 논리에 의존한다. 영웅적인 개인이 고통을 주는 사회의 사슬을 깨고 해방을 쟁취한다는 논리이다. 이렇게 해서 개인은 자기 두 발로 굳건하게 서서 자기 운명을 자기 스스로 결정하고 자기의 개인적인 권리를 지킨다. 초개인주의는 자유를 구속이 없는 상태로 정의한다.

4. 이렇게 해서 초개인주의는 개인의 선택에 근거하지 않은 연대와 결속(가족, 이웃, 문화, 국가, 공공선 등과 관련된 연대와 결속)을 서서히 잠식한다. 초개인주의는 타인과 우리 인류 전체에 대한 의무와 책임을 약화시킨다.

5. 이런 잠식에서 비롯되는 오늘날의 중요한 문제들은 다음과 같다. 사회적인 고립, 불신, 양극화, 가족 해체, 공동체 소멸, 부족

주의, 치솟는 자살률, 늘어나는 정신 건강 문제들, 공동의 목표가 사라짐에 따라서 나타나는 정신적인 위기, 모든 차이를 넘어서서 사람들을 하나로 묶어 주는 연대감의 상실, 사회의 모든 구성원이 공감하며 공동체와 상호주의와 동지애와 목적성을 강화하는 공동의 이야기와 대의의 소멸.

6. 초개인주의의 핵심적인 결점은 이것이 인간 존재의 비하와 분쇄로 이어진다는 점이다. 이것은 우리 각자의 마음속에 있는 자기중심적인 욕구들의 체계이다. 남보다 뛰어나고 싶은 욕구, 세상에 이름을 남기고 싶은 욕구, 재산과 권력과 지위를 확보하고자 하는 욕구, 남들보다 잘하고 남들을 이기고 싶은 욕구와 같은 이기적인 충동들을 바탕으로 해서 이루어진 체계이다. 초개인주의는 다른 충동들, 즉 결속과 융합과 봉사와 보살핌을 추구하는 더 깊고 더 까다로운 동기들을 중요하게 여기지 않을 뿐 아니라, 심지어 이런 것들을 보려고도 하지 않는다. 이러한 동기들은 자아의 욕구가 아니라 심장과 영혼이 갈망하는 것이다. 다른 사람들과 나누는 사랑 속에서 서로 의지하며 살고자 하는 욕구, 어떤 이상적인 것을 위해 봉사하면서 살고 싶은 열망, 더 큰 공익을 위해 희생하고자 하는 열망이 그것이다. 초개인주의는 이런 마음속 깊은 갈망들을 마비시킨다. 결국 초개인주의는 고립되고 이기적인 인간, 자기 인생에서 무언가 중요한 것이 사라져 버렸음을 인지하면서도 그게 무엇인지조차 알지 못하는 단세포 인간을 만들어 낸다.

7. 초개인주의는 표면적인 차원의 체계들 속에서 번창한다. 소비주

의는 물질적인 것을 획득하기 위해 개인에게 가장 중심이 되는 것을 잘라 낸다. 능력주의는 개인적인 '성공'을 위해 가장 심오한 것들을 잘라 낸다. 균형을 잃어버린 자본주의는 사람들을 속도를 중시하는 효용 극대화의 일중독자로 만들어 버린다. 일중독자에게는 항구적인 애착이 들어설 자리가 없다.

8. 초개인주의는 조건부 사랑의 망에 갇혀 버린다. 이 안에 묶여 있는 사람은 세상이 자기에게 기대하는 지위나 성공을 성취했을 때만 비로소 다른 사람들로부터 사랑받을 수 있는 어떤 가치를 가진다. 다른 사람에게 보답으로 줄 수 있는 무언가를 가질 때만 비로소 다른 사람들로부터 사랑받을 수 있는 어떤 가치를 가진다. 이 망 속에서는 세상이 '나'에 대해 뭐라고 말을 하는 것, 그것이 바로 '나'다. 결국 초개인주의는 사람을 진정으로 자기 충족적이고 안정되게 만들지 않는다. 초개인주의는 모든 것을 조건부로 만들어 버림으로써 정서적 안정과 정신적(영적) 안정을 말살한다. 초개인주의는 사람들을 다른 사람의 판단에 극단적으로 민감하게 만들며 또 조금이라도 무시당한다고 느끼면 버럭 화를 내게 만든다.

9. 초개인주의는 그릇되고 만족스럽지 못한 인생으로 사람들을 이끈다. 어떤 사람들은 심미적인 인생을 살아간다. 이들은 일련의 즐거울 수 있는 경험들을 맛보면서 살아가지만, 더 큰 어떤 대의에 복무하지 않기 때문에 이런 경험들은 중요한 무언가로 축적되지 않는다. 어떤 사람들은 불안정한 과잉성취자가 된다. 이들은 다른 방식으로는 손에 넣을 수 없는 사랑과 찬양과 애착

을 성취함으로써 성공하려고 한다. 그러나 물론 이 사람들은 아무리 많은 성취를 이루더라도 자기가 갈망하는 사랑을 얻지 못한다.

10. 인간 본성에 대한 지나치게 엷은 관점에 기초해서 어떤 온전한 사회를 건설하려 할 때, 이 시도는 결국 사람들이 마음 깊이 갈망하는 것이 결핍된 비인간적인 문화를 낳을 뿐이다.

11. 헌신하며 살지 않는 사람은 기억되지 않는다. 자기가 아닌 자기 외부의 어떤 것에 충성하면서 헌신하지 않는 사람은 세상에 깊은 발자국을 남기지 못한다.

12. 초개인주의는 부족주의로 이어진다. 사람들은 결국 당파적인 무리에 가입함으로써 초개인주의로 인한 고립과 무의미한 삶에 반기를 들고 저항한다. 부족주의는 얼핏 사람들 사이의 따뜻한 인간관계처럼 보이지만 실제로는 정반대이다. 관계주의 정신이 상호 애정을 기반으로 하는 것이라면 부족주의 정신은 상호 불신을 기반으로 한다. 부족주의 정신은 늘 '우리 대 그들' '친구 대 적' '파괴자 대 파괴되는 자'라는 대립을 전제로 한다. 이 상태에서 분노는 당연한 결과로 나타난다. 부족주의 자는 연대와 결속을 구하지만 자기를 자기 자신의 분노와 불신 속에 묶어 두면서 한층 떠 쓰라리게 고립시킨다. 부족주의 는 공동체의 쌍둥이이긴 하되 어둠의 쌍둥이다. 황홀한 해방으로 시작되었던 것이 결국에는 해방의 대상으로 삼았던 개인들을 짓밟는 부족 대 부족 사이의 전쟁으로 끝나 버리고 만다는 사실은 초개인주의의 비극적 역설이다.

관계주의

—

1. 혁명은 도덕적인 차원이 되어야 하며, 그렇지 않다면 아무것도 아닐 것이다. 현대 사회는 현재를 지배하고 있는 체계인 초개인 주의를 거부하는 도덕 생태계를 필요로 한다. 우리는 개인이 아니라 인간관계를 중심에 둔다는 신조를 분명하게 밝힐 필요가 있다. 또 우리 모두가 알고 있는 진실, 즉 우리는 인간관계에 의해 형성되고 인간관계에 의해 자양분을 공급받으며 또 인간관계를 동경한다는 진실을 명료하게 밝힐 필요가 있다. 인생은 외로운 여정이 아니다. 인생이란 함께 집을 짓는 것이다. 인생은 애착에 의해 형성되며 또 거꾸로 애착을 형성하는 일련의 과정이다. 인생은 후손에게 선물을 물려주는 세대 간의 위대한 사슬이다.

2. 초개인주의자는 사회를 서로 계약을 맺고 있는 개인들의 집합이라고 본다. 그러나 관계주의자는 사회를 여러 면에서 선택보다 선행하는 연대와 결속의 망이라고 본다. 초개인주의자는 개인을 자기 완결적인 단위로 바라보지만, 관계주의자는 개인을 어떤 관계망의 연결점이라고, 또 한 인격을 다른 인격들로 나아가는 운동이라고 본다.

3. 어릴 때 아이의 정서적·정신적 토대는 아이를 돌보는 어른의 무조건적인 사랑에 의해 형성된다. 각 개인의 애착 스타일은 아이와 어른의 상호 작용이 펼치는 춤에 의해 형성된다. '우리'가 '나'보다 선행한다.

4. 어른으로서 우리는 자기가 맺고 있는 인간관계의 질과 그 인간 관계에 자신이 베푸는 봉사의 질로 자기 인생을 측정하고 평가 한다. 인생은 양적인 것이 아니라 질적인 것이다. 인생은 얼마나 많으냐가 아니라 얼마나 깊고 두터우냐가 중요하다. 질 높은 인간관계란 어떤 것인지 정의하는 일이야말로 모든 도덕 생태계 에서 중심적인 과제이다.

5. 어른으로 사는 최고의 인생은 직업에, 가족에, 철학이나 신앙에, 공동체에 헌신하고 또 그 헌신을 계속 충실하게 이행하는 것이 다. 어른으로 사는 인생은 다른 사람들에게 약속을 하고 또 그 약속을 충실하게 이행하는 것이다. 아름다운 인생은 서로에게 조건 없는 선물을 주는 데 있다.

6. 관계주의는 초개인주의와 집단주의의 중간 방식이다. 전자는 개인을 모든 깊은 연대와 결속에서 분리한다. 후자는 개인을 집 단 속에 묻어서 지워 버리며, 집단을 얼굴 없는 한 무리로 본다. 관계주의자는 각 개인을 따뜻한 헌신의 두텁고 매혹적인 관계 망 속에 존재하는 연결점으로 본다. 관계주의자는 다채로운 방 법으로 헌신을 수행하는 사람들, 그럼에도 성스러운 끈으로 서 로 묶여 있는 다양하고 창의적인 사람들로 구성된 이웃, 국가, 세계를 건설하려고 한다.

7. 관계주의는 어떤 사상 체계가 아니다. 이것은 인생의 한 가지 방식이다. 관계주의는 에드먼드 버크, 마틴 루서 킹, 마르틴 부 버, 도로시 데이, 월트 휘트먼, 자크 마리탱, 에마뉘엘 무니에 Emmanuel Mounier, 마사 누스바움Martha Nussbaum, 애니 딜러드, 간

디, 조사이어 로이스Josiah Royce 등을 비롯한 많은 이들의 저작에서 도출되는 하나의 관점이다.

8. 초개인주의는 "내가 나 자신을 강하게 만들고 또 내가 나 자신이 원하는 것을 손에 넣는다"라는 단순 논리straightforward logic에 따라 작동한다. 그러나 관계주의자는 "인생은 역 논리inverse logic에 따라 작동한다"라고 말한다. 즉 내가 남에게 무언가를 줄 때만 나는 무언가를 소유하며, 나를 잃어버릴 때 나를 찾고, 위대한 무언가에 굴복할 때 나는 가장 강하고 가장 영향력 있다.

한 사람이 된다는 것

—

1. 현대의 삶에서 중심이 되는 여정은 자기 자신에서부터 타인을 향한 봉사로 나아가는 것이다. 우리는 자동으로 기본값이 설정되어 있는 자아에 귀를 기울이는 것에서 시작해, 심장과 영혼이 말하는 더 높은 차원의 소명에 귀를 기울이는 법을 서서히 배워 나간다.

2. 마키아벨리나 홉스 같은 사상가들에게 의지하는 많은 현대 사회사상과 현대 경제학은 인간 존재는 본질상 이기적이라고 본다. 프로이트는 "어린아이는 완전하게 이기적이다. 그들은 자기 욕구를 강렬하게 느끼며 이 욕구를 채우려고 무자비할 정도로 분투한다"라고 썼다. 대부분의 현대 사상은 남자들, 심지어 자기가 살아가는 사회를 떠받치는 보살핌의 체계는 보지도 못한

'모든 분야에서 뛰어난 남자alpha man'들이 만들어 낸 것이다.

3. 인간 존재는 본질적으로 결함이 있지만 동시에 놀라울 정도로 재능을 타고났다고 관계주의자는 주장한다. 사람은 자기중심 적이고 이기적인 욕구들을 가지고 있는데, 인생의 몇 가지 필 수 과제를 달성하기 위해서는 이런 욕구들이 필요하다. 자기 정 체성을 확립하고, 세상에 어떤 족적을 남기고, 부모 슬하를 벗 어나 독립하고, 무언가를 창조하고 또 빛을 발하는 일이 그것 이다. 지배하고 죽이고 강간하고 약탈하려는 야만적인 충동들 은 역사의 연대기 속에 모두 기록되어 있다. 그러나 관계주의는 우리 인간에게는 훨씬 더 깊은 또 다른 부분들이 있다고 주장 한다. 비록 포착하기 어려운 것이긴 하지만 이기심보다 한층 더 강력한 동기들이 존재한다. 각 개인의 내면 가장 깊은 곳에는 우리가 은유적으로 '심장과 영혼'이라고 일컫는 것이 있다. 야만 적인 충동들을 길들이고 내면의 야수들을 억누르는 능력이 존 재하며, 이 능력은 공동체 안에서 자각되고 실현된다.

4. 심장은 바로 다른 사람들과 하나로 융합되기를 갈망하는 우리 의 한 부분이다. 우리는 기본적으로 생각하는 동물이 아니다. 우리는 기본적으로 사랑하고 욕망하는 동물이다. 우리는 자기 가 욕망하는 것에 의해 어떤 존재인지 규정된다. 우리 각자가 자기에게 던져야 할 핵심적인 질문은 "나는 올바른 것들을 올바 른 방식으로 사랑하도록 나의 감정을 잘 교육시켰는가?"이다.

5. 영혼은 우리 인간을 구성하는 한 부분으로서, 인간에게 무한한 존엄성과 가치를 부여한다. 노예 제도가 나쁜 것은 인간의 영혼

을 말살하기 때문이다. 강간은 분자들의 집합체인 물리적인 살덩이에 가하는 단순한 폭력이 아니라 상대방의 영혼을 말살한다. 영혼은 선한 것을 갈망한다. 각 인간 존재는 선하고 의미 있는 인생을 살아가길 바라며, 삶이 의미 없어 보일 때 인생이 무너졌다고 느낀다.

6. 아이는 자아 그리고 심장과 영혼이 모두 가득 찬 상태로 태어난다. 그러나 많은 사람들이 사춘기 무렵에 자아가 부풀어 오르고 심장과 영혼은 쪼그라들기 시작한다. 이 시기에 사람들은 정체성을, 자기 자신의 상을 조각할 필요가 있다. 한편 우리가 속한 사회는 사춘기 소년들에게 감정을 묻어 버리고 남자가 되라고 말한다. 또 소녀들에게는 진심을 겉으로 드러내면 아무도 좋아하지 않을 것이라고 경고한다. 우리의 공적 문화는 이기심을 표준으로 만들고 자기중심주의를 합리화하며 심장과 영혼의 더 깊은 갈망을 우리가 보지 못하도록 덮어 버린다.

7. 그러나 결국에는 대부분의 사람들이 이기적인 인생에는 무언가 중요한 것이 빠져 있음을 깨닫는다. 사람들은 세속적인 성공을 거두지만 이것이 만족스러운 게 아님을 발견한다. 또는 사랑에 빠지거나 누군가에게 사랑받음으로써 자기 인생의 겉흙이 걷히면서 그 아래에서 드러나는 진정한 가능성을 발견한다. 또는 표면에 새겨지는 실패와 고통과 슬픔의 시간을 견뎌 냄으로써 그 아래에 숨겨진 광대한 깊이를 발견한다. 이처럼 어떤 식으로든 사람들은 자기 자신의 온전한 깊이, 인생의 전모를 알게 된다. 그리고 오로지 정서적이고 도덕적이며 정신적인 양식만이 자기

가 간절하게 바라는 영양분을 제공할 수 있음을 깨닫는다.

8. 누구든 이런 경험을 하고 나면(이런 경험은 어떤 연령대에서든 나타날 수 있다) 더는 고립된 한 개인이 아니다. 전인적인 한 사람이 되는 것이다. 이런 사람은 모든 인간성이 생생하게 살아나 활발하게 참여한다. 이 사람은 이미 자기 기질의 깊은 곳에서 남을 돌볼 수 있는 무한한 가능성을 발견한 상태이다. 우리가 이런 개인적인 전환을 수행하면서 자아의 욕구들을 넘어서서 훨씬 더 큰 여정에 나설 때, 관계주의가 우리를 인도한다.

9. 전인적인 한 사람이 되는 것으로 나아가는 이 움직임은 아래를 향하는 동시에 바깥을 향한다. 다른 사람들을 향한 갈망을 찾기 위해 자기 내면을 더 깊이 들여다보고, 그런 다음에는 세상을 향한 인간관계로 나아간다는 말이다. 사람은 자기희생을 위해 극기를 실천한다고 자크 마리탱은 말했다.

10. 한 사람으로 완성되어 가는 어떤 개인은 반란을 일으키고 있는 셈이다. 이런 사람은 개인주의 정신과 비인간적인 모든 체계에 저항한다. 사회는 이 사람에게 독립을 원하라고 말하지만, 이 사람은 이미 자신의 상호 의존성을 천명했다. 사회는 우리가 물질주의적인 현실 속에 살고 있다고 말하지만, 이 사람은 우리가 황홀하고 매혹적인 실체 속에 살고 있다고 말한다. 사회는 이 사람에게 선택 가능한 모든 조건들의 가능성을 열어 두라고 말하지만, 이 사람은 "아니요, 나는 ~에 나의 모든 것을 헌신하겠습니다. 나는 ~에 뿌리를 내리겠습니다"라고 말한다. 사회는 지금보다 더 나은 상태로 올라서도록 노력하라

고 말하지만, 이 사람은 "아니요, 나는 다른 사람들과 나란히 걷고 봉사하고 소박하게 살겠습니다"라고 말한다. 사회는 자기 인생의 이기적인 측면을 풍성하게 만들라고 말하지만, 이 사람은 "아니요, 나는 내 인생 전체를 풍성하게 만들겠습니다"라고 말한다. 온전한 자기와 더불어 살아갈 때만 비로소 인생은 멋지게 풀려 간다.

11. 관계주의자는 주류 인생의 체계인 자본주의식 능력주의를 피하지 않는다. 그러는 대신에 그 세계관과 길항 관계에 있는 어떤 정신으로 그것을 보완하고 바로잡고 고상하게 만들어 균형을 맞춘다. 이 사람은 온갖 즐거움과 성취로 넘쳐 나는 자본주의식 능력주의의 세상 속을, 다른 정신과 다른 접근법 그리고 다른 목표를 가지고서 걷는다. 관계주의자는 너무나 개인주의적인 세상에서 공동체적이다. 너무나 인지적인 세상에서 정서적이다. 너무나 실용주의적인 세상에서 도덕적이다.

좋은 인생이란 무엇인가
—

1. 관계주의자는 순전히 의지력만으로 인생을 지배하려고 들지 않는다. 핸들을 꽉 움켜쥐고서 자기 인생을 빈틈없이 계획하려 들지 않는다. 관계주의자는 자기 자신을 무엇이든 할 수 있는 상태로 만든다. 자기 자신을 활짝 열어 놓았기 때문에 어떤 소명을 듣고 거기에 응답할 수 있다. 이런 사람은 "여기에서 내가 책

임져야 할 일은 무엇일까?"라고 묻는다. 어떤 사람이 인생의 정말 고귀한 소명을 찾았을 때, 이 사람은 그것과 관련된 통제권을 자기가 장악한 것처럼 느끼지 않는다. 오히려 반대로 자기가 가지고 있던 통제권을 포기하고 넘겨줘 버렸다고 느낀다. 가장 창의적인 행동들은 어떤 소명에 반응해서 나온다.

2. 소명은 흔히 사랑이라는 형태로 찾아온다. 자기의 배우자, 아이, 이웃, 소명, 그리고 신과 사랑에 빠지는 것이다. 그리고 사랑과 더불어 이런 약속을 하는 충동이 찾아온다. "나는 영원히 당신을 사랑하겠습니다. 나는 언제나 당신에게 봉사하고, 당신을 위해 당신 곁에 있겠습니다." 인생은 약속이 이루어지는 계곡이다.

3. 또한 소명은 필요성이라는 형태로 찾아오기도 한다. 바로잡아야 할 필요가 있는 어떤 부당함이나 사회적인 잘못이 세상에는 존재한다. 이에 대해 어떤 사람은 책임감을 느끼고 잘못된 것을 바로잡기 위해 싸우겠다고 약속한다.

4. 어떤 소명을 느끼고 어떤 약속을 했을 때 헌신의 결단이 이루어진다. 관계주의자의 인생은 헌신에 따라 정의된다. 이런 사람에게 인생의 질과 충족 정도는 무엇에 헌신했는지 그리고 그 헌신을 어느 정도로까지 밀고 나갔는지에 따라 정의된다.

5. 헌신은 사랑으로 맺은 약속이다. 헌신은 아무런 대가도 바라지 않는 약속이다(그러나 물론 헌신에는 많은 보상이 뒤따르기 마련이다). 헌신의 인간관계는 쌍방향의 약속이다. 당신이 다른 누구를 위해 스스로를 고스란히 바칠 때 그 사람 역시 당신을 위해 스스로를 고스란히 바친다.

6. 헌신하는 사람은 자기의 헌신이 최대치가 되도록 노력한다. 이런 사람은 단지 어떤 일자리가 아니라 천직을 가지고 있다. 계약 결혼("나에게 뭐가 유리할까?")이 아니라 서약 결혼("나는 당신을 위해 살고 죽겠습니다")을 한다. 그저 이런저런 의견을 가지고 있는 것이 아니라 어떤 신조에 복종한다. 그저 어떤 마을에 사는 게 아니라 공동체 건설에 이바지한다. 더 나아가 단지 '공동체'라는 추상적인 개념이 아니라, 특정한 시공간에 토대를 둔 특정한 공동체, 특정한 사람, 특정한 신조에 헌신한다.

7. 이런 사람은 날마다 자기 헌신의 의무를 다하며 살아감으로써 일관성 있는 어떤 전체 속으로 스스로를 통합시킨다. 헌신은 인생의 매 순간을 조직한다. 헌신하는 사람의 인격은 자기가 사랑하는 사람들을 향한 습관적인 봉사 행동을 통해 형성된다. 그것은 또한 다른 사람이 주는 선물을 겸손하게 받아들이면서 자기가 그 사람에게 의존하고 있음을 인정하는 것을 통해 형성된다. 계약은 당신에게 이익을 가져다주지만 헌신은 당신의 존재 자체를 바꾸어 놓는다.

8. 관계주의자는 헌신을 심화하고 인간관계를 일구고, 또 인간의 존엄성을 높이는 일들을 우선시한다. 무언가를 주기, 이야기 나누기, 춤추기, 노래하기, 공동 프로젝트 하기, 함께 모이기, 함께 저녁 먹기, 의례 지키기, 속 깊은 대화 나누기, 날마다 기도하기, 용서하기, 아름다움 창조하기, 슬프거나 불안할 때 서로 위로하기, 공동의 이익을 위해 함께 노력하기 등이 그런 일들이다.

9. 헌신하는 인생에는 공동으로 함께하는 분투도 포함된다.

10. 예를 들어 사람들을 내면 깊은 곳까지 보려는 것 역시 끊임없는 분투이다. 온갖 비즈니스가 넘쳐 나는 일상을 살다 보면 다른 사람을 한 사람의 인간이 아니라 사물 또는 객체로 보고자하는 유혹이 끊임없이 나타난다. 어떤 사물이나 상황에 편견의 딱지를 붙이고 일반화하려는 유혹이 끊임없이 나타난다. 사람들을 데이터 차원으로 격하하고 그들을 어떤 수치로 보려는 유혹이 끊임없이 나타난다. 사과 같은 과일은 데이터로 처리할 수 있고, 대규모 인간 행동도 데이터로 처리할 수 있다. 그러나 사람마다 데이터로는 볼 수 없는 독특하고 대체할 수 없는 무언가가 존재한다. 관계주의자는 각 개인을 몸과 마음과 심장과 영혼을 모두 갖춘 전인적인 인간으로 보려고 한다.

11. 또한 의사소통을 잘하려는 끊임없는 분투가 있다. 모든 순간에는 깊은 의사소통과 얕은 의사소통이 존재한다. 관계주의자는 의사소통이 깊고 또 순수하게 이루어질 수 있는 조건들을 찾는다. 그러나 이 일은 어려울 수밖에 없는데, 우리 마음속에는 의사소통 능력을 교묘하게 피하는 어떤 것이 있기 때문이다. 사람들이 얌전한 태도와 자신을 천천히 드러내는 태도를 보이는 데는 충분히 그럴 만한 근거가 있다. 그렇기 때문에 '나-너'의 의사소통을 이루기 위해 또는 심지어 그것을 흘낏 보기라도 하기 위해 관계주의자는, 상대방이 가지고 있는 약점이 점점 모습을 드러낼 때까지 끈질기게 앉아서 기다린다. 상대방에게 안전과 존중을 제공하면서 말이다. 때로 내면 가장 깊은 곳에 있는 것은 신화나 이야기나 음악의 형태로 소통되

기도 한다. "의사소통이 실패하거나 잘못될 때 나는 나 자신의 상실을 고통스러워한다"라고 프랑스 철학자 에마뉘엘 무니에는 말했다. 다른 사람들과 의사소통이 단절될 때 우리는 미칠 것 같은 심정과 참담함에 사로잡힌다.

12. 선물(재능)을 효과적으로 주고받는 사람으로 살아가려는 끊임없는 분투도 있다. 우리 주변에는 관대함과 봉사로 넘쳐 나는 인생을 살아가는 사람들이 무척 많다. 인간은 본질적으로 관대하다고 무니에는 말했다. 그러나 우리 사회는 자기가 가진 선물(재능)을 효과적으로 남에게 주는 방법을 사람들에게 가르치지 않는다. 학교도 이것을 강조하지 않는다. 대중문화는 이에 대해 혼란스러워할 뿐이다.

13. 어떤 도덕적인 관점으로 인생을 바라보는 것 역시 끊임없는 분투이다. 보통의 실제 세상은 실용주의적인 관점을 약속한다. 소비주의는 물질적인 즐거움을 추구하도록 부추긴다. 돈은 익명의 힘으로 거래 상대방이 눈에 보이지 않도록 만들어 버린다. 직장 내 경쟁 구조와 현대 정치학은 자기를 노출시키지 않도록 탱크처럼 무장하기를 요구한다. 이런 실용주의적 관점과 싸우면서 일상의 삶을 도덕적인 관점에서 보려는 노력은 힘들고 결코 끝나지 않는 싸움이다.

14. 이러한 분투들은 다른 사람들을 대상으로 한 싸움이 아니다. 자아와 영혼 사이를 가르는 경계선은 모든 사람의 내면에 그어져 있다. 우리는 대부분 이따금 인간관계에 할애할 시간을 조금도 남기지 않는 일중독 정신에 사로잡힌다. 우리는 대부

분 이따금 개인의 사생활이라는 것에 발목이 잡혀서 자기 바로 옆에서 살아가는 사람들에 대해 전혀 알지 못한다. 우리는 대부분 갈등을 줄이고 효율을 극대화할 목적으로 도입된 온갖 기술과 함께 살아간다. 그러나 인간관계는 본질적으로 끈적끈적하며 비효율적이다. 우리는 대부분 날마다 자기 몰두로 뒷걸음질치고 지위에 대한 갈망에 무릎 꿇지만, 이런 사실을 분명히 깨닫고 다시 인간관계 속으로 돌아가야만 한다.

15. 관계주의 세계관은 악의 힘을 정복하는 선의 힘에 대한 것이 아니다. 이것은 언제나 부분적인 진실들 사이에 벌어지는 일종의 경쟁이다. 이것은 언제나 개인과 사회 사이에서 진행되는 진화하는 대화이다. 이것은 언제나 균형 잡힌 긴장이며 또한 멋진 균형 속에서 인생을 살아가려는 노력이다.

16. 관계 중심의 인생은 쉽지 않은 도전 과제를 안고 사는 인생이지만, 궁극적으로는 기쁜 인생이다. 이런 인생은 사랑과 애착과 보살핌 속에 깊게 얽혀 있으며 도덕적인 기쁨으로 보답받는 인생이기 때문이다.

좋은 사회란 무엇인가

—

1. 사람들이 굳이 선량할 필요가 없는 완벽한 어떤 사회 체계를 만들어 낼 수 있다는 믿음이야말로 현대의 정치 활동이 안고 있는 가장 큰 환상이라고 T. S. 엘리엇은 말했다. 현실은 민주주의와

경제가 사회라는 토대를 바탕으로 한다는 것이다. 이때 사회란 인간관계의 체계이다. 그런데 만일 사회의 토대에 신뢰가 존재하지 않는다면, 선함이나 보살핌이나 충실함이 전혀 존재하지 않는다면, 인간관계는 무너지고 시장과 국가는 산산조각이 나고 말 것이다. 만일 옳고 그름에 대한 공통된 규범이 존재하지 않는다면, 사회 구성원 사이에 공통된 애착이 존재하지 않는다면, 그런 시장과 국가에 속한 사람들은 권력과 돈을 좇아서 서로를 갈가리 찢어발기려고 들 것이다. 사회와 문화는 정치나 시장보다 선행하며 더 중요하다. 한 사회의 건강은 그 사회 구성원의 자발적인 이타심에 달려 있다.

2. 오늘날 우리의 기본적인 문제들은 이러한 토대 차원의 문제이다. 인간관계 체계 차원의 문제이다. 우리 사회는 지금까지 훨씬 더 높은 수준의 불신, 훨씬 더 높은 수준의 무관심과 소외로 치달아 왔다. 나쁜 행동 하나가 또 다른 나쁜 행동을 낳는다. 불타오르는 적의가 또 다른 적의를 낳는다.

3. 호혜와 신뢰의 얼개를 새로 짬으로써 사회 변화를 도모하려는 것이, 그리하여 도로시 데이가 말했듯이 선량해지기가 훨씬 더 쉬운 사회를 만들려는 것이, 관계주의가 전하는 소명이다.

4. 사회적 얼개는 리더들에 의해 하향식으로 짜지는 게 아니다. 사회의 모든 계층에서 한 사람 한 사람이 실천하는 수많은 따뜻한 보살핌의 행동을 통해 상향식으로 짜진다. 좋은 친구, 좋은 이웃, 좋은 시민으로서 자기 역할을 충실하게 실천하는 사람들에 의해 짜진다는 말이다.

5. 내가 누군가를 한 명의 사람이 아니라 단순한 객체로 대할 때마다 나는 사회적 얼개를 찢는 셈이 된다. 내가 누군가를 무한한 영혼으로 대할 때 나는 사회적 얼개를 짜는 셈이 된다. 내가 거짓말을 하고 남을 학대하고 편견을 가지고 대하며 또 정신적인 상처를 입힐 때마다 나는 사회적 얼개를 찢는 셈이 된다. 내가 누군가를 진심으로 대하고 그들이 내가 자기를 알아준다고 느낄 때마다 나는 사회적 얼개를 짜는 셈이 된다. 내가 아무런 증거도 없이 어떤 사람을 부패한 인물로 비난할 때마다 나는 사회적 얼개를 찢는 셈이 된다. 내가 아무런 악의 없이 어떤 의견에 반대할 때마다 나는 사회적 얼개를 짜는 셈이 된다. 사회적 얼개는 수많은 작은 도덕적 행동들을 통해 창조되며, 또한 일련의 비도덕적 행동들에 의해 파괴될 수 있다.

6. 개인의 변화와 사회의 변화는 동시에 일어난다. 당신이 손을 뻗어서 공동체 건설에 힘을 보탤 때 이 행동은 당신 자신을 풍요롭게 만든다.

7. 관계주의의 궁극적인 믿음은 우리는 모두 가장 깊은 차원에서 하나로 통합되어 있다는 것이다. 겉으로만 보면 사람들은 천차만별이다. 그러나 기본적인 특질 차원에서는 아무리 엄청난 적의로도 없앨 수 없고 아무리 심각한 분열로도 찢을 수 없는 어떤 공통성을 우리 모두는 가지고 있다.

8. 인간관계는 대량으로 찍어 낼 수 없다. 인간관계는 인내와 끈기를 통해 한 번에 하나씩 생성되어야 한다. 그러나 규범은 그렇지 않다. 어떤 공동체에 속한 사람들이 보살핌의 인간관계를 가

꾸어 나가고 또 사람들 사이의 의사소통이 원활하게 이루어지는 방향으로 그 인간관계가 꾸려질 때, 어떤 규범이 생성된다. 신뢰할 수 있는 행위가 찬사를 받고 공감이 찬양을 받는다. 잔인함은 처벌을 받고 추방된다. 이웃 간의 정은 기본값으로 설정된다. 사회 구성원 모두를 특정한 방향으로 미묘하게 유도하는 어떤 새로운 체계, 새로운 문화가 생성되어 자리를 잡는다. 누군가가 선행을 반복 실천함으로써 규범 하나를 만들었을 때, 이 사람은 새로운 형태의 힘을 창조한 셈이 된다. 어떤 도덕 생태계에 속한 사람들은 드높고 고결하게 살라는, 자신의 근본적인 열망을 추구하며 살라는 미묘한 부추김을 무수히 받는다. 이런 도덕 생태계는 우리의 일상적인 판단과 결정을 통해 우리가 함께 만들어 나가는 것이다.

9. 사회를 다시 세운다는 것은 단순하게 '함께 모이자'는 차원이 아니다. 그냥 함께 모이는 것은 지적으로든 도덕적으로든 가치 중립적일 뿐이다. 도덕 문화에서, 사람들이 함께 상상하는 좋은 인생에 대한 정의에서 변화가 일어나야 한다.

10. 이 과정에서 국가는 중요하긴 하지만 불완전한 역할을 떠맡을 뿐이다. 국가는 서비스를 제공할 수는 있지만 보살핌만은 쉽게 제공할 수 없다. 국가는 가난한 사람들에게 돈을 재분배할 수 있고 노숙자에게 보호소나 쉼터를 만들어 줄 수 있다. 또 인간관계가 구축될 수 있는 물질적인 토대를 만들어 줄 수 있다. 그러나 전인적으로 기능하는 사람을 낳는 친밀한 인간관계까지는 만들지 못한다. 이것은 오로지 개인들 사이의 습관적

인 접촉을 통해서만 가능하다. 이것은 우리가 이웃이 되고, 노동자가 되고, 시민이 되고, 또 친구가 되는 인간관계들을 통해서만 가능하다.

상호 의존 선언

—

1. 좋은 사회는 숲이 울창한 밀림과 같다. 여기에서는 온갖 것들을 칭칭 휘감는 덩굴 식물들이 있고 나무와 나무는 서로 가지로 얽힌다. 땅 속에서는 뿌리들이 서로 엉켜 있고 땅 위에서는 가지와 잎이 서로 엉켜 있다. 나무 꼭대기에서는 원숭이들이 뛰어다니고 그 아래로는 나비들이 나풀거리며 날아다닌다. 이 위대한 생태계에서는 모든 생명체가 자기 자리를 가지고 있다. 그리고 위대한 다양성과 아름다움과 생명력이 있다.

2. 좋은 인생을 살아가는 좋은 사람은 이 밀림에 뿌리를 내린 생명체이다. 아름다운 인생은 한자리에 뿌리를 내린 인생이다. 이 인생은 비록 한곳에 매여 있지만 역동적이다. 좋은 인생은 다른 사람들에게 전심전력으로 봉사하고 또 다른 사람들로부터 전심전력으로 봉사받는 인생, 다시 말해 공생하는 인생이다. 이것은 하루하루 사랑과 친절을 베풀고, 질책을 하되 부드럽게 하고, 타박을 한 뒤에는 관용을 베푸는 것이다. 이것은 서로를 보살피고 함께 만들고 탐구하는 일종의 모험이다. 좋은 인생에서 가장 중요한 질문은 "나는 누구인가?"가 아니라 "나는 누구의

누구인가?"이다.

3. 사람은 대부분 나이를 먹으면서 형편이 나아진다. 살다 보면 빠를 수도 늦을 수도 있지만 자기 인생의 목적이 무엇인지 깨닫는 순간을 맞이한다. 이때 사람들은 문득 자기 인생을 돌아보고 자기가 더할 나위 없이 활기찼던 순간들, 자기 자신이 최고의 전성기를 구가하던 순간들을 곰곰이 다시 생각한다. 그런데 그 순간들은 보통 어떤 이상을 위해 다른 사람들과 협력해서 일한 때이다. 이것이 바로 '주체성의 순간agency moment'이다. 이것은 자기가 무엇을 해야 할지 그리고 인생을 어떻게 살아야 할지 선명하게 깨닫는 순간이다. 이것은 자아가 힘을 잃고 굴복하는 순간이다. 자기중심적인 자아에서 자유롭게 놓여나면서 나타나는 에너지의 갑작스러운 분출이다. 인생은 한층 더 활력을 얻고 또 한층 더 많은 재능(즉 다른 사람들에게 줄 선물)을 가지게 된다. 이것은 인생이 어떤 전기를 맞이하는 바로 그 순간이다.

4. 이런 주체성의 순간을 맞이한 사람들을 보면, 죽음의 위협조차 무너뜨릴 수 없는 강력한 가치와 헌신의 성채를 내면에 마련해 두고 있음을 우리는 알 수 있다. 이 순간을 맞이한 사람들을 보면 세상 속으로 뿜어내는 관대함을 볼 수 있다. 그렇게 대단한 방식은 아니지만 자기를 내려놓고 작은 편의와 사려 깊은 배려를 아끼지 않는 사람들을 우리는 볼 수 있다. 이런 사람들로 인해 밀림은 점점 더 두터워지고 건강해진다.

5. 이런 상태에 있는 사람들로 이루어진 집단을 보면, 우리는 단지 개인들이 아니라 사람들의 어떤 결합체, 어떤 공동체, 어떤 번성

하는 사회를 볼 수 있다. 이런 사회 속에서는 서로 돕고, 서로 재능을 키워 주고, 서로의 창의성을 함께 즐기며, 또 서로의 환대 속에서 편안한 휴식을 취한다.

6. 이런 순간을 맞이한 사람들을 보면, 이들이 분열과 불신을 극복하는 힘을 가지고 있음을 우리는 알 수 있다. 불신은 일종의 심술궂음이다. 믿음이 없는 곳에서 살거나 외롭게 살기를 바라는 사람은 아무도 없다. 불신은 사람들 사이에 인간관계가 부족하기 때문에 나타난다. 그러나 사랑은 구원의 힘을 가지고 있다고 마틴 루서 킹 목사는 주장했다. 사랑은 개인들을 바꾸어 놓고 불신을 날려 버리는 힘을 지니고 있다. 만일 당신이 어떤 사람을 사랑하고 또 그 마음을 오래도록 계속 유지한다면, 사람들은 처음에는 비난할지도 모르지만 결국에는 당신이 지닌 사랑의 힘 아래 녹아내릴 것이다. 분열은 나쁜 것을 해결함으로써가 아니라 좋은 것으로 나쁜 것을 압도함으로써 치유되는 경우가 대부분이다. 만일 당신이 사람들 사이의 좋은 상호 작용을 극대화할 수 있다면 불화는 잦아들고 나쁜 것은 저절로 개선될 것이다. 신뢰가 회복될 때 심장 박동은 안정되고 사람들은 함께 기쁨을 누린다. 기쁨은 자기희생적인 봉사에서, 자기를 선물로 내어 주는 데서 발견된다.

7. 이런 사실을 알고 나면 기쁨은 단지 하나의 감정이 아니라 어떤 도덕관임을 깨닫게 된다. 이것은 감사와 우정, 교감과 연대의 영구적인 상태이다. 하지만 그렇다고 해서 모든 문제와 근심 걱정이 사라지는 것은 아니다. 인생은 우리에게 유토피아를 제

공하지 않는다. 그러나 자아는 가장 적정한 크기로 쪼그라든다. 인간관계가 부드러울 때, 헌신이 강력할 때, 의사소통이 순수할 때, 인생의 상처들이 치유되고 잘못된 것들이 용서받을 때, 사람들은 서로를 향해 구부러져 서로 밀접하게 얽히고, 그리하여 거기에서 어떤 신비로운 불타오름이 일어난다. 사랑이 사람들 사이에서, 무로부터 찬연하게 피어오른다. 더할 나위 없이 순수한 불꽃으로.

Acknowledgments

감사의 말

이 책은 인간관계에 관한 책이며 인간관계의 결과물로 태어났다. 지난 5년 동안 우여곡절 많은 삶을 살아오는 가운데, 나의 오랜 우정은 더욱 깊어졌고 수십 명과 맺은 새로운 우정이 선물처럼 나에게 다가왔다. 그러면서 내가 배운 것 가운데 하나는 무언가 필요한 게 있어서 친구를 찾아가 도움을 구하면 친구는 그 기회를 소중하게 여긴다는 사실이다. 이럴 때 우정은 더욱 깊어지며 또 나중에 처지가 바뀌어 내가 친구를 도와줄 수 있는 일종의 관례가 형성될 수 있다. 이 '감사의 말' 초고에서 나는 그 소중한 친구들의 이름을 일일이 다 썼지만, 혹시라도 나에게 정말 관대했던 어떤 친구의 이름이 빠졌을지 모른다는 두려움이 불쑥 앞을 가로막았다. 그래서 그저 (전국의 그리고 전 세계의) '친구들'이라고만 쓰기로 했다. 하지만 내가 친구라고 일컫는 사람이 누구인지 그 친구들은 잘 알 것이다. 그리고 그 길고 유쾌했던 식사 자리, 함께 걷던 산책길, 북클럽과 살롱, 늦은 밤의 전화 통화를 잘 알 것이다. 또 우리가 나눈 대화들이 이 책에 어떻게 녹아 있는지 그리고 친구들의 총체적인 지혜를 이 책에 담으려고 내가 얼마나 노력했는지 잘 알 것이다.

이 책 출간에 가장 직접적으로 관여한 이들 가운데서 원고를 읽고

촌평을 해 준 사람들에게 특히 고맙다는 말을 전한다. 에이프릴 로슨, 제임스 히치코크, 에밀리 에스파하니 스미스, 섀일린 롬니 개릿, 크리슬 스타비스, 이저벨 소토, 설레스트 마커스, 피트 웨너가 그런 사람들이다. 이들이 해 준 조언은 훌륭하고 소중했다. 또한 마리아 포포바에게도 고맙다는 인사를 하고 싶은데, 그녀의 블로그 '브레인 피킹스Brain Pickings'는 처음부터 끝까지 지혜와 지침의 원천이었다.

나는 어쩌면 우리가 제도나 조직에 의해 어떻게 형성되는지에 대해 충분히 쓰지 못했을 수도 있다. 하지만 내 인생에서 적어도 다섯 개 기관과 얽혔던 게 나로서는 얼마나 큰 축복이고 다행인지 모른다.

첫 번째는 '모두 우리 아이들'이다. 8장에서 나의 두 번째 가족이나 마찬가지인 이 기관에 대해 썼는데, 데이비드 심슨과 케이시 플레처뿐 아니라 거기서 언급하지 않은 세라 P.와 에밀리어 그리고 설라이어, 터루크, 매들린, 클리오, 키노, 나빌, 제임스, 콜리코, 크레이그, 숀, 벨라, 케서리, 샌티, 비사, 차이나, 누에타, 에이저리, 브랜든, 에드를 비롯해 문자 그대로 수십 명도 이루 말할 수 없이 고맙다. 이들은 나에게 동반자 의식과 정서적인 가르침 그리고 내 인생의 이 국면을 위한 뮤지컬 영화 음악을 제공해 주었다.

두 번째는 《뉴욕타임스》이다. 나로서는 동료 칼럼니스트들과 함께 일한다는 것은 지적인 내연 기관 속에서 일하는 것과 마찬가지이다. 제임스 베넷과 짐 다오 아래에서 그리고 제임스 히치코크와 함께 일한다는 것은, 겉보기와는 다르게 그 내연 기관이 정말로 폭발하지는 않으리란 걸 안다는 뜻이다. 우리 신문 독자들에게 봉사하는 일은 즐거우면서도 고통스러운, 끊임없는 겸손함의 훈련이다,

세 번째는 예일대학교이다. 나는 이 학교의 잭슨세계문제연구소 Jackson Institute for Global Affairs에서 짐 레빈슨 소장의 전폭적이고 참을성 있는 지원 아래 이 책의 내용을 가지고 강의를 했다. 어떤 교수든 마찬가지겠지만 나는 내가 가르친 학생들에게서 많은 것을 배웠다. 또한 예일대학교의 동료 교수들에게서도 많은 것을 배웠다. 브라이언 거스턴, 미로슬라브 볼프, 스티븐 스미스, 크리스천 위먼, 토니 크론먼, 스탠 매크리스털, 찰스 힐, 존 루이스 개디스 등이 그런 사람들이다.

네 번째는 애스펀연구소이다. 이 연구소의 이사들 덕분에 나는 작년에 전국을 돌아다니면서 지금껏 본 가운데 가장 이타적이고 가장 많은 영감을 주는 사람들을 만나서 이야기를 나눌 수 있었다. 특히 대니얼 포터필드, 에릭 모틀리, 짐 크라운, 밥 스틸, 린다 레스닉과 스튜어트 레스닉, 그리고 무엇보다 '위브: 사회적 얼개 짜기 프로젝트'의 동료들인 톰 로퍼, 에이프릴 로슨, 새일린 롬니 개릿, 크리슬 스타비스, 이저벨 소토, 셜레스트 마커스를 비롯한 여러 사람들에게 고마움을 전하고 싶다.

마지막으로 펭귄랜덤하우스이다. 이것으로 이 출판사와 세 번째로 책을 내는 셈인데, 출판사 대표에게 나쁜 말을 할 게 없고 좋은 말밖에 할 수 없으니 아마 나는 희귀한 저자임이 분명하다. 윌 머피가 나를 이 출판사로 데리고 왔고, 앤디 워드는 놀라운 통찰력과 세심한 눈으로 이 책을 편집했다. 지나 센트렐로는 8년 전에 내가 비현실적이고 이상한 데로 빠지는 것 아닌가 염려했는데, 지금 이 책에서 만나는 '비현실적이고 이상한 브룩스'에 만족해하면 좋겠다. 그리고 콜

루이슨은 참으로 놀라운 사실 검증 전문가이다. 또 캠벨 슈네블리-스완슨은 본인 인생에 중요한 업적으로 남을 열정과 솜씨를 가지고서 연구 조사 작업을 수행했다.

이 밖에도 많은 사람들에게 고마운 마음을 전하고 싶다. 모든 사람이 부업을 가지고 있는데, 나는 라디오와 텔레비전에 전문가 자격으로 출연하고 있다. 그 역할을 하면서 나는 지난 20년 동안 마크 실즈 옆자리에 앉는 기회를 누렸는데, 이것은 내 인생의 위대한 축복들 가운데 하나이다. 마크는 자기 일에 헌신하고, 친구들에게 관대하며, 유쾌하고, 똑똑하고, 공정하며, 또 필요할 때는 충분히 도발적이다.

내 아이들인 조슈아, 나오미, 에런 역시 지난 여러 해 동안 굴곡진 인생을 살았지만, 똑똑하고 자상하고 성숙하며 아는 것 많고 강인한 젊은이들로 성장했다. 이 아이들 주변에서 어슬렁거리는 것만으로도 얼마나 기쁜지 모른다는 사실을 그때마다 생각한다. 내 인생의 새로운 국면들마다 아이들이 보여 주는 모습에 나는 늘 고마울 뿐이다 (아, 지금이 내 인생에서 최고의 국면이다). 나의 어머니 로이스는 이 책 원고를 쓰는 동안에 세상을 떠나셨는데, 나로서는 가장 무자비하면서도 가장 뛰어난 편집자를 잃어버린 셈이 되었다. 아버지는 이타적인 품위와 명랑한 기분으로 아내를 잃은 상실감을 잘 견디고 계신다.

그리고 마지막으로 앤. 이 책에서 주장하는 내용의 핵심은, 인생의 계곡에 떨어져 있을 동안 우리는 깨어져 열릴 수 있다는 것이다. 그런데 우리는 사랑에 의해서도 마찬가지로 그렇게 될 수 있다. 내가 앤에게서 느끼고 받는 사랑은 모든 것을 물들이며 모든 것을 따뜻하게 만든다. 사람들은 앤을 묘사할 때 대개 같은 표현을 쓰곤 한다.

바로 '눈부시게 밝은'이란 말이다. 이 책은 앤이 밝힌 불빛으로 따뜻하게 데워지고 인도되었다. 나의 남은 인생도 장차 그럴 것이다.

서문

1 Barry Schwartz and Kenneth Sharpe, *Practical Wisdom* (New York: Riverhead, 2010/2011), 10. 《어떻게 일에서 만족을 얻는가》, 김선영(옮김), 웅진지식하우스(2012)

2 C. S. Lewis, *The Weight of Glory* (New York: HarperOne, 1976), 10. 《영광의 무게》, 홍종락(옮김). 홍성사(2019)

3 Leo Tolstoy, *Anna Karenina,* trans. Richard Pevear and Larissa Volokhonsky (New York: Penguin Classics, 2004), 253. 《안나 카레니나》, 박형규(옮김), 문학동네(2020)

4 William McNeill, *Keeping Together in Time* (Cambridge, MA: Harvard University Press, 1995), quoted in Jonathan Haidt, *The Happiness Hypothesis* (New York: Basic, 2005), 237. 《행복의 가설》, 권오열(옮김), 물푸레(2010)

5 Zadie Smith, "Joy," *The New York Review of Books*, January 10, 2013, https://www.nybooks.com/articles/2013/01/10/joy.

6 Nancy L. Roberts, *Dorothy Day and the Catholic Worker* (Albany: SUNY Press, 1985), 26.

7 David Whyte, *Consolations* (Langley, WA: Many Rivers Press, 2015), 127.

8 Christian Wiman, *My Bright Abyss* (New York: Farrar, Straus and Giroux, 2013), 44.

9 Belden C. Lane, *Backpacking with the Saints* (New York: Oxford University Press, 2014), 8.

10 Jules Evans, "Dissolving the Ego," *Aeon*, June 26, 2017, https://aeon.co/essays/religion-has-no-monopoly-on-transcendent-experience.

11 Miroslav Volf, "The Crown of the Good Life: A Hypothesis," in *Joy and Human Flourishing*, eds. Miroslav Volf and Justin E. Crisp (Minneapolis: Fortress Press, 2015), 135.

Chapter 1 가장 바람직한 삶은 어떤 삶인가

1 Iris Murdoch, "Metaphysics and Ethics," in *Existentialists and Mystics* (New York: Penguin Press, 1998), 75.

Chapter 2 인생은 단지 경험의 연속이 아니다

1 Jack O. Balswick, Pamela Ebstyne King, and Kevin S. Reimer, *The Reciprocating Self* (Downers Grove, IL: InterVarsity Press, 2005), 182.

2 Meg Jay, *The Defining Decade* (New York: Twelve, 2012), 10.

Chapter 3 경쟁은 영혼의 나태함을 부추긴다

1 David Whyte, *The Three Marriages* (New York: Riverhead, 2009), 25.

Chapter 4 고통은 때로 지혜로 나아가는 관문이다

1 Leo Tolstoy, *A Confession, in Pilgrim Souls*, ed. Amy Mandelker and Elizabeth Powers (New York: Touchstone, 1999), 51.《참회록·인생론》, 이동현 (옮김), 집문당(2019)

2 William Deresiewicz, *Excellent Sheep* (New York: Free Press, 2014), 110.《공부의 배신》, 김선희(옮김), 다른(2015)

3 David Foster Wallace, quoted in Hubert Dreyfus and Sean Dorrance Kelly,

All Things Shining (New York: Free Press, 2011), 24.

4 Veronica Rae Saron, "Your Unshakable Stuck-ness as a 20-something Millennial," *Medium,* December 20, 2016, https://medium.com/@vronsaron/your-unshakable-stuck-ness-as-a-20-something-millennial-d7580383 e1b0.

5 Rosalyn F. T. Murphy, "The Fellowship of The King," *Comment,* June 12, 2018, https://www.cardus.ca/comment/article/the-fellowship-of-the-king.

6 Robert Nisbet, *The Quest for Community* (San Francisco: ICS Press, 1990), xxiii.

7 William Damon, *The Path to Purpose* (New York: Free Press, 2008), 60.《무엇을 위해 살 것인가》, 정창우, 한혜민(옮김), 한국경제신문(2012)

8 Charles Heckscher, *Trust in a Complex World* (Oxford: Oxford University Press, 2015), 50.

Chapter 5 자기 인생에 귀 기울인다는 것

1 Henri J. M. Nouwen, *The Inner Voice of Love* (New York: Image Books, 1999), 16.《마음에서 들려오는 사랑의 소리》, 한정아(옮김), 바오로딸(1998)

2 Lane, *Backpacking with the Saints,* 56.

3 Nouwen, *The Inner Voice of Love,* 88.

4 Frederick Buechner, *The Alphabet of Grace* (New York: HarperOne, 2009), 87.

5 Parker J. Palmer, *Let Your Life Speak* (San Francisco: Jossey-Bass, 1999), 19.《삶이 내게 말을 걸어올 때》, 홍윤주(옮김), 한문화(2019)

6 Ibid., 5.

7 Lane, *Backpacking with the Saints,* 76.

8 James Hollis, *What Matters Most* (New York: Avery, 2009), 95.

Chapter 6 새로운 인생은 행복한 추락 뒤에 온다

1 Ronald Rolheiser, *The Holy Longing* (New York: Image Books, 2009), 17.

2 James K. A. Smith, *You Are What You Love* (Grand Rapids, MI: Brazos Press, 2016), 8. 《습관이 영성이다》, 박세혁(옮김), 비아토르(2018)

3 Gerald K. Harrison, "A Defence of the Soul," *The Montreal Review*, June 2016, http://www.themontrealreview.com/2009/A-defence-of-the-soul.php.

4 Nathaniel Hawthorne, *The Blithedale Romance* (Boston: Ticknor, Reed, and Fields, 1852), 73. 《블라이드데일 로맨스》, 김지원, 한혜경(옮김), 문학과지성사 (2006)

Chapter 7 선한 영향력을 끼치는 깊은 헌신

1 Dietrich von Hildebrand and Alice von Hildebrand, *The Art of Living* (Steubenville, OH: Hildebrand Project, 2017), 23.

2 Rabbi David Wolpe, "The Limitations of being 'Spiritual but Not Religious,'" *Time*, March 21, 2013, http:// ideas.time.com/2013/03/21/viewpoint-the-problem-with-being-spiritual-but-not-religious.

3 Paul Froese, *On Purpose* (New York: Oxford University Press, 2016), 54.

Chapter 8 인생의 계곡을 지나 두 번째 산으로

1 Richard Rohr, *Falling Upward* (San Francisco: Jossey-Bass, 2011), 117.

2 Anne Colby and William Damon, *Some Do Care* (New York: Free, 1994), 70.

3 Patrick Woodhouse, *Etty Hillesum: A Life Transformed* (New York: Continuum, 2009), 7.

4 Ibid., 13.

5 Etty Hillesum, *An Interrupted Life: The Diaries, 1941–1943* (New York: Henry Holt, 1996), 49.

6 Ibid., 17.

7 Ibid., 7.

8 Woodhouse, *Etty Hillesum,* 21.

9 Ibid., 33.

10 Hillesum, *Diaries,* 33.

11 Woodhouse, *Etty Hillesum,* 46.

12 Hillesum, *Diaries,* 133.

13 Woodhouse, *Etty Hillesum,* 81.

14 Hillesum, *Diaries,* 84.

15 Woodhouse, *Etty Hillesum,* 105.

16 Ibid., 120.

17 Ibid., 128.

Chapter 9 소명으로서 직업은 어디서 비롯되는가

1 Jeffrey Meyers, *Orwell: Wintry Conscience of a Generation* (New York: W. W. Norton & Company, Inc., 2000), 170.

2 Viktor E. Frankl, *Man's Search for Meaning* (New York: Pocket Books, 1985), 98.《죽음의 수용소에서》, 이시형(옮김), 청아출판사(2017)

3 Anne Colby and William Damon, *The Power of Ideals* (Oxford: Oxford University Press, 2015), 84.

Chapter 10 아름답고 경이로운 깨달음의 순간

1 Frederick Turner, *Beauty: The Value of Values,* quoted in John O'Donohue, *Divine Beauty: The Invisible Embrace* (New York: HarperCollins, 2004), 55.

2 Walter Isaacson, *Einstein: His Life and Universe* (New York: Simon & Schuster, 2008), 13.《아인슈타인 삶과 우주》, 이덕환(옮김), 까치(2007)

3 Ibid., 14.

4 Froese, *On Purpose,* 8.

5 Friedrich Nietzsche, *Schopenhauer as Educator,* trans. Daniel Pellerin (self-pub., CreateSpace, 2014), 4. 《비극의 탄생·반시대적 고찰》, 이진우(옮김), 책세상 (2005)

Chapter 11 멘토는 너그러운 사람이 아니다

1 E. O. Wilson, *Naturalist* (Washington: Island Press, 1994), 31. 《자연주의자》, 이 병훈(옮김), 사이언스북스(1996)

2 Leslie Fiedler, *What Was Literature?,* quoted in Deresiewicz, Excellent Sheep, 182.

3 Tracy Lee Simmons, *Climbing Parnassus* (Wilmington, DE: ISI Books, 2007), 45.

4 Ibid., 44.

5 Matthew B. Crawford, *Shop Class as Soulcraft* (New York: Penguin Press, 2009), 65. 《손으로, 생각하기》, 윤영호(옮김), 사이(2017)

6 William James, "What Makes a Life Significant?," *Leading Lives That Matter,* eds. Mark R. Schwehn and Dorothy C. Bass (Grand Rapids, MI: Eerdmans, 2006), 15.

7 Ibid., 27.

Chapter 12 심장을 깨우고 영혼을 자극하는 일

1 Chip Heath and Dan Heath, *Decisive* (New York: Crown, 2013), 3. 《자신 있게 결정하라》, 안진환(옮김), 웅진지식하우스(2013)

2 L. A. Paul, *Transformative Experience* (Oxford: Oxford University Press, 2014), 47.

3 Colby and Damon, *The Power of Ideals,* 108.

4 Robert Greene, *Mastery* (New York: Viking, 2012), 180. 《마스터리의 법칙》, 이 수경(옮김), 살림(2013)

5 Timothy D. Wilson, *Strangers to Ourselves* (Cambridge, MA: Belknap Press, 2004), 6.

6 Samuel Bowles, *The Moral Economy* (New Haven: Yale University Press, 2016), 5.

7 Atam Etinson, "Is a Life Without Struggle Worth Living?," *The New York Times,* October 2, 2017.

8 Mary Catherine Bateson, *Composing a Life* (New York: Grove Press, 2001), 39.《죽을 때까지 삶에서 놓지 말아야 할 것들》, 안진이(옮김), 청림출판(2013)

9 Emily Esfahani Smith, *The Power of Meaning* (New York: Broadway Books, 2017), 163.《어떻게 나답게 살 것인가》, 김경영(옮김), 알에이치코리아(2019)

10 Thomas Bernhard, *Old Masters* (Chicago: University of Chicago Press, 1992), 20.

Chapter 13 천직을 찾아 통달의 경지로 나아가라

1 Lane, *Backpacking with the Saints,* 41.

2 Greene, *Mastery,* 79.

3 Galen Guengerich, "One Well Deep Enough" (sermon, All Souls Unitarian Church, New York City, NY, October 5, 2014).

4 Schwartz and Sharpe, *Practical Wisdom,* 87.

5 Greene, *Mastery,* 6.

6 Bruce Springsteen, *Born to Run* (New York: Simon & Schuster, 2016), 49.

7 Wiman, *My Bright Abyss,* 41.

8 Springsteen, *Born to Run,* 264.

Chapter 14 두 사람이 함께 수행하는 희망의 혁명

1 Judith S. Wallerstein and Sandra Blakeslee, *The Good Marriage* (New York: Houghton Mifflin Harcourt, 1995), 43.

2 Ibid., 313.

3 Alain de Botton, "Why You Will Marry the Wrong Person," *The New York Times,* May 28, 2016.

4 Wallerstein and Blakeslee, *The Good Marriage,* 173.

5 Eli J. Finkel, *The All-or-Nothing Marriage* (New York: Dutton, 2017), 82.《괜찮은 결혼》, 허청아, 정삼기(옮김), 지식여행(2019)

6 Eli J. Finkel, "The All-or- Nothing Marriage," *The New York Times,* February 14, 2014.

7 Finkel, *The All-or-Nothing Marriage,* 111.

8 Polina Aronson, "Romantic Regimes," *Aeon,* October 22, 2015, https://aeon.co/essays/russia-against-the-western-way-of-love.

9 Mike Mason, *The Mystery of Marriage* (Colorado Springs: Multnomah, 2005), 107.《결혼의 신비》, 정성묵(옮김), 두란노(2013)

10 Ibid., 10.

11 Timothy Keller and Kathy Keller, *The Meaning of Marriage* (New York: Dutton, 2011), 180.《팀 켈러, 결혼을 말하다》, 최종훈(옮김), 두란노(2014)

Chapter 15 친밀함이 꽃피는 여러 단계들

1 C. S. Lewis, *The Four Loves* (New York: Harcourt Brace, 1991), 93.《네 가지 사랑》, 이종태(옮김), 홍성사(2019)

2 Hal Shorey, "Fear of Intimacy and Closeness in Relationships," *Psychology Today,* April 19, 2015.

3 Rohr, *Falling Upward,* 155.

4 Whyte, *The Three Marriages,* 50.

Chapter 16 친밀함이 무르익는 여러 단계들

1 Amy A. Kass and Leon R. Kass, *Wing to Wing, Oar to Oar* (Notre Dame, IN:

University of Notre Dame Press, 2000), 449.

2 Wallerstein and Blakeslee, *The Good Marriage,* 48.

3 O'Donohue, *Divine Beauty,* 150.

4 Sheldon Vanauken, *A Severe Mercy* (New York: Harper & Row, 1977), 39. 《잔인한 자비》, 김동완(옮김), 복있는사람(2005)

5 Martin Luther King, Jr., *Strength to Love* (Minneapolis: Fortress Press, 2010), 44.

6 James Hollis, *Finding Meaning in the Second Half of Life* (New York: Gotham, 2006), 119. 《인생 2막을 위한 심리학》, 정명진(옮김), 부글북스(2015)

7 Vanauken, *A Severe Mercy,* 43.

8 Lewis, *The Four Loves,* 107.

Chapter 17 결혼 전에 스스로 물어야 할 질문들

1 Jay, *The Defining Decade,* 74.

2 Ty Tashiro, *The Science of Happily Ever After* (New York: Harlequin, 2014), 152. 《왜 그런 사람과 결혼할까?》, 박지훈(옮김), 페퍼민트(2014)

3 Ibid., 195.

4 Ibid., 203.

5 Ibid., 173.

6 Reimer, *The Reciprocating Self,* 226.

Chapter 18 결혼은 함께 만들어 가는 학교이다

1 Wallerstein and Blakeslee, *The Good Marriage,* 28.

2 Alain de Botton, *The Course of Love* (New York: Simon & Schuster, 2016), 83. 《낭만적 연애와 그 후의 일상》, 김한영(옮김), 은행나무(2016)

3 Ayala Malach Pines, *Falling in Love,* 2nd Edition (New York: Routledge, 2013), 183. 《Love, 사랑에 대해 알아야 할 모든 것》, 윤영삼(옮김), 다산초당(2005)

4 Emily Esfahani Smith, "Masters of Love," *The Atlantic,* June 12, 2014.

5 de Botton, *The Course of Love,* 63.

6 Mason, *The Mystery of Marriage,* 42.

7 Ibid., 36.

8 Abraham Joshua Heschel, *God in Search of Man* (New York: Farrar, Straus and Giroux, 1976), 358. 《사람을 찾는 하느님》, 이현주(옮김), 한국기독교연구소 (2007)

9 Alain Badiou and Nicolas Truong, *In Praise of Love* (London: Serpent's Tail, 2012), 45.

Chapter 19 최고의 교육은 최상의 욕구를 가르친다

1 Irving Kristol, *Neoconservatism* (Chicago: Ivan R. Dee/Elephant Paperbacks, 1999), 470.

2 Simmons, *Climbing Parnassus,* 43.

3 Anthony T. Kronman, *Education's End* (New Haven: Yale University Press, 2007), 127. 《교육의 종말》, 한창호(옮김), 모티브북(2009)

4 Ibid., 125.

5 Paul Franco, *Michael Oakeshott: An Introduction* (New Haven: Yale University Press, 2004), 122.

Chapter 20 한 줄기 빛처럼 스며드는 신비로운 경험

1 Wendell Berry, *Jayber Crow* (Washington: Counterpoint, 2001), 83. 《포트윌리엄의 이발사》, 신현승(옮김), 산해(2005)

2 Frankl, *Man's Search for Meaning,* 93.

3 Ibid., 57.

4 Ibid., 90.

5 Wiman, *My Bright Abyss,* 10.

6 Ibid., 82.

Chapter 21 나는 어떻게 신앙에 이르게 되었는가

1 Ibid., 92.

2 Avivah Gottlieb Zornberg, *The Particulars of Rapture* (New York: Schocken, 2011), 10.

3 Jean Vanier, *Becoming Human* (New York: Paulist Press, 2008), 9. 《인간되기》, 제병영(옮김), 다른우리(2010)

4 Ibid., 40.

5 Joseph Soloveitchik, *Halakhic Man* (Philadelphia: The Jewish Publication Society of America, 1984), 58.

6 Ibid., 46.

7 Robert Coles, *Dorothy Day: A Radical Devotion* (Reading, MA: Addison-Wesley, 1987), 16.

8 Heschel, *God in Search of Man,* 74.

9 Ibid., 45.

10 Jaroslav Pelikan, *Fools for Christ* (Eugene, OR: Wipf and Stock, 2001), 76.

11 Søren Kierkegaard, *Fear and Trembling,* eds. C. Stephen Evans and Sylvia Walsh, trans. Sylvia Walsh (New York: Cambridge University Press, 2006), 31. 《공포와 전율》, 임춘갑(옮김), 치우(2011)

12 Vanauken, *A Severe Mercy,* 99.

13 Cynthia Bourgeault, *The Wisdom Jesus* (Boston: Shambhala, 2008), 106.

14 Romano Guardini, *The Lord* (Washington: Gateway Editions, 1996), 84.

15 Soloveitchik, *Halakhic Man,* 142.

16 Wiman, *My Bright Abyss,* 9.

17 Philip Yancey, *Soul Survivor* (New York: Galilee/Doubleday, 2003), 249. 《그들이 나를 살렸네》, 최종훈, 홍종락(옮김), 포이에마(2013)

18 Ibid., 264.

19 Rohr, *Falling Upward*, 80.

Chapter 22   겸손함과 중간의 목소리로 살아가라

1 Eugene H. Peterson, *The Contemplative Pastor* (Grand Rapids, MI: Eerdmans, 1993), 98. 《목회자의 영성》, 양혜원(옮김), 포이에마(2013)

2 Christian Smith, Moral, *Believing Animals* (Oxford: Oxford University Press, 2003), 16.

Chapter 23   공동체의 회복은 매우 느리고 복잡하다

1 Jane Jacobs, *The Death and Life of Great American Cities* (New York: Vintage, 2016), 32. 《미국 대도시의 죽음과 삶》, 유강은(옮김), 그린비(2010)

2 Ibid., 50.

3 Peter Block, *Community: The Structure of Belonging* (San Francisco: Berrett-Koehler Publishers, 2008), 85.

Chapter 24   한자리에 뿌리를 내리고 공생하는 것

1 Vanier, *Becoming Human*, 7.

2 Ibid., 50.

3 Aaron Wildavsky, *Moses as Political Leader* (Jerusalem: Shalem Press, 2005), 111.